In der Mitte des 19. Jahrhunderts setzt die Etablierung der Soziologie ein, ihre Herausbildung als »dritte Kultur« im Spannungsfeld zwischen naturwissenschaftlichen und literarisch geprägten Formen des Wissens. Entscheidend sind dabei auch nationale Besonderheiten, die der Autor im Vergleich zwischen den ›drei Kulturen‹ England, Frankreich und Deutschland vor Augen führt.

Wolf Lepenies, geboren 1941, ist Professor für Soziologie an der FU Berlin und war lange Jahre Rektor des Wissenschaftskollegs zu Berlin. Wichtige Veröffentlichungen u. a.: ›Melancholie und Gesellschaft‹, ›Das Ende der Naturgeschichte‹, ›Saint-Beuve‹.

Unsere Adresse im Internet: www.fischerverlage.de

Wolf Lepenies

Die drei Kulturen

Soziologie zwischen Literatur
und Wissenschaft

Fischer Taschenbuch Verlag

2. Auflage: Juni 2006

Ungekürzte Ausgabe
Veröffentlicht im Fischer Taschenbuch Verlag,
einem Unternehmen der S. Fischer Verlag GmbH,
Frankfurt am Main, Juli 2002

Lizenzausgabe mit freundlicher Genehmigung
des Carl Hanser Verlags München Wien

Druck und Bindung: Clausen & Bosse, Leck
Printed in Germany
ISBN-13: 978-3-596-15518-7
ISBN-10: 3-596-15518-5

Für Annette –
und Julia, Philipp, Robert

Inhalt

ANHANG

Einleitung

In diesem Buch beschreibe ich die Auseinandersetzung zweier Gruppen von Intellektuellen: Literaten, d. h. Autoren und Kritiker, auf der einen, Sozialwissenschaftler, vornehmlich Soziologen, auf der anderen Seite. Seit der Mitte des 19. Jahrhunderts streiten Literatur und Soziologie um den Anspruch, die Schlüsselorientierung der modernen Zivilisation zu liefern, die angemessene Lebenslehre der Industriegesellschaft zu sein. Diese Auseinandersetzung spielt im öffentlichen Leben zunächst Frankreichs und Englands, dann auch Deutschlands, eine bedeutsame Rolle: ihre Folgen sind noch heute sichtbar.

In dieser Deutungskonkurrenz verrät sich ein Dilemma der Soziologie, das nicht nur ihre Entstehungsgeschichte, sondern auch ihre weitere Entwicklung bestimmt: das Schwanken zwischen einer szientifischen Orientierung, die auf eine Nachahmung der Naturwissenschaften hinausläuft, und einer hermeneutischen Einstellung, die das Fach in die Nähe zur Literatur rückt. Die Auseinandersetzung zwischen einer literarischen und einer sozialwissenschaftlichen Intelligenz ist dabei Teil eines komplizierten Prozesses, in dessen Verlauf wissenschaftliche und literarische Produktionsweisen sich ausdifferenzieren; ideologisch verschärft wird diese Trennung durch die Gegenüberstellung von kalter Vernunft und Gefühlskultur – einer jener Gegensätze, die den Streit der Aufklärung und der Gegenaufklärung prägen.

*

Die Wissenschaften des 18. Jahrhunderts sind an Schöpfungsmythen reich. Von Linnaeus, der sich nur zu gern mit Adam vergleichen läßt, und Montesquieu, der den *Esprit des lois* als »prolem sine matre creatam« bezeichnet, über Buffon und Winckelmann bis hin zu Lavoisier zieht sich durch alle Fachgebiete die lange Reihe derer, die behaupten, aus sich allein heraus und auf sich allein gestellt Neues und Zeitenüberdauerndes geschaffen zu haben. Kontinuitätsbruch und Kontinuitätsbegründung gehören in dieser Epoche der Wissenschaftsentwicklung eng zusammen: die meisten Forscher sehen sich eher als Riesen auf den Schultern von Zwergen als umgekehrt. Ein überhöhtes Anspruchsniveau, eine in vielen Fällen tollkühne Maximierung der Erkenntnisziele und das Bedürfnis nach Dauerkommentierung des eigenen Tuns sind keine Absonderlichkeiten, sondern bilden den Alltag der Wissensproduktion.

Das Amateurstadium der Wissenschaften ist vorbei, die Umrisse deutlich eingegrenzter, auf Autarkie bedachter Forschungsgebiete werden allmählich sichtbar, auch wenn von Professionalisierung und Spezialisierung kaum die Rede sein kann. Der Wissenschaftler ist längst kein bloßer *virtuoso* mehr, der als Zweck seines Tuns auch das Amüsement betrachtet; aber noch herrscht die Überzeugung vor, die Wissenschaft sei eher eine Berufung als ein Beruf, mehr Bekenntnis als Profession. Der Vorgang der Wissensfindung gilt vielen als rein individueller, ja einsamer Akt: die gesellschaftliche Umwelt stört in der Regel den Erkenntnisprozeß des einzelnen. Die Zahl der wissenschaftlichen Gesellschaften nimmt zu, doch ist das Vertrauen in eine den Erkenntniszuwachs fördernde scientific community schwach ausgebildet: in vielen Disziplinen bilden Freundschafts- oder auch Feindschaftskulte das emotionale Äquivalent einer instrumentell orientierten Wissenschaftlergemeinschaft.

Am Ende des 18. Jahrhunderts ist daher eine scharfe Trennung der Produktionsweisen literarischer und wissenschaftlicher Werke nicht möglich. Am Beispiel Buffons kann man zeigen, wie dieser Differenzierungsprozeß einsetzt und sich beschleunigt. Im 18. Jahrhundert ist seine *Histoire Naturelle* ein Beststeller. Als 1749 die ersten Bände erscheinen, sind sie innerhalb von wenigen

Wochen vergriffen; weitere Auflagen folgen noch im selben Jahr. Schließlich gibt es in Frankreich nicht weniger als 250 Volksausgaben der *Histoire Naturelle*.

Buffon war ein Grandseigneur der Wissenschaft und als solcher typisch für das Dixhuitième; ein Entrepreneur, der aus seinem wissenschaftlichen Tun geschickt Kapital zu schlagen verstand; sprachgewaltig, auch wenn er nur seine eigene Sprache, das Französische, beherrschte; Mann von Welt und ein Lokalheros zugleich, der sich nicht vom Fleck rühren mußte: wie selbstverständlich liefen die Kommunikationslinien der Zeit auf ihn zu.

Seine Reputation gewann Buffon als Stilist: nicht alle lobten, *was* er sagte, aber fast jedermann war beeindruckt davon, *wie* er es tat. So blieb er auch der Nachwelt in Erinnerung; Flaubert notierte in seinem *Dictionnaire des idées reçues*, was der Gebildete zu äußern hatte, wenn die Rede auf Buffon kam: »Mettait des manchettes pour écrire.«

Es wäre ein Irrtum, hierin die Schnurren einer längst vergangenen Zeit zu sehen. Denn die Verhaltensweisen Buffons spiegeln nicht die Marotten eines Sonderlings: der Graf war kein Unikum, sondern ein Typus, er verkörperte eine Rolle, die nicht nur sozial anerkannt, sondern von der Gesellschaft seiner Zeit hoch prämiiert wurde.

Als Buffon 1753 – auf nachhaltigen Druck Ludwigs XV. – in die Académie Française gewählt wurde, sprach er über den Stil. Niemand wunderte sich darüber. Es war selbstverständlich, daß auch ein Naturwissenschaftler sich als Autor verstand: als jemand, dem nicht nur daran liegt, *was* er sagt, sondern auch daran, *wie* er es tut, als jemand, der sein Publikum nicht nur belehren, sondern auch belehrend unterhalten will. Buffons Discours galt als eine der besten Reden, die je in der Académie gehalten wurden – noch Baudelaire war von ihr beeindruckt.

Gegen Ende des Jahrhunderts aber wird, was früher seinen Ruhm ausmachte, Buffon zum Verhängnis. Er ist der letzte Gelehrte, der seine wissenschaftliche Reputation auf sein Talent zur Darstellung begründen kann, er ist der erste, der sein Ansehen verliert, weil er zu sehr Autor und zu wenig Forscher gewesen ist. Zu Lebzeiten Buffons vollzieht sich eine entscheidende Umdeutung des Romanbegriffs: hatte man seine Schriften ursprünglich gerade wegen ihres Unterhaltungswertes gelobt und gelesen, so werden sie nun als »romans scientifiques« abgetan. Sie sind eine Lektüre für die Frauen und für die Laien: der Fachmann aber kann sich die Mühe sparen, sie zur Kenntnis zu nehmen. Die Formel, die Buffons Karriere beendet und die Rezeption seines Werkes hemmt, lautet: »Stilo primus, doctrina ultimus«. Welch anscheinend unumkehrbare Entwicklung damit eingeleitet wird, zeigt sich, wenn man die Formel variiert: »Doctrina primus, stilo ultimus« ist ein Vorwurf, den bis heute kein Wissenschaftler zu fürchten braucht.

Am Karrierebruch Buffons und an der wechselhaften Rezeption seiner *Histoire Naturelle* läßt sich verfolgen, wie die Wissenschaften allmählich literaturfern werden und Traditionsbestände, die man als literarisch bezeichnen könnte, aus dem Kanon des akzeptierten Wissens ausscheiden. Dies ist kein geradliniger oder unumkehrbarer Prozeß. Ungleichzeitigkeit vielmehr ist für ihn charakteristisch: er erfaßt nicht alle Disziplinen und nicht alle, die er erfaßt, mit gleicher Intensität. Nationaltypische Differenzen sind dabei aufschlußreich, und die Deutschen werden den Verdacht nicht los, daß die Franzosen mit der Vertreibung der Literatur aus den Wissenschaften nicht Ernst machen. Während Taine zufolge in den französischen Akademien noch lange die Literaten die Naturwissenschaftler wie ihre Knechte behandeln – aber diese Knechte heißen immerhin Lavoisier, Lagrange und Laplace –, steckt die Brandenburgische Sozietät der Wissenschaften jeden Franzosen zunächst einmal in die Klasse der Literaten – ob er nun Dramatiker ist oder Physiker.

Wie spannungsreich das Verhältnis der Wissenschaften zur Literatur bleibt, läßt sich am Phänomen der Speicherung verdeutlichen. Damit ist zunächst einmal der für die Wissenschaftsgeschichte bezeichnende Tatbestand gemeint, daß oft ursprünglich zurückgewiesene Theorieprogramme nicht einfach verschwinden oder vergessen werden, sondern gelegentlich in Nischen überwintern, aus denen sie dann in den wissenschaftlichen Diskurs zurückkehren. Diese Nischenbildung kann entweder in der Ursprungsdisziplin selbst oder in Nachbardisziplinen erfolgen, und man spricht dann von intra- oder interdisziplinärer Speicherung; sie kann aber auch die Grenzen der Wissenschaften überschreiten. Hierfür liefert die Nachgeschichte der Buffonschen *Histoire Naturelle* ein treffendes Beispiel.

Knapp hundert Jahre nach dem Erscheinen der *Histoire Naturelle* verfaßt Balzac 1842 seine Vorrede zur *Comédie Humaine.* Er beruft sich darin, neben vielen anderen, auf einen Dichter, der auch Naturwissenschaftler war, nämlich auf Goethe; er beruft sich, und zwar mit Nachdruck, auf einen Naturwissenschaftler, der zuletzt von seiner Zunft als Literat abgetan wurde, nämlich auf Buffon.

Balzac will für die Gesellschaft das tun, was Buffon für die Zoologie geleistet hat: er will die sozialen Gattungen analysieren, aus denen die französische Gesellschaft besteht, und er will jene wahrhafte Geschichte der Sitten schreiben, welche die Historiker, fixiert auf Glanz und Elend ihrer Haupt- und Staatsaktionen, meist zu schreiben vergessen. Bis in die Details erkennt der Leser Buffons in den Romanen Balzacs Elemente der *Histoire Naturelle* wieder, und wenn man genauer überprüft, wie Balzac Proust beeinflußt hat, stellt man fest, daß auf dem Umweg über die *Comédie Humaine* Buffon seinen Weg auch nach Combray und in den Faubourg Saint-Germain fand.

Aber wir haben es hier nicht nur mit einer Geschichte des Überlebens zu tun. Wir können uns nicht darauf beschränken, die Abwanderung von Theorien und Traditionen aus den Naturwissenschaften in die Literatur nachzuzeichnen. Denn seit dem ersten Drittel des 19. Jahrhunderts formieren sich die Sozialwissenschaften und sind bemüht, durch den Nachweis disziplinärer Eigenständigkeit ihren Platz in den Akademien und Universitäten zu gewinnen.

Balzac ist Erbe, aber er ist auch Schöpfer. Sein Werk knüpft an die alte Naturgeschichte an, aber zugleich macht es einer neuen Disziplin Konkurrenz: der Sozialwissenschaft. Balzac selbst hat diesen Anspruch formuliert; denn ursprünglich wollte er seinem Werk einen anderen Titel geben: statt *Comédie Humaine* sollte es *Etudes Sociales* heißen, und wenn Balzac sich als »docteur ès sciences sociales« bezeichnete, so lag darin ein klein wenig Ironie und sehr viel Selbstbewußtsein. Und er hatte Recht damit: welcher Soziologe könnte um die Mitte des 19. Jahrhunderts mit den analytischen Einsichten dieses Romanciers und seiner »science sociale« konkurrieren – von seiner Darstellungskunst ganz zu schweigen? Karl Marx, der sich selbst mit dem Helden des *Chef d'œuvre inconnu* verglich, und Friedrich Engels haben diese rhetorische Frage gestellt, als sie behaupteten, von Balzac mehr gelernt zu haben als von allen professionellen Ökonomen und Historikern – den »Guizot e tutti quanti«, wie ihre boshafte Formel lautet.

Als Kritiker und Kollege hat Henry James die Mittlerrolle beschrieben, die Balzac zwischen Naturgeschichte und Sozialwissenschaft einnimmt: vom einfachen Erjagen und Sammeln gesellschaftlicher Tatbestände, dem »social botanizing«, wie James es nennt, geht Balzac zur Konstruktion eines sozialen Systems über, und schließlich bildet die *Comédie Humaine* in der Literatur den genauen Widerpart dessen, was Comte, der Disziplingründer, mit seiner Soziologie anstrebt. Niemand hat dies deutlicher gesehen als jener Autor, den man »den Sohn Balzacs« nannte, Hippolyte Taine, der neben Shakespeare und dem Herzog von Saint-Simon das Werk Balzacs »den größten Vorrat an Dokumenten über die menschliche Natur, den wir besitzen« nannte. Balzac hilft Taine zu erkennen, was die Sozialwissenschaften tun und was sie nicht tun können: »Nous aurons dépassé, d'ici à un demi-siècle, la période descriptive; en biologie, elle a duré jusqu'à Bichat et Cuvier; en sociologie, nous y sommes encore; tâchons de nous y tenir, avec application et intelligence, sans ambitions excessives, sans conclusions précipitées, sans théories hasardées et préconçues, pour entrer bientôt dans la période des classifications naturelles et définitives . . .« 1890 geschrieben, mehr als 30 Jahre nach Comtes Tod, ist dies ein erstaunliches Dokument. Es erinnert an Buffons Ratschlag, die Naturgeschichte vor allem als »description exacte« zu betrachten, und wenn Taine in seiner *Geschichte der englischen Literatur* sagt, daß wir vor allem reichhaltige Dokumente finden müssen und zu wissen haben, wie wir sie interpretieren sollen, so entspricht diese Bevorzugung einer bescheidenen Beschreibung gegenüber einer vorzeitigen Systematisierung sowohl den soziologischen Monographien des 19. Jahrhunderts als auch der Naturgeschichte des 18. Jahrhunderts. So konnte Paul Bourget 1902 – im Jahr, als Emile Durkheim nach Paris kam – vom »enseignement sociologique« der *Comédie Humaine* als einem krönenden Aspekt des Balzacschen Werkes sprechen.

Kaum tritt sie mit dem Anspruch auf disziplinäre Eigenständigkeit auf, sieht sich die Soziologie daher nicht nur dem Argwohn etablierter Fächer, sondern auch der Konkurrenz der Literatur gegenüber. Ein Grund dafür liegt in der Tatsache, daß im wissenschaftsgläubigen 19. Jahrhundert zumindest in Teilbereichen von der Literatur ein vielen wissenschaftlichen Disziplinen ebenbürtiger Erkenntnisanspruch angemeldet wird.

Balzacs wissenschaftliche Attitüde hat, trotz seiner hohen Ambitionen, etwas Spielerisches an sich. Bei Flaubert ist nur noch Ernsthaftigkeit im Spiel. Die »impassibilité«, die er vom Autor fordert, ist die Übertragung einer Maxime der Forschung in die Literatur, die wissenschaftlicher werden muß, wenn sie überleben will, wie auch Baudelaire es gefordert hatte: »Le temps n'est pas loin où l'on comprendra que toute littérature qui se refuse à marcher fraternellement entre la science et la philosophie est une littérature homicide et suicide.« Als Flaubert, der sich seiner gesellschaftsfernen Einsamkeit rühmte – »Bédouin, tant qu'il vous plaira; Citoyen, jamais« –, 1871 an George Sand schreibt, damit Frankreich aufwache, müsse es von der Inspiration zur Wissenschaft übergehen, jede Metaphysik aufgeben und anfangen, Kritik zu treiben, d. h. die Dinge selbst zu untersuchen, so formuliert er damit ein Programm, das – bis in die Wahl der einzelnen Wörter hinein – das Entzücken eines Emile Durkheim hätte hervorrufen können. Kritiker der Wissenschaften und wissenschaftsgläubig zugleich, ist Flaubert in seiner Verehrung wie in seiner Verachtung gleich selbstbewußt. Ein Claude Bernard erscheint ihm sakrosankter als der Papst Pius IX., aber die Ansprüche eines Auguste Comte kann er nicht ernst nehmen und ruft nach einem modernen Aristophanes, der die Phantastereien dieses Theorieproduzenten dem Gespött aller preisgeben könnte. Ohne Zweifel hielt Flaubert sein Werk für die bessere Gesellschaftswissenschaft – dem Soziologen gegenüber fühlte er sich auch moralisch überlegen, weil er glaubte, sich als Autor den gesellschaftlichen Zwängen entziehen zu können: »Qui êtes-vous donc, ô société, pour me *forcer* à quoi que ce soit?«

Es steckte viel Selbstüberschätzung im Anspruch eines Flaubert, die Gesellschaft zu durchschauen und sich gleichzeitig ihren Bindungen und Verpflichtungen entziehen zu können. Durch Zola erfährt diese Haltung womöglich noch eine Steigerung. Seine Theorie des experimentellen Romans – die mit seiner schriftstellerischen Praxis freilich wenig zu tun hatte – begründete den wissenschaftlichen Anspruch eines bestimmten Typs von Literatur, die sich als die bessere Soziologie verstand. Wenn Zola von der »sociologie pratique« seiner Romane sprach, so sollte dies nicht zuletzt heißen, daß *er* die wahre Soziologie praktizierte.

So erwachsen der Soziologie bedrohliche Rivalen, und die Sozialwissenschaften sind sich dieser Konkurrenz wohlbewußt, die ihre disziplinäre Identität im Kern gefährdet. Denn anders als die historischen Disziplinen, die, vor allem in Deutschland, durch ihre idiographische Orientierung ein methodologisches Gegengewicht zum nomothetischen Anspruch der exakten Wissenschaften gewinnen, stützen die Sozialwissenschaften – vor allem in Frankreich und in England – ihren Kampf um akademische Reputation auf die Nachahmung der Naturwissenschaften. Diese Strategie wird durch die Nähe und durch die Konkurrenz der Literatur verstärkt.

Damit setzt schon früh ein innerdisziplinärer Reinigungsprozeß ein: Fächer wie die Soziologie, die sich ihre Anerkennung innerhalb des Wissenschaftssystems erst noch erwerben müssen, suchen diese Anerkennung dadurch zu gewinnen, daß sie sich von literaturnahen Frühformen der eigenen Disziplin distanzieren, die eher narrativ-klassifizierend als analytisch-systematisierend verfahren. So kommt es zur Deutungskonkurrenz zwischen einer aus Autoren und Kritikern bestehenden literarischen und einer sozialwissenschaftlichen Intelligenz. Das Problem der Soziologie liegt darin, daß sie die Naturwissenschaften zwar nachahmen, aber nicht wirklich zu einer Naturwissenschaft des Sozialen werden kann. Gibt sie aber ihre szientifische Orientierung auf, so rückt sie in bedrohliche Nähe zur Literatur.

*

Diese prekäre Situation der Soziologie als einer Art »dritter Kultur« zwischen den Naturwissenschaften auf der einen, den Geisteswissenschaften und der Literatur auf der anderen Seite wird dadurch verschärft, daß Denktraditionen der Aufklärung und der Gegenaufklärung miteinander um die Bestimmung der Soziologie streiten.

Seit den englischen und französischen Akademiegründungen des 17. Jahrhunderts erwarben die Naturwissenschaften ihr hohes Prestige und die Möglichkeiten staatlicher Förderung nicht zuletzt durch ihre angebliche Leidenschafts- und Interesselosigkeit. Die Sozialwissenschaften folgen zunächst diesem Vorbild; es ist kein Zufall, daß Condorcet, der wie kein anderer den Wissenschaftsglauben der Aufklärung verkörpert, der entschiedene Verfechter einer sozialen Mathematik gewesen ist. Hatte man die Methoden des rechten Vernunftgebrauchs erst eingeübt, so ließ sich angeblich für Moral, Politik und Staatswirtschaft ein ebenso sicherer Entwicklungsgang erwarten wie für jene Disziplinen, die in der Erforschung der Natur ihre hektischen Fortschritte machten. Nicht zuletzt weil sie akademische Spätlinge sind, lassen sich im 19. Jahrhundert die Sozialwissenschaften im Ausmaß und in der Intensität ihren Erkenntnisoptimismus von keiner anderen

Disziplin übertreffen: daß die Natur unserer Hoffnung keine Grenzen gesetzt hat und daß die Vernunft des Menschen ihn schließlich ins Elysium führen wird, gehört zu ihren ursprünglichen Glaubenssätzen.

Bereits gegen Ende des 18. Jahrhunderts aber und nicht zuletzt als Folge einer allgemeinen Ernüchterung durch die Auswüchse der Französischen Revolution wurde die Nachahmung der Natur- durch die Sozialwissenschaften zunehmend als problematisch empfunden – die Einsicht wuchs, daß die moral sciences auf eine Verwissenschaftlichung von Lebensbereichen abzielten, die prinzipiell anderer Art waren als Naturobjekte. Die Naturwissenschaften hatten mit einer experimentellen Einstellung ihre Erfolge erzielt – nur allzu schnell sollte sich zeigen, daß man in der Gesellschaft nicht ohne weiteres Experimente an die Stelle von Erfahrungen setzen konnte. Auch wurde immer fraglicher, ob man die Wissenschaften vom Menschen frei von Leidenschaften und ohne Interessen betreiben, ob man das Gefühl dem Verstand, die Religion der Vernunft opfern sollte. Kein prinzipieller Zweifel an der Vernunft, wohl aber die Einsicht, wie schädlich ihre Überschätzung sich auszuwirken vermag, wird dabei zunächst von Aufklärern selbst, etwa von Lessing, formuliert:

> Die grübelnde Vernunft dringt sich in alles ein,
> Und will, wo sie nicht herrscht, doch nicht entbehret sein.
>
> ...
>
> Gebieterisch schreibt sie vor, was unsern Sinnen tauge,
> Macht sich zum Ohr des Ohrs, und wird des Auges Auge.

Die Kritik an der Überschätzung der Vernunft, die Rettung der Lebenserfahrung vor der wachsenden Lebensferne politischer und sozialer Experimente – unter denen das verbrecherische Experiment der Französischen Revolution hervorragt – bilden die gemeinsame ideologische Überzeugung der Gegenaufklärer, so vielfältig ihre Positionen sonst auch sein mögen. Kein Denker der Gegenaufklärung steht dabei der Soziologie näher als der Comte

Louis de Bonald, den Robert Spaemann mit Recht zu den Gründungsvätern der Disziplin rechnet, einer »discipline du fait«, die den Positivismus vorwegnimmt. De Bonald, der als Scholastiker galt und alles andere war als ein bel esprit, hat zu Beginn des 19. Jahrhunderts in einigen knappen, überaus hellsichtigen Skizzen das Dilemma der zwischen naturwissenschaftlicher Orientierung und literarischer Neigung hin- und herschwankenden Sozialwissenschaften beschrieben.

De Bonald sieht in der sich verschärfenden Trennung der Wissenschaften und der Literatur ein Kennzeichen der Moderne und damit ein Symptom der Dekadenz. Zwischen den *sciences* und den *lettres* machte noch das Zeitalter Ludwigs XIV. keinen Unterschied, und das Wörterbuch der Académie Française verweist folgerichtig unter dem Stichwort *science* auf *littérature* und definiert andererseits *lettres* im Plural als »toute sorte de science et de doctrine«. De Bonald trauert einer Zeit nach, in der die Wissenschaften sich zur Literatur verhielten wie der Gehalt zur Form. Für ihn repräsentieren Massillon eine theologische, Montesquieu eine politische, Bossuet eine historische und La Bruyère eine moralische *Literatur* – sie sind Vertreter von Disziplinen, deren Forschungsergebnisse von der Form, in der sie vorgetragen werden, gar nicht zu trennen sind. Die *Histoire Naturelle* Buffons zeigt dabei, bis zu welchem Grade selbst die Naturwissenschaften und die Literatur eins werden können.

Die Scheidung der Literatur und der Wissenschaften geht nicht zuletzt auf das Konto jenes neuen Standes, den die Aufklärung hervorbringt. Gab es früher Gelehrte, denen es am Gefühl für die Form mangelte, »savants sans littérature«, so verbirgt bei den modernen Intellektuellen die Überschätzung der Form den fehlenden Gehalt: sie sind »des littérateurs sans véritable science«. Unter dem die Öffentlichkeit beherrschenden Einfluß dieser Literaten, die bar aller Kenntnisse sind, werden die Naturwissenschaften mit der Mathematik an der Spitze zu den modernen Leitdisziplinen; nunmehr sind es die »sciences exactes«, die als die »hautes sciences« gelten. Nicht zuletzt im Erziehungssystem macht sich dieser Prestigewandel der wissenschaftlichen Disziplinen nachteilig bemerkbar. Literarische und wissenschaftliche Dekadenz sind zwei Seiten ein- und derselben Medaille: während die Tragödie des Ancien Régime zum bourgeoisen Drama wird, geht der Ehrentitel der »hautes sciences« von den »sciences morales« auf die »sciences physiques« über.

Gerade ihre Exaktheit aber verbietet es, die Naturwissenschaften an die Spitze der wissenschaftlichen Fächer zu stellen. Gerade daß sie, wie Pascal und Leibniz gezeigt haben, auch mit Maschinen betrieben werden können, macht sie zu Wissenschaften zweiten Ranges gegenüber der Theologie und der Moral, der Jurisprudenz, der Politik und der Geschichte, die der Sprache bedürfen und daher stets menschlich bleiben werden.

Es gibt in den Augen de Bonalds vielfältige Beweise für die Überlegenheit der Moralwissenschaften über die Naturwissenschaften. Schon die Anthropozentrik der letzteren, ihre unentbehrlichen Rückgriffe auf »Charaktere« und »Familien«, auf »Intentionen« und »Affekte« zeigen, daß sie ohne Anleihen bei den Wissenschaften vom Menschen gar nicht auskommen können. Die Fortschrittsideologie, die die Naturwissenschaften verbreiten, ist nichts als eine Chimäre: im Grunde genommen folgen sie seit den Urzeiten des Menschen den gleichen Prinzipien, und in der Regel liefern die Gelehrten nichts als die Erklärung populärer Praktiken, die ohne sie genausogut funktionieren. Aus der Lektüre des *Journal de Physique* gewinnt de Bonald den Eindruck, die Zeit der großen Entdeckungen in den Naturwissenschaften sei vorbei, es herrsche auch in ihnen der Kleingeist, »le petit esprit«, und man entdecke weniger, als daß man Bekanntes verbessere und das bereits Perfekte noch weiter raffiniere. Selbst ohne eine bestimmte Geometrie aber, so wichtig die Mathematiker auch tun, würde der Mensch Häuser bauen und seine Wolle spinnen.

Nicht die Selbstüberschätzung der Naturwissenschaften ist für de Bonald das entscheidende Problem. Folgenreich ist es, wenn der Staat sich diese Selbstüberschätzung zu eigen macht und daraus die grundlegenden Prinzipien seiner Erziehungspolitik ableitet. Daß es in den mechanischen Wissenschaften, wo die Maschinen allmählich die Menschen ersetzen, immer mehr Menschen gibt, die Maschinen ähneln, ist ein bedauerlicher, aber in seinen Konsequenzen noch erträglicher Tatbestand. Unvergleichlich nachteiliger ist es, daß man Vorstellungen von Wahrheit und Nutzen, von Exaktheit und Solidität in der modernen Gesellschaft fast ausschließlich mit den Naturwissenschaften in Verbindung bringt. Den Schaden haben nicht nur die Gesellschaftswissenschaften. Die Gesellschaft selbst wird davon im Kern betroffen.

Die Naturwissenschaften bedürfen zu ihrer Legitimation des Fortschrittsglaubens. Wird dieser als Aberglauben entlarvt, wird damit der Führungsanspruch der exakten Disziplinen untergraben. Anders steht es mit den Moralwissenschaften. *Non nova, sed nové* lautet ihr unvergängliches Motto: in ihnen kommt es lediglich darauf an, neue und zeitgemäße Formen für die alten, zeitlosen Wahrheiten zu finden. Dies ist um so wichtiger, als die Moralwissenschaften dem Menschen zur moralisch-sittlichen Orientierung in einer Zeit verhelfen müssen, da die Wahrheiten der Offenbarungsreligion als Folge der Aufklärung an Kraft verlieren und ihre Verbindlichkeit zunehmend in Frage gestellt wird. Die Moralwissenschaften sind eine Wissenschaft des Christentums, ihr Ziel ist die Bewahrung der Gesellschaft durch die sittliche Führung des einzelnen und die Stabilisierung der legitimen politischen Herrschaft. Auch daher sind die Moralwissenschaften (sciences morales) im engeren Sinne Wissenschaften von der Gesellschaft (sciences de la société).

Es gilt, die als Folge der Aufklärung neu gebildete Hierarchie der Disziplinen wieder umzukehren: die Naturwissenschaften sind nur die Hilfswissenschaften der ersten aller Wissenschaften, der Wissenschaft von der Gesellschaft (la science de la société). Naturwissenschaftliche Studien mögen zur Reputation eines Gelehrten beitragen – der Ruhm einer Nation wird durch sie nicht befördert; verzichte die moderne Gesellschaft in Zukunft auf die Naturwissenschaften – prognostiziert de Bonald –, so werde daraus keine spürbare Unordnung erwachsen. Aufzuhören aber, mit Hilfe der Gesellschaftswissenschaften die Prinzipien der christlichen Moral zu verbreiten, würde die Gesellschaft ins moralische und politische Chaos stürzen.

Der Comte Louis de Bonald war kein unparteiischer Beobachter der Auseinandersetzungen, die sich im Gefolge der Aufklärung zwischen den Wissenschaften und der Literatur abspielten. Er war ein Partisan des Ancien Régime, ein standhafter Royalist und ein Parteigänger der katholischen Kirche. Aber wie der Royalist und Katholik Balzac, der sich des öfteren auf de Bonald berief, die Gesellschaft seiner Zeit mit einem kompromißlosen Realismus zu beschreiben vermochte, der einen Marx und einen Engels zur Bewunderung hinriß, ebenso hellsichtig ahnte de Bonald, der Ideologe der Restauration, das Schicksal der Gesellschaftswissenschaften voraus, die – von der Wissenschaftsbegeisterung der Aufklärung erfaßt – anfingen, die Naturwissenschaften nachzuahmen:

> Les sciences morales, qui ont longtemps régné sur les sciences et sur les lettres, quoique amies de la paix, ne peuvent rien pour la maintenir, depuis que la philosophie a envahi ou ravagé leurs plus beaux domaines, le politique et la théologie, et qu'elle fait journellement des courses même sur la morale. Repoussées par les sciences exactes, dédaignées par les lettres frivoles, elles sont hors d'état de fair respecter leur méditation ou leur neutralité, et subiront la loi du vainqueur. Mais comme elles ont tout à craindre des sciences, dures et orgueilleuses, leurs vœux secrets seront pour les lettres, plus humaines et plus généreuses, et qui n'ont pas perdu tout souvenir de leur ancienne et étroite alliance avec les sciences morales.

De Bonald schrieb in einer Zeit, die für ihn durch die Herrschaft des »petit esprit« und durch den drohenden Verlust jener männlichen und ernsten Tugenden geprägt wurde, die das Ancien Régime gekennzeichnet hatten. Im Geiste des Ancien Régime nimmt er durchgängig zu einer militärischen Metaphorik Zuflucht, um den Wandel der geistigen Auseinandersetzungen, in denen er selbst Partei ergreift, zu beschreiben. Die intellektuellen

Debatten, die die Gelehrten früher miteinander führten, glichen der Auseinandersetzung regulärer Truppen, die von gleichermaßen fähigen Generälen befehligt wurden. Es herrschten Disziplin und Ritterlichkeit: zu siegen war ehrenvoll, aber unehrenhaft war die Niederlage keineswegs. Zur Dekadenz des Aufklärungszeitalters gehört es, daß dieser ehrenhafte Krieg gleichrangiger Kombattanten nicht mehr existiert. In Feuilletons und Pamphleten führen schlecht bewaffnete Schriftsteller einen Partisanenkrieg miteinander, und die Vernunft muß in dieser »petite guerre contre tout ce qui est bon et juste« sich auf Formen der Kriegführung einlassen, die ihr wesensfremd sind.

Man muß an diesen Kontext erinnern, wenn man die Bedeutung des Titels verstehen will, den de Bonald seiner kleinen Abhandlung über das künftige Schicksal der Sozialwissenschaften zwischen der Literatur auf der einen, den Naturwissenschaften auf der anderen Seite gab: »Sur la guerre des sciences et des lettres«. Für de Bonald spiegelte sich in der Zerrissenheit der Sozialwissenschaften die Auseinandersetzung zwischen Ancien Régime und Moderne, von Restauration und Revolution, von Aufklärung und Gegenaufklärung. Von diesem Kriegsschauplatz berichte ich in meinem Buch.

*

In seinen »Vorlesungen über die Ästhetik« hat Hegel den Roman als diejenige Kunstform beschrieben, in der »Ordnung und Prosa der Wirklichkeit« sich wiederfinden. Der Roman, die moderne bürgerliche Epopoë, »setzt eine bereits zur *Prosa* geordnete Wirklichkeit voraus . . . Eine der gewöhnlichsten und für den Roman passendsten Kollisionen ist deshalb der Konflikt zwischen der Poesie des Herzens und der entgegenstehenden Prosa der Verhältnisse sowie dem Zufalle äußerer Umstände . . .« Hegels Charakteristik macht deutlich, warum vom Augenblick ihrer Entstehung an die Soziologie zum Konkurrenten wie zum Widerpart der Literatur wurde. Auf der einen Seite stritt die Soziologie – die auch Soziographie sein wollte – vor allem mit dem realistischen

Roman um den Anspruch, die »Prosa der Verhältnisse« angemessen abzubilden. Auf der anderen Seite geriet die Soziologie – die auch den Anspruch erhob, Sozialtheorie zu sein – in den Verdacht, zu einer »Kanzleiwissenschaft« zu degenerieren, also jener Gruppe von Disziplinen anzugehören, die Nietzsches boshafter Definition zufolge nicht nachweisen können, »daß irgendwelche großen Kulturzwecke in ihrem Horizont liegen«. Dieser trockenen Kanzleiwissenschaft wurde dann die Literatur mit ihrer Fähigkeit entgegengesetzt, der »Poesie des Herzens« Ausdruck zu geben.

Ratio und Gefühl sind dabei der Soziologie und der Literatur, die um den Anspruch konkurrieren, die angemessene Lebenslehre der Industriegesellschaft zu sein, nicht eindeutig zuzuordnen. Gelegentlich bilden sich Koalitionen über Kreuz: Charles Dickens etwa versteht sich als Anwalt der Gefühlskultur, wenn er in seinem Roman *Hard Times* die menschenzerstörenden Auswirkungen des Utilitarismus eines James Mill geißelt; Flaubert dagegen, in seinem kalten Drang, die Moderne zu sezieren wie ein Anatom, rügt am 19. Jahrhundert dessen übertriebene Poetisierung und kann sich über die Spekulationen eines Auguste Comte nicht zuletzt deshalb mokieren, weil er das Metier der Literatur bitter ernst nimmt und mit wissenschaftlichem Anspruch betreibt.

Im wesentlichen aber liegen die Fronten so: der Soziologie als einer Disziplin kalter Vernunft, die die Strukturen und Bewegungsgesetze der modernen Industriegesellschaft mit Maß und Zahl zu erfassen sucht und dabei die Menschen angeblich nur um so stärker sich selbst und der Mitwelt entfremdet, wird eine Literatur gegenübergestellt, deren Intuition weiter sieht als die Analysen der Soziologen, und deren Fähigkeit, das Gemüt der Menschen anzusprechen, den Resultaten eines Faches vorzuziehen ist, das sich als Naturwissenschaft der Gesellschaft mißversteht. So lauten die Argumente der englischen Dichtung und Literaturkritik von Matthew Arnold bis T. S. Eliot, so die der französischen Literatur-Intelligenz seit Charles Péguy. Deutschland ist ein Sonderfall, weil hier auf der einen Seite die Sozialwissenschaften, Impulse der Lebensphilosophie aufnehmend und weiterentwickelnd, weder eine scharfumrissene Disziplingestalt ausbilden, wie dies in Frankreich der Fall ist, noch zum anerkannten Bestandteil des gesellschaftlichen common sense werden wie in England. Auf der anderen Seite hält sich, in all seiner Verbissenheit, der Gegensatz von Literatur und Dichtung nur in Deutschland und wird durch eine prinzipielle Asozialität der poetischen Produktion, die in der »Widerlegung des Gesellschaftlichen« (Hugo von Hofmannsthal) geradezu ihre Hauptaufgabe erblickt, noch verstärkt.

Die Auseinandersetzung zwischen kalter Vernunft und Gefühlskultur, die einen Topos der Konkurrenz von Sozialwissenschaften und Literatur bildet, bleibt nicht auf den Bereich wissenschaftlicher und literarischer Publikationen beschränkt: sie prägt auch die privaten und öffentlichen Biographien der Autoren und Gelehrten, von denen hier die Rede ist. Damit hängt zusammen, daß in dieser Auseinandersetzung, die in meinen Augen eine Art »Geheimgeschichte« der modernen Sozialwissenschaften darstellt, Frauen eine so bedeutende Rolle spielen: Clotilde de Vaux, Harriet Taylor, Beatrice Webb.

Der Angriff der Literatur und der Literaten auf die Soziologie – in vielen Fällen ein Angriff aus antiaufklärerischem Geist – ist überall dort erfolgreich, wo soziologisches Denken, überwältigt und hingerissen von den Möglichkeiten der Ratio und verbohrt im Wunsch, die Naturwissenschaften zu imitieren, den Anspruch erhebt, ganz an die Stelle von Metaphysik und Religion treten, Gemüt und Glaube ersetzen zu können. Die Vertreibung der Gefühle aus den Sozialwissenschaften und anderen Disziplinen geschieht im Namen einer überheblichen Vernunft, die nicht nur Mittel der Erkenntnis, sondern Weltanschauung und Religionsersatz zugleich sein will. Aber damit übernimmt sich die Vernunft und verspricht mehr, als sie halten kann, und wo ihre aufkommenden Selbstzweifel zur Selbstheilung nicht ausreichen, gewinnt nicht nur das Gefühl seine Rechte zurück, sondern steigert sich zu einem Kult des Irrationalen, wie er in den totalitären Ideologien zum Ausdruck kommt.

Auf lange Sicht staut sich daher die Sehnsucht nach wirklichen Glaubensinhalten, die gefühlt und nicht gewußt werden wollen. Wo der Rückweg zu solchen Inhalten versperrt ist, sucht man sich neue und findet dann fatale Auswege: die französischen Rechts-Literaten in ihrem Proto-Faschismus, englische Sozialisten wie Sidney und Beatrice Webb im Sowjetkommunismus zur Zeit seiner schlimmsten Entartung. Oft ist dabei der Versuch einer Literarisierung der soziologischen Intelligenz, oder das Gegeneinander Ausspielen von Dichtung und Sozialwissenschaft erstes Anzeichen für das Abdriften in eine totalitäre Ideologie. Es ist bezeichnend, daß die offiziöse Verabschiedung der deutschen Soziologie im Nationalsozialismus mit dem Namen Hans Freyers, des Verfassers der *Revolution von rechts*, verbunden ist, den man als den Expressionisten unter den deutschen Soziologen gekennzeichnet hat, und daß Helmut Schelsky, der sich am Ende seines Lebens zum Anti-Soziologen stilisierte, den Abfall von seinem Fach mit dem verzweifelten Aufruf an Heinrich Böll verband, das traditionelle deutsche Schisma zu überwinden und Deutschlands literarische und sozialwissenschaftliche Intelligenz wieder zusammenzuführen.

*

Teile dieses Buches habe ich, unterstützt von der Fritz Thyssen Stiftung (Köln), geschrieben, während ich Mitglied der School of Social Science des Institute for Advanced Study in Princeton, N. J., und der Maison des Sciences de l'Homme in Paris war. Beendet habe ich es am Wissenschaftskolleg zu Berlin.

Diese Einleitung wurde für die Taschenbuchausgabe geschrieben; sachliche Fehler und Druckfehler der ersten Ausgabe wurden korrigiert. Übersetzungen fremdsprachiger Zitate stammen, wenn nicht anders angegeben, von mir. Meine Texteinschübe sind durch spitze ‹Klammern› gekennzeichnet.

Berlin, im Mai 1988 *W. L.*

FRANKREICH

Auguste Comtes Wandlungen. Wissenschaft und Literatur im frühen Positivismus

Schreibregeln des Wissenschaftlers

NICHT einmal seine Freunde hielten Auguste Comte für einen großen Schriftsteller. Der schwerfällige Ton seiner Traktate wurde auch dadurch nicht angenehmer, daß sich unerhört kühne Einsichten in ihnen verbargen. Als der Briefwechsel zwischen Comte und John Stuart Mill erschienen war, kommentierte ein Literaturkritiker: »Der eine schreibt fast durchgängig ein exzellentes Französisch, und ich muß Ihnen nicht sagen, daß es Mill ist; der andere benutzt ein Idiom, für welches man in keiner Sprache Worte findet, und ich muß Ihnen nicht sagen, daß es Comte ist.«

Alle Aufforderungen aber, seine Schreibweise zu ändern, mißachtete Comte, und als ihn der Jugendfreund Valat 1824 wieder einmal wegen seines Stils tadelte, reagierte der Begründer des Positivismus darauf mit einer der vielen Grundsatzerklärungen, die von Anbeginn sein Leben und sein Werk prägten.

Comte zufolge waren in den Wissenschaften Stilfragen nebensächlich – schon deshalb, weil nicht zwei Autoren darin übereinstimmten, was denn ein guter Stil überhaupt sei. Voller Genugtuung erwähnte er, gerade Literaten und jene Leser, die ihn eher als Schriftsteller und weniger als Gelehrten beurteilten, hätten seinen Stil ausdrücklich gelobt. Die Ausdrucksweise eines Wissenschaftlers dürfe nicht erkünstelten Regeln folgen, sondern müsse den behandelten Gegenständen entsprechen – und das sei bei ihm der Fall, weil er sich nicht nach Rhetorikern richte, sondern nach Naturwissenschaftlern wie Berthollet, Bichat und Cuvier. Mit ihnen verglichen zu werden, sei das höchste Lob. Ohne je einen Kunstgriff zu benutzen, lasse er sich einzig von seinen Gedanken inspirieren – er könne gar nicht anders, als seiner Eingebung zu folgen. Vielleicht werde er später einmal, wenn er sich konkreteren Problemen zuwende, lebhafter, abwechslungs- und bilderreicher schreiben als bisher. Comte berief sich auf den Grafen Buffon: »Le style est l'homme même« hieß, daß man weder einen Menschen noch seinen Stil ändern kann.

Drei Jahrzehnte später legte Comte die Schreibregeln fest, denen er in Zukunft folgen wollte. Kein Satz durfte im Manuskript länger als zwei Zeilen sein – was bei seiner peniblen Handschrift fünf Druckzeilen entsprach. Kein Absatz durfte mehr als sieben Sätze enthalten; jeder Hiatus mußte streng vermieden werden. Weder im gleichen Satz, noch in aufeinanderfolgenden Sätzen sollte das gleiche Wort zweimal vorkommen – mit Ausnahme der einsilbigen Hilfszeitwörter. In Zukunft würde jede Abhandlung Comtes außer Einleitung und Schluß sieben Kapitel umfassen. Jedes Kapitel würde drei Teile, jeder Teil sieben Sektionen, jede Sektion einen Hauptabschnitt aus sieben, und drei weitere Abschnitte aus je fünf Sätzen haben. Regeln dieser Art sollten Comtes Prosa eine Strenge geben, wie sie sonst nur Gedichten eigen war.

John Stuart Mill, der einst den Verfasser des *Cours de philosophie positive* als außerordentlich klaren und methodenbewußten Autor gerühmt hatte, beschloß mit der Aufzählung dieser Kompositionsregeln sein Buch über Comte und den Positivismus; er sah in ihnen das deutliche Zeichen für den »melancholisch stimmenden Verfall eines großen Geistes«. Damit wird auch der Endpunkt einer Entwicklung bezeichnet, in deren Verlauf der Begründer der Soziologie sein Verhältnis zur Literatur korrigierte und den Darstellungsproblemen seiner grandiosen Systementwürfe eine immer stärkere Aufmerksamkeit widmete.

Ohne überhaupt etwas veröffentlicht zu haben, war sich Comte seines Erfolges bereits sicher. Er, der zeitlebens keinen besseren Posten finden sollte als den eines ›ambulanten Professors‹ – eines externen Prüfers für die Ecole Polytechnique –, prophezeite seiner noch zu entwickelnden Doktrin eine Durchsetzungskraft, die nur mit der unaufhaltsamen Ausbreitung des Christentums verglichen werden konnte. Er sah sich nicht nur als Fortsetzer, sondern als den Vollender von Descartes, und als ihn ein aus Deutschland stammender Brief, gerichtet an »M. Auguste Comte, auteur du système de politique positive, à Paris«, sicher erreichte, da fühlte er sich zwar geschmeichelt, doch vergaß er nicht, neiderfüllt zu erwähnen, daß bei Newton einst die Adressenangabe »Europa« ausreichend gewesen war. Kaum hatte er etwas publiziert, da nannte er seine eigenen Bücher bereits klassisch.

Bescheidenheit war nicht Comtes Stärke. Als er dem Minister Guizot die Einrichtung eines Lehrstuhls für Allgemeine Wissenschaftsgeschichte am Collège de France vorschlug, empfahl er sich selbst als den einzig geeigneten Kandidaten und legte einen Finanzierungsplan bei: er sollte aus den Mitteln des abzuschaffenden Lehrstuhls für Politische Ökonomie bezahlt werden – eine vage und irrationale Disziplin, die durch seine eigene Lehre längst überflüssig geworden war. Als 1842 der letzte Band des *Cours de philosophie positive* erschienen war, beschloß Comte, sich von jetzt an auf Polemiken nicht mehr einzulassen. Die Zeit der Diskussionen war für ihn vorüber. 1854 verlangte er, man solle die Vendôme-Säule niederreißen, um an ihrer Stelle ein Denkmal für ihn selbst, den Begründer der okzidentalen Republik, zu errichten.

In Wahrheit konnte von einer Konspiration des Zeitgeistes zu seinen Gunsten, auf die Comte schon früh alle Hoffnungen gesetzt hatte, keine Rede sein. Der Zeitgeist schien sich eher gegen ihn verschworen zu haben, da jeder Versuch, eine gesicherte Stellung zu finden, scheiterte. Ohne Ansprüche aufzugeben oder an seiner

Selbsteinschätzung zu zweifeln, wurde Comte sich bald bewußt, wie schwer es war, seine spekulative und theoretische Existenz in einer Zeit zu führen, da die Wissenschaft immer mehr zu einer Industrie wurde. Die französische Gelehrsamkeit war noch bewundernswert; Frankreichs Gelehrte aber verkamen immer mehr zu Opportunisten. Wie realitätsfern Comtes Äußerungen auch waren – nicht ganz zu Unrecht konnte er behaupten, die Stärken und Schwächen der Akademiker besser zu kennen als irgend jemand sonst. Gerade die Erfahrungen des Wissenschaftsbetriebs waren es, die noch in Comtes kühnsten Phantasien Reste eines Realitätsprinzips wirksam bleiben ließen. Die ›faits sociologiques‹ definierte er – nicht ohne Selbstironie – bereits so, wie Emile Durkheim dies später tun sollte: es waren die Dinge, mit denen man sich abfinden mußte.

Die verwegene Selbstüberschätzung ihres Autors kennzeichnet alle Schriften Comtes. Er war unbeirrbar in seinen Analysen, entschieden im Urteil, tollkühn in seinen Voraussagen. Mitten im 19. Jahrhundert wollte er seine Anhänger davon überzeugen, daß die Kriegsgefahr in Europa ein für allemal vorüber war. Knapp dreißig Jahre später hatten die Russen den verlustreichen Krimkrieg hinter sich, die Österreicher waren von den Italienern und den Deutschen geschlagen worden, und Sedan hatte die Niederlage Frankreichs in seiner Auseinandersetzung mit Preußen besiegelt. Prognosen dieser Art waren es, die Naturwissenschaftler wie Pasteur zum Anlaß nahmen, um die Soziologie Comtes zu verspotten, der doch eine Naturwissenschaft des Sozialen hatte begründen wollen.

Auch wenn Comte sich stets überschätzte – oft genug hatte er Grund dazu. Den Vorlesungen über positive Philosophie, die er in seiner Wohnung in der rue Monsieur-le-Prince abhielt, folgten weltberühmte Gelehrte wie Alexander von Humboldt, Blainville und Poinsot. Immer wieder erreichten ihn, der doch nur ein Außenseiter im französischen Wissenschaftsbetrieb war, die Sympathiebekundungen großer Zeitgenossen. Erfreut wie er darüber auch war, schien er doch nie davon überrascht. Als John

Stuart Mill englische Anhänger Comtes dazu bewegte, diesem durch eine Pension seinen Lebensunterhalt zu sichern, war Comte dankbar, doch hielt er eine solche Hilfe letztlich für selbstverständlich. Kurios war eher, daß die Unterstützung so spät kam, und daß sie schließlich wieder ausblieb, war ein Fehler, der auf lange Sicht eher seinen ehemaligen Gönnern als ihm selbst schaden mußte. Daß seine Lehre attraktiv für viele Gelehrte war, deren Reputation auch seine Gegner nicht anzweifeln konnten, bestärkte Comte in seinem Selbstbewußtsein. Die immer geringer werdenden Aussichten auf eine Normalkarriere ließen ihn sein Außenseitertum als eine Mission empfinden.

Auguste Comte hatte etwas an sich, was den Fanatiker zwar nicht liebens-, wohl aber achtenswert macht: er schonte sich nicht und folgte dabei jenen Prinzipien, von deren Richtigkeit er andere zu überzeugen suchte. An Entschiedenheit, mit welcher der Radikalismus einer Methode die Methodik des alltäglichen Daseins prägt, übertraf niemand Comte, dessen Muttersprache bereits dem Versuch, Leben und Werk aufeinander abzustimmen, entgegenkommt: *expérience* heißt im Französischen Experiment wie Erfahrung, und der von ihm stammende Begriff der ›expérience sociologique‹ wurde für Comtes Verhalten so verpflichtend wie eine Ordensregel. Seinem Systematisierungsdrang entsprach die Formierung des eigenen Lebens, seinen Zumutungen an andere der hohe Anspruch an sich selbst. Dabei war seine Askese modern, da sie ausgesprochen produktivitätsorientiert war. Auch wenn Nietzsche den späten Comte zu Recht einen katholischen Schwärmer nannte – John Stuart Mill hatte allen Grund, an Comtes Leben und Werk die calvinistischen Züge hervorzuheben.

Das Zwanghafte vieler Handlungen Comtes läßt sich nicht übersehen, und auch daher steigert sich die Sprache bei ihm oft genug ins Groteske. Wenn er Mill davon berichtet, er habe sich ein paar Tage der »horizontalen Meditation« hingegeben, anstatt schlicht zu sagen, er habe im Bett liegen müssen, erinnert er an Buffons Überschwang, den d'Alembert und andere verspotteten. Und doch ist es rührend und eindrucksvoll, wie Comte den Kaffee zuerst, dann den Tabak und schließlich auch noch den Wein läßt, mit einer Kupferwaage die tägliche Nahrung bis auf fünf Gramm peinlich genau abwiegt, nach all seinen Vorlesungen systematische Atemübungen durchführt und als Ausgleich für seine sitzende Lebensweise auf langen Spaziergängen Paris durchwandert, das für ihn, da er nie aufhört, an seine Projekte zu denken, zu einem einzigen großen Arbeitszimmer wird.

›Hygiene‹ und ›Diät‹ bestimmen nicht nur den Alltag Comtes – es sind in vielleicht noch stärkerem Maße die Leitmotive seines Gelehrtenlebens. Seit 1838 liest er keine Zeitungen und Zeitschriften mehr und nur gelegentlich noch wirft er einen Blick in das alle vierzehn Tage erscheinende Bulletin der Académie des Sciences. Dies gehört zu seiner ›hygiène cérébrale‹, durch die er sich ausschließlich auf die Vollendung des eigenen Werkes konzentrieren will. Die Furcht vor intellektueller Ansteckung sitzt tief. Daher sind Unterbrechungen der geistigen Diät selten und werden genau notiert, wie die Lektüre Vicos, der Schriften John Stuart Mills und jener Artikel im *National*, die Emile Littré dem Werk Comtes widmet, wodurch schließlich aus einem System eine Schule und aus einer Doktrin eine Bewegung wird.

Ansonsten bilden Musik, Malerei und Poesie die einzige Abwechslung. Der Soziologe Comte meidet die Gesellschaft, doch besucht er regelmäßig ein- oder zweimal in der Woche die italienische Oper, und seine Lieblingspoeten sind Dante, Petrarca, Tasso und Ariost, weil die expressive Melodie ihrer Gedichte der Musik am nächsten kommt. Die Liebe zur Kunst gilt ihm als das wichtigste Anzeichen dafür, daß er sich noch weiterentwickelt; sollte er einmal an der Musik keinen Gefallen mehr finden, wird auch sein intellektueller Fortschritt zum Stillstand kommen.

*

Comte war kein Utopist. Er unterschied den Träumer vom Theoretiker, der davon überzeugt ist, daß erst in geduldiger und mühsamer Arbeit die Doktrinen reformiert werden müssen, bevor man die Institutionen verändern kann. Von der Klarheit seiner Lehre durchdrungen, schien er immer erstaunt, daß seine Einsichten nicht auf jedermann wie Offenbarungen wirkten. Der Zustand der Umgangssprache, auf deren Benutzung der Soziologe nicht verzichten konnte, war dafür mitverantwortlich. Durchsetzt von den Floskeln des theologischen und metaphysischen Zeitalters, war es beinahe unmöglich, in ihr die Prinzipien einer positiven Philosophie und Politik zu formulieren. Neologismen boten keinen Ausweg. Als letzter war Montesquieu noch selbstbewußt genug gewesen, um neue Einsichten in neue Worte zu kleiden. Schon Rivarol aber hatte sich gegen Neologismen ausgesprochen und gegen die fatale Neigung, bekannten Worten neue Bedeutungen zu unterlegen; es war, als ob »man die Möbel im Zimmer eines Blinden umstellt«.

Comte ließ nicht zuletzt der zu seiner Zeit herrschende literarische Pedantismus vor der Ausbildung einer neuen Sprache zurückschrecken. Auch ohne sie blieb er stets von der eigenen kommunikativen Kompetenz überzeugt. Die intime Harmonie der wahren Positivisten bedurfte keiner Geheimsprache, und selbst als die Differenzen mit John Stuart Mill stärker wurden, konnte nichts seinen Glauben erschüttern, daß einige Stunden offener Diskussion eine Übereinstimmung der Meinungen – natürlich zu seinen Gunsten – herbeiführen würden.

Comte haßte die *littérateurs*, die sich rhetorischer Kunstgriffe bedienten, um ihre Leser und Zuhörer zu überzeugen – wie Victor Cousin, der ein ebenso erfolgreicher Redner wie seichter Philosoph war. Später sollte Emile Durkheim dieses Urteil wiederholen, als es immer noch darum ging, die Wissenschaft der Soziologie von ihren literarischen Vorläufern zu unterscheiden. Freunden Comtes war seine Haltung wohlbekannt, nicht zuletzt Gustave d'Eichthal, der Comte mit der deutschen Philosophie bekanntmachte. 1824 schickte er ihm lange Auszüge aus den *Ideen* Herders, den er mit Buffon verglich, weil sich auch bei ihm erhabene Gedanken mit der Wärme der Darstellung verbanden. Davon durfte man sich aber nicht täuschen lassen, fügte d'Eichthal hinzu; Herder habe erfolgreich versucht, die Wissenschaften von der Natur, vom Leben und von der Gesellschaft miteinander zu verknüpfen und seine theologisch klingende Sprache sei eher eine Tarnung. In Wahrheit sei er »excessivement positif«. Als d'Eichthal von Hegel berichtete, vergaß er nicht, dessen positives Urteil über den ersten Teil des *Cours* zu erwähnen; den Überlegungen Comtes standen viele Gedanken Hegels besonders nahe, der ein geschworener Feind der in Deutschland so zahlreichen Dichter-Philosophen war.

Seine Lektüre dosierte Comte wie eine vertraute Medizin. Die gleichen wenigen Autoren las er immer wieder, und es bedurfte außergewöhnlicher Anlässe, um ihn zu neuen Leseerfahrungen anzuregen. Als er von dem Interesse erfuhr, das die positive Philosophie in Deutschland fand, wollte er sich auf seine Weise erkenntlich zeigen: um die germanischen Anschauungen an der Quelle kennenzulernen, versprach er, Goethe im Original zu lesen. Das klang eher nach Pflicht als nach Neigung, zumal er heroisch hinzufügte, er werde sich dabei mit der Hilfe eines kleinen Wörterbuches begnügen. Wenig später teilte er John Stuart Mill bereits mit, es scheine ihm nicht mehr so dringlich, Deutsch zu lernen; für die Verbreitung seiner Arbeiten jenseits des Rheins könne er sich ohnehin auf Übersetzungen verlassen. So las er Goethe nie richtig, und Schiller, den er auch nur aus Übersetzungen kannte, blieb ein linkischer Shakespeare-Imitator für ihn.

Die Bücher aber, die Comte las, waren wichtige Lebenshilfen. Sie begleiteten ihn durch die periodischen Krisen, die jeder neuen Schaffensphase vorangingen. Mill schlug er vor, seine Melancholie durch ausgesuchte ›impressions esthétiques‹ zu bekämpfen, ohne zu ahnen, daß dieser tatsächlich 1826 – im gleichen Jahr, als Comte seine schwerste Störung durchmachte – eine drohende Geisteskrankheit durch seine Hinwendung zur Poesie kuriert hatte, daß Coleridge und vor allem Wordsworth ihn seither vor den fatalen Konsequenzen seines übersteigerten Utilitarismus bewahren sollten. Nach wie vor aber blieben Musik, Malerei und Literatur für Comte nur Mittel zum Zweck: sie schufen die gemütvollen Voraussetzungen für eine intellektuelle Produktion, ohne ein Teil von ihr zu sein. Die Kunst war ein unverzichtbares Mittel zur Steigerung der Erkenntnisfähigkeit, aber selbst der Erkenntnis nicht mächtig, wertvoll, doch kein Wert in sich.

Comtes ›Education sentimentale‹

Ein geborener Asket war Auguste Comte nicht. Es gab Bedürfnisse des Herzens, die befriedigt werden mußten, und oft genug geriet er in pikante Zwischenfälle oder beging jene kleinen Dummheiten, wie er sie nannte, die fünf Francs kosteten. Zu den Prostituierten vom Palais Royal gehörte Caroline Massin, die er schließlich gegen den erbitterten Widerstand seiner Eltern heiratete – sein größter Fehler, wie er später bekannte. Diese Beziehung überschattete sein ganzes Leben, selbst nachdem er sich 1842 endgültig von Caroline getrennt hatte. Im gleichen Jahr beendete er den *Cours de philosophie positive*; 1844 verlor er seinen Posten als Prüfer an der Ecole Polytechnique. Gleichzeitig begann Littré seine Artikelserie im *National*. Immer wieder von Nervenkrisen unterbrochen, nahm Comte sein nächstes großes Werk in Angriff, das *Système de politique positive*.

Die Konzentration auf seine Arbeit wurde womöglich noch stärker, als Comte darin nach dem Scheitern seiner Ehe auch die Befriedigung aller affektiven Bedürfnisse zu finden versuchte. Im September 1842 schrieb er an John Stuart Mill, der stets großen Anteil an seinen persönlichen Mißhelligkeiten nahm, in Zukunft würden für ihn angenehme private Beziehungen ausschließlich das Resultat wissenschaftlicher Kontakte sein; er erinnerte an die »intimes convergences philosophiques«, die trotz aller Gegensätze in der Frauenfrage zwischen ihnen bestanden, und schlug Mill vor, anläßlich seines nächsten Paris-Besuches bei ihm zu wohnen, damit sie gemeinsam die Annehmlichkeiten eines brüderlichen Lebens genießen konnten.

Beide sollten einander nie sehen. Mills Verbindung mit Harriet

Taylor kühlte eine Brieffreundschaft noch mehr ab, die bereits durch die unterschiedlichen Standpunkte in der Frage der Frauenemanzipation belastet wurde. In der »großen, biologisch-soziologischen Diskussion«, die er und Mill miteinander führten, zog Comte sogar Ergebnisse der vergleichenden Anatomie heran, um zu beweisen, daß Ausnahmen von der naturgewollten Überlegenheit des männlichen Geschlechts nur auf der niedersten Stufe des Tierreichs, bei den Wirbellosen, auftraten. Charakteristisch für die Minderwertigkeit der Frauen war ihre Unfähigkeit zur Abstraktion, das störende Hereinspielen der Leidenschaften in ihre Ratio. Daher waren sie weder geeignet, eine Firma zu leiten, noch eine Armee zu führen; von Regierungsämtern mußte man sie strikt fernhalten. Weder in Malerei, Musik noch Dichtung hatten Frauen je Bedeutendes geleistet. Sie waren von Natur aus und daher auf alle Zeiten den Männern unterlegen.

Weder als Tatsache noch als Prinzip wollte Comte die weibliche Emanzipation anerkennen. Die Aktionen militanter Frauen konnten zu nichts anderem als zur erneuten und nunmehr endgültigen Bestätigung ihrer Minderwertigkeit führen. Daß es eine Emanzipation der Frau nicht gab, wurde in der Literatur besonders deutlich. Gewiß – die Zahl weiblicher Autoren nahm immer mehr zu, aber konnte man auch nur eine von ihnen mit Madame de Sévigné, mit Madame de Lafayette, mit Madame de Motteville oder den anderen großen *femmes de lettres* des 17. Jahrhunderts vergleichen? Comte schien nicht zu bemerken, wie gefährlich dieses Argument für ihn war. Anscheinend waren die Frauen den Männern gar nicht von Natur aus, sondern nur auf Grund bestimmter historischer Zwänge unterlegen. Als Sarah Austin ihm deshalb Vorhaltungen machte, gab Comte lediglich zu, daß die Frauen für die Rezeption und die Verbreitung von Ideen, die von großen Männern stammten, wichtig sein konnten. Daß sie Descartes unterstützt hatte, verlieh auch Christine von Schweden eine gewisse Bedeutung.

Comte sah in der wachsenden Schar der *littératrices* nur einen erneuten Beweis für den beklagenswerten Zustand geistiger Anarchie, in dem sich die Gesellschaft der Gegenwart befand. Daß eine Autorin, die sich mit einem Männernamen schmückte – Comte dachte an George Sand –, berühmt werden konnte, war ein Skandal. Was auch immer seiner eigenen Frau vorzuwerfen war, zufrieden stellte Comte fest, Caroline habe wenigstens nicht geschrieben . . .

Dann aber kam der April 1845, und es begann, was die wahren Positivisten bis heute das Jahr ohnegleichen nennen. An seinem Ende hatten sich Comtes Anschauungen über Kunst und Literatur ebenso gründlich gewandelt wie seine Haltung zu den Frauen. Aus einer wissenschaftlichen Doktrin wurde eine Religion, und die Bedürfnisse des Herzens blieben auf einmal keine Privatsache mehr, die Kunst gewann nun ihr eigenes Gewicht, und Comte, der selbsternannte Hohepriester der Menschheit, wollte zuletzt nichts anderes sein als ein Dichter, der die Vorzüge Dantes und Petrarcas in sich vereinte, um jene zu besingen, die Beatrice und Laura zugleich für ihn war. An dieser Bruchstelle der Comteschen Biographie entstand jene Spaltung des Positivismus, die von der Mitte des 19. Jahrhunderts an nicht nur die Geschichte der Sozialwissenschaften nachhaltig beeinflußte, sondern in Frankreich wie in England weitreichende politische Auswirkungen hatte.

*

Bei der Wandlung des Positivismus von einer Wissenschaftsdoktrin zur Religion spielt ein Roman eine wichtige Rolle. Am 30. April 1845 verleiht Comte Henry Fieldings *Tom Jones* an Clotilde de Vaux. Er schickt ihr eine französische Übersetzung und bittet sie, sich mit der Lektüre Zeit zu lassen, da er selbst die englische Originalfassung des »bewundernswerten Meisterwerkes« behalte. Die Adressatin dankt bereits am darauffolgenden Tag; sie hofft, bald mit Comte über Fieldings Buch plaudern zu können. Dies sind die ersten beiden Briefe der *correspondance sacrée*.

Comte kannte Clotilde, die die Schwester eines seiner Schüler, Maximilien Marie, war. Im September 1835 hatte sie einen gewissen Amédée de Vaux geheiratet, der sie vier Jahre später auf der Flucht vor Spielschulden verließ und spurlos verschwand. Seitdem lebte Clotilde zurückgezogen im Kreis ihrer Familie, wo Comte ihr im Oktober 1844 zum ersten Mal begegnete.

Bald nach dem Austausch der ersten Briefe besucht Clotilde Comte in Begleitung ihres Bruders in der rue Monsieur-le-Prince; er sieht sie bei ihren Eltern wieder. Nicht ohne intellektuelle Ambitionen, erhofft sie sich Anregung und Belehrung von einem Philosophen, der zwar keine Universitätskarriere gemacht, sich aber weit über Paris und Frankreich hinaus Ansehen erworben hat. Bei ihm ist es der *coup de foudre*: die Liebe zu Clotilde, davon ist Comte sofort überzeugt und darin hat er recht behalten, wird ihn aus seiner persönlichen Misere befreien und seinem Werk neuen Auftrieb geben. Die Bedürfnisse des Herzens lassen sich nun, so scheint es, zum ersten Mal auf würdige Weise erfüllen. Er schreibt Clotilde zwei, drei Briefe, ohne daß er darauf eine Antwort erhält; er erklärt ihr, warum er sich zu ihr hingezogen fühlt, er deutet an, was er sich von ihr erhofft. Sie antwortet endlich, aber es ist nicht die Antwort, auf die er gewartet hat. Mit traurig-freundlicher Entschiedenheit bittet sie Comte, seine Gefühle zu kontrollieren und versichert ihn ihrer Achtung und Zuneigung, nicht aber ihrer Liebe. Comte begreift, aber er resigniert nicht, und von nun an ist dieser rührende, lange, peinliche Briefwechsel von seiner Seite aus ein einziger Versuch, die Achtung Clotildes in Liebe zu wandeln; von ihrer Seite aus der beharrliche und erfolgreiche Widerstand gegen ebendieses Begehren.

Comte liebt, aber seine Liebesbriefe sind Traktate; er spricht aus der Tiefe seines Herzens, doch klingt es immer, als folge er dabei einem sorgfältig vorbereiteten Konzept. Clotilde liebt nicht, aber ihre Briefe wirken spontan, sie sind voller Wärme, auch wenn sie ihre Zurückweisung ausdrücken. Der gesunde Menschenverstand ist immer auf ihrer Seite, und die Sprache ist es auch: sie schreibt einfach besser als Comte. Das tat sie übrigens schon, bevor sie ihn kennenlernte. Einer von Clotildes Nachfahren, Charles de Rouvre, ging so weit, ihre frühen Briefe mit denen der Madame de Sévigné zu vergleichen. Einige ihrer Wendungen hatten tatsächlich die Klarheit moralischer Maximen, an denen die französische Literatur reich ist; Romain Rolland zitierte sie in seinem Briefwechsel mit Thomas Mann.

Der Wandel, der sich in Comtes Anschauungen vollzieht, ist tiefgreifend. Er besteht in einer Rehabilitation des Gefühls – wobei Vauvenargues' Maxime, daß alle großen Gedanken vom Herzen kommen, als Motto dient –, in einer Revision der Rolle, die Comte bis dahin den Frauen zugesprochen hat, und nicht zuletzt in einer Aufwertung der Literatur.

Am 2. Juni feiern die Katholiken den Namenstag der Heiligen Clotilde. Comte, der Kritiker des theologischen Zeitalters, benutzte die Gelegenheit, um für Clotilde de Vaux eine Abhandlung über die *commémoration sociale* zu verfassen, eines der vielen kleinen Theorie-Billetts, die er von nun an schrieb, um ihr die positivistische Lehre nahezubringen. Er hob hervor, daß im Zentrum des Positivismus gleichberechtigt die Philosophie, die Dichtung und die Politik stehen sollten. Die Philosophie ordnete das menschliche Leben; die Dichtung verschönte es und adelte unser Dasein durch die Idealisierung des Gefühls; die Politik schließlich, eine soziale Technik, deren Zentrum die Moral bildete, koordinierte unsere öffentlichen und privaten Handlungen. So vereinte der Positivismus Gedanke, Gefühl und Tat – mit dem Ziel, die Vervollkommnung der äußeren und der inneren Existenz des Menschen zu erreichen. Dabei würde der gesellschaftliche Einfluß der Frauen wachsen und schließlich eine überragende Rolle spielen. Die keusche Frauenverehrung des mittelalterlichen Rittertums war bewundernswert gewesen – auch wenn sie durch die herrschende Theologie der Zeit in ihren Auswirkungen erheblich beschnitten wurde. Jetzt kam es darauf an, für diesen katholischen Spiritualismus ein neues Wirkungsfeld zu finden.

Clotilde antwortete drei Tage später, ohne auf Comtes Ideen einzugehen. Aus seinem dozierenden Ton hatte sie den ungebrochenen Wunsch herausgehört, sie ganz für sich zu gewinnen, und daher beschwor sie ihn, sie vorerst nicht mehr zu besuchen. Sie gestand ihm, seit zwei Jahren einen anderen Mann zu lieben. Da sie immer noch verheiratet war und an der Unauflöslichkeit der Ehe festhielt, konnte sie nicht hoffen, diesen Mann je für sich zu gewinnen. Ihre Emotionen mußten jetzt zur Ruhe kommen, und das gleiche galt für Comte. Im übrigen war sie mit einer wichtigen Arbeit beschäftigt, die ihr die Seelenruhe wiedergeben sollte.

Clotilde wurde Schriftstellerin; in dem Briefroman *Lucie* beschrieb sie ihr eigenes Schicksal. *Lucie* erschien am 20. Juni 1845 im Feuilleton des *National*, dessen verantwortlicher Redakteur, Armand Marrast, einer der einflußreichsten Pariser Journalisten seiner Zeit war. Comte hatte Marrast einmal wegen dessen Kritik des Cousinschen Spiritualismus gelobt; auch mußte ihm sein Blatt sympathisch sein, weil darin Littré einem größeren Publikum die Lehren des Positivismus nahegebracht hatte. Dennoch war für ihn die Publikation der *Lucie* ein Schock – schon deshalb, weil er vermutete, daß Marrast Clotilde nicht nur als Autorin für sich zu gewinnen versucht hatte. Clotilde war nun eine jener *littératrices* geworden, aus deren Verachtung er nie ein Hehl gemacht hatte. Aber Comte, der daran gewöhnt war, sich den *faits sociologiques* zu beugen, hatte unterdessen auch gelernt, mit einem *fait accompli* zu leben.

Er las die »charmante Novelle« am 23. Juni zum ersten Mal, schrieb umgehend an Clotilde und dankte ihr für die »süßen Tränen«, die die Lektüre ihn hatte vergießen lassen. So hingerissen schien er, daß er selbst die Druckfehler übersah, auf die Clotilde ihn in ihrem frischen Autorenstolz vorsorglich hingewiesen hatte. In der *Lucie* glaubte Comte, die Prinzipien seiner eigenen Lehre wiederzufinden; Walter Scott war ihm als Autor gerade gut genug, um eines seiner Werke zum Vergleich mit dem Erstling Clotildes heranzuziehen. Clotilde wiederum schrieb ihm einen Brief, in dem sie von den »petits bonheurs« berichtete, die ihr der Roman bereitete; Comte las ihn daraufhin gleich noch einmal – schließlich war dies eine willkommene Gelegenheit, wieder einen Brief an sie zu schreiben.

Comte gab sich Rechenschaft über sein vergangenes Leben

und machte detaillierte Pläne für die Zukunft. Er war durch die Beziehung zu Clotilde am Wendepunkt seiner persönlichen und wissenschaftlichen Entwicklung angelangt. Von nun an würde in seiner Lehre das Gefühl von gleicher Wichtigkeit sein wie der Intellekt. Anfangs hatte er die Rationalität seiner Konzeptionen betonen müssen; jetzt, da es um deren Anwendung ging, konnte den Emotionen der ihnen gebührende Platz eingeräumt werden. Das Werk, das er nunmehr in Angriff nahm, sein *Système de politique positive*, würde in diesem Sinne ausgeglichener komponiert sein als alle früheren Schriften von ihm. Er näherte sich wieder dem Katholizismus, wovon nicht zuletzt seine Augustinus-Lektüre Zeugnis ablegte, und immer mehr erschienen ihm die systematischen Positivisten als die einzig legitimen Nachfolger der großen Männer des Mittelalters.

Unterdessen eröffnete sich für Clotilde eine Karriere: Armand Marrast bot ihr die regelmäßige Mitarbeit im *National* an. Zweimal in der Woche sollte das Feuilleton Erziehungs- und Frauenfragen gewidmet sein; Clotilde würde die Kritik der Frauenromane übernehmen. Sie war glücklich, wie sie Comte schrieb; sie zählte auf seine Freundschaft und seine Kenntnisse, um sie bei dieser Aufgabe zu unterstützen.

Bevor Comte antworten konnte, reagierte, wie so oft, sein Organismus: die alte Schlaflosigkeit kehrte zurück, er verfiel in einen Zustand tiefer Melancholie. Dann schrieb er an Clotilde einen seiner langen, quälenden Briefe, in denen die komplizierte Darlegung von Prinzipienfragen nur die Angst verbarg, seine wahren Wünsche zu äußern. Comte warnte Clotilde davor, das Angebot von Marrast anzunehmen: das literarische Metier konnte ihrer moralischen und intellektuellen Entwicklung nicht nutzen. so verführerisch es auch erscheinen mochte. Die journalistische Tätigkeit, die Konzentration auf die Kritik am Werk anderer, die jede eigene schöpferische Tätigkeit lähmte, mußte in geistigem Verfall enden. Clotilde sollte über wirklich wichtige Themen schreiben, ohne sich dem frivolen Rhythmus der Tagespresse zu beugen.

Clotilde wurde keine Journalistin; nicht zuletzt ihr sich ständig verschlechternder Gesundheitszustand verhinderte eine regelmäßige Mitarbeit am *National*. Als Comte und Clotilde Paten von Maximilien Maries Sohn wurden, benutzte er die Gelegenheit, um Clotilde in einem philosophischen Brief über die Taufe das Ausmaß seiner Zuneigung vor Augen zu führen: als Paten waren sie beide eine spirituelle Ehe eingegangen, jetzt fühlte er sich Clotilde untrennbar verbunden. Eine Zeitlang noch blieb der Unterschied im Tonfall der Briefe, die sie miteinander wechselten, für ihn schmerzhaft spürbar: er betete sie an, Clotilde dagegen erlaubte sich weder Phrasen noch Komplimente, wie sie mit jener aphoristischen Kürze feststellte, die ihre Briefe heute noch lesenswert macht. Freilich blieb sie von der Hartnäckigkeit des »très cher philosophe« nicht unbeeindruckt, und am 5. September 1845 unterzeichnete sie zu Comtes Entzücken zum ersten Mal einen Brief nur mit ihrem Vornamen und schloß mit dem Satz: »Adieu, schonen Sie sich, und lassen Sie uns die heftigen Gefühle vermeiden. Ich vertraue Ihnen den Rest meines Lebens an.«

Dies war nun kein Satz, der Comtes Emotionen zügeln konnte, und wieder beginnt eine lange Phase, in welcher er sie umwirbt, und sie ihm zu verstehen gibt, daß ihre noch gültige Ehe und die unerfüllte Zuneigung zu einem anderen Mann für immer ihren Beziehungen Grenzen setzen werden. Der Clotilde-Kult, den Comte schon zu ihren Lebzeiten entwickelt, ist die systematische Kompensation einer unerfüllten Leidenschaft; und im gleichen Maße, in dem sein Leben asketischer wird, versinnlicht sich seine Doktrin immer mehr, oft genug die Grenzen zum Schwülstigen streifend und sie so manches Mal überschreitend.

Zur gleichen Zeit nimmt Clotilde in ihrer verstandesgeprägten Zuneigung sich vor, die Lehre des Positivismus systematisch, vielleicht mit der Hilfe Littrés, zu studieren. Sie kann nicht ahnen, daß die Briefe, die sie beinahe täglich mit Auguste Comte wechselt, die positivistische Doktrin bereits entscheidend verändern und letztlich zum Abfall ›wissenschaftlicher‹ Positivisten wie

Emile Littré vom Gründer des Positivismus führen werden. Comte war dabei, eine Religion zu gründen, und die Literatur spielte bei dieser Konversion eine entscheidende Rolle.

Comte wendet seine Askese ins Produktive. Die dank Clotilde gewonnene Harmonie zwischen seinem öffentlichen und seinem privaten Leben überzeugt ihn davon, sein neues, auf fünf Bände angelegtes Werk, die »ungeheure Oper« der *Politique positive*, vollenden zu können. So sicher fühlt er sich, daß, selten genug bei ihm, Anzeichen von Selbstironie in seinen Briefen auftauchen. Im Rückblick auf die Korrespondenz mit Clotilde erkennt er, daß er sich bisher eher wie Don Quichotte als wie Don Juan benommen hat. Andererseits rechtfertigt er sich damit auch: hätte er nicht von seiner Dulcinea geträumt, wäre Don Quichotte nur ein normaler Dummkopf geblieben.

Clotilde will er in ihrer literarischen Karriere nicht zuletzt unterstützen, um ihr zu einer ähnlichen Harmonie zwischen öffentlicher und privater Existenz zu verhelfen. Eine Gelegenheit dazu bietet sich bald. Clotilde schickt ihm die ersten Teile ihres neuen Romans *Willelmine*, den Comte aufmerksam liest – als wohlwollender Kritiker, wie er sich selbst bezeichnet. Der Fortgang des Romans, in den Clotilde ihre neuerworbenen philosophischen Kenntnisse einarbeiten will – nicht, ohne sich zu wundern, wie schwer die Feder den Gedanken folgt –, gibt Comte wiederum Anlaß, sie vor den intellektuell schädlichen Folgen des Literatenlebens zu warnen. Er berät sie stilistisch, er akzeptiert den Roman als ein Medium, in dem Clotilde und er Gedanken und Gefühle wechseln können, deren Ausdruck das Leben ihnen versagt, aber er kann sich nicht soweit überwinden, Clotildes Wunsch, eine auch von der Öffentlichkeit anerkannte Schriftstellerin zu werden, zu unterstützen. Ihre »gerechtfertigte persönliche Emanzipation« möchte er fördern, aber auch stets kontrollieren, und so legt er ihr nahe, künftig an der *Revue Positive* mitzuarbeiten, deren Erscheinen Littré gerade vorbereitet.

Dazu ist sie in den Augen Comtes um so mehr befähigt, als sie instinktiv verstanden hat, daß der Positivismus der Zukunft die

Einheit von Gedanke, Gefühl und Tat verkörpern wird; sie hat darüber hinaus gezeigt, in welcher Sphäre des menschlichen Lebens die Frau ihren besonderen Beitrag zum gesellschaftlichen Fortschritt leisten kann. Mit jener Klarheit, die Molière, dieser Positivist *avant la lettre*, an den Frauen bewunderte, hat sie in ihrem Roman eine Herzensbekehrung zum Positivismus dargestellt.

Der Rang, den Comte seiner Beziehung zu Clotilde gibt, steigert sich noch. Mademoiselle de Lespinasse und d'Alembert, Voltaire und Madame du Châtelet sind die Paare, die er zum Vergleich heranzieht. Als ihm Clotilde ein paar Verse, *Les Pensées d'une fleur*, zuschickt, die genauso klingen, wie ihr Titel es vermuten läßt, und von denen ein Kritiker gesagt hat, sie ließen sich durchaus mit den schlechtesten Gedichten Chateaubriands vergleichen, da bewundert er daran – auch wenn er eine Zeile vorsichtig kritisiert – die poetische und philosophische Sensibilität und reiht das Manuskript sofort unter die Reliquien seiner kleinen Geheimbibliothek ein. Als er die »hinreißende Canzone« zum dritten Mal gelesen hat, da ist er davon überzeugt, daß sie Petrarcas Eifersucht erregt hätte – um so mehr, als es in der französischen Sprache überhaupt nichts Vergleichbares gibt.

Nicht nur in seinem Verhältnis zu Clotilde wird sichtbar, wie sehr sich Comtes Einstellung zu den Frauen gewandelt hat. Als George Sand, die er früher als schlimmste aller Literatinnen abgetan hatte, sich darum bemüht, Zugang zu einem seiner Vorträge zu erhalten, da bittet er Laffitte, der »berühmten Frau« bei nächster Gelegenheit einen besonders guten Platz zu reservieren. Er bedauert sein früheres, brüskes Verhalten ihr gegenüber, denn für seine weitere Verbreitung kann der Positivismus auf die Frauen nicht verzichten.

Clotilde nimmt – mehr und mehr durch eine fortschreitende Schwindsucht geschwächt – alle Kräfte zusammen, um ihren neuen Roman, »mein Kind«, herauszubringen. Es kommt zum Wettlauf mit der Krankheit: »Immer wieder packt das Fieber mich, wenn ich diese verfluchte Feder anfasse«, schreibt sie am

2. März 1846 und fügt hinzu: »Wie Tantalus komme ich mir inmitten meiner Schreibfedern und meiner Bücher vor.« Comte bittet sie, nicht so oft an ihre Arbeit zu denken und sich zu schonen; andererseits wünscht er, sie möge ihr bedeutendes Werk vollenden. Er versichert ihr, daß er erst durch sie zum vollkommenen Philosophen geworden sei, da ihm bisher die große Passion gefehlt habe, um die affektive Seite des menschlichen Lebens wirklich kennenzulernen. Jetzt, da er weiß, daß das Gefühl genauso wichtig, wenn nicht von größerer Bedeutung ist als der Intellekt, kann er Clotilde bekennen, daß im Grunde genommen sie es ist, die der positivistischen Doktrin die Vollendung gegeben hat. Aber immer noch fürchtet er die literarische Karriere der bereits Todkranken, und immer wieder bittet er sie, sich mit seiner, aber ausschließlich mit seiner Hilfe zu emanzipieren: »Wagen Sie es doch, Clotilde, wagen Sie es doch auf immer, mit meiner Hilfe ganz Sie selbst zu sein!«

Clotilde lebte nur wenige Häuser von ihren Eltern entfernt. Am 2. April 1846 ließ die Familie nach den Sterbesakramenten rufen, die Clotilde empfing, denn trotz ihrer theologischen Emanzipation hatte sie sich, ebenso wie Comte, eine tiefe Verehrung für die Riten des katholischen Glaubens bewahrt. Am gleichen Tag wurde sie 31 Jahre alt. Vor Zeugen vermachte sie Comte die Briefe, die er an sie geschrieben hatte, und das unvollendete Manuskript der *Willelmine*. Um Clotilde drängten sich Comte und die Angehörigen der Familie Marie; sie bestritten einander das Recht zur Anwesenheit am Sterbebett. Mehrere Male versuchte Clotilde in ihrer Agonie, den immer wieder ausbrechenden Streit zu schlichten. Außer sich vor Schmerz, wollte Comte niemanden mehr zu ihr vorlassen; als er sogar dem behandelnden Arzt Vorschriften machen wollte, konnte diesem der Vater Clotildes nur mit Gewalt Zugang zur Kranken verschaffen. Am Todestag, dem 5. April, wurde das Sterbezimmer vollends zum Pandämonium. Heftiger denn je begann der Kampf um die Anwesenheit am Bett Clotildes, die im Koma lag. Er endete damit, daß Comte sich mit seiner Dienerin Sophie, die Clotilde lange gepflegt hatte, im Sterbezimmer verriegelte und dieses, trotz aller Versuche der Familie einzudringen, erst wieder öffnete, als Clotilde bereits gestorben war.

Die Menschheit bezaubern und bessern

In der Geschichte der Sozialwissenschaften bildet Comtes Beziehung zu Clotilde de Vaux eine bizarre Episode. Sauber gebündelt und penibel durchnumeriert, werden die Briefe des Paares heute in der Wohnung Comtes, 10 rue Monsieur-le-Prince, aufbewahrt. Man kann sie nicht ohne Rührung betrachten, aber nur mit gelegentlichem Kopfschütteln lesen – die Briefe Comtes zumal, den selbst als Liebenden der *esprit de système* nie verließ. Am Ende nahm jede Alltagsbegebenheit seines unvergleichlichen Jahres mit Clotilde kultische Züge an.

Die Religion der Humanität und die Riten, mit denen Clotilde verehrt wurde und verehrt wird, haben nur noch wenige Anhänger. Die meist von brasilianischen Malern stammenden Gemälde, die Episoden aus dem Jahr ohnegleichen darstellen, sind selten von jener reinen Naivität, der gegenüber jede Kritik verstummt. Sie überschreiten oft genug die Grenze zum Kitsch. Gleiches gilt von dem Denkmal Comtes und Clotildes, das in Paris auf der Place de la Sorbonne steht. Während Comtes Appartement, hervorragend erhalten und liebevoll gepflegt, heute nicht nur eine Stätte des Gedenkens, sondern auch ein Ort der Forschung ist, kennen Clotildes Wohnung in der rue Payenne, nahe dem Musée Carnavalet, nur wenige. Wer in diese Straße einbiegt, sucht meist den Square Georges-Cain mit seinem kleinen verwunschenen Garten auf und läßt den Tempel der Humanität links liegen. Auch haben die brasilianischen Positivisten und die aus Liverpool das falsche Haus, 5 rue Payenne, gekauft und renoviert, wie wir heute aus den Unterlagen des zuständigen Katasteramtes wissen. Clotilde wohnte in dem Gebäude neben dem heutigen Tempel, 7 rue Payenne. Es ist längst abgerissen.

Dennoch – in Ironie zu verfallen, wäre, wie Raymond Aron schon vor fünfzig Jahren schrieb, der größte Fehler, den ein Biograph Auguste Comtes begehen kann. Comte war eine eigenwillige, aber keine komische Figur, und Clotilde war bestenfalls eine mittelmäßige Schriftstellerin, aber eine Psychologin des Alltags, deren Sensibilität ihresgleichen sucht. Die Affäre Comtes, die asketisch blieb wie die Romanzen der von ihm so verehrten Troubadoure, veränderte die positivistische Doktrin entscheidend. Sie führte später dazu, daß sich zwei Stränge der Comte-Nachfolge entwickelten, die am Ende des 19. Jahrhunderts in bitteren Konflikt miteinander gerieten.

*

Zwei Wochen nach Clotildes Tod begann Comte wieder mit der Arbeit am *Système*. Die Zeit der privaten Leidenschaften war für ihn vorbei; von nun an würde er sich »in nobler Melancholie« ganz auf die Vollendung seines Werkes konzentrieren. Über lange Jahre hatte er seine häuslichen Mißstände – die verfehlte Ehe mit Caroline Massin, die zu späte Trennung von ihr, die wachsende Entfremdung von seinen Eltern – durch Arbeit kompensieren müssen. Erst das Jahr mit Clotilde hatte ihm gezeigt, daß zwischen öffentlichem und privatem Leben nicht notwendig ein Gegensatz besteht, daß beide sich durchdringen und befördern können. Clotilde, deren literarische Karriere so brüsk endete, war dazu bestimmt gewesen, seine »würdige Kollegin« zu werden. In ihnen beiden hätten sich Wissenschaft und Dichtung vereint.

Seit dem Ende des Mittelalters hatte der Geist eine außerordentlich wirksame Herrschaft in Europa ausgeübt. Nun sollte das Herz sein Recht bekommen – eine Korrektur, der Comte die zweite Hälfte seiner Karriere widmen wollte. Auch hier ließ er sich von Clotilde leiten, die gefühlt hatte, was der Positivismus bedeutete, ohne daß sie ihn hatte studieren müssen.

Auch G. H. Lewes, der englische Übersetzer Comtes, der an einer Goethe-Biographie arbeitete, hatte Comtes Stil getadelt. Seine Sätze waren in der Regel zu lang, ihre Wortwiederholungen fielen unangenehm auf, manche Adverbien und Epitheta waren überflüssig, zu viele *rappels* und *anticipations* folgten einander. Lewes, wie erschrocken über seinen Mut, Comte zu kritisieren, beeilte sich hinzuzufügen, daß er als Schriftsteller befangen sei und daß er keineswegs die Vorzüge eines angenehmen Stils gegen die Bedeutung wahrhaft großer Ideen ausspielen wolle. Auch sei er dagegen, daß Comte seine Zeit damit verschwende, Sätze zu polieren. Die ›labor lineae‹ sei nicht die Aufgabe des Wissenschaftlers, sondern des Literaten, und er sei gerne bereit, Comte davon zu entlasten. Im übrigen könne man Comtes Stil sehr leicht verbessern; schon bisher hätten seine verhältnismäßig geringen Mängel der Überzeugungskraft der positivistischen Ideen nicht geschadet.

Zwanzig Jahre zuvor hatte Comte auf einen ähnlichen, vielleicht nicht ganz so schmeichelhaften Brief Valats ungehalten reagiert. Jetzt bedankte er sich für die gutgemeinten Ratschläge und versprach, ihnen zu folgen, wo immer der Charakter seines Werkes es zuließ. Er sah die Notwendigkeit und die Vorteile einer literarischen Zensur ein: in Zukunft würde er sich darum bemühen, besser zu schreiben.

Leser und Ratgeber wie Lewes wurden nun immer wichtiger für Comte, der begeistert davon war, daß Lewes in Goethe einen Vorläufer des Positivismus sah – so wie er selbst Molière gesehen hatte. Erneut äußerte er seinen Wunsch, Deutsch zu lernen. Wieder sollte dies mit Hilfe eines »beau Goethe« und eines kleinen Wörterbuchs geschehen – doch nun nicht mehr, um seine intellektuelle Schuld gegenüber der germanischen Philosophie zu begleichen, sondern um seine Kenntnisse der abendländischen Kunst und Literatur zu vervollkommnen. Die *Bibliothèque positiviste au dix-neuvième siècle*, von deren 150 Bänden immerhin 30 zu den *belles-lettres* gehören, kündet ebenso von der wachsenden Bedeutung der Literatur wie Comtes ausführlicher Ratschlag an Jacquemin, einen lesenden Arbeiter, der den Meister um Anleitung für seine bücherhungrige Schwester gebeten hatte. Freilich war die *Bibliothèque* auch eine Art positiver Index, der anzeigte, was der wahre Positivist lesen sollte. Mit der wachsenden gesellschaftlichen Bedeutung der Literatur wuchs auch die Notwendigkeit einer Zensur. Die Zerebralhygiene war immer noch in Kraft.

Die Lektüre der vom positivistischen Zensor zugelassenen großen Dichtungen blieb nun nicht mehr auf den Zweck beschränkt, den Philosophen von der Mühe der wissenschaftlichen Produktion zu entlasten. Die wahren Dichter lieferten vielmehr in ihren Werken eine ungemein wichtige »condensation philosophique«; verfügte man erst, wie Comte, über eine soziologische Theorie, so ließ sich der grundlegende Charakter einer Epoche am besten aus ihren literarischen Meisterwerken erschließen.

Es gab, völlig gleichberechtigt, wissenschaftliche und künstlerische Karrieren, und Menschen wie Lewes mußte man bewundern, weil sie es verstanden, beide miteinander zu vereinen. Demgegenüber sank John Stuart Mill mehr und mehr in Comtes Achtung. Er war im Grunde genommen ein Metaphysiker geblieben, der von den intellektuellen Werten des Positivismus angezogen wurde, ohne seine wirkliche gesellschaftliche Bedeutung zu erkennen. Bei ihm wurde der Positivismus in der Tat so trocken, wie es seine Feinde behaupteten. Mill hatte Comte geplündert, um seine *Logik* zu schmücken – so wie Cousin einst Hegel gelesen hatte, um sich zu verjüngen. Überhaupt versuchten gerade die Engländer, den Positivismus auf seine intellektuellen Gehalte zu begrenzen; von der positivistischen Gefühlskultur wollten sie nichts wissen. Mill wurde für Comte zu einem halbherzigen und daher unzuverlässigen und gefährlichen Anhänger.

Zu den geschicktesten Verteidigern Comtes in England gehörte sein späterer Übersetzer J. H. Bridges. Wenn er recht mit der Behauptung hatte, Comte habe in seiner *Synthèse subjective* nichts anderes ausdrücken wollen als Wordsworth in der *Ode on Immortality* oder Shelley in *Prometheus Unbound*, war Mills Kritik an Comte in der Tat unaufrichtig. Denn zu den Dichtern, deren Werke Mill nach seiner psychischen Krise im Jahre 1826 aufmerksam gelesen hatte, gehörten Wordsworth und Shelley, und seit dieser Zeit hatte auch Mill nicht aufgehört, für eine Verbindung von Verstandes- und Gefühlskultur zu werben.

Das vollendete *Système de Politique Positive, ou Traité de Sociologie, Instituant la Religion de l'Humanité* ist, wie bereits sein Titel erkennen läßt, eine Art Denkschrift für Clotilde. Das Zitat Alfred de Vignys, das Comte im Vorwort abdruckt – »Was ist ein großes Leben: Ein Jugendgedanke, der im reifen Alter Wirklichkeit wird« –, verleiht seinem Lebenslauf wie seiner intellektuellen Karriere eine Folgerichtigkeit, die sie beide nicht besessen haben. Daß im *Cours* der Geist herrscht, während im *Système* das Herz dominiert, erklärte Comte damit, daß es sein anfängliches Ziel gewesen war, die intellektuelle Überlegenheit des Positivismus gegenüber allen theologischen Systemen zu beweisen, während es später darum ging, die moralische Vortrefflichkeit der einzig wahren Religion zu demonstrieren. Ob man nun in den Spätschriften Comtes, wie er selbst und seine treuen Anhänger verkündeten, die natürliche Vollendung des Positivismus sieht, oder sie mit den positivistischen Dissidenten als den Abfall Comtes von seinen ursprünglich großen und wahren Ideen beklagt – all dies war viel weniger das geplante Ergebnis theoriepolitischer Überlegungen als die unvorhergesehene Folge einer tiefen lebensgeschichtlichen Krise.

Als Comte 1851 den ersten Band des *Système* veröffentlichte, entschuldigte er sich dafür, bei seiner Fertigstellung der literarischen Form des Werkes nicht genügend Aufmerksamkeit gewidmet zu haben. Zeitmangel war der Grund: eine nochmalige Überarbeitung des Buches hätte weitere sechs Jahre Arbeit erfordert. So machte sich Comte auf neue Vorwürfe der Literaten gefaßt; er nahm nicht zuletzt einige seiner Frühschriften in das *Système* mit auf, um seinen Kritikern zu beweisen, daß er gut schreiben konnte, wenn ihm nur genügend Zeit blieb. Wichtiger als die Beantwortung der Frage, ob nicht seine späteren Werke besser geschrieben sind als manche der Frühschriften, ist der Tatbestand, daß Comte jetzt die Bedeutung von Stilfragen akzeptierte. Er gab zu, daß philosophische Ideen erheblich an Überzeugungskraft gewinnen konnten, wenn man ihnen einen sprachlich angemessenen, wenn nicht eleganten Ausdruck verlieh. Er nahm sich vor, sein Buch noch einmal stilistisch zu überarbeiten, falls ihm der Ruhestand die Gelegenheit dazu gab.

Die größte Errungenschaft, die der vollendete Positivismus für alle mit sich bringen würde, eine »heilige Harmonie zwischen privatem und öffentlichem Leben«, hatte Comte selbst bereits genießen dürfen. Dafür waren drei bewundernswerte Frauen verantwortlich: seine Mutter, Rosalie Boyer; seine Dienerin, Sophie Bliot, die »bedeutende Proletarierin«; schließlich Clotilde de Vaux. Mit ihrer Hilfe hatten seine ästhetischen Neigungen sich entfalten können, ohne mit seiner wissenschaftlichen Sendung in Konflikt zu geraten. Die Ästhetik des Positivismus, die Comte im *Système* zum ersten Mal darstellen sollte, hing mit seiner neuen Haltung zur Frauenfrage zusammen. Wenn er daher in dieses Buch Clotildes *Lucie*, ihre Canzone und seinen Brief über die *commémoration sociale* mit aufnahm, so war dies nicht nur ein Akt der Pietät: Comte demonstrierte damit jene Verknüpfung ästhetischer und wissenschaftlicher Interessen, die den Positivismus von nun an prägen sollte. Nur der Positivismus war fähig, eine allgemeingültige Theorie der schönen Künste zu liefern. Das poetische Ideal würde hinfort eine Mittlerrolle zwischen der philosophischen Idee und der politischen Tat einnehmen und dadurch der modernen Kunst und Literatur ungeahnte Möglichkeiten eröffnen.

Unermüdlich warb Comte darum, diese neue Philosophie, die der Kunst und Literatur eine so große Bedeutung zumaß, nicht mit ihrer szientifischen Präambel zu verwechseln. Bisher war den Wissenschaftlern – und Comte schloß sich selbst von diesem Vorwurf nicht aus – zu Recht die Trockenheit ihrer Schriften vorgehalten worden, die mit der ungesunden Spezialisierung früherer Zeiten zusammenhing. Nun war die Epoche der Synthese angebrochen, ein Zeitalter der Solidarität zwischen den Philosophen, den Proletariern und den Frauen, die in ihren Tempeln, Clubs und Salons die Einheit der positivistischen Lehre demonstrieren würden. Diese soziale Solidarität war die wichtigste Voraussetzung für den Aufschwung der Kunst.

Die Frauen, in denen sich physische, intellektuelle und moralische Schönheit zugleich verkörperten, würden die Hüterinnen der Kunst sein. Doch warnte Comte davor, die Künste mit einer Erwartung zu belasten, der sie nicht gerecht werden konnten. Nicht zuletzt die unselige Rolle der Polit-Literaten in der Französischen Revolution war es, die Comte zu der Bestimmung bewog, die Dichter in Zukunft von der Politik fernzuhalten. Die Philosophen waren zum Handeln unfähig, aber bestens zur Politik-Beratung geeignet; den Poeten stand weder das eine noch das andere zu. Wenn Künstler sich anmaßten, Regulatoren der Gesellschaft zu sein, verspielten sie die einzig wahre Bestimmung der Kunst, »die Menschheit zu bezaubern und zu bessern«. Die Wissenschaft analysierte, die Kunst verschönte die Wirklichkeit. Sie brachte die hochabstrakten Überlegungen des Theoretikers der Wirklichkeit näher, sie ermunterte den Praktiker dazu, die Wirklichkeit gelegentlich hinter sich zu lassen und spekulativ zu sein. Erst die Positivisten erkannten, in welch großem Maße die Dichter Ergebnisse der Wissenschaften vorwegnahmen: früher als jeder Biologe hatte Cervantes in seinem bewundernswerten *Don Quichotte* die wahre Theorie des Irreseins skizziert. Tiefgründig hatte er beschrieben, wie unsere Emotionen unsere Wahrnehmung beeinflussen. Es war die moralische Aufgabe der Kunst, vor allem der Literatur, zwischen Affekt und Ratio zu vermitteln.

In der positivistischen Soziokratie wuchs auch den Utopien, die Comte bis dahin eher abfällig beurteilt hatte, eine wichtige Aufgabe zu. Ein neues Genre würde entstehen: soziologisch inspirierte Dichtungen, in denen sich für die Völker des Abendlandes ihre Zukunft spiegelte. Aufgabe des Hohenpriesters der Menschheit würde es sein, systematische Vernunft, poetischen Enthusiasmus, weibliche Sympathie und proletarische Energie in sich zu vereinen. Sollte er so lange leben wie Fontenelle oder Voltaire, wollte er sein Spätwerk ganz der Poesie und Kunst widmen. Überhaupt hatte ein Positivist sich jeden Tag mit Dichtung zu beschäftigen und zumindest einen Gesang von Dante zu lesen.

Comte, der keine Kollegen kannte, doch immer auf der Suche

nach Vorläufern war, identifizierte die Dichter, in deren Werk sich die Verwirklichung des positivistischen Ideals schon früh angekündigt hatte, jene »dreizehn wirklich großen Poeten«, deren lange Reihe von Homer bis Walter Scott reichte. Aber es war bezeichnend, daß er die beispielhafte Vereinigung des wissenschaftlichen und des künstlerischen Geistes in jenem Gelehrten vorweggenommen sah, dessen späterer Reputation ebendiese Verbindung so sehr geschadet hatte: Buffon. Der große Buffon verkörperte für Comte die Unteilbarkeit jeder wahrhaften theoretischen Kultur; sein Werk war unsterblich. Buffon war der erste und größte Repräsentant des modernen Zeitalters, ein Wissenschaftler, der dem Positivismus so nahe kam, wie man ihm in einer Zeit ohne Soziologie nur kommen konnte.

Auguste Comte und die französische Rechte

Zu den spöttischen Gegnern des späten Comte zählt Friedrich Nietzsche, der ihn mit Widerwillen las – abgestoßen vom Ewig-Weiblichen seiner Schriften, das nur Franzosen und Wagnerianer ertragen konnten. In eigenwilliger Perspektive sah Nietzsche in Comte, der doch ein Feind der *philosophes* gewesen war, die Fortsetzung des 18. Jahrhunderts, das heißt »Herrschaft von cœur über la tête, Sensualism in der Erkenntnistheorie, altruistische Schwärmerei«. Comte, der sich als Begründer des Altruismus preisen ließ, hatte mit seiner Formel vom *vivre pour autrui* das Christentum überchristlicht, er war nichts als ein Jesuit, »der seine Franzosen auf dem Umweg über die Wissenschaft nach Rom führen wollte«. Zuletzt wurde er »priesterlich und poetenhaft«, ein Gärtner und Obstzüchter, der nur noch die Resultate seiner eigenen, früheren Arbeiten mundgerecht genießen wollte – das abschreckendste Beispiel dafür, welches Schicksal dem Philosophen im Alter droht:

> Und so geschieht es, dass der alte Denker sich scheinbar über das Werk seines Lebens erhebt, in Wahrheit aber dasselbe durch eingemischte

Schwärmereien, Süssigkeiten, Würzen, dichterische Nebel und mystische Lichter verdirbt. So ergieng es zuletzt Plato, so ergieng es zuletzt jenem grossen rechtschaffenen Franzosen, dem die Deutschen und die Engländer dieses Jahrhunderts, als einem Umschlinger und Bändiger der strengen Wissenschaften, Keinen an die Seite zu stellen vermögen, Auguste Comte.

Wie der Anti-Soziologe Nietzsche argumentierten jene, die den wissenschaftlichen Positivismus noch von Comte selbst gelernt hatten und sich nun für verpflichtet hielten, den frühen, den wissenschaftlichen Comte, gegen den späten, den religiös-literarischen Comte zu verteidigen. Viele Republikaner waren Positivisten; Gambetta und Jules Ferry wurden von Comte stark beeinflußt. Der Comte der Republikaner aber war in der Regel der frühe, der szientifische Comte, und die Verirrungen seines Alters zeigten, daß der Positivismus keineswegs eine vollendete Doktrin war. Nach Littré mußte die Soziologie erst noch geschaffen werden. In der 1872 gegründeten Société de Sociologie galt neben Darwin und Wundt vor allem Spencer als Vorbild, eine Art Comte, der sich treu geblieben war, ein Soziologe, der sein Fach vor der Menschheitsreligion und anderen Obskuritäten bewahrt hatte. Auch Emile Durkheim knüpfte an den frühen Comte an, und selbst wenn er diesem seinen übertriebenen Intellektualismus vorwarf, geriet er doch nie in die Gefahr, dem späten Comte zu folgen.

Dafür fand Comte Anhänger in einer politischen Gruppierung, die um die Jahrhundertwende die Soziologie Durkheims und ihren Einfluß in der Neuen Sorbonne fanatisch bekämpfte. 1905 gründeten Henri Vaugeois und Charles Maurras das Institut de l'Action Française. Was die Universitäten der Dritten Republik unterdrückten, sollte hier propagiert werden: der Katholizismus, die positive Politik Auguste Comtes und die Doktrinen eines Fustel de Coulanges. Erster Direktor des Instituts wurde Louis Dimier, der Rhetorik und klassische Sprachen am Institut Catholique unterrichtet hatte, und zu den Sympathisanten des Instituts gehörte Monseigneur de Cabrières, der Bischof und spätere Kardinal aus Comtes Geburtsstadt Montpellier.

Am Institut wurde ein Lehrstuhl für positive Philosophie eingerichtet und nach Auguste Comte benannt. Sein erster Inhaber war der Graf Léon de Montesquiou-Fezensac, ein früher Anhänger der Action Française, der zum unermüdlichen Propagator Comtes werden sollte. Montesquiou war nicht nur von der positiven Philosophie und Politik beeindruckt; er verehrte den Menschen Auguste Comte mit religiöser Inbrunst, und das kleine Notizbuch, in das er seine Auszüge aus Comtes Spätwerk eingetragen hatte, nannte er sein ›livre de prières‹. Clotilde de Vaux bewunderte er nicht minder als Comte. Gleichzeitig war er, der zu den eindrucksvollsten Rednern der Action Française zählte, sich bewußt, daß Comtes Stil ein größeres Publikum eher abschreckte, seine Schriften zu lesen, und so bemühte er sich in Vorträgen und Publikationen darum, die Gedanken Comtes dem Durchschnittsleser verständlich zu machen. 1910 wurde er zum Mitglied des Komitees gewählt, das den Comteschen Nachlaß verwaltete.

Für die französische Rechte wurde die Lehre Comtes zu einer *idée directrice*. Es handelte sich dabei um mehr als nur ein theoriepolitisches Interesse: Bewunderung, ja Verehrung wurden dem späten, dem katholischen, dem literarischen Comte entgegengebracht.

Comte war für die Action Française und ihre Sympathisanten einer jener Sozialwissenschaftler, deren Werk als ein einziger Protest gegen die Französische Revolution und ihre Folgen angesehen werden konnte. Er gehörte zu den Heroen der Gegenrevolution, ein geschworener Feind jener Literaten, die glaubten, mit dem *Contrat Social* im Kopf eine Politik der Lehrsätze gegen eine Politik der Erfahrung machen zu können. Andererseits lag Comtes Bedeutung gerade darin, daß er in seinem Werk den poetischen Enthusiasmus mit der Strenge der Vernunft hatte vereinen wollen. Im Unterschied zu den irregeleiteten Romantikern verlangte er von der Dichtung freilich nur, daß sie bezaubern sollte;

er gestand ihr nicht zu, die Gesellschaft zu gängeln. Auf diesem Wege konnte, ja mußte man ihm folgen, um jene Verwirrungen zu beseitigen, die der kalte Soziologismus Durkheims und seiner Propheten in den Köpfen der jungen Generation angerichtet hatte. Kurz vor dem Ausbruch des Ersten Weltkrieges sollten die ästhetischen Maximen des Positivismus den französischen Künstlern und Schriftstellern in einer Zeit intellektueller Anarchie als Richtschnur dienen.

Nietzsche hatte kaum Clotilde de Vaux gemeint, als er vom ›Litteraturweib‹ sprach, das vor die Alternative *aut liberi aut libri* gestellt ist – aber man konnte dabei sehr wohl an die Autorin der *Lucie* und der *Willelmine* denken. Auf den ersten Blick mußte es scheinen, daß Comtes Beziehung zu Clotilde de Vaux seine Wertschätzung durch die politische Rechte gefährdete. Feministische Ideen oder weitgehende Vorstellungen von der Emanzipation der Frau gehörten nicht gerade zum Gedankengut der Action Française, und die *femme de lettres* galt in diesen Kreisen als das »häßlichste Monster, das die Erde hervorbringen kann«. Als Mme de Noailles es wagte, sich um einen Sitz in der Académie Française zu bewerben, nannte Vaugeois sie wutentbrannt einen »Ausbund an Häßlichkeit und Absurdität«. Man konnte die weiblichen Züge der Poesie schätzen, durfte aber nie vergessen, daß sie zu ihrer vollen Entfaltung männlichen Wissens und männlicher Weisheit bedurfte. Die Frau sollte vornehmlich inspirierend wirken und dem Mann die Initiative überlassen; Ausnahmen bildeten jene Grandes Dames de France, deren herausragende Vertreterin Jeanne d'Arc gewesen war. Der verabscheuenswerten *femme de lettres* stand die *femme d'esprit* gegenüber, die im klassischen Stil schrieb und liebreizend war wie eine Autorin, die stets Frau geblieben ist. Mme de Staël und George Sand waren *femmes de lettres*, Mme de Sévigné und Mme de Lafayette waren *femmes d'esprit*. Zu diesen zählte auch Clotilde de Vaux. Darüber hinaus durfte man nicht vergessen, daß die Liebe zwischen Comte und Clotilde keine romantische Leidenschaft gewesen war. Nicht Überschwang, sondern Maß hatte die Beziehung des Philosophen zu seiner Muse geprägt. Es war eine klassische Liebe, die nicht an Musset, sondern an Corneille erinnerte.

*

Maurice Barrès und Charles Maurras vereinte, allen Gegensätzen zum Trotz, ihre Bewunderung für Auguste Comte. Barrès hielt die Intelligenz für ein Oberflächenphänomen; der Mensch blieb trotz aller Rationalisierung ein zutiefst affektives Wesen. Ebendies war die Lehre des späten Comte. Wie er folgte Barrès einem Leitgedanken des Thomas von Kempen: so intensiv wie möglich zu fühlen, während man so genau wie möglich analysierte. Barrès zählte Comte zu seinen Göttern, weil er sich gegen den Parlamentarismus gewandt hatte, ein System der Intrige und der Korruption, in dem die Tyrannei überall und die Verantwortung nirgends ist. Auch war Comte Barrès' Kronzeuge dafür, daß der französische Nationalismus durch ein Bündnis der Katholiken mit den Positivisten gestärkt und lebendig erhalten werden mußte.

Bei Charles Maurras nahm – trotz mancher Skepsis – die Bewunderung für Comte hymnische Züge an. Selbst Provençale, liebte Maurras an Comte einen Wesenszug der Provence: das tiefe Gefühl für die Ernsthaftigkeit des Lebens. Das gleiche galt für die Idee des Regionalismus, die Maurras und der Lothringer Barrès propagierten, wobei ihnen Comte und katholische Soziologen wie Le Play und der Marquis de la Tour du Pin als Autoritäten dienten. In seinen Memoiren hat Maurras von dem Konflikt berichtet, in welchen er, ein treuer Verehrer Mistrals, in der Société des Félibres de Paris geriet. Dort mußte er Comtes föderalistische Ideen gegen die Angriffe Pierre Laffittes, den er zu Unrecht für einen wahren Positivisten gehalten hatte, verteidigen. Voller Entsetzen erlebte er mit, wie Laffitte die angeblichen Irrtümer Comtes bloßlegte: »Die Decke kam nicht herab, und auch die Kronleuchter erloschen nicht.« Von der Gesellschaft ausgeschlossen, gründete Maurras schließlich seine eigene Ecole parisienne du Félibrige.

Das Werk des späten Comte wurde für Maurras zum Prüfstein, an dem sich die Geister scheiden ließen. Ein Edmond de Goncourt, der darüber gespottet hatte, war nicht mehr ernst zu nehmen. In der Bibliothèque Nationale fand sich ein Exemplar des *Système de politique positive*, in welches Taine bereits auf einer frühen Seite eine verräterische Notiz gekritzelt hatte: er sei einfach nicht mehr fähig, die ermüdende Lektüre fortzusetzen. Ob er dies nun aus Faulheit oder bösem Willen getan hatte – Taine hatte mit seinem intellektuellen Verfall dafür gebüßt, daß er einen der wenigen Philosophen nicht verstehen wollte, der noch mit ganzem Herzen und ganzer Seele philosophiert und dessen Talent hervorgebracht hatte, was in der Regel nur dem Dichter gelingt: eine fröhliche Wissenschaft.

Ohne daß er sich deshalb dem Urteil Taines anschließen müßte, fällt es dem heutigen Leser schwer, in Comtes *Système* jene Schönheit und Fröhlichkeit zu entdecken, die Maurras darin zu finden glaubte. Maurras stilisierte Comte ins Heroische; in seiner Totenmaske erblickte er die Züge Baudelaires und Napoleons zugleich. Ohne in die Kabalen der miteinander rivalisierenden Positivisten verwickelt zu sein, ohne sich selbst einer tiefreichenden Religiosität rühmen zu können, schrieb Maurras über Comte so, wie ein Jünger über seinen Meister schreibt.

Comtes lateinisches Blut schützte ihn vor den anarchistischen Verirrungen des politischen Liberalismus und jenes Protestantismus, bei dem man sich dauernd prüft, ohne sich je zu entscheiden. In Comte wurde die Nostalgie des Katholiken, der sich seinem Glauben entfremdet hat, produktiv: wenn man Gott verloren hatte, sehnte man sich um so mehr nach Ordnung in den Gedanken, im Leben und in der Gesellschaft. Jeder Mensch brauchte ein Dogma, aber eines, das er lieben konnte. So war der Positivismus, dieses für viele so schrecklich klingende Wort, für den Eingeweihten der Ausdruck von »Sanftmut, Zärtlichkeit, Festigkeit und unvergleichlichen Gewißheiten«. Comte, dem de Maistre und de Bonald den Weg gewiesen hatten, wurde zum Theoretiker der Praxis, der eine Theorie um der Theorie willen als Zeichen akademischer Entartung abtat. Hingerissen von erhabenen Wahrheiten schrieb er Sätze, die man denen eines Vergil oder eines Corneille an die Seite stellen konnte.

Dies sind Maurras' Dithyramben. Sie wirken um so eindrucksvoller, wenn man sich daran erinnert, wie sehr dieser Mann hassen konnte und welch schrecklicher Polemiker er war. Aber auch wenn sie ihm politisch nutzte, war Maurras' Zuneigung zu Comte echt. Ob er nun für seine Beschreibung historische Treue in Anspruch nehmen kann oder nicht – Maurras hat Auguste Comte gewiß so gesehen, wie dieser selbst erinnert werden wollte:

> Manches Mal stürzt in ruhigen Arbeitsnächten eine durch Müdigkeit verursachte Krise den Geist in Verwirrung und Ratlosigkeit. Die Feder entgleitet der Hand, und der Fluß der Ideen stockt. Man erhebt sich, man schüttelt die Starre ab, die von der Unbeweglichkeit herrührt; aber weder ein Spaziergang noch die körperliche Erholung können dem Geist die verlorene Sicherheit wiedergeben; er braucht jetzt eine Unterstützung, die ebenfalls geistiger Natur ist und die ihn mit Bildern rührt, die seiner würdig sind. Dies ist nicht der Augenblick, um Zuflucht bei den Dichtern zu suchen oder irgendein gelehrtes Buch aufzuschlagen; die reine Wissenschaft würde jetzt zu kalt erscheinen, die Dichtung nur eine ungeheure Leere erzeugen. Ich schätze die Männer meiner Generation glücklich, die, ohne im engeren Sinne Positivisten zu sein, es vermögen, sich in einer solchen Situation zu erinnern: an die Moral und an die Logik Auguste Comtes.

Wie ein Band hielt die Doktrin des späten Comte sie zusammen – die Maurras, Barrès, Dimier und Lasserre, und auch Charles Péguy, der es liebte, Clotilde de Vaux zu zitieren. Gegen Durkheim und die Soziologie der Neuen Sorbonne ankämpfend, beharrten diese Royalisten und Republikaner, diese Sozialisten und Reaktionäre, diese Atheisten und Katholiken darauf, daß es eine legitime, eine den nationalen Interessen Frankreichs nützende Soziologie gab: die Soziologie ihres Comte. In einer Zeit lebend, in der ihre politische Ideologie sie wohl oder übel zu Soziologen werden ließ, richteten diese Literaten all ihre Zuneigung auf Comte, den Soziologen, der aus freien Stücken zum Dichter geworden war.

Es ist nicht leicht, Auguste Comtes Wohnung in der rue Monsieur-le-Prince zu besichtigen. Am Fenster der Concierge im Erdgeschoß hängt ein Zettel, der darauf hinweist, daß man den Präsidenten der Positivistischen Gesellschaft – in der Regel ein brasilianischer Gelehrter, der sich gerade in seiner Heimat aufhält – schriftlich um die Besuchserlaubnis zu bitten hat. Diese trifft ein, wenn man Paris wieder verlassen muß. Hat man aber Glück und die Wohnung erst einmal betreten, ist man überrascht, wie sehr darin der Geist Comtes lebendig geblieben ist. Dem Ernst dieses Lebens, in dem die Misere stets den Ruhm begleitete, kann man sich nicht entziehen. Die Ichbezogenheit Comtes wird schmerzhaft spürbar. Testamentarisch hatte er verfügt, in seiner Wohnung nicht das geringste zu verändern. Sein Schreibtisch steht, wie man dem Besucher versichert, immer noch dort, wo Comte ihn benutzte, nämlich an einer Wand. An dieser hängt, die ganze Breite des Tisches einnehmend, ein Spiegel. Schreibend sah Auguste Comte immer sich selbst.

Agathon und andere. Literatur und Soziologie in Frankreich um die Jahrhundertwende

Der Angriff auf die Neue Sorbonne

DIE Dritte Französische Republik beginnt mit der Niederschlagung der Kommune. Es war eine Epoche, in der – wie einer ihrer größten Fanatiker, Charles Maurras, es formulierte – die Franzosen sich nicht liebten, die Zeit des Panama-Skandals und der Dreyfus-Affäre, die Zeit, in der die Soziologie an der Sorbonne heimisch wurde.

Drei Denkmäler lassen heute noch erkennen, welcher Wandel sich dort um die Jahrhundertwende vollzog: im Innern der Universität beherrschen die Statuen von Victor Hugo und Louis Pasteur den Ehrenhof, davor aber wird die Place de la Sorbonne vom Standbild Auguste Comtes geprägt. Mit Hilfe von Spenden wurde es 1902 errichtet, im gleichen Jahr, als Emile Durkheim, der bereits Professor für Sozialwissenschaften in Bordeaux gewesen war, an die Sorbonne kam. Die Literatur wie die Naturwissenschaften hatten ihren festen Platz innerhalb der Universität, die Soziologie dagegen mußte sich den Zugang zu ihr von außen erkämpfen.

Für die Gegner Durkheims aber war es nicht die alte, ehrwürdige Sorbonne, die die Soziologie aufgenommen hatte – es war lediglich die Nouvelle Sorbonne, die von den Republikanern radikal veränderte Universität, in welche diese Pseudowissenschaft vorgedrungen war. In einer großangelegten Alphabetisierungskampagne unter Führung Jules Ferrys war in der Dritten Republik der Grundschulbesuch Pflicht, der Grundschulunterricht in den staatlichen Lehranstalten kostenlos geworden. Der offizielle Antiklerikalismus prägte auch der Universitätsreform seinen Stempel auf; an die Stelle der Religion sollte die Wissenschaft, an die Stelle der Metaphysik eine Morallehre treten. Wie treue Schüler Comtes schienen die Republikaner alles zu tun, um das Dreistadiengesetz Wirklichkeit werden zu lassen. Dabei spielte die Soziologie eine entscheidende Rolle; gegen sie richteten sich nicht zuletzt die Angriffe jener, die die Republik bekämpften.

Einen Höhepunkt fand diese Kampagne in einer Serie von Artikeln, die unter dem Pseudonym ›Agathon‹ seit dem Sommer 1910 in der *Opinion* publiziert und im März des darauffolgenden Jahres als Broschüre mit dem Titel *L'Esprit de la Nouvelle Sorbonne* vom Verlag des Mercure de France veröffentlicht wurden. Es war eines der vielen Nachhutgefechte, welche die Dreyfus-Affäre mit sich brachte – mehr als vier Jahre, nachdem Alfred Dreyfus nicht nur rehabilitiert, sondern auch Mitglied der Ehrenlegion geworden war. Im Prinzip hatten sich die alten Fronten nicht verändert, sie waren höchstens begradigt worden. Die Themen der Auseinandersetzung waren die gleichen geblieben. In den Pamphleten Agathons richtete eine bestimmte Gruppierung der literarischen Intelligenz ihre Attacken gegen den *parti intellectuel*, gegen die Neue Sorbonne und gegen die Soziologie, jene neureiche Disziplin, die sich durch Nepotismus und durch das Versprechen, den Republikanern als Ideologieträger zu dienen, nicht nur den Zugang zur Universität erschlichen hatte, sondern ein ausgesprochenes Modefach geworden war: man konnte, wie einer ihrer Kritiker beklagte, keine Wohltätigkeitsveranstaltung und kein Nachtasyl mehr aufsuchen, ohne in eine Diskussion über die Soziologie verwickelt zu werden.

Die Reform der Universität folgte ideologischen wie praktischen Grundsätzen. Stärker als es bisher in Frankreich üblich gewesen war, sollten nunmehr die Naturwissenschaften – die modernen Humaniora – Bildungs- und Erziehungsaufgaben übernehmen und die Demokratisierung nicht nur der Universität, sondern der Gesellschaft als ganzer befördern. Hierin lag für die Gegner der Republik ein Angriff auf die klassische Kultur Frankreichs, dessen über lange Zeiträume hinweg angespartes intellektuelles Kapital in Gefahr geriet, von den reformbesessenen Republikanern verschleudert zu werden. Weil alle Disziplinen naturwissenschaftliche Methoden zu übernehmen oder zumindest nachzuahmen hatten, drohte die Geschichte zur philologischen Exegese, die Philosophie zur Soziologie zu verkümmern. Schlug ein Student seinem Professor vor, er wolle über Spinoza arbeiten, so bestand der Professor auf der Versicherung, daß die künftige Arbeit von jeder Interpretation frei sein werde:

> Unter dem Einfluß von Herrn Durkheim begnügt sich die Soziologie mit einer Sammlung von Fakten, mit einer Anhäufung geduldiger Beobachtungen, bei denen die Sitten der Wilden, der Botokuden und der Irokesen, den größten Platz einnehmen. Die Moral, die man jetzt gelehrter die Wissenschaft von den Sitten nennt, ist nun nicht mehr als ein Ableger der historischen Soziologie.

Die Geisteswissenschaften, durch deren Studium sich einst der Geschmack und die Intelligenz dessen geformt hatten, der sich zum *honnête homme* bilden wollte, gerieten unter das Diktat einer historischen Methode, die sie zur Sammlung von Dokumenten erniedrigte. Die Aufgabe der Literaturwissenschaft sollte auf einmal nicht mehr darin bestehen, die großen Werke als zeitenüberdauernde Lebenshilfe und damit auch als Deutung der Gegenwart zu interpretieren; sie hatte sich darauf zu beschränken, diese Werke in ihrem historischen Milieu zu verstehen. Renan war für diesen Relativismus mitverantwortlich. Er hatte erklärt, Pascals *Pensées* und die Predigten Bossuets müsse jeder bewundern – doch nur als Meisterwerke des 17. Jahrhunderts. Würden sie heute erscheinen, seien sie keiner Beachtung wert. Und Renan sagte voraus, daß in der Zukunft das Studium der Literaturgeschichte die Lektüre der Dichtungen selbst immer mehr ersetzen werde; war es ein Zufall, daß der Großkritiker Lanson dieser Prophezeiung ausgerechnet in einem Vortrag über ›Literaturgeschichte und Soziologie‹ folgte, den er im Jahr 1904 auf Einladung Emile Durkheims an der Ecole des Hautes Etudes Sociales hielt?

> Wir Kritiker ähneln Monsieur Jourdain: wir machen Prosa, d. h. Soziologie, ohne es zu wissen ... Wir müssen in der Literatur das gleiche tun, was in der Geschichtswissenschaft bereits geschehen ist, nämlich die systematische Philosophie durch eine induktive Soziologie ersetzen ... Machen wir eine auf Beobachtungen beruhende, objektive, gute Soziologie, denn wenn wir nicht aus freien Stücken eine gute machen, machen wir gezwungenermaßen eine schlechte.

Agathon wollte nicht mißverstanden werden: er redete keiner Rückkehr zu jener Literaturwissenschaft das Wort, die die Sorbonne zu Beginn des 19. Jahrhunderts gekennzeichnet hatte und die nichts weiter als schale Rhetorik und eine Kritik aus zweiter oder gar dritter Hand gewesen war. Ein Jahrhundert später aber war dieses undisziplinierte Fach geschwächt genug, und eine Reform verlor jedes Maß, die verkannte, daß Kunstwerke in erster Linie dazu bestimmt sind, uns die Kunst, nicht aber die Grammatik oder die Lexikologie nahezubringen.

Nichts kennzeichnete den wissenschaftlichen Überschwang der Neuen Sorbonne mehr als ihre Besessenheit in Fragen der Methode: es war das Lieblingsschlagwort der Reformer. Sämtliche Studienanfänger sollten zuerst zu methodologischen Abhandlungen greifen, die in ihrer Trockenheit und ihrem schweren, pedantischen Stil die deutschen Lehrbücher erfolgreich nachahmten. Das wunderlichste Beispiel dafür lieferte einmal mehr Emile Durkheim. Durch seine *Règles de la méthode sociologique*, die voller Metaphysik steckten, wurden die Philosophen in eine Soziologie eingeführt, die auf dem ebenso erstaunlichen wie skandalösen Axiom beruhte, daß die sozialen Tatbestände etwas von den Individuen völlig Verschiedenes und von diesen gänzlich unabhängig sind. Nicht zuletzt Durkheim war es, der die Universität in einen wissenschaftlichen Aberglauben trieb, der selbst Kleinigkeiten nicht aussparte. Früher gab es in der Sorbonne einen Raum, in dem die Studenten die Klassiker lesen konnten, deren Werke zur Pflichtlektüre zählten. Dieser Raum wurde ursprünglich eine *étude* genannt: »Heute aber drückt ein derart bescheidener Name nicht mehr aus, welch würdige Arbeiten in einem solchen Raum verrichtet werden. Jetzt heißt er Laboratoire de philologie française.«

In diesen Laboratorien herrschte der Kult der Karteikarten und der Zettelkästen. So sehr packte die bibliographische Leidenschaft die Studenten, daß sie schließlich weder Molière noch Racine und selbst Rousseau nicht mehr lasen, sondern nur noch die kritischen Verzeichnisse ihrer Quellen, Editionen und Kommentare. Die Sorbonne ähnelte mehr und mehr einem Lokal, in dem es nur die Speisekarte zu essen gab. Die Literatur wurde zu einer reinen Gedächtnisübung und hatte mit der Bildung des Geschmacks nicht das geringste mehr zu tun. Von der Wissenschaft blieb nichts als eine Schwundform übrig: die Technik wissenschaftlichen Arbeitens. Warum nur, so fragte Agathon, übersah man, daß ein historisches Werk nicht mehr wert sein kann als derjenige, der es schreibt, wieso vergaß man, daß die Wissenschaft vor allem originelle Köpfe braucht und nicht nur Steineklopfer und Akkordarbeiter?

Wo immer es möglich war, griff Agathon auf Äußerungen Emile Durkheims zurück, um die Schärfe seiner Polemik zu rechtfertigen, ja diese womöglich noch zu steigern. In der Tat vertrat Durkheim ein Wissenschaftsideal, das den Gegnern der Neuen Sorbonne fremd sein mußte. Gerade die Soziologie nämlich war ein Fach, dessen Fortschritt weniger vom gebildeten einzelnen als von der Bildung arbeitsfähiger Forschergruppen abhing. Dabei waren Arbeitsteilung und Kooperation vonnöten, und Fragen der Klassifikation waren für die Soziologie lebenswichtig – wie für jede Disziplin, die am Anfang ihrer Entwicklung steht. Vielleicht war ihre Klassifikation sozialer Tatbestände sogar das einzige, was von der Soziologie bleiben würde. Vor allem aber ging es darum, die Equipe auf Kosten des einzelnen zu stärken:

> Von allen Diensten, die wir leisten können, ist der wichtigste der, zu zeigen, daß es in der Soziologie Arbeiter gibt, die mehr damit beschäftigt sind, sich einander zu nähern, um zu kooperieren, als sich voneinander zu unterscheiden, um sich zu originalisieren.

Wie sehr Durkheim damit den republikanischen Zeitgeist getroffen hatte, zeigte eine Rede Alfred Croisets, des Dekans der Philosophischen Fakultät, die dieser zu Semesterbeginn hielt und die von Agathon und seinen Sympathisanten als Skandal empfunden wurde. Der Dekan nämlich sah die Aufgabe der Universität nicht mehr allein darin, geistvolle Männer und liebenswerte Dilettanten zu erziehen: »La France a besoin aussi de travailleurs.« Es war nur folgerichtig, daß Universitätsprofessoren sich mit Maurern verglichen und mit Kunst oder Literatur nichts zu tun haben wollten.

Unter der Last unnützer Gelehrsamkeit aber, die sich die mittelmäßigen Studenten nur zu gerne aufluden, gingen lateinische Leichtigkeit und Klarsicht sowie die Logik des Denkens verloren. Allmählich wurden die Köpfe schwer wie bei den Deutschen, und die ermüdeten französischen Hirne, so klagte Maurice Barrès, verloren mehr und mehr ihre Finesse. Der soziologische Arbeiter sollte das literarische Originalgenie ablösen: dies war der eigentliche Skandal der Neuen Sorbonne.

Für jeden Verfechter der klassischen Bildung waren bereits die Titel von Durkheims Büchern und die Themen, die er darin behandelte, eine Provokation. Er schrieb über die soziologische Normalität des abweichenden Verhaltens, ging von der prinzipiellen Gleichrangigkeit aller Religionen aus und betonte immer wieder – wobei er so unverschämt war, sich auf Descartes zu berufen – die Bedeutung des rechten Methodengebrauchs für die Wissenschaft. Während die Anhänger der alten Sorbonne den Untergang des schöpferischen Individuums in der modernen Industriegesellschaft beklagten, stellte Durkheim nüchtern fest, daß die Originaltalente und die ganz persönlichen Gefühle auch früher selten waren. Dagegen sah er gerade in der Arbeitsteilung eine Chance zur Rettung des Individuums, denn »die individuellen Naturen werden, indem sie sich spezialisieren, komplexer, und sind damit zum Teil der Kollektivwirkung und den Erbeinflüssen entzogen, die nur auf einfache und allgemeine Dinge wirken können«.

Dem ehrwürdigen Ideal der Allgemeinbildung setzten, in Durkheims Geist, die Anhänger der Neuen Sorbonne ihre spezialisierten Studiengänge entgegen, in denen nicht mehr ganze Menschen erzogen, sondern nur noch Fachleute ausgebildet wurden. Eine literarisch überhöhte Muttersprache mußten diese nicht mehr beherrschen; zur Ausübung ihrer Tätigkeit genügte eine präzise Terminologie. Je betriebsförmiger der Unterricht wurde, desto mehr drang das Vokabular der Fabrik in die Universität ein. Nicht nur das Studium der alten Sprachen wurde zurückgedrängt und damit die klassische Bildung geopfert, auch das Französische selbst verlor zunehmend an Bedeutung:

> In der Sorbonne spricht man nun Deutsch, Englisch, Russisch, Ungarisch und die Idiome der Walachei und der Mandschurei – vom Jargon ganz zu schweigen, den nur die Soziologen beherrschen; dagegen wird, von wenigen Ausnahmen abgesehen, ein gutes Französisch von niemandem mehr geschrieben.

So sehr hatten die Soziologen und ihr Jargon sich durchgesetzt, daß selbst der Dekan einer Philosophischen Fakultät beschwichtigend behaupten konnte, zwar hätten die französischen Aufsätze in den letzten Jahren an Eleganz verloren, doch dafür erheblich an Präzision und Geradlinigkeit gewonnen.

Diese Behauptung war unerhört. Sie konnte nicht wahr sein. Selbstverständlich verriet der Stil nicht nur etwas über den Charakter eines Autors, auch der Wahrheitsgehalt seiner Behauptungen ließ sich daran überprüfen. Es war zutiefst unfranzösisch, zwischen Eleganz und Präzision einen Unterschied zu machen. Daher war dem Direktor der Ecole des Sciences Politiques, Anatole Leroy-Beaulieu, mehr zu vertrauen, der nach einer Enquête feststellte, daß das Französisch seiner Studenten immer mehr an Eleganz wie an Präzision verlor. Kenner Buffons und Rivarols hatten eine solche Entwicklung vorausgeahnt. Die französische

Sprache mußte in eine Krise geraten, als die Dritte Republik Frankreich in eine Epoche der Dekadenz führte. Nationaler Niedergang und Sprachverfall gehörten zusammen.

Agathon erinnerte an Ernest Renans maliziöse Bemerkung, man würde es wohl als Barbarei ansehen, nehme man den einfachen Universitätsarbeitern die unschuldigen Vergnügen, die das *paperasser* mit sich bringt. Im Zeitalter der Demokratisierung war die Reputation eines Gelehrten wohlfeil geworden: um sie zu erwerben, genügte es, in Akten zu wühlen, Dossiers anzulegen, Karteikarten zu sortieren und mit der gebotenen Sorgfalt Bibliographien zu bibliographieren. Mitverantwortlich für die Dekadenz der Wissenschaften unter der Herrschaft der Republikaner, war Renan jedoch nie so weit gegangen, die Wichtigkeit der Darstellungsweise für die Geschichtsschreibung und für die Moralwissenschaften zu leugnen. Es war an der Zeit, erklärte Agathon, die Kunst des Schreibens, die doch nichts anderes ist als die sichtbar gewordene Kunst des Denkens, in der Universität wieder zur Geltung zu bringen und eine allgemeine und philosophische Kultur gegen den Kult des Spezialistentums zu verteidigen. Die wahre demokratische Gesinnung herrschte dort, wo der gute Ton etwas galt und nicht die Beherrschung eines Jargons, den nur Eingeweihte verstanden. Voltaires *Lettres philosophiques* sprachen noch jeden Gebildeten an, sie wollten überzeugen und erziehen. Lansons Edition der *Lettres* dagegen war nur einer Handvoll Spezialisten zugänglich, eine Bildungsabsicht war damit nicht mehr verbunden. So wurde eine Philologie, die vorgab, »demokratisch zu sein, auf Grund ihrer Resultate aristokratisch«.

Natürlich war auch in der Universität Arbeit vonnöten – die Arbeit am Stil. Darin verkörperte sich eine hohe soziale Tugend, denn nur gut geschriebene Werke können das große Publikum erreichen. Dies zu vergessen, war besonders absurd in einer Zeit, da selbst die Deutschen die nachteiligen Folgen der Spezialisierung zu fühlen begannen und Theodor Wolff im *Berliner Tageblatt* den Niedergang des Essays in der deutschen Wissenschaft beklagte. Sollten die Deutschen ruhig jene Schwerfälligkeit des Ausdrucks beibehalten, die ihrem Charakter entsprach – das Prestige des französischen Denkens verlangte, auf der Bedeutung von Stilfragen zu beharren und an den Vorzügen der traditionalen literarischen Kultur festzuhalten.

Die republikanischen Politiker, die die Sorbonne reformierten, wußten, daß es nicht genügt, Spezialisten heranzuzüchten, um Studenten in gebildete Anhänger der Demokratie zu verwandeln. Die Republik benötigte eine Doktrin. Ein Fach vor allen anderen schien in der Lage, diese Doktrin zu liefern: die Soziologie Emile Durkheims. Im Erziehungsministerium, so berichtete Agathon, verfügte Durkheim über erheblichen Einfluß; in der Neuen Sorbonne war er längst zu einer Art Studienpräfekt geworden, zu einem Regenten und Alleinherrscher, unter dessen Fuchtel sich die Philosophische Fakultät duckte. Dabei beschränkte Durkheim seine Ambitionen nicht auf die Soziologie. Auch Pädagogik lehrte er, und sein Kurs in diesem Fach war der einzige in der Sorbonne, der für alle Lehramtskandidaten obligatorisch war. Durkheim konzentrierte sich zunächst auf die Geschichte der Pädagogik, um die überlieferten Maximen und Methoden der Erziehung ein für allemal zurückzuweisen. Er wußte, was das neue Regime nötig hatte: »Machen wir uns an die Arbeit, und in drei Jahren werden wir eine Moral haben.«

Die Dritte Republik war eine Republik der Professoren und der Lehrer, und da die Soziologie Durkheims in den Lehrerseminaren wie eine Theologie gepredigt wurde, drohte sie darüber hinaus zu einer Republik der Soziologen zu werden. Nicht ohne Grund verglich sie daher Albert Thibaudet mit der tschechoslowakischen Republik Tomas Masaryks, der Soziologe war und dessen Buch über den *Selbstmord als sociale Massenerscheinung* Durkheim zitiert hatte.

Früher hatte in der Universität die Philosophie geherrscht; nunmehr waren die Einzelfächer an ihre Stelle getreten. An der Spitze stand die Soziologie. Ihr konnte man gar nicht genug Aufmerksamkeit widmen, denn sie war die Schlüsselwissenschaft der Neuen Sorbonne und damit der Dritten Republik. Ein Mystizismus des Kollektivs und des Milieus breitete sich aus, der aus den Humanwissenschaften den Menschen, das Meisterwerk aus der Literatur verbannte. Lanson war nichts weiter als ein Komplize Durkheims, der Gefühl und Herz als niedere Teile unserer selbst verachtete und in der Welt nur verehrte, was »unbestimmt, monströs, tyrannisch, unbegreiflich und grausam war wie der Gott der Juden, das soziale Wesen . . .«.

Agathon fand begeisterte Anhänger. Zu ihnen gehörte Charles Maurras, der unter dem gleichen Pseudonym eine Reihe von Artikeln in der *Revue Encyclopédique* von Larousse veröffentlicht hatte. Barrès' Lob war zurückhaltender, denn ihn störte die Arroganz des Angriffs auf die Neue Sorbonne, die die Fehler der alten Universität vergessen ließ. Georges Sorel empfand die Kampagne Agathons als unklug; durch sie würde die Sorbonne sich eher bestärkt sehen, an ihrem Kurs festzuhalten. Die Naivität des Verfassers zeigte sich in der Verwunderung, die das Verhalten der Professoren bei ihm auslöste. Agathon hatte nicht verstanden, daß in einer Republik notwendigerweise eine Oligarchie von Gebildeten entsteht und daß Gelehrte sich dann nichts sehnlicher wünschen, als die Clowns im Zirkus der Menschenrechte zu spielen.

Die Sorbonne geriet in Aufruhr. Ihre höchsten Würdenträger antworteten auf die Polemik, offene Briefe wurden gewechselt, Kammer und Senat mußten sich mit den Vorwürfen Agathons beschäftigen. Da der Autor hervorragend informiert war und selbst Interna aus den Sitzungen des Universitätsrates berichtete, konnte er nur dem inneren Kreis der Sorbonne entstammen. Eine Kampagne größten Ausmaßes schien sich anzubahnen, in der die Bourgeoisie versuchte, einen Teil des verlorenen politischen Terrains im Erziehungswesen wiederzugewinnen.

In Wahrheit aber waren die Autoren – denn um zwei Verfasser handelte es sich – gemeinsam kaum so alt wie die meisten der von ihnen Angegriffenen. Alfred de Tarde war Anwalt gewesen, bevor er sich in Arcachon niedergelassen hatte, um dort einen Roman zu schreiben. Henri Massis, Schriftsteller von Beruf, hatte mit einer Studie über die Arbeitsweise Zolas debütiert. Als sich beide im Frühjahr 1910 zum ersten Mal trafen, beglückwünschte Tarde Massis zu einem Artikel, den dieser gerade unter dem Titel ›Wehren wir uns gegen die deutsche Kultur!‹ im *Paris-Journal* veröffentlicht hatte. Obwohl er die Sorbonne nicht so gut kannte wie Massis, stimmte Tarde dem Jüngeren zu. Die Kritik der Durkheimschen Soziologie und ihres gefährlichen Einflusses auf die Universitätspolitik schien ihm von besonderer Bedeutung zu sein. Mit diesem Problem war er durch die Arbeiten seines Vaters bestens vertraut.

Ein Konkurrent Durkheims: Gabriel Tarde als Romanautor

UM die Jahrhundertwende stritt Gabriel Tarde mit René Worms und Emile Durkheim um die Vorherrschaft in der französischen Soziologie. 1843 in Sarlat, im Périgord, geboren, schrieb er noch als Magistrat seiner Geburtsstadt das Buch, das sein soziologisches Hauptwerk werden sollte: *Les Lois de l'imitation* (1890) – ein Schlüssel, der in alle Schlösser paßte, wie Taines zweideutiges Lob lautete. 1894 wurde Tarde Leiter der Gerichtsstatistik im Pariser Justizministerium, sechs Jahre später Inhaber des Lehrstuhls für Moderne Philosophie am Collège de France.

Die Soziologie Tardes war im Grunde genommen Sozialpsychologie; für ihn wurde die Gesellschaft fast ausschließlich von Prozessen des Erfindens und Nachahmens beherrscht. Tarde war Anti-Determinist und von der Trennung jeder Gesellschaft in eine kleine, schöpferische Elite und eine breite, auf Imitation beschränkte Masse überzeugt. Seine Lebensdaten verraten eine glänzende Karriere, doch gelang es ihm nicht, Nachahmer und Schüler zu finden, die seine Doktrin lebendig erhielten. Der Lehrstuhl am Collège de France war prestigeträchtiger als eine Position in der Sorbonne, doch war dafür der Einfluß auf das öffentliche Erziehungswesen gering. Bald geriet Tarde – trotz seiner Erfolge bei der Großbourgeoisie, in den Salons und bei den Katholiken – in den Schatten Durkheims, der längst eine Equipe um sich gesammelt und in der Zeitschrift *Année Sociologique* konzentriert hatte. Tardes Versuch, die Chaire de philosophie moderne des Collège de France in einen Lehrstuhl für Psychologie sociologique umzuwidmen, scheiterte. Er starb 1904.

In der Reihe ›Les Grands Philosophes Français et Etrangers‹ veröffentlichten die Söhne Gabriel Tardes, seine »natürlichen und liebsten Schüler«, eine Auswahl aus den Schriften ihres Vaters. Das Vorwort dazu schrieb Henri Bergson, der 1900 Tarde unterlegen war und nach dessen Tod den Lehrstuhl am Collège de France übernommen hatte. Bergson sprach von Tardes verführerischen und überraschenden Aperçus, von seiner Bereitschaft, sich durch alle Wissensgebiete anziehen zu lassen, und der Leichtigkeit, mit welcher er sich von einem Problem zum anderen bewegte, wobei ihm meist Analogien als Leitfaden dienten. Dem Verfasser des *Essai sur les données immédiates de la conscience* war es ernst mit diesem Lob, und doch macht gerade sein Vorwort deutlich, warum Tarde im Umkreis der Nouvelle Sorbonne kein dauerhaftes Lehrgebäude errichten, in einer Epoche der Spezialisierung keinen festen Schülerkreis gewinnen konnte. Noch aufschlußreicher in dieser Hinsicht ist die lange, pietätvolle Einleitung, die die Söhne Tardes der Auswahl aus den Schriften ihres Vaters voranstellten.

Gabriel Tarde vereinte in einem bis dahin selbst in Frankreich unbekannten Maß die Denkkraft des Philosophen mit der Sensibilität eines Dichters. Die Spuren seiner ersten poetischen Versuche, die die Bewunderung von Maurice Barrès erregten, lassen sich, wie die Söhne betonten, noch in seiner späten Sozialphilosophie verfolgen. Zeitlebens behielt er das Aussehen eines Dichters, dessen Denken durch Spontaneität, Einbildungskraft und eine nie versiegende Improvisationsgabe gekennzeichnet wird. Er versuchte, sich in allem, was er tat und schrieb, ein Mindestmaß an künstlerischer Freiheit zu bewahren. Ein selbstbewußtes, in sich ruhendes Talent, das äußeren Einflüssen zu entgehen versuchte, war Tarde eine rebellische Natur und ein stolzer Autodidakt, der von den großen Systementwürfen der Zeit, mochten sie nun von Comte oder von Spencer stammen, unberührt blieb. Wissenschaftler machten ihm manches Mal den Vorwurf, ein Literat zu sein, doch bewahrten Tarde gerade seine literarischen Neigungen vor den Illusionen des Dogmatismus, in welche sich um die Jahrhundertwende die Wissenschaften verrannten:

> Die Methode von Tarde . . . ist vielleicht eher literarisch als wissenschaftlich. Er erzählt einen Gedanken mehr, als daß er ihn erklärt, und er erzählt ihn so, wie er ihm gekommen ist. Anstatt zu warten, bis er ganz reif ist, damit er logisch ausgedrückt werden kann, bringt er, wie man vielleicht sagen könnte, die Arbeit seiner Ideen aufs Papier.

Tardes dogmatische Schwäche machte seinen Charme aus; bei ihm, der es ablehnte, einer »méthode sociale d'écrire« zu folgen, konnte man sich von der Pedanterie des alltäglichen Wissenschaftsbetriebs erholen.

In ihre Auswahl nahmen die Söhne auch eine Reihe von Tardes unveröffentlichten Jugendgedichten auf. Er hatte 1879 einen Band mit Erzählungen und Gedichten publiziert, den er freilich bald wieder aus dem Handel zog. Im gleichen Jahr entstand ein utopischer Roman, das *Fragment d'histoire future*. Mit der Veröffentlichung dieses Romans ließ sich Tarde Zeit. Erst nachdem er drei als seriös geltende Bücher publiziert hatte, erschien das *Fragment* 1896 – in der soziologischen Zeitschrift eines Konkurrenten. René Worms, Herausgeber der *Revue Internationale de Sociologie*, erklärte, eigentlich sei die *Revue* mehr an Fragen der Vergangenheit und der Gegenwart interessiert, doch wolle man sich die Gelegenheit nicht entgehen lassen, die merkwürdigen Zukunftsvisionen eines bedeutenden Soziologen dem Fachpublikum zur Kenntnis zu bringen. Tarde selbst entschuldigte sich dafür, seine »soziologische Phantasie« in einer Fachzeitschrift zu veröffentlichen. Er wagte es nur, weil die Leitidee seines utopischen Romans, auf die er im Tagebuch der Brüder Goncourt gestoßen war, von Marcelin Berthelot, einem Naturwissenschaftler, stammte.

Tardes Roman beginnt in einer Zeit, da in der Welt nach einem 150 Jahre dauernden Krieg endlich Frieden herrscht. In einer

Gesellschaft ohne Krankheiten ist im 22. Jahrhundert das Griechische zur Universalsprache geworden. Die griechische Literatur wird auf Kosten der übrigen europäischen Klassiker wiederentdeckt; Homer, Sappho und Sophokles nehmen den Platz von Shakespeare, Goethe und Victor Hugo ein. Die Literatur blüht, und die Poesie steht an der Spitze aller menschlichen Tätigkeiten. Nur wenige Arbeiter verbringen täglich drei Stunden in riesigen *phalanstères*. Die Wissenschaft schreitet gemächlich voran; in den Köpfen der Menschen nimmt sie wie selbstverständlich den Platz ein, den früher der Katechismus innehatte.

Diese Idylle, die bereits von innen durch die Macht der Gewöhnung bedroht wird, zerstört eine ›apoplexie solaire‹, die immer stärker werdende Abkühlung der Sonne, die die gesamte Menschheit dem Kältetod ausliefert. Der Retter für die wenigen Überlebenden naht in Miltiades, »slave croisé de Breton«, der den Neotroglodytismus als Ausweg propagiert und auf dessen Rat hin der kleine Rest der Menschheit schließlich unter der Erde weiterlebt. Die Abhängigkeit von der Natur hört nunmehr auf, weil fortan die Sonne den Rhythmus des gesellschaftlichen Lebens nicht mehr unterbricht. Glücklich erscheint den Geretteten ihr Desaster, da es ein soziologisches Experiment auf Dauer möglich macht: den Versuch, herauszufinden, was aus dem Menschen, diesem gesellschaftlichen Wesen, wird, wenn es, von den Banden der Natur befreit, nur sich selbst ausgeliefert ist.

Gabriel Tardes *Fragment* ist wie jede Utopie weniger eine Vorahnung der Zukunft als ein getreues Spiegelbild der Zeit, in der sie entstanden ist. Dies gilt insbesondere für die zwiespältige Rolle, die die Soziologie in der unterirdischen Gesellschaft spielt. Gegenüber der Ökonomie, dieser modernen Form der Sophistik, erscheint die Soziologie so fortgeschritten wie die Chemie im Vergleich zur Alchimie: schließlich wird die Gesellschaft nicht durch einen Austausch von Dienstleistungen zusammengehalten, wie uns die Ökonomen glauben machen wollten, sondern durch ein System von Imitationen. Die Menschen äffen einander nach und bilden auf diese Weise, so paradox uns dies auch scheinen mag, ihre Individualität aus. Die städtisch geprägten Zivilisationen früherer Zeiten, in denen Produzenten und Konsumenten, Arbeitgeber und Arbeitnehmer dominierten, boten nur ein unvollkommenes Bild der reinen sozialen Beziehungen, die sich nunmehr unter der Erde entwickeln. Lediglich Vorformen dieser Sozialität finden sich in einigen Salons des 18. Jahrhunderts, in den Ateliers bildender Künstler und den Wohnungen großer Schauspieler. Auf einmal erscheint Herbert Spencer als der Soziologe der Zukunft, denn sein Gesetz der Segregation gilt auch unter der Erde: im 22. Jahrhundert entwickeln sich Städte von Musikern und Bildhauern, von Mathematikern, Naturforschern und Psychologen. Nur den Philosophen gelingt es nicht, sich dauerhaft zu assoziieren, denn zu ihnen gehören auch die Soziologen, der ungeselligste aller Stämme.

In Tardes »humanité toute humaine«, in der die Menschheit endlich zu sich selbst gefunden hat, verliert eine kollektivistisch orientierte Soziologie ihr Daseinsrecht. Nach dem Wegfall der sozialen Zwänge behauptet sich nur eine Soziologie des Ich, eine Disziplin, die sich auf die reinen Formen der Geselligkeit konzentriert, die Schlüsselwissenschaft einer Epoche, in der sich jeweils »ein Minimum nutzenorientierter mit einem Maximum ästhetischer Arbeit« verbindet. Unter der Erde ist die Soziologie Durkheims verschwunden; die Sozialpsychologie Tardes hat überlebt. Geschrieben, bevor er selbst in der Öffentlichkeit als Soziologe auftrat, nimmt Tardes Utopie den Streit der Soziologien in der Dritten Republik und die Auseinandersetzung zwischen soziologischen und literarischen Bildungsidealen, welche die Reorganisation der Sorbonne und des gesamten französischen Erziehungswesens um die Jahrhundertwende prägte, vorweg.

Die Anhänger Durkheims nahmen Tardes Utopie unterschiedlich auf. Bemerkenswert war die Reaktion Célestin Bouglés, der vom Werk eines brillanten Soziologen sprach, der einst mit Gedichten begonnen hatte und sich jetzt das Vergnügen machte, mit einem »Morris oder Wells zu konkurrieren«. Das war gut bemerkt, denn erst Jahre später sollte H. G. Wells, dieser frühe Förderer des soziologischen Denkens und ebenso frühe Kritiker des Faches Soziologie, zur englischen Ausgabe des *Fragment* ein Vorwort schreiben, in dem er nicht zuletzt Tardes Aversion gegen die soziologische Profession begrüßte. Bouglé aber, der den Anti-Determinismus und den Anti-Naturalismus Tardes lobte, sah zugleich die Gefahren voraus, die in dessen Geselligkeitspathos und im Mystizismus einer reinen Sozialität lagen. Diesen Anti-Rousseau, der die Entfernung von der Natur predigte, würden die Literaten vielleicht loben, die Wissenschaftler aber ohne Zweifel kritisieren. Andererseits wurde Tardes Prosa als »außerordentlich ambitioniert und gewunden« getadelt; selbst Auguste Comte, der doch wahrhaftig nicht gut schrieb, schrieb immer noch besser als er. Das hieß, einen Autor, der Soziologe und Poet zugleich sein wollte, mit seinen eigenen Waffen zu schlagen.

Tardes Söhne hatten der Auseinandersetzung zwischen Durkheim und ihrem Vater eine Art Ewigkeitswert zugesprochen. Das war ein wenig zu pathetisch, aber in einem hatten sie recht: im Streit zwischen Durkheim und Tarde ging es nicht nur um die Auseinandersetzung zweier soziologischer Schulmeinungen, sondern auch um den Disput zweier gelehrter Temperamente, in dessen Verlauf Tarde Durkheim als Scholastiker, Durkheim Tarde als Literaten abtat. Damit waren jene Positionen bezeichnet, die den Kampf um die Neue Sorbonne prägten, die der geheimnisvolle Agathon mit seinen Pamphleten noch verschärft hatte. Jetzt kann es noch weniger überraschen, daß sich hinter diesem Pseudonym neben Henri Massis auch Alfred, ein Sohn Gabriel Tardes, verbarg.

Als die Soziologie noch jung und ihrer Sache sicher war

DAS Ende der von ihm stets als widernatürlich bezeichneten Schreckensherrschaft hat Michelet in seiner *Geschichte der Französischen Revolution* mit einem dramatischen Wandel des politischen Vokabulars verknüpft: nach 1795 tritt das ›Leben‹ an die Stelle der ›Natur‹ und wird zum Schlüsselbegriff einer neuen Zeit. Vor dem Ersten Weltkrieg beobachtete Paul Bourget eine ähnliche Wortverschiebung, und wieder war es ›la vie‹, dessen immer häufigere Verwendung jenes Schlagwort ablöste, das seit der Jahrhundertmitte geherrscht hatte: ›la science‹. Im Wettstreit zwischen Durkheim und Bergson, den die meisten Gegner der Neuen Sorbonne zu ihrem Heros erkoren, kämpften auch Vokabeln um die Vorherrschaft. Die Jahrhundertwende war eine Zeit der Wissenschaftskritik; immer stärker wurde der Eindruck, daß der rapide wissenschaftliche und technische Fortschritt die Möglichkeiten der Einbildungskraft beschnitt und die Menschen zunehmend desorientierte. Vom Bankrott der Wissenschaft war die Rede, und zustimmend zitierte man Victor Hugos Bemerkung, daß jeder Gelehrte ein wenig an einen Kadaver erinnert.

In der zweiten Hälfte des 19. Jahrhunderts war in Frankreich der Einfluß Hippolyte Taines und Ernest Renans nur jenem vergleichbar, den im Dixhuitième Voltaire und Rousseau ausgeübt hatten. Niemand konnte ihr Werk vernachlässigen; man mußte ihnen entweder folgen oder versuchen, sich von ihnen freizuschreiben. Die Wissenschaftsgläubigkeit, die sich im Fin de siècle allmählich verlor, war nicht zuletzt von Taine und Renan gepredigt worden. Hatte nicht Taine in seinem Buch über La Fontaine geschrieben, man könne den Menschen als eine Art höheres Tier betrachten, das Dichtung und Philosophie aus sich herausspinnt, wie die Seidenraupe ihren Kokon? Hatte nicht Renan behauptet, der wissenschaftlich gebildete Mensch sei entschieden mehr wert als das gläubige Instinktwesen vergangener Zeiten? Und dennoch – gemessen an den Auswüchsen des wissenschaftlichen Positivismus konnten weder Taine noch Renan verdammt werden. Taines prätentiöse Wissenschaftlichkeit war unerträglich, er benahm sich wie ein »Prokrustes im Gehrock«, und das unstillbare Verlangen, zu moralisieren, ließ ihn mehr und mehr einem Pastor ähneln, aber er konnte wenigstens schreiben, und oft genug setzte sich seine tiefverwurzelte ästhetische Sensibilität gegen seinen oberflächlichen Wissenschaftsoptimismus durch.

Und Renan vergaß nie, daß er am Beginn seiner Karriere einmal gesagt hatte, seine Philosophie würden andere Literatur nennen, und der Roman sei das beste Medium, um eine subtile Psychologie zur Geltung zu bringen und einen Charakter zu zeichnen.

Taine war vermessen genug gewesen, sich selbst einen anatomischen Historiker zu nennen, der seinen Gegenstand so genau und so ungerührt beschreiben wollte, wie der Naturforscher ein Insekt. Als daraufhin die Historiker der Neuen Sorbonne Taines Ungenauigkeiten anprangerten, fand dieser seine Verteidiger: gerade daß der Verfasser der *Origines de la France contemporaine* gelegentlich seinen eigenen Prinzipien untreu geworden war und sich Freiheiten der Schilderung herausgenommen hatte, die nur durch die poetische, nicht aber durch die historische Wahrheit gerechtfertigt werden konnten, machte ihn den Gegnern der Neuen Sorbonne sympathisch.

Frankreich habe beide Augen verloren, hieß es, als Renan (1892) und Taine (1893) gestorben waren. Als ›Meister der Gegenrevolution‹ wurden beide in das Pantheon der politischen Rechten aufgenommen. Rückblickend mußte es dieser von hoher Symbolkraft erscheinen, daß der alte Renan im Jahr 1883 die Preise des Lycée Louis-le-Grand nicht nur an Paul Claudel, sondern auch an Léon Daudet verliehen hatte, der später zu einem führenden Kopf der Action Française werden sollte.

Gerade weil viele ihrer Mitglieder und Sympathisanten die Intelligenz nur als ein Oberflächenphänomen und den Menschen als ein vornehmlich affektives Wesen ansahen, widmete die Action Française Fragen der Wissenschaftspolitik eine beträchtliche Aufmerksamkeit. 1905 wurde das Institut de l'Action Française gegründet, eine Art royalistischer Sorbonne, in der die Wertvorstellungen der traditionalen, literarischen Kultur Frankreichs gepflegt werden sollten. Louis Dimier, der erste Direktor des Instituts, verstand auch seine Vorlesungen über Buffon, die er vom Januar bis April 1918 hielt, als einen Beitrag zur intellektuellen Gegenrevolution. Dimier wollte die Reputation Buffons wiederherstellen, der für ihn, zusammen mit Descartes und Bossuet, den französischen Geist in seiner Vollendung verkörperte. Nichts hatte Buffon mehr geschadet als die Aufmerksamkeit, die er Fragen des Stils widmete; mit dem Erfolg Charles Darwins wurde er vergessen. Nun aber verlor der Darwinismus – dies behauptete jedenfalls Dimier – zunehmend an Bedeutung, und den modernen Disziplinen schadete die Nachlässigkeit, mit der sie Fragen der Darstellungsweise behandelten. Die Coterie der Aufklärer, die sich über Buffon lustig gemacht hatte, bestand aus grobschlächtigen Köpfen: sie hatten übersehen, daß Buffon nicht nur ein großer Schriftsteller, sondern auch ein genauer Beobachter und ein berufener Naturwissenschaftler gewesen war. Glücklicherweise hatte sich im vergangenen Jahrzehnt der Ruhm Jean-Henri Fabres, des Entomologen aus Sérignan, dessen Beobachtungsgabe selbst Darwin über alles schätzte, in ganz Europa verbreitet. Fabres *Souvenirs entomologiques* erinnerten schon in ihrem Titel an die urfranzösische Tradition einer biographie- und literaturnahen Wissenschaft; sie trugen zur Wiederbelebung jener deskriptiven Naturgeschichte bei, die einst Buffon, der zu Unrecht Vergessene und Geschmähte, so glänzend verkörpert hatte.

Buffon war keineswegs, wie seine Feinde und Neider behaupteten, ein empirieferner Literat gewesen. Vielmehr hatte er die einzig angemessene Methode gefunden, um das Bild einer Natur zu zeichnen, deren Allmacht zum Herzen sprach und deren Lebendigkeit sich allen steifen Systemen entzog. Buffon hatte die Hierarchien der Natur als Hervorbringungen einer göttlichen Macht beschrieben, die der Geist nur bewundern konnte und denen gegenüber die Vernunft ohnmächtig blieb. Er konnte daher auch als ideologisches Vorbild dienen. Es reichte nicht aus, an ihn zu erinnern und seinen Ruf wiederherzustellen: sein Werk mußte fortgesetzt werden. Für die Action Française war die Wissenschaft ihrem Wesen nach autoritär und aristokratisch wie die Natur selbst. Das Vordringen des *esprit démocratique*, diese verderbliche Folge der Revolution, hatte Frankreich nicht nur politisch geschwächt, auch die Wissenschaft des Landes hatte darunter gelitten. Wollte man die französische Intelligenz noch vor der drohenden Barbarei retten, mußte man hundert Jahre in der Organisation des Studiums zurückgehen. So jedenfalls lautete der Vorschlag Charles Maurras', und er führte zurück in eine Zeit, da von der Soziologie noch keine Rede war.

Um die Jahrhundertwende nämlich war auch in Frankreich die Soziologie noch ein junges Fach. Zwar hatte ihr bereits Comte einen Namen gegeben – jene griechisch-lateinische Mischform, die nicht nur für klassisch Gebildete scheußlich klang –, aber niemand konnte sagen, was eigentlich der Gegenstand der Soziologie war und worin die ihr eigene Methode bestand. Die Differenzen unter den wenigen Gelehrten, die sich bereits Soziologen nannten, waren groß, und im übrigen gab es eine Reihe von Konkurrenzdisziplinen wie die Philosophie, die Geschichte und die Psychologie, die es alle darauf anlegten, das neue Fach als überflüssig erscheinen zu lassen. In dieser Situation mußte die Sicherheit überraschen, mit welcher Durkheim bereits in seinem ersten Buch, der Abhandlung über die Arbeitsteilung (1893), den Anspruch erhob, die Soziologie als eine positive, vollgültige Wissenschaft zu betreiben. Praktische Zielsetzungen lagen ihr dabei nicht fern, denn während sie lehrte, »die moralische Wirklichkeit zu achten, liefert sie uns die Mittel, sie zu verbessern«. Dies war ein wesentlicher Grund, warum Durkheims Doktrin sich gegenüber konkurrierenden Theorieangeboten, wie etwa der Individualsoziologie Gabriel Tardes, im französischen Universitätssystem und in der zuständigen Ministerialbürokratie durchsetzte. Durkheims Soziologie galt nicht zuletzt als eine Moralwissenschaft; sie schien in der Lage, eine wirksame laizistische Alternative zur herkömmlichen klerikalen Erziehung zu liefern. Außerdem war nichts besser geeignet, um die gefährlichen Ansprüche des katholischen Klerus in Erziehungsfragen zurückzuweisen, als Durkheims entschiedene Feststellung, alle Religionen seien gleich wahr.

Durkheim war Propagandist und Forscher zugleich; er scheute kühne Theorie-Entwürfe nicht, achtete aber darauf, daß sie ein Fundament in der sozialen Wirklichkeit besaßen. In Frankreich, das weitgehend noch ein Agrarland war, hatten viele Intellektuelle nicht bemerkt, wie die Entwicklungsdynamik der westlichen Industriegesellschaften die meisten der traditionalen Wertvorstellungen immer realitätsferner erscheinen ließ. Im Zustand der Anomie trat das Unbehagen an die Stelle der Analyse, das Schlagwort von der Dekadenz erregte alle und erklärte nichts. Es war die Aufgabe der Soziologie, in geduldiger Arbeit die Kluft zwischen der gesellschaftlichen Wirklichkeit und den irrigen Vorstellungen, die sich die meisten Menschen von ihr machten, zu überbrücken. Da diese Aufgabe die Kräfte eines einzelnen überstieg, war die von Durkheim mit so viel Nachdruck betriebene Rekrutierung sowie das Training eines Stabes von Freunden, Kollegen und Mitarbeitern um die *Année Sociologique* eine Verpflichtung, die sich unmittelbar aus den Erkenntniszielen der Soziologie ergab. Die strukturellen Veränderungen, die Industrialisierung und Urbanisierung mit sich brachten, erlaubten es nicht länger, Aussagen über Mensch und Gesellschaft lediglich auf Grund von Überlieferungen oder aus persönlicher Erfahrung in abgeklärten Aperçus zu formulieren. Die Traditionslinie der klassischen Moralistik brach nun ab, Enquêten wurden wichtiger als Erinnerungen, Tabellen bildeten die moderne Form einer sozialen Aphoristik. Auch Durkheim war ein Skeptiker, doch fehlte es ihm nicht an Selbstbewußtsein, wenn es um die Leistungsfähigkeit seines Faches ging. Als Bouglé, einer der frühen *durkheimiens*, entmutigt die Arbeit an einem Projekt aufgeben wollte, schrieb ihm sein Patron: »Objektiv gesehen gibt es gar keinen Grund, sich zu entmutigen. Nein, die sozialen Tatbestände entgehen uns bestimmt nicht. Sie sind genauso disziplinierbar wie die anderen.«

Durkheims programmatische Festigkeit provozierte nicht zuletzt die Reaktion all jener, die der Gesellschaft des alten Frankreich nachtrauerten und seufzten, wer das Ancien Régime nicht selbst noch miterlebt habe, wisse nicht, was es heißt, glücklich zu sein. Eine antimodernistische Haltung vereinte die unterschiedlichen Gegner Durkheims, die sehnsuchtsvolle Beschwörung einer Zeit, in der es den *homme moyen* der Statistiker noch nicht gab, sondern lediglich den *Français moyen*, der sich in seinem Vaterland zu Hause fühlte, und eine literarische Kultur, deren Mittelpunkt jener *honnête homme* war, der sich zu benehmen verstand und wußte, wie man sich ausdrückt. Was aus der Gegnerschaft zu Durkheim, dem von den Republikanern gestützten Soziologen, in vielen Fällen Feindschaft, was aus der Ablehnung seiner Lehre Haß machte, war nicht zuletzt das Erstaunen darüber, daß Durkheims Soziologie noch so jung und ihrer Sache dennoch sicher war.

An Bundesgenossen fehlte es ihr nicht. Sie fanden sich vor allem unter den Funktionären des höheren Bildungswesens, die kein Interesse daran hatten, die Sorbonne wieder zu einer Hochburg der Rhetorik zu machen. In allen Studiengängen sollte vielmehr der Anteil der alten Sprachen weiter reduziert, im Selbstbild der Universitäten das Prestige der literarischen Bildung verringert werden. Selbst Literaturwissenschaftler sahen keine Möglichkeit mehr, den Niedergang der französischen Sprache aufzuhalten. Was lag schon daran, daß niemand mehr gut schrieb? Es war ein Teil des Preises, der für den allgemeinen Fortschritt gezahlt werden mußte. Auch war es gut, daß der Impressionismus allmählich aus den Wissenschaften verschwand. Erträglich war er ohnehin nur bei Genies wie Sainte-Beuve und Chateaubriand, doch störten Genies eher in einer Universität, die vor allem Fachleute ausbilden sollte. Selbst Historiker schreckte der *esprit littéraire* mehr und mehr ab; Michelet war für sie kein Vorbild mehr, und nacheifern wollten auch sie Naturwissenschaftlern wie Bichat, Laplace und Claude Bernard. Die tiefverwurzelte französische Neigung zu allgemeinen Ideen und brillanter Rhetorik sollte durch unvoreingenommene Tatsachenliebe und ein strenges Methodenbewußtsein ersetzt werden. Der Zivilisationsgrad der modernen Nationen wurde längst an ihrer Wissensproduktion und nicht mehr an ihrem Sprachgefühl gemessen. Der gute Stil eines Autors ließ keinen Schluß mehr auf den Wahrheitsgehalt seiner Ideen zu; er war so gefällig und nutzlos wie ein Ornament.

Ein Gegner Durkheims: Charles Péguy

Durkheims Versuch, der Soziologie eine gesicherte und einflußreiche Position in der französischen Universität zu verschaffen, gelang nur halb. Schon bald nach seinem Tod im Jahr 1917 wurde deutlich, wie fragil selbst die Bindungen innerhalb des Clans um die *Année Sociologique* gewesen waren. Es schien, als sei der Siegeszug der Soziologie lediglich der persönliche Erfolg eines charismatischen Theorieproduzenten gewesen. Von einer ruhigen Veralltäglichung war das Fach jedenfalls in Frankreich noch weit entfernt. Zu seinen Lebzeiten aber konnte Durkheim von Gegnern wie von Anhängern zu Recht als »penseur quasi-officiel« der Sorbonne bezeichnet werden. Durkheim wurde als intellektueller Tyrann hingestellt, als ein selbsternannter Hüter der Wahrheit, und man beklagte den Despotismus seiner Lehre um so mehr, als die Soziologie doch eine Wissenschaft war, die erst als Konsequenz der verhaßten Demokratisierung Eingang in die Universität gefunden hatte.

Der entschiedenste, der unversöhnlichste, der sprachmächtigste Gegner aber erwuchs Durkheim und der Soziologie nicht im inneren Kreis der Universität, sondern außerhalb von ihr. Verläßt man den Ehrenhof der Sorbonne und geht, nachdem man die enge rue de la Sorbonne überquert hat, ein paar Schritte nach rechts, so findet man sich vor der Boutique Charles Péguys, einem schmalen und dunklen Raum, in dem er seit 1901 die ein Jahr zuvor gegründeten *Cahiers de la Quinzaine* herausbrachte. Heute ist hier wieder eine Buchhandlung. Sie quillt von auf dem Boden gestapelten Büchern über, durch die man sich mühsam einen Weg zu den Regalen bahnen muß. Aktuelles ist dort kaum zu finden. Dafür hat der alte Buchhändler die historische Topographie des Lokals im Kopf. Er zeigt dem Besucher, wo Péguy sich aufzuhalten pflegte und wo der einzige Korbsessel der Buchhandlung stand – reserviert für den Maître Sorel, der darin sitzend zu dozieren pflegte, bevor Péguy sich auch mit ihm überwarf.

Charles Péguy wurde 1873 in Orléans als Sohn eines Tischlers und einer Stuhlflechterin geboren. Sein Vater starb, als Charles noch kein Jahr alt war. Das alte Frankreich, so schrieb Péguy vierzig Jahre später, habe er noch gekannt – wie jedes Kind, das zwischen 1873 und 1880 in einer Provinzstadt aufgewachsen sei. Es war eine Welt, »in der man nichts verdiente und nichts ausgab, und in der doch jedermann leben konnte«. Nach Orléans und der heimatlichen Beauce sehnte sich Péguy zeitlebens zurück, der die moderne Welt haßte, in der sich seit dreißig Jahren mehr verändert hatte als von Christi Geburt bis zur Gegenwart. Auch dies war eine Tatsache, zu deren Kenntnis es nur des gesunden Menschenverstandes und nicht der »Arithmetik der Soziologen« bedurfte.

1893 wurde Péguy in die Ecole Normale aufgenommen, doch bat er schon ein Jahr später um Urlaub. Den Vorwand lieferte eine Augenerkrankung. Während dieser Zeit lernte Péguy in Orléans die Typographie, gründete eine sozialistische Gruppe und begann, an seiner *Jeanne d'Arc* zu schreiben, einem Stoff, der ihn nicht mehr loslassen sollte. Sein erster Artikel galt dem Ökonomen Walras und erschien in der *Revue Socialiste*. 1898, im Jahr von Zolas *J'accuse*, eröffnete Péguy, der als Stipendiat keine wirtschaftliche Tätigkeit ausüben durfte, unter einem Decknamen eine sozialistische Buchhandlung. Drei Monate später mißlang ihm die agrégation für Philosophie. Die Aussicht auf eine Universitätskarriere war damit vorbei, und Péguy blieb Dichter, Verleger, Typograph und nimmermüder Polemiker in seiner Boutique, die vor den mächtigen Mauern der Sorbonne so winzig dastand wie David vor Goliath.

Charles Péguy wurde Dreyfusard. In der Sorbonne schlug er – zusammen mit Lucien Herr, der vom sarkastischen Kritiker Durkheims zum Verfechter der neuen Soziologie geworden war – Schlachten für die Sache von Dreyfus und Zola. Wenn aber Herr davon sprach, wie er die Bataillone der Studenten und Sympathisanten gemeinsam mit Péguy befehligt hatte, drang dieser auf Präzision: er hatte kommandiert, wenn man sich schlug; gab es nichts zu tun, übernahm Herr das Kommando.

Den herkömmlichen Werten seiner Kindheit und seiner Heimat treu bleibend, war Péguy niemand, der an modernen Doktrinen und Parolen festhielt, wenn er sie erst einmal durchschaut hatte. Dann war er zur Wende aus dem Stand fähig, ein Genie im Lieben und im Hassen, ein Fanatiker der Kontroverse, der an jemand anderen gedacht haben muß, als er schrieb: »Je ne suis pas polémiste.« Er sah, wie die Dreyfus-Affäre seine Freunde veränderte, die auf einmal Geschmack am Kommandieren und Lust an der Macht gewannen. Er schämte sich seines Engagements für Dreyfus nicht, doch bekämpfte er bald die opportunistischen Dreyfusards, die aus der unsterblichen Affäre nur Kapital schlagen wollten; auch wurmte es ihn, daß Dreyfus selbst sich nicht heldischer benahm. Es gab zwei Dreyfus-Affären für Péguy: seine eigene war ein Kampf für politische Moral und Gerechtigkeit gewesen, die der anderen war nichts als ein schmutziger Wettstreit um Macht und politischen Einfluß. Am Ende hatte ihm die Affäre auch wirtschaftlich nur geschadet. Von nun an las man Journale, aber keine Bücher mehr.

Zur Trennung von Herr und den Durkheim-Anhängern führten neben ökonomischen Auseinandersetzungen, die mit Péguys verlegerischer Tätigkeit zusammenhingen, nicht zuletzt Unterschiede in ihrer Auffassung vom Sozialismus. Der Glaube Péguys war weniger der Sozialismus von Karl Marx als der Sozialismus des Franz von Assisi; eine Haltung, keine Doktrin; ein Engagement, das man täglich lebte, kein Programm, das man in Parteistatuten festschrieb. Auch war Péguy ein Sozialismus verdächtig, dessen oberstes Ziel darin zu bestehen schien, aus möglichst vielen Arbeitern Bourgeois zu machen. Herr nannte Péguy einen Anarchisten, doch konnte er damit den nicht treffen, der lieber für sich alleine kämpfen als dem »petit clan de la Sorbonne« um Durkheim angehören wollte. Die Heftigkeiten im Kampf der Boutique Péguys mit der Sorbonne Durkheims rührten nicht zuletzt daher, daß beide Seiten ihre Positionen moralisch rechtfertigten. Péguy bekämpfte die Soziologie, weil sie in seinen Augen zu Unrecht den Anspruch erhob, eine Moralwissenschaft zu sein.

Stets von Getreuen umgeben, ließ sich Péguy von Schulen oder Cliquen nicht vereinnahmen, selbst dann nicht, wenn sie, wie er, gegen die Neue Sorbonne oder gegen jene verhaßte Bourgeoisie kämpften, die für das Übel der modernen Welt verantwortlich war. Einzelgänger aber blieb Péguy nicht nur aus Neigung; wie Daniel Halévy bemerkt hat, wurde sein gleichsam natürlicher Platz auf der politischen Rechten von Barrès und Maurras eingenommen, und ein kämpferischer, wenn auch kaum praktizierender Katholik wie er hatte es schwer, sich neben Paul Claudel zu behaupten. Péguy war außerdem Philosemit, und da er, wie er selbst sagte, mit den Juden ein besserer Katholik sein konnte als mit manchen Katholiken, entfremdete er sich zeitweise seinem Glauben, zu dem er erst 1908 zurückfand.

Le style est l'homme même – die Prosa Péguys war alles andere als gefällig. Ihre endlosen Wiederholungen, Alliterationen und Echolalien, das kindische Spiel mit den Satzzeichen, typographische Manierismen und die überarrangierten Seiten der *Cahiers* ließen Proust vom Wortschwall Péguys, andere von einem psychiatrischen Phänomen sprechen. Maurras nannte ihn unlesbar. Doch Péguy glaubte zu wissen, daß die Stilkritik seiner Gegner nur ein Vorwand war, um seine Überzeugungen zu bekämpfen: »Hätte ich gezeigt, daß Jeanne d'Arc eine Hure ist, würde mich Herr Langlois für einen großen Schriftsteller halten.« Die einzige Institution, der Péguy, »erster unter Frankreichs schreibenden Soldaten«, sich wirklich anpaßte, war die französische Armee. Allen übrigen gegenüber blieb er ein militanter Außenseiter. Als geborener Schriftsteller mußte er zum Widersacher der Soziologen werden.

Dem Einfluß von Taine und Renan aber, diesen frühen Soziologen, die zu groß waren, als daß eine junge Disziplin sie bereits für sich beanspruchen durfte, konnte auch Péguy nicht entgehen; selbst für ihn waren sie die Meister, in deren Werk die Moderne ihren Ausdruck fand. Doch waren beide zugleich die Quellen jenes Intellektualismus, der das 19. Jahrhundert vergiftet hatte, Demagogen der modernen Wissenschaft, denen der *vir scientificus* größer als Gott erschien. Péguy spottete über die soziologische Literaturkritik Hippolyte Taines, der keinen Satz über La Fontaine schreiben konnte, ohne in einen Traktat zur Anthropogeographie abzuschweifen; ein Wort Pascals – der freilich auch schon zu viel räsoniert hatte – war mächtig genug, um jedes von Renan errichtete Monument zu zerstören. Dabei gab es doch sowohl für die Geschichte wie für die Humanwissenschaften besondere Methoden, »des méthodes humainement historiques«, die man nicht den Naturwissenschaften zu entlehnen brauchte und die Michelet bereits bekannt gewesen waren. Der Historiker früherer Zeiten, der an Gott glaubte, blieb Mensch; der moderne Historiker, der den Glauben an Gott verloren hatte, wurde selbst immer gottähnlicher. Als Heiligen verehrte man Ernest Renan erst, als er den Schoß der Kirche verlassen hatte, und die Anhänger, die er um sich scharte, waren einem Klerus von Intellektuellen vergleichbar.

Und dennoch war Renan nur ein halbherziger Apostat. Die Abwendung vom katholischen Dogma bedeutete noch längst keinen Bruch mit der katholischen Lebensform. Das alte »Tu es christianus in aeternum« behielt seine Gültigkeit; wer genau zu lesen verstand, spürte, wie sehr in Renan die Sprache des Katholizismus lebendig geblieben war. Bei Taine wie bei Renan zeigte sich ein Widerspruch zwischen dem, was und der Art, wie sie es schrieben. Trotz aller Wissenschaftsgläubigkeit blieben sie die Autoren metaphysischer Romane. Groß waren sie beide nicht, weil sie in den Auseinandersetzungen der Moderne eine bestimmte Partei repräsentierten, sondern weil sie, jeder für sich, in einer Person den entscheidenden Konflikt der Epoche verkörperten, »die alte Auseinandersetzung zwischen Wissenschaft und Kunst«. Doch waren ihre Anhänger kaum in der Lage, eine solche Ambivalenz durchzuhalten, um so weniger, als sich in der Dritten Republik die Abkehr vom Katholizismus schon aus Gründen der politischen Opportunität anbot.

Péguy aber verstand nicht, wie eine ganze Generation den Katholizismus um seiner angeblichen metaphysischen Widersprüche willen verlassen konnte, um sich postwendend doch nur in Schwierigkeiten zu bringen, die unendlich viel schwieriger sind, in Widersprüche, die unendlich widersprüchlicher sind, in Metaphysiken, die unendlich viel grobschlächtiger sind – eben genau die Schwierigkeiten, die Unmöglichkeiten, die Widersprüche, die Metaphysiken der Geschichte und der Soziologie in der modernen Welt.

Dabei war die Lage von Geschichtswissenschaft und Soziologie unterschiedlich. Die Gewißheiten der Geschichte gaben der Soziologie noch längst keine Sicherheit; wo aber die Geschichte unsicher war, hatte auch die Soziologie keinen festen Grund. Das Fach war reich an Prätentionen, doch arm an Resultaten, weil die Soziologen glaubten, man brauche nur Soziologe zu sein, um die Gesellschaften der Menschen zu verstehen – als ob es bereits genüge, eine Uniform anzuziehen, um tapfer zu sein. Schrecklich war das Kauderwelsch der Soziologen, das allmählich in die französische Umgangssprache eindrang, und für Dummköpfe hielten sie jeden, der ihre Pseudodisziplin nicht studiert hatte. Die sogenannten Methoden der Soziologen waren ihr größter Betrug, denn sie hatten noch zu keinem einzigen vorzeigbaren Ergebnis geführt. Sie waren reine Phantasieprodukte, erfunden von einer soziologischen Propaganda, um jungen Studenten aus der Bourgeoisie einzureden, man könne etwas schaffen, ohne zu arbeiten. Außerdem scheiterte die Soziologie gerade mit ihrem Anspruch, die Gesellschaft der Gegenwart zu analysieren. Wie sollte das auch gelingen, wenn man den Versuch unternahm, das römische Recht wie die klassische Kultur und die französische Geselligkeit auf Totem und Tabu zu reduzieren? Selbst über die vielen beneidenswert erscheinende Finesse und Eleganz eines Marcel Mauss konnte Péguy nur spotten. Den proletarisch-langen Hosen der Soziologen und ihren »republikanischen Manschetten« zog er sein Mönchskäppchen vor.

Warum aber war die Soziologie so gefährlich, wenn doch offenkundig ihre Grundannahmen vage, ihre Methoden Fiktion und ihre Gegenwartsanalysen unzutreffend waren? Péguys unterschiedliche polemische Strategie gegenüber Historikern und Soziologen liefert die Antwort. Griff er Historiker an, so nannte

Péguy einzelne von ihnen beim Namen, Soziologen aber nannte er so gut wie nie, »denn von den Soziologen müßte man alle zitieren«. Die Soziologie als ganze war Ausdruck des Zeitgeistes, den Péguy bekämpfte. Als Universitätsfach war sie – mochte Durkheim auch noch so sehr die praktischen Zielsetzungen der neuen Moralwissenschaft betonen – weder zur Diagnose noch zur Therapie geeignet; sie war lediglich das auffallendste Symptom einer Zeit, die aus den Fugen geraten war.

Péguy, der die Heiligen, seine ›saints patrons‹, verehrte, war ein geschworener Feind aller weltlichen Patronage. Das machte ihn schon vom Temperament her zum Gegner Durkheims, der das System der Patrons, der Coterien und der *chapelles* virtuos zu nutzen verstand, um der Soziologie Zugang zur Universität zu verschaffen. Durkheim war, wie sein Anhänger und späterer Gegner, Hubert Bourgin, es ausdrückte, schon als einzelner eine Schule für sich. Daß er darüber hinaus Politiker und Sozialist war, Soziologe mehr noch aus moralischen als aus wissenschaftlichen Motiven, eher Priester als Gelehrter, eine »sakrale Gestalt . . . erfüllt von einer religiösen Mission«, mußte erst recht den Zorn Péguys hervorrufen, auf den einige dieser Charakteristiken ebenfalls zutrafen. Der große Einzelgänger Péguy sah in Durkheim vor allem den Demagogen; was er und seine Genossen trieben, hatte nichts mit jener Disziplin zu tun, die Comte einst hatte begründen wollen. Daher beschloß Péguy, die Soziologie Durkheims nur noch *sociagogie* zu nennen.

Die Tyrannei Durkheims war unerträglich, er umgab sich mit Gefolgsleuten, die die Sorbonne mit einer Polizeipräfektur verwechselten. Durkheim war ein »Patron gegen die Philosophie«, der sich vorgenommen hatte, das alte französische Erziehungssystem zu zerstören. Herr und Durkheim rühmten sich schamlos der Erfolge, die sie bei ihrem Versuch erzielten, der Jugend Frankreichs die klassische Kultur und den Humanismus auszutreiben. Fanatische Reformatoren, opferten sie alles ihrer Vision eines Kollektivbewußtseins, das nichts weiter ausdrückte als die Weltanschauung des durchbürokratisierten Mittelstandes und damit jener *cadres*, auf die sich die Republik stützte. Im Streit zwischen alter und neuer Sorbonne, in der Auseinandersetzung zwischen literarisch geprägtem Humanismus und szientifischer Soziologie, spielte sich eine neue ›Querelle des Anciens et des Modernes‹ ab:

> Der Streit um die Sorbonne . . . ist der Streit der Heroen und Heiligen gegen die moderne Welt, gegen das, was sie Soziologie, gegen das, was sie Wissenschaft nennen. Und immer wird ein Lehrstuhl in der Sorbonne für denjenigen freigehalten werden, der erklärt, daß man die Heiligen am besten ⟨in die Irrenanstalt⟩ nach Charenton schicken sollte.

Durkheims kühne Behauptung, das Existenzrecht der Soziologie ebenso überzeugend legitimieren zu können wie das einer Naturwissenschaft, erschien Péguy und seinen Jüngern als Hybris und als Dummheit zugleich. Die Soziologen warfen das Rüstzeug einer literarischen Bildung über Bord, ohne die Exaktheit der Naturwissenschaften doch je erreichen zu können; sie gaben vor, den Menschen und seine Gesellschaft zu durchschauen, und täuschten doch nur sich selbst. Die Imitation der exakten Disziplinen erschien dabei um so lächerlicher, als gerade angesehene Naturwissenschaftler wie Curie und Poincaré sich darum bemühten, den wissenschaftlichen Dogmatismus in Grenzen zu halten:

> Gnädig überläßt die Naturwissenschaftliche Fakultät den Geisteswissenschaften das Monopol auf den wissenschaftlichen Fanatismus . . . Für sich selbst beansprucht sie eher die literarischen Eigenschaften der Finesse, des Maßes und des Geschmacks, die dem französischen Geist eigen sind . . . Die Handvoll mittelmäßiger Historiker und eine Gruppierung terroristischer Soziologen repräsentieren nur einen Teil der Sorbonne, jenen nämlich, der zwar redet, agitiert und dogmatisiert, aber nicht arbeitet.

So entstand eine soziologische Metaphysik, die bei ihren Anhängern Schlimmeres anrichtete als jede militärische Invasion: die Zerstörung des inneren Lebens.

Daher wurde für Péguy und viele Anti-Soziologen der Jahrhundertwende Henri Bergson so bedeutsam, dem in ihren Augen einzig Michelet vergleichbar war, jener ›historien essentiel‹, der stets Geschichtsforscher und Geschichtsphilosoph zugleich gewesen war. In Bergson begrüßte man die Renaissance einer Metaphysik, die die Vernunft vor dem Zugriff der Soziologen bewahren sollte. Bergson lehrte die Unausschöpflichkeit der Realität durch den kalten, analysierenden Verstand und zog daraus Folgerungen auch für die Wissenschaftler, deren Maxime nunmehr lauten mußte, »nicht allzu systematisch zu sein und zu sagen, was man sieht«.

In den Dossiers der Ecole Normale sind die Beurteilungen archiviert, die Durkheim und Bergson bei ihrer Aufnahmeprüfung erhielten. Letzterer machte einen ausgezeichneten Eindruck, er schien gebildet und von herausragender Intelligenz, eine Bereicherung für die Ecole. »Zu kalt und tumb«, lautet das Urteil im Fall Durkheim. Es war, als ob Péguy und seine Schar diese frühen Urteile – die im Hinblick auf Durkheim bald revidiert wurden – auf immer festschreiben wollten. Bergson, der Latein, Griechisch und Philosophie studiert und frühzeitig betont hatte, er habe sich vom Einfluß der deutschen Kultur vollständig gelöst, trug den Sieg über Durkheim davon, den Sohn eines Rabbis, der jenem nordfranzösischen Judentum entstammte, das sich auf trockene Bibelexegesen und die talmudische Jurisprudenz konzentriert, und in dessen Weltbild »Einbildungskraft, Mystizismus, künstlerische Sensibilität und Poesie« keinen Platz hatten.

*

Verläßt man die Boutique Péguys und durchquert den Hof und einige der langen Flure der Sorbonne, so stößt man draußen auf die rue St. Jacques. Hier liegt der Sorbonne, ebenso ehrwürdig und eindrucksvoll wie sie selbst, das Collège de France gegenüber. An ihm wirkte seit 1904 Bergson, und wann immer Péguy und die Getreuen aufbrachen, um seine Vorlesungen zu hören, müssen sie es im Gefühl getan haben, im Kampf gegen die Neue Sorbonne und ihre Soziologie einen entscheidenden Schritt vorangekommen zu sein.

Um so unverständlicher waren die Angriffe auf Bergson, die von seiten der Action Française wie der katholischen Kirche erfolgten, wo man zu verblendet war, um zu sehen, daß »alles, was man Bergson nehmen würde, nur Spencer und nicht dem Hl. Thomas zugute kommen wird«. Der Konflikt mit der Kirche steigerte sich noch, als sie die Werke Bergsons auf den Index setzte. Und verächtlich sprach Péguy nur von der »action dite française«, weil sie den einzigen Philosophen angriff, der Frankreich vom intellektuellen Joch Deutschlands befreien konnte.

Der Einfluß Deutschlands und die Germanisierung der Sorbonne

Was aber der Auseinandersetzung zwischen literarischer und sozialwissenschaftlicher Intelligenz im Frankreich der Jahrhundertwende die entscheidende Schärfe verlieh, was einen Streit zwischen Intellektuellen zum bitteren politischen Kampf werden ließ, war die Tatsache, daß hier am Vorabend des Ersten Weltkrieges erneut die »deutsche Krise des französischen Denkens« zum Ausbruch kam. Die Gegner der Neuen Sorbonne setzten alles daran, um den Nachweis zu führen, daß die Soziologie ein zutiefst deutsches Fach war, und daß die französische Universität unter dem Einfluß Durkheims und seiner Anhänger Gefahr lief, endgültig germanisiert zu werden, weil in ihr »die Idee wissenschaftlicher Exaktheit nach deutscher Art den Humanismus zu verdrängen begann«, wie sich Prousts Professor Brichot beklagte.

Im 19. Jahrhundert konnte ein gebildeter Franzose dem Einfluß deutscher Musik, deutscher Philosophie und deutscher Dichtung kaum entgehen. Als Ernest Renan die deutsche Literatur kennenlernte, war es ihm, als betrete er einen Tempel. Alles kam ihm rein, erhaben, moralisch, schön und rührend vor. Anders als Renan verspürte Baudelaire kaum den Wunsch, in Deutschland ein protestantischer Pastor zu werden – doch auch er wandte sich Richard Wagner zu, weil er sich unsterblich in einer Gesellschaft langweilte, in der jedermann Voltaire ähnlich sah oder doch versuchte, ihn nachzuahmen. Aber nicht nur deutsche Gelehrsamkeit, Kunst und Philosophie übten ihren Einfluß aus; es schien, als werde der französische Geist immer stärker vom deutschen Charakter angezogen. Edmond Goncourt notiert:

> In der Bibliothek beobachtete ich einen Mann. Während er las, hielt er die Hand einer jungen Frau, die neben ihm saß. Zwei Stunden später kehrte ich zurück. Der Mann las immer noch sein Buch, und immer noch hielt er die Hand der jungen Frau. Es war ein deutsches Paar. Es war Deutschland.

Nach dem verlorenen Krieg von 1870/71 änderte sich zwar die Stimmungslage der Franzosen, doch blieb, wenn auch aus anderen Motiven, Deutschland für sie attraktiv. Der glühende Wunsch, Elsaß-Lothringen zurückzuerobern und Frankreich seine alte Stärke wiederzugeben, konnte am ehesten dadurch erfüllt werden, daß man vom Gegner lernte. Der preußische Schulmeister hatte bei Sedan gesiegt, und Frankreich hatte den Krieg nicht zuletzt deshalb verloren, weil in seinen höheren Bildungsanstalten der deutsche Einfluß noch nicht stark genug gewesen war. In ihrer Hoffnung, der preußische Sieg werde den Anfang des deutschen Niedergangs bedeuten, hörten die Franzosen nicht auf, ihre Nachbarn jenseits des Rheins nachzuahmen: hatte nicht einst deren Antwort auf die Niederlage bei Jena in der Gründung der Berliner Universität bestanden?

1897 schrieb Paul Valéry, ein junger Amateur, der weder die deutsche Sprache noch Deutschland kannte, für die Londoner *New Review* einen Essay, der später den Titel ›Une conquête méthodique‹ erhielt. In ihm fragte Valéry nach den Gründen des politischen, ökonomischen und wissenschaftlichen Aufschwungs Deutschlands, den die Franzosen mit einer Mischung aus Bewunderung und Argwohn verfolgten. Verantwortlich dafür war in erster Linie das Methodenbewußtsein, das die Deutschen entwickelt hatten. Bei ihnen war die Undiszipliniertheit, das Laster der Intelligenz, verschwunden. In Moltke verkörperte sich das neue Ideal des vollkommen durchdisziplinierten Menschen, der in Kaserne wie Universität gleichermaßen heimisch war. Auch Flaubert imponierten die preußischen Offiziere, die promoviert hatten und Sanskrit beherrschten. Zwar konnten die Engländer und die Franzosen sich ebenfalls disziplinieren, wenn es not tat, aber für sie lag immer ein Opfer darin, während in Deutschland die Disziplin das Leben selbst war. Die Sehnsucht nach Organisation und Arbeitsteilung gehörte zum deutschen Nationalcharakter. Den Deutschen gegenüber erschienen die Franzosen wie eine Horde Wilder, die gegen eine durchorganisierte Armee anrennen.

In dieses Land führten die Pilgerreisen der begabtesten jungen agrégés, die die französische Universität hervorbrachte. Wie ein hoher Beamter des Pariser Erziehungsministeriums sich ausdrückte, benötigte Frankreich ein Bad in Realismus, und die Intelligenz des Landes ging an deutsche Universitäten, um dort die harte Schule der Tatsachen zu durchlaufen. 1885 brach auch Emile Durkheim nach Berlin und Leipzig auf. Es war nicht zuletzt sein Deutschlandaufenthalt, der die weitere Entwicklung der Sozialwissenschaften in Frankreich prägte.

In Einzelheiten fand Durkheim an der deutschen Universität vieles zu kritisieren. Ihre allgemeine Organisation war alles andere als perfekt, in der Forschung gab es zuviel Eklektizismus, die Studenten arbeiteten fast ausschließlich für ihre Prüfungen, und eine wirksame Arbeitsteilung in Lehre und Forschung fehlte. Das Gefühl deutscher Größe war weit verbreitet, aber niemand schien an politischen Alltagsfragen interessiert, und jeder vertraute denen blind, die gerade Verantwortung trugen. Aus etwas größerer Distanz aber konnte man die deutsche Universität nur bewundern. Sie war insofern einzigartig, als sie eine lebendige Institution war, in der die verschiedensten Teile zusammenhielten. Schon beim Eintritt in eine Universität wurde man vom Gefühl überwältigt, daß Professoren und Studenten nach ein und demselben Ziel strebten, auch wenn ihnen selbst nicht immer ganz klar zu sein schien, was dieses Ziel wirklich war. Neiderfüllt beschrieb der Soziologe dieses die deutsche Universität prägende Wir-Gefühl, das in Frankreich völlig fehlte.

Durkheim war besonders von Kathedersozialisten wie Gustav Schmoller und von der Experimentalpsychologie Wilhelm Wundts beeindruckt. Beide versuchten, ethische Probleme wissenschaftlich zu lösen – und genau dies war auch Durkheims Ziel. Er hatte erkannt, daß die Dritte Französische Republik, die auf eine kompromißlose Trennung von Staat und Kirche drängte, nichts nötiger haben würde als eine weltliche Moral. Diese Moral, eine Art Ersatz-Katholizismus, sollte in Zukunft die Soziologie liefern.

Emile Durkheim war alles andere als ein unkritischer Bewunderer des deutschen Geistes und des deutschen Erziehungswesens. Er kehrte vielmehr mit der Überzeugung nach Hause zurück, daß die wissenschaftliche Soziologie der Zukunft eine in ihrem Kern französische Disziplin sein würde. Zu dieser Prognose gelangte er nicht zuletzt durch einen Vergleich der beiden Nationalcharaktere. Die Franzosen waren unverbesserliche Cartesianer: sie strebten vor allem nach Klarheit und neigten von Natur aus zur einfachen Erklärung verwickelter Tatbestände. Darüber vergaßen sie, wie kompliziert das gesellschaftliche Leben in Wirklichkeit war. Den Deutschen dagegen erschien nichts einfach; oft genug zweifelten sie an der Erklärbarkeit der Welt und zogen sich ins Irrationale zurück. Französische Theorien waren in der Regel zu simpel, deutsche Theorien im allgemeinen zu verworren. Die Franzosen waren optimistisch und nie um Erklärungen verlegen; die Deutschen brüteten über der Dunkelheit des Lebens und der Seele und schickten sich resigniert darein, beide nie ganz zu verstehen. Daher werde, so schloß Durkheim triumphierend, die Soziologie bei den Deutschen immer eine Halbwissenschaft bleiben – die klardenkenden Franzosen aber würden, einmal von den Deutschen über die Verwicklungen des gesellschaftlichen Lebens belehrt, aus der Soziologie die Schlüsseldisziplin der Moderne machen. So formte er seine Doktrin und bildete seine Schule, wirkte in Bordeaux und in Paris und eroberte die Neue Sorbonne.

Mit der zwischen Frankreich und Deutschland in der Zeit vor dem Ersten Weltkrieg wachsenden politischen Spannung änderte sich der Charakter der philosophischen Deutschlandreise, die ein junger französischer Wissenschaftler unternahm. Was anfangs eine Pilgerfahrt und eine Auszeichnung gewesen war, wurde erst zur Routine, dann zur Pflicht und schließlich zum Opfer. Wenn sie nach Hause kamen, jubelten die Pariser Gelehrten beim Anblick der Ile-de-France mit ihren Ulmen und Pappeln, nachdem sie so lange nur Kiefern und Fichten gesehen hatten; einer von ihnen klagte, nichts habe er in Deutschland gelernt, nur seinen Magen habe er in der schrecklichen Berliner Pension ruiniert, in welcher er ein Jahr lang hatte leben müssen. Viele, die Frankreich als Republikaner verlassen hatten, kehrten als Nationalisten dorthin zurück. Im gleichen Maße, in dem Deutschland an Attraktivität verlor, steigerten sich die heimischen Angriffe auf Durkheim, der als ein Repräsentant des nunmehr verhaßten deutschen Geistes denunziert wurde.

Durkheim kam 1902 nach Paris. Im gleichen Jahr wurden die Curricula der französischen Universität entscheidend reformiert. Nicht zu Unrecht verdächtigte man Durkheim, ein Architekt jener Neuen Sorbonne zu sein, aus der, wie ihre Kritiker voraussagten, Philosophie, Geschichte, Literatur und die alten Sprachen bald verschwinden würden, um der Soziologie und dem entsetzlichen Sprachenstudium à la Berlitz Platz zu machen.

Nicht zuletzt die politisch weit rechts stehende literarische Intelligenz, darunter eine Reihe späterer Anhänger der Action Française, wies jeden wissenschaftlichen Anspruch Durkheims und seiner Schule zurück. Dies waren, wie Maurice Barrès schrieb, reine Metaphysiker, ein Haufen Verrückter, Intellektuelle, die an den Produkten ihres eigenen, verderbten Geistes ein kriminelles Vergnügen fanden. Es wurde Zeit, die französische Elite zu entgermanisieren. Wie konnten die *durkheimiens*, die den Sitten der Primitiven eine so ungebührliche Aufmerksamkeit widmeten, überhaupt den Anspruch erheben, die französische Gesellschaft zu verstehen? In der Sorbonne herrschte die Barbarei. Der Erfolg der Durkheimschen Soziologie war alarmierend. Wie ließ er sich erklären? Die Chronologie ihres Eindringens in die Universität lieferte die Antwort.

Lange Zeit hatte die Soziologie innerhalb des französischen Universitätssystems ein Aschenbrödeldasein gefristet. Es gab in der Regel nicht mehr als zwei oder drei *normaliens*, die sich für das neue Fach interessierten. Durkheims frühe Veröffentlichungen waren gerade von Sozialisten wie Charles Andler und Lucien Herr vernichtend kritisiert worden, die sich weigerten, eine Disziplin als Wissenschaft anzuerkennen, in der Statistiken, Reiseberichte, zweitrangige Handbücher und sogenannte Beobachtungen sich mischten und eine präzise Bewertung der benutzten Quellen gänzlich fehlte. Die Soziologie war ein Fach, das noch nicht einmal die Probleme benennen konnte, die es zu lösen vorgab. Es war vermutlich schon zu spät, um es wieder abzuschaffen, aber jedem Studenten sollte abgeraten werden, Soziologie zu studieren, und denen, die es trotzdem taten, mußte man seine Verachtung zeigen.

Während der Dreyfus-Affäre aber erfolgte eine dramatische Wende. Auf einmal fanden sich die Anti-Soziologen – das Wort existierte schon damals – und die Anhänger Durkheims im selben Boot. Jetzt, da sie einen gemeinsamen Gegner hatten, konnten sie vergessen, warum sie sich einst befehdet hatten. Ähnlich erging es Emile Zola: die ihn als Pornographen bekämpft hatten, umarmten ihn, nachdem er sich für Dreyfus entschieden hatte. Unmöglich erschien es auf einmal den sozialistischen Intellektuellen, daß jemand, der ein eifriger Dreyfusard und ein loyaler Mitarbeiter der Ligue des droits de l'homme war und damit der gemeinsamen Sache diente, mittelmäßige Bücher schreiben konnte. Gerade weil alle Soziologen Parteigänger von Dreyfus waren, wie Georges Sorel behauptete, konnte ihr Fach so schlecht nicht sein. Es waren nicht ihre intellektuellen Fähigkeiten, die Durkheim und seine Anhänger zu Herren der Neuen Sorbonne gemacht hatten, es war ihr politischer Opportunismus, der »dreyfusisme des sociologues«.

Obwohl Durkheims Soziologie, wie Pierre Lasserre es formulierte, nichts anderes war als eine schlechte Metaphysik auf der Suche nach ihrem empirischen Alibi, hätte darin allein noch keine Gefahr für den französischen Geist gelegen. Aber die sogenannte Französische Schule der Soziologie ähnelte vor allem einem deutschen philosophischen System. Der germanische Pantheismus drohte die Sorbonne zu überrennen, und während früher niemand daran gezweifelt hatte, daß vor allem französische Katholiken für die Wahrheitsfindung geeignet waren, litt die Sorbonne jetzt mehr und mehr unter dem Einfluß protestantischer und jüdischer Minoritäten. Schließlich war Durkheim nicht nur ein Germanophile, sondern auch der Sohn eines Rabbi, und sein vollständiger Vorname lautete David Emile.

Mit Durkheim schien auf einmal die Ära Victor Cousins wiedergekehrt zu sein, der einst an Hegel geschrieben hatte, er möge ihm doch die Wahrheit enthüllen; seinem eigenen, dem französischen Volk werde er dann nur so viel davon mitteilen, wie es begreifen könne. Offenkundig war die Sorbonne durch Durkheim und seine Anhänger germanisiert worden. Hippolyte Taine, der selbst mitverantwortlich dafür war, hatte diese schlimmste Form der Dekadenz vorausgesehen: »Wir sind Nationalökonomen, Mathematiker, Metaphysiker, Dilettanten, Engländer, besonders Deutsche geworden und haben aufgehört, Schriftsteller und Franzosen zu sein.«

Die schärfsten von Durkheims Kritikern fragten, ob an seiner Soziologie überhaupt etwas Französisches sei. Der deutsche Einfluß darin war zu überwältigend; das ganze Fach war *made in Germany*. Wie konnte es sich auch anders verhalten mit dieser ganz und gar germanischen Disziplin, deren wahrer Gründervater nicht Comte, sondern Adam Müller war? Die Deutschen verstanden instinktiv, was mit Ausdrücken wie Volk und Volkswirtschaft gemeint war, aber Durkheims Konzeption der Gesellschaft als einer Einheit sui generis war nichts als eine kabbalistische Formel, eine Idee, die in Frankreich nie heimisch werden konnte.

Durkheim reagierte auf Vorwürfe dieser Art mit der wiederholten Versicherung, daß die Soziologie eine ihrem Wesen nach zutiefst französische Disziplin sei. Während des Ersten Weltkriegs wurden seine Äußerungen über das Fach und seinen Platz innerhalb der französischen Kultur immer politischer. Aus vollem Herzen unterstützte er die Propaganda gegen Deutschland, dessen aggressives Temperament, kriegerische Veranlagung und Verletzung jeden internationalen Rechts er beklagte. Verachtung drückte er nicht zuletzt für jene deutschen Kollegen aus, mit denen er einst verkehrt hatte, und die nun zu Komplizen des deutschen Militarismus und seiner unerhörten Grausamkeiten geworden waren. Laut Durkheim begann der Rückfall des zivilisierten deutschen Volkes in heidnische Moralität in der Mitte des 19. Jahrhunderts. Die blind-nationalistische Haltung eines Anti-Soziologen wie Treitschke hatte zum schlimmsten Fall sozialer Pathologie geführt, den man sich nur vorstellen konnte: zum Ersten Weltkrieg. Durkheim kam zu dem Schluß, daß Historiker und Soziologen die Ursachen dieser Erkrankung und entsprechende Heilmittel herauszufinden haben würden. Die preußische Niederlage vorwegnehmend, drückte er seine Hoffnung aus, daß von nun an die europäische Geographie ihre rationalen und moralischen Grundlagen finden würde. Der Sieg Frankreichs sollte auch ein Sieg der französischen Soziologie sein.

Obwohl Durkheim versicherte, nie habe er so hart gearbeitet wie für die Propaganda seines Vaterlandes, konnte er auch damit seine Gegner innerhalb Frankreichs nicht besänftigen. Noch 1916 wurde er von der nationalistischen, antisemitischen *Libre parole* ein Boche mit Pappnase genannt und als ein Agent des deutschen Kriegsministeriums verdächtigt. Im gleichen Jahr fiel sein einziger Sohn André an der Front. Durkheim selbst starb 1917.

*

Auf Dauer aber konnten die Gegner Durkheims und der Neuen Sorbonne nicht verdrängen, daß die Soziologie ihren Ursprung auch in der Restauration hatte und daß Gegenrevolutionäre wie de Maistre und de Bonald zu ihren Ahnen zählten. Daher galt der Angriff der rechten literarischen Intelligenz schließlich nicht mehr der Soziologie als ganzer, sondern nur noch ihrer illegitimen Spielart, der Soziologie Emile Durkheims und seiner Schule.

Ihr wurden jene rechtmäßigen, da autochthonen soziologischen Doktrinen gegenübergestellt, die sich in den Werken des späten Comte, Le Plays und katholischer Sozialwissenschaftler wie des Marquis de la Tour du Pin verkörperten.

Der Versuch der ideologischen Rechten, die *durkheimiens* als politisch unzuverlässig hinzustellen und ihr Fach als fremdartig zu denunzieren, rechnete mit der traditionellen Xenophobie des französischen akademischen Milieus. Er mußte am Ende scheitern, weil die Tatsachen diesen Verleumdungen zu offenkundig widersprachen. Der Patriotismus war auch bei den *durkheimiens* und ihrem Patron zu Hause, nur hatte ihre Begeisterung mehr Augenmaß, erfolgte ihre Kritik an Deutschland und seinen intellektuellen Traditionen gezügelter, als dies auf seiten der Rechten der Fall war.

Eindrucksvoll ist dabei die Kontinuität, die Durkheims und Lucien Herrs Urteil über Deutschland durch Jahrzehnte prägt. Wenige Reisende, die nach Deutschland pilgerten, brachen so skeptisch auf wie sie, und nicht alle kehrten mit der gleichen Skepsis zurück. Bei Herr, der Deutschland als sein intellektuelles Vaterland bezeichnet hatte, ist dies besonders auffallend. Herr war unter den frühen *durkheimiens* wohl der beste Kenner des Nachbarlandes, und Charles Andler hat zu Recht spekuliert, daß vielleicht er, und nicht Wilhelm Dilthey, die Jugendgeschichte Hegels geschrieben hätte, wäre ihm nur der Zugang zu den Manuskripten des Philosophen gestattet worden. Doch Karl Hegel, der Sohn, wies seine Bitte ab und schrieb im Dezember 1888 an Herr, er müsse die Manuskripte zuallererst der Obhut deutscher Wissenschaftler übergeben und könne sie nicht den Händen eines Franzosen anvertrauen und damit einer Nation, »die für uns Deutsche so voller Animositäten und Gefahren ist«.

Herr war ein scharfsichtiger Beobachter des politischen Lebens in Deutschland, dessen Mangel an Vitalität ihm ebenso wie Durkheim auffiel. Im Grunde genommen war er überrascht, wie sehr, allen Erwartungen zum Trotz, Frankreich den Deutschen voraus war:

> Es gab einmal eine Zeit, da eine philosophische Reise nach Deutschland eine Art von Entdeckungsreise war; mit ein wenig Geschick und Glück kam man leicht mit einem großen Autor nach Hause, der unveröffentlicht geblieben war ... Heute geht man weder als Entdeckungsreisender noch als Pilger dorthin, aber dennoch bleibt die Reise interessant. Man lernt drüben nur noch wenig. Fast immer kannte man alles bereits. Aber man lernt, das besser zu verstehen, was man bereits wußte.

Herr, der Geheimnisvolle, ein Feind nicht nur der Rhetorik, sondern auch, wie seine Gegner behaupteten, aller Kunst und Poesie, Herr, der Bibliothekar, wollte vor allem Gelehrter sein, *savant*; deshalb wurde für ihn jene szientifische Richtung des Positivismus bedeutsam, die sich mit dem Namen Littrés verband. Aber Herr sah, daß an der Schwelle zum 20. Jahrhundert keine Wissenschaft, auch nicht die positivistische Soziologie, aus sich alleine heraus eine Orientierung in den drängenden politischen und ökonomischen Tagesproblemen liefern konnte. Die Wissenschaften benötigten ein Dogma. Herr fand dieses Dogma im Sozialismus, genauer im wissenschaftlichen Sozialismus, den er vom mystischen Sozialismus eines Péguy unterscheiden wollte. Als Lucien Herr Péguy einen Anarchisten nannte, fiel es diesem schwer, darin einen Vorwurf zu erkennen; umgekehrt konnte Herr Péguys Behauptung, die Soziologie der Durkheim-Schule lasse sich mit dem Sozialismus gleichsetzen, als eine Art Wunscherfüllung akzeptieren. 1889 waren die *Fabian Essays* erschienen, die Herr ungemein beeindruckten, weil der darin vertretene Sozialismus antiromantisch, rational, wissenschaftlich und gradualistisch war. Mit ihm ließ sich dem Irrationalismus begegnen, der das französische Geistesleben immer stärker beeinflußte.

Im deutschen Volk, das von Natur aus zur Disziplin neigte und Leitideen und Befehle ergeben von jenen empfing, denen es einmal sein Vertrauen geschenkt hatte, gedieh nur ein deutscher Sozialismus, der auf Hierarchie und Unterordnung beruhte; demgegenüber begriffen die französischen Sozialisten ihren Zusammenschluß als freiwillig, eine Assoziation jener, die das Vertrauen und nicht der Gehorsam zusammenhielt. Maurras hatte behauptet, in Europa sei nur der französische Sozialismus nicht nationalistisch, der einzige, der die Idee der Partei und der Klasse derjenigen des Vaterlands vorziehe. Gerade als Sozialist aber war Lucien Herr, der Bundesgenosse Durkheims, ein französischer Patriot.

Der Aufstieg der Soziologie und die Krise der Literatur

Im Mai 1909 erschoß sich Armand Nény, ein Schüler des Lyzeums von Clermont-Ferrand, während des Unterrichts in seinem Klassenzimmer. Der Fall erregte Aufsehen; Maurice Barrès nahm ihn zum Anlaß, um kurz darauf in einer Sitzung der Kammer zur Lage des französischen Erziehungswesens Stellung zu beziehen. Er wies auf die sich häufenden Selbsttötungen von Schülern und Studenten hin – u. a. im Département Seine-et-Marne, im Var, in Bourg-en-Bresse, in Nîmes und in Lyon –, und er fragte den zuständigen Minister nach der physischen und moralischen Gesundheit in den französischen Lehranstalten. Fünfundzwanzig Jahre zuvor war die Universität zwar pedantisch und schwerfällig gewesen, aber die Ruhe, die sie ausstrahlte, hatte ihren Professoren und Studenten ein notwendiges Gefühl von Zusammengehörigkeit und Sicherheit gegeben.

Jetzt hatte ein Teil des Lehrkörpers die Fundamente verlassen, auf denen das alte Wertsystem Frankreichs ruhte. Diese neuen Lehrer konnten nicht mehr, wie ihre Vorgänger, zu Schülern und Studenten über die Geborgenheit in der Familie, die Verehrung der Vorfahren, über die Ehre eines guten Namens und die Tröstungen der Religion sprechen, weil sie selbst an diese Werte nicht mehr glaubten. In Frankreich zog eine Generation zynischer Lehrer eine Generation desillusionierter Schüler heran. Früher hatte man Schulen mit den Namen von Rollin und Descartes geehrt, jetzt hegte man den schamlosen Plan, ein Lyzeum nach Fragonard zu benennen, um damit den Libertinismus von Staats wegen zu lizenzieren. Die öffentliche Moral Frankreichs war in

Gefahr, und die Verantwortlichen, so hielt Barrès dem Minister vor, waren leicht zu finden:

> Es ist unbestreitbar, es ist eine Tatsache, daß wir uns heute einem Problem der Moral gegenübersehen. Es ist eine Tatsache, daß in der Universität Ihre Pädagogen und Ihre Soziologen, Leute der höchsten Autorität, dabei sind, ›eine neue Moral‹ zu predigen.

Barrès dagegen glaubte nicht an eine ›neue‹ Moral; in Fragen der richtigen Lebensführung war jede Verhaltensregel ein Irrtum, die nicht so alt war wie der Mensch selbst. Die Bedürfnisse der Seele konnten nur befriedigt werden, wenn der Mensch eine Familie, ein Vaterland und eine Religion hatte. Zumal die Religion war die entscheidende Kraft, die die Gesellschaften und die Zivilisationen zusammenhielt. Und als Barrès zum wiederholten Male von den protestierenden Zwischenrufen der Linken unterbrochen wurde, fügte er triumphierend hinzu: »Protestieren Sie nicht! Nicht ich, sondern einer der Ihren, Herr Durkheim, hat Ihnen in seinem Buch über die Selbstmorde gesagt: ›Unzweifelhaft übt die Religion auf den Selbstmordgefährdeten einen prophylaktischen Einfluß aus.‹«

In der leidenschaftlich klingenden, doch durchkalkulierten Interpellation von Barrès kommt die ambivalente Haltung zum Ausdruck, welche die Haltung der rechten literarischen Intelligenz zur Französischen Schule der Soziologie prägte; sie verdammte die Anschauungen Durkheims, weil sich in ihnen die Bedrohung der klassischen französischen Kultur durch den Wertverlust der modernen Gesellschaft verkörperte, konnte aber zugleich auf diese Soziologie als Quelle ihrer eigenen politischen Agitation nicht verzichten. Barrès war, wie aus seinen Tagebüchern hervorgeht, ein sorgfältiger Leser Durkheims, und es ist bezeichnend, daß er, als er bei einem Buchhändler der Place Victor-Hugo im November 1912 Jaurès traf, diesen als erstes fragte, ob er schon Durkheims letztes Buch, die *Formes élémentaires de la vie religieuse*, gelesen habe.

Im Briefwechsel zwischen Maurras und Barrès spielen soziologische Probleme eine wichtige Rolle; im Oktober 1895 hielt Barrès in Marseille einen Vortrag über ›La Commune et la région, laboratoires de sociologie‹. Und obwohl für Maurras der wichtigste Soziologe Auguste Comte blieb, obwohl Barrès gerade in der ihm besonders am Herzen liegenden Frage der Dezentralisierung Frankreichs vor allem auf die Hilfe Gabriel Tardes rechnete und diese auch erhielt – nachdem sie einmal vom soziologischen Denken angesteckt worden waren, konnten sie auch dem Einfluß Durkheims, des Soziologen par excellence, nicht mehr entgehen. Es waren *durkheimiens* wie Dominique Parodi, die ein wenig verwundert, doch mit sichtlicher Befriedigung vermerkten, daß die politisierenden Literaten der Rechten durch die Logik der Probleme, mit denen sie sich beschäftigten, und auf Grund des Einflusses, den Autoren wie Comte und Taine auf sie ausgeübt hatten, zu ähnlichen Schlußfolgerungen gelangten wie Durkheim – ihr politischer und ideologischer Gegner. Auf der anderen Seite bewunderten die Sympathisanten der literarischen Rechten das Opfer, das Schriftsteller wie Paul Bourget und Maurice Barrès brachten, wenn sie bedeutende literarische Vorhaben beiseite legten,

> um sich mit dem Gemeinwohl zu beschäftigen. Das ist weder amüsant noch profitabel. Die Soziologie nämlich führt meist zu Kämpfen und bringt wenig buchhändlerische Erfolge mit sich. Was soll's! All dies muß nun einmal sein. Und vielleicht werden künftige Zeiten diesen Schriftstellern für ihr mutiges und notwendiges Opfer noch einmal dankbar sein.

Autoren wie Bourget waren es auch, die unter den Schriftstellern der Vergangenheit nach Soziologen suchten, die im Gegensatz zu Durkheim und seiner Schule den Franzosen als Vorbild dienen konnten. An erster Stelle stand Balzac, der sich selbst als docteur ès sciences sociales bezeichnet hatte und in der *Comédie Humaine* ein Panorama der französischen Gesellschaft geschildert hatte, das für alle Soziologen beispielhaft war. Balzac konnte mit Bossuet und de Bonald in einem Atemzug genannt werden; er war ein rechter Soziologe, dessen Beispiel zeigte, daß gute Wissenschaft und Demokratismus keineswegs zusammengehören mußten, wie die Ideologen der Dritten Republik es behaupteten.

In den literarischen Gegnern Durkheims verkörperte sich jenes antiromantische Denken, das für die ideologischen Auseinandersetzungen im modernen Frankreich so bedeutsam wurde. In ihrem Kampf gegen Rousseauismus und Protestantismus erreichten Literaten wie Charles Maurras schnell den Punkt, an dem sie die reine Literatur aufgeben mußten, um zur politischen Aktion überzugehen. Als Maurras die politischen Ideen Chateaubriands, Michelets und Sainte-Beuves analysierte, verfaßte er, seinen eigenen Worten zufolge, eine Abhandlung zur positiven Politik, und stellte sich damit bewußt in die Tradition des Comteschen Denkens. Schriftsteller wie Maurras, dem doch am ›petit fait bien choisi‹ so viel lag, und Barrès, der in seiner Jugend den Kult des Ich gepredigt hatte, wurden in ihrem Kampf gegen die Romantik, die für sie im wesentlichen eine deutsche Bewegung war, zu Verfechtern einer soziologischen Ästhetik. Und so sehr sie auch im Vergleich zu einigen französischen Romantikern wie Sozialwissenschaftler erscheinen wollten – sie blieben doch Anhänger der Gegenaufklärer, des späten Comte und Le Plays und damit von Autoren, die eine Art romantischer Soziologie vertraten. Hierin lag das Dilemma dieser reaktionären Literaten: die antiromantische Selbstbehandlung, wie Nietzsche das nannte, schlug bei ihnen nicht an, und so wirkte gerade gegenüber Soziologen wie Durkheim ihre nostalgische Haltung stets ausgesprochen romantisch.

Hinzu kam, daß in einer Epoche, die vom Beginn des realistischen Romans bis zu Zola, von Flaubert bis zu den ›petits naturalistes‹ reichte, die Verwissenschaftlichung der Literatur und damit ihre Annäherung an eine ungeliebte Soziologie unübersehbar war. Die literarische Rechte berief sich auf einen Naturwissenschaftler, um diese Entwicklung als einen Irrweg zu brandmarken. Léon Daudet, der sieben Jahre lang Medizin studiert hatte und Gast in Charcots Salon gewesen war, berichtete, dieser habe gut von Balzac, wenig von Flaubert und schlecht von Zola gesprochen, den er, ein Exemplar der *Rougon-Macquart* in der Hand, nur als »Schmierfink, obersten Schmierfink« zu titulieren pflegte.

Innerhalb der Rechten lassen sich dabei zwei Schwerpunkte des Angriffs auf eine ungeliebte Literatur unterscheiden: zum einen die Verdammung der Romantik, deren konservative Grundorientierung jenen schädlichen Individualismus nicht aufwiegen konnte, als dessen Symbol Victor Hugo, »der Barde des allgemeinen Wahlrechts«, galt, zum anderen die Ablehnung des Naturalismus, der in den Exzessen des »absurden Zola« gipfelte. Aber es ist schwer, ein klares Bild der literarischen Abneigungen und Vorlieben all jener zu zeichnen, die sich als Gegner Durkheims und der Neuen Sorbonne und als Verteidiger der klassischen, literarischen Kultur Frankreichs zu erkennen gaben – dazu war diese Gruppierung aus zu unterschiedlichen Temperamenten und Parteigängern zusammengesetzt. Maurras beispielsweise kannte Proust, Mauriac, Gide und Claudel kaum – Barrès dagegen kannte sie alle, und niemand tat mehr für Marcel Proust als Léon Daudet.

Verwirrungen konnten nicht ausbleiben. Als Marcel Proust, ein Dreyfus-Anhänger der ersten Stunde, auch auf Betreiben Léon Daudets den Prix Goncourt erhielt, hieß es, damit habe sich dieser für Prousts Unterstützung im Kampf gegen die Dreyfusards bedanken wollen! Solche Mißverständnisse entstanden bei jenen, die an die Reinheit politischer und literarischer Positionen glaubten und sich Arrangements über Kreuz nicht vorstellen konnten. Dabei waren gerade auf der Rechten kritische Einstellungen gegenüber Kunst und Literatur nicht selten; nicht nur Maurras sah die Gefahr der Dekadenz vor allem in der Literatur und warnte vor einer Verweichlichung und Verweiblichung Frankreichs durch die Kunst.

Auch gab es auf seiten der Rechten keine einhellige Meinung, was die Organisationsform der literarischen Produktion anging. Léon Daudet schrieb noch 1938, für die Gesellschaft – »la société avec un petit *s*« – gäbe es nichts Wichtigeres als eine gute, unabhängige Feder, »solidement emmanchée«, die zu schreiben versteht und es wagt, die Dinge beim Namen zu nennen. Das klang sehr nach Buffon und knüpfte auch an Maurras und dessen Wertschätzung des Schreibadels an. Abgesehen aber davon, daß sich die Heroisierung des einsamen Schriftstellers mit der Opposition gegen den romantischen Individualismus nur schwer vertrug – Maurras wie Daudet beschrieben eine literarische Produktionsweise, die seit langem veraltet war. In ihrer Verachtung der modernen Gesellschaft hatten sie übersehen, wie sich darin längst literarische Betriebe entwickelt hatten, in denen Schriftsteller weniger aus Überzeugung als für ihren Lebensunterhalt arbeiteten. Sainte-Beuve hatte das Heraufkommen dieser ›industriellen Literatur‹ bereits 1839 verkündet; auch wenn man die dafür repräsentativen Werke, die von einer im 17. und 18. Jahrhundert unbekannten Kühnheit waren, ablehnte, ließ sich ihre Existenz nicht leugnen, die eine Begleiterscheinung der Tagespresse und der literarischen Demokratie war.

In ihrer Kritik an den *chapelles littéraires* schlugen Henri Massis wie Pierre Lasserre einen anderen Ton an. Für Massis drückten sich die Werte der französischen Kultur vor allem in der Literatur aus, während es in England überhaupt keine literarische Kultur in diesem Sinne gab: bezeichnenderweise war hier die Biographie das bevorzugte Genre, das Zwiegespräch eines Autors mit einer einzigen anderen Person. In Frankreich dagegen war die Literatur ein ausgesprochen soziales Phänomen, und hinter der Vielfalt der Stile verbarg sich ein gemeinsames Wertbewußtsein und eine von jedermann akzeptierte Disziplin, die man nicht ohne Gefahren aufgeben konnte. Genau dies aber geschah um die Jahrhundertwende, und Autoren, die die Rechte zu den ihren zählte, wie Péguy und Claudel, haßten die Epoche, in der sie lebten, so sehr, daß sie zu Fanatikern wurden und sich schließlich vereinzelten:

> Das häufigste Ergebnis eines solchen Geisteszustandes besteht darin, die Einzigartigkeit noch zu verstärken, das Talent an den Rand, nach außen zu drängen, aus dem Intellektuellen ein *Wesen für sich* und aus seinem Werk etwas Ungreifbares zu machen. Der Kontrast wird noch auffälliger bei jenen, die, wie ein Claudel, ein Péguy, sich gerade durch ihren Glauben, durch das Objekt ihrer Gläubigkeit, in eine große menschliche Gemeinschaft einordnen.

Eine Literatur für Literaten erschien der Rechten aus politischen Gründen gefährlich: auch für sie konnte es eine gesellschaftlich wirksame Literatur nicht ohne ein entsprechendes Kollektivbewußtsein der Schriftsteller geben. Kollektivbewußtsein ist ein zentraler Begriff der Durkheimschen Soziologie, und Henri Massis benutzte ihn nicht, und doch fällt es schwer, nicht an Durkheim zu denken, wenn Massis den ästhetischen Individualismus eines Paul Claudel beklagt und jene ruhigen Arbeiter unter den Schriftstellern vermißt, die nicht auf die Zurschaustellung ihrer Einzigartigkeit bedacht sind, sondern denen daran liegt, »de faire œuvre positive«. In einer Sprache, die Durkheim verstanden hätte, plädierten Massis wie Lasserre für eine Literatur der Solidarität; sie bestätigten ein Axiom der von ihnen bekämpften Soziologie, wenn sie erklärten, die Schriftsteller könnten ihre Individualität nicht in der Isolation, sondern nur durch eine Assoziation ihrer Ideen wahren. Nur wenn die französische Literatur an ihrer Gesellschaftsbezogenheit festhielt, konnte sie zu einer ›Wissenschaft vom Menschen‹ werden und das »wesentliche Element der Kultur« bleiben.

Auf der Gegenseite gab es Äußerungen zur Literatur, die nicht weniger überraschend für all jene klangen, die an klare und unverrückbare Fronten glaubten. Gustave Lanson etwa, der die Literatursoziologie für möglich und eine Soziologisierung der Literaturkritik für notwendig hielt, war weit davon entfernt, Tendenzen zur Verwissenschaftlichung der Literatur zu unterstützen. Er wußte, wie es zur Formulierung derartiger Programme gekommen war. Die Romantik war bereits eine Reaktion auf die Verwissenschaftlichung und Politisierung der Literatur durch die *philosophes* der Aufklärungsperiode gewesen; nun schwang das Pendel zurück, und zumindest ein Teil derer, die sich von der Romantik lossagten, verfiel der Wissenschaftsgläubigkeit. Das ließ den Angriff der Rechten auf die Romantik so paradox erscheinen: sie konnte es kaum tun, ohne ihre eigenen Wertvorstellungen aufs Spiel zu setzen.

Dabei war es ganz einfach, die Romantiker hinter sich zu lassen und gleichzeitig die Ambitionen eines Zola zu stutzen. Die Wissenschaft generalisierte und quantifizierte, und dies konnte der ›roman à intention scientifique‹ nur auf die Gefahr hin tun, zur vulgären Reportage herabzusinken – wie es Zola mit einigen seiner Romane ergangen war. Glücklicherweise war auch im Naturalismus eines Zola – Flaubert hatte das schon früh bemerkt – ein Stück Romantik verborgen. Denn Zola, der ein Claude Bernard der Literatur sein wollte, blieb lediglich deren zweiter Jules Verne, und wenn er gläubig einen Naturwissenschaftler zitierte, klang es nicht anders, als wenn Maurice Barrès den Hl. Ignatius beschwor. Für Lanson blieb darüber hinaus die Geschichtswissenschaft ebenso ein Teil der Literatur wie die Psychologie, ein Fach, in dem alles unsicher und alles möglich war. Und gab es eine französischere Behauptung als die, nie sei die Literatur den Wissenschaften näher gewesen als in den Schriften eines La Rochefoucauld und La Bruyère?

Und wie auf der einen Seite die Schriftsteller zu Soziologen wurden, unterschätzten auf der anderen Seite die Soziologen um Durkheim den realitätsaufschließenden Gehalt der Literatur keineswegs. Im Pariser Verlag Félix Alcan – einem Hort der positivistischen Soziologie und Heimstatt für die Publikationen Durkheims und seiner Schule – erschien ein umfangreiches Buch mit dem Titel *La Société française sous la troisième république d'après les romanciers contemporains*. In seiner Vorrede behauptete der Verfasser, Marius-Ary Leblond, die Literatur sei längst zu einer Wissenschaft geworden. Daher habe er die Romanliteratur der Dritten Republik als seine Quelle benutzt, um bestimmte Sozialcharaktere der Epoche darzustellen. Gegenüber herkömmlichen wissenschaftlichen Verfahrensweisen ergab sich dabei ein unschätzbarer Vorteil:

> Hier ist es nicht länger mehr ein hartnäckiger Historiker, ein Spezialist, eingeschlossen in seinem Arbeitszimmer und gefangen in seiner Disziplin, der analysiert, urteilt und zusammenfaßt – immer mit all den Vorurteilen, die seine Klasse, sein Beruf und seine Doktrin mit sich bringen; es sind zwanzig Romanciers, Menschen, die dem Leben aufs

engste verbunden sind, die sich daran erfreut und darunter gelitten haben, Zeugen und Beteiligte, die treu und aufrichtig sei's aus Naivität sei's aus Eitelkeit sind ...

Angesichts einer *déformation professionelle*, der kein Wissenschaftler im Laufe seiner Karriere entgehen konnte, war die Realitätstreue seiner Wirklichkeitsbilder eher skeptisch einzuschätzen. Nahm man dagegen die Werke mehrerer Schriftsteller zur Grundlage, deren Lebenslagen und weltanschauliche Positionen sich überlappten und ergänzten, so stand man vor sozialen Fresken, welche die Gesellschaft der Gegenwart zugleich spiegelten und interpretierten und so etwas wie ein soziologisches System bildeten. Wie es schien, hatte sich die Wissenschaft mehr und mehr der Wirklichkeit entfremdet, während die Literatur immer empiriehaltiger wurde.

Die Gegner Durkheims waren sich nicht einig, wie sie seine ästhetische Kompetenz und seine schriftstellerischen Fähigkeiten einschätzen sollten. Einige, wie der Renegat Bourgin, sprachen ihm jede künstlerische Neigung und Fähigkeit ab, andere gaben zumindest zu, daß Durkheim bewiesen hatte, »ein gutes Französisch« schreiben zu können. All jene aber, die Durkheim zwar kritisiert, ihn aber kaum gelesen hatten, übersahen, daß er zu den Soziologen gehörte, die literarische Werke nicht nur kannten, sondern auch zu soziologischen Zwecken nutzten. In seinem empirienächsten Buch, der Abhandlung über den Selbstmord (1897), entwickelte Durkheim gerade mit Hilfe literarischer Beispiele eine Klassifikation von Selbstmordtypen, die bis heute in der Soziologie einflußreich und faszinierend geblieben ist. Es sind Faust und Werther, Mussets Rolla und Don Juan, Lamartines Raphael und schließlich Chateaubriands René, die er zur Unterscheidung der Selbstmordarten heranzieht. Für Durkheim hielt die Literatur einen Vorrat an Typen bereit, dessen sich die Soziologie zu ihrem großen Vorteil bedienen konnte, denn Autoren wie Lamartine und Chateaubriand hatten bereits eine soziologisch aufschlußreiche Differenzierung von egoistischem und anomischem Selbstmord entwickelt. Keinesfalls lieferte dabei die Literatur nur Einsichten, die einzig den Psychologen interessierten; vielmehr waren viele literarische Werke aufschlußreicher als die gängigen Traktate der Psychologie. Schlußfolgerungen dieser Art, die das Verhalten vieler Dramen- und Romanfiguren nahelegte, hat Durkheim mit sichtbarem Vergnügen gezogen. Die Literatur ließ sich nämlich auch theoriepolitisch verwenden, konnte sie doch dazu dienen, all jene zu widerlegen, die, wie sein Erzkonkurrent Gabriel Tarde, noch immer glaubten, die Soziologie auf die Psychologie zurückführen zu können.

*

Die schwere Absatzkrise, die das französische Verlagswesen von 1890 bis zum Vorabend des Ersten Weltkrieges beeinträchtigte, ließ eine Generation enttäuschter Ästheten zurück, deren Hoffnungen, als Kritiker oder als Autor eine Karriere zu machen, zunichte geworden waren. Viele von ihnen schlossen sich der antisemitischen Bewegung Drumonts an, der selbst einer dieser gescheiterten Literaten war, oder folgten der Action Française. Aber auch diejenigen *hommes de lettres*, die nach wie vor aus ihrer Neigung einen Beruf machen konnten, durchlebten um die Jahrhundertwende einen Kulturwandel, der ihr Selbstverständnis als Kritiker und Schriftsteller entscheidend veränderte. Neu an den Auseinandersetzungen um die französische Universität war nicht die Schärfe der Polemik, neu war der Kommunikationsbruch zwischen den Kontrahenten. Auch die Großen von 1830 – Victor Hugo, Lamartine, Balzac und Michelet – verstrickten sich fortwährend in Polemik, doch sprachen ihre Gegner noch die gleiche Sprache wie sie; sie waren »allesamt literarisch gebildet, und selbst wenn sie etwas nicht liebten, machte ihnen das Kennenlernen, das Lesen und das Lesenlassen Spaß – einfach, weil sie Freude daran hatten und eine Ehre darin sahen, die Diskussion zu verlebendigen«.

Agathon und andere setzten sich kaum noch mit Literaten auseinander; ihre Gegner sprachen nicht nur einen eigenen Jargon, sondern stellten die Voraussetzungen der literarischen Kultur

Frankreichs selbst in Frage. Auch fühlte jedermann, daß eine Tradition zu Ende gegangen war. Um das Jahr 1890 war die französische Literatur, diese große Werkstatt, leer. Sie glich einem Haus, das den Stürmen offensteht. So schrieb Daniel Halévy, und er fügte hinzu: »Prosa, Vers, Drama, alles mußte auf gut Glück und auf eigene Faust neu geschaffen werden.« Dieser Neuanfang gestaltete sich um so schwieriger in einer Zeit, da es scheinen mußte, als falle der öffentliche Ruhm nicht mehr den Dichtern, sondern nur noch den Naturwissenschaftlern und den sie nachäffenden Soziologen und Philosophen zu. Es war von hoher Symbolkraft, daß in Guillaume Apollinaires *Poète assassiné* (1916) ein Agrarchemiker aus Leipzig zum Pogrom der Poeten aufrief.

Es ginge zu weit, wollte man von einem beträchtlichen Einfluß der Soziologie auf die Entwicklung der französischen Literatur seit der Jahrhundertwende sprechen. Aber gewiß trug der Aufstieg des Faches, die Rolle, die die Soziologie als Schlüsseldisziplin der republikanischen Universität spielte, zur Veränderung eines kulturellen Klimas bei, das auch die Literatur prägte: Marcel Proust sprach von der Soziologie Combrays und des Faubourg Saint-Germain, die er in der *Recherche* hatte geben wollen; Romain Rolland beschrieb in seinem *Jean-Christophe à Paris*, wie sich die französischen Intellektuellen unter dem Banner der Soziologie sammelten, und Jules Romains charakterisierte den Denkstil seines Unanimismus als ›Metasoziologie‹, nannte Durkheim den Descartes des Unanimismus und sprach vom Romancier als einem Sozialwissenschaftler eigener Art, worauf er von den *durkheimiens* prompt als ›Poet der Soziologie‹ klassifiziert wurde.

Auf der anderen Seite eröffnete Lucien Herrs Attacke gegen den Nationalismus von Maurice Barrès eine Kampagne, in welcher der erfahrungsarmen Literatur das Mitspracherecht in Fragen von öffentlichem Interesse zunehmend bestritten wurde:

> Könnten Sie nur alles weglassen, was bloße literarische Aufregung ist, so würden Sie auf dem Grunde ihres nationalen Patriotismus nicht das alte Frankreich finden, das einen Kopf und nicht eine Seele hatte, sondern das erobernde, das hochmütige, das brutale, das napoleonische

Frankreich – das heißt, den chauvinistischen Hurrapatriotismus der großen Städte und den leidenschaftlichen Instinkt des kriegerischen Ruhms, also wieder einmal barbarischen Überschwang, Haß und Stolz auf die rohe Kraft.

All dies ist Literatur; es ist weder die Wahrheit noch das Leben.

*

Im 20. Jahrhundert ist die Debatte um die Rolle der Intellektuellen von keinem Buch mehr beeinflußt worden als von Julien Bendas *La Trahison des clercs* (1927). Maurras und Barrès erscheinen darin als Prototypen jener Intellektuellen, die die Verteidigung ewiger Werte für die Verfolgung praktischer Ziele aufgeben. Die fatale Neigung der *clercs* zur politischen Tat aber und ihr wissenschaftlicher Ehrgeiz waren auch das Ergebnis ihrer Konfrontation mit der Soziologie, jener Disziplin, die ihr Daseinsrecht aus der Behauptung ableitete, daß gesellschaftliche Probleme nicht nur literarisch dargestellt und politisch entschieden, sondern auch wissenschaftlich analysiert werden konnten. Auf der anderen Seite nahmen die *littérateurs* überhand, in deren Werk die Emotionen vorherrschten, die Form wichtiger war als der Gehalt, und der Wunsch, zu gefallen, oft genug die Respektierung der Wahrheit ausschloß – ein neues Preziösentum, das den sozialen Problemen Frankreichs gegenüber blind blieb.

Die rechten Literaten standen der Soziologie so feindselig gegenüber, sie denunzierten die *durkheimiens* als Kollaborateure deutscher Wissenschaft und Politik, weil sie ihre Konkurrenz in der öffentlichen Diskussion nationaler Kernfragen zunehmend mehr fürchten mußten. Liebgewordene Doktrinen wurden durch das Tempo der historischen Entwicklung zu Makulatur. Die Beschwörung des alten Frankreich klang nur noch nostalgisch, und weil sie hoffnungslos war, nahm sie so unerhört aggressive Züge an. Während aufgeregte Literaten sich in die politische Aktion hineinschrieben und hineinredeten, herrschte bei den Soziologen ein beinahe kontemplativer Ton. Durkheim und Lucien Herr wirkten immer ruhiger als Maurras und Barrès, Péguy und Massis, weil nichts sie von der Überzeugung abbringen konnte, daß ihre Konzeptionen einen höheren Realitätsgrad aufwiesen. Auch wenn sie sich irrten – etwa, was die Vorahnung des Ersten Weltkriegs betraf –, brauchten sie, um die langfristigen Veränderungen der französischen Gesellschaft vorauszusagen, nur die Wirklichkeit zu beobachten, um sich bestätigt zu sehen. Die konservativen Literaten aber mußten entweder eine vergangene Welt beschwören oder versuchen, die Gegenwartsgesellschaft radikal zu verändern, um sich in ihr wieder heimisch zu fühlen.

In dieser Auseinandersetzung standen sich nicht einfach Soziologen und Literaten gegenüber. Die Grenzen zwischen beiden Gruppierungen waren fließend; es gab Schriftsteller unter den Anhängern Durkheims, und die Rechte beanspruchte ihre eigenen Soziologen für sich, allen voran Auguste Comte, den Liebling Maurras'. Aber es gab so etwas wie eine literarische und eine soziologische Weltanschauung. ›Literatur‹ wie ›Soziologie‹ wurden im Frankreich der Jahrhundertwende zu gängigen Schlagworten, mit denen sich bekannte Fronten neu benennen ließen. Im Grunde genommen war es, wie Péguy schon deutlich gesehen hatte, der Kampf des alten Frankreich gegen die Entwicklungstendenzen der modernen Industriegesellschaft, der sich hinter den Attacken der Literaten auf die Soziologie Emile Durkheims verbarg.

ENGLAND

Fakten und Gefühlskultur: John Stuart Mill

Im Mai 1820 brach ein junger Engländer zu seiner *Grand Tour* nach Frankreich auf. Er war gerade vierzehn Jahre alt geworden. Während der Reise führte er ein Journal und schickte die Eintragungen an seinen Vater in England, um ihn regelmäßig über seinen Tageslauf zu informieren, wie beispielsweise in der folgenden Notiz aus Toulouse:

> 7. Juli. Stand um $5\frac{3}{4}$ auf; bis 7 las ich fünf Kapitel Voltaire; bis $7\frac{1}{2}$ 46 Zeilen Vergil; bis 8 fing ich mit Lukians Jupiter Confutatus an. Ging zu M. Larrieu, um ihm zu sagen, er solle diesen Morgen nicht kommen ... traf ihn nicht mehr an; kehrte nach Hause zurück; bis neun lernte ich meine Principes de Musique. Bis nach halb zehn fuhr ich im Lukian fort; frühstückte; beendete Jupiter Confutatus um $10\frac{1}{4}$. Danach kam M. Daubuisson, der Astronom, von dem ich Dir erzählt habe; daher mußte ich mich ankleiden, aber ich wurde nicht ins Wohnzimmer gerufen. Bis $11\frac{1}{2}$ las ich Thomson, und stellte chemische Tabellen auf; von $11\frac{3}{4}$ bis viertel nach zwölf las ich sieben Lehrsätze von Legendre ... Bis $1\frac{1}{2}$ schrieb ich Aufsätze und verschiedene Kleinigkeiten: bis $2\frac{1}{4}$ las ich einen neuen Abschnitt über den Gebrauch der Adverbien in der Grammaire des Grammaires; bis $3\frac{1}{4}$ las ich wieder im Thomson. Führte mein Livre Geographique etc. und schrieb verschiedene Kleinigkeiten bis 5; dann aß ich auf Mr. G's Ratschlag hin etwas, um halb sechs brach ich zu einer Musikstunde auf ... Sofort nach dem Dinner ging ich zu M. Larrieu und hatte Tanzstunde, ging nach Hause und trank Tee. Du wirst schon sehen: mit meinem Latein und Griechisch und mit Mathematik werde ich hier kein faules Leben führen.

Dieser junge Engländer, der Lukian und Voltaire vor dem Frühstück las und oft genug nach dem Dinner noch eine Tragödie Corneilles zu sich nahm, war John Stuart Mill. Sein Vater, James Mill, hatte sich 1802 in London niedergelassen, nachdem er längere Zeit vergeblich versucht hatte, in Schottland eine Anstellung als Pfarrer zu finden. Gezwungen, als Journalist und Schriftsteller eine Familie zu unterhalten, die auf neun Kinder anwuchs, begann er 1806 eine Geschichte Indiens zu schreiben, für deren Fertigstellung er schließlich zehn statt der ursprünglich veranschlagten drei Jahre benötigte. Die *History of India* wurde ein Standardwerk, und obwohl James Mill darin der East India Company gegenüber mit Kritik nicht gespart hatte, bekam er 1819 einen Posten im India House und durchlief die stetige und abgesicherte Karriere eines Spitzenbeamten. 1808 hatte James Mill Jeremy Bentham kennengelernt, den Begründer des Utilitarismus, dessen Schüler und Kollege er zeitlebens blieb, ohne daß die Originalität seiner eigenen Ansichten darunter litt. James Mill spielte eine bedeutende Rolle bei der Gründung der Londoner Universität; mehr noch als Bentham, dessen Werke, ob gewollt oder ungewollt, immer auch spielerische Züge aufwiesen, und der zeitlebens ein Kauz blieb, erschien er Außenstehenden wie Freunden als Verkörperung des Nützlichkeitsdenkens, als ein kalter, nüchterner Rechenmeister, der jeden Schritt des eigenen Lebens und im Leben derer, die er beeinflussen konnte, penibel durchkalkulierte. Bentham wurde der geistige Vater Mills, James Mill der geistige Vater Ricardos, und damit auch der Politischen Ökonomie, genannt.

Erfüllt vom unbeirrbaren Glauben an die offenbarende Macht der Fakten, stets auf der Hut vor Wörtern, die in der Regel zu Mißdeutungen Anlaß geben, ein Feind aller Mystizismen und jeder Sentimentalität, galt James Mill als ein Mann ohne Gefühle, der allen Schönheiten der Natur wie der Kunst verständnislos gegenüberstand. Utilitaristische Prinzipien und nicht zuletzt das Vorbild Jeremy Benthams, der Griechisch und Latein auf den Knien seines Vaters gelernt hatte und der schon im Alter von fünf Jahren ein Philosoph genannt worden war, prägten die Erziehungsmethoden des älteren Mill. John Stuart Mill schrieb später, er habe kein Kricket gespielt und sei nie ein richtiger Junge gewesen – eines der vielen Kinder ohne Kindheit, für die Rousseau und sein *Emile* ohne Folgen geblieben waren.

In seiner Autobiographie nannte John Stuart Mill die eigene Erziehung ungewöhnlich, aber kaum nachahmenswert – weil sein Vater von ihm nicht nur das Äußerste verlangt hatte, was er leisten konnte, sondern auch das, was zu tun ihm ganz und gar unmöglich war. Griechisch lernte er mit drei, Latein im Alter von acht Jahren; Popes Übertragung der *Ilias* – seine ersten englischen Verse – las er zwanzig- bis dreißigmal. Bereits vor dem Frühstück nutzte der Vater die regelmäßigen gemeinsamen Spaziergänge, um den Sohn abzufragen. Dieser mußte zunächst seiner Schwester, dann auch den anderen Geschwistern Latein beibringen – der Abschnitt in James Mills Erziehungsexperiment, den John am meisten verabscheute. Obwohl James Mill die Bewunderung für Shakespeare nicht teilte und die englische Dichtung seiner eigenen Zeit weitgehend vernachlässigte, mußte der Sohn auch Gedichte schreiben, denn es gab Gedanken, die sich besser in Versen ausdrücken ließen, und ein Teil des Publikums schätzte die Poesie. Auch der Praxis des lauten Vorlesens lag ein Kalkül zugrunde: so ließen sich bestimmte Modulationsregeln leichter lernen und üben.

John Stuart Mill distanzierte sich von den Erziehungsmethoden seines Vaters, als er die Autobiographie schrieb, aber er war vom utilitaristischen Gedankengut zu sehr beeinflußt, um die Bemerkung zu unterdrücken, auf diese Weise sei er als Kind dem korrumpierenden Einfluß anderer Jungen und der Ansteckungsgefahr durch vulgäre Gedanken und Gefühlsäußerungen entgangen; nach seinen Berechnungen hatte ihm das Erziehungsexperiment des Vaters einen Entwicklungsvorsprung von einem Vierteljahrhundert vor Gleichaltrigen eingebracht.

Während seines frühen Frankreich-Aufenthaltes lernte John Stuart Mill die freie und ungezwungene Atmosphäre des Lebens auf dem Kontinent schätzen, die angenehmen Umgangsformen einer Gesellschaft, in der man nicht, wie in England, in jedem anderen entweder einen Feind oder einen Langweiler sah. Später schrieb er an Comte, die Wintermonate, die er 1820-21 in Montpellier verbracht habe, seien die glücklichsten seines Lebens gewesen. Nach der Rückkehr aus Frankreich gründete Mill einen Debattierclub, den er die Utilitarian Society nannte. Die Bezeichnung hatte er einem Roman entnommen: John Galts *Annals of the Parish* (1821), in dem ein Pfarrer seine Gläubigen davor warnt, dem Evangelium zu entsagen und *utilitarians* zu werden. 1826 hörte die Gesellschaft auf zu existieren, doch wurde ihr Name gerade von da an zum Begriff. 1823 hatte auch John Stuart Mill eine Anstellung in der East India Company gefunden. Seine materielle Zukunft schien gesichert, seine geistige Orientierung klar: die französischen *philosophes* des 18. Jahrhunderts nachahmend, würde er jenen Radikalismus vertreten, den Bentham und James Mill geprägt hatten.

Aber im Oktober 1826 erwachte John Stuart Mill wie aus einem Traum – und die Beschreibung seiner Lebenswende macht Carlyles Urteil unverständlich, die *Autobiography* sei eines der uninteressantesten Bücher, das er je gelesen habe; es sei die Lebensbeichte einer Dampfmaschine. Von seiner frühen Bentham-Lektüre an wollte Mill auch ein Weltverbesserer sein, doch als er sich zum ersten Male ernsthaft fragte, was ihm all seine Kenntnisse und all seine Fertigkeiten bedeuteten, war die Antwort niederschmetternd:

> In diesem Geisteszustand kam ich dazu, mir selbst die Frage zu stellen: ›Nimm an, Du habest all Deine Ziele im Leben erreicht; alle Veränderungen in den Institutionen und Ansichten, auf die Du hoffst, könnten in diesem Augenblick verwirklicht werden: würde dies große Freude und Glück für Dich bedeuten?‹ Und ein nicht zu unterdrückendes Selbstbewußtsein antwortete deutlich: ›Nein!‹ Daraufhin sank mir das Herz: die gesamte Grundlage meines bisherigen Lebens war zerstört ... Es schien, als wäre mir nichts geblieben, wofür es sich zu leben lohnte.

Diese Krise traf Mill im gleichen Jahr, da Auguste Comte seine schwerste Geistesstörung durchlebte. Aber während Comtes Einschätzung der affektiven Seite des Lebens und der Rolle, welche die Literatur für eine Kultivierung der Affekte spielen konnte, sich erst neunzehn Jahre später dramatisch änderte, als er Clotilde de Vaux kennenlernte, fand Mill den unmittelbaren Ausweg aus seiner Krise in der Dichtung und in einer Neubewertung der Gefühlskultur. Ein ebenso schmerzhafter wie befreiender Ablösungsprozeß vom Vorbild des Vaters war damit verbunden.

Für den Sohn vereinte James Mill die antiken Eigenschaften des Stoikers, des Epikureers und des Zynikers. Stoiker war er, was seine persönliche Haltung anging; epikureisch war seine Moral, weil er Handlungen einzig danach bewertete, ob sie Vergnügen oder Schmerz mit sich brachten; als Zyniker galt er, weil er sich aus Vergnügen nichts zu machen schien. Er war nicht unempfänglich dafür, aber in der Regel schien ihm der Preis zu hoch, der in der gegenwärtigen Gesellschaft dafür gezahlt werden mußte.

Der Ruhm Englands ruhte, wie John Stuart Mill 1835 schrieb, auf seinen Docks, seinen Kanälen und seinen Eisenbahnen. Den englischen Intellekt zeichnete ein nüchterner, gesunder Menschenverstand aus, der sich jeder Extravaganz enthielt; er konzentrierte sich auf jene Aufgaben, die am besten vollbracht werden, wenn man sie mit der Präzision einer Maschine ausführt und dieser dabei immer ähnlicher wird. Wie die meisten Engländer schämte sich James Mill, irgendwelche Gefühlsregungen zu zeigen, und da er sie nicht zeigte, starben sie schließlich ganz ab. Er war nicht kalt oder empfindungslos, sondern lediglich davon überzeugt, daß man die Gefühle sich selbst überlassen konnte; worauf es ihm einzig ankam, war, Handlungen auszuführen, die dem Prinzip des größtmöglichen Nutzens entsprachen. Die überragende Rolle, die Logik und Analyse im Haushalt seines Lebens spielten, führten zu einer Vernachlässigung der Gefühlskultur und damit zur Unterschätzung der Dichtung und der Einbildungskraft.

Im Winter 1826/27, an dessen melancholische Stimmung John Stuart Mill sich später noch in allen Einzelheiten erinnerte, konnte er sich dem Vater nicht anvertrauen: es hätte bedeutet, ihm zu demonstrieren, daß seine Erziehungsmethoden versagt hatten. Aber ganz im Sinne James Mills war es, daß schließlich ein Buch dem Sohn Linderung verschaffte: er las in den Memoiren Marmontels die Szene vom Tod des Vaters und war zu Tränen gerührt; er hatte nicht nur einen Intellekt, er konnte auch fühlen.

Mills Erinnerung an dieses Lese-Erlebnis haben nicht nur psychoanalytisch orientierte Biographen als Todeswunsch gegenüber dem eigenen Vater interpretiert. Eine andere, frühe Stelle in den Memoiren hat Mill, der sie gewiß gelesen hatte, nicht erwähnt; sie zeigt, wie sehr der Vater Marmontels das Gegenbild zu James Mill gewesen war:

> Ich hatte ein großes Verlangen danach, zu lernen; aber die Natur hatte mir die Gabe des Gedächtnisses verweigert . . . es war ebenso mühsam, als ob ich auf Sand geschrieben hätte . . . die Arbeit überstieg die Kräfte meines Alters; meine Nerven wurden dadurch in Mitleidenschaft gezogen. Ich benahm mich wie ein Schlafwandler: während der Nacht erhob ich mich im Schlafe und zitierte mit geöffneten Augen die Lektionen, die ich gelernt hatte. Er wird noch verrückt, sagte mein Vater zu meiner Mutter, wenn Ihr ihm nicht erlaubt, dieses unglückselige Latein aufzugeben; und das Studium wurde unterbrochen.

Die Lektüre Marmontels und Thomas Carlyles vehement vorgetragene Theorie der *anti-self-consciousness* überzeugten John Stuart Mill von der Notwendigkeit, neue Prinzipien einer indirekten Lebensführung zu entwickeln. Glücklich werden konnte man anscheinend nur, wenn man das Glücklichsein nicht als oberstes Ziel anstrebte, sondern beiläufig genoß; fragte man sich erst, ob man auch glücklich sei, war man es bereits nicht mehr. Die philosophische Pflicht des Individuums war es, für ein Gleichgewicht seiner Fähigkeiten zu sorgen, und da Mill durch die Erziehungsmethoden des Vaters seinen Intellekt überbeansprucht hatte, würde nunmehr die Kultivierung des Gefühls in den Vordergrund treten. Die Musik spielte dabei eine wichtige Rolle; er genoß Mozart und Carl Maria von Webers *Oberon*. Unbeschwert aber war auch dieser Genuß nicht, weil Mills Neigung zum Kalkül, die der Vater in ihm verstärkt hatte, nicht nachließ. Kannte man die einzelnen Musikstücke erst einmal, so bereiteten sie einem weniger Vergnügen; außerdem waren die musikalischen Ausdrucksmöglichkeiten nur begrenzt und die Chancen gering, daß in der Zukunft neue Mozarts und Webers auftauchten. Das waren eigenartige Überlegungen, die nicht nur zeigten, wie wenig Mill von Musik verstand, sondern auch, daß sein Verstand noch immer sein Gefühl beherrschte und seine Genußfähigkeit beeinträchtigte.

*

Für Mill zeigte sich bald, wie richtig sein Entschluß gewesen war, die Methode der indirekten Lebensführung zu übernehmen. Da er sich dessen Helden Harold und Manfred verwandt fühlte, hatte er ursprünglich Byron gelesen, wie man eine Medizin zu sich nimmt, doch war die Kur erfolglos geblieben. Die Gedichte Wordsworths aber, die er 1828 aus reiner Neugier las, hatten sofort eine heilende Wirkung und befreiten ihn für immer von seiner Depression. Wordsworths ländliche Szenen beruhigten ihn; Wordsworths Berge riefen ihm seinen Aufenthalt in Frankreich ins Gedächtnis zurück und die Ausflüge in die Pyrenäen, bei denen er einst so glücklich gewesen war. Wordsworths Gedichte wirkten wie eine Therapie, weil der Dichter in ihnen nicht nur äußere Schönheit, sondern Gefühlszustände beschrieb, Gedanken, die in Begeisterung für das Schöne von Gefühlen gefärbt wurden. In den Gedichten von William Wordsworth fand Mill jene ›culture of the feelings‹, nach der er gesucht hatte. Wordsworth selbst hatte eine Krise durchgemacht, die derjenigen Mills vergleichbar war; er war der Poet unpoetischer Naturen, ein Dichter-Therapeut für jene, die der Förderung ihres Empfindungsvermögens besonders bedurften.

Wordsworths Gedichte wollte Mill nicht für sich alleine genießen; an zwei Diskussionsabenden in der Debating Society verteidigte er seinen neuen Heros auch öffentlich. Sein Opponent war Roebuck, der auf seiten Byrons stand und diesen als Dichter des menschlichen Lebens Wordsworth vorzog, den er abfällig als Poeten der Blumen und Schmetterlinge bezeichnete. Roebuck war, wie Mill betonte, kein typischer Anhänger Benthams und der utilitaristischen Doktrin, denn er war empfindsam und den Künsten gegenüber aufgeschlossen. Gerade darum ließ sich an ihm deutlich zeigen, wie sehr der englische Nationalcharakter und die Besonderheiten der englischen Gesellschaft es erschwerten, eine wahre Gefühlskultur auszubilden.

1829 zog sich Mill aus der Debating Society zurück; je fremder ihm seine ehemaligen Freunde wurden, desto mehr näherte er sich seinen einstigen Gegnern, den *intuitionists*, die Coleridge nahestanden. Am Ende des Jahres 1798 war Coleridge, begleitet von Wordsworth und dessen Schwester Dorothy, nach Deutschland aufgebrochen, wo er bis zum August 1799 blieb. Durch ihn, der die Einbildungskraft wieder zur wichtigsten Grundlage der Dichtung machen wollte, gewannen das kontinentale Denken und insbesondere die deutsche Literatur in England immer stärker an Bedeutung. Goethe, dessen Vielseitigkeit jeder nacheifern wollte, wurde in England zu einer Leitfigur; den *Wilhelm Meister* verehrte man als ›Evangelium der Erfahrung‹. Mill blieb davon nicht unberührt; noch im April 1843 beglückwünschte er Auguste Comte zu seinem Entschluß, eher die deutschen Dichter als die deutschen Denker zu lesen. Dabei war er, was den poetischen Rang Goethes anging, mit Comte einer Meinung, doch bemühte er sich, dessen harsches Urteil über Schiller zu revidieren. Er empfahl ihm den *Wallenstein*, die *Jungfrau von Orléans* und den *Wilhelm Tell* zur Lektüre, in denen er wahrhafte, wenn auch nicht erstrangige poetische Fähigkeiten entdeckte. Auch lobte er die Romane Tiecks und Jean Pauls, die er sogar denen Goethes vorzog.

Erinnerte man sich an die Kunst- und Literaturfeindlichkeit der frühen Utilitaristen, so nahmen Mills Bekehrung zur Literatur und seine öffentliche Wertschätzung von Wordsworth und Coleridge Züge der Revolte an. Bentham war ein rigoroser Anhänger der empirischen Methode gewesen; ein fanatischer Verfechter der angewandten Wissenschaft, der sich mit theoretischen Problemen nur abgab, wenn deren Lösung unmittelbare praktisch-politische Konsequenzen versprach. Auf das Ziel praktischer Nützlichkeit fixiert, standen Bentham wie James Mill Kunst und Literatur fremd gegenüber. Wenn die Dichtung keinen praktischen Nutzen mit sich brachte, konnte man, statt Gedichte zu lesen, ebensogut Kegel schieben. In Benthams Augen unterschieden Poesie und Prosa sich nur dadurch, daß in Gedichten nicht alle Zeilen den Seitenrand erreichten; für ihn waren »Künste und Wissenschaften ... ein ausgezeichneter Ersatz für Trunkenheit, Klatsch und Spielsucht«. Zwischen Dichtung und Wahrheit bestand der schärfste Widerspruch, den man sich vorstellen konnte. Ein Poet mochte noch so sehr sein Streben nach Wahrhaftigkeit hervorkehren, er konnte nie zum Philosophen werden, er war und blieb ein ›dealer in fictions‹. Wenn Taine behauptete, im Kopf des Engländers finde man »viele Tatsachen und wenig Ideen, keinen Blick für das Ganze und kein Gefühl für das literarisch Angenehme; darin sieht es wie in einer einfachen Vorratskammer aus, die mit seriösen, verifizierten Dokumenten angefüllt ist«, so waren für ein solches Bild nicht zuletzt die Utilitaristen verantwortlich.

In der *Westminster Review*, die Bentham und seine Freunde 1824 gegründet hatten, wurde von mehreren Autoren mit Dichtung und Literatur kurzer Prozeß gemacht. Ein Zeitalter, das seine Fortschritte einzig den Wissenschaften verdankte, und vor allem jenen Disziplinen, die sich mit Politik und Recht, mit Wirtschaft, Handel und Mathematik beschäftigten, konnte literarische Tätigkeiten nur als Phrasendrescherei abtun. Ein Literat, ein *bel esprit* und ein Blaustrumpf waren Kranke, die man isolieren mußte, damit sie niemanden ansteckten. Und da ebenjene Qualitäten des Geistes, »die einen Mann die feinste Poesie hervorbringen lassen, ihn zur logischen Deduktion unfähig machen«, sollte in den Schulen an die Stelle des Unterrichts in toten Sprachen und Literaturen eine wissenschaftliche Propädeutik treten. Historische Romane und Gedichte waren nur dann unschädlich, wenn sie sich mit der Schilderung der fernsten Vergangenheit beschäftigten; nur wenige Utilitaristen waren bereit, auch die Gedankenlyrik zu akzeptieren.

Mill aber schien immer mehr von seinen ursprünglichen Ansichten abzurücken. Als die Julirevolution ausbrach, reiste er sofort nach Paris, wo er Lafayette kennenlernte und sich im Glauben wiegte, eine völlig neue Existenz beginnen zu können. Für den *Examiner* schrieb er vom Januar bis Mai 1831 eine Serie von Artikeln mit dem Titel ›The Spirit of the Age‹, die er in seiner Autobiographie als eine Mischung aus Poesie und deutscher Metaphysik kennzeichnete, voll Mißtrauen gegenüber allem erfüllt, was bis dahin die Grundlagen seines Denkens und Handelns gewesen waren. Thomas Carlyle las die Artikel in Craigenputtock in seinem einsamen schottischen Moor und begrüßte John Stuart Mill, den Sohn James Mills und den Mitarbeiter Benthams, als einen neuen Mystiker.

In Wahrheit aber war John Stuart Mill weit davon entfernt, sich in einen Mystiker zu verwandeln; daß ausgerechnet Wordsworth zum Dichter-Therapeuten für ihn werden konnte, zeigt, daß diese Gefahr nie sehr groß gewesen war. Denn Wordsworth vertrat eine Form des Rousseauismus, in der die präzise Beschreibung persönlicher Erfahrungen die Grundlage der Poesie bildete und insofern die Dichtung der Wissenschaft annäherte. William Wordsworth war kein phantasierender Poet, sondern ein genauer Schilderer jener ›regular feelings‹, die das Landleben kennzeichneten. In der Vorrede zur zweiten Auflage seiner *Lyrical Ballads* (1800) versuchte er, die systematische Theorie zu entwickeln, die seinen Gedichten zugrunde lag. Auch wollte er sich von der modischen Sucht nach dem Sensationellen und Außerordentlichen distanzieren, die in wilden Romanen und kranken deutschen Tragödien ihren Ausdruck fand – eine unvermeidliche Folge der immer stärkeren Ansammlung großer Menschenmassen in den Städten, die der aufgezwungenen Gleichförmigkeit ihres Lebens zu entrinnen suchten.

Für Leser wie Mill wurde wichtig, daß Wordsworth der üblichen Differenzierung von Poesie und Prosa die von ihm so genannte philosophische Unterscheidung von Poesie und Wissenschaft, oder Tatsachenwissen, vorzog. Für Wordsworth zeichnete sich die Tätigkeit des Dichters durch Ernsthaftigkeit aus; Poesie war kein Amüsement oder Zeitvertreib, sondern die unermüdliche Suche nach allgemeiner Wahrheit. Tatsachentreue war vom Biographen oder vom Historiker schwerer zu erreichen als von einem Dichter, der seine Aufgabe ernst nahm. Was er vermittelte, war nicht das Spezialwissen des Rechtsanwaltes, des Arztes, des Astronomen oder des Naturforschers, sondern die Erkenntnis eines Menschen, die nützlich war, weil sie Sympathie und Entzücken hervorrief. Den Spuren des Naturforschers folgend, versuchte der Dichter, auf wissenschaftliche Resultate mit Empfindungen zu reagieren – in Vorwegnahme des Tages, an dem die Wissenschaft allen Menschen vertraut sein würde.

Die Doktrinen und Theorien Wordsworths entsprachen nicht immer seiner poetischen Praxis; oft genug stritten in ihm der Dichter und der Denker miteinander. Coleridge beklagte die nüchterne Sachlichkeit der Balladen, doch ebendeshalb mußte sich Mill von ihnen angezogen fühlen. Dieser Dichter definierte mit didaktischem Ernst die Poesie als eine Wissenschaft der Gefühle – darum konnte sich Mill, der im utilitaristischen Denken selbst dann noch gefangen blieb, wenn er sich davon distanzieren wollte, auf Wordsworth als seinen Kronzeugen berufen, wenn er sich daranmachte, für eine größere Bedeutung der Gefühlskultur zu plädieren.

Im Manuskript einer ungedruckt gebliebenen Rede, die er 1827 oder 1828 hielt, beschrieb John Stuart Mill den gegenwärtigen Zustand der Literatur in England. Unter Literatur verstand er dabei, dem Sprachgebrauch der Zeit entsprechend, nicht nur Werke der Einbildungskraft oder *belles lettres*, sondern jene Publikationen, die sich an den allgemein interessierten Leser richteten und sich mit politischen, ethischen und im engeren Sinne literarischen Gegenständen beschäftigten. Von dieser ›Literatur‹ wurden Philosophie und Naturwissenschaften unterschieden – doch geschah dies keineswegs in der Schärfe, mit der Bentham und James Mill das wissenschaftliche Tun als nützlich charakterisiert und literarische Aktivitäten als unnütze Zeitverschwendung abgetan hatten. Ob Mill nun zu dieser Zeit Wordsworths Gedichte bereits gelesen hatte oder nicht: die Feststellung, daß jeder Autor zunächst Mensch und dann erst Dichter, Philosoph oder Wissenschaftler sei, ebnete den Graben ein, den die Utilitaristen zwischen Literatur und Wissenschaft aufgerissen hatten, und entsprach genau Wordsworths Auffassungen. Eigentümlicherweise schrieb Mill das Manuskript seiner Rede auf ein besonderes Kanzleipapier: auf die Rückseiten eines Manuskriptes von Jeremy Bentham über ›Evidence‹ aus dem Jahr 1806. In seiner Hinwendung zur Literatur versuchte John Stuart Mill, sich aus den Fesseln des utilitaristischen Denkens zu befreien, ohne es vollständig aufzugeben.

Dichtung, Geschichte, Soziologie

In der Zeit von 1829 bis 1843 beschäftigte sich Mill mit ästhetischen Problemen – in Essays, die so bestimmt klangen wie Grundsatzreferate, und in Rezensionen von Gedichtbänden und historiographischen Werken, in denen er eher beiläufig zum Verhältnis von Dichtung und Geschichtswissenschaft Stellung nahm. Wie Wordsworth stellte er Poesie, oder den Ausdruck der Gefühle und Emotionen, dem Tatsachenwissen oder der Wissenschaft gegenüber; außerdem legte er Nachdruck darauf, Gedichte und Romane unterschiedlich zu bewerten. Gedichte waren tief, weil sie die Gefühle des Menscheninneren ausdrückten; Romane waren demgegenüber oberflächlich, weil sie mit Hilfe von Handlungen und Ereignissen lediglich ein Bild des äußeren Lebens zeichneten. Die Leidenschaft des Geschichtenerzählens entsprach einem frühen Entwicklungsstadium des einzelnen wie der Gesellschaft: sie war bei Kindern wie bei Primitiven besonders ausgebildet.

Mill begriff den Vorgang des Dichtens als einsamen Akt, das Gedicht als Monolog. Während der Redner sich an ein Publikum wandte, sprach der Dichter nur zu sich selbst; jenem lauschte, diesen belauschte man. Die Poesie war die natürliche Frucht von Einsamkeit und Meditation. Zwei Arten von Dichtern mußten dabei unterschieden werden: der ›poet of culture‹, der prosaische Objekte in Poesie verwandelte, wie Wordsworth, der seine Gedanken in Gefühle kleidete, und der ›poet of nature‹, der, wie Shelley, ein poetisches Temperament war. Wordsworth war Poet, weil er sich dazu entschieden hatte; Shelley hatte gar keine andere Wahl als zu dichten.

Der Philosoph konnte nicht zum Poeten, wohl aber der Poet zum Philosophen werden; er mußte es sogar, wenn die Gefühle, die er ausdrücken wollte, so bedeutend waren, daß nur ein gleich starker Intellekt sie tragen konnte. Mehr als den reinen Dichtern galt solchen Dichter-Philosophen John Stuart Mills besondere Sympathie. Jeder große Dichter – und Tennyson war dafür ein anderes Beispiel –, der die Menschheit dauerhaft beeinflußte, war auch ein großer Denker und hatte eine Philosophie, auch wenn er sie nicht so nannte.

Unter allen Genres, in denen sich dergestalt Dichtung und Wissenschaft mischen, ragte die Geschichtsschreibung, und in der Geschichtsschreibung Thomas Carlyles *French Revolution* hervor, in der sich die »mühsame Akkuratesse des Chronisten mit der lebhaften Einbildungskraft des Dichters« verband:

> Dies ist nicht so sehr ein Geschichtswerk, als vielmehr ein episches Gedicht; und dessenungeachtet, oder vielleicht sogar als Folge davon, ist es die wahrste aller Geschichten. Es ist die Geschichte der Französischen Revolution und ihre Poesie, beides in einem; und alles in allem genommen hat dieses Land seit vielen Jahren das Werk keines größeren Genies, mag es sich nun um einen Dichter oder um einen Geschichtsschreiber handeln, hervorgebracht.

Obwohl Mill Carlyles Stil durchaus kritisch beurteilte und Teile seiner Phraseologie als Leihgabe deutscher Poeten und Metaphysiker verspottete, entdeckte er in der *French Revolution* eine poetisch-historische Kraft, wie sie sonst nur noch in *Wallensteins Lager* zu finden war. Carlyles Methode war die des Künstlers, nicht die des Wissenschaftlers; er zerlegte die einzelnen Dinge nicht in ihre Bestandteile, sondern fügte sie zu größeren Einheiten zusammen. Er brachte den poetischen Aspekt der Realität zum Vorschein, die Gefühle, die aller Wirklichkeit zugrunde lagen: »Am Sterbebett eines jeden Bauern spielt sich der fünfte Akt einer Tragödie ab.«

Was für Carlyle galt, traf für eine Vielzahl französischer Geschichtsschreiber zu, die die meisten Engländer freilich nicht kannten, weil sie sich mit der Lektüre von Balzac und Eugène Sue begnügten. Dabei waren es gerade die Franzosen, die ebensogut erzählen wie argumentieren konnten und für die Geschichtsforschung und Geschichtsschreibung keine Gegensätze darstellten. Und da in Frankreich, anders als in England, weder Poesie noch Politik als Zeitvertreib betrachtet, sondern vollkommen ernst genommen wurden, erhellten sie sich wechselseitig, und französische Historiker machten Geschichte und schrieben sie zugleich. Thierrys *Récits des Temps Mérovingiens* beispielsweise war von einer Anmut und Schönheit, die seine wahren Geschichten zu einer ebenso angenehmen Lektüre wie eine Sammlung erfundener Begebenheiten machte.

Jeder Versuch, vergangene Zeiten aus sich selbst heraus zu verstehen, erforderte die Einbildungskraft eines Dichters, und Michelet, der »subjektive Historiker des Mittelalters«, war ein Poet, dessen Fehler immer noch jener einfallslosen Prosa vorzuziehen waren, in der Geschichte gemeinhin geschrieben wurde. Seine Skizze der Bretagne brauchte man nur in Verse zu setzen, um daraus ein Gedicht zu machen. Michelet war ein Historiker-Poet, weil er nicht das Geistesleben der Gebildeten und auch nicht das soziale Leben des Volkes beschrieb, sondern sich für das Innere der Menschen, für ihre Gedanken und Gefühle, interessierte.

Wie sehr die Konfrontation wissenschaftlicher und poetischer Temperamente geeignet war, um die Grundlagen des 19. Jahrhunderts zu begreifen, zeigen Mills Essays über Bentham (1838) und Coleridge (1840). Bentham war progressiv, Coleridge konservativ, Bentham fragte: »Ist dies wahr?«, Coleridge: »Was bedeutet dies?« Im 19. Jahrhundert war jeder Engländer entweder ein *Benthamite* oder ein *Coleridgian*.

Bentham war der große Subversive, ein kritischer Geist, der

stets verneinte und alles Bestehende in Frage stellte, einer jener negativen Denker, die kein eigenes Programm haben, weil sie vollauf damit beschäftigt sind, die Absurditäten ihrer Epoche bloßzustellen. Benthams Originalität lag in seiner Methode, die den Details zwar Gerechtigkeit widerfahren ließ, doch darüber das Ganze aus den Augen verlor oder falsch darstellte. Bentham war der erste, der ethische wie politisch-philosophische Probleme präzise formulierte, doch fehlte es ihm an Vorstellungskraft und an poetischer Kultur, um sich in jene versetzen zu können, die anders dachten als er selbst. So blieb Benthams Kenntnis der menschlichen Natur begrenzt, er verkörperte den »Empirismus dessen, der wenige Erfahrungen gemacht hatte«.

Demgegenüber drückte sich in Coleridge die Überreaktion des romantischen, des poetischen 19. Jahrhunderts gegen die Extreme des Dixhuitième aus: »Es ist ontologisch, weil jenes experimentell war; konservativ, weil jenes innovativ war; religiös, weil so vieles in jenem ungläubig war; konkret und historisch, weil jenes abstrakt und metaphysisch war; poetisch, weil jenes tatsachengläubig und prosaisch war.«

In den Essays über Bentham und Coleridge verknüpfte John Stuart Mill argumentative Schärfe mit hermeneutischem Gespür. In Bentham und Coleridge verkörperten sich für ihn nicht nur die Tendenzen des Zeitalters, sondern auch Anschauungen, die in seinem eigenen Denken miteinander stritten. Wenn Mill daher die Einschätzung von Leibniz für plausibel hielt, daß die Sekten meist in dem recht haben, was sie verehren, und unrecht darin, was sie verdammen, und daraus die Schlußfolgerung zog, Bentham wie Coleridge hätten nur ihren Opponenten verstehen müssen, um ihre eigene Doktrin zu vervollkommnen, so drückte sich darin Mills Wunsch aus, das Beste von beiden zu bewahren: die Sorgfalt für das Detail wie den Blick für das Ganze, die Schärfe einer Methode wie die Gefühlskultur, Tatsachenwissen und Poesie. Im 1843 veröffentlichten *System of Logic* sind die Spuren seines Wunsches noch sichtbar.

In dieser frühen Logik der Sozialwissenschaften wies Mill zwei

Methoden zurück, die für die Soziologie ungeeignet waren: einmal die chemisch-experimentelle Methode, die von den Anhängern Bacons vertreten wurde, zum anderen die geometrisch-abstrakte Methode, die darin bestand, von allgemeinen Annahmen, etwa dem Gesellschaftsvertrag, auszugehen und diese auf eine bestimmte Situation anzuwenden. Auch wenn die Soziologie, »dieses komplexeste aller Fächer«, keine genauen Prognosen zuließ, konnten mit Hilfe soziologischen Wissens doch Entwicklungstendenzen beschrieben und damit Handlungsorientierungen bereitgestellt werden.

Was die Ausarbeitung soziologischer Theorien wie die Anwendung soziologischen Wissens auf die Praxis so schwierig machte, war die Verflechtung aller sozialen Tatbestände miteinander. Wenn man einen einzelnen isolierte, lief man Gefahr, Gesellschaften weder erklären noch regulieren zu können. Angemessen für die Soziologie war einzig die invers-deduktive oder historische Methode:

> Während es eine unumstößliche Regel ist, so lange keine Verallgemeinerungen von der Geschichte in die Sozialwissenschaft zu übertragen, bis nicht hinreichende Gründe dafür in der menschlichen Natur ausfindig gemacht werden können, ... liefert die Geschichte doch, wird sie nur peinlich genau untersucht, empirische Gesetze der Gesellschaft. Das Problem der allgemeinen Soziologie besteht darin, diese festzustellen und sie mit den Gesetzen der menschlichen Natur zu verknüpfen ...

Mill beklagte, daß von vielen die Geschichte immer noch nicht als vollgültige Wissenschaft anerkannt, sondern als »bloße Literatur oder Bildung« abgetan wurde. Dies war um so bedauerlicher, als die Soziologie auf die Geschichte besonders angewiesen war: nur mit ihrer Hilfe ließen sich Doktrinen und Überzeugungen testen und bestätigen. Dabei war durch eine lange Reihe von Denkern, die von Herder bis Michelet reichte, die Geschichte längst zu einer ›Wissenschaft der Ursachen und Wirkungen‹ geworden – nicht, weil diese Historiker in ihren Verfahrensweisen die exakten Naturwissenschaften nachahmten, sondern weil sie es verstanden, den Tatbeständen und Ereignissen der Vergangenheit ihre

Bedeutung und ihren einsichtigen Platz in der Entwicklungsgeschichte der Menschheit zuzuweisen. Indem sie die Prozesse aufdeckten, die zur Gegenwart führten, und diese immer noch prägten, wurde bei diesen Denkern die Geschichte interessant wie ein Roman und gleichzeitig zu einem Mittel, um die Zukunft vorauszuahnen und die Menschen angemessen auf sie vorzubereiten. Es waren hermeneutisch-literarische Qualitäten, die der Geschichte ihren Rang unter den Wissenschaften sicherten.

Eine Leserin von J. St. Mills *Essay on Liberty*, seinem vielleicht berühmtesten Werk, nannte es, mit seiner erbarmungslosen Logik, ein schreckliches Buch, »so klar und ruhig, und kalt . . .«. Das *System of Logic* vermittelt auf den ersten Blick keinen anderen Eindruck. Und doch zeigen sich auch in ihm, zumal in den Passagen über die soziologische Methode, geradezu autobiographische Züge. Denn die invers-deduktive Methode, die der Geschichte eine so bedeutende Rolle für die Logik der Sozialwissenschaften zusprach, ließ gleichsam durch die Hintertür Literatur und Soziologie zusammenkommen. Der Soziologe setzte all seine Erwartungen in einen verstehenden Historiker, der die Entwicklungslinien der Geschichte auszog und zugleich beieinander hielt, wie ein Erzähler seine Handlungsfäden. Wenn Mill davon sprach, Bentham und Coleridge, zersetzend der eine, mitfühlend der andere, hätten sich nur zu verstehen brauchen, um nicht ihre Wahrheit, sondern die Wahrheit schlechthin zu finden, verbarg sich in dieser Feststellung auch ein Wunsch und auch ein Stück Utopie. Davon ist selbst in den abstraktesten Überlegungen Mills zur Methodologie der Sozialwissenschaften noch etwas spürbar.

Eine Partnerschaft des Denkens, Fühlens und Schreibens

Im Freundeskreis John Stuart Mills wurden die Folgen seiner Wordsworth-Lektüre eher kritisch eingeschätzt: er, der doch ein strenger Philosoph war und auf Grund seines Temperaments und seiner Erziehung wenig Neigung zur Poesie haben konnte, mußte in Verwirrung geraten, als er den Versuch unternahm, Dichtung und Wissenschaft miteinander in Einklang zu bringen. Er war und blieb stolz darauf, alles beweisen zu können, und mit Carlyle, der bezweifelte, daß die Wissenschaft über die Poesie befinden kann, fragten sich viele, was die Dichtung diesem Schutzpatron des Rationalismus wirklich bedeutete.

In Mills Lobrede auf Carlyles poetische Geschichte der Französischen Revolution mischte sich bereits Kritik: der Autor übertrieb seine Verachtung für die wissenschaftliche Methode, für analytische Verfahren und verallgemeinernde Schlußfolgerungen; er hatte nicht begriffen, daß wir allgemeiner Prinzipien bedürfen, um überhaupt etwas zu erkennen, und daß bereits unsere Wahrnehmung theoriehaltig ist. 1854 notierte Mill in seinem Tagebuch, die Deutschen, und Carlyle in ihrem Gefolge, hätten Denken und Sprache pervertiert, als sie den Künstler zum Symbol moralischer und intellektueller Größe erkoren. Der Künstler mußte vielmehr stets dem Philosophen, der Dichter dem Wissenschaftler unterlegen bleiben:

> Philosophie ist der angemessene Name für jene Tätigkeit des Geistes, die darin besteht, eine Wahrheit herauszuschälen, die man ausdrücken kann. Der Künstler ist weder ein Seher, noch derjenige, der die Wahrheit zu entdecken vermag; er ist derjenige, der eine bereits gefundene Wahrheit in die ausdrucksvollsten und beeindruckendsten Symbole kleidet.

Es ist bezeichnend, daß Mill in seiner Autobiographie bedauernd feststellte, er habe seinerzeit Bentham zu harsch, Coleridge dagegen zu wohlwollend behandelt.

Auguste Comte lieferte das abschreckende Beispiel eines Gelehrten, der im gleichen Maße, in dem er seine Gefühle entdeckte, die Fähigkeit zum systematischen Denken mehr und mehr verlor. Wäre er ein Dichter gewesen, hätte man ihm den Haß auf die Wissenschaft, den er allmählich entwickelte, noch verzeihen können. So blieb nur die Befriedigung darüber, daß es Positivisten gab wie Littré, die stets die Schüler jenes frühen Comte geblieben waren, der den *Cours de philosophie positive* geschrieben hatte. Die Sentimentalität des späten Comte dagegen drohte den Positivismus zu ruinieren.

Selten hat man bei Mill den Eindruck, daß ihm die Poesie, die er in seinen Traktaten so ausführlich behandelt, wirklich Vergnügen bereitet hat. In seiner geistigen Krise halfen ihm vermutlich die Kommentare Wordsworths ebensosehr wie dessen Gedichte. Die Poesie hatte sich, wie Mill selbst schrieb, für ihn letztlich doch als eine Art Medizin erwiesen; man nahm sie nicht zu sich, weil man sie genoß, sondern weil sie helfend und vorbeugend wirkte. Mill entschied sich aus theoretischen Gründen dafür, der Poesie einen größeren Platz in der Kultur seiner Zeit einzuräumen, und so wirkte auch sein Enthusiasmus forciert und gelegentlich komisch:

> Nach dem Dinner las uns Mr. Mill Shelleys Ode to Liberty vor & er wurde ganz aufgeregt dabei & schaukelte hin und her & erstickte fast an seiner Emotion; zu sich selbst sagte er: ›Es ist fast zuviel für einen.‹

Friedrich Nietzsche, der den späten Comte durchschaut hatte, ließ sich auch von Mill nicht irreführen: dieser tat nichts anderes, »als seine moralischen Empfindungen zu *formuliren*. Es erfordert etwas ganz anderes: wirklich *anders* einmal empfinden zu können.«

*

In zum Teil verblüffender Gleichzeitigkeit machten Comte wie Mill schwere geistige Krisen durch; den Grund dafür sahen beide in der übertriebenen Intellektualisierung ihres Lebens und ihres wissenschaftlichen Tuns. Sie reagierten darauf mit einer Rehabilitierung der Gefühlskultur und einem dramatischen Wandel ihrer Wertvorstellungen: gegenüber den Wissenschaften gewann die Literatur zunehmend an Bedeutung. Bei Comte wie bei Mill wurde dieser Prozeß einer Emotionalisierung des Lebens und einer Literarisierung des Werkes durch die Beziehung zu einer Frau beschleunigt und verstärkt.

John Stuart Mill begegnete Harriet Taylor 1830. Sie war 22, er war 24 Jahre alt. Harriet Taylor war, wie Mill in seiner Autobiographie schrieb, mit einem aufrechten und ehrenhaften Mann verheiratet, dem jedoch jedes künstlerische oder intellektuelle Interesse fehlte, das ihn zum ebenbürtigen Partner seiner Frau hätte machen können. Für Mill war Harriet ein weibliches Genie, »eine Frau tiefer und starker Gefühle, von eindringlicher und intuitiver Intelligenz, eine überaus meditative und poetische Natur«. Hierin war sie Shelley ähnlich, den sie jedoch, was die Verstandeskräfte anging, bei weitem übertraf. Sie vereinte die Vorzüge von Bentham und Coleridge in einer Person. Nicht nur Mill war von Harriet beeindruckt; Carlyle nannte sie eine junge philosophische Schönheit und eine lebende Romanheldin.

Harriet Taylor, die ihre Ambitionen hatte, blieb Mills Werben gegenüber nicht unempfänglich, aber sie verließ ihren Ehemann und ihre drei Kinder nicht. Ohne daß Mill und seine Platonica – ein anderer Name, den Carlyle ihr gab – die Ehe brachen, lebten sie über längere Perioden auf dem Kontinent, in England, ja selbst im Hause des Ehemannes zusammen. Es war eine eigentümliche, keusche *ménage à trois*, in der Harriet und Mill voller Leidenschaft über Philosophie und Wissenschaft miteinander debattierten, während John Taylor, »der größte Philosoph von den dreien«, schwieg. Unausbleiblich war es, daß durch diese Beziehung Mills Freundeskreis irritiert wurde; als Folge davon zog er sich mehr und mehr aus allen gesellschaftlichen Verpflichtungen zurück.

1836 war James Mill gestorben, 1849 starb John Taylor. Zwei Jahre später heirateten John Stuart Mill und Harriet. Sieben Jahre lang lebten sie zusammen, zurückgezogen und mit gemeinsamen Projekten beschäftigt, oft von Krankheiten geplagt, die Harriet im Midi, vor allem in Hyères, kurierte. Auf dem Weg zu einem neuen Aufenthalt dort starb Harriet am 3. November 1858 in einem Zimmer des Hôtel de l'Europe in Avignon. John Stuart Mill errichtete ihr auf dem Friedhof der Vorstadt Saint-Véran ein Grabmal, in dessen Inschrift es heißt: »Gäbe es nur ein paar Menschen mit ihrem Herzen und Verstand, die Erde würde bereits der

Himmel sein, auf den wir hoffen.« Mill kaufte in Saint-Véran ein Haus, das nahe am Friedhof lag, und lebte von nun an in Avignon. Helen Taylor, die Stieftochter, wurde seine Vertraute und seine Helferin.

In Mill, dessen immenses Herbarium seine Freunde schon früh bewundert hatten, wuchs die Liebe zur Botanik. Er machte in Orange die Bekanntschaft Jean-Henri Fabres, den er als Praktiker der induktiven Methode schätzte, und dem er aus finanziellen Schwierigkeiten half, nachdem Fabre seinen Posten als Lehrer an einem Lycée in Avignon verloren hatte, weil er Mädchen am naturwissenschaftlichen Unterricht hatte teilnehmen lassen. Am 3. Mai 1873 unternahmen Fabre und Mill, die gemeinsam an einer *Flore de Vaucluse* arbeiteten, eine ausgedehnte botanische Exkursion, bei der Mill sich eine Erkältung und ein Fieber zuzog. Vier Tage später starb er. Wie er es gewünscht hatte, wurde er nicht in Westminster Abbey bestattet, sondern neben Harriet begraben, in Avignon in der Provence, in der Heimat Auguste Comtes.

*

Wie groß der Einfluß Harriet Taylors auf John Stuart Mill tatsächlich war und wie er sich auf sein Werk auswirkte, ist umstritten. Eines ist gewiß: er übersteigerte diesen Einfluß beträchtlich, wie mancher Freund und, unbarmherzig wie stets, Nietzsche feststellte, der nur vom »philosophischen Geschnatter ... der Frau John Stuart Mill« sprach und sie in dieser Hinsicht mit George Sand verglich.

Für Mill verkörperte Harriet poetische und künstlerische Vollkommenheit; die frühen Jahre der Freundschaft mit ihr waren Jahre poetischer Kultur, das Leben mit ihr eine »Partnerschaft des Denkens, Fühlens und Schreibens«. Als 1832 Mills Artikel ›What is Poetry‹ erschien, wurde dies allgemein dem Einfluß Harriets zugeschrieben, die in Fox' *Monthly Repository* Gedichte und Rezensionen veröffentlicht hatte, während Mill als amusisch galt. Unzweifelhaft hat sie Mill in Frauenfragen beeinflußt und seinen Bruch mit Comte beschleunigt. Als sie von Mills Briefwechsel mit Comte Kenntnis bekam, schrieb sie: »Ich bin enttäuscht über den mehr als halbapologetischen Ton, in dem Sie Ihre Meinungen äußern. Dagegen bin ich entzückt von der außerordentlichen Liebenswürdigkeit, Eleganz und Finesse Ihres letzten Briefes ... Diese Art von trockenem Menschen ist keine wertvolle Unterstützung und kaum ein achtbarer Gegner.«

Auch wenn Mill Harriet Taylors majestätischen Intellekt lobte und sie als Mitautorin seiner Bücher pries – von der gemeinsamen Produktion der *Principles of Political Economy* (1848) bis zum *Essay on Liberty*, der ein Jahr nach Harriets Tod erschien –, am wichtigsten wurde sie für ihn, weil sie seinen wissenschaftlichen und abstrakten Geist durch ihre Menschlichkeit und ihre poetische Natur ergänzte und vervollkommnete. Aus diesem Grunde nahm die Erinnerung an seine verstorbene Frau auch für Mill religiöse Züge an – so wie Comte in der Menschheitsreligion und ihrem Kult das Andenken an Clotilde de Vaux bewahrt hatte. Als W. J. Fox die Nachricht vom Tod Harriet Taylors erfuhr, schrieb er an seine Tochter, auf dem Grabstein der Mrs. Mill könne stehen: »Eine Größere als Laura ruht hier«. Für den Gebildeten der Zeit lag es nahe, den Tod einer schönen und gescheiten Frau in Avignon mit Petrarca in Verbindung zu bringen. Wenige Jahre zuvor hatte Comte den Verlust seiner Laura beklagt: Clotilde de Vaux hatte für ihn eine ähnliche Rolle gespielt wie Harriet Taylor für John Stuart Mill.

Dennoch sind die Unterschiede zwischen Comte und Mill nicht zu übersehen. Gegenüber Comte, bei dem schließlich alles Drama, Übersteigerung und Verklärung wurde, wirkte Mill selbst in seinen Katastrophen noch abgeklärt. Mill empfand religiöse Gefühle, wenn er an Harriet dachte; doch Comte widmete Clotilde einen Kult, den er mit allen Anzeichen der Manie zelebrierte – schließlich wurde er zum selbsternannten Hohenpriester der Menschheit. Mill brauchte keine spirituelle Vermählung mit einer Frau zu feiern, mit der er lange Zeit zusammengelebt hatte und sieben Jahre lang verheiratet gewesen war.

Abgesehen von Unterschieden des Temperaments waren für

die unterschiedlichen Reaktionen Comtes und Mills Gründe verantwortlich, die mit ihrer professionellen Situation zusammenhingen. Comte hatte nie eine sichere und selten eine zum Lebensunterhalt ausreichende Stellung; er blieb zeitlebens ein einsamer Theorieproduzent, für den es keine kritischen Kollegen, sondern nur Feinde oder Jünger gab. Mill, das spätere Parlamentsmitglied, lebte stets in Sicherheit, und auch wenn er nicht nur von Freunden umgeben war, bewahrte ihn das intellektuelle Klima Englands vor zu großen Exzessen im Handeln und im Denken. Gegenüber dem Starrsinn Comtes traten die Finesse, die Geduld und die Bedachtsamkeit Mills um so deutlicher zutage. Comte mußte, Mill konnte gar nicht zum Fanatiker werden.

Im Essay über Coleridge hatte Mill geklagt, sein Zeitalter scheine ungeeignet, tiefe und strenge Gefühle hervorzubringen. Die Philosophie galt als Domäne prosaischer Denker, die nicht ahnten, wie komplex und mysteriös die menschliche Natur sein konnte. Es war eine Epoche der Kompromisse und der halbherzigen Überzeugungen. Freilich galt diese Charakteristik für den englischen Geist im allgemeinen, in dem in Theorie wie Praxis die gesunde Neigung vorherrschte, vor allen Auswüchsen zurückzuschrecken. Es war dies eine beinahe instinkthafte Reaktion, nicht die Folge von Überlegungen oder Einsicht. In diesem Sinn bestand zwischen Mills Utilitarismus und seiner kalkulierten Gefühlskultur kaum ein Gegensatz.

Der nie geschriebene Roman: Beatrice Webb

JAMES MILL, dieser Feind der Einbildungskraft und der Literatur, hatte seine utilitaristischen Erziehungsmethoden dermaßen perfektioniert und ins Groteske gesteigert, daß auch die Phantasie eines Satirikers und Romanautors sie nicht übertreffen, sondern höchstens kopieren konnte. Es fiel nicht schwer, in Charles Dickens' *Hard Times* (1854) den älteren Mill in der Figur des Mr. Gradgrind wiederzuerkennen, jenes Kaufmanns, in dessen ›matter-of-fact home‹ Zahlen die Stelle von Gefühlen und Zuneigung eingenommen hatten. Auf sein Leben zurückblickend, hatte John Stuart Mill sich einmal als *reasoning machine* bezeichnet; Thomas Gradgrind hielt alle Kinder für *reasoning animals*, deren Geist durch Tatsachenkenntnisse geformt und in Zucht gehalten werden mußte. Er, der beweisen konnte, daß der gute Samariter ein schlechter Ökonom gewesen war, war entsetzt, als man ihm auf die Frage, worin das grundlegende Prinzip der Ökonomie bestehe, die seiner Ansicht nach absurde Antwort gab: andere so zu behandeln, wie man selbst behandelt werden wollte.

Dickens war auch in diesem Roman, wie stets, kein distanzierter Erzähler, sondern ein mitleidender und mitfühlender Moralist: in *Hard Times* setzte er den Lehrsätzen der Politischen Ökonomie, dieser ›falschen Wissenschaft‹, die die Einbildungskraft und die Sensibilität zerstörte und aus Menschen Rechenmaschinen machte, die Intuition des Herzens entgegen. Objekte der Ökonomie, waren die Proletarier diejenigen, die sich von ihren

Axiomen am weitesten entfernten, wenn sie den Zwängen der Fabrikarbeit entronnen waren:

> Nach einem Arbeitstag von fünfzehn Stunden setzten sie sich manchmal hin, um Geschichten von Männern und Frauen zu lesen, die ihnen selbst mehr oder weniger ähnlich sahen ... Statt Euklid nahmen sie sich Defoe zu Herzen, und alles in allem fühlten sie sich eher bei Goldsmith als bei ⟨dem Kalligraphen und Mathematiker⟩ Cocker wohl.

John Stuart Mill fand viele Wege, um sich vom übermächtigen und bedrückenden Einfluß seines Vaters zu befreien: davon zeugen Inhalt und Form seiner Schriften. Er verhalf der Gefühlskultur wieder zu ihrem Recht, und sowohl seine Autobiographie wie manche seiner Essays gehören, gut geschrieben und detailliert durchdacht, zu den *belles lettres* ebenso wie zur Wissenschaft.

Als F. R. Leavis vorschlug, in Cambridge das Englisch-Curriculum durch nichtliterarische Studien zu ergänzen, nannte er John Stuart Mills klassische Essays über Bentham und Coleridge als Beispiel: sie waren Schlüsseldokumente ihrer Zeit, und jeder Student, der sich mit der viktorianischen Epoche beschäftigte, sollte sie gelesen haben. Leavis schätzte in Mill weniger den Liebhaber von Dichtung und Dichtungstheorie als den außerordentlich disziplinierten Denker, den geübten Logiker und den Analytiker. Als solcher konnte er der Literaturwissenschaft und der Literaturkritik von Nutzen sein, Fächern, die dringend der Zusammenarbeit mit anderen Disziplinen bedurften, wenn sie ernst genommen werden wollten.

Die Originalität von Leavis' Vorschlag lag nicht nur darin, daß der Sohn James Mills darin als Leitautor und als Klassiker auftauchte; Leavis sah Mills Essay und seine Autobiographie als den Auftakt einer Tradition nichtliterarischer Studien von höchstem ästhetischem Rang, die bis in die Gegenwart reichte. In diesem Sinn mußte Beatrice Webbs *My Apprenticeship* (1926) als direkte Fortsetzung der Millschen Autobiographie gelesen werden: das Buch einer Soziologin und Sozialistin, das zu einem Klassiker der englischen Literatur geworden war. Herbert Spencer folgend, sah F. R. Leavis in Beatrice Webb eine zweite George Eliot. Ein überragenderes Lob war nicht denkbar, denn George Eliot gehörte für ihn zur ›großen Tradition‹ der englischen Literatur, und im Zentrum jeder Literaturkritik, die sich mit der viktorianischen Epoche befaßte, hatte ein Studium der Romane George Eliots zu stehen. An Beatrice Webb zog Leavis vor allem an, daß sie sich zeit ihres Lebens als verhinderte Dichterin sah, und die Lektüre ihres Tagebuches führte ihn zu dem Schluß, »daß ein literarisches Training . . . zu den wesentlichen Qualifikationen von Psychologen und Soziologen gehören sollte«.

*

Beatrice Potter wurde am 2. Januar 1858 geboren. Ihr Vater, Richard Potter, der an der neuen London University sein Examen abgelegt hatte, wollte sich ursprünglich, versehen mit einem ausreichenden väterlichen Erbe, als ländlicher Rentier in Herefordshire niederlassen. Nach der Finanzkrise 1847/48 jedoch mußte er anfangen, seinen eigenen Lebensunterhalt zu verdienen. Sein Schwiegervater machte ihn zu einem der Direktoren der Great Western Railway, außerdem wurde er Teilhaber einer Holzfirma in Gloucester, aus deren Erträgen im wesentlichen sein Einkommen floß. Reich wurde er durch den Krimkrieg, als er sowohl das englische Kriegsministerium wie den französischen Kaiser dazu überreden konnte, in den russischen Wintermonaten ihre Soldaten in Holzhütten unterzubringen.

In *My Apprenticeship* beschrieb Beatrice die vielfältigen Unternehmungen und Spekulationen, die ihr Vater, angespornt durch 60 000 Pfund, die der Krimkrieg seiner Firma eingebracht hatte, unternahm: dazu gehörte auch das Projekt, mitten durch Syrien einen Konkurrenzkanal zum Suez-Kanal zu ziehen. Dieses Projekt wurde fallengelassen, weil es die Heiligen Stätten unter Wasser gesetzt und man vierzig Jahre gebraucht hätte, um den Kanal zu füllen. Richard Potter war ein kapitalistischer Gentleman, an den die Tochter sich mit Zärtlichkeit erinnerte, aber er war kein Mann fester Prinzipien und hatte kein auf Überzeugungen beruhendes Verantwortungsgefühl für das öffentliche Wohl – zu dessen Ausbildung die Epoche auch wenig geeignet war.

Aber Richard Potter war flexibel und pragmatisch. Als erst einmal das Wahlrecht ausgeweitet worden war, wurde er ein Verfechter proletarischer Erziehung und schockierte seine politischen Freunde mit dem Vorschlag, notfalls müßten sie eben ihre Töchter dazu bringen, die Massen zu erziehen. Potter war ein *homme à femmes* besonderer Prägung: er vergötterte seine Frau und liebte seine neun Töchter; er war, wie Beatrice schrieb, der einzige Mann, den sie kannte, der aufrichtig an die Überlegenheit der Frauen über die Männer glaubte – was paradoxerweise zur Folge hatte, daß am Beginn ihres Erwachsenenlebens all seine Töchter Anti-Feministinnen waren. Beatrice erinnerte sich daran, wie ihr Vater, als sie ihn mit dreizehn Jahren fragte, ob sie *Tom Jones* lesen dürfe, Fieldings wunderbar männliches Englisch lobte und ihr antwortete: »Wärst du ein Junge, würde ich zögern, *Tom Jones* zu empfehlen, aber ein nettes Mädchen kann alles lesen; und je mehr es über die menschliche Natur weiß, desto besser für es selbst und für alle Männer, die mit ihm zu tun haben.«

Die Mutter, die neun Mädchen geboren hatte, haßte Frauen; der große Kummer ihres Lebens war es, daß ihr einziger Sohn bereits mit drei Jahren gestorben war. Beatrice war zu diesem Zeitpunkt sieben Jahre alt. Die Mutter interessierte sich für Literatur und hatte einen nicht allzu erfolgreichen Roman geschrieben; außerdem war sie eine fanatische Verfechterin des ökonomischen Utilitarismus und eine Anhängerin Herbert Spencers, der zu den Gästen des Hauses Potter zählte. Sie glaubte ihm jedenfalls mehr als ihr Mann, der mit dem Philosophen lange Spaziergänge machte und auf dessen mit Nachdruck vorgetragene Thesen und Doktrinen in der Regel seelenruhig antwortete: »Won't work, my dear Spencer, won't work.«

Beatrice hatte keine glückliche Kindheit; als zweitjüngste der neun Töchter wurde sie in der Familie weitgehend ignoriert. Obwohl es eher bescheiden bei den Potters zuging, die nicht das verschwenderische Leben führten, das sie sich hätten leisten können, bemerkte Beatrice bald, daß die Potters befahlen – es gab niemanden, der *ihnen* sagte, was sie zu tun hatten. Im Winter 1873/74 begleiteten sie und ihre Schwester Kate Richard Potter auf einer Geschäftsreise in die Vereinigten Staaten. Hier begann sie ihr Tagebuch zu führen, das später zur wichtigsten Quelle ihrer autobiographischen Schriften werden sollte.

Lange Zeit wurde Beatrice sich weder in der ländlichen Gesellschaft von Gloucestershire noch während der jährlichen Londoner Saison darüber klar, was sie in ihrem Leben eigentlich tun sollte. Von 1876 bis 1882 verbrachte sie Jahre ohne jede Verantwortung. 1882 starb ihre Mutter, 1892 der Vater. In diesen zehn Jahren wurde Beatrice Potter zur Sozialforscherin.

Zunächst änderte sich ihre Stellung im Potterschen Haushalt, indem sie zur Ratgeberin ihres Vaters wurde und praktisch Mutterstelle bei der jüngeren Schwester vertrat. Mit immer schärferer Aufmerksamkeit beobachtete sie nun das Leben ihrer eigenen Schicht und wünschte mehr über das Leben und die Arbeit derer zu erfahren, mit denen sie noch kaum in Berührung gekommen war. Die Gelegenheit dazu bot sich bald. Im November 1883 besuchte Beatrice, verkleidet als ›Miss Jones‹, die angebliche Tochter eines walisischen Farmers, arme Verwandte ihrer Mutter, die in Bacup (Lancashire) in den dortigen Spinnereien arbeiteten. Sie fand den Besuch bewegend und beeindruckend, weniger amüsant und viel informativer, als sie erwartet hatte. Obwohl sie schon im Jahr zuvor in London dem Charity Organisation Committee beigetreten war und Besichtigungen in den Slums von Soho hinter sich hatte, war erst jetzt der erste Schritt zur teilnehmenden Beobachtung und zur Sozialforschung getan.

Zum weiteren Familienkreis der Potters gehörte Charles Booth, ein Cousin von Beatrice, der von 1886 an über siebzehn Jahre lang und weitgehend auf eigene Kosten eine der folgenreichsten und monumentalsten Enquêten der jungen Sozialforschung unternahm: *Life and Labour of the People of London* (1902 bis 1903). Beatrice wurde eine Mitarbeiterin Booths; 1887 erschien im Rahmen seiner Untersuchung ihre erste Publikation. Auch begann sie um die gleiche Zeit, als ›rent collector‹ im East End von London zu arbeiten. Die Arbeit fiel ihr schwer, und als 1885 ihr Vater gelähmt wurde und ihre kranke Schwester mehr denn je ihrer Hilfe bedurfte, schien es, als sei ihre noch kaum begonnene Karriere schon wieder an ihr Ende gekommen. Dennoch hielt sie durch: sie bildete sich theoretisch weiter, verfaßte einen Essay über Marx' ökonomische Theorie, der nicht publiziert wurde, und schrieb eine Abhandlung über ›Dock Life in East London‹, der in *Nineteenth Century* erschien. Auch setzte sie ihre Sozialbeobachtungen fort, indem sie sich als Näherin anheuern ließ. Auch darüber veröffentlichte sie einen Artikel, ›The Pages of a Workgirl's Diary‹, in der gleichen Zeitschrift.

Politisch wurde Beatrice zur Sozialistin; als Forscherin begann sie, mehr und mehr über die Bedingungen und die Möglichkeiten einer Wissenschaft von der Gesellschaft nachzudenken; ihr erstes eigenes großes Projekt sollte eine Untersuchung der englischen Genossenschaftsbewegung sein. 1888 hörte sie zum ersten Mal von der vier Jahre zuvor gegründeten Fabian Society, einer Gruppe junger radikaler Sozialisten, die man eher Reformer hätte nennen sollen, hatten sie doch, wie eines ihrer Mitglieder, G. B. Shaw, sich ausdrückte, »den Barrikaden den Rücken zugekehrt und sich dazu entschlossen, heroische Niederlagen in prosaische Erfolge zu verwandeln«. Ihren Namen hatte sich die Gesellschaft nach Quintus Fabius Maximus gegeben, *qui cunctando restituit rem*, jenem römischen Feldherrn, der abzuwarten verstand, bis die Chance zum sicheren Sieg für ihn herangereift war. Unter den Fabiern ragte Sidney Webb hervor, der, aus kleinen Kreisen stammend, sich durch Stipendien und in harten Auswahlverfahren eine hohe Beamtenposition erworben hatte. Shaw nannte ihn den fähigsten Mann in ganz England.

Als Beatrice 1890 zum ersten Mal Sidney Webb begegnete, hatte sie eine unglückliche Affäre mit Joseph Chamberlain hinter sich, der Bürgermeister von Birmingham gewesen war und dem radikalen Flügel der Liberalen Partei seinen Stempel aufdrückte. Im Vergleich zu dem attraktiven Chamberlain erschien Sidney eher abstoßend, doch waren sein enzyklopädisches Wissen, von dem sie Wunderdinge gehört hatte, und sein selbstloses Engagement in sozialen Fragen beeindruckend.

Sidney verliebte sich sofort in Beatrice und warb um sie; sie war abweisend und blieb es für eine lange Zeit. Er drängte sie, wenn sie ihn schon nicht liebte, doch wenigstens zur kollegialen Zusammenarbeit: eins und eins gaben, wenn man sie richtig arrangierte, nicht zwei, sondern elf. Am 1. Januar 1892 starb Richard Potter; sechs Monate später heirateten Sidney und Beatrice, die ihrem Vater die Verlobung mit einem Sozialisten verschwiegen hatte. Als Herbert Spencer, der Apostel des Individualismus, davon erfuhr, entzog er Beatrice die Bearbeitung seines literarischen Nachlasses, die er ihr ursprünglich hatte anvertrauen wollen. Beatrice Webb beendete *My Apprenticeship* mit den folgenden Sätzen: »Hier endet ›Meine Lehrzeit‹, und ›Unsere Partnerschaft‹ beginnt: eine Arbeitskameradschaft, die auf einem gemeinsamen Glauben beruht und durch die Ehe vervollkommnet wird; vermutlich die außerordentlichste, sicher die dauerhafteste aller Arten des Glücks.«

In *My Apprenticeship*, dieser Autobiographie, in der die Liebesaffären weggelassen sind, wie Beatrice Webb schrieb, hat sie die Zeit ihrer heimlichen Verlobung mit Sidney nur skizziert. In den Briefen beider aber wird ebenso wie im Tagebuch von Beatrice deutlich, wie sehr in dieser zunächst so spröden Beziehung auf persönlicher wie sachlicher Ebene Themen dominierten, die in der Problemgeschichte der Sozialwissenschaften und in der Lebensgeschichte früher Sozialwissenschaftler wie Auguste Comte und John Stuart Mill bereits eine wichtige Rolle gespielt hatten.

Was wir wissen, hängt davon ab, was wir fühlen

Im November 1885 erwähnte Beatrice in einem Brief an ihren Vater die wachsende Zahl von Frauen, denen die Ehekarriere versperrt blieb und die eine »männliche Belohnung für männliche Fähigkeiten« erstrebten. Zu diesen Frauen, deren Zukunft in der tätigen Mithilfe bei der Lösung der sozialen Frage zu liegen schien, konnte sie sich nach dem Scheitern ihrer Romanze mit Joseph Chamberlain auch zählen.

Kaum hatte er ihre Bekanntschaft gemacht, schrieb Sidney Webb sofort an Beatrice, wie sehr sie ihn beeindruckt hatte. Er benötigte dringend einen Mentor, der für ihn die Abstraktionen der sozialistischen Doktrin in die Sprache der Tagespolitik übersetzen konnte, und er deutete seinen Wunsch an, Beatrice möge eine solche Mentorenrolle übernehmen. Er ging noch einen kleinen Schritt weiter und bekannte, sie habe ihn dazu gebracht, seine hergebrachten Anschauungen über die Frauen zu revidieren. Beatrice antwortete geschäftsmäßig, doch in warnendem Unterton: Frauen konnten, wie sie schrieb, vor allem dann nützlich sein, wenn man ihrem mütterlichen Instinkt freie Bahn ließ; die Vorteile einer auf Zusammenarbeit gerichteten Freundschaft konnten dagegen schnell verlorengehen, wenn man die »niederen Gefühle« dabei nicht unterdrückte.

Sidney antwortete mit einem langen Brief, in dem er die zwischen ihnen bestehenden Meinungsverschiedenheiten nicht vertuschte: beispielsweise stimmten sie nicht darin überein, wie die Reform der Armengesetzgebung aussehen sollte. Er schloß mit der Hoffnung, daß das letzte Wort über die Art ihrer persönlichen Beziehungen noch nicht gesprochen war. Er, der als faktenbesessen und amusisch galt und sich selbst gerne so beschrieb, zitierte Gedichte und fragte Beatrice nicht ohne Koketterie, ob sie ihn auch dafür lobe, seinen Rossetti zu kennen.

Am 23. Mai 1890 reisten Beatrice und Sidney Webb zu einem Genossenschaftskongreß nach Glasgow. Am Abend gingen sie beide in den Straßen Glasgows spazieren, und schließlich kamen die beiden Sozialisten, wie Beatrice nicht ohne Ironie in ihrem Tagebuch festhielt, zu dem Entschluß, eine Arbeitsgemeinschaft zu bilden, in der sie zusammen Sozialforschung betreiben und ihre gemeinsamen sozialpolitischen Ziele verfolgen würden. Beatrice machte deutlich, daß Sidney nichts als Freundschaft von ihr erwarten konnte; er mußte ihr versprechen, die Beziehung zu ihr abzubrechen, wenn sich herausstellen sollte, daß dadurch seine Arbeitskraft beeinträchtigt wurde. Er sollte an sie denken wie an eine verheiratete Frau, die Frau eines Freundes:

›Das kann ich kaum versprechen‹ ⟨antwortete Sidney⟩. ›Aber ich will die ganze Angelegenheit als eine Frage der Gesundheit ansehen: ich werde mir selbst nicht erlauben, darauf herumzureiten. Ich werde die rein persönlichen Gefühle unterdrücken. Ich will meine Einbildungskraft ablenken, um unsere Arbeitsbeziehungen zu stärken.‹

Ein Händedruck, und wir waren bald in einer angeregten Diskussion über ein ökonomisches Problem. Finis . . .

Damit waren die kritischen vierundzwanzig Stunden, wie Beatrice sie nannte, vorbei, doch das Problem ihrer Beziehung zu Sidney war damit keineswegs gelöst. Er beklagte sich über ihre unerträgliche Überlegenheit, ihre Herzlosigkeit, ihre blasphemische Verachtung aller menschlichen Gefühle. Er beschwor sie, zu ihm zu kommen und mit ihm über Dinge zu reden, die wichtiger waren als alle wissenschaftlichen Kongresse. Sie antwortete mit einer letzten Warnung: wollte er mehr als ihre Freundschaft, würde auch die Freundschaft zwischen ihnen beendet sein.

Sidney blieb hartnäckig; in einem langen Brief ließ er seinen Gefühlen freien Lauf, doch war er vorsichtig genug, hervorzuheben, wie sehr die Freundschaft mit Beatrice nicht nur ihn selbst verändert, sondern vor allem seine Arbeitskraft gestärkt hatte. Und dabei machte er eine Bemerkung, die schlagartig erhellte, wie sehr in diesen privaten Problemen, wie sehr auf der Ebene der allerpersönlichsten Beziehungen eine Konstellation sich wiederholte, die für die Geschichte der Sozialwissenschaften schon einmal höchst folgenreich gewesen war:

Jetzt bist Du für mich die Sonne und die Quelle all meines Tuns. Heute habe ich mich wie ein Sklave geplagt, um liegengebliebene Dinge zu erledigen, und es ging wie nichts, weil es für Dich geschah. Ich übernahm die Arbeit eines anderen, weil keine Selbstsucht mehr in mir war. Und heute abend war ich ohne jede Anstrengung nett und aufmerksam und achtungsvoll gegenüber dem dümmsten Londoner Kandidaten in einer kleinen Kommission. Jetzt weiß ich, wonach

Comte mit seiner Apotheose der Frau strebte, nie zuvor verstand ich Dantes Leben. Du machst alle Dinge neu für mich. Du verdoppelst einfach meine Kraft.

Das war eine Anspielung, die Beatrice nur allzu gut verstand, doch ist es mehr als fraglich, ob sie so wirken konnte, wie Sidney Webb es beabsichtigt hatte. Beatrice war durch George Henry Lewes und durch die Schriften John Stuart Mills – die Autobiographie hatte sie mit Entzücken, das *System of Logic* und die *Principles of Political Economy* mit angestrengter Aufmerksamkeit gelesen – mit Comtes Gedanken vertraut. Daß aber sie und ihre Schwester Margaret sämtliche Schriften Comtes aus der London Library bestellten, hing damit zusammen, daß sie auf Dinner-Parties und bei Picknicks regelmäßig mit Frederic Harrison zusammentrafen, der von 1880 bis 1905 als Präsident dem English Positivist Committee vorstand, unterstützt in seinem Engagement für den Positivismus durch Mrs. Harrison, die »immer wie eine ›Hl. Clotilde‹ zu ihrem Auguste war«. Beatrice beschrieb, wie sie und Margaret, 25 und 21 Jahre alt, auf langen Wanderungen in Westmorland heftig ihre Lektüre Comtes diskutierten, des schrecklichen alten Pedanten, der ein so fürchterliches Französisch schrieb, daß zwischen Voltaire und ihm ein tiefer Abgrund zu liegen schien. Die Religion hatte er durch das Haupttor des menschlichen Intellekts vertrieben – doch nur, um sie postwendend durch den Dienstboteneingang wieder ins Haus zu lassen: »Der Mann betet die Frauen an. Wer will denn überhaupt jemanden anbeten, und gar eine Frau?«

Ein neues Konkordat, das Beatrice vorschlug, akzeptierte Sidney Webb; wie Comte, der die Frauen zu Hüterinnen der Moral gemacht hatte, befolgte er ihre Verhaltensvorschriften. Und wie Comte lernte auch er, daß in der Welt nicht alles auf Syllogismen hinausläuft oder durch die Anstrengung des Intellekts begriffen werden kann, daß es Unwägbarkeiten gibt, die von unserem Verstand nicht faßbar, und dennoch von großer Bedeutung sind. Nicht zuletzt Frauen hatten Comte und John Stuart Mill gelehrt, ihre Gefühle zu kultivieren; Sidney Webb versuchte Beatrice davon abzuhalten, emotionalen Selbstmord zu begehen: »Selbst innerhalb des positiven Wissens gibt es mehr Dinge, mit denen man rechnen muß, als Logik und Vernunft. Selbst zwei und zwei ist für mich nicht mehr dasselbe wie noch sechs Monate zuvor. Was wir wissen, hängt davon ab, was wir fühlen.«

Sidney Webb und Beatrice Potter gehörten zu den vielen Lesern, die Goethe im 19. Jahrhundert in England fand; G. H. Lewes' *Life of Goethe* (1855) war ihnen beiden vertraut. Im Juni 1890 schrieb Sidney an Beatrice einen langen Brief, in dem er sich ausgesprochen kritisch zu Goethe äußerte, dessen Lebenserinnerungen und *Wilhelm Meister* er gerade erneut gelesen hatte. Er nannte Goethe einen Egoisten, der aus der großen Armee der Menschheit desertiert war, einen Realitätsblinden, dem Fehler unterliefen, die weder Schiller noch Lessing je gemacht hatten; er beklagte die Grausamkeiten, die sich in *Stella* und in den *Wahlverwandtschaften* fanden. Die Irrtümer seines Werkes und die Irrwege seines Lebens erklärten sich aus dem Wunsch Goethes, ein durchgeplantes Leben höchster Selbstkontrolle zu führen. Er lieferte ein abschreckendes Beispiel dafür, wie der Intellekt allein den Menschen in die Irre führen konnte. Statt dessen galt es, Instinkt und Gefühl als gleichbedeutende Motive menschlichen Handelns anzuerkennen.

Es war ein eigentümlicher Brief, der wenig Kenntnis Goethes und gar kein Verständnis für ihn verriet; nahm man ihn ernst, hätte man an der vielgerühmten Intelligenz Sidney Webbs zweifeln müssen. Es war ein Brief, der gar nicht von Goethe handelte: Sidney sprach Beatrice an, wenn er von Goethe schrieb und dessen Mangel an Mitgefühl und seine Überschätzung des Intellekts beklagte: »Manches Mal sind die Rollen eigentümlich vertauscht: gerade jetzt fühle ich mich schrecklicherweise wie Friederike von Sesenheim . . .« Beatrice Potter und Sidney Webb benutzten in ihren Briefen zwei verschiedene Sprachen: Beatrice die der Ratio und der Wissenschaft, Sidney die des Gefühls und der Dichtung. Als sie einen Nachmittag im Wald von Epping miteinander verbrachten, sprachen sie erst über Ökonomie und Sozialismus, doch dann las Sidney ihr Keats und Rossetti vor und fand sie so *ravissante* und engelsgleich, daß er einen gefühlsseligen Brief an sie schrieb, der die Freundschaft erneut gefährdete.

In der Zwischenzeit hatte Sidney in einer Nacht die 600 Seiten von Marshalls *Principles of Economics* gelesen, die ihn beeindruckten und die Mill zu übertreffen schienen, auch wenn sie nicht jenes epochemachende Werk der Politischen Ökonomie waren, zu dessen Ausarbeitung Sidney Webb sich selbst berufen fühlte. Beatrice, im nimmermüden Bestreben, ihre Beziehungen zu versachlichen, schlug vor, sie sollten zusammen Marshall lesen, dessen Theorie ihr große Schwierigkeiten bereitete: »In diesem Fall werde ich zu Ihren Füßen sitzen, und nicht Sie zu meinen, eine gesunde Umkehr der Beziehung zwischen uns, die sich besser mit der jeweiligen Würde von Mann und Frau verträgt . . .« Sidney setzte das Sprachspiel zwischen ihnen fort, als er auf diesen Vorschlag antwortete: »Ich bin begeistert davon, mit Ihnen zusammen das Buch Kapitel für Kapitel zu lesen, aber nicht mehr als ein Kapitel pro Woche (mit ein bißchen Browning?) . . .«

Es ist erstaunlich, welch große Rolle die Literatur in den Briefen Sidney Webbs spielt, den Freunde und Bekannte – Leonard und Virginia Woolf unter ihnen – später als Musterbeispiel des amusischen Menschen beschrieben. Erstaunlich, aber verständlich zugleich, denn Sidney nutzte die Literatur: solange Beatrice ihm nicht erlaubte, seine Gefühle ihr gegenüber offen zu zeigen, mußte er ein Medium finden, in dem er von sich sprechen konnte, ohne sich beim Namen zu nennen. Die Literatur war dieses Medium, wie er später zugab: »Kein Roman interessiert mich wirklich, wenn ich nicht von ihm etwas über mich selbst lernen kann.«

In Rossettis Sonetten fand Sidney Webb den vollkommenen Ausdruck des Gefühls, und so schenkte er Beatrice einen Band seiner Gedichte – ohne Widmung, damit sie ihn offen lesen konnte. In vielen Romanfiguren erkannte er sich selbst wieder, und kaum hatte er beispielsweise ein paar Kapitel in *Vanity Fair* gelesen, da stellte er selbstkritisch fest, wie eigennützig ein Mann sein kann, der liebt. Immer wieder ermahnte er sich selbst, nicht zu sentimental zu sein und keine Werther-Attitüde aufrechtzuerhalten – ein Ratschlag, der not tat, weil Beatrice ihn mit grausamer Regelmäßigkeit daran erinnerte, daß sie ihn nie würde lieben können. Freilich schien es ihm auch, als ob die Literatur vorwiegend dazu geeignet sei, um die individuelle Psyche des Menschen zu schildern; als Mittel der Gesellschaftsanalyse versagte sie: »Weder Dickens noch Thackeray, weder Tennyson noch Browning denken je an den Menschen als Staatsbürger. Er ist Liebhaber, Ehemann, Vater und Freund – aber nie Wähler, Stadtrat oder Gemeindevertreter.« Doch solange Sidney Webb ein Liebhaber war, dessen Liebe nicht erwidert wurde, blieb auch die Literatur von Bedeutung für ihn.

Unter der Bürde seiner unerwiderten Zuneigung resignierend, nahmen Sidney Webbs Haltung und Lebensführung immer mehr Comtesche Züge an: er verhielt sich wie ein Katholik, und mehr als einmal verschrieb er sich die Lektüre eines Lieblingsautors Comtes, des Thomas von Kempen – good old Thomas –, um wieder arbeiten zu können. Als er Beatrice versicherte, wie wichtig ihre Freundschaft nicht nur für ihn selbst, sondern mehr noch für sein Werk war, da ja die großen Gedanken von Herzen kommen, wiederholte er damit nur, ohne es zu sagen, jene Maxime Vauvenargues', die Comte selbst sich zu eigen gemacht hatte. Die sechs Monate des vergeblichen Werbens um Beatrice waren eine Zeit der *liberal education* für ihn gewesen, ein Bildungsroman gleich dem, den Comte durchlebt hatte:

> Ich bin wie Auguste Comte: da ich nicht haben kann, was ich haben möchte, mache ich eine Tugend daraus, nur das zu wollen, was ich haben kann! Aber die Freundschaft Clotilde de Vaux' war unschätzbar für Comte, da sie die bessere Seite seiner Natur entwickelte. Wir wissen nicht, welche Wirkung das auf sie hatte, aber sie wird kaum unberührt davon geblieben sein. Das mag als Omen dienen.

Das Omen war gut gewählt: aus den Briefen Clotildes hätte Sidney Webb Hoffnung schöpfen können. Beatrices Widerstand wurde geringer; auch wenn sie Sidney kaum anziehender fand als zum Beginn ihrer Bekanntschaft, war sie nun davon überzeugt, daß ihre geplante gemeinsame wissenschaftliche und politische Arbeit durch eine Ehe eher gefördert als gehemmt werden würde. Am 20. Mai 1891 stimmte sie zu, Sidney zu heiraten – unter der Bedingung, daß dies erst nach dem Tod ihres Vaters geschah, der von dieser Verlobung nichts erfahren durfte. Sidney geriet daraufhin in einen Zustand, der sich einzig mit französischen Vokabeln beschreiben ließ – *délire, extase, ivresse* –, auch wenn Beatrice ihm versicherte, daß sie nur seinen Kopf heiraten werde.

Zu den Geschenken, die Sidney Webb seiner Verlobten machte, gehörten die Gedichte Matthew Arnolds. Noch einmal wurde deutlich, welch unterschiedliche Rolle die Literatur im Briefwechsel zwischen ihnen gespielt hatte. Sidney schenkte die Gedichte aus emotionalen Gründen: »Wenn Dir einige davon nicht bekannt sind, schau sie Dir von Zeit zu Zeit an, sie sind traurig, aber beruhigend« – worauf Beatrice mit der folgenden Analyse reagierte: »Sie sind sehr schön, und ⟨Arnold⟩ ist einer meiner Lieblingsdichter – er hat ein philosophisches Gefühl für Reformen, aber es fehlt ihm die robuste Entschlossenheit, die Dinge besser zu machen.«

Von nun an verschwanden die literarischen Anspielungen allmählich aus den Briefen Sidney Webbs.

*

Sidney Webb hatte Beatrice einst beschworen, gemeinsam könnten sie die Welt aus den Angeln heben. Als er 1947 starb – vier Jahre später als Beatrice –, hatten sie beide mit einer imponierenden Fülle von Publikationen, durch ihr sozialreformerisches Engagement, ihre politische Tätigkeit und ihre Salon-Propaganda unverkennbare Spuren im öffentlichen Leben Englands und seiner Institutionen hinterlassen. Sie hatten den Kurs der Fabier und der Labour Party bestimmt, sie hatten die London School of Economics (1895) und den *New Statesman* (1913) gegründet und zweimal die Welt bereist. Sidney war Minister in zwei Labour-Kabinetten gewesen und vertrat schließlich als Lord Passmore – Beatrice hatte den Titel abgelehnt – die Arbeiterpartei im Oberhaus. 1932 besuchten sie die UdSSR und wurden zu Ende ihres Lebens Anhänger des Sowjetkommunismus, ein Credo, von dem sie auch die Stalinschen Säuberungen nicht abbringen konnten. Sie sind in der Westminster-Abtei begraben.

Philanthropie, Sozialforschung, Politik

1885 wurde Sidney Webb Mitglied der Fabian Society. Zwei Jahre später fertigte Edward R. Pease, Mitbegründer und über lange Jahre Sekretär der Gesellschaft, für ihn ein geologisches Kabinett an, aus dem allmählich die Steine und Fossilien entfernt wurden, um Dokumenten und Manuskripten Platz zu geben.

Die Webbs hofften, auf lange Sicht aus ihrer Sozialforschung eine Art beschreibender Naturwissenschaft zu machen. Obwohl die Soziologie bereits existierte und Sidney wie Beatrice mit ihren Traditionen wohlvertraut waren, war das Fach doch weit davon entfernt, über einen klar umgrenzten Gegenstand und präzise Methoden zu verfügen. In gewisser Weise mußte jeder Sozialforscher, auch wenn er seine Vorläufer kannte und achtete, das Fach neu schaffen. Dies taten auch die Webbs, und Charles Darwin und T. H. Huxley wurden dabei für sie genauso wichtig wie jene Autoren, die sich bereits im 19. Jahrhundert Soziologen nannten. Der Aufbau der Sozialwissenschaften war, wie Beatrice Webb im Mai 1900 schrieb, ihr Lebensziel.

Charakteristisch für die Webbs waren ihre Abneigung gegen Theorien und die Konzentration darauf, soziale Tatbestände zu erfassen und genau zu beschreiben. Beatrice haßte die Politische Ökonomie geradezu, weil sie die Attacken des 18. Jahrhunderts gegen Klassenherrschaft und Unterdrückung in eine wissenschaftliche Disziplin verwandelt hatte, die schließlich zum »Unternehmer-Evangelium des 19. Jahrhunderts« wurde. Für Sidney Webb waren die gängigen ökonomischen Lehrbücher so veraltet wie Buffons Naturgeschichte und Goethes Farbenlehre – weil die Wissenschaftler sich weigerten, zunächst einmal Tatsachen aufzuzeichnen, zu klassifizieren und in eine systematische Ordnung zu bringen. Das gleiche galt für die Soziologie und die akademische Psychologie, in der beliebige Definitionen des menschlichen Geistes zu abstrakten Aussagen führten, die mit der menschlichen Wirklichkeit nicht das geringste mehr zu tun hatten. Spencer, der auf Faktenkenntnis so viel Wert gelegt hatte, wurde milder beurteilt, doch auch ihm gegenüber verhielt sich Beatrice, seine Schülerin, wie ein ›ungläubiger Thomas‹.

Beatrice Webb ging den im 19. Jahrhundert nicht seltenen Weg von der Philanthropie zur Sozialforschung. Als sie ihre armen Verwandten in Bacup besuchte, wurde ihr bewußt, daß es nur ein Mittel gab, um diese Menschen, die einer anderen Klasse angehörten als sie selbst, zu verstehen: man mußte für einige Zeit »ihre Anschauungen übernehmen und die Dinge in ihrem Licht sehen«. Weder konnte man, wie Spencer dies getan hatte, Gesetze von anderen Wissenschaften einfach auf die Soziologie übertragen, noch gab es eine Chance, die Regelmäßigkeiten des gesellschaftlichen Lebens intuitiv zu erfassen. Solche Gesetze ließen sich nur in mühevoller Arbeit mit Hilfe sorgfältig aufbereiteter Daten finden. Am Ende des 19. Jahrhunderts standen nicht einmal die entsprechenden Informationen zur Verfügung; sie mußten erst gesammelt und geordnet werden.

Es gab kein einfaches Rezept, wie die naturwissenschaftlichen Methoden der Datensammlung und Klassifikation auf die Tatbestände des sozialen Lebens angewandt werden konnten. In Beatrice Webb, die unter einem Decknamen in den Spinnereien von Lancashire und den Londoner Nähstuben spionierte, steckte ein Detektiv und ein Ethnologe zugleich, wie in so vielen frühen Sozialforschern, deren Ziel die wissenschaftliche Beschreibung der Gesellschaft war; während sie als ›rent collector‹ arbeitete, erschienen ihr die Mieter ihres Bezirks wie die *aborigines* des East End. Das Pathos der teilnehmenden Beobachtung und der Erfahrung aus erster Hand prägt all ihre Schriften – auch die historischen Bücher, bei deren Herstellung die Arbeit im Archiv den Platz der herkömmlichen Feldforschung einnahm. Hierin liegt –

neben der materiellen Unabhängigkeit, über welche die Webbs verfügten – auch ein Grund dafür, daß sie von der Universitätswissenschaft nicht leicht zu beeindrucken waren: Alfred Marshall beispielsweise war Professor in Cambridge, aber es fehlten ihm, wie Beatrice bemerkte, jene Erfahrungen des alltäglichen Lebens, die erst den ganzen Menschen ausmachen.

In der Bedeutung, die der eigenen Anschauung, dem Miterleben und dem Mitfühlen zugeschrieben wird, unterscheiden sich die Webbs von jenen *fact-and-figures men* des 19. Jahrhunderts, deren Glauben, Daten allein könnten die Grundlage von Sozialforschung und Sozialpolitik bilden, als ›gradgrindism‹ bezeichnet worden ist:

> Obwohl Mr. Gradgrind Blaubart nicht ähnelte, war sein Zimmer eine richtige blaue Kammer mit ihrem Übermaß an blue books . . . In dieser reizenden Behausung wurden die kompliziertesten sozialen Fragen formuliert, exakt berechnet und schließlich gelöst – wenn nur die, die es anging, davon hätten informiert werden können. Als ob ein astronomisches Observatorium ohne ein einziges Fenster gebaut worden wäre, und der Astronom darin das sternenreiche Universum lediglich mit der Hilfe von Federhalter, Tinte und Papier arrangieren würde, so hatte Mr. Gradgrind in *seinem* Observatorium (denn es gibt viele davon) es nicht nötig, ein Auge auf die wimmelnden Myriaden menschlicher Wesen um ihn herum zu werfen, sondern konnte über ihr Schicksal auf einer Schiefertafel entscheiden, und alle ihre Tränen mit einem schmutzigen kleinen Stück Schwamm abwischen.

Zeit ihres Lebens hielt Beatrice Webb an der Forderung fest, daß sozialwissenschaftliche Forscher noch andere Tätigkeiten ausüben sollten, um ihnen zu einem gründlichen Einblick in die gesellschaftliche Wirklichkeit zu verhelfen. Als eine Art Labor für soziologische Experimente schien ihr die Verwaltung für diesen Zweck besonders geeignet zu sein.

Gleichzeitig lag den Webbs daran, den wissenschaftlichen Charakter der soziologischen Forschung zu stärken. Beatrice Webb blieb Herbert Spencer immer dankbar dafür, daß er sie gelehrt hatte, soziale Institutionen so zu betrachten, als seien sie Pflanzen oder Tiere, »Dinge, die beobachtet, klassifiziert und erklärt werden konnten, und deren Verhalten sich in gewissem Umfang vorhersagen ließ, wenn man genug über sie wußte«. Die vergleichende Physiologie, so notierte sie im September 1883 in ihr Tagebuch, mußte die Grundlage einer wissenschaftlichen Soziologie werden. Dementsprechend studierte sie physiologische Lehrbücher, sezierte und mikroskopierte und las John Stuart Mills *Logic* zur gleichen Zeit. Als 1895 die London School of Economics gegründet wurde, schien deren Curriculum nicht zuletzt von T. H. Huxley beeinflußt zu sein, der in der jungen Soziologie die Vollendung der naturgeschichtlichen Disziplinen erblickt hatte. Ursprünglich sollten an der LSE Mathematik und Biologie als propädeutische Fächer für den Abschluß in Wirtschaftswissenschaften gelten, doch wurde dieser Plan nie verwirklicht. Auch ein Fach wie die Meteorologie tauchte nur kurz im Studienplan auf und verschwand dann wieder. Doch Beatrice Webb hielt an ihren ursprünglichen Vorstellungen fest; sie wollte wissen, ob das Studium der sozialen Institutionen so unparteiisch betrieben werden konnte »wie das Studium von Flora und Fauna«. Zur Beantwortung dieser Frage schien ein Verbund der Soziologie mit deskriptiv-naturwissenschaftlichen Fächern sinnvoll zu sein. Eine Zuwendung der Rockefeller-Stiftung führte tatsächlich zu dem Vorschlag, an der LSE ein Department für Sozialbiologie einzurichten. Der Plan scheiterte ebenfalls, doch wäre seine Verwirklichung im Sinne der Webbs gewesen, die gegen eine Ökonomie als reine Begriffsanalyse und gegen eine Theorie der Politik ihre Vorstellung von den Sozialwissenschaften als denjenigen Disziplinen gesetzt hatten, die sich mit der Sammlung und der Klassifikation sozialer Tatbestände beschäftigten.

Alle Schriften der Webbs durchzieht die Spannung zwischen der Absicht, das Studium der menschlichen Institutionen so wissenschaftlich, das heißt so distanziert wie möglich zu betreiben, und dem Wunsch, die bestehende gesellschaftliche Wirklichkeit zu verändern, Institutionen, die auf dem Profitmotiv beruhen, durch solche zu ersetzen, die am Gemeinwohl orientiert sind. Bei den Webbs mischte sich der Glaube an die Notwendigkeit und an die Praktikabilität einer konkreten Wissenschaft von der Gesellschaft auf der Grundlage historischer Forschung, persönlicher Erfahrung und statistischer Überprüfbarkeit mit dem Bewußtsein, zu den Pionieren der Sozialtechnik zu gehören.

Beatrice selbst fand einen naheliegenden Kompromiß, um das emotionale Engagement der frühen Sozialforschung in die Zeit der Sozialtechnik hinüberzuretten. Der Kompromiß lag darin, zwischen der reinen Wissenschaft und ihrer Anwendung scharf zu unterscheiden. Obwohl die Webbs nach ihrer Bekehrung zum Kommunismus den Russen nahelegten, die Verhaltenswissenschaften für ihre politisch-propagandistischen Zwecke zu nutzen, beharrte Beatrice noch 1935, im Jahr, da ihr gemeinsames Buch *Soviet Communism – A New Civilisation?* erschien, gegenüber einem russischen Besucher darauf, daß es keine marxistische, sondern nur eine wissenschaftliche Soziologie gab.

Wissenschaftliche Ergebnisse konnten in den Dienst einer politischen Sache gestellt werden. Das Wissenschaftshandeln aber wurde dadurch kein kalter, maschinenmäßiger Vorgang. Es war, ganz im Gegenteil, eher ein religiöser Akt. Die Entdeckung von Naturgesetzen war ein Ausdruck der Pietät, eines der Mittel, wodurch sich das Reich Gottes seiner Verwirklichung auf Erden näherbringen ließ. Das wissenschaftliche Tun war sowohl ein intellektueller wie ein moralischer Prozeß; in seiner höchsten Form verlangte es »Mut, Aufrichtigkeit, gute Kameradschaft, die Abwesenheit von Eitelkeit und Boshaftigkeit – oft das Opfer von Ambition, Bequemlichkeit, Gesundheit und manchmal sogar des Lebens«.

Noch in ihrem Lehrbuch *Methods of Social Study* hielten die Webbs daran fest, daß die Soziologie wie Botanik und Zoologie zu den biologischen Disziplinen gehörte; Rickerts und Max Webers Konzeption einer spezifischen Kulturwissenschaft wiesen sie ausdrücklich zurück. Dies aber war kaum mehr als eine theoriepolitische Erklärung. Ihre Studien zur britischen Gewerkschaftsbewegung, zum Genossenschaftswesen und zur Lokalverwaltung zeigen deutlich, daß ihre Soziologie biologisch orientiert nur im metaphorischen Sinn war: sie beschäftigte sich mit der Entstehung, dem Wachstum, der Veränderung und dem Vergehen spezifischer sozialer Institutionen. Da die Webbs sich zur Anwendung ausgefeilter statistischer Methoden nicht befähigt hielten, beobachteten sie Institutionen von nahem oder arbeiteten in ihnen, benutzten die sanfte Kunst des Interviews und trieben ausgedehnte Archiv- und Literaturstudien. Die Webbs waren keineswegs, wie H. G. Wells behauptete, Realisten im erkenntnistheoretischen Sinn: Kategorien, mit deren Hilfe sie ihre Forschungsgegenstände klassifizierten, waren nicht mehr als Worte für sie.

Auch wenn sie Max Webers Charakteristik der Soziologie nicht teilten, betonten sie die Notwendigkeit des mitfühlenden Verstehens in den Sozialwissenschaften und nannten Shakespeare und Goethe als Beispiele dafür, wie weit die Fähigkeit ausgebildet sein konnte, sich in Menschen anderer Herkunft und anderer Klassenzugehörigkeit zu versetzen. In diesem Sinn mußte der kompetente Sozialforscher auch über die Fähigkeiten eines Romanciers oder Dramatikers verfügen, und als größtes Hindernis seiner wissenschaftlichen Arbeit konnte sich die unvollkommene Sympathie erweisen, die er für seinen Untersuchungsgegenstand aufbringen mochte.

Eingehend beschrieben die Webbs, was sie die Kunst des Notizen-Machens nannten, wobei sie die Regel aufstellten, daß auf einem Blatt immer nur ein Ereignis zu einem bestimmten Zeitpunkt und an einem Ort notiert werden durfte. Zehntausende solcher Forschungsnotizen stapelten sie in ihrem Londoner Haus in der Grosvenor Road, arrangierten sie und rearrangierten sie, um neue Zusammenhänge in ihrem Material zu entdecken: dies war die ›little-slips-of-paper-piled-topically-and-write-it-up‹-Methode.

Die ›Webb specialty‹ bestand in der zugleich historischen wie analytischen Untersuchung der Lebensgeschichte einer sozialen Institution über drei oder vier Jahrhunderte. Auf Grund der Methoden, die sie dabei benutzten, war es zunächst schwer, Assistenten für die Forschungsarbeit zu gewinnen oder später Studenten dafür zu interessieren:

> Wir sind uns darüber im klaren, wie schwierig es ist, Studenten – und insbesondere solche mit einem eher ›literarischen‹ als ›wissenschaftlichen‹ Training – davon zu überzeugen, daß gerade durch einen solch mechanischen Vorgang wie das Mischen von Notizblättern ... der Forschungsprozeß oft zu fruchtbaren Entdeckungen führt.

Auch deshalb versuchten die Webbs, einen Eindruck davon zu vermitteln, welchen Spaß das Sichvergraben in Dokumenten und das Sichten und Sieben des Schrifttums zu einem bestimmten Problem mit sich bringen konnte. Wie der englische Sozialismus vom politischen Kunsthandwerk eines Ruskin und eines Morris geprägt worden war, war der Soziologe vor allem ein intellektueller Handwerker, und die Verknüpfung von Hirn und Hand machte die soziologische Forschung so mitreißend, wie kein Sport oder Spiel es sein konnte:

> Dieses Interesse an der Sozialstruktur wird durch eine aufregende Jagd nach dem menschlichen Faktor belebt; die Entdeckung eines Führers oder der Führer; die sichtbar werdende Hand dieses oder jenes Mannes; das Auftauchen pekuniären Selbstinteresses, persönlicher Ambition oder persönlicher Eitelkeit in trockenen Annalen ebenso wie das einer ausdauernd verfolgten Politik oder eines bestimmten Ideals.

Die Soziologie war also weit davon entfernt, den Status der Physik oder der Chemie zu erreichen, und sie war auch noch längst keine Biologie – sie entsprach deren literaturnaher Vorform, der Naturgeschichte zur Zeit Cuviers oder Buffons.

Mit dieser handwerkerstolzen Hingabe an den Forschungsprozeß selbst verband sich das Interesse, die Ergebnisse der Forschung auch praktisch zu nutzen. Die Webbs waren von der Notwendigkeit und der Möglichkeit einer Anwendung der Sozialwissenschaften zutiefst überzeugt; auch daher rührte ihre Hochachtung für Masaryk, den Soziologen, der zum Präsidenten der Tschechoslowakischen Republik geworden war.

So war es nur folgerichtig, daß die Webbs schließlich aus zaudernden Fabiern zu überzeugten Kommunisten und zu Bewunderern der Sowjetunion wurden. In ihren Vorstellungen vom soziologischen Forschungsprozeß und in ihrem Wunsch, Forschungsergebnisse praktisch-politisch zu nutzen, hatten sich immer schon sozialistische Ideale verborgen, und das gigantische Experiment, das die Sowjetunion seit 1917 unternahm, zog in ihnen vielleicht mehr noch die Soziologen als die Sozialisten an.

Soziologie und Sozialismus

In der historischen Skizze, die Sidney Webb für die *Fabian Essays in Socialism* (1889) schrieb, bezeichnete er die utilitaristische Doktrin als den ›Protestantismus der Soziologie‹, als die traditionsfeindliche und bilderstürmerische Glaubenshaltung der Gradgrinds, die zuerst von Künstlern, nicht von Wissenschaftlern attackiert wurde. De Quincey und Coleridge, vor allem aber Carlyle und auch Ruskin waren es, die den Kult der Mittelklasse in Frage stellten und Comte, John Stuart Mill, Darwin und Herbert Spencer den Weg bereiteten. Unterdessen war selbst in die Hirne, wenn auch noch nicht in die Bücher der Professoren der Politischen Ökonomie die Idee von der Gesellschaft als einem Organismus vorgedrungen.

Die Entwicklung der modernen Industriegesellschaft erschien in Sidney Webbs Abriß als unaufhaltsame Fortschrittsgeschichte: alles in ihr lief auf Verstädterung, Demokratie, das Studium der Politischen Ökonomie und den Sozialismus hinaus. Es war ein pragmatischer Sozialismus, den die Fabier vertraten, der konstitutionelle statt revolutionäre Züge trug; ihr Ziel war es, Verstaatlichungen überall dort einzuführen, wo dies praktikabel war. Ihre Gegner sprachen maliziös vom Gas-und-Wasser-Sozialismus, doch war den Fabiern selbst diese Bezeichnung nicht unlieb, wollten sie doch die Lehrsätze der Ökonomie und ihrer kollektivistischen Doktrin in die Prosa von Gemeindevertretern und Stadträten übersetzen.

In ihrer tiefverwurzelten Abneigung gegen Theorien vermieden es diese englischen Sozialisten des Fin de siècle, sich eingehend mit Marx zu beschäftigen, und wenn sie es taten, geschah es meist in der Absicht, ihn zu widerlegen. Im April 1884 berichtete Sidney Webb in einem Brief an G. B. Shaw von einem Treffen im Karl Marx Club, der später den passenderen Namen Hampstead Historic Society annahm:

> Du fehltest und wurdest letzten Mittwoch bei Mrs. Wilsons ökonomischer Teegesellschaft vermißt. Wir waren 11, und Du warst der ungläubige Apostel. Mrs. Wilson ... trug auf englisch eine höchst ausführliche Analyse des 1. Kapitels von Marx vor, mit der sie Wochen zugebracht haben muß. F. Y. Edgeworth, der den Vorsitz hatte, begann die Diskussion, indem er seine tiefe Verachtung für Karl und alle seine Werke zum Ausdruck brachte; dem Thema überhaupt begegnete er mit wütendem Schnauben, so wie Ricardo einen abweichlerischen Ökonomen seiner Zeit behandelt haben würde ... Die Gesellschaft war sprachlos vor Erstaunen ... Ich kam hinzu, und der Rest des Abends war ein wahrer schottischer Volkstanz *à deux*, bei dem Edgeworth und ich ausgelassen auf dem unglücklichen K. M. herumtrampelten ... Nun, das ist alles ziemlich demoralisierend, zumindest für mich ... Solange kein ausnehmend skrupelloser sozialistischer Dialektiker wie Du selbst hier auftaucht, werden wir *Le Capital* innerhalb eines Monats erledigt haben, und man wird uns beim Studium des Ricardoschen Evangeliums finden ...

Sidney Webb war in der Tat alles andere als ein Marx-Verehrer; der Kauf des zweiten *Kapital*-Bandes erschien ihm als ausgesprochen schlechte Geldanlage, und Shaw behauptete, Sidney Webb habe den ihm geliehenen ersten Band in einer Stunde überflogen und auf die erwartungsvolle Frage nach seinem Eindruck damit geantwortet, daß er zum ersten Mal Shakespeare – und zwar *Macbeth* – zitierte: »Scotland stands where it did«.

All dies verriet wenig Kenntnis oder gar Verständnis des Marxschen Werkes, und Shaw selbst, der auch in der Fabian Society gegen den Strom schwamm, kam der Quelle der Marxschen Wirkung viel näher, als er erklärte, diese beruhe weniger auf einer vom Kopf auf die Füße gestellten Hegelschen Dialektik als auf der ungeheuren Fakten- und Datenmasse, die Marx sich im Lesesaal des Britischen Museums angeeignet hatte.

Die Fabier bildeten keine Partei; sie waren Wissenschaftler und Intellektuelle, die auf die Macht der Zahlen und der Worte vertrauten – auf die schwere Artillerie ihrer Bücher, wie Beatrice Webb einmal schrieb. Als sie später in ihrem Tagebuch auf ihr Lebenswerk zurückblickte, stellte sie zufrieden fest, daß Sidney und sie nicht nur Geschichte geschrieben, sondern auch Geschichte gemacht hatten. Trotz ihres direkten politischen Engagements war es immer ihr vorrangiges Ziel gewesen, die Geschichte dadurch zu beeinflussen, daß man Bücher schrieb. Dem Publikum mußte gezeigt werden, daß zur Reform der Gesellschaft politische Überzeugungen und politisches Engagement alleine nicht ausreichten: harte wissenschaftliche Arbeit, das geduldige Aufspüren und unermüdliche Systematisieren sozialer Tatbestände waren vielmehr die Grundlage jeder vorausschauenden Politik. Empirische Sozialforschung statt soziologischer Theorie, graduelle Verbesserung der konkreten Lebensbedingungen statt revolutionärer Propaganda und Zielsetzung – hierin drückte sich der wissenschaftliche und politische Reformismus der Webbs aus.

Sidney Webb hatte in jeder neuen Auflage von Mills *Political Economy* (1848) einen weiteren Schritt in Richtung Sozialismus gesehen; er glaubte daran, daß die Erweiterung soziologischen Wissens die Menschen in der Beherrschung der Dinge und in der eigenverantwortlichen Kontrolle ihres gesellschaftlichen Schicksals einen Schritt weiterbrachte. *Facts for Socialists* (1887) hieß sein erster Traktat für die Fabian Society, und der Titel drückte aus, wie eng für die Fabier empirische Soziologie und Sozialismus miteinander verbunden waren.

Die Fabier waren Theoretiker der Mittelklasse, wovon nicht zuletzt ihr Motto ›Langsam aber sicher‹ kündete, *clercs* der Arbeiterbewegung, die dieser ihre Hirne zur Verfügung stellten – und daß sie Nachrichtenoffiziere ohne Armee waren, erhöhte nur ihre Manövrierfähigkeit. Die Masse sollte durch eine Elite selbstloser Experten bedient werden, die ihre Macht im geheimen aus-

übten – doch nicht so geheim, daß diese Machtausübung nicht ihre entsprechende Anerkennung finden konnte. Auch hierin standen die Fabier Marx und vor allem der Leninschen Parteikonzeption näher, als sie selbst es wahrhaben wollten. Als H. G. Wells in einem Brief an Upton Sinclair die Bedeutung Lenins dadurch herunterspielen wollte, daß er ihn »nichts als einen russischen Sidney Webb« nannte, verriet er wenig über Lenin, aber einiges über Sidney Webb und die Motive, die ihn bewegten.

Methoden wissenschaftlichen Arbeitens bildeten für die Webbs auch die Grundlage ihres politischen Handelns; im Grunde genommen sahen sie zwischen beiden keinen Gegensatz. Ihr oberstes Ziel war es nicht, gedankenlose Individuen in sozialistische Gesellschaften hineinzuzwängen, sondern »aus denkenden Individuen Sozialisten zu machen«. Dazu entwickelten sie die Techniken des *wire-pulling* und des *permeating*, des Drahtziehens und des Infiltrierens, die zu berüchtigten Bestandteilen des Webb-Mythos wurden. Während Sidney Webb sich vorwiegend mit Forschungsarbeiten beschäftigte und sich dann mehr und mehr auch der praktischen Politik widmete, machte Beatrice ihr Haus zu einem Ort, an dem Sozialabenteuer auf methodischer Grundlage geplant wurden, wofür eine ausgefeilte Technik der Tischordnung die wichtigste Voraussetzung schuf. Freilich waren dabei Enttäuschungen und Fehleinschätzungen nicht selten. Als sie Balfour zu einem Dinner lud, setzte sie ihn neben Charles Booth, doch hatte der englische Premier noch nie von dem Mann gehört, der das Leben der Londoner Arbeiter so detailliert untersucht hatte. Balfour war der Prototyp des *private gentleman*, der nach wie vor die britische Führungsschicht prägte. Alle sozialen und ökonomischen Fragen betrachtete er als ›häßlich‹; sie waren es nicht wert, daß man sich mit ihnen beschäftigte. Zitierte man Tatsachen oder nannte man Zahlen, hörte er nicht zu. Was ihn interessierte, waren Philosophie, Literatur und Musik, Golf und Motoren. Und natürlich kannte der Premier, für den Charles Booth ein Unbekannter war, jede Zeile aus den Dramen Shaws, den er den bedeutendsten Schriftsteller seiner Zeit nannte.

Gewiß waren die Webbs, bevor sie spät in ihrem Leben begannen, Propaganda für den Sowjetkommunismus zu machen, nicht die Fanatiker einer Doktrin. Aber sie waren stets die Fanatiker einer Methode und unerschütterlich in ihrer Überzeugung, eine Politik auf wissenschaftlicher Grundlage treiben zu können. Virginia Woolf kamen sie wie fremdartige Wesen ohne Illusionen, ohne Leidenschaften und ohne Geheimnisse vor – man fühlte sich in ihrer Gegenwart unbehaglich, weil ihr messerscharfer Verstand einem beständig das Ausmaß der eigenen Dummheit vor Augen führte. Sie ähnelten Maschinen. Leonard Woolf beschrieb ihr Allwissen und ihren unbarmherzigen common sense. Insbesondere Sidney Webb, der nie träumte, schien keine Zweifel und kein Zögern zu kennen – »so wie er nie unter Kopfschmerzen oder Verstopfung litt«.

In Wahrheit war die Sicherheit der Webbs, zumindest was Beatrice anging, weit mehr ein Ergebnis der Disziplin als Ausdruck ihrer Konstitution. Dieser Disziplin lag eine scharfe Gefühlskontrolle zugrunde – immer wieder bedroht von dem nur mühsam unterdrückten Wunsch, sich von der Wissenschaft abzuwenden und der Literatur zu widmen.

Wissenschaft und Religion

Als am Ende des Jahres 1912 die Gründung des *New Statesman* beschlossene Sache war, sah Beatrice Webb nicht nur die britische Arbeiterbewegung, sondern die gesamte denkende Öffentlichkeit in einen Kampf der Worte, Gedanken und Temperamente verstrickt: sollten die Menschen durch das Gefühl oder die Vernunft regiert werden? Es war die Frage, die sie seit ihrem ersten Engagement in der Sozialarbeit beschäftigt hatte und die sie bis zu ihrer kommunistischen Bekehrung nicht mehr loslassen sollte.

Während einer Italienreise hatte sie im November 1880 – sie war 22 Jahre alt – eine stille Messe im Petersdom besucht; schmerzlich war ihr dabei bewußt geworden, daß anscheinend die Tage vorbei waren, an denen sie noch aufrichtig beten konnte. Aber gerade ihr Intellekt, der ihre religiöse Sicherheit erschüttert hatte, führte sie auch zu dem Schluß, daß es hinter den für uns erkennbaren Dingen etwas Absolutes gab, was dem menschlichen Wissen unerreichbar blieb – ein Problem, das auch die Logik eines Herbert Spencer nicht lösen konnte. Sie war davon überzeugt, daß Gefühle der bessere Teil ihres Wesens waren, und sah ihre emotionalen Bedürfnisse eher durch die Religion als durch die Wissenschaft befriedigt. Einer solchen Auffassung war der Zeitgeist nicht günstig. Mehr noch vielleicht als auf dem Kontinent herrschte in England der Wissenschaftskult; Wissenschaftler bildeten die führende Schicht der Intellektuellen und waren die Idole des Tages:

> Sie waren es, die die Theologen in die Flucht schlugen und die Mystiker verwirrten, die den Philosophen ihre Theorien, den Kapitalisten ihre Erfindungen und den Medizinern ihre Entdeckungen aufzwangen; während sie zur gleichen Zeit die Künstler rüffelten, die Dichter ignorierten und selbst an der Fähigkeit der Politiker Zweifel erregten.

Im Juli 1882 besichtigten während einer Deutschlandreise Beatrice Webb, ihr Vater, ihre Schwester und Herbert Spencer den Kölner Dom:

> Selbst der Philosoph kritisiert nicht das Innere, obwohl er den gekrümmten Umriß der Kirchtürme ablehnt. ›Was ich in der Architektur verlange‹, sprach er, ›ist, daß die Linien klar definiert, daß sie entweder fortlaufend, oder wirklich unterbrochen sind.‹ Als wir den Dom betraten, war die Messe gerade im Gange. Vater, Rosy und ich, überwältigt von der Schönheit des Baus, saßen da und lauschten mit andächtigem Entzücken dem rhythmischen Gesang der Vespern. ›Das ist ja unerträglich monoton‹, flüsterte der Philosoph mir zu. ›Ich mag es aber‹, sagte ich, mutig genug, ihm zu widersprechen, doch mit versöhnlichem Lächeln. Aber da mir jede Sympathie für ihn fehlt, setze ich mich mit Rosy auf einen Platz weiter vorn und gebe mich noch mehr der Messe hin. Dies sieht der Philosoph, und als wir uns im Mittelschiff wieder treffen, bemerkt er: ›Der Primitive würde hier ein Gefühl abergläubischer Ehrfurcht empfinden. Nur durch die Macht der Selbstanalyse und indem wir unsere Gefühle auf die letzte psychologische Ursache zurückführen, werden wir in die Lage versetzt, uns da-

von zu befreien.‹ ›Ich gebe zu, daß ich eine gewisse abergläubische Ehrfurcht empfinde‹, sage ich abwehrend, ›es sollte mir leid tun, wenn diese Kathedralen der katholischen Kirche und ihrem wunderschönen Ritual entrissen würden.‹

Ihr Engagement in der praktischen Sozialarbeit wurde für Beatrice Webb zum wirksamsten Mittel, um emotionale Bedürfnisse, philanthropische Neigungen und wissenschaftliche Interessen zugleich zu befriedigen. Oft wirkte auch die physische Anstrengung, die diese Arbeit erforderte, wie eine Narkose, ließ weder Gedanken noch Gefühle zu und entschärfte dadurch ein Dilemma, das ihr immer noch zu schaffen machte. Manchmal glaubte sie, die tätige Hilfe für die Armen könne ihr die Religion ersetzen und sie zugleich vor der gefühllosen Analyse bewahren, die in der Wissenschaft verlangt wurde. Sie bewunderte jene Frauen, die mit sicherem Enthusiasmus und ohne theoretisieren zu müssen, im East End mit den Proletariern arbeiteten – eine Tätigkeit, bei der das Gefühl mehr als der Intellekt gefordert war.

Dabei spielte die Tatsache, daß sie eine Frau war, eine entscheidende Rolle. Die Philanthropie vor Ort war eine weibliche Domäne und als solche gesellschaftlich akzeptiert. Anders verhielt es sich mit der Sozialforschung, in der die Frauen freilich gerade aus ihrem minderen Status Vorteile ziehen konnten: da man Frauen bei vielen Gelegenheiten nicht ernst nahm und auf die *unemancipated females* einfach nicht achtete, war beispielsweise eine teilnehmende Beobachtung oft leichter von Frauen als von Männern durchzuführen. Diese lebensnahe Forschung hatte stets einen Hauch von Abenteuer an sich, doch lag dafür die Gefahr nahe, daß Frauen, die sich damit beschäftigten, nicht ernstgenommen, sondern als exzentrisch abgetan wurden. Auf der anderen Seite waren jene Vorurteile stark, die die Frauen entweder auf Pflegetätigkeiten oder auf die Sozialarbeit einschränken wollten und ihnen nur die Behandlung solcher wissenschaftlichen Themen zutrauten, die stark affektbesetzt waren und Frauen unmittelbar etwas angingen. Als sie Marshall von ihrem Plan erzählte, sich mit dem britischen Genossenschaftswesen zu beschäftigen, war er entschieden dagegen und schlug ihr statt dessen das Thema ›Frauenarbeit‹ vor. Sie selbst fragte sich oft genug, ob nicht ihre Frauennatur sie zum analytischen Denken untauglich machte.

In der Außendarstellung war Beatrice Webbs Leben der unermüdliche Versuch, solche angeblich konstitutionellen Nachteile, die in Wahrheit gesellschaftliche Vorurteile waren, zu überwinden. Es gab nur wenige Männer, die mit der gleichen Entschiedenheit und dem gleichen Enthusiasmus wie sie die Notwendigkeit und die Fruchtbarkeit des *hard thinking* in den Sozialwissenschaften betonten.

Denn die Zeiten waren vorbei, in denen wirksame Sozialreformen von Politikern, Publizisten oder Philanthropen allein durchdacht und verwirklicht werden konnten. Man mußte den Armen helfen, ihr Leben studieren, den Ursachen der Armut auf den Grund kommen und wirksame Maßnahmen zu ihrer Beseitigung vorschlagen und durchsetzen. Sozialreform und Sozialpolitik mußten eine wissenschaftliche Grundlage erhalten. Gerade weil sie am Ideal der ›reinen‹ Wissenschaft festhielt, empfand Beatrice Webb ihre Forschertätigkeit als Mission im religiösen Sinn und als ein Tun, das nicht nur ihren Intellekt, sondern auch ihre Gefühle etwas anging, sowenig sie auch in der Öffentlichkeit davon merken ließ.

Da die Webbs aus ihrer privilegierten sozialen Stellung die Verpflichtung zu solider Arbeit ableiteten, empfanden sie ihr wissenschaftliches Tun immer auch als den Ausdruck ihrer ethischen Überzeugungen, nicht nur als Mittel zur Verwirklichung bestimmer politischer Ziele. Wie tief dabei die Identifikation mit ihrer Arbeit war, zeigt die Tatsache, daß Beatrice – die sich später zweifelnd fragte, ob es richtig gewesen war, kinderlos zu bleiben – von ihren vier Kindern sprach, wenn sie die London School of Economics, den *Minority Report on the Poor Law*, den *New Statesman* und *Soviet Communism* meinte. An den Webbs, die sie ansonsten abstießen, faszinierte Virginia Woolf, die sich damit identifizieren konnte, das »Pathos . . . des kinderlosen Paares«. Die Webbs hatten ihre Zuneigung für sich und ihre ganze emotionale Energie für ihre Arbeit bewahrt.

Eine Art Wissenschaftsreligion zu vertreten, hieß aber keineswegs, antireligiös zu sein. Beatrice Webb akzeptierte vielmehr die Religion, weil wissenschaftliche Methoden den Menschen über die letzten Werte nichts lehren konnten – erhob die Wissenschaft diesen Anspruch, wurde ihr Bankrott offenbar. Hierin lag der große Fehler des 19. Jahrhunderts. Man mußte vielmehr einen scharfen Unterschied machen zwischen dem, was man beweisen konnte und dem, woran man glauben wollte.

Die Spannung zwischen Verstand und Gefühl aber war damit für die große Masse der Menschen noch längst nicht beseitigt. Das wissenschaftliche Zeitalter hatte sie der Religion entfremdet, ohne ihnen einen Ersatz zu bieten, denn die Segnungen der Wissenschaftsreligion konnten nur die genießen, die sie selbst praktizierten:

> Man fragt sich, was passieren wird, wenn das religiöse Gefühl des Volkes erst einmal durch die fortschreitende Wissenschaftskultur unterminiert ist – denn obwohl die Genossenschaft und die Kirche gegenwärtig zusammenarbeiten, wird der Säkularismus der Genossenschaft von den ernsthaften Kirchgängern halb unbewußt als Konkurrenz für Gebetstreffen und Bibellesung angesehen.
>
> Man fragt sich, wo all dieses *Gefühl* und die Fähigkeit zur *moralischen* Selbstkontrolle bleiben werden.

Es gab einen Wissenschaftler, der bereits in der Mitte des 19. Jahrhunderts diese Probleme erkannt und eine Lösung dafür vorgeschlagen hatte: Auguste Comte. Gerade daß er den Positivismus in eine Religion überführt hatte, zeugte von seiner Weitsicht; sie machte ihn Autoren wie Herbert Spencer überlegen, die vergessen hatten, daß der Mensch religiöse Bedürfnisse hat, die durch den Intellekt und die Wissenschaft allein nicht befriedigt werden können. Beatrice Webb wünschte sich eine Kirche, in der Priester die Riten ihrer Religion zum Zwecke mentaler Hygiene zelebrierten – je mehr Geheimnisse und Unbestimmtheiten es dabei gab, desto größer würde die erstrebte Wirkung auf die Gläubigen sein.

Aber im Laufe der Zeit, als der Verfall des Kapitalismus in den Augen der Webbs unabwendbar wurde und immer näher rückte, als die Labour Party im Parlament scheiterte und die Aussichten täglich geringer wurden, durch *wire-pulling* und *permeating* eine sozialistische Politik durchzusetzen, schwanden auch die Chancen, Comtes Religion als Credo der westlichen Industriegesellschaften verwirklicht zu sehen. Dafür war unterdessen in der Sowjetunion – ohne daß ihre Gründer es geplant hatten – die Kommunistische Partei zu einem religiösen Orden geworden:

> Sie hat ihre Hl. Schrift, ihre Propheten und ihre kanonisierten Heiligen; sie hat ihren Papst, gestern Lenin und heute Stalin; sie hat ihre Verhaltensregeln und ihre Disziplin; sie hat ihr Glaubensbekenntnis und ihre Inquisition. Bis jetzt hat sie noch keine Riten oder Formen der Verehrung. Wird sie ein Ritual entwickeln – so wie die Anhänger Comtes dies taten?

Zu einer Zeit, da Scharen europäischer Intellektueller als Kommunisten Moskau besuchten, um als Gegner des Sozialismus von dort wiederzukehren, brachen auch die Webbs zu ihrer Pilgerfahrt in die UdSSR auf. Als gute Wissenschaftler unternahmen sie diese Reise nicht, ohne zuvor Hypothesen über die sowjetische Verfassung zu formulieren, die sie dann vor Ort überprüfen wollten. Dazu gehörte die Vermutung, daß die Kommunistische Partei die gleichen Zwecke wie die Comtesche Religion verfolgte und einem Orden ähnelte. Die Webbs wußten im voraus, daß diese Hypothese bestätigt werden würde. Sie wurden dadurch nicht abgeschreckt, sondern erst recht zu gläubigen Anhängern des Kommunismus – auch die beginnenden Parteisäuberungen konnten sie in ihrer Überzeugung nicht mehr irremachen.

Am Beginn ihrer Autobiographie hatte sich Beatrice Webb 1926 zwei Fragen gestellt: Konnte es eine Wissenschaft der Gesellschaft und ihrer Organisationen geben?, und: War die Religion so nötig wie die Wissenschaft, der emotionale Glaube so wichtig wie die intellektuelle Neugier? Die Webbs selbst taten viel, um die Soziologie als Wissenschaft zu festigen, aber sie brauchten darüber hinaus eine Religion. Sie fanden sie im Kommunismus, und die

›culture of the feelings‹, von der John Stuart Mill einst gesprochen hatte, wurde nun zu einer Parteiangelegenheit.

Soziologie und Literatur: Die Autobiographie als Kompromiß

MAN liest vor allem, um zu lernen; ab und zu ist ein Roman für den Heranwachsenden nützlich, weil er die Einbildungskraft anregt; zuviel aber ist ungesund, denn eine kontinuierliche Romanlektüre zerstört den unverbildeten Geist – diese altklugen Bemerkungen, die aus einem Erziehungsbrevier stammen mochten, machte Beatrice Webb, als sie elf Jahre alt war. Zeit ihres Lebens aber verließ der Wunsch sie nicht, einen Roman zu schreiben, und blieb ein der Öffentlichkeit verborgenes und oft genug unterdrücktes Motiv ihrer sozialwissenschaftlichen Karriere.

In Beatrice Webbs Jugend spielte die Literatur eine bedeutende Rolle. Sie versuchte, Passagen aus dem *Faust* ihres »lieben Goethe« zu übersetzen, las den *Wilhelm Meister* und Ludwig Tieck und fühlte sich selbst zum Schreiben berufen. Mit ihrer Cousine Margaret Harkness, die wenig später ihren Briefpartner Friedrich Engels zu überraschenden literatursoziologischen Bemerkungen motivieren sollte, sprach sie über die Romanautoren des 19. Jahrhunderts, die unübertroffene Einsichten in die menschliche Natur gewonnen hatten. Balzac vor allem war es, der sie anzog, und eine Zeitlang hatte sie den Wunsch, über ihn und seine analytische Fähigkeit zur Gesellschaftsschilderung einen Essay zu schreiben – ein Plan, den sie nicht verwirklichte, weil er ihr zu eitel vorkam. Sie war davon überzeugt, daß Schriftsteller wie Balzac den Humanwissenschaften der Zukunft von größtem Nutzen sein würden – insbesondere der Psychologie, wenn diese erst einmal den Schritt vom Studium der primitiven Psyche zu einer allgemeinen Wissenschaft vom menschlichen Verhalten zurückgelegt haben sollte.

Freilich gab es Zweifel: Beatrice Webb war davon überzeugt,

auf dem rechten Weg zu sein, wenn sie Herbert Spencer las und Mathematik und Geometrie studierte, aber unsicher, welche Rolle die Literatur in ihrer Ausbildung spielen sollte. Sie verglich sich selbst mit der Rosamund in *Middlemarch* und war beeindruckt von *Daniel Deronda*, einem Roman, in dem George Eliot den Vorzug der Emotionen vor der kalten Ratio dargestellt hatte. Es kann daher nicht verwundern, daß sie auch andere an George Eliot erinnerte – ihren Mentor Herbert Spencer ebenso wie später F. R. Leavis, den begeisterten Leser ihrer Tagebücher. Es kam ihr vor, als lägen dem Verlangen des literarischen Laien, Romane zu schreiben, die gleichen Motive zugrunde wie dem Wunsch des gelehrten Amateurs, sich den Human- oder Sozialwissenschaften zu widmen. Eine gewisse Bequemlichkeit spielte dabei auch eine Rolle: es gab Wissenschaften, deren Studium ebensowenig gründliche und langwierige Vorarbeiten erforderte wie das Schreiben von Romanen. Das war kein treffendes Urteil über Autoren wie Balzac und dessen Arbeitsweise und darüber hinaus ein Zerrbild jener sozialwissenschaftlichen Forschung, wie Beatrice Webb selbst sie später betrieb; in solchen Äußerungen drückte sich der Wunsch aus, literarische Neigungen und wissenschaftliche Interessen miteinander zu verknüpfen.

In den Disziplinen, die auch Beatrice Webb anfänglich noch die *moral sciences* nannte, ließen Wissenschaft und Literatur sich nicht streng voneinander trennen. Hier kam es nicht nur darauf an, was man schrieb, sondern auch darauf, wie man es tat; neben der Forschungs- war die Darstellungsweise von Bedeutung.

Beatrice Webb beneidete jene Autoren, die harte wissenschaftliche Tatsachen in klarer und gefälliger Prosa ausdrücken konnten und setzte es sich zum Ziel, die Geheimnisse des guten Schreibens zu entdecken. Nachdem sie bereits Erfahrungen in anderen Sozialmilieus als dem ihrer eigenen Familie gesammelt hatte, kam es ihr zwar eigentümlich vor, den Schritt zurück »vom Leben zur Grammatik« zu tun, doch zwang sie sich zu systematischen Schreibübungen, um ihren Stil geschmeidiger zu machen, und übersetzte zu diesem Zweck Chaucer in modernes Englisch.

Sie klagte über ihre literarische Unfähigkeit, während sie sich zur gleichen Zeit bewußt war, daß die Stärke ihrer Beiträge zur empirischen Sozialforschung auf der Darstellungsseite lag. Mit Charles Booth gestaltete sich die Zusammenarbeit deswegen so erfolgreich, weil er über einen vorsichtigen, abwägenden Intellekt mit Sinn fürs Detail verfügte, während sie in kräftigeren Farben malte, wobei ihr mehr »an der allgemeinen Wirkung des Bildes als an Genauigkeit der Darstellung« lag.

Die Webbs betrachteten es immer als ein günstiges Vorzeichen ihres gemeinsamen Lebens und Forschens, daß Sidney Webb in seiner Besprechung des ersten Bandes von Booth' Enquête bemerkt hatte, Miss Beatrice Potter sei darin »der einzige Mitarbeiter, der literarisches Talent hat«, während Beatrice nach der Lektüre der *Fabian Essays* Sidney Webbs Beitrag am bedeutendsten fand, weil sein Autor als einziger über den historischen Sinn verfügte.

Es scheint, als ob Beatrice Webb nach dem Erfolg ihres Artikels ›Pages of a Workgirl's Diary‹ ihr literarisches Talent, das im Erzählen und in der Fähigkeit zur bildhaften Darstellung lag, hoch genug einschätzte, um sich an größere Aufgaben zu wagen. Jedenfalls begann sie mit Auberon Herbert, der sich selbst schriftstellerisch betätigt hatte, die Arbeit an einem utopischen Roman, dessen Titel *Looking Forward* bereits verriet, daß es sich dabei um ein Gegenstück zu Edward Bellamys *Looking Backward* handeln sollte. In einer Tagebucheintragung vom 30. September 1889 kommt zum Ausdruck, wie sehr sie sich zur Literatur hingezogen fühlte:

> Seit etwa einem Monat sucht mich die Sehnsucht heim, Charaktere zu erschaffen und sie in erdachten Situationen hin- und herzubewegen – um es deutlich zu sagen, handelt es sich um den vulgären Wunsch, einen Roman zu schreiben! In diesen frühen Morgenstunden, wenn das halbwache Hirn so eigentümlich produktiv zu sein scheint, sehe ich vor mir Personen und Szenen; ich knüpfe Handlungsfäden und kleide Personen, Szenen und Handlungen in meine eigene Philosophie aller menschlichen und göttlichen Dinge. Eine starke Anziehungskraft liegt in der verhältnismäßigen Leichtigkeit des Beschreibens. Man

> braucht es nur mit Arbeiten zu vergleichen, in denen Warenbewegungen, Prozente, Abschreibungen, Durchschnitte und all die Gräßlichkeiten der Geschäftswelt vorherrschen und vorherrschen müssen, wenn die Arbeit etwas taugen soll.
>
> Aber dann diskutiere ich mit mir selbst: ›Wer weiß, ob Du überhaupt dazu fähig bist? Und vorausgesetzt, Du bist es, ist es die Mühe wert?‹ Dennoch schwebt mir eine dramatischere Darstellung der Tatsachen vor, als die, die in statistischen Tabellen gegeben werden kann und in den Anmerkungen, die diese erklären – eine bestimmte Art, den Menschen, reichen und armen, die Wahrheiten über soziale Institutionen beizubringen, die ich herausfinden mag – Illustrationen gesellschaftlicher Gesetze in Form persönlichen Leidens, persönlicher Entwicklung und persönlicher Schuld. Aber all dies muß warten, bis ich meine Gesetze entdeckt *habe*, und jetzt befinde ich mich erst am Beginn meiner Forschung, leider weit entfernt von jeder allgemeinen und endgültigen Schlußfolgerung.

Von nun an war ihr Tagebuch der einzige Ort, an dem Beatrice Webb sich diese Abschweifung, das Spiel ihrer Einbildungskraft, gestattete. Die Wissenschaft mußte der Kunst vorangehen, denn die Kunst konnte nur in der vollendeten Darstellung von Tatsachen bestehen, die die Wissenschaft bereits erkannt hatte. Das Ideal lag darin, Wissenschaft und Kunst miteinander zu verschmelzen.

1894 erschien *The History of Trade Unionism*, Beatrice und Sidney Webbs erstes gemeinsames Buch. Beatrice war mit dieser ›Erzählung‹ nicht zufrieden, weil es ihnen beiden darin nicht gelungen war, Geschichte und Wirkung der Gewerkschaften systematisch darzustellen. Sie begannen sofort mit den Vorarbeiten zu *Industrial Democracy*, wo sie diesen Fehler vermeiden wollten: das neue Buch würde eine klar formulierte, überprüfbare Theorie enthalten.

Aber der Enthusiasmus, mit dem sie dieses Projekt in Angriff genommen hatte, schwand bald; sie klagte, daß ihre spirituellen Bedürfnisse nicht befriedigt wurden, und sehnte sich nach anderen und höheren Formen geistiger Tätigkeit, nach Kunst und Literatur. Die Arbeit an dem Buch, das nur langsam Gestalt annahm, war eine entsetzliche Plackerei, weil immer wieder die gleichen Wörter und Sätze darin auftauchten und es nirgendwo eine Möglichkeit gab, sich durch ein Stück Erzählung etwas Entlastung von wissenschaftlicher Routine zu verschaffen.

So war es nicht verwunderlich, daß sie erneut mit dem Gedanken spielte, einen Roman zu schreiben, wenn die trockenen Projekte, an denen sie mit Sidney arbeitete, erst einmal abgeschlossen waren. Dieser Roman, der *Sixty Years Hence* heißen sollte, war weniger als Utopie denn als Projektion aktueller gesellschaftlicher Entwicklungsprozesse gedacht, wobei zwei Themen im Mittelpunkt standen: die endgültige Emanzipation der Frau und die Durchsetzung des Kollektivismus als einer Überzeugung, die alle Institutionen prägte. Beatrice wollte endlich einmal ihre imaginativen Fähigkeiten ausspielen können, ohne immerzu auf Tatsachen Rücksicht zu nehmen. Sie war es leid, Myriaden von Fakten und Details in eine lesbare Form zu bringen. Sollte ihr Roman, den sie eines Tages schreiben mußte, zeigen, daß sie kein literarisches Talent besaß, würde sie sich damit abfinden, einen alten Plan wiederaufnehmen und mit Gleichmut ihre *History of Municipal Institutions* fertigstellen.

Aber die Gelegenheit, diesen oder einen anderen Roman zu schreiben, kam nie. Kaum hatten Sidney und sie ein Projekt abgeschlossen, waren sie bereits mit einem neuen beschäftigt, und die lange Reihe ihrer historischen Studien zur englischen Lokalverwaltung wollte überhaupt kein Ende nehmen. Die London School of Economics verlangte ihre ganze Aufmerksamkeit, der *New Statesman* mußte sich erst noch durchsetzen, Sidney Webb wurde in der Labour Party immer aktiver und schließlich Parlamentsmitglied, und auch Beatrice war in mehreren Kommissionen beschäftigt, gründete den Half-Circle Club für die Ehefrauen der Labour-Politiker und warb für ihre ideologischen Überzeugungen durch Vorträge und Dinnereinladungen, auch wenn ihr Infiltration und Drahtziehen als politische Strategien immer weniger zu taugen schienen. Letztlich war es eine Frage der Disziplin, ihre literarischen Neigungen, die auch Sidney Webb als sentimentale Verirrungen abgetan hatte, zu verbergen und den

Wunsch, einen Roman zu schreiben, einzig und allein ihrem Tagebuch anzuvertrauen.

Daß die Webbs kein Interesse an Kunst und Literatur hatten und ihre »soliden, aber unlesbaren Bücher« mechanisch herunterschrieben, wenn sie erst einmal genügend Fakten gesammelt hatten, wurde bald zum Bestandteil des Webb-Mythos, den nicht zuletzt Beatrice und Sidney selbst pflegten. Desmond MacCarthy, der Theaterkritiker gewesen war, bevor er im *New Statesman* für Literatur zuständig wurde, erinnerte sich wie selbstverständlich daran, daß er literarische Fragen »nie mit Beatrice und schon gar nicht mit Sidney« diskutieren konnte. Ironie lag darin, daß Sidney Webb später, als er, durch einen Schlaganfall gelähmt, weder schreiben noch sprechen konnte, pausenlos Romane las – einen pro Tag.

Bernard Shaw, der als Ghostwriter den Webbs lange Zeit half, ihren trockenen Traktaten einen angenehmeren Stil zu verleihen, muß von der Spannung zwischen literarischen Neigungen und Forschungspflichten etwas geahnt haben, die Beatrice Webb innerlich so beschäftigte, und Leonard Woolf durchschaute sie, wenn er zwar von den blinden Flecken ihres Intellekts und ihren fehlenden künstlerischen Fähigkeiten sprach, zugleich aber hervorhob, daß sie die »streng unterdrückten Leidenschaften und die Vorstellungskraft eines Künstlers« besaß.

Beatrice sah immer deutlicher, daß in der engen Zusammenarbeit mit Sidney Webb auch eine Gefahr für sie lag: auf sich alleine gestellt, wurde sie eine immer bessere Rednerin, während sie als Ko-Autorin allmählich die Kunst des Schreibens verlor. Nie schrieb sie ihren persönlichen Stil, stets nur eine Mischung aus Sidneys Stil und ihrem eigenen. Der Wunsch, endlich wieder ihre »eigenen Wörter und Sätze« zu formulieren, wurde stärker. Er verwirklichte sich schließlich in ihrer Autobiographie. Auch wenn sie den geplanten Roman nicht schrieb, hieß dies nicht, daß Beatrice Webb ihre literarischen Neigungen auf immer disziplinierte.

Im Januar 1917 machte sie sich daran, aus den Materialien ihres Tagebuches das *Book of My Life* zu komponieren. Sie wollte aus ihrer persönlichen Erfahrung berichten und ihre Lehrjahre in der Sozialforschung beschreiben, statt ein Lehrbuch der Soziologie zu verfassen. Es ist bezeichnend, daß sie in der gleichen Tagebucheintragung vom 17. Mai 1924, in der sie die London School of Economics als größtes und vitalstes Zentrum soziologischer Forschung und Lehre in der ganzen Welt preist, als Kompensation dieses Erfolges ihren Traum von einem friedlichen Autorenleben auf dem Lande beschreibt, »alleine mit meinen Gedanken und völlig von dem Bemühen absorbiert, diesen Gedanken – vergangenen und gegenwärtigen – eine attraktive literarische Form zu verleihen«.

Sie ging nun ganz in der Arbeit des schöpferischen Schreibens auf, an der Sidney Webb keinen Anteil hatte – nur als Ratgeber in Stilfragen durfte er sich gelegentlich nützlich machen. Mit einem auch ihr selbst gegenüber seltenen Freimut bekannte Beatrice Webb, daß die konkreten Probleme, die sie so lange Zeit beschäftigt hatten – ob es sich um Gewerkschaften, Kommunalverwaltungen, Genossenschaften oder politische Organisationen handelte – sie nicht mehr interessierten. Sie wollte weder davon lesen noch darüber schreiben oder daran denken. Was sie interessierten, waren keine gesellschaftlichen Zustände, sondern »Zustände des Geistes«.

So gefangen war sie von ihrem Buch, »diesem Kind meines hohen Alters«, daß sie bezweifelte, ob sie je noch ein anderes würde schreiben können. Nie hatte sie soviel Angst um eine ihrer Publikationen gehabt, denn Autobiographien und Erinnerungen ähnelten auch darin Romanen, daß sie von den Kritikern als Kunstwerke, nicht als Sachbücher bewertet wurden.

Ursprünglich sollte die Autobiographie *My Craft and My Creed* heißen; in diesem Titel kommt die Spannung zwischen Verstand und Gefühlskultur, zwischen Beatrice Webbs empirischer Forschung und ihren literarischen Neigungen deutlich zum Ausdruck. *My Apprenticeship* wurde schließlich seiner literarischen Qualitäten wegen sogar von jenen gerühmt, die keine Freunde der Webbs waren, und Virginia Woolf, die aus ihrer Abneigung gegen das blut- und fleischlose Paar nie ein Hehl machen sollte, sah nicht ohne Neid, daß selbst der große Keynes zu Beatrices Füßen lag. Aber auch sie fand die Autobiographie spannend, wie sie am 9. April 1926 an Clive Bell schrieb, und zwei Tage später notierte sie in ihr Tagebuch:

> Mrs. Webbs Leben bringt mich dazu, es mit meinem zu vergleichen. Der Unterschied liegt darin, daß sie versucht, alle ihre Erfahrungen auf die Geschichte zu beziehen. Sie ist ausgesprochen rational und kohärent. Immer schon hat sie über ihr Leben & die Bedeutung der Welt nachgedacht: tatsächlich beginnt sie damit bereits im Alter von 4 Jahren. Sie hat sich selbst als ein Phänomen studiert. Daher ist ihre Autobiographie Teil der Geschichte des 19. Jahrhunderts. Sie ist ein Produkt der Wissenschaft & des Verlustes des Glaubens an Gott; der Zeitgeist hat sie abgesondert. Auf alle Fälle glaubt sie, daß es sich so verhält & paßt sich sehr überzeugend und für mich auf sehr interessante Weise in ihre Zeit ein. Sie zapft einen großen Strom von Gedanken an ...

In *My Apprenticeship* stellte Beatrice Webb ihre persönliche Geschichte als die Auseinandersetzung zwischen einem Ego, das bejaht, und einem Ego, das verneint, dar – sich damit in das Genre jener autobiographischen Schriften einreihend, das in *Rousseau juge de Jean-Jacques* sein berühmtes Vorbild hat.

Mit sicherem Gespür dramatisierte die Autorin von *My Apprenticeship* ihr Leben – und nicht zuletzt die Frage ihrer literarischen Berufung. Stärker als es in den Tagebüchern zum Ausdruck kommt, betonte sie immer wieder, sie sei ohne jeden literarischen Geschmack geboren worden. Racine und Corneille, die sie lesen mußte, um ihren französischen Stil zu verbessern, lehrten sie nichts über den Menschen und seine Probleme, und ihre Alexandriner kamen ihr nur lächerlich vor; die Gedichte Tennysons, der das Idol des Tages war, empfand sie als schlichten Unsinn, und Shakespeare, den ihr Vater bewunderte, langweilte sie. Der Poesie stand sie besonders skeptisch gegenüber, und da sie Verse nicht begriff, übesetzte sie sie wie ein kleiner weiblicher Bentham in Alltagsprosa – nur, um daraufhin befriedigt festzustellen, daß nach einer solchen Operation jede Bedeutung aus ihnen geschwunden war. Goethe allein bildete eine Ausnahme: er beherrschte ihren Geist, und sie fühlte sich ihm wie einem Freund verbunden, bewunderte seinen Erfahrungsreichtum und seine sichere Moralität, seine Verknüpfung von Kunst und Wissenschaft und die selbstbewußte Anwendung beider auf die Führung seines Lebens.

Gerade weil Beatrice Webb in der Autobiographie ihre Poesieblindheit so dramatisch hervorhob, erschien ihre spätere Begeisterung für die Literatur und insbesondere für den Roman in einem um so schärferen Licht. Aus der Lektüre ihres eigenen Tagebuches schloß sie, daß sie in ihrer Jugend vermutlich weniger zur empirischen Sozialforschung als zur deskriptiven Psychologie befähigt war, wobei es keine Rolle spielte, ob sie diese Fähigkeit nun besser im Roman oder in der Verhaltensforschung unter Beweis hätte stellen sollen. Als sie die Unzulänglichkeiten der Lehrbuch-Psychologie anprangerte, lobte sie die realitätsaufschließende Kraft der Literatur in Worten, die an Marx und Engels mit ihrer Balzac-Begeisterung und ihrer Schätzung der »glänzenden Bruderschaft der Romanschriftsteller Englands« erinnerten:

> Für irgendeine detaillierte Beschreibung der Komplexität der menschlichen Natur, der Verschiedenheit und der Vermischung menschlicher Motive, des Auftauchens des Instinkts im Gewande der Vernunft, des vielfältigen Einflusses der gesellschaftlichen Umwelt auf das individuelle Ego und des individuellen Ego auf die gesellschaftliche Umwelt mußte ich mich an Poeten und Romanciers halten, an Fielding und Flaubert, an Balzac und Browning, an Thackeray und Goethe.

Nie hatte Beatrice Webbs Abneigung der Literatur schlechthin gegolten, es waren stets nur bestimmte Autoren, deren Werk sie als nutzlos empfand. Racine und Corneille lehrten sie nichts, aber neben Voltaire und Diderot gehörten zu den französischen Autoren, die ihr beibrachten, was sie wissen wollte, Balzac, der die *Comédie Humaine* als Fortsetzung der Buffonschen Naturgeschichte ins Menschenreich beschrieben hatte, Flaubert, der bedauerte, kein Wissenschaftler zu sein und der dazu aufrief, »die Tatsachen um ihrer selbst willen zu lieben«, und Zola, der Anhänger der experimentellen Methode.

Es waren die ›sociological novels‹, die Beatrice Webb vor allem schätzte, und so füllt sich in den Jahren nach dem Ersten Weltkrieg ihr Tagebuch mit Hinweisen auf zeitgenössische Autoren, deren Werke genügend soziologische Einsicht verrieten, um ihr Interesse zu erregen. Zu dieser Gruppe von Autoren gehörten John Galsworthy und H. G. Wells, aber auch Santayana mit seiner ›poetischen Prosa‹, Romain Rolland, der Autor des *Jean-Christophe*, Aldous Huxley und E. M. Forster, dem Beatrice Webb 1933 den Rat gab, vom Essay wieder zum Roman zurückzukehren, Somerset Maugham, Pearl S. Buck und Theodore Dreiser.

Demgegenüber gab es eine neue Schule von Romanciers, die von Virginia Woolf repräsentiert wurde; sie war handwerklich zwar äußerst geschickt, doch vor allem clever und preziös und für jemanden, der sich mit den wirklich drängenden Problemen der Zeit auseinandersetzen wollte, belanglos: »Ihre Männer und Frauen interessieren mich nicht – sie scheinen es nicht wert, daß man sie in solchem Detail beschreibt.«

Für Beatrice Webb war die Autobiographie zum Genre des Kompromisses geworden, mit dessen Hilfe sie ihre literarischen und ihre wissenschaftlichen Neigungen miteinander vereinen konnte. Sie plante weitere Bände: *Our Partnership* erschien posthum 1948; zum dritten Band, der den Arbeitstitel *Our Pilgrimage* trägt, liegen Entwürfe vor. Daneben entdeckte Beatrice Webb, daß der Gesellschaftsroman des 19. Jahrhunderts in ihrer eigenen Zeit in der ›sociological novel‹ seine Fortsetzung gefunden hatte. Dies war ein anderes Genre, in dem Literatur und Sozialwissenschaften einander ergänzten. Beatrice Webbs Angriff auf Virginia Woolf und ihre ›Schule‹ zeigt, daß sie ahnte, aus welcher literarischen Richtung der soziologische Roman des 20. Jahrhunderts angegriffen werden würde. Sie übersah, daß ausgerechnet der soziologische Roman das Existenzrecht des Faches Soziologie in Frage stellte.

Der utopische Roman als Soziologie-Ersatz: H. G. Wells

In den zwanziger Jahren machte Virginia Woolf den Vorschlag, die englischen Schriftsteller in zwei Lager zu gruppieren: zu den *Edwardians* rechnete sie H. G. Wells, Arnold Bennett und John Galsworthy; zu den *Georgians* zählten E. M. Forster, D. H. Lawrence, Lytton Strachey, James Joyce und T. S. Eliot. Ohne zu zögern stellte sie mit ironischer Überpräzision fest, daß der menschliche Charakter sich im Dezember 1910 entscheidend verändert hatte, und mit ihm alle menschlichen Beziehungen, Religion, Politik und Literatur. Es waren die *Georgians*, die von diesem Wandel Kenntnis nahmen und mit aller Anspannung ihrer Sensibilität darauf reagierten.

Wo Virginia Woolfs Sympathien lagen, war unschwer zu erkennen. Ihrer Überzeugung folgend, daß alle Romane »mit einer alten Dame in der Ecke gegenüber« beginnen, skizzierte sie am Beispiel von Mrs. Brown, die sie in einem Eisenbahnabteil getroffen hatte, den Unterschied der beiden Gruppen von Romanciers. Die *Edwardians* sahen aus dem Abteil; sie beschrieben vorübergleitende Fabriken, Utopien, selbst die Einrichtung und die Polsterung des Abteils, doch nie Mrs. Brown selbst. Die menschliche Natur oder der menschliche Charakter interessierten sie im Grunde genommen nicht. Um 1910 waren Galsworthy, Bennett und Wells die erfolgreichsten Autoren – sie aber um Anweisungen zu bitten, wie man einen Roman schreibt, hieß, den Schuster zu fragen, wie man eine Uhr macht. Der Fehler der *Edwardians* war es, die Außenwelt als gegeben hinzunehmen. Demgegenüber fragten sich die *Georgians*, was die Realität überhaupt sei, und sahen in dieser Frage das Existenzrecht ihrer Charaktere und die Grundlage ihrer Literatur.

Wie scharf auch immer die Trennungslinie war, die zwischen den beiden literarischen Lagern verlief, Beatrice Webb hatte im Grunde genommen die gleiche Aufgliederung vorgenommen wie Virginia Woolf – nur daß sie sich im anderen Lager befand. In ihrer Terminologie konnten die prominenten *Edwardians* als Vertreter des soziologischen Romans angesehen werden: D. H. Lawrence hatte Galsworthy vorgeworfen, in seinen Romanen gäbe es vor lauter Sozialcharakteren keine Menschen aus Fleisch und Blut mehr; Arnold Bennett bezeichnete sich selbst als philosophischen Beobachter, der von den Fakten abhing, die Historiker, Soziologen und andere Autoren ihm bereitstellten, und bekannte, in jeder Zeile, die er schreibe, sei der Einfluß von Spencers *First Principles* sichtbar; und für die Romane von Wells, der Soziologen wie Giddings und die sozialkritische Literatur der Amerikaner bewunderte, hätte der Begriff der ›sociological novel‹ geradezu erfunden werden müssen.

*

1910 war H. G. Wells' Roman *The New Machiavelli* erschienen, in dessen Hauptfigur, dem aus armen Verhältnissen stammenden Richard Remington, der politische Karriere macht, Wells sich selbst porträtierte. Weiter spielten im Roman Oscar und Altiora Bailey eine bedeutende Rolle; Oscar, der als ein außerordentlicher »dealer in exact fact« und ein ungemein gefährlicher Debattierer geschildert wurde, dem die politischen und soziologischen Ideen nie ausgingen, Altiora, die systematisch selbst in jenen Dingen war, die sich jeder Systematisierung entziehen: alle Menschen, die ihr begegneten, teilte sie sofort in soziologische Typen ein. Beide hingen der unkritischen Wissenschaftsauffassung des 19. Jahrhunderts an, die Herbert Spencer propagiert hatte. Der Philosophie der Baileys fehlte jede Finesse, sie waren lediglich spezialisiert, konzentriert und akkurat; von schamloser Kargheit waren ihre Dinners, und alles, was harsch und häßlich war, liebten sie.

Es waren, wie jedermann sofort erkannte, die Webbs. Sie reagierten gelassen auf den Roman und werteten die Tatsache, daß sie zu Objekten der Karikatur und der Satire geworden waren, als ein Zeichen ihres Einflusses und ihrer Berühmtheit. Aber Wells' Roman zeigte, daß zwischen Sozialforschern wie den Webbs und den Autoren soziologischer Romane wie ihm selbst nicht notwendig eine Harmonie bestand.

Die Webbs zählten H. G. Wells zu den ›12 Weisen‹, mit denen sie 1902 einen neuen Club bildeten, ›The Co-Efficients‹, in dem Wells bald eine ähnlich bedeutende Rolle spielte wie in der Fabian Society, wo er mit den Webbs und mit Shaw um Einfluß kämpfte. Als 1901 Wells' *Anticipations* erschien, war Beatrice Webb beeindruckt, wie er Einbildungskraft und Faktenkenntnis darin vereinte, um naturwissenschaftliche Methoden auf die Lösung gesellschaftlicher Probleme anzuwenden. Literatur war den Webbs als ein Instrument der Propaganda stets willkommen – nach dem Erscheinen ihres *Minority Report of the Poor Law Commission* versuchte Beatrice unter anderen auch Galsworthy dazu zu bewegen, ein Stück darüber zu schreiben –, und das utopische Genre erschien ihnen als besonders nützlich, ob es sich nun um Romane oder Schauspiele handelte. Wie Beatrice Webb nach einer Lesung von Shaws *Man and Superman* notierte, gab es Themen wie das der Menschenzüchtung, die mit Hilfe induktiver Verfahren noch nicht behandelt werden konnten, gerade deshalb aber von Schriftstellern aufgegriffen werden sollten. In solchen Fällen war die Literatur eine Art wissenschaftliches Probehandeln und der Sozialforschung hoch willkommen:

> Wir mögen ihn ⟨H. G. Wells⟩ sehr – er ist vollkommen aufrichtig und voller Einfälle, ein Ideenspekulant, eine Art Spieler, aber sich völlig darüber im klaren, daß seine Hypothesen nicht verifiziert sind. In gewissem Sinne ist er ein Romancier, den das Romaneschreiben verdorben hat, aber im gegenwärtigen Zustand der Soziologie ist er Gradgrinds wie uns nützlich, weil er uns lockere Verallgemeinerungen lie-

fert, die wir als Forschungsinstrumente nutzen können. Und wir sind nützlich für ihn, weil wir ihn mit einer Unmenge sorgfältig gesiebter Fakten und einer breiten Verwaltungserfahrung versorgen.

Wells' Schwäche lag in seiner mangelnden Tatsachenkenntnis; er wußte nicht, wie gesellschaftliche Organisationen wirklich funktionieren. Überdies vergaß er, wie Sidney Webb ihm in einem Brief vom Dezember 1901 vorwarf, daß die herrschende Klasse der Zukunft nicht nur aus Ingenieuren und Chemikern, sondern auch aus geschulten Verwaltern bestehen würde, Experten der Menschenorganisation, deren Ökonomie und Soziologie nicht weniger wissenschaftlich sein würde als die Chemie und Mechanik. Menschen konnte man nicht so einfach verplanen wie Maschinen, es gehörte mehr Einbildungskraft dazu – und auch mehr Poesie.

Wells sah in dieser Kritik eine Herausforderung, die er 1905 mit *A Modern Utopia* beantwortete, einer direkten Fortsetzung seiner *Anticipations* und der vermutlich letzten Abschweifung – wie er zur damaligen Zeit meinte – von seiner eigentlichen Aufgabe, Romane zu schreiben. Die metaphysische Skepsis, die seinem Denken zugrunde lag, spiegelte seiner Auffassung nach nur die ökonomischen und soziologischen Auffassungen der Zeit wider; sein oberstes Ziel war es, ein Genre zu finden, das wissenschaftliche Fachdebatten und phantasievolle Erzählungen miteinander verknüpfte. In seinem utopischen Entwurf bildete die Ökonomie nur den Teil einer allgemeinen Soziologie, sie war nicht länger eine auf schlechter Psychologie beruhende Theorie des Handels, sondern eine Art Physik, die auf soziologische Probleme angewandt wurde. Dieses Utopia erschien den Webbs attraktiv, und ohne weiteres identifizierten sie sich mit den von Wells so genannten Samurai, den Sozialingenieuren der Zukunft.

Zum politischen Bruch zwischen den Webbs und Wells aber kam es in der Fabian Society. Ein Jahr nach der Veröffentlichung seiner Utopie plädierte Wells in dem Traktat *The Faults of the Fabian* für eine Öffnung der Gesellschaft, die in seinen Augen zu viele Energien mit politisch-soziologischer Forschung verspielt hatte, für eine offensivere Politik, für Propaganda statt *permeating*. Sein Vorschlag, den respektablen Sozialismus der Fabier in eine militante Bewegung zu verwandeln, hätte zu keinem besseren Zeitpunkt kommen können: bei den allgemeinen Wahlen des gleichen Jahres gewann die Labour Party 53 Sitze und erschien zum ersten Mal als eigenständige Partei im Parlament. Ein »schlagartiges Interesse am Sozialismus« war die Folge. Wells fand besonders bei den jüngeren Fabiern enthusiastische Unterstützung für seine Ideen, aber letztlich war er zu wenig Politiker und in Kommissionssitzungen zu unerfahren – »ein Romancier, der ins Leere schoß«, wie der boshafte und politisch clevere Shaw kommentierte –, um seine Ideen genügend praktikabel zu machen und in die Tat umzusetzen. Er war davon überzeugt, daß der Welt der Literatur die »kalte Höflichkeit« etablierter Institutionen nur schaden konnte, und fand für schöpferische Zwecke den Zustand der Anarchie am angemessensten. Am 12. Oktober 1906 hielt H. G. Wells einen Vortrag über ›Socialism and the Middle Classes‹, in dem er, der sich auch in diesen Fragen eher anarchistisch verhielt, die traditionelle Form der Ehe angriff und die einfallslosen Webbs verspottete. Im September 1908 verließ er die Fabian Society endgültig – nicht ohne in seinem Abschiedsbrief zu erklären, daß er von nun an wieder mehr Romane schreiben wolle.

Auch wenn es nicht zum vollständigen Bruch zwischen ihnen kam, wurde die Kritik der Webbs an H. G. Wells nun schärfer und auch aufschlußreicher. Im Grunde genommen war es Wells' Ziel geblieben, die Gesellschaft der Zukunft den Naturwissenschaftlern zu überlassen, ohne dabei auf die Soziologen Rücksicht zu nehmen; er verkündete ein grobes und gefährliches Evangelium, das »den Bedarf an einem sorgfältigen Studium soziologischer und psychologischer Tatbestände« zu mindern drohte. Wells, der sich selbst vormachte, Goethes experimentellem Leben zu folgen, nur um seinen Libertinismus zu rechtfertigen, wurde den Webbs persönlich immer unangenehmer und zu einer Bedrohung für die Sozialforschung, weil hier ein überaus erfolgreicher Romancier mit den Naturwissenschaften paktierte und dabei auf die Mittlerrolle der Soziologie verzichtete. Ohne von sozialen Institutionen etwas zu verstehen, war er nicht damit zufrieden, ein Schriftsteller zu sein und bildete sich ein, auf den Rat von Sozialwissenschaftlern verzichten zu können: »Er hält sich für eine Art Naturwissenschaftler der Soziologie, nur weil er, übrigens nicht gerade brillant, die Abschlußprüfuung der Londoner Universität in Chemie und Biologie bestanden hat ... ein wahres Genie im Erzählen pseudowissenschaftlicher Geschichten.«

*

Auch wenn er sich über die mangelnde Einbildungskraft der Webbs lustig machte, verließ H. G. Wells die Fabian Society nicht als enttäuschter Ästhet – im Gegenteil. Ihn, der sich aus der unteren Mittelschicht zu Ruhm und Ansehen emporgeschuftet und emporgeschrieben hatte, störte an vielen der älteren Fabier ein Zug bürgerlicher Bequemlichkeit, ihr alles überschattender Wunsch nach einem politischen Kompromiß, der in der Politik jede experimentelle und analytische Haltung ausschloß. Wells, der seine naturwissenschaftliche Ausbildung als die entscheidende Etappe seines Bildungsweges ansah und das Zoologiestudium unter T. H. Huxley als »a grammar of form and a criticism of fact« erlebt hatte, störte, daß die sozialistische Bewegung in England von Dichtern und Kunstgewerblern, von intellektuellen Abenteurern, Lehrern, Kirchenmännern und ein paar Beamten geprägt wurde. Nur Sozialisten mit wissenschaftlicher Ausbildung gab es nicht, der englische Sozialismus befand sich immer noch im vorwissenschaftlichen Stadium. Wenn Wells gegen den ›experimentellen Dogmatismus‹ der Webbs opponierte, tat er dies nicht als Romancier, sondern als Wissenschaftler.

Wie viele andere Autoren, die am Sozialismus ein wissenschaftliches Interesse nahmen, kam um die Jahrhundertwende H. G. Wells zur Soziologie. Er wurde Gründungsmitglied der Sociological Society, die sich im November 1903 in London konstituierte, und gehörte ihrem Konzil als »Mr. H. G. Wells, Author of ›Mankind in the Making‹ etc.« an. Aber so, wie Wells sich den Fabiern angeschlossen hatte, um alsbald, als seine Reformversuche fehlgeschlagen waren, die Fabian Society wieder zu verlassen, schien er das Forum der Sociological Society vor allem nutzen zu wollen, um die Soziologie in ihre Schranken zu weisen.

Am 26. Februar 1906 – im gleichen Jahr, da er die Fabian Society attackierte – hielt H. G. Wells bei einem Treffen der Sociological Society in der London School of Economics einen Vortrag mit dem Titel ›The So-Called Science of Sociology‹. Er beanspruchte, nicht nur für sich alleine zu sprechen, sondern mit seinem Vortrag eine Stimmung wiederzugeben, die unter vielen Akademikern herrschte. Er bestritt der Soziologie nicht nur den Anspruch, eine Wissenschaft im engeren Sinne der Naturwissenschaften zu sein; sie war noch nicht einmal eine Wissenschaft wie die moderne Geschichte, und ihre Unzulänglichkeiten wurden offenkundig, wenn sie es unternahm, die Methoden der Naturwissenschaften zu kopieren.

Er sprach der Soziologie nicht nur eine kognitive, sondern auch ihre historische Identität ab: Herbert Spencer und Auguste Comte waren Idole, die endlich gestürzt werden sollten; man mußte zu Platon zurückkehren, wenn man lernen wollte, soziologisch zu denken. In seiner Rede ließ Wells eine erstaunliche Detailkenntnis der Soziologie seiner Zeit erkennen; wie es schien, war er mit allen modernen Theoretikern, natürlich auch mit »Mr. and Mrs. Sidney Webb« vertraut; nur deutsche Namen fehlten. Das Scheitern der Soziologie ließ sich nach H. G. Wells schon deshalb voraussagen, weil all diese Autoren sich noch nicht einmal darauf verständigen konnten, was denn die Soziologie überhaupt sei. Nach Wells' Überzeugung führten alle Operationen, die sich am Vorbild der Mathematik orientierten – Rechnen, Klassifizieren und Messen –, in die Irre. In der Einzigartigkeit des Individuums allein lag objektive Wahrheit, und da die sogenannte wissenschaftliche Methode nur ein Mittel war, »um Individualitäten zu ignorieren«, mußte sie aufgegeben werden.

Die Schätzung der wissenschaftlichen Methode, die Analyse von Massenerscheinungen, war in Naturwissenschaften wie der

Physik und der Chemie notwendig, in der Biologie aber bereits zweifelhaft und in der Soziologie völlig unangebracht. Wenn Wells Comte und Spencer ihre Überzeugung vorwarf, schlechterdings alle Erscheinungen wie Kometenbewegungen und elektrische Straßenbahnen untersuchen zu können, hielt er ihnen die ›ologies‹ entgegen, die sich derartigen Analysen nicht fügten – sein literarisch gebildetes Publikum wird die Anspielung auf Dickens graue und verhuschte Mrs. Gradgrind verstanden haben, die den ›ological studies‹ ihres Ehemannes so ratlos gegenüberstand. In der Soziologie halfen Klassifikationen nicht weiter:

> Wir können die Menschheit nicht in ein Museum stecken oder zu Untersuchungszwecken austrocknen; unser einziges, einzelnes Specimen ist die ganze Geschichte, die ganze Anthropologie und die fluktuierende Welt der Menschen. Es gibt kein befriedigendes Mittel, um sie aufzuteilen und nichts in der Wirklichkeit, womit sie verglichen werden könnte.

Aus diesem Grunde konnte man sich mit der Menschheit nicht wie mit einem Gegenstand der Naturwissenschaften beschäftigen, es war dazu ein Vorgehen notwendig, das im Zusammenspiel von Kunst und Wissenschaft bestand. Wells glaubte, selbst unter Soziologen für diese Auffassung Zustimmung finden zu können; eine Soziologie, in der sich Subjektivität und Objektivität, Schönheit und Wahrheit miteinander verbanden, würde weder Kunst im herkömmlichen noch Wissenschaft im engeren Sinne sein, sondern ein einfallsreich und in persönlicher Färbung dargebotenes Wissen: Literatur.

Stimmte man dieser Ansicht zu, dann wurden auf einmal Comte und Spencer von soziologischen Autoritäten zu pseudowissenschaftlichen Störenfrieden, und an die Stelle einer Klassifikation der Sozialwissenschaften trat die Suche nach den wichtigsten literarischen Ausdrucksformen, die soziologischen Zwecken dienen konnten. Zwei Genres dieser Art gab es, von denen das erste allgemein anerkannt und das zweite in der Regel unterschätzt wurde. Es handelte sich um die erzählende Geschichtsschreibung, für die Buckle, Gibbon und Carlyle herausragende Beispiele boten, und um die Utopie.

Am Genre der Utopie entschied sich das künftige Schicksal einer als Literatur begriffenen Soziologie. Für Wells gab es in der Soziologie keine Möglichkeit, Seins- von Sollensaussagen zu unterscheiden. In der Soziologie waren Ideen Tatsachen, und die angemessene soziologische Methode war die Ausarbeitung utopischer Ideen. Würde die Sociological Society sich dazu entschließen, diesen Gesichtspunkt zu übernehmen, stünde der synthetische Rahmen für das Fach bereit, »den beispielsweise Professor Durkheim für notwendig hielt«.

Alle soziologische Literatur – mit Ausnahme der im engeren Sinne historischen Werke –, die den Test der Zeit bestanden hatte, war offenkundig utopischer Natur: Platon, Morus, Bacon und die literarische Elite der Französischen Revolution gehörten dazu, und auch Comte, der zwar von Wissenschaft, Tatsachen und Präzision sprach, doch in Detail um Detail seine höchstpersönliche okzidentale Utopie entwarf – das einzige verdienstvolle Geschenk, das er der Welt gemacht hatte. Soziologen konnten gar nicht umhin, Utopien zu schmieden, und Wells stellte sich ein Traumbuch größten Ausmaßes vor, das die ideale Gesellschaft beschreiben würde, das Lehrbuch der künftigen Soziologie. Nur ein Aspekt der gegenwärtigen soziologischen Forschung sollte in diesem Lehrbuch keine Berücksichtigung finden – Untersuchungen, wie die bestehenden Institutionen der Sozialhilfe verbessert werden konnten:

> Hierzu gehört jede Art sozialer Hilfstätigkeit. Was man mit den herumstreunenden Hunden von Konstantinopel machen soll und was mit den Tramps, die in den Parks von London schlafen, wie man eine Suppenküche organisiert oder einen Kaffeewagen, in dem man die Bibel studiert, wie man unwissende Leute, die nichts anderes zu tun haben, davon abhält, sich in den Kneipen zu betrinken – all dies sind ohne Zweifel ernsthafte Fragen für den Verwaltungspraktiker, Fragen höchster Bedeutung für den Politiker. Aber sie haben mit der Soziologie nicht mehr zu tun, als die Errichtung eines Behelfshospitals nach dem Zusammenstoß zweier Züge mit der Eisenbahntechnik.

Sidney und Beatrice Webb hatten die London School of Economics auch als Institution gegründet, in der eine wissenschaftliche Soziologie auf lange Sicht zu einer effektiveren Sozialarbeit und einer für die Fabier politisch akzeptablen Gesellschaftsreform führen sollte. H. G. Wells, der keine Gelegenheit zum Konflikt versäumte, hielt an ebendieser Institution sein Plädoyer für eine literarische und utopische Soziologie, in der Fragen der praktischen Sozialarbeit keine Rolle mehr spielen durften.

Auch eine heftige Diskussion nach seinem Vortrag, an der sich unter anderen G. B. Shaw beteiligte, konnte Wells von seiner Voraussage nicht abbringen: in Zukunft würde es nur eine literarische, aber keine wissenschaftliche Soziologie mehr geben.

*

In den darauffolgenden Jahren erschienen in der *Sociological Review*, wie die Zeitschrift der Sociological Society jetzt hieß, eine Fülle von Artikeln, in denen Wells eine Bestätigung seines Standpunktes hätte sehen können. Große Teile der modernen Literatur wurden hier als beschreibende Soziologie behandelt – ganz abgesehen von Autoren der Vergangenheit wie Balzac, der auch in England als der soziologische Romanautor par excellence galt. Unter den britischen Soziologen gab es sogar Bankiers, die sich wie Poeten ausdrückten, und als sich das Fach im Garden City Movement und in der Stadtsoziologie wieder nach draußen wagte und die Soziologen begannen, eher Boy Scouts zu ähneln als Bücherwürmern, sah Patrick Geddes, der Führer dieser Bewegung, die Revitalisierung der Soziologie als eine Entwicklung an, die sie der Literatur wieder näherbrachte, einer realistischen Literatur, die es sich vorgenommen hatte, das Leben in seiner ganzen Fülle darzustellen.

Auf der anderen Seite war der soziologische Gehalt der englischen Literatur seit der Mitte des 19. Jahrhunderts unübersehbar und steigerte sich noch; in Autoren wie George Eliot war er so stark, daß Herbert Spencer ihre Romane nicht als Romane ansah und sie von der Bestimmung ausnahm, die alle Werke der Erzählliteratur aus der London Library verbannte. Harriet Martineau, deren *Illustrations of Political Economy* zu den großen Bucherfolgen des Jahrhunderts zählen, stand unter derart starkem Realitätsdruck, daß sie es für unmöglich hielt, eine Romanhandlung zu erfinden; und als nach vielen Jahren, in denen sie immer nur Tatsachen beschrieben und auf ihre Richtigkeit überprüft hatte, der Wunsch in ihr übermächtig wurde, einen richtigen Roman zu verfassen, fiel ihr dies schwer. Schriftsteller blieben davon überzeugt, daß sie sich erst soziologische Erkenntnisse erwerben mußten, bevor sie mit dem Schreiben beginnen konnten, und in der *Sociological Review* hieß es, Autoren wie Galsworthy und Wells seien in erster Linie Soziologen und dann erst Romanciers.

Aber in der *Sociological Review* erschien auch ein Artikel, dessen Autor es für notwendig hielt, »Mr. Wells als Anti-Soziologen zu klassifizieren« – nicht, weil er gegen Marx und gegen Comte eine beinahe persönliche Abneigung verspürte oder sich in Tardes utopischem Roman an der Ironie begeisterte, mit der hier ein Soziologe seinen eigenen Stamm behandelte, sondern weil er ein Katastrophendenker und Wundergläubiger blieb, statt sich selbst an die präzise Analyse gesellschaftlicher Strukturen und Prozesse zu machen.

So wie sein Rang als Soziologe umstritten blieb, blieb auch H. G. Wells' Ruf als Schriftsteller ein Gegenstand der Kontroverse. Auf der einen Seite hielt man seine Annäherung an die Soziologie für einen Schritt in die richtige Richtung, doch bedauerte man zugleich seine mangelhaften Soziologie-Kenntnisse und stellte Lektüre-Listen für ihn zusammen: »Er muß nun wirklich bald seinen Spencer lesen!« Auf der anderen Seite hielt man seine ›soziologischen Cocktails‹ für ungenießbar, und Autoren wie Jorge Luis Borges hofften, er möge vom soziologischen Betrachter bald wieder zum einfachen Geschichtenerzähler werden, der im Stil eines Swift und eines Edgar Allan Poe schreiben konnte.

Während Wells die Soziologie literarisieren wollte, wurden seine Romane immer soziologischer, seiner eigenen Auffassung entsprechend, »daß der moderne Roman . . . das einzige Medium ist, mit dessen Hilfe wir einen Großteil der Probleme diskutieren können, ... die die gegenwärtige Gesellschaftsentwicklung mit sich bringt«. Letztlich debattierte er weniger mit Soziologen als mit Autorenkollegen darüber, welcher Wert dem soziologischen Roman zukam, und in einem kurzen und entschiedenen Brief an Henry James vom 8. Juli 1915, der ihre endgültige Entfremdung mit sich bringen sollte, unterschied er diejenigen Autoren, die in der Literatur wie in einem Gemälde einen Selbstzweck sahen, von anderen, die sie nur als Mittel zum Zweck betrachteten, wie ein Stück Architektur.

H. G. Wells wollte mit seinen Romanen etwas bewirken – auch deshalb erschien er manchen seiner Zeitgenossen als ein Soziologe und als fanatisch dazu.

*

Die von H. G. Wells 1903 mitbegründete Sociological Society war eine der ersten professionellen Organisationen des Faches. Versuche aber, die Soziologie an den englischen Universitäten zu institutionalisieren, scheiterten – mit Ausnahme der neuformierten Londoner Universität. Erst nach dem Zweiten Weltkrieg wurde die Soziologie langsam an den Universitäten heimisch und erst in den späten sechziger Jahren in Cambridge, wo ein Besuch Talcott Parsons die Einführung des Faches nicht beschleunigt, sondern aufgehalten hatte.

Paradoxerweise war für die späte Institutionalisierung des Faches in England gerade die frühe Bereitschaft von Statistikern, Beamten und Reformpolitikern verantwortlich, soziologisch-statistisches Wissen bei der Lösung sozialer Probleme zu nutzen. Diese Infiltration soziologischen Wissens in die Verwaltung ließ eine organisatorische Absicherung des Fachs weit weniger dringend erscheinen als auf dem Kontinent.

Von daher wird es auch verständlich, warum in England die Debatte um das Verhältnis von Soziologie und Literatur viel weniger dramatisch verlief als beispielsweise in Frankreich. Obwohl auch Durkheims Versuch, der Soziologie eine Heimstatt an den Universitäten zu sichern, nur halb gelang, veränderte die Einführung der Soziologie an der Neuen Sorbonne doch die Curricula. Der Einfluß der Soziologie auf die Lehrerbildung schien die klassische literarische Kultur Frankreichs in ihrer Vormachtstellung zu bedrohen. In England dagegen kämpften Literaten und Soziologen nicht um akademische Positionen. Auch waren die intellektuellen Differenzen zwischen ihnen weniger stark ausgebildet als in Deutschland oder Frankreich. Was die Kontroverse in England besonders entschärfte und ihr daher immer etwas Spielerisches beließ, war die Tatsache, daß die Kontrahenten in der Regel aus dem gleichen Milieu stammten und eine ähnliche Bildungskarriere durchlaufen hatten. Erst in der Debatte um die zwei Kulturen zeigten sich neue und schärfere Trennungslinien.

Verborgene Soziologie. Themen der englischen Literaturkritik im 19. und 20. Jahrhundert

Die zwei Kulturen

Am 6. Oktober 1956 veröffentlichte C. P. Snow im *New Statesman*, der von Sidney und Beatrice Webb gegründeten Wochenschrift, einen Artikel mit dem Titel ›The Two Cultures‹. Als er drei Jahre später eingeladen wurde, die Rede Lecture in Cambridge zu halten, erweiterte er seinen Artikel und sprach über die zwei Kulturen und die wissenschaftliche Revolution – Auftakt zu einer Kontroverse, deren Schlagworte bis heute aktuell und umstritten geblieben sind.

Die zwei Kulturen, die Snow einander konfrontierte, waren die der Literaten und der Wissenschaftler. Zur Behandlung dieses Themas schien Snow besonders qualifiziert: 1905 geboren, war er nicht nur ein ausgebildeter Physiker, der über beträchtliche Erfahrungen im Wissenschaftsmanagement und in der Wissenschaftspolitik verfügte, sondern auch ein Schriftsteller, der in einer Reihe von Romanen Probleme der wissenschaftlichen Machtausübung und der Wissenschaftsethik behandelt hatte. Snow sprach von den Kulturen der Wissenschaftler und der Literaten so, wie ein Ethnologe zwei feindliche Stämme beschreiben mochte: es waren Gruppierungen, deren unterschiedliche Verhaltensnormen und Wertvorstellungen die Kommunikation zwischen ihnen beinahe unmöglich machten und jeden Kontakt früher oder später in Feindseligkeiten ausarten ließ. In der Trennung der beiden Kulturen sah Snow das Kernproblem der westlichen Welt; besonders dramatische Auswirkungen hatte sie in England, wo die Tendenz zur Kristallisierung sozialer Formen ausgeprägter war als auf dem europäischen Kontinent oder in den Vereinigten Staaten. In England schien es keinen einzigen Ort zu geben, an dem diese beiden Lager von Intellektuellen – die im Hinblick auf ihre soziale Schichtung, ihre Intelligenz und ihre materielle Situation kaum voneinander unterscheidbar waren – sich noch treffen konnten.

Obwohl Snow, der die Naturwissenschaft als seinen Beruf und die Schriftstellerei als Berufung ansah, den Naturwissenschaftlern ihr literarisches Banausentum ebenso vorwarf wie den Literaten und den humanistisch gebildeten Geisteswissenschaftlern ihre erschreckende Unkenntnis der technisch-wissenschaftlichen Zivilisation, ließ er keinen Zweifel daran, wo seine Sympathien lagen: aufseiten der Naturwissenschaftler, die für ihn die Zukunft verkörperten.

Snows Hauptvorwurf an die Literaten aber betraf nicht ihre Unkenntnis wissenschaftlicher Tatbestände, sondern war moralischer Natur: fast alle Schriftsteller, die in seinen Augen die Literatur des 20. Jahrhunderts geprägt hatten – wie etwa Yeats, Pound und Wyndham Lewis –, waren nicht nur politische Dummköpfe, sondern Bösewichte. Das Weltbild, das sie verkörperten, hatte eine Entwicklung beschleunigt, die schließlich in Auschwitz mündete. Antidemokratische Einstellungen waren im frühen 20. Jahrhundert nirgendwo häufiger zu finden als in der Kunst und Literatur. Die Naturwissenschaft dagegen war in ihrem Kern zutiefst moralisch – und jeder Wissenschaftler war im Grunde genommen ein Ethiker. Daher bestand die Lebensfrage für die westliche Zivilisation darin, das traditionelle Übergewicht der literarischen Bildung zu beseitigen und endlich der Wissenschaftskultur den Vorrang zu geben.

Auf Snow antwortete der Literaturkritiker F. R. Leavis 1962 in seiner Richmond Lecture. Zeitlebens ein akademischer Außenseiter, erst spät durch die Stellung eines Lektors in Cambridge abgesichert, und ein gnadenloser Polemiker aus Zwang wie Neigung, griff Leavis in Snow nicht nur die Überheblichkeit des Naturwissenschaftlers, sondern auch das literarische Establishment Englands an. Snow verfügte in Leavis' Augen über keinerlei intellektuelle Disziplin; der Vulgarität seines Stils entsprach die Nichtigkeit seiner Argumente, und man hätte ihn ganz einfach vernachlässigen können, wenn dieser »geistige Sohn von H. G. Wells« nicht wie ein böses Omen auf die drohenden Konsequenzen des gegenwärtigen Kulturverfalls hingewiesen hätte.

Die Zeit forderte, um diesem Kulturverfall entgegenzuwirken, die Sammlung aller geistigen Kräfte, die Konzentration einer erfahrungsreichen und kreativen Intelligenz in einer vitalen ›English School‹, die das Zentrum der von Grund auf reformierten Universität bilden sollte. Denn zum Verständnis der westlichen Zivilisation der Gegenwart und der industriellen Revolution, die sie hervorgebracht hatte, gab es kein besseres Mittel als die Literatur.

Ebendies hatte Snow bestritten: die literarischen Intellektuellen, die der Wissenschaftskultur ihrer eigenen Zeit fremd gegenüberstanden, waren auch nicht in der Lage, die Ursprünge und die Folgen der industriellen Revolution angemessen einzuschätzen, geschweige zu verstehen. Autoren wie Ruskin, Morris, Thoreau, Emerson und D. H. Lawrence hatten stets ihre Augen vor der gesellschaftlichen Wirklichkeit verschlossen, sie waren Maschinenstürmer aus Ignoranz, die nicht wahrhaben wollten, daß in der ungehemmt fortschreitenden Industrialisierung allein die Hoffnung der Armen lag.

Wechselseitig sprachen der Naturwissenschaftler Snow und der Literaturkritiker Leavis einander die Fähigkeit ab, die industrielle Revolution und die Gesellschaft der Gegenwart zu verstehen: sie stritten damit um ein Erklärungsprivileg, das seit der Mitte des 19. Jahrhunderts die Soziologie für sich beanspruchte.

Im Streit der zwei Kulturen stand eine dritte, die der sozialwissenschaftlichen Intelligenz, unübersehbar im Hintergrund. Voll Zorn, doch ohne Erstaunen sah Leavis, daß Soziologen sich auf die Seite Snows schlugen, und dieser nahm erfreut zur Kenntnis, daß Historiker und Soziologen sich immer entschiedener weigerten, als Mitläufer der traditionellen literarischen Kultur angesehen zu werden:

> Obwohl sie selbst keine Naturwissenschaftler sind, betonen sie, daß sie zu einem großen Teil der naturwissenschaftlichen Einstellung zuneigen. Mit der jüngsten literarischen Kultur könnten sie ebensowenig anfangen wie die Naturwissenschaftler selbst – vielleicht sogar noch weniger, da sie mehr davon wüßten. J. H. Plumb, Alan Bullock und einige meiner amerikanischen Soziologen-Freunde haben erklärt, daß sie es rigoros ablehnen, mit Leuten in eine Kulturkoppel gepfercht zu werden, mit denen sie noch nicht einmal als Tote zusammensein möchten. Auch möchten sie nicht den Eindruck erwecken, als wollten sie mithelfen, ein Klima zu erzeugen, das keinerlei soziale Hoffnung mehr zuläßt.

So universal auch die Themen klangen, die Snow und Leavis anschnitten, so weit in Vergangenheit und Zukunft auch die Sozial-Panoramen reichten, die sie vor ihren Lesern ausbreiteten – dies war nicht zuletzt ein Streit auf lokaler Ebene. Snow verkörperte das alte, verkrustete Cambridge für Leavis, der in den eingesessenen Akademikern seine Feinde sah und beanspruchte, ein neues, das wahre Cambridge zu repräsentieren. Am Ende seiner Richmond Lecture drückte Leavis die Hoffnung aus, das Cambridge der Zukunft möchte ein Ort werden, an dem jene Kultur, die die Sonntagszeitungen pflegten, nicht länger mehr als ein Beispiel angesehen würde »für das Beste, was in unserer Zeit gedacht und gewußt wird«.

Jedem literarisch Gebildeten unmittelbar verständlich, hatte Leavis mit diesem Zitat, das er als solches nicht kennzeichnete, den historischen Zusammenhang beschworen, in den er seine Debatte mit Snow stellen wollte. Leavis hatte Matthew Arnold zitiert, der bereits im letzten Drittel des 19. Jahrhunderts mit Thomas Henry Huxley über die zwei Kulturen gestritten hatte. Auch in dieser Auseinandersetzung spielte – ohne daß dies den Kontrahenten immer bewußt gewesen wäre – die Soziologie, diese unsichtbare Dritte, eine Schlüsselrolle.

Literaturkritik als Lebenslehre: Matthew Arnold

MATTHEW ARNOLD, der die Literatur- und Sozialkritik des viktorianischen Zeitalters so nachhaltig prägte, war der Sohn eines bedeutenden Viktorianers: Thomas Arnold. 1795 geboren, wurde Dr. Arnold 1827 Headmaster von Rugby. Zwar enttäuschte er die Hoffnungen derer, die erwartet hatten, daß er das Erziehungssystem der public schools von Grund auf ändern würde, doch war Thomas Arnold der erste, der Fächer wie Mathematik, Neuere Sprachen und Neuere Geschichte in den Lehrplan seiner Schule aufnahm. Ein Jahr vor seinem Tod erhielt er 1841 die Regius-Professur für Geschichte in Oxford.

Die ersten Auswüchse der industriellen Revolution vor Augen, sah Dr. Arnold voller Furcht, wie sich in seiner Zeit Organisationen der Arbeiterschaft zu formieren begannen, die zu Aufstand und Mord bereit schienen; er wurde daher zum Fürsprecher eines starken, aber seiner Sozialverpflichtungen bewußten Staates und einer damit verschmelzenden Kirche, die sich weniger durch Dogmen stabilisierte als ihre Legitimation durch die tätige Linderung gesellschaftlicher Mißstände erwarb. Im Streit der ›Literaten‹ und der ›Wissenschaftler‹, in dem später Matthew Arnold eine Hauptrolle spielen sollte, nahm er eine kompromißlose, konservative Haltung ein: an einen Freund schrieb er, ehe die Naturwissenschaften den Geist seines Sohnes überbeanspruchten, solle dieser ruhig glauben, daß die Sonne die Erde umkreist.

Matthew Arnold, 1822 geboren, war Dichter, Kritiker, Schulmann und Professor. Über dreißig Jahre lang – von 1851 bis 1886 – wirkte er als Schulinspektor Ihrer Majestät und wurde 1857 Poetik-Professor in Oxford, wo er als erster auf englisch las. Im Auftrag der Regierung unternahm er ausgedehnte Untersuchungen des Bildungswesens in Frankreich, Deutschland, Holland und anderen europäischen Ländern, um entsprechende Erziehungsreformen in England in die Wege zu leiten.

Alles, was Matthew Arnold tat, tat er im großen Stil. Er war und blieb ein Poet, dessen Stärke die Intuition und dessen Schwäche die Analyse war, ein Wissenschaftler, der selten systematisch vorging und seine Argumente eher exemplarisch vortrug, ein Liebhaber dramatischer Gesten und Schmied zündender Schlagworte, von denen viele noch heute im Englischen geläufig sind. So scharf und treffend seine Gesellschaftsdiagnose in der Regel auch ausfiel, so verschwommen blieb meist seine Therapie. Repetitiv und einhämmernd, ähnelte sein Stil dem eines Predigers, der seiner Gemeinde die eine Wahrheit immer wieder verkündet, damit sie sich in Hirn und Herz festsetzt. Er selbst nannte sich einen einfachen, unsystematischen Schriftsteller, dem vorgefaßte Meinungen fehlten; zwar verstand er Spaß, doch durchzieht viele seiner Schriften die unfreiwillige, kaum merkbare Komik eines Autors, der alles zu ernst nimmt.

*

Wordsworth wurde auch für Matthew Arnold zum Dichter, an dessen Leben und Werk die machtvolle Wirkung der Poesie sich am besten darstellen ließ. Hierin lag ein gewisses Paradox, denn Wordsworth hatte in England nie die Anerkennung gefunden, die er verdiente: als er endlich aus dem Schatten Scotts und Byrons getreten war, begann Tennyson bereits, seinen Ruhm zu verdunkeln. In einem Zeitalter, da Bentham die Weltanschauung der Engländer prägte, hatten Wordsworth, wie er selbst nüchtern ausrechnete, seine Gedichte noch nicht einmal genügend Geld eingebracht, um davon seine Schnürsenkel zu bezahlen.

In ganz Europa wurde die Politik der Engländer zunehmend kritisiert; ihre Gemälde waren bestenfalls provinziell, Musik gab es bei ihnen nicht. Die englische Wissenschaft aber fand Anerkennung, und Wordsworth stand, nur von Goethe übertroffen, an der Spitze aller europäischen Dichter. Wordsworths Gedichte zeigten, wie weit die menschliche Sprache sich der Vollkommenheit nähern und zu einem Medium werden konnte, mit dessen Hilfe der Mensch dem Ausdruck der Wahrheit ganz nahe kam. Dichten war für Wordsworth ein moralischer Akt, und die Größe eines Dichters bemaß sich nach der Ernsthaftigkeit, mit welcher er die Frage stellte und beantwortete, wie der Mensch leben soll – eine Verpflichtung, die um so wichtiger war, als in England Probleme der Lebensführung zunehmend von Pedanten und Professionals behandelt wurden – wobei zu letzteren auch die Anhänger der neuen Sozialwissenschaft zählten.

Arnold warnte davor, Wordsworths Kommentare und seine wissenschaftlich klingenden Argumente ernst zu nehmen, denn wie andere Dichter verfiel auch dieser in eine Art höheres Geschwätz, wenn er zu philosophisch wurde. Realitätshaltig war nur seine Dichtung, seine Philosophie war in der Regel nichts als Illusion. Wordsworth mußte es schwerfallen, seine eigenen Gedichte zu analysieren, weil sie so unvermeidlich waren wie die Natur selbst; es schien, als habe diese ihm die Feder aus der Hand genommen, um für ihn zu schreiben. Ob diese Charakteristik nun auf Wordsworth tatsächlich zutraf oder nicht: Matthew Arnold beharrte darauf, daß gute Literatur nicht deswegen hervorgebracht wurde, weil sich die Menschheit überlegt und bewußt dazu entschied, sondern weil sie aus einem ›Instinkt der Selbsterhaltung‹ dazu gezwungen wurde.

Denn die Poesie, diese vollkommene Sprache, interpretierte das Leben für uns, sie tröstete den Menschen und hielt ihn in der Welt aufrecht. Ohne Poesie erschienen selbst die Wissenschaften unvollständig, und das meiste, was in Arnolds eigener Zeit noch als Religion und Philosophie galt, würde in der Zukunft seiner Überzeugung nach durch Poesie ersetzt werden.

Die Stärke der Dichtung lag in ihrer interpretierenden, weltaufschließenden Kraft, die vorzugsweise der Lyrik, aber auch manchen Prosawerken eigen war. Ziel der Dichtung konnte es nicht sein, die Geheimnisse des Universums schwarz auf weiß zu erklären; es ging vielmehr darum, sinnstiftend dem Menschen die Welt und seine Stellung in ihr verständlich zu machen. Die Wissenschaft sprach nie den ganzen Menschen an, und daher waren es nicht Linné, Cavendish und Cuvier, die ihm eine Ahnung davon vermittelten, worin das wahre Geheimnis der Natur lag, sondern Shakespeare, Wordsworth und Keats, Chateaubriand und Senancour.

Je mehr ein Wissenschaftler danach strebte, sich zum ganzen Menschen zu bilden, desto stärker sehnte er sich inmitten seiner trockenen Tätigkeit nach einer Erfrischung, die nur die Dichtung liefern konnte. Worin deren Wirkung letztlich lag, ließ Matthew Arnold mit Absicht unbestimmt: eine »magische Fähigkeit« war es, über welche die Dichter verfügten, und Goethe hatte in den *Maximen und Reflexionen* bereits alles gesagt, was dazu zu sagen war: »Künste und Wissenschaften erreicht man durch Denken, Poesie nicht; denn diese ist Eingebung.«

Matthew Arnold war aber weit davon entfernt, die Dichtung dem Bereich des Irrationalen zuzurechnen. Vielmehr unterschied sich die Poesie gerade durch ihre höhere Intellektualität von allen übrigen Künsten, und nur daß der Dichter emotional dachte, trennte ihn vom Wissenschaftler. Den kreativen Ausbruch der englischen Literatur im ersten Viertel des 19. Jahrhunderts beurteilte Arnold ausgesprochen kritisch, weil die Dichter dieser Epoche nicht genug wußten und drauflos schrieben, ohne über ausreichende Daten und Informationen zu verfügen. Einer machtvollen Regung des Gefühls, nicht des Geistes, entsprangen die Dichtungen Shelleys und Byrons, und selbst Wordsworth interessierte sich kaum für Bücher in einer Zeit, da das Deutschland Goethes die Kraft seiner Kultur auf Gelehrsamkeit und Kritik begründete.

Auch wenn die dichterische Eingebung weniger auf Analyse als auf Synthese und Darstellung beruhte, mußte der Dichter vor allem viel wissen:

> Ein Dichter . . . muß das Leben und die Welt kennen, bevor er sich damit in seiner Dichtung beschäftigt; und da das Leben und die Welt in moderner Zeit sehr komplexe Dinge sind, muß dem Werk eines modernen Dichters, wenn es großen Wert haben soll, eine große kritische Anstrengung vorhergehen.

Wahre Kritik war Matthew Arnold zufolge nur aus einer Haltung der Unparteilichkeit heraus möglich. *Disinterestedness* hieß die Suche nach »dem Besten, was in der Welt gewußt und gedacht wird« – unabhängig von allen praktischen oder politischen Erwägungen und frei von jedem utilitaristischen Kalkül. Kultur beruhte vor allem auf Disziplin, doch war diese in England besonders schwer durchzusetzen, weil dem Land ein Zentrum wie die Académie Française fehlte, das über die Korrektheit von Information, Urteil und Geschmack hätte wachen können. In der englischen Poesie herrschte zuviel Eingebung und zuwenig Intelligenz, und es gab eine Fülle von Prosaschriftstellern, die es leicht hatten, sich gut auszudrücken, weil sie sich damit zufriedengaben, wenig zu sagen.

Dichtung wie Kritik waren Tätigkeiten, die kaum etwas mit Ästhetik und viel mit Moral zu tun hatten; Matthew Arnold, der sich stets am Leben, am Charakter und am Handeln der Menschen orientierte, entwarf so etwas wie eine Ethologie auf poetischer Grundlage und verstand die große Dichtung als eine Diätetik des privaten wie des öffentlichen Lebens. Mit diesem Anspruch mußten Dichtung und Kritik nicht nur in Konkurrenz zur Wissenschaft, sondern auch zur Religion geraten, zumal Arnold behauptet hatte, die Stärke der Religion der Gegenwart liege dort, wo sie unbewußte Dichtung sei.

In Matthew Arnolds ›kultureller Arithmetik‹ bestand das Leben zu drei Vierteln aus Verhaltensmoral, das restliche Viertel mußten Wissenschaft und Kunst sich teilen. Prinzipien des rechten Handelns gehörten zu den wichtigsten Themen der Religion, die er als »morality touched by emotion« charakterisierte. Derart wurde die Religion verweltlicht und die Gesellschaft geheiligt.

Literature and Dogma (1873) – diesen Versuch, die Bibel besser zu verstehen – hielt Arnold für das wichtigste seiner Prosawerke. Der erste Schritt zu einem angemessenen Verständnis der Bibel lag in der Einsicht, daß die Sprache der Heiligen Schrift nicht rigide und unbeweglich, sondern flüssig und beiläufig, nicht wissenschaftlich, sondern literarisch war, und daß die Bibel daher lediglich zu einem Gegenstand der Literatur-, nicht aber der Wissenschaftskritik werden konnte. Nur aus dem Zeitgeist des 19. Jahrhunderts, der die Naturwissenschaftler zu seinen Idolen gemacht hatte und danach drängte, alle Bereiche des Lebens zu verwissenschaftlichen, wurde verständlich, warum sich die Theologen zunehmend von allen Bildungsaufgaben lossagten und danach strebten, zu anerkannten Bibelforschern zu werden. Nicht länger mehr wollten sie als die Verfasser unverbindlicher Essays gelten: religiöse Dogmen sollten in Zukunft nicht mehr in literarischer Form, sondern wissenschaftlich und exakt präsentiert werden.

Damit gab die dogmatische Theologie den Anspruch auf, Prinzipien der Verhaltensmoral zu entwickeln, denn diese waren nur durch kritische Aneignung »des Besten, was in der Welt gedacht und gesagt worden ist«, zu gewinnen, nicht aber durch die Verfahrensweisen der Wissenschaft. Die Theologen wollten »Athleten der Logik« werden und vergaßen darüber, daß der Mensch sich überhaupt nicht nach Logik sehnte, sondern nach Bildung und Geschichtsverständnis. Wenn Paulus Ausdrücke wie Gnade, Wiedergeburt und Rechtfertigung benutzte, so tat er dies beiläufig, als ob er sich an einer Konversation beteiligt, eine Rede gehalten oder ein Gedicht geschrieben hätte. Er bediente sich keiner wissenschaftlichen Terminologie. Die Sprache der Bibel war eine tastende, eine poetische Sprache, und die Theologen verdrehten Paulus' Aussagen, wenn sie seine literarischen Wendungen wie naturwissenschaftliche Termini benutzten.

Es war ein anthropologischer Gemeinplatz, daß Menschen ihre sehnlichsten Wünsche in Märchen kleideten, und diese Märchen daraufhin ihr Verhalten bestimmten. Einen solchen Tatbestand brauchte man nicht mehr zu verwissenschaftlichen, denn er war realer als alle Funde der Wissenschaft, und die Religion war die solideste aller Wirklichkeiten. Matthew Arnold verglich seine eigene Zeit mit der Epoche, da Christus nach Judäa kam: die protestantischen Dissidenten glichen den Pharisäern, und den Sadduzäern entsprachen »unsere Freunde, die philosophischen Liberalen, die weder an Engel noch an den Heiligen Geist, sondern an M. Spencer glauben«.

Ein Leser und Bewunderer der *Imitatio Christi*, sah Matthew Arnold die größte Gefahr seiner Zeit darin, daß den Massen allmählich die Bibel verlorenging. Nicht zuletzt die Pseudowissenschaft der Bibelkritik war dafür verantwortlich und die Impertinenz jener Theologieprofessoren, die ihre literarische Unkenntnis hinter abstrusen Räsonnements verbargen. Wie allen Wissenschaftsgläubigen fehlte auch diesen Bibelforschern eine breite, vielfältige Erfahrung des wirklichen Lebens, die nicht zuletzt die Literatur vermitteln konnte. Zustimmend zitierte Matthew Arnold Goethes Definition des Aberglaubens als der Poesie des Lebens – genau in diesem Sinne mußte die Religion wieder zum Aberglauben werden.

Indem er darauf beharrte, die Bibel als ein literarisches Dokument und nicht als eine wissenschaftliche Quelle zu lesen, stärkte Matthew Arnold den Anspruch der Literaturkritik, die einzig angemessene Lebenslehre seiner Zeit zu sein. Gleichzeitig wurde damit der Naturwissenschaft ein ähnlicher Anspruch versagt.

Die zwei Kulturen im 19. Jahrhundert

DER Streit der zwei Kulturen ist älter als das 19. Jahrhundert, doch erst als die sozialen und kulturellen Konsequenzen der industriellen Revolution spürbarer wurden, die noch schwachen Umrisse der technisch-wissenschaftlichen Zivilisation sich am Horizont abzeichneten und die öffentliche Erziehung großer Bevölkerungsteile eine immer stärkere Bedeutung gewann, wurde er zu einem Kernthema in den politischen Tagesauseinandersetzungen.

Als beispielsweise John Stuart Mill zum Lord Rector der schottischen University of St. Andrews gewählt wurde, war es selbstverständlich, daß er in seinem Antrittsvortrag das Thema der zwei Kulturen anschnitt. Mill konnte auf die Zustimmung seiner

Zuhörer rechnen, wenn er sich dagegen aussprach, die Universität als einen Ort der Berufsausbildung anzusehen: hier sollte niemand trainiert werden, damit er später seinen Lebensunterhalt bestreiten konnte. Nicht geschickte Rechtsanwälte, Ärzte oder Ingenieure bildete eine Universität heran, sondern Menschen, die zivilisiert miteinander umgehen konnten. Der Streit ging darum, ob diese allgemeine Erziehung eher literarisch oder naturwissenschaftlich orientiert sein sollte. In Wahrheit aber, so Mill, mußte jede Universitätsausbildung intellektuelle, moralische und ästhetische Ziele zugleich verfolgen. Die ästhetische Erziehung war dabei am schwersten durchzusetzen, weil in England die Kunst nicht ernstgenommen wurde, sondern als Frivolität und Zeitvertreib galt: Kommerz und religiöser Puritanismus standen einer Kultivierung der Gefühle feindlich gegenüber.

Zugespitzt wurde der Streit um die zwei Kulturen in der Auseinandersetzung zwischen Matthew Arnold und Thomas Henry Huxley. Anders als im 20. Jahrhundert wurde die Debatte zwischen ihnen freilich noch auf der selbstverständlichen Grundlage des fair play ausgetragen – durch den Umstand begünstigt, daß Arnold und Huxley einander schätzten, ja Freunde waren, in der Geological Society zusammen dinierten, und dem gleichen Londoner Club, dem Atheneum, angehörten.

Arnold hatte das Thema der zwei Kulturen schon 1868 berührt, als er der Schools Inquiry Commission seinen Bericht über die Erziehung auf dem Kontinent vorlegte. Wahre Bildung, so schrieb er, bestand darin, den Menschen und die Welt zu kennen: das Studium der Geistes- wie der Naturwissenschaften war daher gleichermaßen von Bedeutung. Acht Jahre später legte er dem Education Department einen allgemeinen Bericht vor, in dem sich die Balance schon merklich verschoben hatte. Um die Ergebnisse der Naturwissenschaften angemessen nutzen zu können, mußte der Mensch bereits hinreichend moralisiert sein, und dieses Ziel war ohne die Hilfe der Humaniora, der Poesie und der Religion nicht zu erreichen. Überwältigt vom Bedeutungszuwachs und vom steigenden Prestige der Naturwissenschaften, neigten ausgerechnet Lehrer mehr und mehr dazu, die Bedeutung der literarischen Kultur zu unterschätzen und begingen damit einen folgenschweren Irrtum. In einer für ihn charakteristischen Wendung, die darin bestand, ein Schlagwort der Zeit aufzunehmen und seine Bedeutung listig zu korrigieren, beharrte Matthew Arnold darauf, daß die Früchte der Naturwissenschaften nur geerntet werden konnten, wenn sich mit Hilfe der Literatur der von den Politischen Ökonomen so genannte ›Lebensstandard‹ aller Menschen heben ließ.

›Literature and Science‹ trug Matthew Arnold als Rede Lecture am 14. Juni 1882 in Cambridge vor. Ein Jahr später hielt er während seiner Amerikareise den gleichen Vortrag nicht weniger als 29mal; wie er an seine Schwester schrieb, waren die Leute vor allem in Neu-England verrückt danach; jedermann war an Erziehungsproblemen interessiert, und der Streit zwischen Literatur und Wissenschaft war das Thema des Tages. Bei der Rückkehr nach England hielt er den Vortrag erneut, wobei er manches Mal 2500 Zuhörer hatte.

Mit seiner Rede Lecture reagierte Matthew Arnold nicht zuletzt auf einen Vortrag, den T. H. Huxley am 1. Oktober 1880 im neuen Birminghamer Science College zum Thema ›Science and Culture‹ gehalten hatte.

T. H. Huxley war nicht nur Wissenschaftler, sondern auch Wissenschaftspolitiker, und den Beinamen Darwin's bulldog trug er zu Recht: niemand übertraf ihn an Hartnäckigkeit und Geschick, mit welchen er sich für die gesellschaftliche Anerkennung und für die Ausbreitung der Naturwissenschaften einsetzte. Huxley war vom Bildungswert des naturwissenschaftlichen Wissens schon deshalb überzeugt, weil er in ihm keinen Gegensatz zum common sense, sondern lediglich dessen systematische Erweiterung sah. Erziehung hieß nichts weiter als Unterweisung des Intellekts in den Naturgesetzen, und derjenige, der sie genossen hatte, konnte »wie eine Dampfmaschine zu jeder Art von Arbeit eingesetzt werden«.

Um so bedauerlicher war es, daß in den englischen Erziehungsanstalten die Kultivierung der Ausdruckskraft und die Pflege literarischer Werte noch immer im Vordergrund standen. Gegenüber den wohlorganisierten Armeen derer, die entweder am Bildungsprivileg der alten Sprachen festhielten oder für die Einführung des Englischen und der neueren Sprachen in die Universität kämpften, wirkten die wenigen Naturwissenschaftler wie Guerillas in Feindesland, Freischärler, von denen sich jeder mehr oder weniger auf eigene Faust durchschlagen mußte.

Aber die Lage änderte sich: Industrielle, die sich ebenfalls lange Zeit gegen eine Aufwertung des naturwissenschaftlichen Unterrichts ausgesprochen hatten, gaben diese Einstellung auf, als sie merkten, welche unmittelbar praktischen Konsequenzen die Wissenschaft haben konnte. Daß Huxley ausgerechnet im Birminghamer Science College über ›Science and Culture‹ sprach, war dabei ein günstiges Omen, denn der Geldgeber, Sir Josiah Mason, hatte festgelegt, daß in den Lehrplänen des College Theologie, Parteipolitik und eine »rein literarische Unterweisung und Erziehung« keine Rolle spielen durften. Diese Bestimmung war um so mehr zu begrüßen, als die öffentliche Meinung Englands noch immer nur denjenigen als gebildet ansah, der Latein und Griechisch studiert hatte, während alle übrigen bloß als Spezialisten galten. Die Naturwissenschaften aber würden – daran hatte Huxley keinen Zweifel – die Moderne prägen. Schon daher war es nötig, das Monopol der alten Sprachen zu brechen und den Naturwissenschaften den ihnen gebührenden Platz in den Schulen und Universitäten einzuräumen.

Die Replik auf Huxleys Vortrag, Arnolds Rede Lecture, war alles andere als eine Polemik; auffallend an ihr war vielmehr der abwiegelnde Unterton. Statt Huxley, einen »hervorragenden Schriftsteller und Fürsten der Debattierer«, anzugreifen, begnügte sich Matthew Arnold, der nur über rudimentäre Kenntnisse der Naturwissenschaften verfügte, weithin mit terminologischen Richtigstellungen. Er fühlte sich nicht zuletzt mißverstanden, weil Huxley den Begriff Literatur im engsten Sinne der *belles-lettres* ausgelegt hatte. ›Literatur‹ aber umfaßte viel mehr, nämlich alles, was mit Buchstaben geschrieben oder in einem Buch gedruckt worden war. Dazu gehörten auch Euklids *Elemente* und Newtons *Principia* sowie die Schriften von Kopernikus, Galilei und Charles Darwin.

Auf der anderen Seite konnte den Naturforschern nicht erlaubt werden, den Wissenschaftsbegriff für sich zu reservieren. Auch die Literaturkritik und das Studium der alten Sprachen waren Wissenschaften, wenn sie nur systematisch betrieben wurden und an den Originaltexten arbeiteten. Arnold folgte dabei dem deutschen Gebrauch des Wortes ›Wissenschaft‹, und er hielt T. H. Huxley vor, daß er von ›science‹ immer nur im einengenden angelsächsischen Sinne sprach, der Naturwissenschaft meinte. Nachdem er derart den Wissenschafts- wie den Literaturbegriff erweitert hatte, fiel es Matthew Arnold nicht schwer, zwischen Huxley und sich eine prinzipielle Übereinstimmung festzustellen: Literatur wie Naturforschung beschäftigten sich mit Tatsachen; beide mußten in Schule wie Universität ihren angemessenen Platz einnehmen.

Die Gefahr lag darin, so argumentierte Arnold, daß Huxley den Naturwissenschaften ein Übergewicht in der modernen Erziehung verschaffen wollte. Natürlich war es wichtig, die Ergebnisse der modernen Naturwissenschaften zu begreifen; ein hinreichendes Verständnis des Menschen und der Welt war ohne sie nicht mehr möglich. Doch lieferten diese Disziplinen nur ein instrumentelles Wissen. Wer es beherrschte, konnte seine Kenntnisse systematisch erweitern, doch war und blieb er ein Spezialist. Etwas Beschränktes, Engherziges haftete dem Naturwissenschaftler an, der nur Naturwissenschaftler war, und selbst Darwin hatte eine solche Beschränkung verraten, als er einem Freund einst gestand, wissenschaftliche Tätigkeit und die Affekte des häuslichen Lebens seien alles, was er brauche, nach Religion und Dichtung verspüre er kein Bedürfnis.

Bei einem geborenen Naturforscher wie Darwin mochte eine solche Haltung noch hingehen, obwohl sie selbst in seiner eigenen Profession die Ausnahme war; als Handlungsmaxime, die für alle

Menschen gelten sollte, war sie unannehmbar. Denn der Mensch gab sich nicht damit zufrieden, seinem Erkenntnisdrang zu folgen; er wollte verstehen, was er lernte, und begreifen, welche Auswirkungen sein Wissen auf sein Verhalten hatte. In jedem Menschen steckte eine tiefreichende Sehnsucht nach dem Guten und Schönen, ein Instinkt zur Selbsterhaltung, der nicht auf das Überleben allein, sondern auf das richtige Leben bedacht war. Derart fundamentale Bedürfnisse konnten die Naturwissenschaften nicht befriedigen.

Dichtung und Beredsamkeit dagegen waren nicht nur Objekte der Wissenschaften; wer sich mit ihnen beschäftigte, engagierte sich in einem ›criticism of life‹, erarbeitete die Prinzipien einer Lebenslehre, die dem Menschen dazu verhelfen konnte, sich selbst zu verstehen und sich in der Welt zurechtzufinden. Nicht nur Gefühle und Emotionen sprach eine solche Lebenslehre, eine als Verhaltensforschung begriffene Literaturkritik an; sie allein war auch in der Lage, die Ergebnisse der modernen Naturwissenschaften zusammenzufassen und ihre humane Bedeutung zu erkennen, sie auf unseren Sinn für das Schöne und unsere Sehnsucht nach dem guten Leben zu beziehen. Und Matthew Arnold sprach zu Darwin, wenn er mit ironischer Entschiedenheit feststellte, selbst in »unserem behaarten Vorfahren« habe bereits das Bedürfnis nach griechischer Kunst und Literatur gesteckt.

Thomas Henry Huxley aber hatte wenig Grund, sich von Matthew Arnolds Argumenten getroffen zu fühlen. Voll Schaudern erinnerte er sich an den naturwissenschaftlichen Unterricht, der in seiner Jugend üblich gewesen war:

> Es gab abscheuliche Bücher, die der gemeine Henker hätte verbrennen sollen, denn sie enthielten Fragen und Antworten, die auswendig gelernt werden mußten, wie die folgenden: ›Was ist ein Pferd? Das Pferd wird *Equus caballus* genannt; es gehört zur Klasse der Säugetiere; zur Ordnung Pachydermata; zur Familie Solidungula.‹ Wurde irgendein menschliches Wesen klüger dadurch, daß es diese magische Formel lernte? Wurde es nicht dümmer, weil es dazu verführt wurde, Worte für Wissen zu nehmen? Es ist diese Art des Lernens, die aus der Wissenschaft verbannt werden sollte.

Huxleys Beispiel erinnert an die Eröffnungsszene in Dickens' *Hard Times*, in der Thomas Gradgrind, »ein Mann der Realitäten, ein Mann der Tatsachen und Kalkulationen«, vergeblich versucht, dem Zirkusmädchen Sissy Jupe die wissenschaftliche Definition des Pferdes zu entlocken:

›Mädchen Nummer Zwanzig verfügt über keine Tatsachen, was eines der häufigsten Tiere angeht! Los, ein Junge definiert mir ein Pferd . . .‹ ›Bitzer‹, sagte Thomas Gradgrind, ›Deine Definition eines Pferdes.‹

›Vierfüßler. Pflanzenfresser. Vierzig Zähne, nämlich vierundzwanzig Backenzähne, vier Eckzähne und zwölf Schneidezähne. Erneuert im Frühjahr sein Fell, in Sumpfgegenden auch seine Hufe. Die Hufe sind hart, müssen aber mit Eisen beschlagen werden. Das Alter läßt sich am Gebiß erkennen.‹ Dies (und manches mehr) sprach Bitzer.

›So, Mädchen Nummer Zwanzig‹, sagte Mr. Gradgrind, ›nun weißt Du, was ein Pferd ist.‹

Huxley attackierte jene »Goten und Vandalen« unter seinen Kollegen, die alle anderen als die naturwissenschaftlichen Fächer aus den Curricula verbannen wollten; er, der kein Gradgrind war, wußte, daß die Pflege der Gefühlskultur neben dem Training des Intellekts eine wichtige Rolle in der Entwicklung des menschlichen Geistes spielte, und daß Kunst und Literatur nie durch die Naturwissenschaften ersetzt werden konnten. Er wandte sich gegen eine Überbewertung der alten Sprachen, aber er war kein Gegner einer literarischen Ausbildung, denn für die Verfeinerung des Geschmacks war die Lektüre großer Dichtungen, begleitet von einer soliden Literaturkritik, die beste Quelle. Huxley stimmte Matthew Arnold darin zu, daß zur Kultivierung des einzelnen eine Lebenslehre erforderlich war, doch bezweifelte er, ob deren Prinzipien wirklich nur in den Schriften der antiken Klassiker gefunden werden konnten: einem Engländer, der sich nicht mit Hilfe der Bibel, Shakespeares und Miltons zu bilden wußte, würden auch Homer und Sophokles, Vergil und Horaz nichts nützen.

In der Debatte um die Reform der schulischen und universitären Erziehung bildeten sich falsche Fronten heraus, weil die Literatur bisher in der Universität gar keine Rolle gespielt hatte. Denn Latein und Griechisch wurden nur gelehrt, um den Bedürfnissen der Grammatiker und Philologen zu genügen, die eine Pseudowissenschaft betrieben. Huxley war ein glühender Verfechter des Studiums der englischen Nationalliteratur, in welcher er die »wunderbarsten Speicher künstlerischer Schönheit und unübertroffene Vorbilder literarischer Vollkommenheit« fand.

Solche Äußerungen machen es noch schwieriger, zu verstehen, warum Matthew Arnold glaubte, die Literatur ausgerechnet Huxley gegenüber in Schutz nehmen zu müssen. Aber schon der Titel von Arnolds Rede Lecture ›Literature and Science‹ führte in die Irre: Matthew Arnold mußte die Literatur nicht so sehr gegen die Naturwissenschaften als gegen die aufkommende Soziologie verteidigen, und Thomas Henry Huxley war auch ein Förderer der Sozialwissenschaften.

Am Literaturstudium nahm Huxley nicht nur ein ästhetisches Interesse. Der intellektuelle Gehalt der großen Dichtungen eines Volkes war wichtiger als ihre künstlerische Form. Sie konnten als entscheidende Kapitel in der Entwicklungsgeschichte des menschlichen Geistes gelesen werden und offenbarten ihre interpretierende Kraft im vollen Ausmaß erst dann, wenn man sie zu Moral und Politik und zu Fächern wie der Physikalischen Geographie in Beziehung setzte. Wie viele Erziehungsreformer seiner Zeit wollte Huxley auf Kosten der alten Sprachen, insbesondere des Griechischen, Naturwissenschaften und neuere Sprachen zugleich in Schule und Universität fördern.

Hatte man sich aber erst einmal klargemacht, welche Rolle die Naturwissenschaften und ein recht verstandenes Literaturstudium in der modernen Erziehung spielen konnten, fiel um so deutlicher auf, daß im bisherigen Unterricht wichtige Bereiche gänzlich ausgespart worden waren:

> Aber es gibt noch eine höhere Abteilung der Wissenschaft, die lebende Wesen als Aggregate betrachtet – die von der Beziehung lebender Wesen zueinander handelt – die Wissenschaft, die Menschen *beobachtet* – deren *Experimente* Nationen aneinander auf dem Schlachtfeld

durchführen – deren allgemeine *Aussagen* in Geschichte, Moralität und Religion verkörpert werden – deren *Deduktionen* uns ins Glück oder ins Elend führen – und deren *Verifikationen* so oft zu spät kommen, und nur dazu dienen

›To point a moral, or adorn a tale‹ –

Ich meine die Wissenschaft der Gesellschaft oder die *Soziologie*.

Wie Matthew Arnold hatte Huxley eine überaus geringe Meinung von Comte, diesem ›spekulativen Philosophen‹, der sich selbst dauernd widersprach, aber das hinderte ihn nicht daran, der Soziologie als einer Naturwissenschaft des sozialen Lebens das Wort zu reden. Die Gesellschaft war ebenso kompliziert, wenn nicht komplizierter, als die Jenny, die Feinspinnmaschine, und wie diese konnte sie ebensowenig durch die Einmischungen derer verbessert werden, die sich nicht die Mühe machten, ihre Funktionsprinzipien gründlich zu erforschen. In Schulen wie Universitäten sollte ein klares Verständnis der Lebensbedingungen der technisch-wissenschaftlichen Zivilisation vermittelt werden; die Studenten mußten wissen, daß gesellschaftliche Erscheinungen lediglich der Ausdruck von Naturgesetzen waren. In seinem Vortrag über ›Science and Culture‹ schlug Huxley vor, den Lehrplan des in Birmingham neu gegründeten naturwissenschaftlichen Colleges durch ein weiteres Fach zu ergänzen:

Dieses Wissen kann nur gewonnen werden, wenn die Untersuchungsmethoden der Naturwissenschaften auch auf gesellschaftliche Erscheinungen angewandt werden. Daher, so gebe ich zu, würde ich es gerne sehen, wenn man den ausgezeichneten Lehrplan, der für das College vorgesehen ist, noch dadurch ergänzen würde, daß man eine Möglichkeit schafft, hier Soziologie zu unterrichten . . .

Ein ernsthaftes Problem lag nur darin, daß für dieses neu einzurichtende Fach nicht genügend Lehrer zur Verfügung standen.

Von hier drohte der Literaturkritik, die Matthew Arnold als eine Moralwissenschaft konzipiert hatte, die größte Gefahr. Mochte die Literaturkritik auch an Methodenbewußtsein und Verfahrensschärfe mit den naturwissenschaftlichen Disziplinen nicht konkurrieren können – sie hatte von ihnen nichts zu befürchten, weil diese Fächer dem Menschen nicht zu einem Verständnis seiner selbst und der Gesellschaft, in der er lebte, verhelfen konnten. Die Soziologie aber trat mit ebendiesem Anspruch auf und konnte ihre Wissenschaftlichkeit um so leichter unter Beweis stellen, als anerkannte Naturforscher wie Huxley sie förderten. Die Soziologie drohte zur Konkurrenzdisziplin der Literaturkritik zu werden, wie nicht zuletzt Herbert Spencers Schriften zur Pädagogik verrieten.

Auch für Spencer nämlich bildete eine Lebenslehre den Kern der Wissenschaft: Wie sollen wir leben? war die Frage, die die Menschen an eine Disziplin wie die Soziologie richteten. Spencer antwortete, indem er zunächst alle menschlichen Aktivitäten nach ihrer Nützlichkeit klassifizierte. Zur fünften und am wenigsten wichtigen Gruppe zählten Tätigkeiten, die der Mensch vornehmlich in seiner Freizeit ausübte; dazu gehörten Musik, Dichtung und Malerei. Einen entsprechend geringen Rang sollten sie daher in Schule und Universität einnehmen. Immer deutlicher zeigten sich die fatalen Konsequenzen eines Bildungsideals, das literarische Werte natur- und sozialwissenschaftlichen Kenntnissen vorzog:

> Wenn auf Grund falscher Lehrsätze, die er ohne eingehende Prüfung übernahm, ein Vater seine Söhne sich entfremdet, sie in Rebellion gegen seine harsche Erziehung getrieben, sie ruiniert und sich selbst unglücklich gemacht hat – dann mag er darüber nachdenken, ob es nicht richtig gewesen wäre, das Studium der Ethologie zu betreiben – selbst auf die Gefahr hin, nichts über Aeschylus zu wissen.

Dies waren die Folgen eines Erziehungsideals, das Menschen rot werden ließ, weil sie ›Iphigenie‹ falsch betonten, während sie freimütig zugaben, nichts über die Eustachische Röhre oder die Funktionen des Rückenmarks zu wissen, und wo eine Mutter, deren Kind nach zu vielem Lernen an Scharlach gestorben war, sich nur damit trösten konnte, daß es vorher noch gelernt hatte, Dante im Original zu lesen.

Deutlicher noch als in den Schriften Huxleys wurde in Spencers Pädagogik und Soziologie sichtbar, wie sehr Matthew Arnolds Literaturkritik das Monopol eines ›criticism of life‹ bestritten wurde. Um so wichtiger war es für ihn zu zeigen, daß seine Kulturtheorie ein angemessenes Instrument zur Analyse und gleichzeitig zur Korrektur gesellschaftlicher Entwicklungen sein konnte.

Schon 1861 hatte Matthew Arnold prophezeit, die Schwierigkeit der Demokratie werde künftig darin liegen, Ideale zu finden und aufrechtzuerhalten. Er sagte ferner voraus, daß der Staat, der in Nordamerika bereits an die Stelle der Aristokratie getreten war, mit fortschreitender Demokratisierung einen erheblichen Funktionszuwachs erfahren würde. Dies galt besonders für den Bereich der öffentlichen Erziehung.

In *Culture and Anarchy* (1869), seinem politischen Credo, empfahl Arnold ›culture‹ – was hier annähernd mit ›Bildung‹ wiedergegeben werden kann – als Ausweg aus der Orientierungskrise seiner Zeit. Der Drang des Menschen nach Vervollkommnung und seine Innerlichkeit, die der direkten politischen Aktion indifferent gegenüberstand, sollten als Gegengewicht zum Nützlichkeitsdenken einer Zeit wirken, in der einige Philister so weit gingen, die Größe Englands vom Ausmaß seiner Kohlenvorräte abhängig zu machen. In einer innengesteuerten Bildung verband sich die wissenschaftliche Passion des Menschen mit seiner moralischen und sozialen Leidenschaft, Gutes zu tun.

Während die Massen mit Hilfe der sich wie eine Überschwemmung ausbreitenden Populärkultur indoktriniert und befriedet wurden, hielt Matthew Arnold an seinem Bildungsideal nicht zuletzt deswegen fest, weil er damit zwei Ziele verwirklichen wollte: die Humanisierung des Wissens und die Abschaffung der Klassen.

Matthew Arnolds Diagnose der modernen Gesellschaft war schonungslos. In den paradiesischen Zentren des Industrialismus und Individualismus stahlen Menschen einander das Brot aus dem Mund, und der Schulinspektor Arnold, dem die Slums des East End vertraut waren, schreckte vor der Vielzahl armseliger, heruntergekommener und unwissender Menschen zurück, sah

»Kinder aufgefressen von der Krankheit, von halber Größe, halb genährt und halb gekleidet, vernachlässigt von ihren Eltern, ohne Gesundheit, ohne Heim, ohne Hoffnung«. Geistige Anarchie und sozialer Aufruhr begünstigten einander, und es fehlten die Schichten, die einst in Zeiten ruhiger Konzentration des kulturellen und politischen Lebens ihren Führungsanspruch wie selbstverständlich und wirkungsvoll wahrgenommen hatten. Nun aber mußte man sich fragen, ob es auf der ganzen Welt noch ein Wesen gab, das so unintelligent und so unfähig war, die Welt zu sehen, wie sie wirklich war, wie ein durchschnittlicher Engländer der Oberschicht.

Für Matthew Arnold hatte die Aristokratie ihren Anspruch auf Führung verspielt; die Mittelklasse war nicht in der Lage, an ihre Stelle zu treten, disqualifiziert durch jene Kapitalisten, die es zwar verstanden, ein Vermögen, doch nicht das Glück derer zu machen, die für sie produzieren mußten; von den Unterschichten drohten Revolte und Aufruhr. Wenn er von diesen drei Klassen sprach, sprach Arnold von Barbaren, von Philistern und vom Pöbel. Dies war nicht nur »der bescheidene Versuch einer wissenschaftlichen Nomenklatur« – es war die vollständige Moralisierung der Politik. Denn jede Gesellschaftsreform konnte nur eine Bildungsreform sein, der Versuch, eine ›hebräische‹ Weltanschauung, die sich auf das Handeln konzentrierte, durch eine ›hellenistische‹ Kultur der Gedanken und der Gefühle zu ersetzen. Arnold schien es voreilig, Gesellschaftsreformen großen Stils in Angriff zu nehmen, ohne vorher die Einstellung der betroffenen Menschen zu ändern. Zunächst einmal kam es darauf an, feste und klare Ideen zu haben, die »mechanischen Details ihrer Umsetzung in die Praxis werden dann viel einfacher und leichter zu gewinnen sein, als wir jetzt annehmen«.

›Culture‹ war der Versuch, durch Lesen, Beobachten und Denken zur Vernunft zu kommen und den Willen Gottes zu erkennen – ein Ziel, das nicht durch die Wissenschaft, wohl aber mit Hilfe der Dichtung erreicht werden konnte, wie Arnold an William Steward, einen Arbeiter aus Bedford, schrieb:

> Am wenigsten stimme ich mit Ihren Bemerkungen zur Erziehungsfrage überein ... Und was das nützliche Wissen angeht, so vermag eine einzelne Gedichtzeile, die den Geist in Bewegung setzt, mehr Gedanken und mehr Erleuchtung hervorzubringen, die der Mensch nötig hat, als, um Ihr eigenes Beispiel aufzugreifen, die vollständigste Kenntnis der Verdauungsprozesse.

Arnolds radikale Innerlichkeit nimmt sich in dieser Zeit der expandierenden Industrie und der wachsenden Urbanisierung so altmodisch wie rührend aus – seine Schriften ähneln Spitzendeckchen auf einer Dampfmaschine. Aber dieser Prediger und Poet war realistisch genug, um zu erkennen, daß seine Bildungsideale durch eine autoritäre Instanz gestützt werden mußten, wenn sie nicht folgenlose Tagträume bleiben sollten. Zu ihrer Verwirklichung bedurfte die Kultur eines starken Staates, der »zum allgemeinen Wohl mit bindenden Kräften ausgestattet ist und die Einzelwillen im Namen eines Interesses kontrolliert, das höher steht als das der einzelnen«. Lesern Arnolds fiel sofort auf, daß in einer Zeit, da Marx die Abschaffung des Staates als eines Instruments der Klassenherrschaft betrieb, Matthew Arnold im Staat den einzigen Garanten für eine Kultivierung und Moralisierung der Demokratie sah.

Mit Jeremy Bentham war Arnold fertig, als er in dessen *Deontology* das Lob Xenophons und Euklids las, während es von Sokrates und Platon hieß, sie hätten – unter dem Vorwand, Weisheit und Moral zu lehren – nur Unsinn geredet. Comte nannte Arnold mit Bentham in einem Atemzug, und die Soziologie war für ihn der Ausdruck jenes Jakobinertums, das die Vergangenheit wütend ablehnte, abstrakte Systeme zur Gesellschaftserneuerung en gros produzierte und neue Doktrinen entwarf, die bis in die kleinsten Details die rationale Gesellschaft der Zukunft planten. Comte, dieser »groteske alte französische Pedant«, gehörte zu den System-Machern, die Matthew Arnold verabscheute, und nichts kam an Häßlichkeit den Lokalen gleich, in denen die Anhänger der Sozialwissenschaften ihre Kongresse abhielten: »Ein großer Saal in einer unserer trostlosen Provinzstädte; staubige Luft und mattes Nachmittagslicht; Reihen voller Männer mit kahlen Köpfen und Frauen mit Brillen ...«

1856 war die National Association for the Promotion of Social Science gegründet worden, die bis 1884 ihre jährlichen Kongresse abhielt, bevor sie 1886 aus Geldmangel wieder aufgelöst werden mußte. In seinem Roman *Gryll Grange* (1861) machte sich Thomas Love Peacock über die Soziologie lustig, die von ihm als Wissenschaft der Pantopragmatik karikiert wurde:

> Nichts Praktisches kommt dabei heraus, und das ist nur gut so. Sie wird zumindest harmlos sein, solange sie Hamlets ›Words, Words, Words‹ ähnelt. Wie fast jede andere Wissenschaft löst sie sich schließlich in Vorträge, Vorträge und noch einmal Vorträge über alle wichtigen und unwichtigen Gegenstände auf: ein langweiliges Geschwätz über Jurisprudenz, ein anderes über Statistik, wieder ein anderes über Erziehung, und so weiter und so fort ...

Sein Plädoyer für den Kulturstaat und eine staatsgeschützte Innerlichkeit, seine Systemfeindschaft und die Ablehnung gesellschaftlicher Planung, seine antiwissenschaftliche Einstellung und der überragende Bildungswert, den er der Literatur zusprach, schienen Matthew Arnold zum natürlichen Gegner der Soziologie und des soziologischen Positivismus, zum eingeschworenen Feind Comtes und seiner englischen Jünger zu machen. Für das englische intellektuelle Milieu und die enge Verwobenheit aller Schichten der englischen Intelligenz war es dabei bezeichnend, daß Richard Congreve, der Begründer des englischen Positivismus, in Rugby einer von Dr. Arnolds herausragenden Schülern gewesen war. Huxleys Definition des Positivismus als eines Katholizismus minus Christentum hatte Congreve korrigiert: der Positivismus sei ein Katholizismus plus Wissenschaft. Das konnte Matthew Arnolds Abneigungen nur verstärken.

Über Arnolds verschwommenen Kulturbegriff, der einzig für Rezensenten und Professoren der *belles-lettres* gut genug war, machte sich nicht zuletzt Frederic Harrison lustig – »Kultur, mein Freund, ist eine Inspiration, ein Leuchten, ein afflatus« –, man konnte sie nur erspüren, so wie die Pudel Trüffel suchen. Ein

Positivist der ersten Stunde, der sich 1878 von Congreve trennte und 1910 Präsident der Londoner Sociological Society wurde, warf Harrison, ›Auguste Comtes Horatio‹, Matthew Arnold vor, er habe vom Positivismus nur eine Travestie geliefert: in Wahrheit sei niemand ein schärferer Gegner des Jakobinertums gewesen als Comte. Arnold war ein bewundernswerter Lyriker und ein scharfsinniger Literaturkritiker, aber ein schlechter Philosoph, dessen Lebenslehre – die Dinge so zu sehen, wie sie wirklich sind – das Unmögliche versuchte, wie Kant ein für allemal bewiesen hatte. Das Paradox war, daß Matthew Arnold im Grunde genommen das gleiche Ziel zu erreichen suchte wie die positivistischen Soziologen, auch wenn seine Mittel nicht die gleichen waren: »In der Tat sprach Arnold, wie Monsieur Jourdain, dauernd Comtisch, ohne es zu wissen, und freute sich unbändig, als er herausfand, mit wieviel Geschick er es tun konnte.«

Frederic Harrison konnte mit dem, was Arnold in *Culture and Anarchy* sagte, völlig übereinstimmen. Er glaubte ihm jedes Wort, weil es genau dem Credo des Positivismus entsprach, das Comte im *Appel aux Conservateurs* verkündet hatte. Und Harrison stellte sich vor, wie Arnold dereinst auf den Elysäischen Feldern Auguste Comte begegnen würde: »Ach ja, nun sehe ich, daß uns gar nicht so viel trennt, aber, wissen Sie, ich habe halt nie die Geduld gehabt, Ihr ziemlich trockenes Französisch zu lesen!«

Matthew Arnold wurde zum Soziologen wider Willen, und seine Literaturkritik war eine verborgene Soziologie.

F. R. Leavis:
Englisch als Orientierungsdisziplin

In der Debatte zwischen Matthew Arnold und Thomas H. Huxley deutete sich an, daß im Streit der zwei Kulturen die Auseinandersetzung um den Bildungswert der alten Sprachen und der Naturwissenschaften auf einem Nebenschauplatz fortgeführt werden würde. Hier kämpften Literaturkritik und Soziologie um den

Anspruch, die Orientierungsdisziplin der Industriegesellschaft zu sein. Es war der Kampf zweier akademischer Neulinge, denn weder Englisch noch Soziologie waren etablierte Universitätsfächer.

Besonders in Oxford und Cambridge war noch zu Beginn des 20. Jahrhunderts der Widerstand gegen die Einführung eines Faches ›English Studies‹, die nur das Eindringen des Dilettantismus in die Universität bedeutet hätten, stark: einem Engländer brauchte man seine eigene Sprache nicht beizubringen, und seine Nationalliteratur war nicht bildungsfähig. Es ist bezeichnend, daß die ersten Englisch-Professuren an den neuen Londoner Colleges eingerichtet wurden: an der 1826 gegründeten London University, aus der später University College wurde, sowie am fünf Jahre später gegründeten King's College. University College war ein Zentrum des philosophischen Radikalismus und einer säkularen Erziehung, in der dem Unterricht in den Naturwissenschaften und den neueren Sprachen ein besonderes Gewicht zugemessen wurde, King's College war eine von Anglikanern und Tories betriebene Gegengründung, in der weltliche Erziehung und religiöse Unterweisung eine Einheit bilden sollten.

Welche Erwartungen an diese Neugründungen gerichtet wurden, zeigte sich daran, daß Thomas Carlyle ursprünglich vorhatte, sich an einem der beiden Colleges um eine Professur zu bewerben – entweder für Englisch oder für Moralphilosophie. Offenbar war er der Meinung, daß im Prinzip beide Fächer die gleiche Funktion erfüllen konnten. Die Vorstellung war weit verbreitet, daß vor allem die Literatur dazu in der Lage war, »die seelenzerstörenden Übel einer sich rapide verändernden Gesellschaft« zu heilen. Die Verfechter des Englisch-Studiums sahen in ihm nicht nur ein Mittel zur Kultivierung der Gefühle und Emotionen, sondern schließlich nichts weniger als ein »heiliges Sakrament des Geistes«.

Eine wichtige Rolle spielten die ›English Studies‹ in der Erwachsenenbildung. 1823 war das London Mechanics' Institute gegründet worden; 1850 existierten bereits 500 vergleichbare

Einrichtungen. Ursprünglich sollten in den Mechanics' Institutes Arbeiter einen Einblick in die wissenschaftlichen Voraussetzungen und Prinzipien ihrer Tätigkeit gewinnen, doch entwickelten die Institute eine Eigendynamik, die ihre Curricula beträchtlich erweiterte: zu den populärsten Fächern gehörte bald die Politische Ökonomie, und wichtig wurden auch ›English Studies‹, die die Lesefertigkeiten der Arbeiter schulten und ihnen zu einer Kenntnis der englischen Nationalliteratur verhalfen. Demgegenüber traten – ganz wider den ursprünglichen Zweck – die naturwissenschaftlichen Disziplinen allmählich in den Hintergrund, weil die Voraussetzungen, die die Arbeiter bereits von den Schulen mitbrachten, minimal waren. Die politische Funktion der Institute, an denen auch Charles Dickens Vorträge hielt, war umstritten: »Von einigen wurden sie als Brutstätten des Aufruhrs betrachtet, während andere davon überzeugt waren, der einzige Weg, um die Arbeiter von der Revolution abzuhalten, könne nur darin bestehen, ihnen zu einer Ausbildung zu verhelfen.«

Auch das Birminghamer Mason College, an dem Thomas H. Huxley seinen Vortrag über ›Science and Culture‹ gehalten hatte, wurde 1881 durch eine Faculty of Arts erweitert, an der Professuren für Englisch und alte Sprachen sowie Lektorenstellen für Französisch und Deutsch eingerichtet wurden. Eine wichtige Rolle spielten die ›English Studies‹ ferner in der Universitätsausbildung der Frauen, die lange Zeit nur Geschichte und Sprachen studieren konnten. 1848 wurde das Queen's College for Women gegründet, an dem, wie in vergleichbaren Institutionen, die Literatur eine herausragende Rolle spielte: als Medium der Gefühlskultur und Korrektiv eines sich dem wirklichen Leben immer mehr entfremdenden wissenschaftlichen Rationalismus. Für das Studium des Englischen galten die Frauen der Mittelklasse als besonders geeignet, da sie Freizeit genug und nicht zu viele gesellschaftliche Verpflichtungen hatten, um sich kulturellen Aufgaben intensiv widmen zu können. Außerdem schien auch die taktische Überlegung eine Rolle zu spielen, daß man das Englische als Pufferdisziplin nutzen konnte: Frauen, die sich der Literatur widmeten, dachten nicht länger mehr daran, Medizin oder Naturwissenschaften zu studieren.

Seit 1880 verstärkten sich die Bemühungen, auch in Oxford das Englisch-Studium, ›the poor man's Classics‹, einzuführen. Ein Toleranz-Abkommen mit den alten Sprachen war dazu notwendig, und allmählich setzte sich eine mehr historische gegen eine überwiegend philologische Orientierung des Englisch-Studiums durch. 1894 wurde die Oxford English School gegründet, an der sich in den ersten Jahren ihres Bestehens in der Regel viermal so viel Frauen wie Männer einschrieben. Das Studium des Englischen und die Lektüre der englischen Dichter sollten grundlegende Bedürfnisse der Menschen im industriellen Zeitalter befriedigen:

> Sie brauchen ästhetische Bildung ... Sie brauchen moralische Bildung ... Sie benötigen politische Bildung und Aufklärung, das heißt, sie müssen wissen, worin ihre Beziehung zum Staat besteht und was ihre Pflichten als Bürger sind; und außerdem muß man auch ihren Gefühlen Rechnung tragen ...

In Cambridge wurde der langsame Prozeß, der zur Entstehung einer English School führte, erst 1926 abgeschlossen, als es möglich wurde, im Fach Englisch allein die Abschlußprüfung zu machen. Während in Oxford Literatur- und Sprachenstudium eng miteinander verflochten blieben, wurde in Cambridge ein Programm entwickelt, das ›Life, Literature and Thought‹ hieß. Darin kam unverwechselbar zum Ausdruck, daß die Idee einer Literaturkritik als Lebenslehre, wie sie von Matthew Arnold entwickelt worden war, nunmehr eine institutionelle Absicherung erfahren hatte. Aber es war ein Rebell gegen das traditionelle akademische Cambridge, in dem Arnolds Programm seine entschiedene Fortsetzung und Erweiterung fand: F. R. Leavis.

*

Selbst in einer Gesellschaft von Exzentrikern blieb F. R. Leavis zeitlebens ein Außenseiter. 1895 in Cambridge geboren, besuchte er keine der berühmten public schools, wie Eton oder Rugby, sondern ging in die – freilich auch hochrenommierte – heimische grammar school, um danach am Ort Geschichte und Englisch zu studieren. Von Vorteil war dies nicht in einer Institution, die sich ihres Kosmopolitismus rühmte und die Stadt, die sie beherbergte, als Provinz abtat. Leavis und seine Frau, Queenie Dorothy Roth, prägten die englische Literaturkritik des 20. Jahrhunderts, aber sie erhielt nie, und F. R. Leavis erst sehr spät, eine feste Anstellung – 1936, nachdem Downing College ihn zu seinem Fellow gemacht hatte. Dabei konnten beide schon zu diesem Zeitpunkt auf bedeutende und einflußreiche Veröffentlichungen zurückblicken; allein im Jahr 1932, ihrem *annus mirabilis*, erschienen F. R. Leavis' grundlegende Neubewertung der englischen Lyrik, *New Bearings in English Poetry*, Q. D. Leavis' folgenreiche literatursoziologische Studie *Fiction and the Reading Public*, in der die Herausbildung von Massenkultur und Kulturindustrie beschrieben wurde, sowie die erste Nummer der Zeitschrift *Scrutiny*. Erst 1954 wurde Leavis in Cambridge Mitglied des Faculty Board, einen Lehrstuhl erhielt er nie.

Leavis' Literaturkritik war ein Produkt von Cambridge und seiner English School und zugleich gegen sie und gegen Cambridge gerichtet. Q. D. Leavis zeigte in mehreren Studien, wie Karrieresucht und intellektuelle Disziplinlosigkeit die akademischen Werte, auf die sich die Universität selbst berief, zerstört hatten; sie erinnerte an Außenseiter wie den Ethnologen Haddon, die unbezahlt und ohne öffentliche Anerkennung neue Fächer in Cambridge heimisch gemacht hatten, asketische und engagierte Gelehrte, die in der Universität keine alma mater, sondern eher eine Stiefmutter sahen. Für Leavis war und blieb der Akademiker der Feind, der besiegt werden mußte, und seine Verachtung galt einem System, in dem Herkunft und persönliche Beziehungen mehr galten als Kenntnisse, Sensibilität und Aufrichtigkeit. Dieses System bestand aus der hauptstädtischen Literaturwelt im *Observer*, dem *Times Literary Supplement* und der BBC, der Coterie des Bloomsbury-Zirkels, den Universitäten Oxford und Cambridge sowie dem British Council, einer Institution, die die

Systemkultur im Ausland repräsentierte. Leslie Stephen verkörperte die Vorzüge der wahren englischen Kultur; deren Dekadenz verrieten das Verhalten und die Werke seiner Tochter, Virginia Woolf.

Ein italienischer Beobachter nannte Leavis einen *puritano frenetico*; gegenüber Büchern, die für ihn die große Tradition der englischen Literatur verkörperten und die er wie die Bibel verehrte, wurde aus Kritik ehrfürchtige Exegese. Leavis war ein strenger Erzieher und als Literaturkritiker eher Lehrer als Forscher; er schrieb kein elegantes, sondern oft genug ein mühsam zu lesendes Englisch, das stets den Vortragsstil verriet. Takt, Delikatesse und die Fähigkeit, das Richtige zu sagen, ohne auf plumpe Definitionen zurückgreifen zu müssen, gehörten zu den Eigenschaften, die er an Matthew Arnold bewunderte und wohl auch für sich selbst in Anspruch nahm. Seine fanatische Forderung nach Disziplin, die der Kritiker einzuhalten habe, war eine Reaktion auf das Eingeständnis, daß sich der Kunstkenner oft genug mit einem *je ne sais quoi* zufriedengeben muß; verräterisch war, wie oft in seinen Schriften der Kursivdruck Argumente und Beweise ersetzte: »She *was* a great novelist«, hieß es, mehr beschwörend als beweisend, von George Eliot. An dieser schätzte Leavis – und auch das verrät, wie er sich selbst sah – eine Provinzialität, deren Stärken sie nutzte, ohne unter ihren Nachteilen zu leiden.

Weniger auf Originalität als auf die Reinheit seines Urteils bedacht, lobte Leavis oft, was andere tadelten, und lehnte Bücher ab – wie Fieldings *Tom Jones* –, die jedermann gern hatte. Ausfallend wurde er gegen die, die sich ungefragt zu seinen Verbündeten erklärten; als in Oxford F. W. Bateson die *Essays in Criticism* als gelehrtes Gegenstück zu Leavis' bewunderter Zeitschrift *Scrutiny* gründete, erfuhr er dessen wütende Ablehnung, ohne je zu begreifen, warum er ihm als Bundesgenosse unwillkommen war. Antimarxistisch war Leavis, als der Marxismus in Mode war, und nichts haßte er mehr als eine Anbiederung an das Establishment. Dies führte letztlich auch zum Bruch mit T. S. Eliot. In seiner Kompromißlosigkeit war er Wittgenstein ähnlich, den er für ein

Genie hielt und mit dem er auf Distanz verkehrte. Eines Magenleidens wegen bei Tisch frugal, wurde Leavis des Nachts zum Langstreckenläufer, um seine Schlaflosigkeit zu bekämpfen – beides Folgen eines Gasangriffs, in den er als Krankenträger im Ersten Weltkrieg geraten war. Obwohl *Scrutiny* ein Gruppenunternehmen war und er zusammen mit seiner Frau Bücher veröffentlichte, blieb Leavis einsam und als Kritiker ein Einzelgänger.

Wie der in der Routine seiner *Nouveaux Lundis* gefangene Sainte-Beuve hätte auch F. R. Leavis von sich sagen können, er sei kein Monsieur und kein Gentleman, sondern ein Arbeiter, der seinen Stück- und Stundenlohn erhält. Ansonsten war er, wie auch Photos von ihm erkennen lassen, in allem das Gegenbild eines ›critique souriant‹.

Von 1925 bis 1927 gab Edgell Rickword den *Calendar of Modern Letters* heraus, eine Zeitschrift, in der Leavis seine eigenen Vorstellungen von Literaturkritik zum Teil vorweggenommen sah. Der *Calendar* veröffentlichte scharfe Abkanzelungen überschätzter zeitgenössischer Autoren, zu denen nicht zuletzt die Verfasser soziologischer Romane, wie H. G. Wells und John Galsworthy, gehörten. Später wurden diese *scrutinies* gesammelt; sie gaben der Zeitschrift den Namen, in der Leavis und seine Anhänger ihr kompromißloses Programm vertraten – vorbehaltlos preisend und zugleich zu jedem »notwendigen Zerstörungswerk« bereit. Junge Graduierte aus Cambridge gehörten vor allem zu den Mitarbeitern von *Scrutiny*, Absolventen und zugleich Kritiker der English School, die wie Leavis ohne feste Anstellung, ohne sicheres Gehalt und ohne Honorar arbeiteten. *Scrutiny* fand bald weite Anerkennung – doch das offizielle Cambridge, die kulturtragenden Sonntagszeitungen, Bloomsbury und der British Council schwiegen die Zeitschrift tot. Ohne irgendeinen Zuschuß erschien *Scrutiny* mehr als zwanzig Jahre lang, bevor die Zeitschrift 1953 ihr Erscheinen einstellen mußte. Zehn Jahre später war das Interesse an ihr so gewachsen, daß Cambridge University Press einen Nachdruck veröffentlichte; triumphierend schrieb Leavis, nun sei *Scrutiny* klassisch und unentbehrlich geworden.

Leavis, der hugenottische Vorfahren hatte, war der unfranzösischste aller Kritiker. Denjenigen, die ihm Provinzialität und auch eine gewisse Frankophobie vorwarfen, hielt er – Henry James als Kronzeugen zitierend – entgegen, er brauche sich nicht mit einer Literaturgesellschaft zu beschäftigen, die einem Alphonse Daudet ihre Aufmerksamkeit widme, ohne George Eliot zu kennen. George Eliots und Henry James' Größe lag auch darin, daß sie Flaubert so wenig ähnelten, und Joseph Conrad war ein bedeutenderer Schriftsteller als Flaubert, weil er sich nicht nur um die Literatur, sondern auch um das Leben kümmerte. Gleichermaßen gegen Akademiker wie gegen jede Spielart der *belles lettres* allergisch, nahm F. R. Leavis die Literatur todernst: das Leben war zu kurz, wie er einmal schrieb, um sich ausführlich mit Henry Fielding zu beschäftigen oder von J. B. Priestley Kenntnis zu nehmen.

Jede Brillanz, die die Form auf Kosten des Gehalts betonte, galt Leavis in Literatur wie Literaturkritik als verantwortungslos. Weil er das Ästhetische stets mit dem Moralischen verknüpfte, war Tolstoi so groß; weil sie ihr Wissen durch ihr Mitgefühl verlebendigte, mußte man George Eliot bewundern; daß ein Dichter sensibel war, zeigte sich daran, daß er moralische Ansprüche erfüllte. Große Romanciers unterhielten den Leser nicht, sondern klärten ihn über die Möglichkeiten des Lebens auf, die Klassiker waren lebendige und lebenspendende Autoren. Gedichte und Romane las Leavis als Beiträge zu einer exemplarischen Anthropologie: aus ihr konnte der Mensch Aufklärung über seine Natur, seine Bedürfnisse und auch seine Geschichte gewinnen.

Weil die Literatur sich mit den Möglichkeiten des richtigen Lebens beschäftigte, konnte die Literaturkritik nur eine normative Disziplin sein: sie urteilte nach moralischen Maßstäben und interpretierte die Werte, die die großen Werke speicherten. Leavis' Literaturkritik, die so ernst und streng betrieben wurde, war keine Literaturwissenschaft, und I. A. Richards, der Q. D. Roths Dissertation betreut hatte, der zu den ersten Mitarbeitern von *Scrutiny* gehörte und zu den Ahnen des New Criticism zählt, wurde von Leavis exkommuniziert, als seine psychologischen und semantischen Ambitionen in Pseudowissenschaft ausarteten. Schon in den *Principles of Literary Criticism* (1928) verkündete Richards ein Programm, dem Leavis nur teilweise folgen konnte:

> Gemischte Formen des Schreibens, die sowohl das Gefühl wie das Denken des Lesers ansprechen, werden für das moderne Bewußtsein gefährlich, welches den Unterschied beider zunehmend deutlicher erfährt. Gedanke und Gefühl können sich heutzutage in einer Weise wechselseitig irreführen, wie dies vor sechshundert Jahren noch kaum möglich war. Wir brauchen jetzt eine Periode reinerer Wissenschaft und reinerer Dichtung, bevor beide wieder vermischt werden können – falls dies überhaupt noch einmal wünschenswert erscheinen wird.

Was Leavis an einem solchen Programm anziehen mußte, waren die Unerbittlichkeit, die Strenge und die Disziplin, die es verlangte; was ihn abstieß, war der Wissenschaftsoptimismus seines Autors, der später so weit ging, das Fernsehen als »himmlisches Medium« zur Verbreitung des von ihm miterfundenen Basic English zu preisen.

In Leavis' Augen durfte die Literaturkritik gerade nicht wie eine Wissenschaft betrieben werden. Es war absurd, über Theorien oder Methoden zu diskutieren, weil der Kritiker stets dem einzelnen Autor gerecht werden mußte. Epochenbezeichnungen wie ›Romantik‹ waren nutzlos, wenn so verschiedene Dichter wie Blake, Wordsworth und Shelley als ›Romantiker‹ klassifiziert wurden. Kritiker, die sich hinter derartigen Kategorien versteckten, wichen einer moralischen Entscheidung aus; sie weigerten sich, den Wert individueller Autoren zu begründen. Typisch für Leavis ist es, weder eine Epochenbezeichnung noch Gattungsbegriffe zu benutzen, wenn er von der ›großen Tradition‹ der englischen Literatur spricht, zu der für ihn Jane Austen, George Eliot, Henry James und Joseph Conrad gehören: dies ist eine normative Kategorie, und der Kritiker, der sie benutzt, ordnet nicht, sondern richtet.

In der Tradition Matthew Arnolds begriff F. R. Leavis die Literaturkritik als eine Lesens- und Lebenslehre. Wenn er die englische Kulturindustrie angriff, geschah dies weniger aus Ressentiment als aus einem Gefühl der Verantwortung. Leavis war davon überzeugt, daß von der richtigen Wertschätzung der großen englischen Literatur die geistige Zukunft Englands abhing, und die Rede von der »blutigen Revolution«, die notwendig sei, um die verkrusteten ›English Studies‹ zu verändern, war fast mehr als eine Metapher. In einer Zeit, in der das religiöse Gefühl schwächer und schwächer wurde, hatte Matthew Arnold den Wert literarischer Bildung und Erziehung gepredigt; in seinem Geist wollte Leavis, dieser Puritaner ohne Religion, wie er selbst sich nannte, aus der reformierten Universität eine Art Gemeinde machen, die der Glaube an die heilende Kraft der Literatur zusammenhielt.

Ansporn und Bedrohung durch die Soziologie

Das Problem lag darin, nicht nur Wissenschaftler, sondern auch Wissenschaftspolitiker zu einem solchen Glauben zu bekehren, und als Lord Robbins seinen *Report on Higher Education* vorlegte, wurde sichtbar, welcher Konkurrenz sich die Literaturkritik gegenübersah:

> Im Rahmen der Universitätsausbildung hält es Lord Robbins für notwendig, daß die Naturwissenschaften durch Fächer ergänzt werden, die sich dem Studium der menschlichen Natur widmen. In diesem Zusammenhang spricht er von der Psychologie und den Sozialwissenschaften. Dies sind Disziplinen; seine herablassende Geste gegenüber der Literatur und den Künsten macht es offenkundig, daß diese als gefälliges Beiwerk zu dem gewertet werden, worauf es wirklich ankommt. Sie schmücken und verschönern das Leben und sollten nicht entmutigt werden: Würde und Anmut gehen von ihnen aus.

Wie hundert Jahre zuvor in der Auseinandersetzung zwischen Matthew Arnold und Thomas H. Huxley zeigte es sich auch nun, daß die Bedrohung für die Literaturkritik nicht von den Naturwissenschaften kam. Das Fach Englisch befand sich am anderen Ende einer Skala, die mit der Mathematik begann; nie würde es in der Literaturkritik ein Werk geben, das den *Principia Mathematica* entsprach. Der Robbins-Report war das Produkt einer technischen Zivilisation, in welcher der Geist Benthams lebendig geblieben war, Ausdruck eines geistigen Philistertums, das die Sozialwissenschaften benutzen wollte, um die Menschen den Bedürfnissen des Marktes und der Kulturindustrie anzupassen. In den Augen der Philister, die bereits Matthew Arnold durchschaut hatte, war das Englische nichts als eine ›soft option‹.

Ohne Aussicht, in der modernen Bentham-Welt dafür Anerkennung zu finden, mußte die Literaturkritik den heroischen Versuch unternehmen, das Tun schöpferischer Schriftsteller nicht als Zeitvertreib, sondern als eine notwendige Tätigkeit darzustellen, von der ein Überleben der Menschheit in Würde abhing. Ohne einen falschen Anspruch auf Wissenschaftlichkeit zu erheben, mußte die Literaturkritik zugleich deutlich machen, daß sie eine Disziplin sui generis war, eine Disziplin, in der Doktrinen, Theorien und Allgemeinbegriffe jeder Art weniger zählten als Sensibilität, Verantwortungsbewußtsein und Intelligenz. Für diese Disziplin bestand die literarische Tradition eines Landes nicht nur aus seiner Literaturgeschichte, und gerade weil sie die Literatur so ernst nahm, legte sie größten Wert auf außerliterarische Studien. Mit den Naturwissenschaften konnte die Literaturkritik nicht, mit der Philosophie und den alten Sprachen brauchte sie nicht mehr konkurrieren; womit sie sich in der technisch-wissenschaftlichen Zivilisation auseinanderzusetzen hatte, war die Soziologie.

Leavis und der *Scrutiny*-Kreis lehnten die Soziologie nicht einfach ab; von Q. D. Leavis sagte Denys Thompson sogar, sie habe mit Soziologie, Philosophie und Ethnologie eine Lücke gefüllt, die durch ihre Abkehr von der jüdischen Tradition entstanden war. Freilich beharrten die ›Leavisites‹ darauf, daß die Literaturkritik die bessere Soziologie sei. Denn während die soziologische Erfahrung notwendigerweise begrenzt blieb und kein Fragebogen die menschliche Natur erschließen konnte, boten Schriftsteller wie Dickens in ihren Romanen eine Analyse der zeitgenössischen Gesellschaft, deren Präzision und Lebendigkeit kein Fachmann erreichte:

> Dickens war ein großer Romancier und als solcher ein unvergleichlicher Sozialhistoriker. Die großen Romanciers vor allem sind es, die uns unsere Sozialgeschichte liefern; verglichen mit dem, was sie in *ihrem* Werk – ihrem schöpferischen Werk – leisten, erscheinen die Darstellungen des professionellen Sozialhistorikers hohl und bedeutungslos.

Besonders eindrucksvoll war die Haltung George Eliots, die von Positivisten wie Frederic Harrison und Soziologen wie Herbert Spencer bedrängt wurde, und die doch besonnen genug blieb, um deren Eingebungen nicht zu erliegen: von den soziologischen Systemen drohte eine Gesellschaftsvergötterung, der letztlich das Individuum zum Opfer fallen mußte. George Eliots Romane waren Beispiele einer idealen Soziologie, weil in ihrer Gesellschaftsanalyse das Individuum sein Recht behielt; in einem Buch wie *Middlemarch* hätte Beatrice Webb all das finden können, was sie in ihren trockenen soziologischen und statistischen Lehrbüchern vermißte. Auf der anderen Seite war Beatrice Webb die George Eliot der englischen Sozialwissenschaften und ihre Autobiographie, *My Apprenticeship*, ein Klassiker der englischen Literatur:

> Sie erweckt in uns ein stärkeres Interesse als Mills *Autobiography*. Mrs. Webbs frühes Leben war an prägender Erfahrung reicher. Ihre Kindheit war kein Erziehungsexperiment, und sie erduldete nichts, was der beschränkten und mageren Intellektualität von Mills Aufzucht entsprochen hätte. Und wenn sie das Milieu und die Bedingungen ihrer Kindheit beschreibt, erkennen wir in dieser Schriftstellerin den potentiellen Romancier. Nicht nur, weil sie eine begabte und hochintellektuelle Frau ist, erinnert sie uns trotz aller Unterschiede an George Eliot.

Als posthum der zweite Band von Beatrice Webbs Autobiographie, *Our Partnership*, erschienen war, besprach ihn Leavis sofort in *Scrutiny*. Ein Klassiker der englischen Literatur war dieses Buch nicht, aber der Rezensent stellte anerkennend fest, daß aus Beatrice Webb ein guter Literaturkritiker hätte werden können.

Auch waren ihm Sozialforscher wie Mayhew willkommen, deren Enquêten (*London Labour and the London Poor;* 1851, 1862) die literarischen Erkenntnisse eines Dickens bestätigten, und während Schriftsteller wie H. G. Wells, die in ihren soziologischen Romanen die Literatur der Soziologie zum Opfer brachten, gnadenlos verdammt wurden, wurden der anthropologische Blick eines T. S. Eliot, die soziologische Sensibilität eines John Dos Passos und selbst die leichte Lektüre eines Thomas Love Peacock gerühmt, dessen ironische Gesellschaftskritik im 19. Jahrhundert auch die Satire auf die modische Gesellschaftswissenschaft einschloß.

In einem Vortrag über ›Literatur und Gesellschaft‹, den er vor der Studentenvereinigung der London School of Economics hielt, ironisierte Leavis eine allzu lebendige romantische Tradition, die das dichterische Werk als Genieprodukt erklärte: »Begabte Individuen tauchen auf, Inspiration setzt ein, Schöpfung ist die Folge.« Wichtiger war die Suche nach den außerliterarischen Bedingungen literarischer Produktion, wobei es nicht darauf ankam, ökonomische und materielle Zusammenhänge zu rekonstruieren, sondern jene geistige Tradition ausfindig zu machen, zu der die betreffende Dichtung gehörte. Weder Marx noch Wells konnten der Literaturkritik von Nutzen sein. Leavis war davon überzeugt, daß die Sozialwissenschaften eher der Literaturkritik bedurften, die in seiner utopischen Universität die Rolle einer allgemeinen Propädeutik spielte, als umgekehrt: über politische und gesellschaftliche Probleme durfte eigentlich nur der literarisch Gebildete in einem Klima lebendiger literarischer Kultur nachdenken. Von Nutzen konnte die Literatur der Soziologie nur dann sein, wenn sie nicht als Quelle mißbraucht, sondern in ihren literarischen Qualitäten ernstgenommen wurde.

Daher war Leavis – und mit ihm der *Scrutiny*-Kreis – ein geschworener Feind der Literatursoziologie, für die ihm Levin Schückings *Soziologie der literarischen Geschmacksbildung* (1931) als abschreckendes Beispiel galt. Wollte der Soziologe aus der Literatur Nutzen ziehen, mußte er wohl oder übel zum Literaturkritiker werden – was er um so leichter tun konnte, als eine recht verstandene Literaturkritik sich nicht nur mit Literatur, sondern mit dem Menschen und mit der Gesellschaft, mit Geschichte und Zivilisation beschäftigte: »Eine Zeitschrift tut not, die die Literaturkritik mit einer Kritik nichtliterarischer Tätigkeiten verbindet. Wir halten es für ein Axiom, daß ein Interesse an Fragen des Lebensstandards ein Interesse an Fragen des Kunststandards einschließt.«

Englisch war für Leavis eine natürliche Kontaktdisziplin; ein Fach, dessen Fragestellungen so weitreichend waren, daß sich eine Fülle anderer Disziplinen ihm anlagern und so neue interdisziplinäre Kristallisationen ausbilden konnten. Als er 1963 auf die mehr als zwanzig Jahre zurückblickte, in denen *Scrutiny* erschienen war, hob F. R. Leavis hervor, wie vielfältig die Beiträge der verschiedensten Disziplinen zu seiner Zeitschrift gewesen waren. Dazu gehörten Soziologie, Ökonomie, Psychologie und vor allem die Ethnologie: von den *Scrutiny*-Mitarbeitern, die alle Absolventen der English School in Cambridge waren, wurden nicht weniger als fünf Ethnologen, und einer von ihnen schrieb aus Afrika an Leavis, wie sehr ihn *Scrutiny* und die darin vertretene Literaturkritik in seinem neuen Beruf beeinflußt hatten.

Ihre aus Prinzip normative Orientierung behielt die von Leavis vertretene Literaturkritik auch im Disziplinenkontakt bei: nicht die Zusammenarbeit mit einem Fach schlechthin wurde gesucht, sondern diejenigen Ansätze und Orientierungen wurden identifiziert, die der von Leavis und in *Scrutiny* vertretenen Position weitgehend entsprachen. Das wissenschaftspolitische Engagement des *Scrutiny*-Kreises machte an den Grenzen der Literaturkritik nicht halt, und so wurde beispielsweise einer Ökonomie, die zur bloßen Preistheorie zu verkümmern drohte, eine wirklich politische Ökonomie entgegengehalten, die Zwecken der Sozialreform und der Sozialpolitik nützlich werden konnte. Zwar sollten Ökonomie und Ethik nicht miteinander vermischt, aber doch aufeinander bezogen werden. Dies führte zum erneuten Lob der

Webbs, deren »monumentale Arbeiten, ... ausgewogene Studien gesellschaftlicher und ökonomischer Institutionen in ihrem alltäglichen Funktionieren«, auch den Angehörigen anderer Disziplinen von höchstem Nutzen sein konnten. Indem sie die Ökonomie als Institutionenanalyse betrieben, folgten die Webbs Thorstein Veblen, der für *Scrutiny* so etwas wie ein Leit-Soziologe war, und vorbildhaft waren sie auch darin, daß sie ihre Theorie nicht a priori entwickelten, sondern durch vorsichtige Verallgemeinerungen, denen ein detailliertes Studium der gesellschaftlichen Wirklichkeit vorausgegangen war.

Bereits im Manifest, mit dem *Scrutiny* einsetzte, war von der Soziologie die Rede: Aufklärung über die gegenwärtige Zivilisation versprach vor allem jenes ethnologische Verfahren, das in *Middletown* praktiziert worden war. So wie Veblen als ein Leit-Soziologe der *Scrutiny*-Bewegung angesehen werden kann, war *Middletown* für sie eine Art Muster-Publikation. 1929 hatten Robert und Helen Lynd *Middletown* als eine Studie zur gegenwärtigen amerikanischen Kultur veröffentlicht, eine Pionierarbeit, die den Wandel der amerikanischen Gesellschaft an einer Durchschnittsstadt des amerikanischen Mittelwestens – das unmittelbare Vorbild war Muncie (Indiana) – untersuchte. Die Lynds selbst sprachen von einem kulturanthropologischen Ansatz: sie gingen von der Voraussetzung aus, daß es in menschlichen Gesellschaften Grundverhaltensweisen gab, die sich überall finden ließen. Hatte man sie einmal identifiziert, konnte man mit ihrer Hilfe den sozialen Wandel anschaulich beschreiben. Dies taten die Lynds in *Middletown*, das zusammen mit der Fortsetzung, *Middletown in Transition* (1937), auch als ein Stück Beschreibungsliteratur gelesen werden konnte, in dem Zensusdaten eine ebenso große Rolle spielten wie Zitate aus den Büchern von Sherwood Anderson.

Dem *Scrutiny*-Kreis imponierten das Engagement und die Disziplin, mit denen die Lynds an einem konkreten Beispiel das Vergehen der traditionalen und das Heraufkommen einer neuen Sozialordnung beschrieben. Außerdem verbarg sich in diesem Klassiker der deskriptiven Sozialforschung eine kaum verhüllte

Abneigung gegen die theoretische Soziologie. Die soziologische Selbstkritik trat offen zutage, als Robert Lynd am Vorabend des Zweiten Weltkrieges sein Buch *Knowledge for What?* veröffentlichte. Darin verglich er den Sozialwissenschaftler, der immer mehr einem Techniker zu ähneln begann, mit einem Redner, der einen Vortrag über Navigation hält, während er sich an Bord eines Schiffes befindet, das bereits untergeht. Lynd hob die Sensibilität eines D. H. Lawrence hervor, der die Folgen des die Industriegesellschaft prägenden Wandels in seinen Dichtungen beschrieben hatte. An der Literatur wurden dem Soziologen seine eigenen Grenzen klar:

> Romanciers, Künstler und Lyriker liefern wertvolle Einsichten in unsere Kultur, die über die vorsichtigen Verallgemeinerungen der Sozialwissenschaft hinausgehen und bedeutende Hypothesen für ein weiteres Studium eröffnen.

Dem *Scrutiny*-Kreis galt die Soziologie als Synthese aller Sozialwissenschaften – eine Position, die sich mit derjenigen der Literaturkritik in den Geisteswissenschaften vergleichen ließ und eine eigentümliche Parallele zu den Auffassungen Durkheims aufwies. Darüber hinaus ähnelte *Scrutiny* wie die *Année Sociologique* einem Forschungsinstitut, an dem ein bestimmter, auch moralisch legitimierter Forschungsansatz weit über die Grenzen des eigenen Faches hinausgetragen und getestet wurde. *Scrutiny* wählte sich eine bestimmte Soziologie als Bundesgenossin – wobei eine besondere Perspektive der sozialhistorischen Entwicklung dafür die Auswahlkriterien lieferte.

Pastorales Zeitalter und Maschinenwelt

LEAVIS' Geschichtsbild trug manichäische Züge: aus England, dem Land, das Shakespeare, George Eliot und D. H. Lawrence hervorgebracht hatte, war für ihn das Land des Wohlfahrtsstaates, des Fußballs und einer literarischen Kultur geworden, die von den Dritten Programmen und dem Feuilleton des *New States-*

man geprägt wurde. In der Gegenwart schien die Bentham-Welt, wie Dickens sie in *Hard Times* geschildert hatte, ihre Vollendung zu erfahren: Standardisierung und Massenproduktion schritten voran, widerstandslos wurde die Amerikanisierung aller Lebensbereiche hingenommen, und die Computer begannen, Gedichte zu schreiben. Neben *Middletown* war Q. D. Leavis' *Fiction and the Reading Public* der Leittext, der die Entwicklung zur Massenkultur und zur Kulturindustrie beschrieb, ohne daß die Verfasserin freilich, von Nostalgie überwältigt, berücksichtigt hätte, wie stark auch die Lesekultur früherer Zeiten – etwa die des 18. Jahrhunderts – von der Populärkultur geprägt worden war.

Die moderne gesellschaftliche Entwicklung, die für den mit Spengler sympathisierenden F. R. Leavis alle Züge des Kulturverfalls trug, wurde von den Naturwissenschaftlern mit Gleichgültigkeit hingenommen, wenn nicht sogar mit Optimismus begleitet. Ebenso wie C. P. Snow die wissenschaftliche Ahnungslosigkeit und die politische Gefährlichkeit der Literaten gegeißelt hatte, griff Leavis die Unmoral der Naturwissenschaften an und erklärte sich mit Blakes Protest gegen die Welt eines Newton und eines Locke solidarisch. Während er dem Marxismus die Fähigkeit absprach, die komplizierte Struktur der modernen Industriegesellschaft zu analysieren, glaubte Leavis zugleich daran, daß nur eine Form des ökonomischen Kommunismus die Welt würde retten können.

Diese Äußerung Leavis' hatte weniger mit seiner Einschätzung der Marxschen Theorie zu tun als mit der Sehnsucht nach einer vergangenen Epoche, in der das Gemeineigentum noch eine Rolle gespielt und der Mensch sich mit seiner Kultur noch in harmonischem Einklang befunden hatte. Mit Leavis teilte der *Scrutiny*-Kreis ein Weltbild, das von Dekadenzvorstellungen bestimmt wurde: die technisch-wissenschaftliche Zivilisation hatte die landwirtschaftliche Grundlage des Lebens und damit den Boden für eine die Bedürfnisse des Menschen befriedigende Zivilisation zerstört. Nicht zuletzt dieses Weltbild erklärte die hymnische Wertschätzung, die Leavis einem Autor wie D. H. Lawrence entgegenbrachte.

Im Zeitalter der Agrikultur hatte die englische Sprache ihre Stärke aus der Verbundenheit mit dem ländlichen Leben gewonnen: das Theater Shakespeares sprach noch das Volk und die Gebildeten zugleich an. Subsistenzwirtschaft und Religion trugen zur Verhaltenssicherheit der Bauern in der Agrargesellschaft bei und garantierten die Lebenszufriedenheit von Menschen, auch wenn sie überarbeitet und unterbezahlt waren. Diese »wunderbar zufriedenstellende Kultur« eines vergangenen, pastoralen Zeitalters wurde von der Maschinenwelt abgelöst, in der das Englische, das einst eine expressiv-ländliche Sprache gewesen war, zu einem mechanisierten Idiom verkam.

Historischer Nachforschung hielten all diese Behauptungen nicht stand; neben anderen waren es Christopher Hill und Raymond Williams, die darauf aufmerksam machten, daß Leavis' harmonische Agrargesellschaft von Arbeitstieren und Rechtlosen bevölkert wurde, die zuviel mit der Sicherung ihres bloßen Überlebens zu tun hatten, als daß sie sich an der Harmonie ihrer Kultur hätten erfreuen können, deren prägende Merkmale eine hohe Kindersterblichkeit, chronische Unterernährung und Analphabetentum waren.

Aber was Leavis und der *Scrutiny*-Kreis verkündeten, war nicht das Ergebnis historischer Forschung, sondern die Proklamation eines Weltbildes, das vor allem dazu bestimmt war, die Verhaltenssicherheit einer Gruppe akademischer Außenseiter zu stärken. Ein solches Weltbild erklärte auch die Stellung dieser Literaturkritiker zur Soziologie, der Orientierungsdisziplin der westlichen Industriegesellschaft.

Ihre Sympathien und Antipathien waren unschwer zu erkennen: sie waren Feinde jeder soziologischen Theorie – aber sie nutzten die Ergebnisse einer auf genauer Beobachtung beruhenden, empirischen Sozialforschung; sie haßten den Soziologen, der sich zum Komplizen der Industriegesellschaft machte, und bewunderten den, der sich zu ihrem Ankläger aufschwang. Sie standen, wie so viele schreibende Intellektuelle des 19. und 20. Jahrhunderts, auf seiten der mechanischen gegen die organische Solidarität, aufseiten der Gemeinschaft gegen die Gesellschaft. Dabei ließ sich der *Scrutiny*-Kreis, sowohl was seine Organisationsform als auch was seine Leitideen anging, weniger mit anderen Gruppierungen literarischer Intellektueller als mit den Schulen und Theoriegruppen von Soziologen vergleichen. Als Zeitschrift erfüllte Leavis' *Scrutiny* ähnliche Funktionen wie Durkheims *Année Sociologique*, und an unerbittlicher Schärfe, mit der diese Literaturkritiker Massenkultur und Kulturindustrie angriffen, kam ihnen nur die Kritische Theorie gleich. Eine eigentümliche Form der Mimikry zeigt sich hier. Wie es scheint, wollte die Literaturkritik, diese nostalgische und sich nach vorindustriellen Zeiten zurücksehnende intellektuelle Disziplin, im industriellen Zeitalter dessen Schlüsseldisziplin nachahmen, um Gehör zu finden: die Soziologie.

Die Priesterschaft der Literaten

Im 19. Jahrhundert wird der Zusammenhang von Politik und Moral, von Religion und Wissenschaft, von Wissenschaft und Literatur zunehmend schwächer. In allen europäischen Ländern setzt daraufhin eine Gegenbewegung ein, in der – meist von den Intellektuellen selbst – die Formierung einer neuen, unparteiischen Intelligenz gefordert wird, die den verderblichen Tendenzen zur Spezialisierung und Entmoralisierung des öffentlichen Lebens entgegenzuwirken vermag. In England ist diese Bewegung besonders stark. Coleridge prägt den Begriff der *clerisy* und eröffnet eine Debatte, die nicht auf England beschränkt bleibt und über Julien Bendas *Trahison des clercs* bis in die Gegenwart wirkt. In dieser Debatte spielen die literarische und die sozialwissenschaftliche Intelligenz eine bedeutende Rolle.

Von der besitzenden und der verteilenden Klasse unterschied Coleridge die Klasse derer, die dazu bestimmt waren, »das vorhandene Wissen zu pflegen und zu erweitern und die Interessen der Natur- und Moralwissenschaften wahrzunehmen«, Erzieher, die so gleichmäßig über das ganze Land verteilt werden sollten, daß keine Region ohne geistigen Führer oder Wächter blieb. Diese Klasse bildete eine Art innerweltlicher Kirche, keine *ecclesia*, sondern eine *enclesia*, deren Klerus aus den Kirchenmännern und aus den Gebildeten aller wissenschaftlichen Fächer bestand. Der Einfluß Kants wurde sichtbar, wenn Coleridge betonte, daß der Menschheit eine Überzivilisierung drohte, die von keiner entsprechenden Kultivierung begleitet sein würde. Aufgabe der *clerisy* war es auch, Kultur und Zivilisation im Gleichgewicht zu halten.

Als Thomas Carlyle seine Vorträge über Helden und Heldenverehrung hielt, nannte er Götter und Propheten, Poeten und Priester die Helden vergangener Zeiten – das Idol der Moderne aber war der Literat, der ein Held bleiben würde, solange die Kunst des Schreibens und des Druckens eine Rolle spielte. Eine anomale Existenz führte der Literat, der seine Inspiration in Büchern niederlegte und davon lebte, was das Publikum ihm für seine Bücher gab. In der Moderne wurde der *Man of Letters*, ein entfremdeter Held, zur Leitfigur, und seine eindrucksvollste Verkörperung fand er in Goethe:

> ›Es soll keine Religion mehr geben?‹, wiederholt der Professor. ›Dummkopf! Ich sage Dir, es gibt sie doch. Hast Du auch alles in Betracht gezogen, was in diesem unermeßlichen schäumenden Ozean liegt, den wir *Literatur* nennen? Fragmente einer wahrhaften *Predigtlehre* sind darin verstreut, die die Zeit ordnen wird; ja, selbst Teile einer *Liturgie* könnte ich nennen. Und Du weißt, selbst im Gewand, in der Umgebung und im Dialekt dieser Zeit, von keinem Propheten? ... Kennst Du wirklich keinen? Ich kenne ihn, und ich nenne ihn: Goethe.‹

Fichtes ›Gelehrter‹ wurde für Carlyle zum *Literary Man*, und Johnson, Rousseau und Burns waren die *Men of Letters*, mit denen er sich beschäftigte, zweitrangige Autoren im Vergleich mit Goethe, doch einem englischen Publikum auf Grund ihrer Lebensumstände eher vertraut. Der Literat mit seinen »copy-rights and copy-wrongs« war eine profane und eine sakrale Gestalt zugleich: jemand, der mit Büchern seinen Lebensunterhalt bestritt und zugleich in ihnen eine Lebenslehre entwickelte, der die Menschen folgen konnten.

Carlyle schien seine Epoche immer mehr aus den Fugen zu geraten: bezeichnend dafür war, was Bücherschreiber in der Welt taten und was die Welt ihnen antat. Der Schriftsteller wurde in seinem Tun durch die Regeln keiner Profession geleitet, niemand fragte, woher er kam oder wohin er ging. Wie ein Paria wanderte er durch eine Welt, die er ebenso erleuchten wie irreführen konnte: er war nichts als ein »gesellschaftlicher Zufall«. Und doch vollbrachten Bücher Wunder, wie es früher einmal die Runen getan hatten. In den verkommensten Leihbüchereien abgelegener Kleinstädte prägten Bücher das Alltagsverhalten ihrer Leser, wurden die verrücktesten Lebensanschauungen zu solider Praxis. Die Kunst des Schreibens verband auf wundersame Weise die entfernte Vergangenheit mit der unmittelbaren Gegenwart: »Alle Dinge wandelten sich für den Menschen, alle Arten seiner bedeutenden Tätigkeiten: Lehren, Predigen, Regieren, und alles übrige.« Die Universitäten, in denen lange Zeit das Wissen in mündlicher Überlieferung weitergegeben worden war, wurden zu Büchersammlungen, und in der Kirche wurden zu wahren Predigern und Propheten die, die Bücher schreiben konnten. Fichte folgend sah Carlyle die Literatur als eine Art Offenbarung: sie brachte das Gottähnliche im Irdischen und Gemeinen zum Vorschein, wie sich an Byron und Goethe, an Shakespeare und an Miltons Kathedralen-Musik zeigte.

Die Kunst des Schreibens und Druckens war vom Fortschritt der Demokratie nicht zu trennen, und da die Macht des Schriftstellers immer offenkundiger wurde, war abzusehen, daß sich die Literaten bald zur Gilde organisieren würden. Das Ziel einer solchen Organisation konnte nicht darin liegen, Schriftsteller durch Gehälter oder Stipendien finanziell abzusichern – Carlyle hielt es vielmehr für notwendig, daß es Literaten gab, die arm waren, Mitglieder eines geistigen Bettelordens, dessen materielle Bedürftigkeit seinen spirituellen Einfluß noch erhöhte.

Mit Darwinschem Blick sah Carlyle auf die literarische Welt, in der – wie in der übrigen Gesellschaft – nur der Starke den Kampf um die höheren Ränge durchstand. In diesem Kampf erblickte Carlyle die Voraussetzung allen Fortschritts, und auch ihm stellte sich die Frage, die zum Zentralproblem des 19. Jahrhunderts und seiner Sozialwissenschaften wurde: sollte man diesen Kampf regulieren oder seinen Verlauf dem Zufall überlassen?

Die Schriftsteller belastete das Erbe des 18. Jahrhunderts, jener Epoche, in der Pandora all ihre Übel ausgeschüttet hatte. Es war eine skeptische Zeit, die keine Helden kennen wollte und sich die Welt als eine Maschine vorstellte, in der Interessen und Motive, Webstühle und Parlamentsmehrheiten den Ton angaben. Das Zeitalter Benthams und des Dampfmaschinen-Utilitarismus war die Zeit eines blinden Heroismus, in der Menschen wie Zähne und Antriebsräder sich in einer stählernen Maschine bewegten. Aus dieser Maschinenwelt schien das Göttliche geschwunden.

In der Unorganisiertheit der Literaten erblickte Carlyle das Grundübel einer Zeit, die an ihrem intellektuellen wie moralischen Skeptizismus litt und soziale Pestilenzen wie die Französische Revolution und den Chartismus hervorgebracht hatte; zugleich zweifelte er nicht daran, daß sich nunmehr die *Men of Letters* zu einer Art Priesterschaft zusammenschließen und der Welt einen neuen Glauben bringen würden. Das 18. Jahrhundert, das Zeitalter des Unglaubens, war eine Ausnahme gewesen: »Ich prophezeie, daß die Welt wieder *aufrichtig* werden wird; eine glaubende Welt; mit *vielen* Helden darin, eine heroische Welt.«

Ein gängiger Vorwurf an Carlyle lautete, er habe nicht ruhig, sondern stets voller Leidenschaft gedacht, und immer sei sein Intellekt von seinen Emotionen getrübt worden. Und doch hat Carlyle präzise vorausgeahnt, welch entscheidende Rolle die Priesterschaft der *Literary Men* in der Moderne spielen sollte. Carlyle folgend, hat Matthew Arnold die soziale Entwurzelung der Intellektuellen als Voraussetzung und Chance höherer Erkenntnis beschrieben: sie waren Entfremdete, *aliens*, deren Ansichten nicht von einem bestimmten Klassenstandpunkt, sondern von einem unparteiischen Geist und der Sehnsucht nach menschlicher Vervollkommnung bestimmt wurden. Julien Bendas *clercs* rückten damit bereits ins Blickfeld und auch Karl Mannheims sozial freischwebende Intelligenz.

Literaturkritik und Gesellschaftsplanung

DEM Einfluß Matthew Arnolds konnte auch T. S. Eliot nicht entgehen, der Amerikaner aus St. Louis, der – in der Achtung für Religion, Gemeinschaft und Erziehung aufgewachsen – in England, wie er selbst pointiert feststellte, zum Klassizisten in der Kunst, zum Anglo-Katholiken in der Religion und zum Royalisten in der Politik geworden war:

> Upon the glazen shelves kept watch
> Matthew and Waldo, guardians of the faith,
> The army of unalterable law.

Über die Bedeutung der Dichter war sich Eliot mit Matthew Arnold und Shelley einig: auch für ihn waren sie die verkannten Gesetzgeber der Menschheit. Eliot widersprach aber Arnolds Versuch, in der Dichtung eine Art »Kaffee ohne Coffein« zu sehen, einen Religionsersatz, der nur zu einem weiteren Bedeutungsverlust der Religion führen mußte. Ironisch kommentierte Eliot den Versuch Arnolds, als Gesellschaftskritiker zu wirken: wie viele andere, die nicht nur an der Literatur, sondern auch an allgemeinen Ideen interessiert waren, überfiel ihn gelegentlich die Versuchung, die Bücher beiseite zu legen, um erst einmal das ganze Land aufzuräumen.

Eliot war dabei kein Verfechter des Prinzips *l'art pour l'art*; wie er 1928 in der Neuauflage zu *The Sacred Wood* schrieb, hatte die Dichtung immer etwas mit Politik, Religion und Ethik zu tun – nur konnte er nicht genau sagen, was. Skeptisch gegenüber jeder Art von Interpretation, wehrte sich Eliot dagegen, den Soziologen als Deuter von Gedichten zu akzeptieren. Hierin war er F. R. Leavis verwandt, der die Literatursoziologie so vehement bekämpfte. Umgekehrt warnte er den Dichter, der über den Nutzen seiner Tätigkeit nachdachte, davor, »sich in die Aufgaben des Soziologen einzumischen«. Die Dichtung als solche hatte religiöse Bedeutung und übte ihre Wirkung auf die Gesellschaft aus – ebendeshalb durfte sie nicht als Religion und die Literaturkritik nicht als Soziologie mißverstanden werden.

Als Eliot im Jahr 1910 zum ersten Mal Paris besuchte, wohnte er nahe der Sorbonne, 9 rue de l'Université. Von dort war es auch nicht weit ins Collège de France, wo er im Januar und Februar 1911 in den Vorlesungen Bergsons saß, dessen Wertschätzung der Intuition seinen poetischen Neigungen entgegenkam. Eliots eigene Aussagen erlauben es dem Leser, in ›The Love Song of J. Alfred Prufrock‹ den Einfluß Bergsons wahrzunehmen. Aber Eliot nahm auch die Soziologie zur Kenntnis, und unter denjenigen, die ihm in Paris einen besonderen Einfluß auszuüben schienen, war Emile Durkheim. Auf ihn selbst freilich wirkte, stärker als jeder andere, Charles Maurras, und Peter Ackroyd hat darauf aufmerksam gemacht, daß die gängige Charakterisierung Maurras' durch die Trias ›classique, catholique, monarchique‹ Eliots späte Selbstbeschreibung beeinflußt haben mag.

Es gab so etwas wie ein hinter Ironie und Selbstironie verborgenes wissenssoziologisches Interesse bereits in Eliots frühen Gedichten – eine ausdauernde Neigung, sich über das eigene Tun und die Stellung in der Welt Rechenschaft abzulegen. F. R. Leavis, der als einer der ersten Eliots poetischen Rang erkannt hatte, hatte auch gesehen, welch große Rolle in seinen Dichtungen erkenntnistheoretische und metaphysische Fragen spielten: immer schien der Kritiker Eliot den Dichter Eliot zu kommentieren.

Nach 1928, dem Zeitpunkt, der fast genau mit seiner Konversion zum Anglo-Katholizismus zusammenfiel, wurde Eliot auch ein Sozialkritiker und Sozialtheoretiker, der freilich eher an der grundlegenden Diskussion von Prinzipien als an der Lösung akuter gesellschaftlicher Probleme interessiert war. Unmittelbarer

Anlaß dazu war die Gründung der *Chandos*-Gruppe, die ihren Namen dem Londoner Restaurant entlehnte, in dem ihre Mitglieder sich zu treffen pflegten. Nach dem Generalstreik von 1926 gegründet, hatte es die Gruppe als ihr Ziel definiert, »gewisse absolute und ewige Prinzipien der wahren Soziologie« zu entdecken. Damit war das Thema einer christlichen Soziologie angesprochen, das nunmehr in das Zentrum von Eliots Interesse rückte. 1933 und 1940 hielt er Vorträge in der Anglo-Catholic Summer School of Sociology und von 1938 bis 1947 engagierte er sich in *The Moot*, einer Gruppe von Geistlichen, Schriftstellern, Wissenschaftlern und Politikern, die sich einigemal im Jahr trafen, um Fragen der Gesellschaftsplanung und der Elite-Bildung im England der Nachkriegszeit zu diskutieren. Wie die Protokolle und Briefwechsel dieser Gruppierung zeigen, nahm T. S. Eliot intensiv an ihren Beratungen teil.

Eliot war stets skeptisch gewesen, was die Möglichkeiten des einzelnen Intellektuellen anging, auf die Gesellschaft einzuwirken:

> No! I am not Prince Hamlet, nor was meant to be;
> Am an attendant lord, one that will do
> To swell a progress, start a scene or two,
> Advise the prince; no doubt, an easy tool,
> Deferential, glad to be of use,
> Politic, cautious, and meticulous;
> Full of high sentence, but a bit obtuse;
> At times, indeed, almost ridiculous –
> Almost, at times, the Fool.

Jetzt aber, in Kriegszeiten, ging es darum, die Neigungen des einzelnen hintanzustellen und die Intellektuellen als Gruppe zu formieren. Die unterschiedlichen gesellschaftskritischen Positionen, die Eliot von der *Scrutiny*-Gruppe trennten, wurden schnell deutlich. Leavis und seine Anhänger blieben stets kleinbürgerliche Außenseiter, die auf kapitalistische und staatssozialistische Entwicklungen mit der Beschwörung einer Ende des 17. Jahrhunderts endgültig untergegangenen, harmonischen englischen

Agrargesellschaft reagierten. Diese sozialhistorische Idylle, der keinerlei Fakten zugrunde lagen und die im wesentlichen als gruppenstabilisierendes Weltbild diente, machte die Literaturkritik zu einer nostalgischen Disziplin. Die konservative Sozialkritik Eliots dagegen, den Leavis als einen Gefolgsmann des Londoner Establishments abtat, war entschieden moderner als die der *Scrutiny*-Gruppe; T. S. Eliot hatte wie andere Konservative erkannt, daß nur noch eine Änderung der herkömmlichen Herrschaftstechniken die Vormacht der politischen und kulturellen Orthodoxie Englands sichern konnte. Der Gedanke einer Gesellschaftsplanung wurde von ihr »gezwungenermaßen, nicht aus idealistischen Gründen«, akzeptiert, nachdem der Mechanismus natürlich und spontan expandierender Märkte nicht länger mehr funktionierte.

*

Am Ende des 19. Jahrhunderts hatte Matthew Arnold in der auf dem europäischen Kontinent entstehenden Soziologie die Konkurrenzdisziplin einer Literaturkritik erblickt, die als Leitdisziplin der Industriegesellschaft gelten wollte. Aber die Angst Arnolds war unbegründet. In England bildeten sich noch lange nicht jene sozialhistorischen Konstellationen heraus, die andernorts das Universitätsfach Soziologie entstehen ließen. In England hatte das soziologische Denken in Philanthropie und Sozialarbeit, in einer Reihe bereits bestehender akademischer Disziplinen, in der Statistik und in der politischen Verwaltung längst eine Heimstatt gefunden. Während sich in Ländern wie Frankreich und Deutschland mit scharfen, doch unterschiedlichen Profilen die Soziologie als Oppositions- oder Legitimationswissenschaft entwickelte und dazu noch innerhalb jedes Landes in einzelne Schulen zersplitterte, war die Soziologie in England schlicht ein Bestandteil des sozialen common sense; als ein eigenständiges akademisches Fach brauchte man sie nicht abzusichern.

Der Marxismus, als dessen Konkurrenz- oder Kontrastdisziplin die Soziologie gelegentlich erschien, hatte sich in England ebensowenig profilieren können; hier wählten selbst große Teile der Arbeiterschaft die Tories; das Bürgertum war konservativ, die Sozialisten waren Reformer, und mit dem Beginn des 19. Jahrhunderts bildete sich in den Rängen der oberen Mittelklasse jene für England typische stabile intellektuelle Aristokratie heraus, die das Paradox einer Intelligenzija bot, »die eher mit der übrigen Gesellschaft konform zu gehen scheint, als daß sie gegen sie rebelliert«.

Dieser intellektuellen Aristokratie steckte die Literatur »in den Knochen«; und ihre Leitdisziplin war die Literaturkritik. Nur einem oberflächlichen Betrachter konnte es so scheinen, als gäbe es in England keine Soziologie. Es gab über Jahrzehnte hinweg, von der London School of Economics abgesehen, das Fach Soziologie nicht; aber nicht zuletzt in der Literaturkritik war ein lebendiges soziologisches Denken verborgen.

In den stürmischen dreißiger Jahren wurde die unerschütterliche Ruhe der englischen Kultur gestört. Wachsende internationale Spannungen und im Inneren die Aufkündigung des politischen und ökonomischen Konsens deuteten auf den unmittelbar bevorstehenden Untergang des kapitalistischen Systems hin – ein Schluß, den auch die Webbs zogen, als sie sich, ohne je Marxisten gewesen zu sein, dem Sowjetkommunismus in die Arme warfen. Arbeitslosigkeit, Lohnkürzungen und Streiks ließen den Klassencharakter der englischen Gesellschaft jetzt deutlicher hervortreten.

Hier liegen die Keime jener Entwicklung, die schließlich auch eine englische Soziologie entstehen ließen, deren Institutionalisierung im großen Maße freilich erst lange nach dem Zweiten Weltkrieg erfolgte. Verglichen mit amerikanischen, französischen und deutschen Schulbildungen aber blieb die englische Soziologie stets eigentümlich blaß und identitätsschwach. Die Disziplinen, die sich im England der Nachkriegsjahre herausbildeten, und die sowohl intellektuelle Auseinandersetzungen im Inneren wie im Ausland wesentlich beeinflußten, waren, durch Namen wie Richard Hoggart und Raymond Williams repräsentiert, die sogenannten ›Cultural Studies‹. Charakterisiert man kurz, worin ihre Besonderheit besteht, so gibt man einen Abriß der englischen Geistesgeschichte seit Matthew Arnold: sie sind eine Mischung aus Soziologie und Literaturkritik.

DEUTSCHLAND

Prolog
Handwerker und Poet dazu: W. H. Riehl

Im Sommer 1856, als sie Pläne für ihren ersten Roman schmiedete, besprach George Eliot in der *Westminster Review* zwei Bücher eines deutschen Autors. Sie war von deren literarischer Qualität fasziniert, wies ihre Leser aber darauf hin, daß diese Bände zunächst einmal wegen des Tatsachenmaterials, das sie enthielten, und wegen der daraus ableitbaren Weltanschauung von Bedeutung waren. Es handelte sich um *Die bürgerliche Gesellschaft* (1851) sowie *Land und Leute* (1853), die ersten beiden Teile der *Naturgeschichte des Volkes* von Wilhelm Heinrich Riehl.

George Eliot nutzte ihre Rezension zu einer heftigen Kritik am englischen Gesellschaftsroman. Obwohl seine Autoren beanspruchten, eine realistische Darstellung des Volkes zu geben, erschien ihre Beschreibung der Unterschichten wirklichkeitsfremd: vor allem die Bauern ähnelten eher Opernfiguren als hart arbeitenden Menschen aus Fleisch, Schweiß und Blut. Unglücklicherweise bot die Sozialwissenschaft keine Möglichkeit, um dieses falsche Bild zu korrigieren; hingerissen von den glänzenden Erfolgen der induktiven Methode, glaubten ihre Vertreter, alle sozialen Fragen mit den Hilfsmitteln der modernen Ökonomie beantworten, alle zwischenmenschlichen Probleme durch algebraische Gleichungen lösen zu können. Die soziale Wirklichkeit wurde durch eine romantisierende Literatur ebenso verzerrt wie durch eine auf herzlose Kalkulationen beschränkte Wissenschaft. Dennoch war der Literatur ein größerer Vorwurf zu machen, kam doch die Kunst, wurde sie nur richtig ausgeübt, dem Leben näher als die Wissenschaft: sie war das beste Mittel, um unsere Erfahrungen zu erweitern und über persönliche Beziehungen hinaus die Kenntnis unserer Mitmenschen zu vertiefen. Das Problem lag darin, daß sentimentale Literaten auf der einen, herzlose Theoretiker auf der anderen Seite das Leben des Volkes verzerrt darstellten, während diejenigen, die es aus eigener Erfahrung kannten – Pfarrer, Verpächter und Spinnereibesitzer –, ihre wertvollen Beobachtungen höchstens mündlich überlieferten, doch nicht aufzeichneten. Daher konnte W. H. Riehl auch in England als Vorbild dienen: er romantisierte nicht, sondern war ein Mann anschaulicher und peinlich genauer Beobachtung, dabei stets auf der Hut vor groben Verallgemeinerungen und jenen vorschnell gebildeten Theorien, die ihre interne Stimmigkeit mit offenkundiger Wirklichkeitsferne erkaufen. Zugleich lieferte Riehl ein Beispiel dafür, wie wichtig für eine recht verstandene Sozialwissenschaft neben der Forschungsweise auch die Form der Darstellung war; er wußte, welche Probleme die Ablösung der Alltags- oder Volkssprache durch einen Wissenschaftsjargon mit sich bringt, der zwar präziser klingt, dafür jedoch jede Musikalität und Leidenschaft verloren hat.

George Eliot, von der man sagte, sie habe die toten Systeme eines Comte, Spencer und John Stuart Mill in ihren Romanen lebendig werden lassen, sah in W. H. Riehl ein künstlerisches und wissenschaftliches Vorbild. Ganz im Sinne eines Wordsworth erfüllten seine Werke die höchste Funktion der Kunst, weil sie die Sympathien des Lesers auf das Leben des einfachen Volkes ausdehnten; auf der anderen Seite führten seine Beobachtungen zu der einsichtigen Schlußfolgerung, daß eine moderne Sozialpolitik nicht auf die Doktrinen einer abstrakten Sozialwissenschaft, sondern nur auf die präzise Kenntnis gesellschaftlicher Institutionen begründet werden konnte. Bilderreich und beobachtungsscharf, boten Riehls Bücher das beste Beispiel einer beschreibenden Sozialforschung mit normativen Konsequenzen.

Riehl machte die Volkskunde zu einer deutschen Wissenschaft, und was deutsch an ihm war, verband ihn mit Hans Sachs: er war Handwerker und Poet dazu. In seinem *Wanderbuch* gab er die Handwerksgeheimnisse des Volksstudiums preis, das vor allen Dingen ein Wanderstudium sein mußte. Als Disziplinengründer war Riehl dabei keineswegs naiv; er, der sich nach seinem Studium zunächst als Publizist und Literat durchgeschlagen hatte, war sich wohl bewußt, daß ein Fach wie die Volkskunde in dem von ihm so genannten Staatensystem der Wissenschaft um ihre Anerkennung würde kämpfen müssen. Doch schien ihm die wissenschaftshistorische Konstellation günstig, weil allmählich Naturwissenschaften und Geschichte sich auf Kosten der Philosophie als Zentralmächte eines neuen Wissenschaftssystems herausbildeten, und alle Geschichte unaufhaltsam Kulturgeschichte wurde. Albrecht von Haller, Goethe und Alexander von Humboldt hatten diese Entwicklung befördert, indem sie die Naturforschung literaturfähig machten – die Wanderpoesie der Volkskunde würde in der allumfassenden Kulturgeschichte der Zukunft eine Art historischer Anthropologie bilden.

Auch wenn die Volkskunde, als selbständige Wissenschaft betrachtet, noch keine hundert Jahre alt war, reichte ihre Vorgeschichte doch bis in die Anfangszeiten der Literatur zurück. Zu ihren Begründern zählte Herder, und an seinem Beispiel ließ sich deutlich machen, welche Vorurteile der neuen Wissenschaft entgegengebracht wurden: »Die gelehrte Zunft witterte bei dem letzteren ganz richtig die unbequeme Morgenluft des eben damals aufgehenden Tages, indem sie aus Anlaß seiner Berufung zu einer Professur nach Göttingen erklärte, Herder sei ja eigentlich kein Gelehrter, sondern bloß ein Belletrist.«

Günstig war es freilich, daß Deutschland, wie Riehl mit Befriedigung erklärte, der theoretischen Konstruktionen allmählich müde wurde – nicht zuletzt, weil die Weimarer Klassik gezeigt hatte, daß zum Vorteil von Wissenschaft wie Literatur die Poeten gelehrte Schriftsteller sein konnten. Zwar war der Kampf zwischen Wissenschaft und Literatur, in dem Riehl das »culturgeschichtliche Wahrzeichen ganzer Perioden« erblickte, noch nicht endgültig entschieden, zwar strebten die Wissenschaftler zunehmend danach, Spezialisten zu sein, wobei sie die Kunst der Darstellung mehr und mehr vernachlässigten, doch bildete sich zugleich die Meinung heraus, die wirklich großen wissenschaftlichen Epochen seien durch den Friedensschluß im Kampf des Gelehrten mit dem Schriftsteller gekennzeichnet. Ein Buch konnte man nur dann gelungen nennen, wenn es nicht bloß der Wissenschaft, sondern auch der Literatur angehörte, wenn in ihm Gedankenbau und Stil zu einer ›Doppelkunst‹ miteinander verschmolzen.

Dies jedenfalls machte sich W. H. Riehl zur Maxime seines eigenen Schreibens, wenn er im Taugenichts-Ton, den in der Gelehrtenwelt meist nur der glückliche Außenseiter zu benutzen wagt, ausrief:

> Wie ich durch ein lustiges Wanderleben erst ins Bücherschreiben hineingewandert bin, so sollen auch meine Bücher allerwege lustig zu lesen seyn; die Gelehrsamkeit soll darin stecken, ohne sich selbstgefällig zu präsentiren, und wenn der Autor auch müheselig und langsam, prüfend und zaudernd gearbeitet hat, so wünscht er doch, die Leser möchten gar nichts merken von dieser Mühsal, sondern meinen, das Buch sey nur eben so von selber geworden, nur so von ungefähr hingeschrieben, rasch und unverzagt wie auf der Wanderschaft und immer mit gutem Humor, und ohne daß je der Autor vorher den gelehrten Schlafrock angezogen habe.

Riehls Optimismus trog, was die Zukunftsaussichten der von ihm propagierten Volkskunde anging: im Grunde genommen war das Fach im Augenblick seines Entstehens bereits veraltet. Es trug zu viele Züge des vormodernen Wissenschaftssystems, als daß es im 19. Jahrhundert zu einer wirklichen Schlüsseldisziplin hätte werden können: es distanzierte sich nicht von seinen literarischen Vorformen, sondern betonte – ganz im Gegenteil – seine poetischen Züge; es ließ den Gelehrten nicht nur als Autor gelten, sondern beschrieb als sein Ideal den wissenschaftlichen Schriftsteller; es trennte keineswegs Tatsachenfeststellungen und Werturteile, sondern blieb bewußt und mit gutem Gewissen normativ orientiert, denn jede echte Volkskunde war, wie Riehl es vorschrieb, eine Sittenpredigt.

Als die Nazis die Verkümmerung der deutschen Soziologie beklagten – jüdische und marxistische Einflüsse galten ihnen dafür als Ursache –, wurden Soziologen wie Max Rumpf, Gunther Ipsen und Hans Freyer gelobt, die an W. H. Riehl anknüpften und den Versuch machten, Volkskunde und Gesellschaftslehre miteinander zu verbinden. Gegenüber dem entarteten Internationalismus der westlichen Soziologien galt ein volksbewußter Regionalismus Riehlscher Prägung als Vorbild.

Dennoch war die Zustimmung zu Riehl nicht einhellig. Zwar war er schon vor der Reichsgründung im Elsaß und in den deutsch-ungarischen Grenzgebieten gewandert, doch ließ sich nicht übersehen, daß »Volksgrenze und Grenzkampf nicht im Mittelpunkt seiner Interessen lagen«. Zwar lehnte er die im Neukantianismus entwickelte, von Max Weber unseligerweise in die Soziologie übertragene Trennung nomothetischer und idiographischer Orientierungen ab, doch verharrte er in einem, den Zwecken großdeutschen Expansionsdranges wenig förderlichen »Relativismus kultur- und musikgeschichtlicher Kleinschilderung«. Riehl war eben – so ließen sich all diese Vorbehalte pointenhaft zusammenfassen – eine ästhetische, keine politische Natur.

Sowenig man auch den Motiven zustimmen mag, die ein solches Verdikt zur Folge hatten: richtig daran ist die Feststellung, daß kein direkter Weg von W. H. Riehl zu jener Soziologie in Deutschland führt, die am Ende des 19. und im ersten Drittel des 20. Jahrhunderts internationale Geltung besaß. Im Sinne Riehls war dies keine wirklich große wissenschaftliche Epoche, weil in ihr der Kampf des Gelehrten mit dem Schriftsteller noch nicht beendet worden war. Vielmehr wurde auch sie, mit charakteristischen nationalen Abweichungen, von jener Auseinandersetzung zwischen der entstehenden Soziologie und der Literatur geprägt, die in Frankreich wie in England so bedeutsame wissenschaftspolitische Folgen gehabt hatte.

Wissenschaftsfeindschaft und Dichtungsglaube als deutsche Ideologie

Die politisch-soziale Rückständigkeit Deutschlands gegenüber seinen westlichen Nachbarn gehört bis ins 20. Jahrhundert zu den Dauerthemen des Nachdenkens der Deutschen über sich selbst; und wenn es so etwas wie eine deutsche Ideologie gibt, dann besteht sie darin, weniger den Ursachen dieser Rückständigkeit nachzuspüren und auf Abhilfe zu sinnen als vielmehr in einer Mischung aus Trotz und Trauer die Romantik gegen die Aufklärung, den Ständestaat gegen die Industriegesellschaft, das Mittelalter gegen die Moderne, die Kultur gegen die Zivilisation, die Innerlichkeit gegen die Außenwelt, Gemeinschaft gegen Gesellschaft und das Gemüt gegen den Intellekt auszuspielen, um schließlich zur Glorifizierung eines deutschen Sonderwegs und zur Verherrlichung deutschen Wesens zu gelangen. Ob man nun, wie Hugo von Hofmannsthal, die kontinuierlichen Traditionsbrüche im geistigen Leben der deutschen, der geheimnisvollen Nation, beklagt oder wie Ernst Troeltsch von Deutschland als dem Land der dauernd schweren Schicksale spricht – eine Art stolzer Melancholie schwingt in solchen Worten mit und das Bekenntnis zur Rolle des Außenseiters, in der man sich nur allzu gut gefällt.

Jenes innere Reich, welches die Philosophie des deutschen Idealismus wie die Literatur der Weimarer Klassik begründen, geht der politischen Reichsgründung nicht nur um mehr als hundert Jahre voraus – es wird auf lange Zeit von den Deutschen bereitwillig als ein politischer Akt des Politikverzichts und als Legitimation des Rückzugs aus der Gesellschaft in die Lebenswelt der Privatsphäre mißverstanden.

Obwohl die Reaktion gegen die Aufklärung und ihre Übersteigerungen in Dichtung, Wissenschaft und Politik eine gesamteuropäische Erscheinung war, wirkte sie nirgends so entschieden und verbissen wie in Deutschland. Die Deutsche Bewegung war dabei »keine ursprünglich wissenschaftliche, sie war auf Steigerung des Lebens, Inhaltlichkeit und eine neue Produktivität gerichtet, und die Dichtung wurde ihr erstes Organ«. Im Dichter fand das Menschliche seinen höchsten Ausdruck, und daß in Goethe alle Möglichkeiten des Dichters sich in harmonischer Vollendung verbanden, machte ihn zum Kronzeugen einer Weltanschauung, die – Herman Nohls Charakteristik folgend – in der Kunst das Genie der Regel, in der Religion den Propheten dem Dogma, in der Moral den Heros der Konvention und im Rechts- und Staatsleben die Schöpferkraft des Volkes allen Systemen und Theorien vorzog.

Auch wenn Prioritäten dieser Art im Geist der Abkapselung und im Bewußtsein deutscher Sonderart gesetzt wurden – ihre übernationale Wirkung entfalteten sie dadurch, daß sie auch außerhalb Deutschlands wirkten und ebensoviel Anlaß zum Neid wie Anregung zum Widerspruch boten. Madame de Staël beschrieb in *De l'Allemagne* (1810) die deutschen Schriftsteller als die gelehrtesten und nachdenklichsten Geister Europas, und Ernest Renan zog gegenüber den Franzosen, die er zu leger, und gegenüber den Engländern, die er zu berechnend fand, die Bonhomie der Deutschen vor: ihre Fähigkeit, selbst in der Behandlung der abstraktesten Probleme auf das Gefühl nicht zu verzichten, und alles zu poetisieren. Freilich wurde in dem Lob, das eine Bewunderin wie Madame de Staël spendete, ungewollt deutlich, worin die Nachteile eines derart ausgeprägten poetischen Vermögens lagen: »In Frankreich liest man ein Werk nur, um davon zu sprechen; in Deutschland, wo man meistens alleine lebt, will man, daß das Werk selbst einem Gesellschaft leistet.«

Nur auf den ersten, flüchtigen Blick besteht ein Gegensatz zwischen Ernst Troeltschs Feststellung, das wesentliche Medium, in dem der deutsche Geist sich ausdrücke, sei die Literatur – vor allem, nachdem das Deutschtum im 18. Jahrhundert auf eine literarische Existenz zurückgedrängt worden sei –, und Helmuth Plessners Klage, den Deutschen habe es seit dem 17. Jahrhundert buchstäblich die Sprache verschlagen, zum Wort, zur Schriftstellerei, zur Literatur hätten sie kein gesellschaftliches Verhältnis mehr gefunden. Dieser Widerspruch löst sich auf, wenn man daran erinnert, daß die Deutsche Bewegung eine Bewegung der Dichter und Denker, aber nicht von *hommes de lettres* und Wissenschaftlern war. In Deutschland sind Dichten und Lesen traditionell einsame Akte, und eine Literatur, die sich ihrer gesellschaftlichen Verankerung bewußt wie auf soziale Wirkungen bedacht ist, gilt von alters her als oberflächlich und undeutsch. In Produktion wie Rezeption haftet der Sphäre des Dichterischen in Deutschland etwas Anti-Gesellschaftliches an, und es ist bezeichnend, daß deutsche Schriftsteller zur Entwicklung des realistischen Romans, jenes Genres, in welchem die bürgerliche Gesellschaft ihren umfassenden künstlerischen Ausdruck findet, weniger beigetragen haben als ihre europäischen Kollegen. So wird der Gegensatz von Dichtung und Literatur, den in dieser Schärfe weder Frankreich noch England kennen, erst vor dem Hintergrund der politisch-sozialen Entwicklung der verspäteten deutschen Nation verständlich. Er gibt auch der Auseinandersetzung um die Gesellschaftswissenschaft einen spezifisch deutschen Ton – um so mehr, als die Entstehung der Soziologie in Deutschland sowie die ersten ernsthaften Versuche zu ihrer Konsolidierung und Professionalisierung in Zeiten fallen, in denen das Beharren auf der Sonderstellung Deutschlands ein Kernstück politischer Ideologiebildung und Propaganda darstellt.

Als Friedrich Meinecke nach dem Ende des Ersten Weltkriegs auf drei Generationen deutscher Gelehrtenpolitik zurückblickte, die sich für ihn mit den Namen Friedrich Theodor Vischer, Gustav Schmoller und Max Weber verbanden, da äußerte er die Hoffnung, diese Gelehrtenpolitik, »die einstmals überströmte von Gemütswerten und gemütlich erfaßten Ideologien«, werde sich weiter versachlichen und zur Rationalisierung der deutschen Politik beitragen. Seine Hoffnung trog – so wie ausgerechnet Goethes Mahnung nie beherzigt worden war: »Die Deutschen sollten in einem Zeitraume von dreißig Jahren das Wort Gemüt nicht aussprechen, dann würde nach und nach Gemüt sich wieder erzeugen; jetzt heißt es nur Nachsicht mit Schwächen, eignen und fremden.«

Meinecke hatte die politische Gefahr des Kulturpessimismus und einer Ideologie der Gemütswerte unterschätzt, die mit dem Nationalsozialismus zu ihrer vollen Wirksamkeit gelangen sollten. Der ideologische Angriff auf Verstandespolitik, Demokratisierungsbestrebungen und die Auswirkungen der Industriegesellschaft fand dabei seine Parallelen in anderen europäischen Ländern, vor allem in Frankreich und Italien, doch wurden die Prophetien und Verdammungsurteile ›heroischer Vitalisten‹ nirgends so begeistert aufgenommen wie in Deutschland die Schriften eines Lagarde, Langbehn und Moeller van den Bruck. Daß ein Mann wie Lagarde dabei Ferdinand Tönnies ebenso beeinflussen konnte wie den Thomas Mann der *Betrachtungen*, den George-Kreis ebenso wie Friedrich Naumann mit seiner Idee eines sozial bewußten, sozial verantwortlichen Christentums, zeigt, wie groß die Breitenwirkung dieses irrationalen, heroischen Vitalismus war. Julius Langbehn, der Rembrandt-Deutsche, hatte proklamiert, nur eine Wissenschaft des Lebens könne wirklich Wissenschaft genannt werden, und diese Wissenschaft stehe der Kunst nahe. Damit ist das entscheidende Stichwort genannt. In Deutschland mußte sich die Wissenschaft am Leben messen lassen, und die breite Strömung der Wissenschaftsfeindlichkeit, die im 19. Jahrhundert ein Land durchzieht, das sich gerade an die Spitze der europäischen Wissenschaftsnationen gesetzt hatte, wurde – nicht zuletzt durch den Einfluß Nietzsches – von dem Verdacht genährt, die Wissenschaft habe sich dem Leben entfremdet und stehe ihm feindlich gegenüber: »Und die Wissenschaft selbst, unsere Wissenschaft – ja, was bedeutet überhaupt, als Symptom des Lebens angesehn, alle Wissenschaft? Wozu, schlimmer noch, *woher* – alle Wissenschaft?«

In diesem Klima des Wissenschafts-Verdachtes und der Wissenschaftskritik gedeiht die Lebensphilosophie, und es ist überaus bezeichnend, daß Graf Yorck in jenem Brief an Dilthey, in dem er davon spricht, daß die Philosophie »keine Wissenschaft ist, sondern Leben, und im Grunde Leben gewesen ist, auch da wo sie Wissenschaft sein wollte«, sich gerade von Du Bois-Reymond distanziert. Denn dessen berühmtes *Ignorabimus*, der Versuch, die Grenzen des Naturerkennens zu bestimmen, erhebt in Wahrheit die Unbescheidenheit zum Programm, ist Ausdruck nicht der Wissenschaftsskepsis, sondern wissenschaftlicher Hybris. Du Bois-Reymond glaubte nicht nur, die Grenzen des überhaupt Wißbaren genau aufzeigen zu können, er gab sich auch um so zuversichtlicher, was die Möglichkeiten des Erkennens überhaupt anging. Dementsprechend scharf fiel seine Kritik an Goethe aus, dem er Voltaire vorzog; und dem Doktor Faust, der bekannte, mit Hebeln und mit Schrauben die Natur ihres Schleiers nicht berauben zu können, antwortete der Physiologe und neugewählte Rektor der Berliner Universität:

> Wie prosaisch es klinge, es ist nicht minder wahr, dass Faust, statt an Hof zu gehen, ungedecktes Papiergeld auszugeben, und zu den Müttern in die vierte Dimension zu steigen, besser gethan hätte Gretchen zu heirathen, sein Kind ehrlich zu machen, und Elektrisirmaschine und Luftpumpe zu erfinden; wofür wir ihm denn an Stelle des Magdeburger Bürgermeisters gebührenden Dank wissen würden.

Von einem Naturwissenschaftler wie Helmholtz tief beeindruckt, doch enttäuscht von dessen Unvermögen, der Welt des Geistes ihr

Eigenrecht zu lassen, hielt Dilthey an seinem Jugendimpuls fest, das Leben aus sich selbst heraus zu verstehen. Daß das Denken hinter das Leben nicht zurückgehen könne, wurde – trotz Bergson, der in Frankreich vereinzelt blieb – zu einer ausgesprochen deutschen Maxime, zum tatsächlichen »Protest der Empirie gegen den Empirismus«.

Daß dieses Programm dabei als unzureichend empfunden wurde, zeigt das Beispiel Walther Rathenaus, der 1913 in seinem Bekenntnisbuch *Zur Mechanik des Geistes oder vom Reich der Seele* klagte, die Philosophie des Zeitalters habe sich dem Leben versagt. Den Grund dafür sah er nicht zuletzt im Aufstieg der Naturwissenschaften: ihr Erfolg zwang auch alle anderen Disziplinen, zu messen und exakt zu werden. Ihre größere Kritikfähigkeit erkauften sie mit dem Verlust von Naivität, Überzeugungskraft und Wärme und wurden dadurch dem Leben fremd. Der Grundirrtum der Zeit lag darin, von der Wissenschaft Maximen des eigenen Wollens und die Formierung von Idealen zu erwarten – dem Verstand abzuverlangen, was nur das Gemüt geben konnte. Dem rechnenden und planenden Geist hielt Rathenau die Erlebnisse der Seele entgegen; die Welt sollte für den Menschen nicht nur ein Gesetzbuch, sondern auch ein Bilderbuch sein. Denn die Intellektualphilosophie »benahm sich, als wollte ein Schwingungstheoretiker mit Kurven und Diagrammen das Erlebnis der Symphonie ergründen, als wollte ein Meteorologe mit Wetterkarten die Stimmung eines Frühlingsmorgens erschöpfen, als wollte ein Hydrauliker das Urempfinden der Meeresbrandung errechnen«.

›Lebensweisung‹ aber durfte man von der Wissenschaft nicht erwarten – und schon gar nicht die vollendete Wiedergabe menschlicher Empfindung, zu welcher nur die Lyrik eines Goethe oder Hölderlin, Eichendorff oder Mörike fähig war. Hierin lag der unschätzbare Vorteil der Deutschen; verglichen mit ihren Gedichten hatte es in Frankreich selbst in altfränkischer Zeit nie ein Lied gegeben, wie ohnehin die lebensfeindliche, lyrikfremde Mechanisierung ein zutiefst undeutscher Vorgang war, der letztlich auf die Entgermanisierung Deutschlands hinauslief. Dies schrieb der Jude, der Industrielle, der Politiker Rathenau, und er kam zu dem Schluß, daß die höchste Leistung des Intellekts in seiner Selbstvernichtung lag.

›Bewußtsein als Verhängnis‹ war ein Schlagwort der Zeit, und Alfred Seidel, der seinem Buch, das dann erst nach seinem Tode erschien, diesen Titel gab, verkörperte den selbstzerstörerischen Fanatismus, mit dem für eine solche Weltauffassung gelebt und gestorben werden konnte. 1895 geboren, »ein etwas jämmerliches Nesthäkchen«, wurde Seidel schon früh Mitglied des Wandervogels und setzte sich seit 1915 für die freideutsche Jugendbewegung ein, wobei ihn die Ablehnung des sterilen Universitätsbetriebs keineswegs zur Kriegsbegeisterung, sondern zur Herausbildung einer politikfeindlichen Gesinnung führte, die von ihren Aversionen die Kriegspolitik des Reiches nicht ausnahm. In den Wirren der Spätkriegs- und Nachkriegszeit wuchs seine Sympathie für kommunistische Ideen und für die Kommunistische Partei, »lauter in seinen Absichten, unbedingt hilfsbereit, rückhaltlos hingegeben an seine Ideen, persönlich fast russisch bedürfnislos«, wie Hans Prinzhorn ihn schilderte.

In Heidelberg hatte Seidel anfangs enge Beziehungen zum George-Kreis, doch wurde der Kontakt mit den Heidelberger und später den Frankfurter Soziologen bedeutsamer für ihn – mit Alfred Weber, bei dem er 1922 über *Produktivkräfte und Klassenkampf* promovierte, und mehr noch mit Karl Mannheim, dessen wissenssoziologische Radikalität ihn anzog. Bei einem der Soziologischen Abende, die Alfred Weber veranstaltete, trug Seidel die Umrisse dessen vor, was später *Bewußtsein als Verhängnis* heißen sollte:

> Überzeugt von der Richtigkeit seiner Argumente, verkannte er doch nicht, welch einen schweren Stand er gegenüber geübten, in einem soziologischen Lehrgebäude feststehenden Fachleuten haben würde. Er wußte, daß er nicht nur die Grundfesten der soziologischen Fachwissenschaft erschüttern, sondern vor allem auch den Wert tiefer Erkenntnisse radikal in Frage stellen würde, wie sie der in diesem Kreise bei Lebzeiten Herrschende und nach seinem Tode fast Vergötterte, Max Weber, gebracht hatte.

Dennoch erwarb er sich das Vertrauen professioneller Soziologen: Karl Mannheim exerzierte mit Seidel einen Probevortrag durch, bevor dieser in die Arena der Soziologischen Abende stieg, und Gottfried Salomon ließ ihn im Frankfurter Soziologischen Institut propädeutische Kurse abhalten.

Seidel schien langsam in der akademischen Welt Fuß zu fassen. Sein Buch war zur Veröffentlichung angenommen worden; er sollte anfangen, für einen Bekannten Hans Prinzhorns als Privatsekretär zu arbeiten. Die inneren Probleme aber, mit denen er rang, ließen sich dadurch nicht lösen: im November 1924 schied er freiwillig aus dem Leben. Testamentarisch bat er darum, für die Drucklegung von *Bewußtsein als Verhängnis* Sorge zu tragen. Es erschien, von Prinzhorn aus dem Nachlaß herausgegeben, drei Jahre später.

Seidel, der sich selbst zu den analytischen Wissenschaftlern, zu den ›Wahrheitssadisten‹ zählte, mußte in Heidelberg mit den Georgianern zusammenstoßen, mit denen er anfangs den Kontakt gesucht hatte; schließlich wurden sie zu seinen geistigen Feinden. Es lag ihm daran, den Weg freizumachen für eine neue Religion und ihre Propheten – doch wußte er im Grunde genommen nicht, um welche Religion es sich dabei handeln würde. Der Wissenschaftsgläubigkeit und der Verherrlichung des Bewußtseins, die er nicht zuletzt im soziologischen Schrifttum ausgedrückt fand, wollte Seidel nicht mit den billigen Lösungen des Georginentums oder der apodiktischen Selbstgefälligkeit eines Oswald Spengler begegnen. Wie – ohne in Schwärmerei und Esoterik zu verfallen – die Wissenschaftsgläubigkeit mit den Mitteln der Wissenschaft, die Verherrlichung des Intellekts rational korrigiert werden konnte, war Seidels Problem. In seinem Abschiedsbrief, vom 20. Oktober 1924 aus Erlangen an Hans Prinzhorn datiert, machte er noch einmal deutlich, eine wie große Rolle für ihn in diesem Kampf die Soziologie und insbesondere Max Weber, dessen Prinzip der Wertfreiheit er stets entschieden bekämpfte, gespielt hatten:

> Nicht ich, sondern der Weltgeist, das Schicksal dachten in mir. Ich weiß, welche teuflische Aufgabe ich zu erfüllen hatte. Aber dies alles muß gesagt werden in dieser Zeit, es ist der Beginn der großen Verzweiflung der abendländischen Kultur, wie er mit Schopenhauer und Max Weber eingesetzt hat. Nur durch sie wird der Weg gehen.

Schon früh hatte Seidel vorausgesagt, in Deutschland werde die Politik verwildern und zu scharfen Entscheidungen drängen; er werde dann auf seiten der rücksichtslosen Kommunisten stehen und die gläubigen Fanatiker achten, auch wenn er selbst keiner sein werde. Die Alternative werde terroristischer Bolschewismus oder terroristische Reaktion heißen; er stehe auf seiten des Bolschewismus. Wenig später gab er seiner Überzeugung Ausdruck, die dringendsten Probleme der Zukunft könnten wohl nur von einem nationalen Sozialismus gelöst werden. Dies waren die Alternativen, denen Seidel sich entzog.

Nicht wissen zu sollen, was man nicht leben kann

Jules Michelet, Historiker und Dichter der Französischen Revolution zugleich, hat beschrieben, wie auf den Straßen und Plätzen von Paris ein Wort in aller Mund war, das Wort ›Natur‹, und er hat das Ende der von ihm als widernatürlich beklagten Schreckensherrschaft mit einem entscheidenden Wandel des politischen Vokabulars verknüpft: nach 1795 trat das ›Leben‹ an die Stelle der ›Natur‹. In Deutschland verkörpert sich in der Berufung auf das Leben eine Kritik des Rationalismus, die sich auf die Kernideen der französischen Aufklärung – als deren logische Konsequenz die Ereignisse von 1789 gesehen werden – richtet: nicht der Natur, sondern den kalten Kräften des Verstandes wird hier die Unmittelbarkeit des Lebens gegenübergestellt. Die von Plenge zuerst formulierten, dann große Breitenwirkung gewinnenden ›Ideen von 1914‹, die gegen die Schlagworte der Französischen Revolution ins Feld geführt werden, beruhen nicht zuletzt auf der Überzeugung, daß es für die Belastung des Intellekts Grenzen gibt: »Wir müssen irgendwo haltmachen, um uns zu vertiefen, wenn nicht unsere Seele zerrissen werden soll.« Mit jener Komik, in welcher das übersteigerte Pathos unweigerlich endet, führte die gleiche Überzeugung bei Friedrich Wolters, dem Hagiographen Stefan Georges, zu der Feststellung, die Zeit des logischen Turnens sei vorbei und das Ringen mit dem Engel des Lebens habe wieder begonnen.

Wieweit die Lebensphilosophie mit jener Konsequenz, die Georg Lukács unterstellt, den Weg Deutschlands zu Hitler durch die Zerstörung der Vernunft mitbereitet hat, ist umstritten. Unbestreitbar ist, daß sie die irrationalistische Uminterpretation vernunftgeprägter Traditionsgehalte in der Philosophie befördert hat. Während aber bei Dilthey selbst, der das Leben zwar nicht vor den Richterstuhl der Vernunft bringen, die Vernunft aber auch nicht vor dem Leben kapitulieren lassen wollte, noch der Versuch unternommen wird, zwischen Wissenschaft und Intuition zu vermitteln, bricht nach ihm, und nicht zuletzt im George-Kreis, dieser Gegensatz in aller Schärfe auf.

Gegenüber der Unmittelbarkeit des Erlebens erscheinen hier die Erkenntnismöglichkeiten der Wissenschaft als zweitrangig, wenn nicht nebensächlich. Dilthey hatte nüchtern festgestellt, das Denken könne hinter das Leben nicht zurückgehen; bei Gundolf und anderen wird daraus eine Verhaltensregel: nicht wissen zu sollen, was man nicht leben kann.

Nur in Ausnahmefällen ist die Wissenschaftskritik, die in Deutschland nach dem Ersten Weltkrieg einen Höhepunkt erreicht, Kritik der Naturwissenschaften. Mit diesen hatten sich die Kritiker in der Regel gar nicht beschäftigt – ganz abgesehen davon, daß ihnen die Kompetenz fehlte, um die Leistungen eines Virchow, Planck oder Helmholtz zu beurteilen. Zum überwiegenden Teil war die Wissenschaftskritik eine Angelegenheit von Geistes- und Sozialwissenschaftlern sowie Angehörigen der *belles lettres*, und sie richtete sich weniger gegen die Verfahren oder die Ergebnisse der Naturwissenschaften als gegen Tendenzen, diese auf andere Disziplinen zu übertragen und mehr und mehr Bereiche der Erkenntnis zu verwissenschaftlichen.

Als 1920 Erich von Kahlers Schrift *Der Beruf der Wissenschaft* erschien, machte schon ihr Titel deutlich, daß sie eine Replik auf Max Webers *Wissenschaft als Beruf* (1917) war; daß sie von Georg Bondi in Berlin verlegt wurde, nährte den – ihrem Autor sicher nicht unliebsamen – Verdacht, es handele sich hierbei um eine offiziöse Verlautbarung des George-Kreises, was freilich von Stefan George selbst entrüstet zurückgewiesen wurde.

Von Kahler, der es bedauerte, in Max Weber einen Gegner zu haben, den er eigentlich bewunderte und dem er anhängen wollte, sah alle Disziplinen in ihren Grundlagen erschüttert und die Entwicklung der modernen rationalen Wissenschaft als einen tragischen Prozeß der Selbstzerstörung. Begriffliche Systematiken verloren zusehends die Fähigkeit, Mittel zur Erkenntnis zu sein, und langsam bildete sich in jener Erfahrungswelt, die die Wissenschaft nicht länger mehr ordnen konnte, »chaotisch das *Leben* in die Anschauung herauf«. Ähnliches konnte man damals, wenn auch eher im Ton zynischer Ruppigkeit, bei Gottfried Benn und anderen lesen. Das allgemein verbreitete Unbehagen ließ sich auf die Formel bringen, die alte Wissenschaft habe den Anspruch auf Menschenführung aufgegeben und sei dadurch für die Menschen sinnlos geworden. Konsequenz des unaufhaltsamen Intellektualisierungsprozesses war der Bedeutungszuwachs des Irrationalen; neue Wissens- und Erkenntnisformen mußten entwickelt werden; Gefühl und Wissen wollte man verknüpfen, um handeln zu können.

Für die neue Wissenschaft, die Erich von Kahler propagierte, wurde die Trennung von *Untersuchung* und *Darstellung* von entscheidender Bedeutung. In der alten Wissenschaft kam es lediglich darauf an, den Gang der Analyse peinlich genau nachzuzeichnen; demgegenüber verkümmerten Darstellung und Materialformung und starben schließlich ganz ab. Die neue Wissenschaft aber würde der Darstellung den Vorrang geben: jedes Wissen konnte sich überhaupt nur dadurch legitimieren, daß seine Ergebnisse vollendet dargestellt und damit für die unmittelbare Anschauung nachvollziehbar wurden.

Diese strenge Differenzierung von Forschungsprozeß und Darstellungsform führte zu einer strikten Trennung zweier Arten wissenschaftlicher Öffentlichkeit. Der Forschungsprozeß war eine interne Angelegenheit der Wissenschaftlergemeinschaft; nur das fertige, das vollendete Werk durfte einem größeren Publikum zugänglich gemacht werden. Der Vorgang der Wissenserzeugung blieb Arbeit, Sammeln, Konzentration; die Darstellung und Wahrnehmung wissenschaftlicher Ergebnisse wurde mehr und mehr der Präsentation eines Kunstwerkes ähnlich.

Für die Wissenschaft. Gegen die Gebildeten unter ihren Verächtern (1921) nannte Arthur Salz die Entgegnung, die er wiederum als Antwort auf Erich von Kahler schrieb. In dessen neuer Wissenschaft sah er im Grunde nichts als eine intuitive Anthropologie, doch nahm er, mit einer charakteristischen Umkehrung der Perspektiven, die Differenzierung von Forschungs- und Darstellungsweise ebenfalls auf. Gegen die Ästhetisierung der wissenschaftlichen Darstellungsform setzte er die scharfe Trennung des *Dichters* vom *Gelehrten*. Nur dem Dichter war es möglich und erlaubt, sich aus seinen gesellschaftlichen und staatlichen Bindungen zu lösen, »sich überzeitlich, überstaatlich, übergesellschaftlich, unbedingt und absolut zu fühlen, wenn er um den Preis dieses seelisch gewiß nicht leichten Verzichtes, wofür er sein *Leben* einsetzt, *seinen* Göttern, die nicht die Götter des jeweiligen Staates sind, mit um so reinerem Herzen dienen zu müssen glaubt«.

Dem Gelehrten dagegen, im Gegensatz zum Dichter ein profaner Mensch, blieb diese Möglichkeit versperrt. Zu sehr war jede wissenschaftliche Disziplin Ausdruck ihrer Epoche, als daß sie mit Aussicht auf Erfolg den Versuch unternehmen konnte, überzeitlich und staatenlos zu erscheinen. Die notwendige Gesellschaftsgebundenheit aller Wissenschaft sah Salz gerade in der ›neuen‹ Wissenschaft wirksam werden, deren Vertreter danach drängten, sich aus ihrer Vereinzelung zu lösen und sich in einer neuen Gemeinschaft miteinander zu verbinden.

In einer Wissenschaftskritik, deren Prinzipien den Überzeugungen des George-Kreises zumindest nicht widersprachen, stand der Konflikt zwischen dem Dichter und dem Gelehrten im Mittelpunkt. Dies war ein Grundproblem des George-Kreises: der Dichter konnte Gesellschaftsenthobenheit zum organisierenden Prinzip seiner eigenen Existenz machen; wurde er aber zum Propheten und Sektengründer, der über die Dichtung hinaus auch auf die Wissenschaften einwirken wollte, so mußte er sich auf Umgangsformen einlassen, die in Analogie zum Staat oder zur Gesellschaft sozialbindend zu wirken vermochten. Was dann drohte, war die Veralltäglichung und damit der Legitimationsverlust des dichterischen Charisma.

Als Reaktion auf die Bildungskrise, die auch eine Folge des Ersten Weltkriegs war, ereignete sich eine Revolution in der Wissenschaft – genauer gesagt, in den Geisteswissenschaften. Derart dramatisch beschrieb jedenfalls Ernst Troeltsch die Situation, und er hob den aristokratischen Charakter dieser so sehr von Nietzsche beeinflußten Revolution hervor, die weg wollte vom Intellektualismus und Spezialistentum, die zurück zum Leben strebte und die im Widerspruch stand zu den Wertvorstellungen der modernen Massendemokratie. Auch wenn sie noch auf die Geisteswissenschaften beschränkt blieb und ihre Verankerung vor allem in Deutschland fand, bedeutete diese Bewegung den Beginn eines grundlegenden Wandels des modernen Bewußtseins, das sich gegen die Demokratie, gegen den Sozialismus und gegen die Selbstherrlichkeit der Vernunft auflehnte. Den neuen, visionären Geisteswissenschaften eines Bertram, Gundolf, Scheler, Spengler und Keyserling gelang »eine Verschmelzung von Denken und sinnlich-plastischer Anschauung, wie sie der künstlerische Expressionismus unzulänglich mit den Mitteln der Malerei erstrebt« hatte.

Dies war nun in der Tat ein unerhört kühner Anspruch, der für die Geisteswissenschaften geltend gemacht wurde. Wurde ihr

Versagen in der Regel an den Leistungen der Kunst gemessen, so wurden nun die Ausdrucksmöglichkeiten der neuen Geisteswissenschaften noch über die der Kunst, zumindest über die einer der Hauptströmungen des modernen Kunstwollens, des Expressionismus, gestellt. Wilhelm Worringer war der Kronzeuge für diesen Anspruch, den die Geisteswissenschaften gegenüber der Kunst geltend machen durften.

Worringers Ausgangspunkt war die Krise des Expressionismus, die ihre positiven Folgen hatte. Die schöpferische Sinnlichkeit, die sich in der Kunst alleine nicht mehr vollständig ausdrücken konnte, wurde sublimiert, floß in die Intellektualität und wurde Geist. Die Schöpferkraft der Epoche zeigte sich nicht länger mehr in ihren Mal-, sondern in ihren Denk-Bildern, und niemand brauchte sich darüber zu wundern, daß die sogenannten Deutungsbücher eines Gundolf, Bertram oder Scheler größere Kunstwerke waren als die, die man auf der Leinwand betrachten konnte. Die Kunst wurde nicht durch Wissenschaft ersetzt, aber die Wissenschaft begann, Kunst zu werden. In dieser Wissenschaft fand der Mensch die Perspektive, deren er bedurfte, um sich in der Welt zurechtzufinden: »Als Schaffende sind wir arm geworden, aber unser Reichtum häuft sich im Erkennen.«

Es schien, als ob die Kunst eine Atempause eingelegt, als ob sie die ›Malsinnlichkeit‹ geopfert habe, um den Produkten einer neuen ›Denksinnlichkeit‹ zum Leben zu verhelfen:

> Wenn Expressionismus Vorstoß in neue Erkenntniswelten, Erweiterung unserer gewohnten Darstellungsfunktionen ist, dann ist er wahrlich legitimer zu Hause in den neuen Bildern unseres Geistes als in denen unserer Wände. Der wahre Zeitexpressionismus lebt nicht in der neuen Optik unseres Auges sondern in der unseres Geistes.

Troeltsch zog aus solchen Befunden den optimistischen Schluß, daß die deutsche Wissenschaft aus ihrer großen Krise gestärkt hervorgegangen sei. Vom schlechten Historismus genesen, sei die Wissenschaft dem Leben zurückgegeben worden, ohne dadurch ihren Anspruch auf Methodenstrenge und systematische Durchdringung der Wirklichkeit aufzugeben. Die deutsche Wissenschaft erlebte eine Renaissance, nachdem die Wissenschaft auch zur Kunst geworden war und sich mit dem Leben versöhnt hatte.

Troeltsch hatte sich mit den Schriften Erich von Kahlers und von Arthur Salz auseinandergesetzt. Auffallend an dieser Polemik schien ihm, wie gering die Gegensätze zwischen den vermeintlichen Kontrahenten waren: Max Weber, den Kahler so zögernd, und fast mit schlechtem Gewissen, attackierte, war alles andere als ein typischer Vertreter der alten Wissenschaft, und die Positionen von Kahler und von Salz, der ebenfalls dem George-Kreis nahestand, unterschieden sich kaum.

Troeltschs Diagnose aber war eher sein Wunschtraum als eine korrekte Beschreibung der Beziehungen zwischen den Disziplinen untereinander und zwischen den Wissenschaften und den Künsten. Es gab Fächer wie die Soziologie und die Psychologie, die ihren disziplinspezifischen Standpunkt noch gar nicht gefunden hatten, und für die es eine erhebliche Bedrohung ihrer noch kaum errungenen akademischen Reputation bedeuten mußte, Ansprüche anzumelden, die legitimerweise von den Künsten und von der Literatur erhoben wurden. Zum anderen war Worringer eher ein Ausnahmefall. In der Regel dachten weder die Maler noch die Dichter daran, zuzugeben, daß die künstlerische Sensibilität in die Wissenschaften abgewandert war. Anschauliche Erkenntnis und eine lebensnahe Erfühlung individueller und sozialer Wirklichkeit waren nach wie vor in der Dichtung zu Hause. Hierfür ließ sich nicht zuletzt das Zeugnis Diltheys, der doch die Revolution in den Geisteswissenschaften wie kein zweiter befördert hatte, anführen.

Die Dichtung im Zeitalter der Wissenschaft

In einem Brief an den Grafen Yorck vom Februar 1884 schrieb Dilthey, daß er sowohl den Holzhacker wie den Physiker beneide; beide waren nützlich und sahen jeden Tag, jede Woche, was sie vollbracht hatten. Und doch kam es Dilthey darauf an, »die naturwissenschaftliche Radicalisierung« der Philosophie zu verhüten und in einer Zeit, die ›naturwissenschaftstrunken‹ war, das Selbstbewußtsein der Geisteswissenschaften aufrechtzuerhalten und zu stärken. Diese Aufgabe wurde nicht zuletzt durch manche Geisteswissenschaftler selbst erschwert. Vor allem die Philologen waren, wie Yorck feststellte, im Innersten ihres Herzens Naturwissenschaftler und wurden zu radikalen Skeptikern, weil ihnen das Experiment fehlte. Das Prinzip des ›Teile und herrsche‹ sollte daher auch in der Theorie gelten: es bedeutete für die Geisteswissenschaften nicht zuletzt, daß sie es aufgeben mußten, die naturwissenschaftlichen Disziplinen nachzuahmen. Damit aber wurde die Frage unausweichlich, wie scharf sie noch von den Künsten, vor allem von der Dichtung, getrennt werden konnten.

Schon in seiner Baseler Antrittsvorlesung von 1867 über ›Die dichterische und philosophische Bewegung in Deutschland 1770-1800‹ hob Dilthey hervor, daß die Welt- und Lebensanschauung dieser Epoche von den großen Schöpfungen der Dichter geformt wurde, die zugleich eine neue Philosophie ausbildeten: die Systeme Schellings, Hegels und Schleiermachers erschienen lediglich als deren logische und metaphysische Fortsetzung. Die Nation sah zu den Dichtern als zu ihren Führern auf; die Literatur war, weit mehr als die Philosophie, die Lebenslehre der Deutschen. Nirgends drückte sich diese Kraft des Dichters, die ihn über den wissenschaftlich Erkennenden erhob, deutlicher aus als bei Lessing:

> Auch die Poesie spricht ein Allgemeines aus wie die Wissenschaft, aber nicht in einer viele Fälle umfassenden Abstraktion, sondern in der Anschauung *eines* Lebens. Sie spricht es anschaulich aus und darum mit einer wunderbaren Macht über die Gemüter ... Und Lessing selbst mußte einen langen Weg wissenschaftlicher Selbstbesinnung durchlaufen, damit er alsdann den vollendeten dichterischen Ausdruck seines Lebensideals fand.

Den Weg der Wissenschaft so zu beschreiten, daß er letztlich zur Dichtung führt: dies war Diltheys Ideal. Weil sich in Deutschland die philosophische Geschichtsbetrachtung an der Literaturgeschichte entfaltet hatte, wollte Dilthey die Poetik für das Studium der Geschichte nutzen, bot doch die Poesie den unschätzbaren methodischen Vorzug, »in den geschichtlichen Produkten die Seelenvorgänge, die sie hervorgebracht haben, besonders durchsichtig zu zeigen ...«. Auch gehörte es für Dilthey zu den bedeutendsten Aufgaben der Philosophie, das natürliche Verhältnis zwischen Kunst, Kritik und Publikum wiederherzustellen.

Aber auch die Kunst entging den Veränderungen des europäischen Zeitgeistes nicht, den Militarismus und Positivismus zunehmend beherrschten. Sie wurde demokratisch, kam der Realität nahe und begann, der Wissenschaft zu gleichen. Dies galt insbesondere für Frankreich, wo mit dem Sozialismus auch eine neue Literatur entstand: Balzac, Taine und Zola untersuchten mit dem Skalpell der Wissenschaft die Wirklichkeit. Die Epoche der »zeit- und raumlosen Ideale, Iphigenie, Wilhelm, Lothario«, schien endgültig vorüber. Dem Künstler kam es vor allem darauf an, im Kunstwerk auch die Ordnung der Wirklichkeit durchblicken zu lassen, zu zeigen, wie sehr seine Charaktere von ihrer Epoche und ihrer Gesellschaft geprägt waren.

Diese Annäherung der Dichtung an die Wissenschaft, die lediglich auf der epochenspezifischen Bedeutung beruhte, welche die wissenschaftliche Denkweise im 19. Jahrhundert in Europa errungen hatte, hielt Dilthey für eine Fehlentwicklung. Die Literatur des Realismus wie des Naturalismus erlag einer Illusion; sie vermochte die Oberfläche der gesellschaftlichen Strukturen nicht mehr zu durchschauen, unter der sich, unberührt, die wahre Natur des Menschen erblicken ließ. Der großen Leistungen der deutschen Bewegung in Klassik und Idealismus eingedenk, beschwor Dilthey die deutschen Dichter, ihre romanischen, skandinavischen und slawischen Vorbilder zu vergessen: »Nur aus den Tiefen des germanischen Wesens kann unseren Dichtern ein der Gegenwart entsprechendes Bewußtsein kommen, was das Leben sei und was die Gesellschaft sein soll.«

Im George-Kreis fand diese Aufforderung Diltheys ihr deutlichstes Echo: seine Mitglieder distanzierten sich von allen literarischen Gruppierungen oder Bewegungen, die »der Erforschung von Gesellschaftsschichten oder sonst einem nützlichen Geschäft nachgingen«, und Friedrich Wolters nannte als jene drei Autoren, von denen der deutsche Poet sich fernzuhalten hatte, den »entgöttlichten Franzosen« Zola, den »trüben Nordländer« Ibsen und den »gestaltlosen Russen« Dostojewski.

Diltheys Vorhaben einer Heranführung der Geisteswissenschaften an die Dichtung wurde durch Tendenzen zur Verwissenschaftlichung der Kunst nicht befördert, sondern in Frage gestellt. Die Wissenschaft konnte zwar ohne Schaden poetisch werden, die Poesie aber gab sich selbst auf, wenn sie die Methoden und Ziele der Wissenschaft übernahm. Dilthey wirkte wie ein Partisan der Dichtung in den Bezirken der Wissenschaft, und es war diese Rolle, die Hugo von Hofmannsthal in seinem Nachruf auf den Philosophen sagen ließ, nie sei die Atmosphäre eines Lebenden verwandter gewesen mit der Atmosphäre einer Dichtung. »Ein deutscher Professor« – so nannte von Hofmannsthal Dilthey, und diese Bezeichnung war gefährlich in einer Zeit, die den Professor als »die deutsche Nationalkrankheit« brandmarken durfte, doch Hugo von Hofmannsthal kam aller Rankünе zuvor, indem er hinzufügte: »wie Doktor Faust«.

Hofmannsthal selbst sah sich als Angehörigen eines wissenschaftlichen Zeitalters, in dem für die Poesie kaum noch Raum blieb und der Dichter zur Randexistenz verdammt wurde: »Seltsam wohnt er im Haus der Zeit, unter der Stiege, wo alle an ihm vorüber müssen und keiner ihn achtet.« Dennoch neideten ihm gerade die Gelehrten diese Rolle, denn im Grunde genommen waren sie verhinderte Dichter, welche die Kälte der Wissenschaft spürten, während doch Dichten heißt – so stand es in Hebbels *Tagebüchern* – »die Welt wie einen Mantel um sich schlagen und sich wärmen«. Gerade weil er Denken und Fühlen in seinem Tun vereinte, war der Dichter nicht nur an Einbildungskraft, sondern auch an Erkenntnisfähigkeit dem wissenschaftlichen Spezialisten überlegen: er war der Seismograph seiner Zeit und seiner Gesellschaft.

Wissenschaft und Dichtertum stellte der Österreicher Hofmannsthal in eher verbindlicher, fast spielerischer Manier gegeneinander, mit dem unverhüllten Bedauern darüber, daß die Nation Goethes die Einheit von dichterischer Intuition und Erkenntnisanspruch aufgegeben hatte, worin einst ihre Stärke lag. Schon bei Rudolf Borchardt, dem Freund und Lobredner Hugo von Hofmannsthals, wurde der Ton schriller, der Gegensatz von Dichtung und Wissenschaft unversöhnlich. Die Wissenschaft stand dem Leben nicht bloß fremd, sondern feindlich gegenüber, und eine verblendete Menschheit nannte den Zerfallsprozeß ihres Geistes das Zeitalter der Naturwissenschaften und sagte banausisch »schon längst ›Wissenschaft und Technik‹ wie Hänsel und Gretel oder Beethoven und Wagner«. Die Dichtung dagegen war ein Urphänomen, und die Dichter waren das einzig Unzerstörbare, was die Welt hervorbrachte; sie schufen ein Werk, das der Intelligenz nicht zugänglich war. Abwehr des Rationalismus und übersteigerte Erwartungen in die Kraft der Poesie verbanden sich bei Borchardt zu einer kompromißlosen Haltung, die ihre Abstinenz von der Politik und den Rückzug in die Innerlichkeit zu einer Zeit feierte, da es einer vernünftigen Politik und einer Hinwendung zur Gesellschaft bedurft hätte, um das eigene Überleben in Würde zu sichern:

> Überall und in allem war die Poesie, außer in dem, was die Literatur Poesie nennt; überall war das Volk, nur nicht wo die Politik es suchte. Überall eher war Deutschland, als zwischen den geographischen Grenzen von 97. Nirgends war es mir näher als in mir selber.

Es verbietet sich, Rudolf Borchardt in die Nähe derer zu rücken, die ihn bald aus Deutschland vertrieben. Seine Tragik und die Tragik anderer aber liegt darin, daß sie vor Weimar und in der Zeit der Weimarer Republik Positionen vertraten, die die Machtübernahme der Nazis keinesfalls verhindern konnten, ja sie vielleicht sogar beförderten. 1926 schrieb kein Georgianer, wohl aber ein mit den Zielen des George-Kreises Sympathisierender, Hans Dahmen, ein Buch *Lehren über Kunst und Weltanschauung im Kreise um Stefan George*. Es ist kein gutes Buch, dilettantisch in mancher Hinsicht, durchschnittlich im Ton, bekennerhaft und naiv – und eben darum als ein Dokument aufschlußreich. Dahmen, voller Sympathie für seinen Gegenstand, kam zu dem altklugen Schluß, daß eine philosophische Einsicht ohne Einbeziehung der Gemütskräfte nicht möglich war. In den Wissenschaften vermißte er diese Kräfte schmerzlich – mit einer Ausnahme. In Marburg begegnete er einem verehrten Manne, mit dem er manche unvergeßlichen Stunden im Psychologischen Seminar zubrachte, »dem freundlichen Heim einer Wissenschaft, bei der die Herzen nicht verkümmern«. Dieser Psychologe war Erich Jaensch, der 1933 mit einer Entschiedenheit ohnegleichen die Psychologie als Teil der Deutschen Bewegung den Nazis zuführte, der »die kämpferische Geisteshaltung der SA und SS . . . von vornherein als etwas ganz Vertrautes, Kameradschaftliches, innerlich Verwandtes und Gleichgestimmtes« empfand und markig als wissenschaftliches Gebot des Tages formulierte: »Hacken zusammennehmen, auch im Kopfbereich.«

Wenn es einen Autor gab, auf den sich die deutschen Verfechter der Wissenschaftsskepsis und die Propagandisten dichterischer Intuition als der besseren Alternative zur rationalen Erkenntnis beriefen, so war es Goethe. Das Zeitalter von Technik und Wissenschaft konnte nicht schärfer verdammt werden als dadurch, daß man ihm »totale Goethelosigkeit« vorwarf. Aber viele Goethe-Verehrer waren schlechte, zumindest vergeßliche Goethe-Leser. Vielleicht hatten sie Mephistos an Faust gerichtete Worte auch vergessen wollen, die Georg Lukács in der *Zerstörung der Vernunft* als eine Art Leitmotiv benutzte:

> Verachte nur Vernunft und Wissenschaft,
> Des Menschen allerhöchste Kraft,
> Laß nur in Blend- und Zauberwerken
> Dich von dem Lügengeist bestärken,
> So hab ich dich schon unbedingt!

Eine deutsche Besonderheit: Der Gegensatz von Dichtung und Literatur

Aufklärung und Industrialisierung, Demokratisierung und Verstädterung, die Verwissenschaftlichung immer größerer Bereiche der Erfahrung und der Fortschritt der Technik rufen überall in Europa ähnliche Reaktionen hervor. Da aber im 19. Jahrhundert nichts den Siegeszug der Naturwissenschaften aufhalten kann, haftet in dieser Zeit aller Verstandeskritik und Wissenschaftsskepsis etwas Verbohrtes und Verstocktes, Zopfiges und Reaktionäres an. In Deutschland wird dabei nicht nur die Wissenschaft der Dichtung gegenübergestellt, sondern diese selbst wird mit fanatischer Überzeugung, wenn auch nicht immer mit überzeugender Klarheit, von der Schriftstellerei und vom Literatentum geschieden. Zwar gibt es Versuche zur Trennung von Dichtung und Literatur auch in Frankreich und England, wo in der Regel als Poet gilt, wer Verse macht, doch gewinnen sie in beiden Ländern keine entscheidende Bedeutung. Es ist dies eines der Raster, mit dessen Hilfe sich vor allem französische und deutsche Intellektuellenkultur voneinander unterscheiden lassen, und es knüpfen sich in der Regel weitreichende weltanschauliche Optionen an Äußerungen wie die Walter Benjamins, Frankreich sei glücklich zu schätzen, weil es den Gegensatz von Dichtung und Schriftstellerei nicht akzeptiere oder an das Verdikt Stefan Georges – der doch den Franzosen so viel verdankte und zu Mallarmés Bewunderern zählte –, Frankreich habe zwar *littérature*, aber keine Dichtung.

Im Deutschen wurde dabei – wenn auch ohne Aussicht auf endgültige terminologische Klärung – selbst zwischen dem Schriftsteller und dem Literaten noch unterschieden. Schriftstellerei und Schriftstellern bezeichnete Campe, fast neutral, als »niedrige, aber deswegen noch nicht verwerfliche Wörter«, energischer bereits reagierte in seinem Epigramm ›Die Schriftstellerey‹ Klopstock – »Deutsche, zaudert nicht länger diesz Wort zu verbannen« – und ›Literat‹ wurde schließlich ein polemischer Lieblingsterminus der Deutschen, so für Lagarde, der im Literaten eine Wasserpest sah, die man ausrotten müsse, oder für Max Weber, der die Literaten als Urheber eines unverbindlichen und unverantwortlichen Geschreibes bezeichnete, das in emotionalen Nationalismus, sozialökonomische Utopien und Revolutionskarneval ausgeartet war. Bezeichnenderweise zählten für Max Weber die ›Ideen von 1914‹ zu den Literateninteressen, und nach dem Ende des Ersten Weltkriegs atmete Ernst Troeltsch erleichtert auf, weil die ›literarischen Nagetiere‹ nunmehr verschwunden waren.

Am entschiedensten versuchten Stefan George und seine Anhänger, den Dichter vom Schriftsteller zu trennen. Dies galt sowohl für die Abgrenzung gegenüber den Franzosen als auch für die Rangordnung deutscher Autoren. Für Gundolf etwa war seit Goethes Tod die deutsche Sprache eine Beute der Literatur geworden, und Georges sprachschöpferische Wirkung beruhte nicht zuletzt darauf, daß er die Kluft zwischen Dichtung und Literatur wieder aufriß. Als *Dichter* stellte sich George dabei vor allem den *Schriftstellern* entgegen, und häufig wurden Gelehrte als Katheder-Literaten denunziert. Innerhalb des George-Kreises selbst diente die Differenzierung von Dichtung und Literatur zur Stärkung des Gruppenzusammenhalts und zur Abwehr zentrifugaler Neigungen. So wandte sich George gegen einige Vorlesungsthemen Gundolfs, weil er befürchtete, daß Dichtung und Literatur sich dort miteinander mischten, und ausgerechnet am ersten Band des *Jahrbuchs für die geistige Bewegung* beklagte er dessen literatenhaften Ton.

Zwischen der neuen Dichtung, die George und sein Kreis repräsentierten, und jeder Art von Literatur war der Graben unüberbrückbar. Dies lag, wie Gundolf feststellte, daran, daß die Sprache ein Gesellschafts- wie ein Naturphänomen war: in diesem Sinn gehörte die Literatur zur Gesellschaft, die Dichtung aber zur Natur. Als Prototyp des unliterarischen, ja antiliterarischen Dichters verkörperte George den religiösen Menschen, der sich von anderen Typen der Gattung *homo sapiens* radikal unterschied. Den Erfordernissen des Alltags gegenüber verhielt sich dieser Typus indifferent. Mußte Geld zur Lebensfristung verdient werden, so war jeder Brotberuf recht – nur schreibend durfte dies nicht geschehen, und der Haß auf das Literatentum war nicht zuletzt deshalb so stark, weil es in der Moderne zu einer Profession geworden war. Ohne Beruf und eine bürgerliche Stellung in der Welt erschien der Dichter wie ein Elementarwesen, das sein Dasein, nicht sein Tun, auszeichnete: nicht einmal schreiben, geschweige denn publizieren mußte der wahre Dichter. Was er aber dichtete, traf die, die zu hören vermochten, mit der Wucht der Offenbarung: »Echte Verse sind immer ein Zeichen für primäre Rhythmen der Welt.«

So übersteigert und maßlos dies auch klingen mag – gerade die Unbedingtheit und die Kompromißlosigkeit, mit welcher er sein Dichterdasein stilisierte, machten einen großen Teil der Wirkung Georges aus. Denn allein stand er mit seinen Ansichten keineswegs; auch außerhalb des Kreises konnte er auf Zustimmung rechnen. Rudolf Borchardt etwa, der George durchschaute und ihm dennoch anhing, der maßlos gegen ihn polemisierte und doch nicht von ihm loskam, war in den Ansprüchen, die er an den wahren Dichter stellte, und in den Privilegien, die er für ihn forderte, nicht weniger anmaßend als George selbst.

Daß das Dichterische vom Ästhetischen wie vom Literarischen geschieden werden mußte, war selbstverständlich. Literaten gab es genug und übergenug in der Welt, die wahre Dichtung dagegen drohte verlorenzugehen, die doch Kennzeichen und Auszeichnung des Menschengeschlechts war. Borchardt beschrieb, wie er

»an einem frühsommerlichen Nachmittage, badschwül wie immer in der Stromrinne erstickter Luft, und dick vom halbsatten Dufte der an allen Häusern fliegenden Glyzinen« im Lesesaal einer Universitätsbibliothek jenes kleine, alte Buch fand, das ihn erschütterte und mitriß, weil es ihn zum ersten Mal erkennen ließ, was die Dichtung und was der Dichter ist:

> Der Dichter war Dichter nicht durch Kunst – es gab keine Dichtkunst. Er war es als Mensch, durch Menschheit, Sprache war Dichtung. Wort war Ausruf, nicht Bezeichnung. Staunen des Menschen war sein Beiwort, Handlung und Befehl sein Verbum. Stil war nicht ein Erzeugnis, sondern ein Intensitätsgrad. Die vorgestellte Welt wie die sinnliche gehörte allen. Da stand es.

Es war Johann Gottfried Herders *Älteste Urkunde des Menschengeschlechts*, welche Borchardt las, und Herders Auffassung von der Poesie als der Muttersprache der Menschengattung ließ ihn den Dichter so bestimmen, wie ein Human-Zoologe dies getan haben würde: er war *homo sapiens varietas poetica*, einer heroischen Welt entstammend und sich von der übrigen Menschheit grundsätzlich unterscheidend, nämlich durch »Einsamkeitsbedürfnis, Verschweigungsbedürfnis, Selbstentrückung«. Nie und nimmer konnte er mit dem Alltagsmenschen verglichen werden, der *zoon politikon* war und in der Gemeinschaft vegetierte wie ein Hund.

Der Dichter und das Dichterische verlangten daher eine naturgeschichtliche Betrachtungsweise. Diese machte sichtbar, wie sehr der Dichter zu den bedrohten Gattungen gehörte, nachdem sich erst die Religion, dann das Gesetz und schließlich auch die Musik von ihm losgesagt hatten. Die widerwärtige Schriftstellerei eines Flaubert oder Proust war Symptom dafür, wie weit sich die poetische Welt bereits zersetzt hatte, und die Hoffnung, daß das Dichterische, das Urmenschliche, nicht zugrunde gehen könne, wurde erst in jenen Wochen wieder genährt, die für Borchardt mit der Lektüre Georges und Hofmannsthals vergingen.

Borchardts Intelligenz ließ es jedoch nicht zu, den anthropologischen Aspekt der Poesie zu betonen und darüber ihre historischen oder sozialen Bezüge ganz zu vergessen. In einer Rede über den Dichter und die Geschichte, die er 1927 in der Universität Freiburg hielt, mahnte er, daß gerade die Poesie den Menschen nicht nur als Individuum, sondern auch als soziales Wesen in seiner Herkunft und seinem Gewordensein darzustellen habe, und wagte sich zu einem Standpunkt vor, den man nicht anders als literatursoziologisch bezeichnen kann, wenn er Eichendorffs und Rückerts Möglichkeit, »die Nachtigall zu hören, der Schwalbe zu folgen, den Tautropfen am Grashalme hängen zu sehen«, an die Existenzform des Agrarstaates Preußen gebunden sah.

Weniger überraschend, aber für das Verhältnis der Literatur zum Sozialen, und damit auch zur Sozialwissenschaft, noch aufschlußreicher, war jene Beschreibung und Bestimmung der Literatur, die Borchardt schon 1902 in seiner Rede über Hofmannsthal gegeben hatte:

> Sie ist durch und durch Gelegenheit der Mitteilung und erstarrt für jeden, der mitzuteilen hat, zur Tribüne vor einer unsichtbaren Menge. Sie ist der Brief aus dem Feldlager, der zwischen Aufbruch und Schlacht vom Fremden an zehntausende von Fremden geschrieben wird, sie ist die Erfahrung und das Erlebnis typischer Umstände und daher von typischer Geltung; sie ist der Angriff, die Verteidigung, ein gegen Institutionen gerichteter Wille, als Pamphlet, als Erörterung, als grober Roman, als grelles Theater; sie ist in überwiegendem Maße nichts als fest angeschautes Leben, die obenhin in Erfindung verkleidete Nachricht über ein beschlossenes Dasein, das des indischen Soldaten, des märkischen Bauern, des schlesischen Webers, des armen Edelmanns, des Predigers, des bürgerlichen Fräuleins. Über alle diese gleichmäßig verlangt uns zu erfahren, ist uns zu unterrichten der erste der beste. Die Literatur, die vor hundert Jahren für alles ähnlich gerichtete Bedürfnis die bezaubernde Form der Utopie, und nur die eine hatte, ist heut, wenn sie in diese unsere Stadt hineingreift, im innersten Wesen nicht weniger Ethnographie, als wenn sie Kandahar und East End festzuhalten strebt.

Kandahar – das war Literatur als Ethnographie, in der Tat, aber East End – das war Literatur auch als Soziologie. Es war nicht zuletzt die entschiedene Abtrennung der Dichtung von der Literatur, die eine solche Gleichsetzung möglich machte.

Als in der Zeit des Ersten Weltkriegs Rudolf Borchardt, Hugo von Hofmannsthal und Rudolf Alexander Schröder den *Hesperus* gründeten und sich zu einem Dichterbund zusammenschlossen, schrieb Borchardt an Hofmannsthal, was vom Gelingen dieses Bundes und seiner Pläne abhing: »Nicht mehr und nicht weniger als die Errettung und Sicherung der ganzen kommenden Generation.« Und nach Kriegsende setzte er all seine Energie daran, eine neue geistige Bewegung auf den Weg zu bringen und eine seelische Reformation zu befördern – durch Vorträge im Saal eines Privathauses, wo er in einer Serie von vierzehn Reden seinen Zuhörern die Zeitläufte erklärte.

Hofmannsthal war skeptischer, und was Borchardt über die Bedeutung des Dichters und die Funktion des Dichterischen sagte, erschien ihm wohl als wünschbar, ohne daß er an die Verwirklichung solcher Wünsche zu glauben vermochte. Zwar galt es auch für ihn als das Höchste, wenn die dichterische Betrachtung mehr als Kritik, Philosophie der Geschichte oder Ästhetik war, nämlich »Leben und Geburt des Lebens« selbst, wie er Borchardt zu seinem Alkestis-Aufsatz schrieb, doch hatte er in seinem eigenen Essay über ›Poesie und Leben‹ (1896) schon früh resignierend festgestellt, von der Dichtung führe kein direkter Weg ins Leben – von diesem keiner in die Poesie. Und auch später galt es ihm nicht als selbstverständlich, sondern eher als seltsam und sonderbar, wenn das Leben wirklich einmal dem planvollen Kunstwerk ähnelte.

Diese sanfte Resignation Hofmannsthals ließ den Dichter zarter erscheinen als bei dem kämpferischen und bissigen Borchardt – doch wurden dadurch seine Bedeutung und sein Wert in der Welt keinesfalls gemindert. Weniger auf Esoterik bedacht erschien der Dichter, aber stets sich bewußt, daß er etwas Besonderes war und auf besondere, ihn bergende und seine Produktivität befördernde Formen der Gesellung Anspruch hatte. Als Hofmannsthal 1920 die ›Idee einer durchaus selbständigen und dem Scheingeschmack der Epoche widerstrebenden Monatsschrift‹ erläuterte, kam es ihm zunächst einmal darauf an, jedes Streben nach Aktualität von sich zu weisen. Seine künftigen Subskribenten würden einen geschlossenen Kreis formen; es war darin »ein höheres Soziales, eine geistige deutsche Gesellschaft ... supponiert«.

Die höhere Geistigkeit dichterischen Schaffens in eine höhere Form der Geselligkeit einzubinden und derart wirksam werden zu lassen – dies war ein Kompromiß zwischen der asozialen, ja antisozialen Haltung, die einer bestimmten deutschen Tradition zufolge der wahre Dichter einnahm, und der selbstverständlichen Soziabilität, die den *homme de lettres* in Frankreich auszeichnete. Einen solchen Kompromiß zu erreichen war schwer, weil weltanschauliche Differenzen dieser Art ihre Wurzeln in der Verschiedenheit der Sprachen hatten. Mit dem geistig-geselligen Französisch verglichen war das Deutsche einsam, tiefsinnig und monologisch; es blieb den Franzosen stets fremd, während das Französische von den Deutschen »mit einer seichten Liebe geliebt, mit einem seichten verkennenden Haß« geschmäht wurde.

Es bedeutete daher eine gehörige Distanzierung von deutscher Ideologie, wenn Hofmannsthal in jener Rede, die durch die Beschwörung der ›konservativen Revolution‹ berühmt und berüchtigt wurde, nicht vom Dichtertum, sondern vom Schrifttum als dem geistigen Raum der Nation sprach. Die 1927 in der Universität München gehaltene und ihrem Rektor, dem Romanisten Karl Vossler, zugeeignete Rede durchzieht die Sehnsucht nach der von Vossler so genannten Soziabilität der Formen, über welche die Franzosen zwanglos verfügen. In der französischen Nation entwickelte sich auch innerhalb der Literatur vor allem das soziale Element, Bestandteil jener »ungeheuren geselligen Reizbarkeit, deren Quälendes nur durch eine fast unbegrenzte soziale Erfahrung erträglich wird ...«. Die Folge war eine Aufwertung des Schriftstellers, ja selbst des Literaten und Journalisten, die in Deutschland undenkbar erschien:

> Nichts ist im politischen Leben der Nation Wirklichkeit, das nicht in ihrer Literatur als Geist vorhanden wäre, nichts enthält diese lebensvolle, traumlose Literatur, das sich nicht im Leben der Nation verwirklichte. Auf den Literaten ... strahlt eine Würde ohnegleichen.

Der Journalist noch, und wäre er der kleinste, darf sich neben Bossuet und La Bruyère stellen, der Schullehrer ist der Gefährte Montaignes ...

Deutschland zeigte das gegenteilige Bild. Dem »Kreislauf zwischen dem Geistigen und dem Gesellschaftlichen«, worauf in Frankreich alles ankam, wirkten in Deutschland geradezu instinktive Kräfte entgegen, und »die Widerlegung des Gesellschaftlichen« galt als das Hauptziel. Hiervon sich zu distanzieren, ohne damit zum Außenseiter seiner Sprache und seiner Nationalliteratur zu werden, stand Hofmannsthal im Sinn, dem die Gegenwart die verantwortliche Geselligkeit der Lebenden, die Geschichte die verantwortliche Geselligkeit der Nation war. Was er für Österreich beklagte, galt auch für Deutschland: das Fehlen einer Schicht, die politisch verantwortlich dachte und politisch engagiert war, zugleich aber unabhängig genug, um nicht lediglich ihren Eigenzweck zu verfolgen. Mit Hofmannsthal, der doch so vielen als Inbegriff des Dichters galt, wurde die Absonderung des Poeten ins Gesellschaftliche korrigiert, wurde die Kluft zwischen dem weltentrückten Dichter und dem soziablen Schriftsteller verringert. Entschiedener noch tat dies, durch Herkunft und verschärfte Zeitumstände bedingt, Thomas Mann.

Anhänger und Feinde der Republik

Die Abwägung des Dichterischen und des Schriftstellerischen gegeneinander, ihre scharfe Trennung und schließliche Verschmelzung sind Dauerthemen Thomas Manns, Rechenschaftsberichte des eigenen Tuns, Versuche zur Standortbestimmung. Der Plan zu einem ›Literatur-Essay‹ wird von ihm über Jahre mit der Absicht verfolgt, den Dichter in die Nähe des Artisten und Scharlatans zu rücken, den Schriftsteller dagegen als den bewußten und verantwortlichen Zeitgenossen hinzustellen, der »durch seine Analysen mehr hilft als jene Dichter, die in irgendwelchen Konventikeln den Idealen längst verschwundener Zeiten nachtrauern«. Der Schriftsteller, nicht der Dichter, war für Thomas Mann der geborene Gesellschaftskritiker und Moralist – und er war es nicht durch Intuition und Gefühl, sondern durch seine Intellektualität und seine Verstandesschärfe. Richard Wagners abfälliger Wortmischung ›Literaturdichtung‹ stellte Thomas Mann den Literaten als Künstler der Erkenntnis entgegen, dessen Vorbild Nietzsche war. Im Streit zwischen dem analysierenden Schriftsteller und dem naiven Dichter Stellung zu nehmen, fiel Thomas Mann nicht schwer, auch wenn er sich bewußt war, daß Gescheitheit schlecht bezahlt und kaum bewundert wurde. Er freilich bewunderte sie, nicht zuletzt in der neuen, jungen Gelehrtengeneration, in welcher er Ernst Bertram besonders schätzte.

Thomas Mann war sich bewußt, was eine solche Stellungnahme in Deutschland bedeutete. Der Schriftstellerstand hatte hier keine Tradition, und noch weniger Anerkennung; nie würde in Deutschland die Literatur so heimisch werden wie in Frankreich. Die deutsche Kunst war die Musik, bei den Franzosen aber war »ohne Conkurrenz die Litteratur die Nationalkunst«. Sehr deutsch erschien Wagners Verachtung des Literarischen und durfte auf Beifall rechnen; Thomas Mann hielt dem entgegen, daß es unweise sei, einen imaginären Abgrund zwischen Dichter- und Literatentum aufzureißen, da in jedem Dichter ein literarischer Einschlag sichtbar sei – zum Glück, denn der literarische Geist war »die höchste Offenbarung des Menschengeistes überhaupt«.

In dem 1913 publizierten Essay ›Der Künstler und der Literat‹ wurde diese Stellungnahme bekräftigt, ja verschärft. Dem Künstler, sittlich indifferent und unverantwortlich, stand der Literat als Seelenkündiger und Sittenrichter gegenüber. Literat hieß nun das, was im französischen 18. Jahrhundert *philosophe* genannt worden war, ein aufgeklärter und die Aufklärung befördernder Intellektueller, der seine Sache meist schreibend verfocht. Denn was war die Aufklärung anders als »Philanthropie und Schreibkunst«, als die Überzeugung, schön zu schreiben heiße korrekt zu denken und damit auch gut zu handeln? Es war dies weit weniger eine deutsche als eine französische, europäische Maxime, sie hätte von Buffon stammen können oder von Matthew Arnold. Um so sinnvoller war es, daß gerade Thomas Mann sie sich zu eigen machte, der von Jugend auf »mehr europäisch-intellektuell als deutsch-poetisch« ausgerichtet war. Er klang engagiert, eindeutig und zielsicher – und seine Worte waren doch nur der Ausdruck innerer Unsicherheit und inneren Ringens, mehr ein Sich-selber-Mut-Zusprechen als Überzeugung und Manifest. Denn es steckte in Thomas Mann wie in seinen Helden die Sehnsucht nach dem Artistischen, dem Künstlerischen, dem Amoralischen und Unverantwortlichen, der Zwiespalt zwischen der Mythenverfallenheit der Deutschen und der verstandesbesessenen Klarheit der Franzosen, das Bekenntnis zur Nation wie die Hingabe an Europa – es kämpften in ihm der Schriftsteller und der Dichter miteinander.

Spuren davon zeigen die Schriften, in denen, wie spielerisch und gleichsam probierhaft, sich die Absonderlichkeiten und Ungeheuerlichkeiten, die ätzenden Einsichten wie die grotesken Fehleinschätzungen der *Betrachtungen eines Unpolitischen* andeuten.

Die frühen ›Gedanken im Kriege‹ (1914) rücken urplötzlich Kunst und Krieg aneinander, weil beide das Prinzip der Ordnung eint; Politik gilt nun als »eine Sache der Vernunft, der Demokratie und der Zivilisation«, und dieser Dreiklang soll schrill klingen, denn er ist boshaft gemeint. Die Moral nämlich ist nicht aufseiten der Vernunft, sondern aufseiten der Seele und der Kultur. Und warum muß Friedrichs des Großen Beispiel so beflügelnd wirken? Weil Friedrich als Literat beginnt und als Soldat endet. Seine ersten Taten sind, wie Thomas Mann schreibt, von literarischem Habitus und unverkennbar durch aufklärerischen Geist geprägt: die Abschaffung der Folter, die Aufhebung der Zensur, eine Sympathie für alle Maßnahmen, die ein Klima der Toleranz befördern könnten. In ihm scheint »die verkörperte Zivilität ... zur Herrschaft gelangt, die Literatur im seidenen Schlafrock«. Und dieser Literat wird zum passionierten Soldaten, der die Uniform überhaupt nicht mehr auszieht: hierin feiert

Thomas Mann ein Ideal, dem auch die *Betrachtungen* gewidmet sind.

Die *Betrachtungen* sind Zeitdienst, »Gedankendienst mit der Waffe«; hier kehrt ein Kriegsbeschädigter an seinen »verwaisten Werktisch« zurück. Zugleich aber sind sie, was ihren Anlaß betrifft und worin ihre maßlose Verbitterung zu einem großen Teil begründet liegt, Stellungnahme in einem Bruderzwist, und die Auseinandersetzung mit dem ungenannten, dem stets anwesenden Heinrich, dem Zivilisationsliteraten, macht auch diese Riesenpolemik zu einer Abhandlung über Dichtung und über Literatur – nicht nur in jenem Kapitel, welches ›Das unliterarische Land‹ überschrieben ist.

Das unliterarische Land – Deutschland ist es, das sich absetzt vom römischen Westen Europas, der stets literarisch geprägt war und sich seit der Französischen Revolution verstärkt anschickt, auch das restliche Europa zu verbürgerlichen, und das heißt eben: zu literarisieren. Deutschland bedroht der Imperialismus der Zivilisation, dessen geschicktester Agent der Zivilisationsliterat ist. Denn für ihn ist die Welt der Zivilisation eins mit der Welt der Literatur, die Literatur aber Ausdruck »der herzerhebend und menschenwürdig rhetorischen Demokratie«. Galt es in Thomas Manns Augen vorher als Ehre für den Literaten, dem *philosophe* des Dixhuitième zu gleichen, so ist er nun, in Kriegszeiten, ebendeshalb verdächtig und verachtenswert. Denn der Deutsche kann nicht Literat sein, und ist er es doch, so expatriiert er sich damit selbst, wird »Franzose ... klassischer Franzose, Revolutionsfranzose«.

Dabei war Thomas Mann weit davon entfernt, sich selbst und anderen einzureden, er sei keineswegs ein Literat, sondern das, was der schreibende Deutsche in patriotischen Zeiten einzig sein konnte: ein Dichter. Offen gab er seine europäischen Neigungen zu, seine Distanz zum Poetentum, die ihm nie die Hoffnung ließ, einmal ein Dichter zu werden wie Gerhart Hauptmann. Einen Zwiespalt nahm Thomas Mann für sich in Anspruch – dem ähnlich, unter welchem Nietzsche litt: auf der einen Seite den deutschesten, den goethischsten aller Begriffe, den Lebensbegriff »mit einer neuen Schönheit, Kraft und heiligen Unschuld umkleidet, zum obersten Range erhoben, zur geistigen Herrschaft« geführt zu haben, und doch zugleich durch seinen Europäismus mehr als mancher andere an der Intellektualisierung und Literarisierung Deutschlands mitschuldig geworden zu sein. Keine Nachsicht war es, um die Thomas Mann bat, sondern Bewunderung war es, die er beanspruchte. Von der Konstitution her Literat, lag – wie bei Nietzsche – ein besonders hohes Maß an Selbstverleugnung und Disziplin darin, das Literatentum zu bekämpfen. Entschieden bestand er darauf, daß es zwischen dem Dichter und dem Literaten Unterschiede der Haltung und der geistigen Anlage, nicht aber der Kompetenz gab: zu schreiben gelernt hatte er, formulieren konnte er ebenso glänzend wie die ›Bourgeois-Rhetoren‹.

Hatte noch unmittelbar vor dem Krieg die Verbindung von Philanthropie und Schreibkunst Thomas Mann als Auszeichnung gegolten, als Zeichen schriftstellerischer und politisch-moralischer Aufklärung, der es nachzueifern galt, so verspottete er nun, im letzten Kriegsjahr, die ›belles-lettres-Politiker‹, die Deutschland nach französischem Vorbild zu einer Advokaten- und Literatenrepublik machen wollten. Die nach 1860 einsetzende Politisierung Deutschlands hatte auch unpolitische Gründe: verantwortlich dafür war der Aufstieg der Naturwissenschaften und der Geschichte, der auf Kosten von Philosophie und Poesie erfolgte. Verwissenschaftlichung und Politisierung waren nur zwei Seiten des gleichen Vorgangs, der um so mehr zu bedauern war, als die Nationalkultur eines Landes erfühlt und gelebt, aber nicht mit wissenschaftlichen Methoden analysiert und begriffen werden konnte. In Frankreich hießen sogar die Fischdampfer *Pensée* sowie *Honneur et dévouement moderne*, und auch Deutschland war auf dem Wege zu jener »Humbug-Herrschaft des Geistes ..., welche etwa in Wirtshausschildern ›A l'Idée du Monde‹ sich veranschaulicht«.

Die *Betrachtungen eines Unpolitischen* sind ein Manifest der Gegenaufklärung. Ihnen liegt die Überzeugung zugrunde, daß mit dem Prinzip der Aufklärung auf die Dauer kein Staat zu machen ist, und daß die verwirklichte Aufklärung letztlich zur Zerstörung der Kultur führt. Denn Aufklärung bedeutet die zum Programm erhobene Überschätzung des Verstandes, während die Anhänglichkeit der Menschen an die Kunst von der Macht des Gemüts kündet. Die Kunst, als Bewahrerin seelischer Möglichkeiten, war konservativ, und der Künstler war es auch, und Thomas Mann sprach – so schien es – mehr noch seine künstlerische Überzeugung als eine Parteimeinung aus, wenn er sich dazu bekannte, der politischen Aufklärung geistig die Gefolgschaft zu verweigern: »Konservativismus überhaupt, darf man sagen, ist eine Stimmung, während Fortschrittlichkeit ein Prinzip ist; und hierin beruht, wie mir scheint, die menschliche Überlegenheit des ersteren über die andere.«

Im Rückblick auf die *Betrachtungen* hat Thomas Mann später deren Probiercharakter hervorgehoben; sie waren für ihn »weit mehr Experimental- und Bildungsroman als politisches Manifest«, in ihnen fanden sich die Übersteigerung und Vereinseitigung von Positionen, die er weder so fanatisch ablehnte noch derart vorbehaltlos anerkannte, wie es auf den ersten Blick den Anschein hatte. Er löste sich in der Tat schnell davon, und die Solidaritätsbekundung mit der deutschen Republik ließ nicht lange auf sich warten und auch nicht das erneuerte, das vertiefte, das rückhaltlos ausgesprochene Bekenntnis zum Schriftsteller und zu dessen Metier.

Die großen Lessing-Reden des Jahres 1929 feiern den »Klassiker des dichterischen Verstandes« und den »klugen Dichter«, der im Grunde, wie Nietzsche, dieser Gattung gar nicht angehört: »Er ist, was die moderne gesittete Welt, ohne Mythologie und Empfindsamkeit, einen Schriftsteller nennt. Zum erstenmal in Deutschland verkörpert er den europäischen Typus des großen Schriftstellers.«

So entschieden Thomas Mann Feststellungen dieser Art auch aussprach, so sehr er den Widerstreit des Dichterischen mit dem

Schriftstellerischen für überholt erklärte, in ihm nichts als den Nachklang einer überflüssigen *querelle allemande* vernahm – ganz ohne apologetische Absicherung ließ auch ein Lessing sich nicht loben, und so beeilte sich Thomas Mann, Lessing, den Franzosenkritiker, gerade in seinem Schriftstellertum, dem man undeutsche, franzmannhafte Neigungen unterstellen mochte, dem eigenen Volke nahezubringen: »Etwas Dürerisch-Deutsch-Meisterliches« war in ihm und konnte als Vorbild dienen, um den gefährlichen Gegensatz von Intellekt und Gefühl zu überwinden. Und als er dem Bruder zu seinem 60. Geburtstag mit der Rede ›Vom Beruf des Deutschen Schriftstellers in unserer Zeit‹ gratulierte, da hob er die Vereinbarkeit von Lübecker Gotik und Latinität, des Deutschen und des Romanischen, des Dichterischen und des Schriftstellerischen hervor und bekannte sich zu einem deutschen Meistertum, das über das nur Deutsche hinausragte ins Europäische, Allgemein-Menschliche. Daß die Preußische Akademie der Künste Heinrich Mann an die Spitze ihrer – von Thomas Mann so bezeichneten – *literarischen* Sektion berief, war sichtbarer Ausdruck dieser neugewonnenen, wenn auch stets bedrohten Harmonie, bedeutete »die staatlich-gesellschaftliche Anerkennung, Einbeziehung und Sichtbarmachung der Literatur durch den neuen republikanischen Staat«.

Aber gerade die Geschichte der Sektion für *Dichtkunst* – wie sie in Wirklichkeit hieß – zeigt, wie wirksam der Gegensatz von Schriftsteller und Dichter in Deutschland geblieben war und welch weitreichende ideologische Konsequenzen er hatte. Bereits 1924 hatte Thomas Manns Huldigung an Ricarda Huch zu ihrem 60. Geburtstag einen offenen Brief Josef Pontens zur Folge, in welchem dieser zwar Thomas Manns Aufforderung folgte, den Gegensatz von Dichter und Schriftsteller nicht zu überschätzen, ihm zugleich aber vorhielt, selbst Partei zu ergreifen und sich ganz auf die Seite des Schriftstellers zu schlagen, sich als den Apologeten einer intellektuellen Kultur aufzuspielen. Ponten wollte das Dichterische vom Schriftstellerischen geschieden wissen wie das Innere vom Äußeren, den Inhalt von der Form, die Klarheit vom Dunkel, die Schneiderkunst vom Naturgewand, die Belehrung von der Offenbarung, die Zeit von der Ewigkeit. Nur der Schriftsteller konnte, wie der Fall Goethe bewies, zum Dichter werden – der umgekehrte Weg war nicht möglich. Ponten beschwor den Dichter der *Buddenbrooks* und des *Tonio Kröger*, des *Tod in Venedig* und des *Felix Krull* und suchte ihn zum Bundesgenossen zu gewinnen, er distanzierte sich vom Schriftsteller Thomas Mann, der Theoretiker war und immer mehr zum Intellektuellen wurde. Als solcher näherte er sich Disziplinen wie der Geschichte, der Volkswirtschaft und der Politischen Wissenschaft, die allesamt rückwärts schauten, weil sie zur Deutung und Voraussage nicht fähig waren. Bekannte man sich als Literat, dann machte man sich zum Bundesgenossen von Pseudowissenschaften, die jeden Beweis ihrer Leistungsfähigkeit schuldig geblieben waren:

> Auch in jenen Disziplinen kann es ›natürlich‹ Natur*deutung* geben, aber wie wenig haben wir davon erlebt! Wie kläglich haben z. B. unsere Volkswirtschaftler versagt, die uns zwar großartige Systeme dessen gegeben haben, was *war*, von denen aber keiner uns und Deutschland hat sagen können, was gleichzeitig mit uns *wurde*. (Wie dankbar wären wir einem, der uns rechtzeitig gesagt hätte, wie wir unsere Groschen hätten retten können.)

Pontens Brief an Thomas Mann zeigt, mit welcher Bitterkeit der Streit der Dichter und der Schriftsteller in Deutschland ausgetragen wurde – selbst die Inflation mußte dazu herhalten, den naturhaften Dichter aufs neue dem naturfernen Schriftsteller vorzuziehen.

Der Streit um die Sektion für Dichtkunst läßt sich – dank der genauen Rekonstruktion von Inge Jens – als Auseinandersetzung der Dichter und der Schriftsteller begreifen. Thomas und Heinrich Mann, Alfred Döblin und Jakob Wassermann standen auf der einen Seite – die andere wurde von Erwin Guido Kolbenheyer angeführt, der die Dichtkunst als »emotionelle Führung und Befreiung eines Volkes durch das Kunstmittel der Sprache« begriff; Hermann Stehr, Alfred Mombert, Theodor Däubler, Wilhelm von Scholz, und selbst Ricarda Huch schlugen sich auf seine Seite – auch wenn ihre Motive mit denen Kolbenheyers nicht immer übereinstimmten. Dennoch schieden sich in der Debatte um den Sektionsnamen letztlich die Völkischen von den Republikanern, die Anhänger von den Widersachern der Weimarer Republik. 1931 wurde Heinrich Mann zum Vorsitzenden der Sektion gewählt, nachdem Kolbenheyer und andere ›Völkische‹ ausgetreten waren. Wie es schien, hatten sich diejenigen durchsetzen können, die mit ihrem Bekenntnis zur Literatur auch ein Bekenntnis zur deutschen Republik verbanden.

Ein Jahr später – das heißt ein Jahr vor dem Ende der ersten deutschen Republik – bekräftigte Thomas Mann seine Position in zwei großen Reden, die ›Goethe als Repräsentant des bürgerlichen Zeitalters‹ feierten und seine ›Laufbahn als Schriftsteller‹ nachzeichneten. Form und Absicht vor allem des zweiten, des Weimarer Vortrags, mußten denen als Sakrileg erscheinen, die in Goethe den Repräsentanten deutschen Dichtertums sahen. Denn mit Goethes Bekenntnis, eigentlich sei er zum Schriftsteller geboren, setzte Thomas Mann ein, um sodann mit Hilfe dieses Leitmotivs der »kritischen Manie, zwischen Dichtertum und Schriftstellertum lehrhaft zu unterscheiden«, endgültig den Garaus zu machen. Er tat es, indem er aufs neue, wie schon im Falle Lessings, das Dichterische und das Schriftstellerische als Facetten des einen Autors, als Merkmale ein und desselben schreibenden Individuums verstanden wissen wollte. Er tat es auch, indem er die Schriftsteller-Existenz veralltäglichte und sich dennoch und um so entschiedener zu ihr bekannte: als der »irdischen Lebensform des Dichters«.

Thomas Mann sah voraus, daß diese Äußerung in Deutschland skandalisierend wirken mußte, und er beeilte sich, den Schriftsteller Goethe vom Verdacht des politischen Renegatentums und jenes Literatenübels freizusprechen, das Julien Benda als *trahison des clercs* gebrandmarkt hatte. Mehr noch als eine Ehrenrettung Goethes, deren Aktualisierung eher bemüht wirken mußte, handelte es sich hier um eine Schutzbehauptung Thomas Manns in eigener Sache. Denn er war sich wohl bewußt, mit seiner Parteinahme für den Schriftsteller und der sanften, aber hartnäckigen Ironisierung des dichterischen Ingeniums auch politisch Stellung zu beziehen: für die Aufklärung gegen die Reaktion, für die Republik gegen den Obrigkeitsstaat, für die gesellschaftliche Verantwortung des einzelnen gegen die unverantwortliche Absonderung des Individuums vom Gemeinwesen. In diesem Prozeß einer frühen Herausbildung schriftstellerischer Verantwortung und schriftstellerischen Selbstbewußtseins, der – unterbrochen durch das Gegenexperiment der *Betrachtungen* – im Bekenntnis zur Weimarer Republik und im Kampf gegen den Faschismus beschleunigt und verstärkt wurde, spielen Thomas Manns Wahrnehmung der Gesellschaft und der Gesellschaftslehre eine bedeutende Rolle, wie sich vor allem in seiner Stellung zu Max Weber zeigt.

Konkurrenzdisziplinen: Soziologie und Geschichtswissenschaft

Erst Verspätung, dann Hast, Übersteigerung und Überstürzung sind Kennzeichen der sozialen und wirtschaftlichen Entwicklung Deutschlands im Übergang zur Industriegesellschaft. Ähnliches gilt für die Herausbildung der Soziologie: *Die Gesellschaftswissenschaft,* Treitschkes Publikation von 1859, kommt als soziologischer Traktat spät, ist aber sicher eine der ersten Habilitationsschriften, die dem Thema gewidmet werden und sogleich gegen die Soziologie gerichtet.

Treitschke sieht sich in der Mitte des 19. Jahrhunderts einer Situation gegenüber, in der mehrere Disziplinen oder Disziplinanwärter an die Seite der alten Staatswissenschaft, vielleicht sogar an deren Stelle treten wollen; dazu gehören die Naturgeschichte des Volkes, die Sozialanthropologie und die Sozialwissenschaft im engeren Sinne. Autoren wie Robert von Mohl, die nicht nur das Existenzrecht, sondern die Notwendigkeit der Sozialwissenschaft behaupten, überschätzen die Rolle der Wirtschaft im gesellschaftlichen Leben, während sie die Rolle des Staates unzulässigerweise verkleinern. Aus einem falschen, eingeengten Staatsbegriff heraus schließen sie auf die Notwendigkeit einer Gesellschaftslehre, während doch zwischen der Politischen Geschichte und einer recht verstandenen Politischen Wissenschaft, die mehr ist als eine bloße Klugheitslehre, für die Soziologie kein Raum bleibt. Verschärfend kommt hinzu, daß Soziologie und Sozialismus viel miteinander gemein haben und auf den Irrlehren der französischen Aufklärung fußen.

Treitschke führte seine Polemik halbherzig und wie mit schlechtem Gewissen. In einer Reihe von Briefen distanzierte er sich von seiner »unseligen Schrift« und war froh, das »unglückliche Thema«, für dessen Behandlung er im Grunde genommen zu jung und zu unwissend gewesen war, vom Halse zu haben. Ein Exemplar seiner Habilitationsschrift – es befindet sich heute in Yale – schickte er an Robert von Mohl, den von ihm Angegriffenen, der sein Gönner war und blieb. Es trägt auf dem Vorsatzblatt die Widmung: »Herrn Geh. Rath Robert von Mohl – in besonderer Verehrung – der Verfasser«.

In seinem während der Nazizeit unternommenen Versuch, die ›Gegenwartsaufgaben der deutschen Soziologie‹ zu bestimmen, wies Hans Freyer darauf hin, daß Treitschke und seine Kontrahenten sich in ihren Grundpositionen ganz einig waren. Was sie gemeinsam von den Vertretern der in Frankreich und England herrschenden Soziallehren unterschied, war die tiefverwurzelte Überzeugung, daß die bürgerliche Gesellschaft nur ein historisches Phänomen war, ein Übergangszustand, dessen Analyse auf keinen Fall als Grundlage einer Naturlehre des menschlichen Zusammenlebens gelten konnte. Die bürgerliche Händlergesellschaft lieferte den Deutschen nicht die Grundlagen eines wirklichkeitsblinden Fortschrittsglaubens; sie mußte vielmehr bekämpft und – wenn nötig, mit revolutionären Mitteln – wieder beseitigt werden. »Mit überlegenem Realismus«, so Freyer, stemmte sich die deutsche Soziologie gegen den Liberalismus des westeuropäischen Denkens, ihr Gegenstand war »das deutsche Schicksal im Zeitalter der bürgerlichen Gesellschaft«. Diese Diagnose einte Treitschke, von Mohl, Riehl und Lorenz von Stein. Von Hegel beeinflußt, sahen sie alle im Auseinanderdriften von Staat und Gesellschaft das Kernproblem der Epoche. Ob zu dessen Lösung eher die Erneuerung und Erweiterung der traditionellen Staatswissenschaft oder die Abtrennung einer eigenständigen Gesellschaftswissenschaft beitragen konnte, war demgegenüber zweitrangig.

Im 19. Jahrhundert konnte die Eigenständigkeit der deutschen Soziologie noch nicht so deutlich wahrgenommen werden wie in Freyers Rückblick. Vielmehr galt die Soziologie als eine galloangelsächsische Disziplin, die vom Hochmut des Wissenkönnens und Machenwollens geprägt wurde, der eine Erblast der Aufklärung war. Undeutsch schon aus diesem Grunde, war die Soziologie auch eine Bedrohung, weil sie die bürgerliche Gesellschaft wie selbstverständlich zum Richtmaß ihrer Analysen nahm und daher der Besonderheit Deutschlands und der deutschen Entwicklung nicht gerecht werden konnte.

Ablehnung und widerwillige Hinnahme der Soziologie

In seiner *Einleitung in die Geisteswissenschaften* (1883) nahm Dilthey diese Argumentation auf und verlieh ihr eine systematische Grundlage. Das von ihm so genannte ›System der gesellschaftlichen Ideen‹ wurde im 17. und 18. Jahrhundert vornehmlich in England und Frankreich entwickelt und seit der Französischen Revolution zur gesellschaftlichen Praxis. Zur gleichen Zeit bildete sich in Deutschland eine historische Anschauung heraus, die sofort in Opposition zur westeuropäischen Gesellschaftslehre geriet. Empirie, nämlich »liebevolle Vertiefung in die Besonderheit des geschichtlichen Vorgangs«, stand gegen voreiliges Systematisieren, und wenn auch in Frankreich und England selbst Widerstand gegen die Versuche eines Comte, Buckle und John Stuart Mill aufkeimte, die Methoden der Naturwissenschaften auf die Geschichte zu übertragen und derart eine Wissenschaft von der Gesellschaft zu begründen, litt dieser Widerstand doch darunter, daß er keine Prinzipien entwickelte, naiv und dilettantisch blieb: »Die Opposition eines Carlyle und anderer lebensvoller Geister gegen die exakte Wissenschaft war in der Stärke des Hasses wie in der Gebundenheit der Zunge und Sprache ein Zeichen dieser Lage.« Ähnliches galt für die meisten deutschen Reaktionen auf

Positivismus und Empirismus, für welche Lotzes *Mikrokosmos* ein Beispiel war: sie opferten im Kampf gegen die Ideologie der Naturwissenschaftlichkeit jeden wissenschaftlichen Anspruch »einer sentimentalischen Stimmung . . ., welche die für immer verlorene Befriedigung des Gemüts durch die Wissenschaft sehnsüchtig zurückzurufen« begehrte.

Diltheys Ziel lag in einer wissenschaftlichen Widerlegung der Wissenschaftsideologie; die Irrwege der westeuropäischen Gesellschaftslehre wollte er vermeiden, ohne der in Deutschland stets drohenden Gefahr einer Flucht in die Gemütlichkeit zu erliegen. Für die innere Erfahrung waren nicht Gemütslagen und Gefühle entscheidend, sondern die feststellbaren *Tatsachen* des Bewußtseins: von ihnen mußte man ausgehen, um die Geisteswissenschaften als eigenständiges System zu entwickeln.

Auch wenn Auguste Comte die Grundlage für eine wahre Philosophie der Wissenschaften gelegt hatte – die von Franzosen und Engländern konzipierte Gesamtwissenschaft der geschichtlich-gesellschaftlichen Wirklichkeit, die sie Soziologie nannten, war und blieb ein Hirngespinst. Wie die Philosophie der Geschichte, deren Erbe sie angetreten hatte, konnte die Soziologie nie zu einer wirklichen Wissenschaft werden, und ihre ohnehin prekäre Stellung im System der etablierten Disziplinen wurde durch die Generalisierungswut der Engländer und der Franzosen noch schwieriger. Was diese hervorbrachten, war nichts als metaphysischer Nebel – und am dichtesten legte er sich über das Werk Comtes, der mit seiner Pseudowissenschaft auch noch den Anspruch erhob, die Gesellschaft steuern zu können. Die Soziologie gab sich als neue Wissenschaft, doch in Wahrheit bedeutete sie nichts als die Rückkehr der Alchimie. Beim Grafen Yorck, der die Sozietätslehre mit der modernen Nationalökonomik gleichsetzte und dennoch von ihr nur als »dieser s. g. Wissenschaft« sprach, fand Dilthey Verständnis für seine Ansichten. Stärker noch als bei Dilthey selbst zeigt sich bei Yorck eine Anknüpfung an jene Autoren, die – wie etwa Treitschke – im 19. Jahrhundert gerade durch ihre Ablehnung der englischen und französischen Gesellschaftslehre mithalfen, eine *deutsche* Soziologie zu begründen. Für Yorck war das ›Soziale‹ zu einem Modewort geworden, und immer mehr setzte sich in einer Zeit, in der nicht mehr regiert, sondern nur noch administriert wurde, die Gesellschaft an die Stelle des Staates, der lediglich in der katholischen Kirche überlebte. Auf der anderen Seite wurden in Deutschland – »ein trauriges Vorrecht schwerfälliger Innerlichkeit« – die allgemeinen Probleme immer mehr zu Religionsfragen und schufen so die Voraussetzungen für einen neuen Dreißigjährigen Krieg. Angesichts solch tiefgreifender und folgenreicher historischer Prozesse erschienen die Analysen eines Comte als banal und Spencers Wortschwall als Rentiersdenkerei – die Sozialdemokraten disqualifizierten sich schon dadurch, daß sie praktisch Schüler Spencers waren und dessen Wissenschaftsbegriff übernahmen, wodurch sich im übrigen aufs neue die fatale Nähe von Sozialismus und Soziologie erwies.

*

Die Soziologie westeuropäischer Prägung stieß in Deutschland auf *politischen* Widerspruch, weil sie die skandalöse Trennung der Gesellschaft vom Staat nicht nur hinnahm, sondern diese geradezu als Voraussetzung ihrer wissenschaftlichen Existenzberechtigung begrüßte; sie provozierte eine *wissenschaftstheoretische* Reaktion, weil sie die Eigenart historischer Phänomene mißverstand und sich als Konkurrentin der Geschichtswissenschaft aufspielte. Nietzsches Einschätzung der Soziologie, so vielfältig sie auch ist, läuft auf ihre *kulturelle* Abqualifizierung hinaus.

Nietzsche, ›poète-prophète‹ und »Artist mit wissenschaftlich-historischer Nebenanlage«, wird zum Kronzeugen der Wissenschaftskritik in Deutschland. Mehr Dichter als Denker, gehört er für Leser wie Ernst Troeltsch zu denen, die die Vorherrschaft des Rationalismus ablösten durch intuitiv und souverän gesetzte Maßstäbe des Gefühls: »das Recht auf *Affekte* wieder⟨zu⟩gewinnen für den *Erkennenden*« gehörte zu seinen Maximen. Die wissenschaftliche Weltbetrachtung mit ihrem universalen Anspruch war Verfalls- und Krankheitssymptom, »das Begreiflich-machen-wollen; das Praktisch-, Nützlich-, Ausbeutbar-machenwollen« war antiästhetisch.

Auf der anderen Seite stieß Nietzsche auch die Feindschaft der Deutschen gegen die Aufklärung ab, ihr Versuch, die Pflege des Gefühls an die Stelle des Vernunftkults zu setzen, ihr Herzenswunsch, »die Erkenntniß überhaupt unter das Gefühl hinabzudrücken«. Ein Freund Frankreichs, wollte Nietzsche die Wissenschaft kritisieren wie ein Franzose – nicht sie abschaffen, sondern ihre Tartüfferien lächerlich machen.

Andererseits lassen die Kritik am ›fait-alisme‹, das Sich-Mokieren über ein in Frankreich herrschendes »Entzücken an kleinen festen *Tathsachen*« Nietzsche wie einen störrischen Leser Durkheims klingen, der sich dagegen verwahrt, die *faits sociaux* wie Dinge betrachten zu sollen. Wen er dabei im Visier hat, sind Comte, der katholische Schwärmer, und Mill, der typische Flachkopf, beides Repräsentanten einer Soziologie, deren Mediokrität der in Europa vorherrschenden Mittellage des Geistes vollendet entspricht. So wie die soziale Frage eine Folge der Dekadenz ist, ist die Soziologie als Disziplin ein Verfallsgebilde, Ausdruck einer Weltsicht, die die Herdeninstinkte zu ihren Leitideen macht. Mit der Versicherung, daß er selbst jedenfalls kein *zoon politikon* sei, entzieht sich Nietzsche dem Zugriff der »Herren Zukunfts-Sociologen«, die eben jener »race moutonnière« angehören, der gegenüber er seinen Aristokratismus verteidigt. Wie Volk, Rasse, Nation, Utilitarismus und Zivilisation, Volksbildung, Fortschritt und Weiber-Emanzipation gehört die Soziologie zu den modernen Ideen, die Nietzsche anprangert. In einer Zeit, in der die »Universitäten in der Kunst auf der Höhe der Männergesangvereine stehen« und ein Professor ein Wesen ist, »auf dessen Unbildung und Geschmacksroheit man so lange schließen darf, bis er nicht das Gegentheil beweist«, ist jede Wissenschaft, und erst recht die Soziologie, ein Kulturhemmnis.

Politisch verdächtig, erkenntnistheoretisch für unmöglich erklärt, aus der Sicht höherer Kultur und Kunst lächerlich gemacht und verhöhnt: so steht die Soziologie in Deutschland da, bevor sie überhaupt als Disziplin ausgebildet ist und Fuß in den akademischen Institutionen gefaßt hat.

Und doch steckt in all dieser Kritik an der Soziologie ein widerwilliges Eingeständnis, daß man auf sie nicht verzichten kann. Treitschke etwa kritisiert Staatswissenschaftler wie Robert von Mohl, die für die Herausbildung einer eigenständigen Gesellschaftswissenschaft eintreten, und endet doch mit dem Wunsch nach einer Soziologisierung der klassischen Wissenschaften von der Politik. Und Nietzsche plädiert, wenn er die Soziologie durch eine »Theorie der Herrschaftsgebilde« ablösen und die ›Gesellschaft‹ durch den ›Cultur-Complex‹ ersetzen will, im Grunde genommen nur für eine andere Soziologie als die der Comte, Spencer und Fouillée, für eine Soziologie, die heute zum Teil die von Nietzsche geforderte interpretative Wende vollzogen hat und ihn als ihren Kronzeugen zitieren könnte:

> Der interpretative Charakter alles Geschehens.
>
> Es giebt kein Ereigniß an sich. Was geschieht, ist eine Gruppe von Erscheinungen *ausgelesen* und zusammengefaßt von einem interpretirenden Wesen.
>
> Auslegung, *nicht* Erklärung. Es giebt keinen Thatbestand, alles ist flüssig, unfaßbar, zurückweichend; das Dauerhafteste sind noch unsere Meinungen. Sinn-hineinlegen – in den meisten Fällen eine neue Auslegung über eine alte unverständlich gewordene Auslegung, die jetzt selbst nur Zeichen ist.

Als Dilthey zwischen 1904 und 1906 die Neuherausgabe seiner *Einleitung in die Geisteswissenschaften* plant, da erneuert er zwar seine Kritik an Comte und Spencer, an Schäffle und Lilienfeld, doch kleidet er seine Kritik in die Feststellung, die Soziologie sei bisher nicht »eine Theorie von den Formen gewesen, die das psychische Leben unter den Bedingungen der gesellschaftlichen Beziehungen annimmt«. Eine solche Soziologie aber existiert nunmehr, es ist die Soziologie Georg Simmels, und Dilthey erklärt ausdrücklich, daß er sie von seiner Kritik ausnimmt. Der Vorbehalt gegen die Disziplin bleibt; das soziologische Verfahren wird akzeptiert.

Georg Simmel – Der Impressionismus in der Soziologie

ALS 1917 der Anfang vom Ende nahte, erhielt Georg Simmel im kaiserlichen Deutschen Reich endlich ein Ordinariat – nicht in seinem geliebten Berlin, nicht in Heidelberg, Deutschlands heimlicher Hauptstadt zu jener Zeit, sondern an der Peripherie, in Straßburg. Noch einmal wurde dem Sechsundfünfzigjährigen demonstriert, daß er – trotz aller öffentlichen Erfolge – in akademischen Kreisen zeitlebens ein Außenseiter geblieben war.

Simmel sah im Zwang der Soziologie, sich als Wissenschaft erst noch zu beweisen, einen unschätzbaren Vorteil. Vorwürfe, sie sei keine eigenständige Disziplin und könne beispielsweise in der Psychologie aufgehen, da ihr Objekt letztlich doch das Individuum sei, wies er zurück. Das Individuum nämlich war überhaupt kein »Gegenstand des Erkennens, sondern nur des Erlebens«, und die Soziologie beschäftigte sich weder mit dem Individuum, noch ausschließlich mit solchen Einheitsgebilden wie Staat, Familie und Klasse. Es ging ihr vielmehr darum, die Wechselwirkungen zwischen den Individuen sichtbar zu machen, die inoffiziellen Formungen, aus denen ein dauerhafter Zusammenhang zwischen einzelnen entstand. Die Gesellschaft war ein Prozeß, und die Soziologie versuchte, den Formen der Vergesellschaftung auf die Spur zu kommen, dem »ewigen Fließen und Pulsieren«, das die Individuen verkettet. Simmel war, wie Trotzki, Georg Lukács und andere ihn sahen, der Impressionist der Soziologie. Die Schulung des soziologischen Blicks schien ihm das Wichtigste in einer Disziplin, die in ihrer reinen Form eine Art von Grammatik war. Sie demonstrierte die Regelhaftigkeit des gesellschaftlichen Lebens noch in seinen feinsten, anscheinend von reiner Impulsivität bestimmten Verästelungen.

In Frankreich und England stehen am Beginn der Gesellschaftswissenschaft die großen Systeme. Doch selbst Simmels *Soziologie*, 600 Seiten stark, ist ein Mosaik aus Essays. Sie ist kein Lehrbuch, und selbst wenn Simmel Grundfragen abhandelt, wird daraus kein Traktat, sondern eine Causerie. Kultur- und Kunstgeschichte eng miteinander verbindend, dabei spielerisch in der Form, durchzieht Simmels Gesellschaftslehre ein tiefer Ernst. Er war sich der Tragik bewußt, die darin besteht, in der modernen Gesellschaft die Gleichheit anscheinend nur auf Kosten der Freiheit, die Freiheit nur auf Kosten der Gleichheit erreichen zu können. Simmel berief sich dabei auf Dichter wie Goethe als Kronzeugen, der als Phantasten und Scharlatane diejenigen beschimpft hatte, die den Menschen Gleichheit und Freiheit zugleich versprachen.

Zu Simmels bevorzugten Gegenständen gehörte die Geselligkeit, die Spielform der Vergesellschaftung, wie er sie nannte, in der das Taktgefühl, eine eher ästhetische Qualität, in dem Maße an Bedeutung gewinnt, wie der Egoismus als Regulator des sozialen Lebens zurücktritt. Zwischen dem bloß Zweckmäßigen und dem rein Individuellen schwebend, entsteht in Form der Geselligkeit eine ideale soziologische Welt, ein Gesellschaftsspiel. Simmel fühlte sich als Wissenschaftler weniger im Labor als im Salon zu Hause, seinem eigenen zumal, dessen Jours den Gästen eine Soziologie *in vivo* boten. Er gehörte zu jenen Soziologen, in deren Gesellschaft man sich wohl fühlt.

Simmels Auffassung der Soziologie mußte sich nicht gegen eine Kritik der Wissenschaft vom Standpunkt des Lebens durchsetzen: sie selbst war Ausdruck und Konsequenz einer solchen Kritik. Die Wissenschaft war für Simmel nur eine Spielart des Erkennens, und eine im Grunde genommen wenig sympathische, nämlich selbstherrliche, dazu; es blieb seine hoffende Überzeugung, »die vollendete Empirie ⟨werde⟩ die Philosophie als eine Deutung, Färbung und individuell auswählende Betonung des Wirklichen gerade so wenig ablösen, wie die Vollendung der mechanischen Reproduktion der Erscheinungen die bildende Kunst«. Grundlage dieser Hoffnung war die geschichtsphilosophische Einsicht, daß das Leben sich stets dagegen empört, in feste Formen gepreßt zu werden. Diese Empörung war freilich nicht immer gleich stark; eher oszillierten Ordnungswünsche und der

Drang nach Unordnung und prägten einzelnen Epochen ihren Stempel auf. Für die Soziologie war dieser Wandel von besonderer Bedeutung, denn im 20. Jahrhundert löste das ›Leben‹ die ›Gesellschaft‹ als kennzeichnender Epochenbegriff ab. Damit wuchs die Abneigung gegen das geschlossene System, und die Soziologie mußte sich Problemen stellen, die einer Metaphysik des Lebens entstammten.

Ihren Objekten gegenüber verhielten sich die Naturwissenschaften gleichgültig; sie gewannen ihre überragende Bedeutung in der Epoche der Geldwirtschaft, in welcher – objektiv, indifferent und damit charakterlos – der Intellekt herrschte. Der verstandesgeprägte Mensch gewann immer mehr Macht im Vergleich zu denen, die aus ihrem Gefühl und nach ihren Impulsen lebten. Daher setzte Comte auch die Bankiers an die Spitze seines zukünftigen weltlichen Staates – während auf der anderen Seite ökonomieferne Autoren, zu denen für Simmel Goethe, Carlyle und Nietzsche gehörten, antiintellektualistisch geprägt waren und eine Weltdeutung ablehnten, die sich einzig an Maß und Zahl orientierte. Kam es aber darauf an, über die letzten Werte des Menschen etwas auszusagen, dann erwies es sich als entscheidender Vorteil der Kunst,

> daß sie sich jedesmal ein einzelnes, engumschriebenes Problem setzt: einen Menschen, eine Landschaft, eine Stimmung – und nun jede Erweiterung desselben zum Allgemeinen, jede Hinzufügung großer Züge des Weltfühlens, wie eine Bereicherung, Geschenk, gleichsam wie eine unverdiente Beglückung empfinden läßt.

Überhaupt sah Simmel gerade in der Schwierigkeit der Probleme, die es zu lösen galt und die doch nie gelöst werden konnten, »etwas Wundervolles«, wie er 1911 an Husserl schrieb, und seine Bestimmung der Soziologie als einer Wissenschaft, die kein neues Objekt besitzt, sondern lediglich neue Wege weisen kann, und die ihre Methoden verfeinert, ohne je ein System zu erbauen, hat nichts Resignatives an sich.

Der Einfluß Nietzsches ist hier allenthalben sichtbar, und der Soziologe Simmel, in dem viele einen heimlichen Künstler sahen, nahm Interpretationen seiner Schriften als Kunstwerke mit Zustimmung zur Kenntnis. Auch wird ihn am meisten ein Urteil wie dasjenige Hugo von Hofmannsthals, der an Simmel eine fast beispiellose Kraft rühmte, »das Geistige, das Wesenloseste, die geheimsten Bezüge geistigem Sinnen in faßbare Nähe zu bringen«, oder das Bekenntnis Rilkes bewegt haben, der Simmels Äußerungen über das *Stundenbuch* mit den Worten kommentierte, ihm sei hier von einer neuen Seite der Weg gezeigt worden, »den ich blindlings gegangen bin«.

Demgegenüber mußten die Reaktionen von Fachkollegen als zweitrangig erscheinen – von Soziologen ohnehin, weil die Disziplin noch keine ausgeprägte und anerkannte Identität besaß. Mit großer Virtuosität hat Simmel seine Äußerungen zur Fachgestalt der Soziologie variiert – besonders aufschlußreich dort, wo er nicht öffentlich, sondern eher privat Stellung nahm, wie etwa im Briefwechsel mit Célestin Bouglé, einem Mitglied des Durkheim-Kreises. In seinem ersten, vom Februar 1894 stammenden Brief beklagt Simmel den unsicheren und unklaren Zustand, in dem die Soziologie sich befindet; um so mehr liegt ihm an Kooperation und Kontakt zwischen »den Arbeitern dieses Gebietes« – ein Ausdruck, den auch Durkheim gerne benutzte. Auf Bouglés Frage nach seinen weiteren Plänen antwortet er, daß er sich ganz und gar soziologischen Studien widmen und auf absehbare Zeit kein anderes Gebiet mehr betreten werde. Was ihm am Herzen liegt, sind die Aufgaben der Soziologie. Knapp zwei Jahre später berichtet er, wie das Interesse an seiner Auffassung von Soziologie bei den Studenten wächst: Italiener und Russen, Japaner und Amerikaner sind unter ihnen; Übersetzungen von Simmels Schriften erscheinen in mehreren Sprachen. Als aber Bouglé 1899 Simmel um einen Kongreß-Beitrag bittet, muß ihn dessen Antwort an der Identität seines Korrespondenten irregemacht haben:

> Den gewünschten Bericht für den Pariser Kongress kann ich leider nicht liefern. Sie dürfen doch nicht vergessen, dass die Sciences Sociales nicht mein Fach sind. Meine Soziologie ist ein ganz spezialistisches Fach, für das es ausser mir keinen Vertreter in Deutschland giebt, u.

den übrigen Sozialwissenschaften, um welche es sich bei dem Kongress handelt, stehe ich nur als Laie gegenüber u. bin deshalb garnicht in der Lage, darüber zu berichten. Es ist mir überhaupt einigermassen schmerzlich, dass ich im Ausland nur als Soziologe gelte – während ich doch Philosoph bin, in der Philosophie meine Lebensaufgabe sehe u. die Soziologie eigentlich nur als Nebenfach treibe. Wenn ich erst einmal meine Verpflichtung gegen diese damit erfüllt haben werde, dass ich eine umfassende Soziologie publiziere – was wohl im Lauf der nächsten Jahre geschehen wird – werde ich wahrscheinlich nie mehr auf sie zurückkommen.

Ähnlich berichtet Troeltsch, wenn auch für einen späteren Zeitpunkt, Simmel habe, wenn man das Gespräch auf soziologische Fragen brachte, abgewinkt: sie interessierten ihn nicht mehr.

Hier lagen die – von Simmel selbst vielleicht noch am wenigsten so empfundenen – Probleme eines Gelehrten, dem es an Schülern nicht fehlte, ohne daß er eine Schule bildete. Er war, wie Georg Lukács in seinem Nekrolog schrieb, ein Übergangsphilosoph und als Impressionist »ein Monet . . ., auf den bis jetzt noch kein Cézanne gefolgt ist« – und auch nicht mehr folgen sollte, wie man heute hinzufügen kann. Er blieb ein einsamer Denker, wie Margarete Susman schrieb, und dies wiederum nicht aus Laune, sondern aus jener Einsicht, die in der Unüberbrückbarkeit ihrer seelischen Einsamkeit die einzige Gemeinsamkeit sah, die den Menschen erreichbar war.

Als Philosoph und Soziologe Künstler, sah Simmel in jedem Kunstwerk ein Stück Soziologie und Philosophie, und wie jeder Autor, der Wissenschaftler war und Künstler dazu, setzte er sich damit einer doppelten Kritik aus. Für Rathenau, der das »Wechselgeschäft mit Gedanken« tadelte, war Simmel die Verkörperung des bloßen Geistes; Emil Ludwig machte Simmels Neigung, die Analyse zu verschleiern, verantwortlich dafür, daß dieser Denker »nie ein großer Schriftsteller wurde, weil er den Denkprozeß privatisierte«. Troeltsch fand im Werk Simmels die Stimmung des Altweibersommers wieder, »in dem zahllose vibrierende und die Beleuchtung wechselnde Fäden die ganze Luft ohne Anfang und Ende erfüllen . . .«. Gönnerhaft gab Troeltsch zu, Simmels Soziologie sei immerhin als Hilfswissenschaft der Historie dieser von einigem Nutzen gewesen, doch erstrecke sich sein Einfluß im wesentlichen auf den »feineren Journalismus«. Zwischen Wissenschaftlichkeit und Künstlertum hin- und hergerissen, sei Simmel »aus der Scylla des soziologischen Objektivismus in die Charybdis des Aesthetentums geraten, wie heute so viele«.

Troeltschs Worte klangen wie ein Echo. In seiner *Philosophie des Geldes* (1900) hatte Simmel zu zeigen versucht, daß der ästhetische Gesichtspunkt auch bei der Analyse soziologischer Phänomene von Nutzen sein konnte. Emile Durkheim besprach das Buch sofort nach Erscheinen in der *Année Sociologique* und geißelte ohne Erbarmen »diese Art von Bastard-Spekulation, die uns von den Dingen weder die lebendigen und frischen Empfindungen wiedergibt, die der Künstler erweckt, noch die sauberen Begriffe, nach denen der Wissenschaftler sucht«.

Max Weber – Soziologie als Kulturprodukt und Alterskunst

EBENSOWENIG wie Georg Simmel konnte Max Weber als Repräsentant jener Wissenschaft angesehen werden, gegen welche die frühe Soziologiekritik in Deutschland Sturm lief. Der Fortschrittsoptimismus eines Herbert Spencer war ihm ebenso fern und fremd wie der ins Gigantisch-Groteske gesteigerte Systembau Auguste Comtes. Ihm kam es darauf an, die Kehr- und Kostenseite des okzidentalen Zivilisationsprozesses zu betonen, der vom Kapitalismus, der schicksalsvollsten Macht des modernen Lebens, geprägt wurde. Eine Wissenschaftskritik im Namen des Lebens konnte am Werk Webers nicht geübt werden, der sich der Grenzen der Ratio deutlicher und schmerzlicher bewußt war als jeder andere, und der »das Reich des Erkennbaren ... von unergründlichem Geheimnis« umfangen sah. Das Leben war unvernünftig und fließend, und auch wenn die Wissenschaft an der Rationalität ihrer Prozeduren und Prüfverfahren festhalten mußte, entschied über das, was wissenswert war, nicht die Wissenschaft selbst, sondern das Leben. Die Wissenschaft war ein Kulturprodukt, also nicht selbstverständliches Tun, nichts Naturgegebenes, sondern das Ergebnis einer mühsamen Durchdringung des irrationalen Weltgeschehens im kleinen und kleinsten Ausschnitt.

Rationalität und Objektivität waren in diesem Sinn Kampfbegriffe, die von der Auseinandersetzung des Menschen mit einer Lebenswirklichkeit zeugten, von seinem heroischen Versuch, wenigstens einem Teil des Lebens Sinn zu verleihen. Gerade weil sie sich ihrer Grenzen bewußt war, mußte die Wissenschaft kompromißlos an ihrer inneren Rationalität festhalten, mußte Werturteile aus dem Forschungsprozeß verbannen, weil sie jede Art von Erkenntnisprozeß in ein Netz von Wertbeziehungen eingebettet sah.

Die Tragik einer solchen Haltung lag darin, daß die Wissenschaft Produkt und Förderin eines Rationalisierungs- und Bürokratisierungsprozesses war, der die Welt zu einem Gehäuse der Hörigkeit werden ließ, in welchem in Zukunft die Menschen leben würden wie einst die Fellachen im altägyptischen Staat. Dieser Prozeß zunehmender Berechenbarkeit und damit der Entzauberung der Welt war unentrinnbar. Wer ihn pries, war ahnungslos; wer sich versuchte, gegen ihn aufzulehnen, blieb in Illusionen befangen.

Obwohl sie ein Teil des Rationalisierungsprozesses war und diesen noch beförderte, schied die Wissenschaft vom Glauben doch nur eine »haarfeine Linie«, und als Beruf mußte sie gänzlich anders betrieben werden als maschinenförmig: Rausch und Leidenschaft gehörten dazu, Eingebung und eine Seele, die kein Rechenexempel ersetzen konnte. Aber wenn auch in der Wissenschaft die Eingebung keine geringere Rolle spielte als in der Kunst: ihr Ziel blieb die Rationalisierung der Welt, geprägt von der Überzeugung, alle Dinge im Prinzip berechenbar und damit beherrschbar machen zu können. Schon um die Jahrhundertwende und erst recht nach dem Ersten Weltkrieg wurde diese Wissenschaftsauffassung von der Jugend bekämpft, wie Max

Weber selbst aus eigener Erfahrung wußte: »Die Gedankengebilde der Wissenschaft sind ein innerweltliches Reich von künstlichen Abstraktionen, die mit ihren dürren Händen Blut und Saft des wirklichen Lebens einzufangen trachten, ohne es jedoch je zu erhaschen.«

Gerade weil er sich der Grenzen des Intellekts stets bewußt war, lehnte Weber es ab, sich vom Intellektualismus der Wissenschaft zu distanzieren. Er wetterte gegen die Professorenprophetie und bekam dennoch das Amt des Propheten angetragen, er propagierte leidenschaftlich die Askese und riß gerade dadurch mit, er wurde als Führer umworben, wo er nichts als Lehrer sein wollte, und von ihm, der vor allem den Forderungen des Tages gerecht zu werden versuchte, erhoffte man sich Zukunftsvisionen und Orientierungen auf lange Sicht. Die Erinnerungen derer, die ihn persönlich kannten, betonen das Schmerzlich-Heldenhafte an ihm, ein Verschmelzen von Sachaussagen und individueller Haltung wie in seinen religionssoziologischen Schriften, wo der heroische Protestantismus autobiographische Züge annimmt. Marianne Weber und Karl Jaspers waren es, die diese Stilisierung Max Webers betrieben, in ihm »die reichste und tiefste Verwirklichung des Sinns des Scheiterns in unserer Zeit« und einen Menschen sahen, »der im Untergang aktiv sein Wesen erfüllte«.

Innerwissenschaftlich verriet sich Webers Asketismus nicht zuletzt in der Aufmerksamkeit, die er dem Problem von Forschungs- und Darstellungsweise widmete. Er wies auf die Gefahr einer folgenschweren Verwechslung hin, die dadurch entstehen kann, daß man »die im Interesse der ›psychologischen‹ Beeinflussung des Lesers gewählte ›künstlerische‹ Form der *Darbietung*« für etwas ganz anderes, nämlich die logische Struktur der Erkenntnis selbst hält. Folge dieser Einsicht war eine Rigidität seiner wissenschaftlichen Prosa, die vielen Lesern und Zuhörern nicht als Defizit erschien, sondern als Bestandteil einer Wissenschaftshaltung, die Weber sich unter Schmerzen abringen mußte. Helmuth Plessner ging wohl nicht weit genug in seiner Auffassung, Max Weber habe die Darstellung weder im Kolleg noch im Buch gelegen. Friedrich Meinecke hat deutlicher gesehen, daß bei Weber der Vernachlässigung der Form eine bewußte Entscheidung zugrunde lag:

> Die Vernachlässigung der Form, die er sich in seinen wissenschaftlichen Arbeiten zuschulden kommen ließ, war nicht bloß ein Schönheitsfehler, den er sich erlauben zu dürfen glaubte, um rasch von einer Erkenntnis zur andern stürmen zu können. Es fehlt seinen Resultaten dadurch doch vielfach eine letzte bezwingende Kraft, eine höchste innere Lebendigkeit. Und sollte die Vernachlässigung der Form in der Wissenschaft überhaupt einreißen, so würden wir ihrer Barbarisierung entgegengehen. Bei Weber aber beruht sie jedenfalls ganz auf einem Nichtwollen, nicht auf einem Nichtkönnen.

Hier wird deutlich, welchen Preis Weber dafür zahlen mußte, daß er sich jeder »Romantik des intellektuell Interessanten« so entschieden versagte, ja deren Bekämpfung zu seiner Maxime machte. In jedem ästhetischen Phänomen schien diese Interessantheit zu drohen, und zu den entschiedensten Zeugnissen Weberscher Rationalität zählt die Fragment gebliebene Musiksoziologie, in der wohl nicht nur aus »Kühnheit«, sondern aus einer unbewußten Schutz- und Abwehrhaltung heraus »das stärkste Gefühlsphänomen des menschlichen Wesens . . . mit den rationalen Mitteln einer ordnenden historischen und soziologischen Begriffsbildung erfaßt werden sollte«. Es muß der Spekulation überlassen bleiben, wie Weber – den man aus gutem Grund zur Ibsen-Generation zählte und der den Zola des *J'accuse* bewunderte – sein Buch über Tolstoi oder die geplante umfassende Kunstsoziologie geschrieben haben würde.

Zur Soziologie selbst hatte Max Weber ein distanziertes Verhältnis. Sprach er von ›unserem‹ Fach, so meinte er die Nationalökonomie, und entschieden wandte er sich gegen die Einrichtung soziologischer Lehrstühle:

> Denn er verschleierte sich nicht den Tatbestand, daß es sich um eine Wissenschaft handelt, die überall auf den Füßen anderer geht, die erhebliche eigene Forschungserfahrung in diesen anderen einzelnen Wissenschaften und ein ungewöhnliches Maß von Kritik erfordert. ›Das Meiste, was unter dem Namen Soziologie geht, ist Schwindel‹, sagte er in seiner Heidelberger Abschiedsrede.

Dennoch war die Soziologie – »als Instrument der Selbsterkenntnis und Entzauberung . . . eine Alterskunst« – von besonderer Bedeutung für die Lebensgestaltung des modernen Menschen. Mehr noch als in anderen Disziplinen galt es hier, sich vor einem Szientismus zu hüten, der alles versprach und doch nur in die Irre führte; Weber wußte, »welche Wechselbälge gezeugt werden, wenn rein naturwissenschaftlich geschulte Technologen die ›Soziologie‹ vergewaltigen«.

Für die Soziologie und für die Republik

MAN kann Max Webers Nervenkrise, die sich im Jahr 1897 erstmals abzeichnete und schwerwiegende Folgen für sein Leben und für sein Werk haben sollte, kaum erwähnen, ohne Parallelen zu den Fällen von Auguste Comte und John Stuart Mill zu ziehen, die bis in die Details der Biographie und der Familienkonstellation reichen. Die Reinheit eines Theorieprogramms und die Strategie der zerebralen Hygiene spielen dabei eine große Rolle. Ein entscheidender Unterschied liegt freilich darin, daß Max Weber keiner Versuchung zu einer Ästhetisierung oder religiösen Ausdeutung seiner wissenschaftlichen Auffassungen erlag. Weber versuchte vielmehr, seinen erkenntnistheoretischen Rigorismus, der das mühsam errungene Ergebnis persönlich-intellektueller Askese war, zur verbindlichen Arbeitsgrundlage der Soziologie, dieser von ihren deutschen Gründern so ungeliebten Disziplin, zu machen. Deutlich tragen die Statuten der Deutschen Gesellschaft für Soziologie (DGS), deren Mitbegründer und ›Rechner‹ er war, die Züge seiner Handschrift und seiner Überzeugungen. Paragraph 1 dieser Statuten bestimmt, daß die Förderung soziologischer Erkenntnis durch *rein* wissenschaftliche Untersuchungen und Erhebungen sowie die Unterstützung *rein* wissenschaftlicher Arbeiten geschehen solle. Und wie im 17. Jahrhundert die Londoner Royal Society sich königliches Wohlwollen und die Aussicht auf staatliche Hilfe dadurch erwarb, daß sie glaubhaft machte, rein wissenschaftlich arbeiten zu wollen, und sich weder in Theologie noch Metaphysik, Moral oder Politik einzumischen, so versprach die Deutsche Gesellschaft für Soziologie ohne »die Vertretung irgendwelcher praktischen (ethischen, religiösen, politischen, ästhetischen usw.) Ziele« für einen wissenschaftlichen Pluralismus einzutreten.

Max Webers Enthaltung in Wertfragen wurde derart zu einer Verbandsklausel, und die für ihn stets von den Stürmen des Lebens bedrohte Wissenschaft, deren Rationalität keineswegs selbstverständlich, sondern ein vergängliches Kulturprodukt war, wurde zum Anthropologicum. Beim Ersten Deutschen Soziologentag versicherte Ferdinand Tönnies – Goethes *Faust* paraphrasierend –, die Menschheit sei »in ihrem dunklen Drange doch wohl des rechten Weges sich hinlänglich bewußt, daß Vernunft und Wissenschaft ihre allerhöchste Kraft darstellen«, und Rathenau warf er später vor, an der Mechanisierung der Welt ganz zu Unrecht der Wissenschaft die Schuld zu geben. Gegen diejenigen, die mit ihrem Kampf wider Wissenschaft und Aufklärung auch den Fortschritt der Sozialwissenschaften hemmen wollten, hielt Tönnies unbeirrt daran fest, daß dieser Fortschritt unaufhaltsam sei: »multi pertransibunt et augebitur scientia«.

In ihrem Anspruch auf disziplinäre Eigenständigkeit selbst von Fachvertretern im Stich gelassen, von Nachbarfächern wie Ökonomie und Geschichte bestenfalls als Hilfswissenschaft akzeptiert, als Zeitvertreib für Dilettanten verspottet oder als Bedrohung deutscher Eigenart gefürchtet, gewann die Soziologie in der Weimarer Republik dennoch an Bedeutung – nicht zuletzt dank der inneren Kulturpolitik des Staatssekretärs und Ministers Carl Heinrich Becker. Den als geistige Katastrophe empfundenen Ersten Weltkrieg wollte Becker, dessen bildungspolitische Konzeptionen auch von Troeltsch und Max Weber beeinflußt waren, als Chance zu einem kulturellen Neubeginn nutzen, zum Versuch, Rückstände geistiger und politisch-moralischer Entwicklung gegenüber den westeuropäischen Nachbarn wettzumachen. Einer deutschen Tradition folgend, sah Becker freilich das Grundübel der Zeit zunächst einmal in der kulturellen Überschätzung des Intellektuellen, in der Vorherrschaft einer »rationalistischen Denkweise, die zum Egoismus und Materialismus in krassester Form führen mußte und geführt hat«. Nur innerhalb der Wissenschaft, und ausschließlich dort, sollte der Rationalismus herrschen. Vorrangige Aufgabe der Universitäten war es, das synthetische Denken der Studenten durch das Angebot von Fächern zu wecken, die ihrer Natur nach nicht monodisziplinär waren, sondern mehrere Fachgebiete umfaßten – wie insbesondere die Soziologie:

> Deutschland ist in dieser Wissenschaft ins Hintertreffen geraten. Soziologie entspricht eben nicht dem deutschen Denken, weil sie überhaupt nur aus Synthese besteht. Um so wichtiger ist sie für uns als Erziehungsmittel. Soziologische Lehrstühle sind eine dringende Notwendigkeit für alle Hochschulen. Dabei ist die Soziologie im weitesten Sinne des Wortes gedacht einschließlich der wissenschaftlichen Politik und der Zeitgeschichte ... Durch soziologische Betrachtung allein kann auf intellektuellem Gebiet die geistige Gewöhnung geschaffen werden, die dann, auf das ethische Gebiet übertragen, zur politischen Überzeugung wird. *So werde die Wissenschaft für uns der Weg vom Individualismus und Partikularismus zum staatsbürgerlichen Charakter.*

Ein geschickteres Vorgehen ließ sich kaum denken, denn während er Argumente der traditionellen Anti-Soziologie aufnahm, entwickelte Becker daraus – die besondere historische Lage Deutschlands nach dem verlorenen Krieg als seinen Ausgangspunkt nehmend – das Plädoyer für eine Stärkung der Soziologie im Interesse nicht nur der deutschen Universität, sondern einer deutschen Nation, die sich nunmehr als Demokratie westlichen Zuschnitts begreifen sollte. Wenige Jahre später erweiterte C. H. Becker den von ihm mitvertretenen Anspruch der Soziologie, wobei er aufs neue Argumente der Fachgegner zur Legitimation dieses Anspruchs nutzte. Den Wunsch nach Synthese verknüpfte Becker noch stärker als zuvor mit einer Kritik der positivistischen Denktradition, doch während die Geistesgeschichte des 19. Jahrhunderts es schwermachte, die Soziologie *nicht* mit dem Positivismus oder dem Utilitarismus in Verbindung zu bringen, erklärte Becker die Soziologie zu einer Disziplin, deren Fragestellung mit dem Positivismus nicht zu vereinbaren war. Der Kampf um die Soziologie war der Kampf um einen neuen, antipositivistischen Wissenschaftsbegriff.

Im Willen zur Synthese erblickte Becker einen Willen zur Form, der den Deutschen traditionell fremd war, »denn die Form ist nie eine Stärke des Deutschen gewesen; sein Wahrheitsdrang in bezug auf die Sache ist so groß, daß er die Form leicht als Unwahrheit, als unecht, als Phrase empfindet«. Der Wille zur Form als Reaktion auf eine kaum mehr zu bewältigende Stoffülle war in Deutschland eine neuere Erscheinung. Die Beispiele, die Becker nannte – die Bücher des George-Kreises, namentlich Bertrams *Nietzsche* sowie Spenglers Werk –, waren die gleichen, die für Ernst Troeltsch das Corpus einer neuen, revolutionären Geisteswissenschaft bildeten, und C. H. Becker stimmte mit Troeltsch auch darin überein, daß er das Revolutionäre dieser neuartigen Publikationen im Verschwimmen der Grenze zwischen Wissenschaft und Kunst erblickte. Der Vorrang der reinen Wissenschaft wurde damit gebrochen, Intuition und Anschauung bekamen wieder ihr Recht und wurden zu wichtigen Bestandteilen eines neuen Humanitätsideals. Und die neue Wissenschaft, welche die Formung dieses Humanitätsideals beförderte und begleitete, war – die Soziologie. Kierkegaard mit der Frage zu zitieren, ob denn »die Vernunft allein getauft und die Leidenschaften Heiden seien«, hätte in jedem anderen europäischen Land den Auftakt zu einer eingespielten Kritik an der Soziologie bedeutet. Für Becker war sie ein Grund, das Fach hochzuschätzen und in ihm ein Hilfsmittel zur Demokratisierung der Deutschen zu sehen.

Diese Zielsetzung löst die Paradoxien der Beckerschen Argumentation. Es war nicht länger mehr überraschend, aus den Prämissen der klassischen Anti-Soziologie ein Plädoyer *für* das Fach zu machen, wenn man sich vor Augen hielt, daß von Treitschke bis Becker die politischen Präferenzen sich ins Gegenteil verkehrt hatten: aus der antidemokratischen Verteidigung des Obrigkeitsstaates war das – in manchen Details sicher noch geistesaristokratisch geprägte – Engagement für die Republik geworden.

Geschichtsforschung und Geschichtsschreibung

Zu den entschiedensten Gegnern der Beckerschen Hochschulreform und zu den fanatischen Feinden der Soziologie zählte der Historiker Georg von Below, dessen Polemiken die Anti-Soziologie des 19. bruchlos ins 20. Jahrhundert verlängern. Below hielt daran fest, daß die Soziologie als eigenständige Disziplin etwas zutiefst Undeutsches war, ein westeuropäischer Import, den »grobe englische Naturalisten« und »feine französische Aufklärer« gemeinsam produziert hatten, eine »Mißgeburt, die allen Abscheus wert ist«. Comte zumal war keineswegs der Urheber einer wissenschaftlichen Bewegung, sondern nichts als ein Schädling, der sich schamlos an den Vorarbeiten anderer bereichert hatte. Denn der Ursprung einer recht verstandenen Soziologie lag nicht in Frankreich, sondern in Deutschland; ihre Gründer waren nicht die westeuropäischen Utilitaristen und Positivisten, sondern die deutschen Romantiker. Bemerkenswert an der deutschen Romantik war dabei, daß der Schlag gegen Aufklärung und Rationalismus nicht nur von der Philosophie, sondern von den Fachwissenschaften und den Künsten zugleich geführt wurde; unter den Romantikern war der Einfluß eines Dichters um so stärker, je mehr er auch Denker war, und letztlich ließen zwischen Novalis und Schlegel auf der einen, Savigny und Jacob Grimm auf der anderen Seite sich gar keine Grenzen ziehen.

Korrigierend wirkte die Romantik gegenüber den Fehlentwicklungen der Aufklärung dadurch, daß sie Poesie und Phantasie wieder zur Geltung brachte; im gleichen Maße, wie sie die Abhängigkeit des einzelnen vom Volksgeist, also von der Gemeinschaft, lehrte, führte sie zur Wiederentdeckung des Individuums. Ob man an die historische Rechtsschule eines Savigny, die

Sprachwissenschaft eines Jacob Grimm oder den Historismus der Nationalökonomie dachte – überall fand sich soziologisches Denken, ja man konnte Romantik und Soziologie beinahe gleichsetzen.

Es gab keine soziologische Disziplin, wohl aber eine soziologische Methode, die in den deutschen Fachwissenschaften ihre Heimat hatte. Beckers Fehler lag darin, daß er die Soziologie nicht als Methode oder – was vielleicht noch zu vertreten gewesen wäre – als analytische Sonderwissenschaft, sondern als Generalwissenschaft ansah, als ein Fach für Dilettanten, das aus leicht zu durchschauenden Motiven politisch gefördert werden sollte. Denn in Mode kam die Soziologie in Preußen erst durch die Revolution, die den sozialdemokratischen Abgeordneten Hoffmann zum Kultusminister beförderte. Er war es, der die Einrichtung soziologischer Professuren betrieb – ebenso wie sein Nachfolger Haenisch und dessen Staatssekretär Becker. Dabei war die Behauptung grundfalsch, in Deutschland sei die Soziologie zurückgeblieben; es waren im Gegenteil, so von Below, die menschlichen Gemeinschaftsbeziehungen nirgends so sorgfältig erforscht worden wie in der deutschen Wissenschaftstradition, die dem westeuropäischen Positivismus einen gesunden Realismus entgegensetzte. Die Soziologie sei bestenfalls eine Spezialwissenschaft, wie alle anderen Fächer auch. Abgesehen davon, daß eine Universalwissenschaft überhaupt nicht existiere, sei in der Soziologie eine Synthese besonders schwer zu erreichen. Aber Becker ging es im Grunde genommen um etwas ganz anderes: er wollte die Politisierung und Demokratisierung des deutschen Staatswesens und spannte für dieses Ziel die Soziologie ein.

*

Es ist bezeichnend, daß mit Georg von Below ein Historiker zum vielleicht schärfsten Widersacher der Soziologie in Deutschland wurde. Seit der Mitte des 19. Jahrhunderts waren Geschichte und Soziologie Konkurrenzdisziplinen, doch während in Frankreich mit der Entwicklung zur Schule der *Annales* die Sozialgeschichte derart zu dominieren begann, daß Fernand Braudel später sie und nicht die Soziologie als legitime Erbin Durkheims bezeichnen konnte, verschärfte sich in Deutschland der Konflikt beider Fächer zusehends. Wie energisch die deutsche Historiographie – die mit der Bevorzugung der Politischen Geschichte ihre kognitive, mit der vom Neukantianismus nachdrücklich legitimierten idiographischen Ausrichtung ihre methodologische Identität gewonnen hatte – sich gegen Tendenzen zur Soziologisierung des Faches zur Wehr setzte, zeigte sich nicht zuletzt im Lamprecht-Streit. Karl Lamprecht wie Kurt Breysig wollten die Geschichte den exakten Wissenschaften annähern – ein Weg, der nur über die Soziologie führen konnte. Bezeichnenderweise spielte in den Karrieren beider der gegen die Meinung der Fachvertreter vorgenommene Oktroi des sächsischen bzw. preußischen Kultusministers eine entscheidende Rolle. Es kann nicht überraschen, daß es C. H. Becker war, der Kurt Breysig 1923 das persönliche Ordinariat mit der für einen traditionellen Historiker skandalösen *venia* verlieh: ›Gesellschaftslehre und allgemeine Geschichtswissenschaft‹. Lamprecht hielt das Individuelle für derart irrational, daß seine Wiedergabe nur in der Kunst gelingen konnte, während die Wissenschaft – und daher auch die Geschichte, wenn sie überhaupt Wissenschaft sein wollte – nach rationaler Erkenntnis des Typischen, des Regelmäßigen und des Gesetzmäßigen streben mußte. Dies galt für die Geschichts*forschung* – während die für Lamprecht im Vergleich dazu sekundäre Geschichts*schreibung* stets der Kunst verwandt blieb.

Mit von Below mußten viele Historiker in Lamprecht und auch in Breysig, diesen »platten Empirikern und Kärrnern«, wie Gundolf sie nannte, nur eine Art fünfter Kolonne der Soziologie erblicken, gegen die es galt, die Axt zu gebrauchen. Die Vorwürfe gegen die neue Version der Kulturgeschichte waren politischer und methodologischer Natur; sie beinhalteten nicht zuletzt, daß einer Geschichtsforschung, die die Geschichtsschreibung vernachlässigte, auf die Dauer die künstlerische Dimension verlorengehen mußte.

Denn spätestens seit dem Historismus und den geschichtstheoretischen Überlegungen der Lebensphilosophie wurde der Kunstcharakter der Geschichte nicht als Mangel, sondern geradezu als Voraussetzung historischer Erkenntnis angesehen, wobei nationalspezifische Differenzen – und immer wieder der Gegensatz von Deutschland und Westeuropa – eine entscheidende Rolle spielten. Die verwegene wissenschaftliche Baulust, die Dilthey an den Franzosen und Engländern tadelte, mußte zur Konstruktion gigantischer, doch wenig stabiler Systeme führen, während das Gespür für die Details und eine methodologisch nicht eingeengte Empathie mit dem Gegenstand den Deutschen es ermöglichten, die Geschichtsschreibung als Kunst zu handhaben. Im Gegensatz von Generalisierungswut und künstlerischer Darstellung drückte sich für Dilthey nicht zuletzt das Verhältnis von Soziologie und Geschichte aus. Obwohl er die Unzulänglichkeiten Carlyles, das Ungenügende seiner Reaktion gegen die überschätzte Rationalität erkannt und deutlich ausgesprochen hatte, wird Dilthey die Bemerkung des Grafen Yorck, seine Aufsatzreihe ›Dichter als Seher der Menschheit‹ verspreche ein Gegenstück zu Carlyles *On Heroes* zu werden, als Unterstützung und Ermunterung verstanden haben. Und es paßt zu Yorck selbst, der sich ausdauernd über die Gesellschaftslehre mokierte, daß er in Ranke vornehmlich den Ästhetiker und den Dichter sah, wenn auch Lob und Tadel sich in solchem Urteil mischten:

> Ranke war eben Aesthetiker und ein echter Zeitgenosse und Nachbar Tiecks: Auch seine kritischen Grundsätze sind okularer Natur und Provenienz. Der Geschichtsstoff aber ist ihm eine Fluktuation von Gestalt annehmenden Kräften. Seine historischen Personen sind im eigentlichen Sinne *personae*, Träger historischer Rollen. Der Dichter bleibt verborgen ... Ranke ist ganz Auge als Historiker, die Empfindung als ein rein persönliches behält er für sich, es ist ein Geschichte sehen, nicht ein Geschichte leben ... Ranke ist ein großes Okular, dem nichts, was entschwand, zu *Wirklichkeiten* werden kann. Aber der romantische Zauberer ist er, der das vergangene Leben auf die Bühne bringt, die Wahrheit zur Dichtung verschleiert.

Yorck sah auch, daß die Beschränkung auf die Politische Geschichte bei Ranke mehr war als nur eine politische Option: eine ästhetische Vorliebe für solche Gegenstände drückte sich darin aus, die alleine als dramatisierbar galten.

Wenige Jahrzehnte später wurden im Kampf gegen das 19. Jahrhundert und seine technisch-wissenschaftliche Zivilisation, in der Abwehr gegen die Ratio und im Überschwang von Intuition und Einfühlung selbst die Mängel historischer Erkenntnis zu Vorzügen stilisiert. Rudolf Borchardt hatte Treitschke noch gehört – »der taube Riese stand, vor zusammengepreßten Augen auch fast blind wirkend, rauh donnernd an der Rückwand der weiten Sprechhalle, unverständlich, unvergeßlich« –, und während Ranke für Yorck das große Okular war, das Geschichte sehen, aber nicht miterleben ließ, erschien Treitschke für Borchardt als blinder Seher, dessen Schau sich aller wissenschaftlichen Kritik entzog. In einer trüben Zeit war Heinrich von Treitschkes *Deutsche Geschichte im neunzehnten Jahrhundert* ein Lichtblick, nicht als wissenschaftliches Werk, sondern als »dichterische Großtat, das einzige Epos der Epoche . . . von vollendeter und hinreißender poetischer Wahrheit und ohne den Schatten der historischen Einsicht, leidenschaftlich liebevoll, und völlig unvernünftig, eine Stilisierung aus Erlebnis und Glauben . . .«.

Ganz ähnlich verdankte im 20. Jahrhundert Spenglers *Untergang des Abendlandes* seinen ungeheuren Erfolg nicht zuletzt der antiszientifischen Haltung des Verfassers, der von seinem Werk erhoffte, daß es »neben den militärischen Leistungen Deutschlands nicht ganz unwürdig dastehen möge«, wie es 1917 im Vorwort zur ersten Auflage hieß. Als eine deutsche Philosophie entworfen, sollte Spenglers Morphologie alles andere sein als ein Stück traditioneller philosophischer Gelehrtenarbeit. Statt begrifflicher Zergliederungen vertraute Spengler, Goethe und Nietzsche als seine Vorbilder nennend, einer Sprache, die durch Anschaulichkeit den Leser zum Nacherleben des Gelesenen führen wollte. Die Geschichte wissenschaftlich – d. h. naturwissenschaftlich – zu behandeln, war ein Widerspruch: die Natur ließ sich analysieren, doch die Geschichte war eher Dichtung als Wissenschaft. Ranke war sich dessen bewußt gewesen, als er Scotts *Quentin Durward* als die eigentliche, die wahre Geschichtsschreibung bezeichnet hatte. Die Spannung zwischen Wissenschaft und Kunst war nach Spengler das Kennzeichen historischer Spätzeiten; er ließ keinen Zweifel daran, wie er selbst sich zwischen wissenschaftlicher Erfahrung und Lebenserfahrung, zwischen systematischer und physiognomischer Art der Weltbetrachtung entschied. Dabei war die Trennungslinie zwischen Wissenschaft und Dichtung fließend: auf der einen Seite standen nicht nur die Naturwissenschaften, die Soziologie, die Psychologie und die rationalistische Geschichtsforschung, sondern auch Ibsen und jene vom Verstand geprägten Schriftsteller, die längst nicht mehr dichteten wie ein Goethe, sondern nur noch konstruieren konnten. Goethe und immer wieder Goethe war das bewunderte Vorbild. Denn dem Gelehrten und seinen Erkenntnismöglichkeiten blieb das Verständnis des Seelischen – ob es sich nun um ein Individuum oder um ganze Kulturen handelte – fremd, und die Poesie kam wieder zu ihrem Recht, wo die Wissenschaft ihre Kraft verloren hatte: »Die kritische Forschung hört auf, ein geistiges Ideal zu sein ... Zweihundert Jahre Orgien der Wissenschaftlichkeit – dann hat man es satt. Nicht der einzelne, die Seele der Kultur hat es satt.«

Der militärisch-schneidende Ton in alldem war unüberhörbar, und die Verführungskraft des Spenglerschen Buches lag nicht zuletzt darin, daß in ihm mit antiwissenschaftlichem Affekt der systematische Anspruch der Wissenschaft noch übertrumpft, mit den Mitteln einer poetisierenden Sprache das Lob des Tatmenschen gesungen wurde. Mehr als ein Jahrhundert zuvor hätte man die Autoren, zu denen Spengler nicht gezählt werden wollte, tatenarm und gedankenvoll genannt; er nannte sie »reich an Einfällen und arm an Trieben« und wünschte sich Leser, die »der Technik statt der Lyrik, der Marine statt der Malerei, der Politik statt der Erkenntniskritik« den Vorzug gaben. Das Zeitalter der Theorien war vorüber, und einer Geschichtsauffassung, die die wissenschaftliche Erfahrung eher geringschätzte und sich statt dessen auf Menschenkunde und physiognomischen Takt, auf Erleuchtung statt auf Erkenntnis verließ, gehörte die Zukunft. Als Max Weber die Haltbarkeit der Spenglerschen Geschichtskonstruktionen in Zweifel zog, bekannte der sich ohne Scheu dazu, ein Dichter zu sein.

Max Weber hatte – wie es schien, in einer Mischung aus Neid und Distanz – der Geschichte zumindest den Wunsch zugestanden, das volle Leben zu umfassen. Dieses volle Leben aber war von Irrationalismen geprägt, und so lief die Geschichte stets Gefahr, zu einer Art von Poesie zu werden. Natürlich mußte der Historiker – sollte er nicht zum Archivar verkommen – über Intuition verfügen und diese als legitimes Mittel wissenschaftlichen Erkennens nutzen. Doch plädierte Weber für eine kontrollierte Intuition und für eine Trennung von Forschungs- und Darstellungsweise auch in der Historie, damit Geschichte und Roman überhaupt unterschieden werden konnten. Wozu es in Deutschland kam, war nicht eine Annäherung, sondern ein Auseinandertreten von Geschichtsforschung und Geschichtsschreibung, ein Schisma, dessen Ursachen nicht zuletzt im Einfluß des George-Kreises zu suchen waren.

*

Anfang des 20. Jahrhunderts hatte die Soziologie in Frankreich, England und Deutschland die ersten kleinen Schritte zur Professionalisierung und Institutionalisierung hinter sich gebracht. Ihre Erfolge waren bescheiden, doch wurde die Zahl ihrer Gegner dadurch nicht geringer. Unabhängig vom nationalen Kontext, war das Leitmotiv aller Anti-Soziologen der Antimodernismus, ein Schlagwort, das diffus genug war, um die unterschiedlichsten, zum Teil auch gegensätzliche, Positionen zu umschließen und fast beliebig miteinander zu kombinieren. So galt es den einen als ausgemacht, daß Soziologie und Sozialismus nur die zwei Seiten ein und derselben Medaille waren, während andere klagten, die Soziologie solle den Sozialismus ersetzen. Während aber in Frankreich das Engagement der Republikaner für die Soziologie die Härte der Auseinandersetzungen um sie verständlich machte – das Fach galt eben als etabliert, wie Georges Sorels Diktum deutlich machte, der die Mitglieder der Académie Française, die Soziologen und die Helden der nationalen Verteidigung für gleich unnütz hielt –, traf die Kritik in Deutschland oft nur einen Popanz. Dieser Popanz war die ins Grandios-Systematische zielende Soziologie Comtescher oder Spencerscher Prägung, für die es in Deutschland nur wenige Repräsentanten, wie etwa Schäffle, gab.

Die deutschen Soziologen verleugneten den nationalen Ursprung ihrer Disziplin nicht, weil sie von Historismus und Lebensphilosophie gleichermaßen beeinflußt und in ihrer Selbsteinschätzung eher kleinmütig waren. Simmel gab der Versuchung, zwischen Wissenschaft und Leben, zwischen Kunst und Wissenschaft nicht deutlich zu unterscheiden, mehr als einmal nach, und Max Webers Rigorismus war das Ergebnis intellektueller Askese, nicht Ausdruck von Wissenschaftsfrömmigkeit. Vom Positivismus, gegen den sich die Fronde der deutschen Anti-Soziologen bildete, war in der deutschen Soziologie noch am wenigsten zu spüren. Und wie konnte man das Leben gegen die Gelehrsamkeit und das Heroentum gegen die Routine ausspielen, wenn der Gegner, wie Max Weber, »ein *wirklicher* Herrenmensch und *Held* im Sinne Carlyles . . . der Aristokrat der Demokratie« war?

In Deutschland beförderten die Anti-Soziologen die Soziologie, und die Soziologen selbst gehörten zu den schärfsten Kritikern ihrer Disziplin.

Gesellschaftsferne und Soziologie-Feindschaft im Kreis um Stefan George

Widerstand gegen die Zivilisationsmenschheit

DURCH die Intensität und Planmäßigkeit, mit welcher ein Dandy und *parnassien* zum Propheten und seine Kunstanschauung zur Lebenslehre wird, ist die poetische Karriere Stefan Georges einzigartig. Wie Claude David gesagt hat, führte George sein Leben so, wie man einen Mythos aufbaut, und stilisierte es bis in die geringsten Details. Sämtliche Akte der Stilisierung waren dabei strategische Maßnahmen zugleich: in Orthographie und Schriftbild sollten Persönlichkeitsmerkmale sich ausdrücken, wobei George, der Gesetzgeber, von Hugo von Hofmannsthal, dem Weltmann, sich unterschied wie die Antiqua von der Fraktur.

Daß George seine Wirkung erzielen konnte, ohne die deutsche Sprache wirklich zu beherrschen – wie Rudolf Borchardt feststellte –, und zugleich die Rettung der Sprache, die Reinigung der Dichtung und die Rehabilitation des Dichters in Angriff nahm, war kein Widerspruch. Er folgte keinen Regeln, sondern gab Gesetze und erschien nicht nur seinen Jüngern als Heros und Prophet. Edgar Salin, George zum ersten Male begegnend, meinte, so müsse Goethe zumute gewesen sein, als er Pindar fand; es galt als Omen, daß George und Cäsar am gleichen Tag geboren wurden, und Kurt Breysig, dessen Schüler später zu George überliefen, schauderte vor der »halbgöttlichen Wesenheit eines Menschen von so unermeßlicher Gewalt des Seins«.

Friedrich Gundolf, der später weniger von George ließ, als daß er von ihm verstoßen wurde, hob dessen Anderssein hervor, eine Zeit- und Gesellschaftsentrücktheit, die es unmöglich machte, mit angeblich wissenschaftlicher Objektivität über ihn zu reden. Sein überzeitliches Menschentum konnte nur der anschauende Glaube erahnen, seine Kunstgewalt nur der, der an der Kunstferne der Gegenwart verzweifelte. Georges Menschentum war antik, doch ohne klassizistischen Beigeschmack, keiner Epoche war es zuzurechnen, und seine Dichtungen enthielten »die Spiegelungen einer Seele die vorübergehend in andere Zeiten und Örtlichkeiten geflohen ist und sich dort gewiegt hat«.

Dabei lagen Mißverständnisse nahe, und George wurde sowohl von den Kündern des *l'art pour l'art* wie von den Aposteln deutscher Innerlichkeit zu Unrecht in Anspruch genommen. Er war eher ein Mann der Tat als der *vita contemplativa*, hatte keine Theorie, sondern konzentrierte sich auf die Praxis, und gerade weil er sich welt- und zeitenthoben gab, wollte er auf seine eigene Zeit wirken. Georges 1916 zu Kurt Breysig gemachte Bemerkung, ihm selbst könne das Amt Bethmann Hollwegs, des Reichskanzlers, zufallen, war alles andere als scherzhaft gemeint, und Gundolfs Erwartung des Heros, dem die Massen nichts anderes als Werkzeug sein wollten, richtete sich auf Stefan George.

Die Tiefe des Eindrucks und die Maßlosigkeit der Reaktionen, die George hervorrief, lassen sich an Friedrich Gundolfs Briefen und Schriften ablesen. Seine persönliche Erfahrung ohne jedes Zögern ins Nationale und Europäische erweiternd, bezeichnete er schon im September 1899 George als den »Zeiger für Kultur«, dessen Werk jede weitere Poesie, Philosophie und Wissenschaft überflüssig erscheinen ließ. Was die Anhänger Georges schufen, verdankten sie dem Umgang mit ihrem Meister, und als Gundolf 1910 sein Shakespeare-Buch vollendet hatte – das zum Kompendium des Kreises werden sollte, so wie Georges Bücher selbst dessen Hl. Schrift waren –, bekannte er, daß er es »als ein Besessener geschrieben habe und daß es das Produkt einer höheren Nötigung und eines über mein bißchen Wissen und Können weit hinausreichenden Willens ist«. In George verkörperte sich nicht nur für Gundolf das bessere Deutschland, und es war damit kein resignierendes Deutschland gemeint, das sich vor den Zumutungen der Politik und des Alltagslebens in sich zurückzog, sondern ein kämpferisches, das Sprachkritik und Sprachreform, Dichtung und Dichtungsprophetie als langfristige, aber um so nachhaltiger wirkende Mittel zur Umgestaltung und Erneuerung der Nation ansah. Die 1892 von George und Carl August Klein begründeten *Blätter für die Kunst* sahen ihr Ziel vor allem darin, den Deutschen die verlorene Gestalt des Dichters wiederzubringen. Es gab für George und die Seinen in Deutschland keine Dichter, sondern nur Gelehrte, Beamten und Bürger, die Verse machten. Das Schlimmste aber war der deutsche Literat – ob er sich nun anmaßte, Gedichte zu schreiben, oder versuchte, mit vordergründigen Essays und in schamloser Direktheit auf die Gesellschaft einzuwirken wie Heinrich Mann mit seinem *Zola*. Als »Künstler, Priester, Prophet, Herrscher« war der Dichter nicht nur der geschworene Feind der Literaten, sondern auch – mit wenigen Ausnahmen – des Philosophen und des Wissenschaftlers. So streng war diese Scheidung, daß einer der Gründe für die Entzweiung zwischen George und Ernst Robert Curtius dessen aus seiner Frankophilie herrührende Unfähigkeit war, sauber zwischen dem Dichter und dem Schriftsteller zu trennen.

Gundolf, der es später schwer hatte, seine Gelehrtenlaufbahn vor George zu rechtfertigen, hat am schärfsten das Antiliterarische der dichterischen Existenz Georges herausgearbeitet. Letztlich standen sich im Dichter und im Schriftsteller Natur und Gesellschaft gegenüber. Der Dichter repräsentierte überzeitliche Werte, die sich von Tagesideen wie Wandel, Entwicklung und Fortschritt abhoben; der Schriftsteller war Psychologe, der Dichter Kosmologe, sie verhielten sich zueinander »wie das Seismogramm zum Erdbeben, wie die Landkarte zur Landschaft, wie der Barometerstand zum Wetter«.

Während es mehr und mehr zur Mode wurde, auch den Dichter in eine Beziehung zur Gesellschaft zu setzen, sah Gundolf in ihm, verkörpert durch George, eine vom Zeitgeist unabhängige, natur-unmittelbare Existenz, den im strengsten Sinne unbedingten Menschen. Der wahre Dichter machte die wissenschaftliche Beschäftigung mit dem Menschen überflüssig; in Gundolfs Verklärung blieb der deutsche Gegensatz von kaltem Verstand und wärmender Intuition, von umweghafter Wissenschaft und unmittelbarer Schau lebendig:

> In unsrer überwachen, begehrlichen, dreist züngelnden, spähenden, schwatzenden, und in der Tiefe wärmelos unbeherzten Welt ist der Dichter der Hüter des heiligen Feuers oder er ist nichts ... er ist Wahrer des geheimnisvoll warmen Lebens oder er ist ein dekorativer Schwätzer.

Als Prophet und Dichter kam in den Augen Gundolfs nur Nietzsche George gleich, die der Kampf gegen den Wahn des 19. Jahrhunderts vereinte, daß die Erscheinungen der Gesellschaft etwas mit dem Leben zu tun hatten oder gar Gesetzeskraft für sich in Anspruch nehmen durften:

> Der Schriftsteller als Diener seiner Gesellschaft: das war die Verneinung der geistigen Freiheit, in einer Zeit da die ›Gesellschaft‹ nicht mehr der Träger des Geistes, nicht mehr ein von einem ›Gott‹, einer einheitlichen Grundkraft, durchwaltete leibhafte Weltordnung war, sondern ein Netz von Beziehungen, Zwecken und Interessen.

In einer Sprache, deren Pathos die Nähe zu den Befunden des Soziologen nicht verbergen konnte, beschrieb Gundolf als Entsakralisierung und Mechanisierung – als Zurücktreten der Götter aus der Zeit – jene Entzauberung und Bürokratisierung der Welt, deren Unentrinnbarkeit Max Weber festgestellt hatte. Die Beschwörung des Dichters rief gegen Gesellschaft und Geschichte, aber auch gegen die deutsche Flucht in die Innerlichkeit die Unwandelbarkeit eines Mythos an, der Nation und Volk formen sollte.

Robert Montesquiou, der exemplarische Dandy, wollte von seinen Werken – wenn er sich je zu einer Veröffentlichung entschließen sollte – höchstens dreizehn Exemplare drucken lassen: zwölf für seine Freunde und eines für die Menge. Auch in Georges frühem Publikationsverhalten steckt etwas Dandyhaftes. Die *Hymnen* und *Pilgerfahrten* werden privat, in je nur hundert Exemplaren gedruckt, »bis in einzelheiten der rücksicht auf die lesende menge enthoben«, und erst 1898 erscheinen Gedichte Georges zum ersten Mal öffentlich – in drei Bänden bei Georg Bondi. Am 7. Mai 1909 trägt er sich in der Wiesbadener Pension Mozart als »Stefan George, Privatmann, Bingen« ein, und in dieser lakonischen Floskel steckt bereits mehr als dandyhaftes Bürgerschrecken: sie ist Ausdruck des bis in die Privatsphäre reichenden, weil die Privatsphäre im bourgeoisen Sinne ausklammernden Versuchs, ein Dichterleben gegen hergebrachte Konventionen und kraft eigener Gesetzgebung zu führen. Zu den seinem Kreis von George auferlegten Prinzipien gehörte es, die Familien- von den Staatssachen zu trennen. Er selbst lehnte es strikt ab, »über die Familien der Freunde und ihre gesellschaftlichen und beruflichen Verbindungen nach Art und Gepflogenheit der Bürger Kenntnis zu erhalten«. Friedrich Wolters' offiziöse Hagiographie des George-Kreises hob – als wolle sie seine Immunität gegenüber allem Sozialen betonen – hervor, daß George gerade in der »Stadt der leichtesten und farbigsten Geselligkeit«, in Wien, sein einsamstes Jahr verlebt hatte und nannte die Leichtigkeit und Unverbindlichkeit des Wienerischen den entscheidenden Grund, der schließlich zum Bruch zwischen George und Hugo von Hofmannsthal führte.

Hofmannsthal spürte Einsamkeit und Sozialdistanz in Georges Lyrik, wie Simmel, Breysig und Lukács:

> Die ihr mich schlinget in euren geselligen reigen
> Nimmer es wisst wie nur meine verkleidung euch ähnelt
> Spielende herzen die ihr als freund mich umfanget:
> Wie seid ihr ferne von meinem pochenden herzen!

Gerade weil diese Kunst so zeitlos war und sich aus allen gesellschaftlichen und historischen Bezügen löste, vollendete sich für Georg Simmel in ihr »die Herrschaft des Poeten über die Welt«.

Gerade weil sie sich dem Alltagsleben entzog, bestimmte sie das Leben einiger Auserwählter bis in den Alltag hinein, und Lukács, der im Menschen der George-Lieder den einsamen, »aus allen sozialen Banden gelösten Mensch« sah, sah auch, daß dies keineswegs eine Lyrik der Innerlichkeit, sondern besonderer menschlicher Beziehungen, der von George im *Jahr der Seele* so genannten inneren Geselligkeit nämlich, war.

Von daher bestimmten sich Abneigungen und Vorlieben des Kreises für einzelne Dichter und bestimmte Gattungen. Geprägt blieb George von Mallarmés Sehnsucht nach einer Sprache, welche die Menge nicht begriff, und seine Poetik, die eher aus ästhetischen Reaktionen und weniger aus Regeln bestand, verdammte eine Kunst, die durch ein Sicheinlassen auf die gesellschaftliche Realität etwas bewirken wollte. Weil nicht Wirklichkeitstreue, sondern die Umformung des Lebens durch die Dichtung ihr Programm war, lehnten George und sein Kreis die sozial engagierte Kunst eines Zola, Ibsen oder Dostojewski ab, so wie ihnen umgekehrt der Sozialismus bloß als irregeleitete Dichtung erschien. Unpopulär zu sein, weil dem Pöbel unverständlich, war Georges Wunsch, und Gundolf spottete über jene Literaten, die dadurch auf der Höhe der Zeit zu sein glaubten, daß sie Kalisyndikat als Reimwort benutzten. Ein bewußtes Nachhängen in der dichterischen Entwicklung, eine Abweisung alles Modischen und Modernen war demgegenüber das Ziel. Zu den verpönten Gattungen gehörten die Erzählung, das soziale Drama und der Roman, kurz alle »bürgerlichen ausdeutungen der lebensvorgänge«.

Die Abkehr von allen literarischen Gruppen oder einzelnen Autoren, die aus der Gesellschaftskunde ein künstlerisches Glaubensbekenntnis machten, führte zur Auseinandersetzung mit dem zeitgenössischen Naturalismus. Gundolf sah einen Verdienst des Naturalismus in dem Versuch, Ästhetizismus und Epigonentum hinter sich zu lassen und der Welt der Industriegesellschaft eine dichterische Stimme zu verleihen, doch meinte man »nun alles getan und geheilt wenn man nur die durchdringendsten Geräusche der Gegenwart, besonders die wirtschaftlich-sozialen

Schreie und Seufzer belauschte ... wenn man aus der Not des Alltags die Tugend des Feierabends machte«. Tat er dies, so war der Naturalismus ebenso banal wie jene Disziplinen, die die Industriegesellschaft zu erforschen versuchten, und deren *chosisme* Gundolf indirekt kritisierte, wenn er vom Naturalismus sagte, sein Ursprung sei »Dienst an der baren Zeit, für die bare Zeit, aus ihr allein heraus, gleichviel ob er Sachen anhäufen oder Seelen ausweiden wollte, Soziologie oder Psychologie trieb«. Im übrigen waren in der Hochkonjunktur des Naturalismus, wie der Schmoller-Schüler Wolters maliziös bemerkte, die Nöte schlesischer Weber längst erledigt.

Es gehörte zu den Apologien der Anhänger Stefan Georges, in der von ihm verdammten unheiligen Menge vor allem den Bourgeois und den Bürokraten zu entdecken, hervorzuheben, daß bei dem Dichter der Wunsch nach Unpopularität mit überraschender Volkstümlichkeit des Verhaltens durchaus vereinbar war. Die erklärte Abkehr von allem Massenhaften konnte bei George-Schülern wie Klages ins Kosmische sich ausweiten und eben dadurch neutralisieren. Die Aufforderung, zu vergessen, daß Menschen überhaupt existieren oder »diesem Schimmelüberzug einer in Verwesung übergehenden Erdballkruste« mit dem Schwert entgegenzutreten, klang mörderisch und blieb wirkungslos. Anders zu werten war die Reaktion Gundolfs, der für die Flucht ins Kosmische zu verstandesgeprägt war, gleichzeitig aber zu intelligent und zu sehr interessiert daran, seine Intelligenz zu zeigen, als daß er hätte verleugnen können, wie der Abscheu vor allem Gesellschaftlichen nicht nur die Ablehnung der Gesellschaftswissenschaft und die Distanzierung vom Bourgeois – Fettbürger nannte ihn George – in sich schloß, sondern auch zur hochmütigen, kalten Distanzierung von jenen führte, deren alltägliche Lebensbedingungen das ausmachten, was die ›soziale Frage‹ hieß:

> Wer jemals an einem sonntagnachmittag in gross- oder kleinstadt mit offenen augen und nicht benebelt durch humanitäre, soziale, fortschrittliche schlagworte dies ›volk‹ sich angesehen hat, dem vergeht

der mut sich zu ihm in irgendeine intelligente beziehung zu setzen, mit ›ideen‹ an es zu appellieren, ›bildung‹ hineintragen zu wollen.

Die entschiedene Distanzierung von der Gesellschaft führte letztlich dazu, daß auch vom Volk nur noch in Anführungsstrichen geschrieben werden konnte.

Das erste Heft der *Blätter für die Kunst* enthielt einen Merkspruch, der den Dienst an der Kunst mit der Abkehr von Staat und Gesellschaft verband; dichterische Erziehung bestand darin, sich jeder Zeitgenossenschaft zu versagen und den »platt vernünftelnden anglo-amerikanischen Grundsätzen und Nützlichkeitslehren ›des angewandten Verstandes‹« abzuschwören. In der Dichtung kam es nicht darauf an, etwas zu bewirken, sondern darauf, eigenes Wesen und eigene Schönheit zu vervollkommnen. Solch notwendigem, heiligem Egoismus gegenüber erschien die soziale Realität als wesenlos und wirkungsarm:

> Wir fühlten wie geringfügig alle streite der länder · alle leiden der kasten werden vorm dämmerschauer der grossen erneuungstage: wie alle brennenden fragen der gesellschaften in wesenlose finsternis verblassen wenn nach jeder ewigkeit den irdischen sich ein erlöser offenbart ·

Der Widerstand Stefan Georges und seiner Gefolgsleute galt dem, was sie die Zivilisationsmenschheit nannten: des sogenannten Fortschritts überdrüssig, ersehnten sie keine neuen Siege der Technik über die Natur, sondern – wie Gundolf schrieb – Siege der menschlichen Natur über die Technik. So wie die Geschichte sich zum Mythos zurückbilden sollte, sollte der Mensch sich von der Gesellschaft freimachen, Soziologie zu Anthropologie werden. Was durch die technisch-wissenschaftliche Zivilisation drohte, waren Entseelung und Amerikanisierung, kurz: die ›Verameisung‹ der Welt, während doch der Mensch keine »intersoziale Ameise oder Drohne« war, sondern Gestalt und Gesetz.

Nur dem ersten, oberflächlichen Blick konnte es scheinen, als ob in der Abwehr von Arbeitswelt und Industrie, von betriebsförmiger Wissenschaft und Technik der George-Kreis die Kultur gegen die Zivilisation, das Gemüt gegen den Verstand und die

Gemeinschaft gegen die Gesellschaft ausspielte, als ob in der Opposition gegen das gehaßte 19. Jahrhundert eine Selbstentfremdung sich ausdrückte, die nach bekannter deutscher Manier auf politische Resignation und Innerlichkeitskult hinauslief. Der George-Kreis war keine bloße Oppositionsgemeinschaft, sondern auch ein Willensbündnis, und die Trennung von allem Staatlichen im herkömmlichen Sinne war geradezu die Voraussetzung zur Schaffung des Dichter-Staates: »So steht auch über den reichen der rassen- und wirtschaftsgrenzen, unbeengt von berg und zoll, im freien raum der selbstgeschaffenen atmosphäre das Geistige Reich ...«

Wie groß die Wirkung dieses Dichter-Staates war, läßt sich, besser als an den Bekenntnissen seiner Mitglieder, an einem Außenstehenden zeigen, an Thomas Mann, der in den *Betrachtungen eines Unpolitischen* George als deutsches Phänomen eher pflichtbewußt erwähnt hatte, drei Jahre später aber, da er sich bereits auf dem Wege zur Deutschen Republik befand, in der George-Sphäre »die Wahrheit und das Leben« vermutete:

> Ich wüßte nicht, wo sonst das Positiv-Entgegengesetzte zur Hoffnungslosigkeit der Fortschritts-Civilisation und des intellektualistischen Nihilismus gefunden werden sollte, als in dieser Lehre des Leibes und Staates. Dies zu finden kann mich die Thatsache nicht hindern, daß auch ich mich mit verneint fühlen muß.

Der George-Kreis

Mit seinen Studenten tagte Kurt Breysig, Anhänger und Kritiker Stefan Georges, zunächst in Schönhausen, dann in Lichterfelde. Über seinen Kreis schrieb Kurt Hildebrandt, daß es darin selbstverständlich keine Spur von Organisation gegeben habe. In dieser Bemerkung drückt sich ein Selbstverständnis aus, das George und seine Jünger prägte: Gesellschaftsveränderungen sollten nicht nach Plan, sondern aus dem Drang eines Lebensgefühls heraus erfolgen, Gemeinschaften sich nach Zuspruch und

Sympathie, nicht nach Interessenlagen bilden. Die Frage blieb, wie eine solch antiorganisatorische Haltung sich organisieren ließ, wie Erlebnisse und Stimmungen, Schau und Intuition überdauern konnten.

Seine Form nimmt der George-Kreis erst spät an: *Der Siebente Ring* (1907), Gundolfs *Gefolgschaft und Jüngertum* (1909) und Wolters' *Herrschaft und Dienst* (1910) kennzeichnen den Regimewechsel, der zur Herausbildung des engeren Jünger-Kreises führt. Schon 1904 aber heißt es in einer Buchausstellung der Gesellschaft der Blätter für die Kunst, man erblicke in ihr fälschlicherweise eine Art Geheimbund; in Wahrheit handle es sich nur um einen lockeren Zusammenschluß künstlerischer und ästhetischer Menschen, der keinerlei Statuten besitze und Berufene durch Angliederung kooptiere. Wenn Ernst Kantorowicz jemanden, der vom George-Zirkel beeinflußt war, als angekreist bezeichnete, drückte sich darin die Vorstellung eines organischen Wachstums aus, dem der Kreis sein natürliches Überdauern verdankte. Soziale Mechanismen der Kreis-Erhaltung und -Erweiterung wie Zuwahl und förmliche Mitgliedschaft galten als verpönt, und es war mehr als nur eine gängige Floskel, wenn die Georgianer sich auch in dieser Hinsicht vom Literatentum unterscheiden wollten. Denn George hatte, den *cercle* Mallarmés in der rue de Rome zu seinem Vorbild nehmend, erkannt, welche Bindungskräfte im wahren Dichter steckten: »Deshalb o dichter nennen dich genossen und jünger so gerne meister weil du am wenigsten nachgeahmt werden kannst und doch so grosses über sie vermochtest.« Hugo von Hofmannsthal hatte dieses Strukturprinzip des Kreises intuitiv erahnt, als Carl August Klein ihm über die *Blätter für die Kunst* berichtete: die Mischung aus »Programmlosigkeit und Exklusivität« war ihm, wie er mit seiner hauchdünnen Ironie schrieb, sehr willkommen.

Zu dieser Zeit sprach George von der *Blätter*-Gemeinde noch wie von den Mitgliedern einer Familie. Als *Staat* wurde der Freundeskreis erst seit etwa 1907 von Friedrich Wolters bezeichnet und hatte von Anbeginn einen platonischen Klang; auch erinnerte er an Schillers ästhetischen Staat, der sich in wenigen, auserlesenen Zirkeln fand. Im Grunde genommen war es ein Staat im Staate, der sich um das *Jahrbuch für die geistige Bewegung* bildete, ein geistiges Reich, das die ganze Welt zum Feind hatte oder doch zum Feind haben wollte, wie George im Februar 1918 an Wolters schrieb. Den Untersuchungen Norbert Fügens zufolge gehörten dem Staat 20 bis 40 Mitglieder an, mehr als die Hälfte davon aus Großstädten stammend, viele dem mittleren Bildungsbürgertum zugehörig, mit einem großen Anteil des süddeutschen Hofadels und des geadelten Bürgertums. Antiökonomisch, irrational und asozial orientiert, war der Begriff des Staates – so Claude David – für den George-Kreis dennoch gerechtfertigt. Kennzeichnend dafür war eine subtile, stets an das Urteil Georges gebundene Hierarchisierung, die jeder sogenannten Staatsstütze den ihr angemessenen Platz zuwies. Problematisch blieb freilich das Verhältnis zwischen dem idealen und dem realen Staat; letztlich konnten sich die Georgianer zwischen der Alternative Sparta oder Athen nie recht entscheiden. Die Jungen lebten im Quasi-Zölibat – zumindest, was geistige Bindungen anging –, und die Trennung der Familien- von den Staatsangelegenheiten nahm die Züge eines *rite de passage* an:

Neugestaltet umgeboren
Wird hier jeder: ort der wiege
Heimat bleibt ein märchenklang.
Durch die sendung durch den segen
Tauscht ihr sippe stand und namen
Väter mütter sind nicht mehr . .

Außerhalb des Kreises blieb Spott nicht aus: Hofmannsthal nannte die *Blätter*-Gemeinde bereits 1901 »eine von Anmaßung nicht freie, halb costümierte halb philiströse Vereinigung, ein cénacle, nicht ohne Mißwillen gegen alle nicht Mitthuenden«, und Borchardt – George gegenüber stets zwischen Abscheu und Bewunderung hin- und hergerissen – sah im Kreis-Gründer den »rechten Mohammed-Instinkt des politischen Propheten« am Werk. Hofmannsthal bewunderte aber auch, mit welcher Sicherheit die Kreis-Mitglieder sich nur durch ihre innere Haltung zu erkennen gaben, und als er, Rudolf Alexander Schröder und Borchardt mühsam mit der Gründung des *Hesperus* beschäftigt waren, galt aller Neid George, dessen festes Kommando unangefochten eine im Grunde genommen klägliche Truppe zusammenhielt.

Obwohl George Wert darauf legte, den Dichter vom Religionsstifter zu trennen, war die Kreisbildung ein durchaus religiöser Vorgang, und der Kreis selbst verstand sich als *ecclesia invisibilis*. Etwas Geheimnisvolles mußte stets um ihn sein, und George ärgerte sich ungemein darüber, daß E. R. Curtius es wagte, vom geheimen Frankreich zu sprechen. »In Frankreich gibts nichts geheimes – alles ist öffentlich«, war Georges Replik, um den sich »Das geheime Deutschland« sammelte. Dennoch hatte die *ecclesia invisibilis* der Georgianer sowohl vom demonstrativen, um einen Patron gescharten, akademisch-kulturellen Schutzbündnis einer französischen *chapelle* etwas an sich wie von der informellen, indirekten und daher um so wirkungsvolleren Zitier- und Meinungsclique eines *invisible college*. Im Grunde genommen waren alle Bezeichnungen für den Kreis austauschbar und oft genug Vorbildern und Sympathisanten entlehnt – so wie das *Jahrbuch für die geistige Bewegung* Albert Verweys Zeitschrift *Die Bewegung* nachahmte, deren Titel George so sehr gefallen hatte. Ob der Kreis nun eher pädagogisch als religiös orientiert war, ob er eine Sekte war oder ein Bund – all dies war nebensächlich angesichts der Tatsache, daß Stefan George allein über die Aufnahme neuer Mitglieder entschied, daß er allein wußte, wer in einem gegebenen Moment zum Kreis gehörte, daß er allein Sanktionen aussprach und Verstoßungen vornahm. Austritte gab es nicht, und als Kurt Breysig George vorhielt, auch von ihm seien schon Schüler abgefallen, entgegnete dieser, es habe sich stets nur um Figuren an der Peripherie des Kreises gehandelt. Ohne je Grundsätze dauerhaft, verbindlich und damit nachprüfbar zu fixieren, herrschte im Kreis, von seinen Mitgliedern akzeptiert und befördert, ein Geist der Orthodoxie, der bis zum endgültigen Sieg der

Georgeschen Sache aufrechterhalten werden mußte, wie Gundolf schrieb, ein Geist der Absonderung und des Absonderlichen, der später als normal gelten würde – so wie dann die ursprüngliche »Coteriesprache« des *Jahrbuchs* als ganz natürlich erscheinen mochte.

Exklusivität, Programmlosigkeit und eine mehr in Haltung und Sprache als in formeller Mitgliedschaft und Satzung sich ausdrückende Gemeinsamkeit machten den Kreis politisch ebenso anfällig wie manövrierfähig. Anhänger Georges zählten später zu den Bewunderern wie zu den Opfern Hitlers, und George konnte seine Distanz zum Wilhelminischen Deutschland mit gleichem Recht betonen wie Rudolf Borchardt die Akzeptierung des George-Kreises durch den preußischen Staat. Und die Ridikülisierung der Weimarer Demokratie, die bei George und den Seinen offenkundig war, schreckte C. H. Becker, der sich dem Kreis verbunden fühlte, nicht von dem Versuch ab, seine Mitglieder für das offizielle Kulturleben und die Wissenschaftspolitik der Republik zu gewinnen.

Sozial degagiert aus Prinzip und der eigenen Gesellschaft feindlich gesonnen bis zur Verweigerung und Verteufelung, bildeten die Anhänger Georges einen Bund, dessen Zusammenhalt an Festigkeit seinesgleichen suchte, einen Staat im Staate, der in der Weimarer Republik vor allem im Universitätsbereich einen großen Einfluß ausübte. Die Stabilisierung von Haltungen und Erlebnissen auf lange Sicht wurde dabei nur möglich durch die Fixierung auf Stefan George, den Dichter, der *vates* und *princeps* zugleich war. Einst hatte George Hugo von Hofmannsthal eine heilsame Diktatur angetragen, deren Ausübung sich wohl kaum auf Geschmack und Geist der Deutschen beschränken sollte. Nach der Absage Hofmannsthals mußte George diese Diktatur allein ausüben. Die ihm gewährte, unbegrenzte Vollmacht erklärt, wie ein Kreis ohne Organisation und Satzung zusammenhielt. Warum ihm diese Vollmacht gewährt wurde, worin der Grund seiner dichterischen und dichtungspolitischen Legitimität lag, kann nur mit dem Hinweis auf die Diktatur Georges als

Inbegriff einer charismatischen Herrschaft im Sinne Max Webers beantwortet werden.

Dichtung und Wissenschaft

Die Professoren stets beschimpfend, wurde Stefan George zeitlebens von Professoren umschwärmt, und der George-Kreis, der Mißtrauen gegen die Universitätswissenschaft säen wollte, wurde zu einer einflußreichen akademischen Lobby in Deutschland. Dem Respekt der Gelehrten – als Heinrich Rickert George um die Zusendung seiner Gedichte bat, betonte er, er sei weder ein würdiger alter Herr noch ein typischer Professor und nicht alles Menschliche sei ihm fremd –, begegnete George mit Respektlosigkeit und Spott. Von einem Aufsatz Simmels über ihn behauptete er, keine Zeile zu verstehen, und Simmel und Dilthey, die ihn beide aushorchen wollten, verriet er gerade so viel, wie sie als Gelehrte wissen durften. Nur wenn gelegentlich ein Wissenschaftler den Vorstellungen des Kreises sympathische Auffassungen vertrat und damit Aufmerksamkeit fand, mischte eine Spur von Eifersucht sich in den Spott – wie im Falle Bergsons, den George in eigentümlich unentschiedener Polemik einen Werdensgoethe nannte. Friedrich Wolters, der George und den Kreis verklärte, ihre Sympathisanten und Gegner aber kalt und treffend analysieren konnte, durchschaute Simmel, Breysig und Dilthey, die George rühmten, als Außenseiter im Grenzbereich zwischen Kunst und Wissenschaft, die letztlich weder als Gelehrte noch als künstlerisch Interessierte dem Phänomen George gerecht werden konnten. In Deutschlands Hörsälen mag in der Zeit vor dem Ersten Weltkrieg für manch einen Professor die Vision Gottfried Benns zur Wirklichkeit geworden sein:

> Und wenn sich eines Tages Ihr gesamtes Auditorium erhöbe und Ihnen ins Gesicht brüllte, es wolle lieber die finsterste Mystik hören als das sandige Geknarre Ihrer Intellektuellenakrobatik, und Ihnen in den Hintern träte, daß Sie vom Katheder flögen, was würden Sie dann sagen?

Professorenspott und Akademikerschelte schlossen aber die Schätzung wissenschaftlicher Tugenden nicht aus, die George von seinen Jüngern forderte und deren Nichtbeachtung er bitter beklagte: »Daß ich der ungelehrteste Ihnen den deutschen gelehrten: sorgsamkeit + gewissenhaftigkeit predige!!« Wie weit die Schätzung der Wissenschaft und wissenschaftlicher Verfahren ging, läßt sich am Beispiel der Philologie zeigen: Norbert von Hellingraths Hölderlin-Edition galt als vortrefflich, weil der Herausgeber sein Handwerk als Dienst an der Sache verstand; Wilamowitz und Vossler dagegen galten als schädlich, weil sie sich an Umwertungen aus persönlicher Sicht wagten, einen »Plato für Dienstmädchen« lieferten und die Wissenschaft überhaupt als »die systematische Besudelung der großen Dinge betrieben«. Als Handwerkszeug waren einige wissenschaftliche Verfahren unentbehrlich – die Wissenschaft als Menschen- und Weltdeutung, die nicht der Dichtung dienen wollte, war überflüssig und gefährlich.

Im übrigen nahm die Wissenschaftskritik Georges und seines Kreises – an Nietzsches Diktum anknüpfend, daß »das Problem der Wissenschaft ... nicht auf dem Boden der Wissenschaft erkannt werden« kann – Motive auf, die sich bereits im 19. Jahrhundert vernehmen ließen und sich zu Beginn des 20. noch verstärkten. Die Aversion gegen das stupide 19. Jahrhundert unterschied sich wenig von den Attacken eines Léon Daudet; George sah darin eine Epoche, die die moderne Geisteshaltung entscheidend geprägt hatte, und drohte seinen Jüngern, in jedem von ihnen müsse er erst das 19. Jahrhundert totschlagen, um sie bildbar zu machen. Auf dem Hintergrund einer diffusen Verstandeskritik und einer schwärmerischen Verklärung der Erkenntnisleistungen von Schau und Intuition wurden Katheder-Gelehrsamkeit und Induktion angegriffen; überhaupt galten die Wissenschaften als Produkt von Spätzeiten, in denen die Menschen eine fast instinktive Sicherheit des Erkennens, Fühlens und Wollens verloren hatten und sich der Krücken der Reflexion bedienen mußten. Der von außen, gelegentlich aber auch innerhalb des Kreises geäußerten Kritik an der Sprache einzelner Vertreter der George-Wissenschaft wurde damit begegnet, hier handle es sich – für den Eingeweihten schmerzlich sichtbar – immerhin noch um Schwundformen der Dichtung, um die Äußerungen jener, die wenigstens noch Erlebnisse hatten, auch wenn sie sie nicht mehr angemessen ausdrücken konnten.

George selbst hielt die antiken Mysterien für den Inbegriff des höheren Wissens. Das Erkenntnismäßige lag seiner Natur fern, wie er selbst sagte, das Menschlich-Vitale war ihm nah; nicht nur der Wissenschaftsfortschritt erschien ihm als Chimäre, sondern das Ethos der Wissenschaften als verkehrt von Grund auf. Gegen die Kommunalität einer Wissenschaftlergemeinschaft setzte er den Aristokratismus des einsam Wissenden: »Ein wissen gleich für alle heisst betrug.« So galten im George-Kreis die Irrtümer der Heroen – wie Kurt Hildebrandt schrieb – mehr als die Wahrheiten der Mittelmäßigen, und das bedeutendste Forschungsresultat wurde für geringer geachtet als das kleinste Gedicht. Daß das Wissen bis in die Tiefen des Erkenn- und Erlebbaren nicht vorstoßen konnte, daß die Wissenschaft unfähig war, die Menschen zu lehren, ihr Leben recht zu leben – »Unhebbar ist der lebenbilder sinn« – war Gemeingut der Georgianer, auch wenn die Differenzen groß waren zwischen denen, die wie Gundolf und Wolters die Möglichkeiten der Ratio ausschöpfen wollten und jenen, die wie Klages auf die Kräfte des Irrationalen setzten.

Die Leistungen der Wissenschaft – womit in der Regel und aus eigener Erfahrung nur die Geistes- und Sozialwissenschaften gemeint sein konnten, denn im George-Kreis war Kurt Hildebrandt der einzige, der sich mit den Naturwissenschaften beschäftigt hatte – wurden nicht an ihrem empirischen Gehalt und ihrer theoretischen Stimmigkeit gemessen, sondern mit den Erweckungserlebnissen mystischer Erfahrung und den Erschütterungen durch die Dichtung verglichen. Nur diese erlaubte jenen Schritt in eine höhere Bildungswelt, den George Hugo von Hofmannsthal schon früh angekündigt hatte. Der für die technisch-wissenschaftliche Zivilisation kennzeichnende Reputationsgewinn der Wissenschaft auf Kosten der Dichtung, die akademische Karriere eines jeden, der – auf sich allein gestellt, doch zu tieferen Einsichten fähig – ein Dichter hätte werden können, wurden im George-Kreis als Zeichen geistig-sittlicher Verkümmerung beklagt. Hinzu kam, daß die Stoffmassen, die von den spezialisierten Einzelwissenschaften produziert wurden, kaum mehr formbar waren, so daß die Darstellungs- gegenüber der Forschungsweise zunehmend an Bedeutung verlor. Auf der anderen Seite gab es die verschiedenartigsten Versuche, die Dichtung zu verwissenschaftlichen, absurde Strömungen, die zu einer Kunst führten, die nichts als eine Halbwissenschaft war und Zerrbilder von Natur und Gesellschaft hervorbrachte.

Friedrich Wolters, der in seiner Darstellung des George-Kreises zu diesen Befunden kam, sah aber zur Resignation keinen Anlaß. Auch wenn er Du Bois-Reymonds *Ignorabimus* – diese sich bescheiden tarnende, doch unerhört selbstbewußte Haltung wissenschaftlicher Hybris – als Kritik der Naturwissenschaften mißverstand und völlig zu Unrecht mit dem Schlagwort vom Bankrott der Wissenschaft zu einem Syndrom verknüpfte, war die Beobachtung richtig, daß die Kritik an der Wissenschaft in zunehmendem Maße von Wissenschaftlern selbst vorgetragen wurde und daß die sogenannte Revolution der Wissenschaft nicht zuletzt auf Antriebe zurückging, die aus dem George-Kreis stammten. Daher konnte Friedrich Wolters es als eine realistische Aufgabe der Georgianer bezeichnen, an der in Deutschland so notwendigen Reform des Erziehungswesens nicht nur mitzuarbeiten, sondern diese in ihren Grundzügen entscheidend zu prägen. Denn der Bankrott derer, die ihre Söhne nicht zu Dichtern, sondern mit Hilfe einer rationalen Pädagogik zu wissenschaftlichen Menschen hatten erziehen wollen, war offenkundig. Das Ergebnis dieser fehlgeleiteten Anstrengungen war der ›Ullstein-Deutsche‹. Die *Blätter*-Gemeinschaft war nicht in der Illusion befangen, massenhaft Dichter erziehen zu können. Sie wollte es auch gar nicht. Aber es galt, das Traumhafte im Menschen zu fördern, auf das vielleicht ein Mechaniker, aber noch nicht einmal ein Kaufmann verzichten konnte. Ziel aller Erziehung war der »dichterisch erregbare Mensch«.

Hugo von Hofmannsthal und anderen fiel auf, wie groß der Einfluß Stefan Georges gerade unter den jüngeren Gelehrten seiner Zeit war – stärker noch als unter den Poeten. Man mochte versuchen, eine Art akademischer Stefan George zu werden, doch als Dichter konnte man nur sein Jünger, nicht sein Ebenbild sein. Im ›Versuch einer Selbstkritik‹, welchen er 1886 der Neuausgabe der *Geburt der Tragödie* voranstellte, hatte Nietzsche bedauert, daß er das, was er zu sagen hatte, nicht als Dichter zu sagen gewagt hatte: »Sie hätte *singen* sollen, diese ›neue Seele‹ – und nicht reden!« Im Nietzsche-Poem des *Siebenten Rings* nahm Stefan George diese Klage auf, und so lag ein starker Rechtfertigungsdruck auf allen, die die Dichtung für die Wissenschaft aufgeben wollten, den engeren Verkehrskreis Georges verließen und in eine akademische Position wechselten:

Warum so viel in fernen menschen forschen und in sagen lesen
Wenn selber du ein wort erfinden kannst dass einst es heisse:
Auf kurzem Pfad bin ich dir dies und du mir so gewesen!
Ist das nicht licht und lösung über allem fleisse?

Diese Zeilen hatte George an Gundolf gerichtet, und als Gundolf die Wissenschaft zu seinem Beruf machte, bat er George darum, ihm seine ›Gedanklichkeit‹ nicht vorzuhalten, erklärte, daß zu den Hauptererfordernissen seiner Dozententätigkeit das Vorlesen von Gedichten zählen würde und distanzierte sich gerade in seinen wissenschaftlichen Publikationen vom herkömmlichen Wissenschaftsbetrieb. Er legte Wert auf die Darstellung, nicht bloß auf Erkenntniszuwachs, und definierte – wie im Vorwort zu *Shakespeare und der deutsche Geist* (1911) – Methode als Erlebnis. Seine Wissenschaft handelte auch von vergangenen Dingen so, daß sie einen Bezug zum gegenwärtigen Leben der Menschen gewannen. Als George sich später von Gundolf getrennt hatte, war der Befund klar: Gundolf hatten die Professoren verdorben.

Eindrucksvoll waren Zahl und Namen der George-Schüler, die geisteswissenschaftliche Professuren an deutschen Hochschulen erhielten: dabei unterstützt von Kulturpolitikern wie C. H. Becker, der Gundolf 1920, wenn auch vergeblich, nach Berlin holen wollte, der sich für die Berliner Berufung Kurt Hildebrandts einsetzte und Friedrich Wolters gern als Mitarbeiter in seinem Ministerium gesehen hätte. Seit 1911 erschienen im *Blätter*-Verlag oder bei Georg Bondi die ›Werke der Wissenschaft aus dem Kreis der Blätter für die Kunst‹ und seit 1921 bei Ferdinand Hirt die ›Werke der Schau und Forschung aus dem Kreise der Blätter für die Kunst‹ – eindrucksvolle Belege für die wissenschaftspolitischen Ziele einer Gruppierung, die die Wissenschaft der Dichtung unterordnete.

George-Kreis und Geschichtswissenschaft

EIN Text Percy Gotheins, der zur dritten Generation des George-Kreises zu rechnen ist, zeigt, wie tief verwurzelt in den Georgianern die Auffassung war, daß die Wissenschaft an der Dichtung gemessen werden mußte. Die Zeit, in der dies noch als herrschende Meinung galt, war der Übergang vom 18. zum 19. Jahrhundert, in dem die größten Gelehrten durch ihr Goethe-Erlebnis und durch die Romantik geprägt wurden:

> Als dieses gelehrte gründeralter vorüber war und die späteren dem urquell ferner lebten, verdorrte auch das wissenschaftliche bemühen in unfruchtbarem spezialistentum, denn die wissenschaft lebt nicht aus sich selbst heraus und bedarf immer wieder der geistigen befruchtung von aussen. Alle gelehrten der ersten generation haben in ihrer jugend gedichtet, wie zuletzt noch Mommsen, und wenn auch ihre gedichte nicht hervorragend sind und im nachgoetheschen ton verfaßt wurden, so haben sie doch in ihrem leben eine nicht zu unterschätzende befruchtung bewirkt. Es kommt also nicht so sehr auf die gedichte an, als darauf, dass der gelehrte, der sich mit der dichtung früherer zeiten zu beschäftigen hat, auch selbst und aus seinem eigenen leben die dichterische sphäre kennt.

Daß Percy Gothein in diesem Zusammenhang Mommsen erwähnte, war kein Zufall. Denn für die Georgianer waren es im wissenschaftstrunkenen 19. Jahrhundert eher die gelehrten Geschichtsschreiber als die Schriftsteller, in denen der Geist der Dichtung lebendig geblieben war:

> Der eigentlichen Aufgabe des Dichters, aus neuer Ansicht der Welt neue Kraft des Sagens zu gewinnen, kommen im 19. Jahrhundert noch die drei großen Geschichtsschreiber Ranke, Mommsen, Burckhardt am nächsten. Wissenschaft liegt freilich immer schon innerhalb dessen was ein Zeitalter als letzte Wahrheit voraussetzt, während der Seher gerade der Verwandler dieser Wahrheit ist. Aber wenn man später aus der Vogelschau das deutsche Schrifttum der Epigonenspanne überblickt, werden Rankes Bilder der Reformation, Mommsens Römische Geschichte und Burckhardts Renaissance am ehesten etwas von mythischer Leuchtkraft behalten (unbeschadet ihrer wissenschaftlichen ›Überholtheit‹), während die Dramen, Romane und Gedichte selbst der begabtesten Schriftsteller längst nur noch die Psychologen oder die Literarhistoriker angehen.

Daher wird die Geschichtsschreibung zur bevorzugten Disziplin der Georgianer, und sie beeinflussen das Fach nicht zuletzt durch ihre Biographien, in denen sie in heroisch-verehrender Stimmung Leben und Werk großer Gestalten der Dichtung und der Geschichte nachfühlend darstellen. So wie Gundolf, der freilich der biographischen Methode und Mode gegenüber ausgesprochen sarkastisch reagieren konnte, in seinem *Shakespeare* die Methode als Erlebnis definiert, also gerade durch ihre Nichtübertragbarkeit kennzeichnet, prägt die aus dem George-Kreis stammenden Biographien die Überzeugung, nur durch die bewußte Verletzung eingeschliffener wissenschaftlicher Verfahren eine bessere Wissenschaft treiben zu können. Ernst Bertrams *Nietzsche*, der ›Versuch einer Mythologie‹, wie das Buch im Untertitel heißt, provoziert durch die Auffassung der Geschichte als »Seelenwissenschaft und Seelenkündung« und hebt den Wert der Legende durch ein Bekenntnis zum Unwissenschaftlichen, ja Unphilologischen hervor. George selbst zählte Ernst Kantorowicz' Buch über den Staufenkaiser Friedrich II. zu seinen bevorzugten Biographien, und die Auseinandersetzungen, in die Kantorowicz von seiner Zunft verwickelt wurde, machen deutlich, wo Möglichkeiten und Grenzen einer Geschichtsschreibung im Geiste Stefan Georges lagen.

Auf dem 17. Deutschen Historikertag, der vom 22. bis 26. April 1930 in Halle an der Saale stattfand, sprach Kantorowicz über ›Grenzen, Möglichkeiten und Aufgaben der Darstellung mittelalterlicher Geschichte‹. Die Resonanz unter Fachkollegen und in der Öffentlichkeit war groß; so veröffentlichte die Reichsausgabe der *Deutschen Allgemeinen Zeitung* vom 26. April 1930 einen langen Auszug des Referats, das mit großer Wahrscheinlichkeit »im Kreis, wenn nicht sogar mit Stefan George, diskutiert und abgestimmt worden« war. Vordergründig ging es Kantorowicz auch um eine Abrechnung mit den Kritikern seines Buches; im Zentrum aber stand die offiziöse Proklamation der Prinzipien einer neuen Art von Geschichtsschreibung.

Ausgelöst durch Konrad Burdachs Bemerkung, Geschichte schreiben könne man weder als George-Schüler noch als Katholik, Protestant oder Marxist, sondern nur als voraussetzungsfreier Wissenschaftler, warf Kantorowicz der positivistischen Geschichts*forschung* einen Übergriff in künstlerisches Gebiet vor, wenn sie versuchte, ihre Arbeitsregeln auch der Geschichts*schreibung* aufzuzwingen. Gefragt wurde damit der Typus des historischen Reporters, der über jede Epoche und jedes Ereignis mit Gleichmut und frei von jeder persönlichen Betroffenheit berichten konnte: »ein höchst suspekter Typ, den indessen eigens zu fordern heute als überflüssig erscheint, da es an ihm im kosmopolitischen *Ullstein*-Deutschland wahrlich nicht gebricht«.

Damit bezog Kantorowicz den Gegensatz von Kosmopolitismus und Nationalismus auf die Gegenüberstellung von Geschichtsforschung und Geschichtsschreibung und verlieh so einer auf den ersten Blick nur innerfachlich bedeutsamen Auseinandersetzung den Rang einer politischen Polemik. An Passagen aus Gundolfs Caesar-Buch anknüpfend, schlug Kantorowicz die Geschichtsforschung und die in Deutschland florierende historische Belletristik unterschiedslos dem Lager des Kosmopolitismus zu, während es, mit den Worten Eckart Kehrs, wissenssoziologisch wohl angemessener gewesen wäre, die historische Belletristik »als die Geschichtsschreibung der Massendemokratie gegen die Universitätstheorie« abzugrenzen. Doch war dies nur ein Seitenschauplatz des Kampfes, den Kantorowicz vom Zaun gebrochen hatte. Von entscheidender Wichtigkeit war die Zurechnung der positivistischen, in engen methodologischen Bahnen sich fortbewegenden Geschichtsforschung zur kosmopolitischen Wissenschaft, während die Geschichtsschreibung als Kunst zur Nationalliteratur gehörte und von einem Deutschen nur aus deutscher Perspektive geschrieben werden konnte. Gegen den Positivismus einer Forschung, in der Nationalgefühl und Wahrheitsgefühl auseinanderbrachen, stellte sich der Geschichtsschreiber Kantorowicz – jene historischen Werke aus der George-Schule verteidigend, die nach dem Wunsch ihrer Verfasser nicht zur analysierenden Wissenschaft gerechnet werden wollten, sondern zur Kunst.

Das Beispiel Kantorowicz' zeigt, daß die Auffassungen des George-Kreises Kernfragen eines Selbstverständnisses der deutschen Geschichtswissenschaft berührten; damit wurde auch deutlich, welch enge Grenzen demjenigen gezogen waren, der als Fachwissenschaftler arbeiten und zugleich Georgianer bleiben wollte. In der Person Kurt Breysigs und der von ihm vertretenen Geschichtsauffassung wurde dieser Konflikt bereits früh sichtbar.

Breysigs Grundüberzeugungen, die Grundstimmung seines Lebens und seines Werkes machten ihn fast naturwüchsig zu einem Bewunderer und Anhänger Georges. Hinzu kam, daß er ein Verehrer Nietzsches war, dem er 1900 an der Bahre die Totenrede gehalten hatte. Doch sah er in Nietzsche, den er ausgerechnet mit Comte verglich, vor allem den Begründer der Gesellschaftswissenschaft – ohne hinzuzufügen, daß Nietzsche, dieser spöttische Feind des *homo sociologicus*, wider Willen zum Soziologen geworden war.

Mit den Schmoller-Schülern Friedrich Wolters, Berthold Vallentin, Friedrich Andreae, Kurt Hildebrandt und anderen bildete Breysig in Berlin den Freien Bund bauender Forscher, eine Gruppierung, die in Wissenschaftspraxis und Wissenschaftskritik sich den Vorstellungen Georges verpflichtet wußte. Zum Bruch zwischen Breysig und seinen Schülern kam es, als Wolters im ersten Band des *Jahrbuchs für die geistige Bewegung* seine ›Richtlinien‹ veröffentlichte: eine Attacke auf die positivistische Wissenschaft, die Breysigs Widerspruch hervorrief. Auch er, der sich einmal als »einen frohen Naturburschen der Nichts-als-Erfahrungswissenschaft« bezeichnet hatte, war kein Wissenschaftsgläubiger. Er wußte, wie sehr die Forschung unter dem immer zahlreicher werdenden Typ des Wissenschaftsbeamten litt, aber er sah in der Wissenschaft auch eine schöpferische Macht und wehrte sich gegen die Anmaßung der Künstler wider die Forscher. Er wollte nicht die Wissenschaft aufgeben, sondern eine bessere Wissenschaft schaffen. Vor die Wahl gestellt, gingen die Schüler Breysigs zu George über, der im Gespräch mit Breysig jeden direkten Einfluß auf sie abstritt. Für Breysig war dies um so schlimmer: er hatte vor einer Persönlichkeit zurückweichen müssen, deren Ausstrahlung alle Argumente schlug.

Breysig wollte die Geschichte nicht nur akademisch betreiben, sondern auch als Lebenskunde. Zugleich wehrte er sich gegen die Aufspaltung der beiden großen Wissenschaftszonen, welche Dilthey und die Neukantianer vornahmen. Es gab nur eine Wissenschaft, und die Geschichte war ein Teil davon. Diese Überzeugung gab seinen Ambitionen etwas Abenteuerliches, fast Tragikomisches – »Die Geschichte der Menschheit denke ich mir kurz: großes Format, aber nur zwei mäßige Bände« – und machte ihn anfällig für jede sich bietende Analogie. Nernsts chemisches Massengesetz wie Bohrs Elektronentheorie schrieb er zu soziologischen Gesetzen um und verglich Elektronenbewegungen tollkühn mit den Heiratsbünden der Australier. So blieb Breysig in den Augen vieler Zeitgenossen ein Dilettant auf allen Gebieten, und da für viele die Soziologie als Dilettanten-Disziplin galt, konnte es nicht überraschen, daß er – neben Georg Simmel – als erster soziologische Vorlesungen an der Berliner Universität hielt, daß er seit 1925 Mitglied der Deutschen Gesellschaft für Soziologie, seit 1929 des Institut International de Sociologie war. Von

Gabriel Tande war er beeinflußt, und sogar Emile Durkheim hatte einmal einen Studenten zu ihm geschickt – doch beruhte dies auf einem Irrtum, wie sich später herausstellte.

Obwohl man ihre wissenschaftstheoretischen Positionen nicht miteinander identifizieren darf, zeigt sich bei Lamprecht und bei Breysig, wie das Kausalitätsbedürfnis auch in der Geschichtswissenschaft sich geltend macht. Der Wahlspruch Lamprechts, *scire est per causas scire*, mußte jedem Georgianer als Kampfansage erscheinen, und erst recht die Absage an jede Teleologie und das Vertrauen in eine Statistik, die sich geradezu als die systematische Verdrängung des Individuums aus der Wissenschaft beschreiben ließ.

Am Ende des 19. Jahrhunderts wollten beinahe alle Historiker Rankeaner sein: Lamprecht konnte triumphierend darauf hinweisen, daß er Ranke kurz vor dessen Tod gesprochen und dieser dabei sein Buch *Deutsches Wirtschaftsleben im Mittelalter* gelobt hatte. Lamprecht-Gegnern war diese Episode peinlich, und als anmaßend und geschmacklos empfanden sie es, daß Lamprecht sich und seine wenigen Anhänger als Jungrankeaner bezeichnet wissen wollte. Wie unpassend dieser Ehrentitel war, zeigte sich schon daran, daß Lamprecht nicht schreiben konnte; sein von Georg von Below so genannter Hetzjagdstil erwies die Richtigkeit von Buffons Diktum *le style c'est l'homme même*. Wer den prinzipiellen Unterschied des geschichtlichen und naturwissenschaftlichen Denkens leugnete, war ein Dilettant. Dilettanten waren diejenigen, die in die naturwissenschaftliche Phrase auswichen. Ihre Heimat war »diese Wissenschaft mit dem wenig erfreulichen Namen« – die Soziologie. Gegen sie, die auch das Produkt einer falsch verstandenen Geschichtsauffassung war, richteten sich die Angriffe des George-Kreises.

Stefan George, Georg Simmel, Max Weber

Georg Simmel und Stefan George

Die Wissenschaftskritik des George-Kreises fand in der Soziologie ein lohnendes Ziel. In diesem Fach steigerte sich die Anmaßung der Naturwissenschaften zur Hybris, auch den Menschen und menschliches Zusammenleben nach den ebenso strengen wie lebensfernen Regeln einer allgemeingültigen Methode erkennen zu können. Wenn es überhaupt eine wissenschaftliche Disziplin gab, zu der die Georgianer sich hingezogen fühlten, so war es eine idiographisch ausgerichtete Geschichte, und daß diese Konkurrenzdisziplin bemüht war, der Soziologie die Legitimation als akademisches Lehrfach abzusprechen, stärkte die soziologiefeindliche Haltung der Georgianer. Dennoch war das Verhältnis des George-Kreises zur Soziologie mehr von Ambivalenz als von kompromißloser Ablehnung bestimmt. Die deutschen Soziologen – meist Philosophen oder Nationalökonomen, die dieses Etikett ohnehin ablehnten – waren dem neuen Fach gegenüber ausgesprochen kritisch eingestellt, und umgekehrt hatte eine in der Geschichtswissenschaft beheimatete, methodologisch am Historismus orientierte Tradition antisoziologischen Denkens zur Herausbildung eines deutschen Stils in der Gesellschaftswissenschaft geführt, der den Georgianern nicht ganz fern stand. So gab es auf der einen Seite – beispielsweise in der Gruppen- und Religionssoziologie – Versuche, Elemente der Georgeschen Welt- und Lebensanschauung zur Geltung zu bringen, während auf der anderen Seite Georgianer Perspektiven ihrer Geschichts- und Gesellschaftsphilosophie in entscheidendem Maße der Soziologie verdankten. Die Anhänger Georges lehnten die Soziologie als Disziplin ab, aber sie profitierten von den Arbeiten einzelner Soziologen; sie selbst benutzten soziologische Erklärungsprinzipien, ohne soziologische Methoden zu übernehmen; die pessimistische, ja tragische Stimmung, die die Werke eines Simmel und Weber durchzog, entsprach oft ihrer eigenen Gemütslage, ohne daß sie in der Regel die Voraussetzungen oder Konsequenzen soziologischen Denkens hätten teilen wollen.

Von denjenigen Wissenschaftlern, die dem George-Kreis nicht selbst angehörten, stand niemand ihm näher als Georg Simmel, der sein eigenes Werk zeitweise als philosophisch-soziologische Parallele zur Dichtung Stefan Georges beschrieb. Simmel gehörte – mit Kurt Breysig – zu den ersten, die sich für George einsetzten, und pries ihn und Rodin vom Katheder herab als die größten Künstler der Zeit. Die späteren Auflagen seiner *Geschichtsphilosophie* Stefan George, »dem Dichter und dem Freunde«, sein Goethe-Buch Marianne Weber widmend, war Simmel ein Mittler zwischen Dichtung und Wissenschaft, der auf George wirkte und von diesem in seiner Erkenntnishaltung und Erkenntnisweise beeinflußt wurde. So intim waren die im Berliner Westend über Jahre geführten Gespräche mit George, daß Simmel selbst die Teilnahme Gundolfs daran als störend erschien.

Was Simmel dem akademischen Tagesbetrieb entfremdete und seine Universitätskarriere blockierte, machte ihn zu einem bevorzugten Gesprächspartner Georges und seiner Jünger: der Mut zur Intuition, der seine Schriften wie Kunstwerke erscheinen ließ. Wenn Simmel die Vorteile der Kunst gegenüber der Philosophie hervorhob und die Kunst als produktiven Umweg zur wissenschaftlichen Erkenntnis pries, wenn er die Vernachlässigung des Schicksalsbegriffs im modernen Denken beklagte und gegen die antiindividualistischen Strömungen der Epoche an der Bedeutsamkeit des Heroischen festhielt, konnte er den Georgianern als ihr Verbündeter erscheinen. Auch George lernte von ihm, und wie produktiv die Diskussion mit Simmel war, zeigte sich, wenn auch meist nur versteckt, an vielen Stellen des Georgeschen Werkes – etwa im Spruch ›Nordischer Meister‹ des *Siebenten Ringes*, der die Auseinandersetzungen Georges und Simmels über Person und Werk Rembrandts widerspiegelt. Nietzsche verband Simmel und George, so wie er, allen Gegensätzen zum Trotz, auch George und Max Weber verband. Die ›innere Geselligkeit‹ Georges klang wie ein Leitmotiv der Simmelschen Soziologie.

Simmel wie George vereinte die gleiche Gefühlslage gegenüber der Epoche vor dem Ersten Weltkrieg, die Romano Guardini das Ende der Neuzeit nannte – sie teilten das Unbehagen am fortschreitenden Zivilisationsprozeß, doch unterschieden sie sich in der Haltung und den Ausdrucksmitteln, mit welchen sie darauf reagierten.

Zum Erstaunen des Kunsthistorikers Georg Dehio verhielt Simmel vor dem Straßburger Münster sich nicht anders als Herbert Spencer im Kölner Dom: analysierend, nicht andächtig, stets durch eine hohe innere Spannung von der Anschauung zum Begriff getrieben. Jede Besserung dieses in den Augen der Georgianer verderblichen Drangs zum Begriff wurde mit hoffender Aufmerksamkeit registriert, wie im Brief Gundolfs an George vom 13. November 1910: »Überhaupt meine ich an Simmel sowohl in seinen Schriften ... als persönlich doch die Spuren kosmischer Einwirkung wahrzunehmen: er wird reifer, voller, fast leiblicher. Ich glaube, daß wir noch unsere volle Freude nicht nur an seiner Menschlichkeit, die mich immer wieder zu Verehrung zwingt, sondern selbst an seiner Lehre erleben werden.«

Zwischen Gundolf und Simmel waren die Ähnlichkeiten auffallend; sie ließen sich mit Stichworten wie ›Metaphysik der Individuen‹ oder ›Metaphysik des Diesseits‹ umschreiben und führten beispielsweise Simmel, der selbst über Goethe geschrieben hatte, neidlos dazu, Gundolfs *Goethe* als das maßgebende Buch über den Gegenstand anzuerkennen: Gundolf hatte hier erreicht, was Dilthey, der zu kurz griff, immer erstrebt hatte. Dennoch mußte auch Gundolf sich distanzieren, als offenkundig wurde, daß Simmel stets das Wissen dem Wollen, das begriffliche Durchdringen dem hingebenden Anschauen vorziehen würde. Im George-Kreis erfand man für Simmel als Höllenstrafe, daß er, »von einem furchtbaren Hunger nach Leiblichkeit erfaßt, dort unten ewig nur die Gebilde des Begriffes umarmen« dürfe. Friedrich Wolters, dessen Phantasie diese Strafe entstammte, spielte auf einen konkreten Vorfall an. Für das zweite *Jahrbuch* hatte der Simmel-Schüler Herman Schmalenbach, später Philosophie-Professor in Göttingen und Basel, einen Aufsatz mit dem Titel ›Die Gebilde des Begriffs‹ verfaßt. George lehnte ihn ebenso entschieden wie entrüstet ab: das Thema war ein Widerspruch in sich, »da der Begriff als solcher unanschaulich, abstrakt, im Grunde auflösend sei, das Gebilde konkret, gestalthaft, schöpferisch«. Schmalenbach reagierte wie viele, die George zurückwies; in seiner Hinneigung unbeirrt, schrieb er über George und seinen Kreis und entwickelte zu dessen Analyse die neue soziologische Kategorie des ›Bundes‹, über die er 1922 in den *Dioskuren* einen langen Aufsatz veröffentlichte.

Der entscheidende, der elementare Unterschied zwischen Simmel und George lag, wie Michael Landmann pointierend feststellte, darin, daß bei dem einen alles Begriff, bei dem anderen alles Substanz war. Es war eine Differenz, zu der Simmels soziologisches Interesse beitrug, wenn es sie auch alleine nicht erklärt. Simmel sprach aus, wie sehr die Ansprüche der Soziologie als Disziplin den Forderungen ähnelten, die die Massen seit dem 19. Jahrhundert verstärkt erhoben – aber gleichzeitig distanzierte er sich von der Nähe zum Sozialismus, in welche die Soziologie unvermeidlich geraten mußte. Hierin lag für ihn die Tragik der Soziologie, und er ließ keinen Zweifel daran, daß er Schiller mit Sympathie zitierte: »Jeder, sieht man ihn einzeln, ist leidlich klug und verständig. Sind sie *in corpore*, gleich wird euch ein Dummkopf daraus.«

Diese Ambivalenz ließ George, der von einer pauschalen Verurteilung der modernen Zivilisation weiter entfernt war als manche seiner Jünger, gerade die soziologischen Erkenntnisse

Simmels nutzen. Die Entfremdung zwischen beiden entstand, als Georges pädagogische Neigungen wuchsen, seine Dichtung didaktischer wurde und der Freundeskreis sich zum ›Staat‹ entwickelte. Auf der anderen Seite entfernte die Anerkennung, die Simmel, wenn auch spät, als Universitätslehrer gewann, ihn mehr und mehr von George. Es ist bezeichnend, daß George den auf Simmel gemünzten Spruch ›Der Weisheitslehrer‹ *(Das neue Reich)* verfaßte, als Simmel, bereits nach Straßburg berufen, seine dortigen Einwirkungsmöglichkeiten auf viele Studenten von Georges elitärer Haltung und Esoterik abgrenzte:

> Seit dreissig jahren hast du gepredigt vor scharen
> Wer steht nun hinter dir? ›Kein einzelner – die welt.‹
> O lehrer dann hieltest du besser die türen geschlossen
> Du hast für nichts gewirkt als für ein blosses wort.

Simmels Versuch zur Ausarbeitung einer soziologischen Ästhetik zeigt beispielhaft, was George und ihn verband und was sie letztlich trennte. Den Versuch zu einer Ästhetisierung der Soziologie konnten – auch wenn ihnen nicht viel daran lag – die Georgianer hinnehmen. Unerträglich dagegen war der Anspruch, den soziologischen Blick auch auf Gebilde der Kunst zu richten. Simmel aber wollte beides, und so lehnte schließlich seine Mischung von Ästhetik und Soziologie ein Dichter wie George nicht weniger entschieden ab als Emile Durkheim, der Soziologe.

Stefan George und Max Weber

1926 las Hugo von Hofmannsthal Marianne Webers Buch über Max Weber; er zählte die Biographie zu den herausragenden Büchern des Jahres und war von Max Weber, dem »merkwürdigen leidenschaftlichen Menschen«, zutiefst beeindruckt. Ein Jahr später stellte Hofmannsthal in seiner Münchner Rede ›Das Schrifttum als geistiger Raum der Nation‹ zwei Gestalten einander gegenüber, die den Deutschen in einer Zeit produktiver Anarchie als mögliche Führer erscheinen mochten. Der eine war Dichter, auch wenn er sich aufs Dichten nicht beschränkte, Genius und Usurpator in einem, revolutionär in seinem Deutschtum, weil er sich über die gewaltige Kraft gesellschaftlicher Formen hinwegzusetzen versuchte, »vielleicht ... mehr Prophet als Dichter ... eine gefährliche und hybride Natur, Liebender und Hassender und Lehrer und Verführer zugleich«. Die Sprache war ihm eine magische Gewalt, die er sich dienstbar machte, viele riß er mit sich und keiner blieb von der Begegnung mit ihm, der sich nicht einordnete, sondern seine eigene Ordnung schuf, unberührt. Der Dichter, von dem Hofmannsthal sprach, konnte Stefan George nicht sein – schon deshalb nicht, weil Hofmannsthal von den literarischen Formen des Dramas und des Romans sprach, deren er sich bediente – aber keiner konnte es eher sein als Stefan George. »Völlig kontrastierend mit diesem in der Grundgebärde« war die andere Gestalt, zuchtvoll statt sich selbst überhebend, »so gebunden bis zur Qual, als jener frei bis zur Zerrüttung«. Es war ein Mann der Wissenschaft, dem die Bewahrung des Geisteserbes zum dunklen Geschick wurde, der leidenschaftlich und heroisch erschien in seinem Bemühen, eine Wissenschaft, die sich vom Leben gelöst hatte, zum Maß der Sittlichkeit zu machen. Der »Hybris des Herrschenwollens« dort stand hier die »Hybris des Dienenwollens« gegenüber. Der Wissenschaftler, von dem Hofmannsthal sprach, konnte Max Weber nicht sein, und doch ließ nur die Person Max Webers in jenen tragischen, dunklen Farben sich schildern, die Hofmannsthal gewählt hatte. Schatten und Schemen waren die beiden, wie Hofmannsthal sagte, und wurden doch gleich zu Fleisch und Blut, wenn man an Stefan George und an Max Weber dachte.

Wie Weber zu George kam und wie er zu ihm stand, hat Marianne Weber in ihrer Biographie ausführlich geschildert. Heinrich Rickert hatte Max Weber schon 1897 in Freiburg auf George aufmerksam gemacht und ihm sogar dessen Gedichte rezitiert: ohne Nachklang, denn Weber, der in voller wissenschaftlicher Schaffenskraft stand, konnte darin nur Zeugnisse eines ihm fremden Artisten- und Ästhetentums sehen. Erst seine Krankheit änderte dies, und Weber reagierte auf seinen nervösen Zusammenbruch nicht anders als Comte und Mill zuvor. »Bis dahin verschlossene Geheimkammern seiner Seele« öffneten sich: »Die das Fühlen immer neu vertiefenden künstlerischen Gebilde fanden jetzt Eingang.« Er las nun Gedichte und las sie auch vor, aber überwältigen ließ er sich von ihnen nicht und betonte immer wieder, anderen und sich selbst zur Bestätigung, wie fremd und fern die Gefühlswelt eines Stefan George oder Rainer Maria Rilke für ihn war. 1910 führte Gundolf, der Webers Freund geworden war, Stefan George in Heidelberg bei den Webers ein, die ihn als Gebenden, nicht als Suchenden empfingen, verstört vom ersten Augenblick durch den Widerspruch zwischen Georges persönlicher Schlichtheit und dem Pathos seiner Dichtungen. Noch bevor er George persönlich kennenlernte, hatte Max Weber sich in einem Brief ausführlich zu Georges Dichtungen und zu seiner dichterischen Sendung geäußert. Er sah in der Georgeschen Lyrik die Möglichkeit zur Darstellung von Stimmungslagen, die sich sonst nirgends ausgedrückt fanden: dies ließ ihm selbst ihr Danteskes Pathos erträglich erscheinen. Was seinen Widerspruch hervorrief, war, daß George nicht Ästhet blieb, sondern daß er mit seinen Gedichten etwas bewirken wollte. Der Asket, der die Welt geflohen hatte, versuchte sie nun zu beherrschen, und das Ziel allen Dichtens war die Selbstvergottung des Dichters, der sich zum Propheten berufen fühlte:

> Dazu führt der Weg entweder durch die ekstatische Entrückung, oder aber durch die kontemplative Mystik. Den ersteren hat, wie mir scheint, die Georgeschule und George selbst gewählt, weil nur er die Anwendung der ihm eigenen, Dantesken Ausdrucksmittel gestattet. Aber dieser Weg führt nun – das ist sein Verhängnis – nie zu einem mystischen Erlebnis, ... sondern stets nur zum orgiastischen Dröhnen einer Stimme, die dann als ewige Stimme erscheint, nie mit anderen Worten, zu *Inhalten*, sondern nur zu einem leidenschaftlichen Harfengetön. *Ein* Versprechen eines ungeheuren, Erlösung garantierenden Erlebnisses, wird durch ein anderes, noch größeres überboten, immer werden neue Wechsel auf das, was kommen soll, gezogen, obwohl die Uneinlöslichkeit offen zutage liegt. Und da es über dies rein

formale Prophetentum hinaus, schließlich keine Steigerung mehr gibt, ist der Dichter auf der beständigen Suche nach dem postulierten Inhalt seiner Prophezeiung begriffen, ohne ihn jemals erhaschen zu können.

Anders als Comte und John Stuart Mill wollte Max Weber den Dichter nur als Künstler sehen, als Künder inneren Erlebens und von Stimmungen, die der wissenschaftliche Mensch nicht ausdrücken konnte, aber er sprach ihm die Möglichkeit und das Recht ab, als Dichter Prophet und Seher zu sein. Dennoch beeindruckten ihn der Ernst und die Lauterkeit, mit welcher George und seine Anhänger ihre Mission verfolgten, und er war ebenso empört über Rudolf Borchardt, der in den *Süddeutschen Monatsheften* gegen den George-Kreis polemisiert hatte, wie beeindruckt von Hofmannsthal, den er 1917 in Wien traf und der vornehm von George und Gundolf sprach, obwohl er wußte, daß sie ihn nunmehr ablehnten.

Marianne Weber beschrieb in George und Max Weber »polare Möglichkeiten des Menschentums«, und diese Polarität war es, die sie trennte, aber nicht eigentlich entzweite. Wissenschaftliche und künstlerische Welterkenntnis stritten miteinander, und während Weber Georges Dichtertum schätzte, konnte dieser, so verstandesfern er sich auch gab, den tiefen Ernst und die innere Haltung achten, die Max Webers Plädoyer für den Rationalismus zugrunde lag. Marianne Weber charakterisierte die Debatten mit George als warm, mitfühlend, von Verständnis füreinander geprägt trotz aller Differenzen. Doch hielt George auch einen bedeutsamen Widerspruch nur über kurze Zeitspannen für produktiv. Nach dem Juni 1912 sahen er und Max Weber sich nicht wieder. Weber aber las noch 1917, wie Marianne Weber berichtet, in Oerlinghausen aus Georges Gedichten und aus Gundolfs Goethe-Buch vor.

Es ist aufschlußreich, wie nahe aneinander die Georgianer Max Weber und George gerade im säkularen Bereich rückten: Kurt Hildebrandt beschrieb in seinen *Erinnerungen* die politischen Positionen beider als fast deckungsgleich – was gewiß nicht den

Tatsachen entsprach – und sah den Grund ihrer Trennung vor allem in Webers Charisma-Neid. Welcher Wunsch die Georgianer dabei beseelte, wird deutlich, wenn Hildebrandt beklagt, daß Max Weber und George einander hätten ergänzen können wie Goethe und Schiller. Kritik an Weber steckt darin, der die Ziele seines politischen Handelns zu realitätsnah definierte, aber auch eine versteckte Kritik am George-Kreis, dessen poetisch-politischen Utopien das Augenmaß und der Realismus eines Max Weber zu größerer Wirkung hätten verhelfen können.

Verwirrte Max Weber an Stefan George die eigentümliche Mischung aus persönlicher Bescheidenheit und dichterischem Pathos, so irritierte die Georgianer Max Weber nicht minder. Der Verfechter der Wertfreiheit hatte mehr von einem Tribun an sich als von einem Wissenschaftsbeamten, und als Edgar Salin in der römischen Campagna Weber kennenlernte, da beschrieb er ihn nicht wie einen akademischen Lehrer oder Kollegen, sondern wie eine Böcklin-Figur:

> Ein Hüne, der mit grossen schweren Schritten über die Ebene ging, den finsteren Blick mehr nach innen als auf das herbstliche Land oder die Wanderer an seiner Seite gerichtet, – das Gesicht von düsteren Gedanken zerfurcht, – der Bart wie geladen von seelischen Strömen und Stössen. Der riesige Schlapphut mit der breiten Krempe konnte an einen Künstler denken lassen, aber die Haltung war die eines fremden Kriegers, eines unseligen, den ein widriges Geschick hierher verschlagen hatte. Nichts Südliches war an ihm. Germanische Züge schienen deutlich mit slawischen vermischt; vom romanischen Bluterbe war weder im Antlitz noch in den Bewegungen noch im Gespräch ein Schimmer.

Ein Vortrag Salins war es, der Weber bei einem der Heidelberger Soziologischen Diskussionsabende, wo Georgianer und Weberianer miteinander stritten, zu einer längeren polemischen Darstellung über Möglichkeiten und Grenzen der Geschichtswissenschaft provozierte. Gedanken vorwegnehmend, die er später in der Rede über ›Wissenschaft als Beruf‹ weiterführen sollte, entwickelte Max Weber seine Vorstellung einer wertfreien Wissenschaft, die viele seiner Zuhörer – Gothein, Gundolf, Alfred Weber und Jaspers waren unter ihnen – bedrückte. Salin fragte Weber, wie er bei solch enger wissenschaftlicher Perspektive Mommsens *Römische Geschichte* einschätze, und Weber zögerte nicht, Mommsens Werk den wissenschaftlichen Charakter abzusprechen. Worauf Salin erwiderte: »Dann weiß ich nicht, welchem Lebendigen Ihre Wissenschaft noch dienen kann und warum sie für uns von Interesse sein soll.« Ihre Pointe gewinnt diese Auseinandersetzung, wenn man daran erinnert, daß derjenige amerikanische Soziologe, der nicht nur Max Webers Werk in den Vereinigten Staaten bekanntmachte, sondern Weber erst über diesen Umweg zu einem Klassiker der deutschen Soziologie werden ließ, bei Edgar Salin, dem George-Anhänger, promoviert hatte: Talcott Parsons.

Es war Max Webers Persönlichkeit, die die Georgianer anzog, eine Verflechtung von Leben und Werk, die sowohl in Webers historischen Analysen wie in seinen Arbeiten zur Wissenschaftstheorie und Methodologie die autobiographischen Züge trotz aller Wertaskese deutlich hervortreten ließ. Webers wissenschaftliche Nüchternheit war kein angeborener Charakterzug, sondern eine mühsam erworbene und aufrechterhaltene Lebensmaxime, und gerade daß er den modischen Persönlichkeitskult so entschieden ablehnte, machte ihn selbst zum Gegenstand eines solchen Kults – nicht nur bei Marianne Weber und Karl Jaspers, sondern auch bei Mitgliedern des inneren George-Kreises wie Friedrich Wolters, der in Max Weber einen der »vornehmsten Träger des Zeitgeistes« verehrte und die Vorzüge Simmels und Diltheys in ihm vereinigt sah. Von George verzaubert, achteten die Georgianer Weber als jemanden, den sie nicht verehren durften, tief beeindruckt davon, daß er sich sein Denken und Handeln stets etwas kosten ließ, ein preußischer Puritaner, der jeden verlorenen Posten aus Pflichtgefühl erstrebte und mitwirkte an der Entzauberung der Welt, weil er sich vor der Bindung an einen Höheren fürchtete.

In der Gegenüberstellung des Dichters und des Soziologen ergab sich für die Georgianer eine paradoxe Sicht. Während der

Dichter dem Ich-Kult abschwor und eine Gemeinde um sich versammelte, während er Schulenbildner sein wollte, um das Überleben einer poetischen Tradition zu gewährleisten, hielt Weber mit Trotz an seiner Vereinzelung fest, wehrte sich der Gesellschaftswissenschaftler gegen das Aufgehen des einzelnen im Verband und fühlte mit jedem Individuum, auch einem Don Quichotte, wenn es sich nur gegenüber den Institutionen zu behaupten suchte.

George wie Weber schienen dazu berufen, Führerfiguren in einer Zeit zu werden, die ihr Führungsdefizit beklagte. George, der ein direktes politisches Engagement zumindest erwogen hatte, scheute letztlich doch davor zurück; Max Weber fand nicht die Unterstützung, die ein politisches Führeramt erfordert hätte.

Ein politisches Engagement des Dichters lehnte Weber, der Zola schätzte, keineswegs ab, aber sein Verdacht wurde geweckt, wenn man mit der Dichtung selbst Ziele erreichen wollte, die den Geltungsanspruch der Kunst überschritten. Webers Abscheu vor dem modernen Prophetentum mußte sich noch steigern, wenn ausgerechnet ein Dichter als Künder und Seher auftrat, als charismatischer Führer in einer Zeit, die eher des Sachverstands und des nüchternen Augenmaßes für das politisch Machbare bedurfte. Den Romantik-Vorwurf erhob Weber wider jene, die gegen Verhältnisse und Entwicklungstendenzen sich stemmten, die doch nicht korrigierbar waren; im calvinistischen Sinne fand er sich mit einer Realität ab, die zu transzendieren nicht in der Macht des Menschen stand.

Schon im Geschäftsbericht, den er dem Ersten Deutschen Soziologentag im Oktober 1910 in Frankfurt am Main vorlegte, regte Weber als künftige Arbeitsvorhaben der Deutschen Gesellschaft für Soziologie Untersuchungen zum Vereinswesen an, wobei er die künstlerischen und literarischen Sekten hervorhob. Was hier schon geahnt werden konnte, sprach Weber später selbst offen aus, als er die »von künstlerischen Weltgefühlen getragenen Sekten« zu den interessantesten Untersuchungsobjekten der Soziologie rechnete und als Beispiel einer solchen literarischen

Sekte, die auch auf die Inkarnation des Göttlichen Anspruch erhob, Stefan George und seinen Kreis nannte. Zugleich wies Max Weber darauf hin, daß die Georgesche Lyrik die ihr adäquate soziale Umwelt in der modernen Großstadt fand und deren Produkt war. So hatte auch Simmel argumentiert, und George selbst war von dieser Sicht nicht unbeeindruckt geblieben.

Die tiefgreifendste Analyse des George-Kreises aber – und auch diejenige, die auf die Kreis-Mitglieder am verletzendsten wirkte – fand sich in Webers Bemerkungen zur charismatischen Herrschaft. Auch wenn Max Weber als ein Beispiel der charismatischen Persönlichkeit, die ihrer als außeralltäglich geltenden Qualität wegen zum Vorbild und Führer wird, einen Literaten wie Eisner nannte, mußte die Gestalt Georges sofort vor dem Auge des Lesers erscheinen, und wie ließ sich der Kreis um ihn besser beschreiben als »eine emotionale Vergemeinschaftung«, also das, was Max Weber den Herrschaftsverband Gemeinde nannte? Daß die charismatische Führung neue Gebote verkündete, schuf und forderte, daß es keine Hierarchie im strengen Sinne gab und der Führer nur im Einzelfall eingriff – all dies traf auf das Programm des George-Kreises ebenso zu wie auf das Alltagsleben des auf ihn bezogenen, an ihm sich orientierenden Staatswesens. Das reine Charisma galt für Max Weber als typisch wirklichkeitsfremd; Unwirtschaftlichkeit mußte ein Programmpunkt charismatischer Existenzen sein, weil sie sich geradezu durch ihre Lösung vom Alltag bestimmten. Existenzgrundlage charismatischer Gruppen konnte das Rentnertum sein, und es war

> bei einer primär künstlerischen charismatischen Jüngerschaft denkbar, daß die Enthebung aus den Wirtschaftskämpfen durch Begrenzung der im eigentlichen Sinn Berufenen auf ›wirtschaftlich Unabhängige‹ (also: Rentner) als das Normale gilt (so im Kreise Stefan Georges, wenigstens der primären Absicht nach).

Damit war eine soziologische Erklärung der Weltfremdheit Georges und seiner Schüler gegeben: sie war keine Marotte und auch keine Ansichtssache, die durch besseres Wissen korrigiert werden konnte, sondern notwendige Voraussetzung zur Kreisbildung und zum Überleben einer an dichterisch-prophetischen Verlautbarungen sich orientierenden, in George ihren charismatischen Führer verehrenden Gruppe. Daß Max Weber das Charisma als Gegensatz institutioneller Dauergebilde begriff und der Fachbildung gegenüberstellte, mußte den Streit zwischen Prophetendichtung und asketisch-nüchterner Analyse der Welt noch verschärfen.

Es hat innerhalb und außerhalb des George-Kreises Versuche gegeben, Max Webers ökonomischer Analyse der Klassenlage der Kreis-Mitglieder zu widersprechen und sie zu korrigieren. Der Hinweis wurde gegeben, daß die Georgianer ihr Vermögen direkt aufzehrten und nicht von dessen Zinsen lebten, und Leopold von Wiese betonte, die Mitglieder des George-Kreises seien gerade keine kleinbürgerlichen Rentiers gewesen, sondern entweder Großbürger oder verarmte Existenzen. Die Reaktion im George-Kreis selbst auf die Analysen Max Webers bestand weniger im Versuch, deren empirische Angemessenheit zu kritisieren; die Kritik konzentrierte sich auf den Ton, in dem Max Weber über George und seine Jünger gesprochen hatte. Man empfand ihn als unangemessen und gehässig und sah darin, was am schwersten wog, zum ersten Mal einen Verrat Max Webers an seinen eigenen Idealen: von werturteilsfreier Wissenschaft konnte in seinen Bemerkungen zum George-Kreis keine Rede mehr sein und diese erschien nunmehr auch jenen als »armseliger Heidelberger Popanz«, die sich lange Zeit Georges harsches Urteil nicht zu eigen machen wollten. Während die Georgianer sich einst mit Max Weber im Abscheu vor den Katheder-Literaten vereint hatten, empfanden sie nun Webers sogenannte Analysen als bloßes Literatengeschimpfe. Noch weniger als früher konnte nach diesen Entgleisungen die objektive Wissenschaft Max Webers beanspruchen, dem lebendigen Geist zu dienen. Nicht anders als für die französischen und englischen Literaten lag das Problem für die George-Anhänger darin, daß sie zwar die Soziologie als Ausdruck von Banausentum und Dilettantismus, als Verkörperung falsch verstandener Wissenschaft und Erkennenshybris bekämpften, zugleich aber ihre Geschichtsphilosophie, ihre Gesellschaftskritik und ihre Zukunftsvisionen nur mit Hilfe der Soziologie formulieren konnten.

Im Einleitungsaufsatz zum ersten Band des *Jahrbuchs für die geistige Bewegung* (1910) ging Karl Wolfskehl auf die Maxime des George-Kreises ein, Staatliches und Gesellschaftliches aus seinen Betrachtungen ausscheiden zu wollen. Dem Vorwurf, durch eine solche Beschränkung den Kontakt mit dem realen Leben verloren zu haben, begegnete Wolfskehl mit der Frage, welchen Sinn die Rückbindung an eine Gesellschaft haben könne, die

> selber aller der naturgemässen zusammenhänge entbehrt aus denen sich ein volkstum als lebendig leiblicher ausdruck einer gesamt-seele herausgliedert, die in überkommenen organischeren formen mühselig ihre unfähigkeit verbirgt selber zu bildungen zu kommen, eine gesellschaft die für keins ihrer gesamtbedürfnisse einen gestalteten ausdruck hat finden dürfen, die nicht etwa entgöttert ist, die ausserhalb jedes lebens stand, schon als sie sich zusammenrottete . . .

Das war nicht die Sprache der Soziologie, aber es war, in einem anderen Idiom, Ausdruck einer prinzipiell gesellschaftskritischen, ja gesellschaftsfeindlichen Haltung, die in Deutschland gerade viele Soziologen einnahmen, und Wolfskehl nannte, durchaus plausibel, die »beobachtungen und feststellungen der heutigen gesellschafts-wissenschaft« als Quelle seiner Bemerkungen.

Zwei Jahre später wurde im Einleitungsaufsatz des dritten Jahrbuch-Bandes der Versuch unternommen, entscheidende Entwicklungsperspektiven der Gegenwartsgesellschaft zu benennen. Zu ihnen zählten katholisierende Tendenzen, die die Georgianer mit besonderem Enthusiasmus begrüßten, weil sie den Protestantismus als die Quelle der liberal-utilitaristisch orientierten, bürgerlichen Gesellschaft ablehnten. Kapitalisierung, Industrialisierung und Modernisierung waren Früchte des protestantischen Geistes, gegen welchen der Katholizismus als Bollwerk dienen konnte. Dieser enge Zusammenhang zwischen Protestantismus und Kapitalismus aber war, wie die Georgianer unterstrichen, »keine böswillige unterstellung, sondern ⟨ist⟩ durch die klassische Schrift Max Webers unwiderleglich begründet worden«. Der dritte Band des *Jahrbuchs*, der auch Simmel tief verärgerte, führte zu einer Auseinandersetzung Max Webers mit George und Gundolf, die freilich weniger in der Übernahme und Ausdeutung der Protestantismus-These ihre Ursache hatte als in Marianne und Max Webers Vermutung, mit den in der Einleitung ebenfalls geäußerten, abfälligen Bemerkungen der Georgianer über die Emanzipationsbestrebungen der modernen Frau sei der Webersche Haushalt gemeint. George stritt dies im Gespräch ab, doch nahmen die Betroffenen, wie Marianne Weber schreibt, seine Versicherung nur als Ausdruck einer Gesinnung, nicht als Beleg für die Wahrheit hin.

Ebenfalls 1910 hatte Gundolf über die Merksprüche der *Blätter für die Kunst* geäußert, diese seien geprägt »von einem beinah staatsmännischen blick in die versteckspiele des zeitgeists mit sich selber, voll gesunden menschenverstands und guter laune«. Damit wurde von den Georgianern eine soziologische, wenn nicht meta-soziologische Kompetenz in Anspruch genommen, und dies mit Recht. Die Affinitäten einiger George-Schüler zur Soziologie waren stark; Friedrich Wolters war ein Lieblingsschüler von Breysig und von Schmoller, und 1908 erschien bei Georg Bondi in Berlin eine Schmoller-Festschrift, *Grundrisse und Bausteine zur Staats- und Geschichtslehre*, die, faßt man den Begriff nicht allzu eng, ausschließlich Beiträge von Georgianern enthielt, nämlich von Kurt Breysig, Friedrich Wolters, Berthold Vallentin und Friedrich Andreae. Georgianer waren aufmerksame und zustimmende Leser Tocquevilles, und Stefan George erkannte – auf seine Art, wie Salin hervorhebt – selbst die Bedeutung eines Autors wie Keynes an. Und gerade weil George den Sieg der »anglo-amerikanischen Normalameise« befürchtete, war die Soziologie, die im übrigen ein noch junges Fach war, »und darum noch nicht so zerpflügt und mit dem dichten Netzwerk von Begriffs- und Kausalspannen durchzogen wie die andern«, zur Erkenntnis dieser Gefahr von Nutzen.

Und auch wenn Salin einen Aufsatz aus dem Zentrum des Georgeschen Staates, ›Herrschaft und Dienst‹ von Friedrich Wolters, nicht im *Archiv für Sozialwissenschaft und Sozialpolitik* besprechen wollte – er nahm wohl nicht zu Unrecht an, daß die Redaktion die Rezension einer solchen Schrift ohnehin abgelehnt hätte –, die engen Kontakte zu Simmel und Max Weber blieben, und schließlich gab es auch noch Alfred Weber, den Doktorvater Franz Kafkas, der, anders als sein Bruder, selbst einen künstlerischen Zug hatte und mit großer innerer Sympathie zu George und seinem Kreis die Kritik des modernen Kapitalismus und seiner kulturfeindlichen Folgen betrieb. Daß Alfred Weber der akademischen Soziologie vorhielt, sich im Systematisieren und Katalogisieren verloren zu haben, und daß er sie wieder zu einer existentiellen Wissenschaft machen wollte, mußte den Georgianern als Befolgung ihrer eigenen Grundsätze erscheinen.

*

Als Friedrich Gundolf seine Heidelberger Antrittsvorlesung hielt, waren unter den Zuhörern Stefan George und Max Weber. Gundolf wurde nicht müde, zu George von Max wie Alfred Weber als Gelehrten zu sprechen, die den Vorstellungen des Kreises nahestanden. »Von allen Professoren scheinen mir die beiden Webers am meisten einen Schauer des tieferen Lebens verspürt zu haben«, schrieb Gundolf im November 1910 an George, und fügte hinzu: »nicht nur wie Simmel als Wissen, sondern als Willen«. Und ein Jahr später, als Gundolf sich mit Max Weber über »Jahrbuchsfragen (nicht über das Jb selbst)« unterhält, muß er George unverzüglich mitteilen, wie erstaunt er »über die Fülle, den Ernst und die Wucht dieses Mannes« gewesen sei. Die Vermittlerrolle, die Gundolf spielte – und spielen durfte, solange vor allem Stefan George daran interessiert war –, änderte nichts an seiner prinzipiell ablehnenden Haltung zur Soziologie, der er den Rang einer selbständigen Disziplin nicht zugestehen wollte. Die spöttische Bemerkung, die Soziologie sei keine Wissenschaft, sondern eine jüdische Sekte, mag sich auf Simmel bezogen haben; damit wurde aber auch Max Weber getroffen, der so oft den George-Kreis als Sekte beschrieben hatte. Beteuerungen Webers, den Ausdruck wertfrei zu verwenden, verhinderten nicht, daß die empörten Georgianer darin einen Kampfbegriff sahen, der die Legitimität ihres Dichter-Staates in Frage stellte. Gundolf war freilich souverän genug, um der Soziologie und ihren exaltierten Ansprüchen mit Spott zu begegnen – nicht zuletzt jener Spielart, die sich lebensphilosophisch anbiederte. Im April 1913 macht er die Gräfin Keyserling auf eine Vortragsveranstaltung aufmerksam:

> Ausserdem spukt dort jetzt ein Wiener Freund und Gönner Bergsons, namens Biach, was wohl eine hebräische Mischung aus dem deutschen Seufzer und dem griechischen Bios, das Leben, ist: darum ist er auch Biologe oder was kann man heute unter bewanderten Umständen sonst sein, Soziologe.

Der Schätzung Max und Alfred Webers tat Gundolfs Distanz zur Soziologie keinen Abbruch – sie erlaubte ihm ganz im Gegenteil eine souveräne Aneignung manch ihrer Gedanken und Überzeugungen, die etwa Kurt Hildebrandt 1927 zu der erstaunten Feststellung veranlaßten, Gundolf schreibe ihm nun Briefe, in denen er, ganz im Sinne Max Webers, für eine wertfreie Wissenschaft eintrete. Man darf bezweifeln, daß Gundolf so weit ging – unzweifelhaft ist, daß seine eigene Wissenschaftsauffassung, so sehr George sie auch prägte, ihre endgültige Formung in der Auseinandersetzung mit Max Weber erfuhr.

Heidelberg nach dem Weggang Else Jaffés und der Gräfin Keyserling als eine Stätte der Pflicht zu bezeichnen, an der man durch Leistung und gute Werke ersetzen müsse, was einem an Gnade versagt sei, spiegelt in Gundolfs Briefen ebenso Gespräche mit Max Weber wider wie sein Versuch, in der deutschen Bildungsgeschichte von Luther bis Lessing »die Instinktgrundlagen der schöpferischen deutschen Theologie, welches zugleich die Instinktgrundlagen der ganzen Aufklärung sind, aufzugraben«. Gundolfs Versuch, vom Anthropologischen her die Geistes- wie die Religionsgeschichte zu verstehen, ist Folge einer überaus fruchtbaren Auseinandersetzung mit der Weberschen Religionssoziologie, die ihn zugleich dazu führt, die zu engen Perspektiven einer vornehmlich auf Literatur und Poesie beschränkten Geschichtsbetrachtung aufzugeben.

Versuche Gundolfs, im Rahmen der Auseinandersetzung um die *Jahrbücher* seine eigene Wissenschaftsauffassung zu präzisieren, lassen allenthalben den Einfluß Max Webers erkennen. Die Abwehr des Ästhetentums in der Kunst wie der Scholastik in der Wissenschaft deutet ebenso daraufhin wie die Warnung vor einer betriebsmäßigen Verflachung, die die Wissenschaft bedrohe. Das Bemühen, ›gehirnliche Mechanisierung‹ mit ›sinnlicher Verstoffung‹ zu heilen, dürfte Weber freilich als illusionär erschienen sein, und die Abwertung des Begrifflichen auf Kosten von Erlebnis und Anschauung bezeichnete die Grenze, an der auch Gundolf und Max Weber sich trennen mußten. Der Gegensatz von Denken und Leben war der Fluch der Epoche, wie Gundolf schrieb, aber Weber sah darin ein Schicksal, dem man weder durch Erkenntnisformeln noch durch die Lebenslehren einer literarisch-künstlerischen Sekte entgehen konnte: man mußte es aushalten. Platon zu beschwören mit seiner Einheit von Erkenntnis und Erlebnis, in welcher Instinktfunktionen sich bis ins Wissen verlängerten, war Nostalgie und Selbstbetrug. Und Weber dürfte auch kaum von Gundolfs Hinweis auf Bergson beeindruckt gewesen sein, in dessen Werk die Begriffe wie aus einem »von allen dunklen Säften gespeisten Lebensbaum« hervorbrachen.

Auch Gundolfs briefliche Auseinandersetzung mit Karl Vossler, der sich kritisch zu seinem Caesar-Buch geäußert hatte, war – im Jahr, da Marianne Webers Biographie erschien – eine Debatte mit Weber und eine Abwehr der Soziologie. In Vosslers Vorschlag, Phänomene wie Ruhm und Genie auf soziale und psychische Faktoren zu beziehen, konnte Gundolf die Gefahr erahnen, die der Literaturwissenschaft von der sich immer deutlicher herauskristallisierenden Wissenssoziologie erwuchs – Karl Mannheims ebenfalls 1926 publizierter Aufsatz über die ›Ideologische und soziologische Interpretation der geistigen Gebilde‹ im *Jahrbuch für Soziologie* mußte ihm wie ein Schlachtruf erscheinen.

Gundolf kannte das Mißtrauen gegen das eigene Gefühl, er sprach vom Verlangen, »lieber den kalten Kopf als das warme Herz zu zeigen«, doch hielt er daran fest, daß auch in der Wissenschaft die Suche nach der Wahrheit nicht ausreichte: zur *veritas* mußte die *verecundia* kommen, die einsichtige Scheu vor jenen Geheimnissen, denen die Wahrheit entstammte. Denn die Ehrfurcht schien Gundolf mehr bedroht als die Kritik, und wenn er im Dasein eines einzigen Dichters – der aufs neue vom Schriftsteller geschieden wurde – eine bessere Garantie für Bildung und Menschenwürde sah als in tausend Gelehrten, so wiederholte er das Credo einer Gemeinschaft, aus der George ihn verstoßen hatte.

So sehr Gundolf, auf direktem wie indirektem Wege, auch von Max Weber sich distanzieren mochte, so heftig er auch über den Popanz Objektivität spottete, der oft nichts anderes war als die Subjektivität der Großväter, er sprach von Webers »grosser Soziologie« auch dort, wo er sich von ihr distanzierte, und ließ nie einen Zweifel daran, daß Max Weber für ihn zu jenen Heroen zählte, deren bewunderndem Nacherleben ein so großer Teil seines Werkes gewidmet war:

> Ich bin sehr traurig über den Tod Max Webers, obwohl ich in wenigen Lebensfragen sein Ja und Nein teilte, so weiss ich doch in der Alten Welt die jetzt untergeht und der er angehörte keinen seiner Höhe, Wucht und Adligkeit mehr.

Zu Alfred Weber, der mit Gothein zu den entschiedensten Fürsprechern seiner Habilitation gehörte, hatte Gundolf ein entspanntes Verhältnis, das gelegentlich die Herablassung streifte. Webers Kulturkritik, deren Schärfe er einmal ironisch gegenüber dem so milden Ton der *Jahrbücher* hervorhob, kam ihm wohl auch als wenig tauglicher Versuch vor, mit den Mitteln der Soziologie die Äußerungen des Kreises in mancher Hinsicht noch übertrumpfen zu wollen. Alfred Weber achtete er, verehren konnte er ihn nicht. Als Max Webers Bruder 60 Jahre alt wurde, schrieb er ihm ein Gedicht, das nicht viel mehr als die Gelegenheitsqualitäten guter Stammbuchverse aufwies:

Ohne uns von deinen vielen
Wegen eines zu bezielen
Lass uns dankbar dich begleiten
Mit und in dir durch die weiten.

Als Gundolf aber 1930 einen Band Gedichte bei Georg Bondi veröffentlichte – er hatte eine Auswahl getroffen, deren Enge Karl Wolfskehl beanstandete –, da enthielt der schmale Band ein Gedicht auf Max Weber, dessen poetischer Rang auch nicht allzu hoch eingeschätzt werden kann, das aber in der Wortwahl und in seinen dem Autor entgleitenden Rhythmen verrät, wie groß der Eindruck gewesen sein muß, den Max Weber auf Gundolf gemacht hatte:

MAX WEBER

Die jahrzehnte die uns jetzt gebrauchen
Soll kein schwelgerischer dunst durchrauchen.
Einer zwang die schönen und heroen
Mit dem wort aus liebe fluch und drohen
Noch in heilsgesicht und fernensage.

Du warfst in die trümmer deiner tage
Heut, entledigt der geputzten schilder,
Dich mit nacktem herzen quer durch bilder
Deines grauns und hoffens . . branntest, sprengtest
Dich in jede not . . ob du verengtest
Deine herrliche weite für die wichte
Ob du überschwangst in weltgeschichte,
Dir entrückt, und niemals auf der lauer
Deines glücks noch bang um eitle dauer.
In den wust gehäufter unratmassen
Trotzte sich dein wille, um zu fassen,
Um zu wissen, um zu büßen deine
Schaffenslust im opfertod der scheine.
Du, versucht wie keiner aus den schwärmern
Vom geraun der himmel, und den wärmern
Festen, mären, räuschen zugedrungen . .
Von sirenen mehr als wir versungen:
Huld und macht! Zu künden und zu üben
Deine huld und macht im leichten trüben,

Vor dem flor des schau-spiels, über schwünden
Wehrtest dir als billigste der sünden . .
Du zerrissest eher die behänge
Die zu schön sind und das gottgepränge
Das beschwichtigt, eh der kampf begonnen.

Wahrheit nach dem untergang der sonnen,
Abgerungen den erwürgten wähnen,
Ungelohnt vom Drüben, und mit tränen
Die der mann verbergen muß dem nächsten . .
Wahrheit im getümmel der behexten
Die sie lernen, um für neuen glauben
Sie zu tauschen oder zu zerklauben . .
Wahrheit ohne rast auf mürben kissen
Ohne wiederkäun der fertigen bissen . .
Wahrheit als die blöße noch der würde,
Auf dem nacken wuchtend jede bürde
Der gestürzten götzen und die völle
Des gehöhlten firmaments als hölle,
Trugst du aus dem grund durch tausend türen,
Führer, frei vom lug wohin sie führen.
Und wir, zweifelnd jeder ständigen mitte,
Segnen, vor den zielen, solche schritte,
Vor den sätzen, deine lautre stimme,
Dein ermutend lächeln der im grimme
Wach beschwingten treue . . und wir wagen
Deinethalb die antwortlosen fragen.

So wiederholte sich das Dilemma der Georgianer: die Soziologie mochte ein kleinbürgerliches Fach sein, aber derjenige, der die Möglichkeiten des Faches am überzeugendsten verkörperte, war alles andere als ein Bourgeois. Im Rückblick hat man nicht zu Unrecht darauf hingewiesen, wie unverhältnismäßig gering die Wirkung Max Webers in den zwanziger Jahren war und daß keine Rede davon sein konnte, ihn zu dieser Zeit als soziologischen Klassiker zu bezeichnen. Zu denen, die seinen Rang früh erkannten und nie daran zweifelten, gehörten die Georgianer. Für sie war Max Weber mehr als der Klassiker eines Faches, er war – über alle Gegensätze hinweg – ein großer Mensch.

Motive Max Webers im Werk von Thomas Mann

Bürgerbuch und Wahrheitsspaß

In seiner Münchner Rede ›Wissenschaft als Beruf‹ von 1917 beschrieb Max Weber, wie in der Moderne letzte und sublimste Werte immer mehr aus der Öffentlichkeit verschwanden, um entweder in Form weltabgewandter Mystik oder in der Brüderlichkeit unmittelbarer Individualbeziehungen zu überleben. Auch die Kunst war nicht länger mehr monumental, sondern wurde zunehmend intim, so daß »heute nur innerhalb der kleinsten Gemeinschaftskreise, von Mensch zu Mensch, im pianissimo, jenes Etwas pulsiert, das dem entspricht, was früher als prophetisches Pneuma in stürmischem Feuer durch die großen Gemeinden ging und sie zusammenschweißte«. Es lag der Natur Webers fern, an jenen anderen Modus zu denken, in dem Distanz zur Welt und Welterkenntnis zusammenflossen, und Sympathie, ja Liebe sich zu Ausdrucksformen höchster Indirektheit verfeinerten: die Ironie.

Die Ironie war das Stilmittel Thomas Manns, und vielleicht hat er kein ironischeres, kein selbstironischeres Buch geschrieben als die *Betrachtungen eines Unpolitischen* (1918), ein ›Wahrheitsspaß‹ und Experimentalstück, in dem Engagement und Distanz kunstvoll sich mischen. Es ist auch jenes Buch, in dem Thomas Manns Beziehung zu Max Weber erstmals anklingt wie ein Leitmotiv, ein spitzbübisches Zitat, das in veränderter Form an späteren Stellen seines Werkes wiederkehrt.

Ironisch mußten die *Betrachtungen* schon deshalb wirken, weil Thomas Mann, der hier gegen die westlichen Demokratien mit ihren Citoyen- und Bourgeois-Idealen anschrieb, schließlich der Autor der *Buddenbrooks* war, eines Bürgerbuches, wie er selbst es in einem Brief an den Bruder Heinrich vom November 1913 genannt hatte. Thomas Buddenbrook erschien darin nicht nur als Symbol des deutschen Bürgers, sondern als die Verkörperung des modernen Bourgeois schlechthin. Der Leistungsethiker war für Thomas Mann der Heros der Moderne, und er hob hervor, wie sehr die Einfühlung in diesen Typus, die dichterische Sympathie mit ihm, nicht nur die *Buddenbrooks*, sondern auch *Fiorenza*, *Königliche Hoheit* und die Figur des Gustav Aschenbach im *Tod in Venedig* geprägt hatte:

> Ich lege einigen Wert auf die Feststellung, daß ich den Gedanken, der modern-kapitalistische Erwerbsmensch, der Bourgeois mit seiner *asketischen* Idee der Berufspflicht sei ein Geschöpf protestantischer Ethik, des Puritanismus und Kalvinismus, völlig auf eigene Hand, ohne Lektüre, durch unmittelbare Einsicht erfühlte und erfand und erst nachträglich, vor kurzem, bemerkt habe, daß er gleichzeitig von gelehrten Denkern gedacht und ausgesprochen worden. Max Weber in Heidelberg und nach ihm Ernst Troeltsch haben über ›die protestantische Ethik und den Geist des Kapitalismus‹ gehandelt, und auf die Spitze getrieben findet sich der Gedanke in Werner Sombarts 1913 erschienenem Werke ›Der Bourgeois‹, – welches den kapitalistischen Unternehmer als Synthese des Helden, Händlers und Bürgers deutet. Daß er in hohem Grade recht hat, geht aus der Tatsache hervor, daß ich seine Lehre zwölf Jahre, bevor er sie aufstellte, als Romanschriftsteller gestaltet hatte: gesetzt nämlich, daß die Figur des Thomas Buddenbrook, die vorwegnehmende Verkörperung seiner Hypothese, ohne Einfluß auf Sombarts Denken gewesen ist.

Damit war ein kühner, durch die Chronologie gestützter Prioritätsanspruch erhoben, den Georg Lukács ernst nahm, als er vom »Buddenbrookisieren« und »Aschenbachisieren« bei führenden Soziologen zur Zeit Thomas Manns wie Rathenau, Max Weber und Ernst Troeltsch sprach. Freilich nahm Thomas Mann selbst diesen Anspruch ein wenig zurück: daß er, wie eine Reihe von Sozialwissenschaftlern, den Zusammenhang von protestantischer

Ethik und dem Geist des Kapitalismus thematisierte, hatte seinen Grund darin, daß sie alle einen Autor gelesen hatten, der im Zentrum ihres Denkens stand: Friedrich Nietzsche. So sehr war Nietzsche für Thomas Mann ein Dauerthema seines Denkens, daß er über Ernst Bertrams Nietzsche-Buch schrieb, er sei ihm »zugethan als einem Geschwister des meinen« – womit die *Betrachtungen* gemeint waren. Wieder zeigt sich an den Beziehungen zweier Nietzsche-Leser, an den Spuren, die Max Webers Denken im Werk Thomas Manns hinterläßt, wie spannungsreich in Deutschland das Verhältnis von Sozialwissenschaften und Dichtung gewesen ist.

Nicht nur eine ironische Distanz zu den Sozialwissenschaften und zur Psychologie durchzieht die *Betrachtungen*, sondern ein Abrücken vom Sozialen überhaupt, ein entschiedenes Stellungnehmen für den einzelnen gegen die Gesellschaft, das Thomas Mann gleich zu Beginn die Ironie als ein persönliches, kein soziales Ethos bestimmen läßt. Entschieden ist seine Absage an eine Kunst, die sich als Mittel sozialpolitischer Reformen mißbrauchen läßt. Rousseau steht am Anfang jener Entwicklung, die zur Identifizierung der Demokratie mit Politik schlechthin führt und die Dichtung zur Gesellschaftsliteratur herabwürdigt. Der Politisierung jedes Ethos aber, die romanischen Ursprungs ist, setzt Deutschland Widerstand entgegen. Den Obrigkeitsstaat als die einzige ihm angemessene Staatsform akzeptierend, stellt es Kultur gegen Zivilisation, Seele gegen Gesellschaft, Kunst gegen Literatur und die Musik gegen die Politik. Während in Frankreich eine soziale Mathematik selbst in den Roman und das Theater vordringt, ist der Deutsche von Natur aus gegen derlei Anfechtungen geschützt:

> Nie wird er unter dem ›Leben‹ die Gesellschaft verstehen, nie das soziale Problem dem moralischen, dem inneren Erlebnis überordnen. Wir sind kein Gesellschaftsvolk und keine Fundgrube für Bummelpsychologen.

Der Deutsche wird zum vorbildhaften Menschen und das deutsche Volk wird zur exemplarischen Nation, weil Mensch und

Volk hier nicht nur soziale, sondern auch metaphysische Wesen sind. »Das Soziale ist ein sittlich sehr fragwürdiges Gebiet; es herrscht Menagerieluft darin«, sagt Thomas Mann mit jenem Pessimismus, der in seinen Augen die einzig angemessene Haltung bei der Behandlung lebenswichtiger Probleme ist, und er hält den Obrigkeitsstaat deutscher Prägung den westlichen Demokratien als Vorbild hin, in denen der Staat seinen metaphysischen Charakter immer mehr einbüßt und der Gesellschaft immer ähnlicher wird. Unaufhebbar erscheint für Thomas Mann der Widerstreit von Individuum und Gesellschaft, und zum Programm der Gegenaufklärung bekennt er sich, weil das von der Aufklärung verherrlichte soziale Leben »die Sphäre der Notdurft, des Kompromisses, der unlösbaren Antinomien ist und bleibt«. Die *Betrachtungen eines Unpolitischen* sind ein antisoziales Pamphlet und ein antisoziologischer Traktat dazu; wenn Thomas Mann die zunehmende Sakralisierung der Gesellschaft mit dem Funktionsverlust des Staates erklärt und sich auf die Staatswissenschaft eines Adam Müller als Vorbild beruft, stellt er sich freilich in die Tradition jenes Andenkens und Anschreibens gegen die westliche Gesellschaftswissenschaft, aus der in Deutschland eine nationalspezifische Tradition der Soziologie hervorging. Und dennoch – nicht nur die spätere Haltung Thomas Manns, bereits seine Position in den *Betrachtungen* ähnelt der jenes Mannes in einer *historiette* des Tallemant des Réaux, der lange und voller Überzeugung sprach und am Ende seiner Rede, wie gegen seinen Willen, sich nicht enthalten konnte zu sagen: Nichts von alledem!

Denn Thomas Mann schreibt nicht in erster Linie für einen bestimmten Leserkreis, er schreibt vor allem gegen einen, der die *Betrachtungen* wohl nie gelesen hat, den Bruder Heinrich, den Zivilisationsliteraten, und brüderlicher Haß, der nie verleugnen kann, daß er sich damit auch gegen eigene Herkunft und gegen eigenes Wesen richtet, durchzieht das Buch.

In den zwischen 1910 bis 1915 veröffentlichten Essays ›Geist und Tat‹, ›Voltaire–Goethe‹ und ›Zola‹ hatte Heinrich Mann die Stellung des aufgeklärten Literaten bezogen, gegen die der Bruder Sturm lief. Die Franzosen erschienen in diesen Essays als das auserwählte, das beneidenswerte Volk, weil sie sich ihrer literarischen Instinkte so sicher sein konnten; der Mensch des Geistes verkörperte sich im Literaten, und der Roman war die Kunstform der Demokratie – der kämpfenden Demokratie bei Balzac, der triumphierenden bei Zola. Zola lieferte Heinrich Mann all jene Stichworte, die Thomas Mann reizen mußten, nicht zuletzt die Kennzeichnung der Demokratie als einer angewandten Wissenschaft vom Menschen, einer Soziologie oder Anthropologie *in vivo*.

Wie sehr Thomas Mann sich davon getroffen fühlte, zeigt sich schon daran, daß er gegen den Zola des Bruders Goethe ins Feld führte: das Kunstwerk konnte durchaus moralische Folgen haben, den Künstler aber zum Moralisten zu machen, hieß, ihm ins Handwerk zu pfuschen. Die als angewandte Soziologie gepriesene Demokratie war daher ein »Staat für Romanschriftsteller«, vermenschlicht und literaturfähig, amüsant und unterhaltend, bevölkert mit wendigen Literaten, die, wenn es darauf ankam, nationalökonomische Abhandlungen mit einer Fingerfertigkeit verfassen konnten, als hätten sie nie etwas anderes getan. Derart sich anbiedernd, wurde der sozialkritische Roman zum festen Bestandteil der Demokratie. Was dabei auf der Strecke blieb, war die Kunst, und das soziale Engagement eines Zola zeigte vor allem, daß er als Autor am Ende war. Der Zivilisationsliterat war Aufklärer und Schriftsteller, Demokrat, Revolutionär und Romancier, also eine Art Franzose ehrenhalber, und Thomas Mann griff in den *Betrachtungen* mit dem Zivilisationsliteraten jene Zivilisation an, in der die Literatur ein selbstverständlicher Bestandteil der politischen Macht war: Frankreich.

Die Verbürgerlichung und Literarisierung der Welt waren französischen Ursprungs. Eine *entente cordiale* der Zivilisation hatte sich formiert und versuchte, den Ersten Weltkrieg als überdimensionale Dreyfus-Affäre zu spielen. In dieser Situation Frankreich und französischen Geist den Deutschen als Vorbild anzupreisen, war Landesverrat, und die geistigen Parteigänger des Feindes empfahlen den Deutschen die Gesellschaftswissenschaft und den sozialkritischen Roman in genau dem Moment, da die Franzosen ihre Meinung gründlich zu ändern begannen: Thomas Mann zitierte Charles-Louis Philippe, der 1905 den *roman à thèse* mit der Begründung abgelehnt hatte, damit werde ein literarisches Genre nur mißbraucht, um soziale und psychologische Studien zu treiben.

Das Hotel zur Zivilisation

Zu den französischen Autoren, die Thomas Mann voller Achtung nannte, zählte Romain Rolland. Der Dichter des *Jean-Christophe* war für sein Vaterland wichtig. Sein Roman aber mußte auch den Deutschen gefallen, handelte es sich doch dabei nicht um einen typisch französischen Gesellschaftsroman, sondern einen Bildungsroman von deutscher Art, der überdies noch einen deutschen Musiker zum Helden hatte. Gegen Schluß der *Betrachtungen* zitiert Thomas Mann mit nicht enden wollendem Behagen lange Passagen aus dem Teilstück *Jean-Christophe à Paris*, die eine vernichtende Kritik der Dritten Republik aus französischer Sicht liefern. Thomas Mann kann nicht widerstehen, immer wieder Romain Rolland das Wort zu überlassen, so sehr »wimmelt es ... auf diesen richtenden Seiten von Anklängen an die Grundmotive des vorliegenden Buches«.

Liest man nach Thomas Manns Buch die beiden Bände *La Foire sur la Place* und *Dans la Maison*, die zusammen *Jean-Christophe à Paris* bilden, so erstaunt die Nähe zwischen dem deutschen Essay und dem französischen Bildungsroman noch mehr, und es wird deutlich, daß Thomas Mann Motive seiner Frankreich-Kritik auch dort Romain Rolland entlehnt hat, wo er ihn nicht eigens erwähnt. So mag Rollands Spott über die französischen Marineminister, die zur Veredelung der Flotte und aus Abscheu vor dem Krieg ihre Panzerschiffe *Descartes* oder *Ernest Renan* nannten, Thomas Mann zu den beißenden Bemerkungen über die französischen Trawler angeregt haben, die mit den Parolen der Aufklärung am Bug auf Fischfang gingen.

Wie hätte auch ein deutscher Parteigänger der Gegenaufklärung sein Entzücken über einen französischen Roman verbergen können, in welchem der Deutsche Christoph Krafft, nach langer Bahnfahrt in Gesellschaft träger Franzosen in Paris angekommen, ein billiges Hotel sucht, das seiner bescheidenen Börse angemessen ist, um endlich in einer schmutzigen Seitenstraße die noch schmutzigere Unterkunft zu entdecken, die er sich leisten kann: sie nennt sich *Hôtel de la Civilisation*! Wie hätte Thomas Mann sich enthalten können, seitenlang aus einem Buch zu zitieren, in welchem die Zivilisationsliteraten eines schäbigen Paris, allesamt unmusikalisch und dem »Geist der zerebralen Prostitution« ergeben, als »Bettelmönche und Jesuiten der Vernunft« die Schreckensherrschaft der Demokratie aufrechterhalten! Wie hätte Thomas Mann besser die Laster einer Republik schildern können, die in Wahrheit eine getarnte Aristokratie war:

> Höfische Sitten herrschten in dieser Republik ohne Republikaner; es gab sozialistische Zeitungen, sozialistische Abgeordnete, die vor durchreisenden Königen auf dem Bauch lagen, Bedientenseelen, die vor Titeln, Tressen, Orden stillstanden; um sie an der Leine zu halten, brauchte man ihnen nur ein paar Knochen zum Fraß oder die Ehrenlegion hinzuwerfen.

Thomas Mann hätte noch weitere Passagen zitieren können und hätte dies wohl mit Sicherheit getan, wäre er nicht nur ein Leser Max Webers, sondern auch Emile Durkheims gewesen. Denn zur Herrschaftsstrategie dieser als Republik getarnten Oligarchie von Intellektuellen und Literaten gehörte es auch, die proletarischen Führer mit unverdaulichem Bildungsgut vollzustopfen und dadurch zu betäuben, wobei die Volkshochschulen, in denen Physik, Biologie und Soziologie gelehrt wurden, unrühmlich hervorragten. Und Romain Rollands Charakteristik der Pariser Intellektuellen gipfelt in der Feststellung: »Die Soziologie mußte die heikelsten Gedanken würzen: alles benutzte damals den Deckmantel der Soziologie.«

Die Dritte Republik vor allem wegen ihrer Bildungspolitik zu kritisieren und die Soziologie zu verdammen, weil sie, den Katholizismus ablösend, zu einer Art von Staatsreligion geworden war, gehörte zu den Standardargumenten der innerfranzösischen Polemik gegen Emile Durkheim und seine Schule. Doch Romain Rolland gab vor, die Gedanken eines Deutschen zum Ausdruck zu bringen. Er ahnte, daß aus deutsch-konservativer Sicht der Intellektualismus der französischen Republikaner und ihr Soziologismus als ein und dieselbe Sache erscheinen mußten. So kehrten sich nun die Argumente um, die einst gegen Durkheim ins Feld geführt worden waren, um seine Soziologie als eine nur mühsam getarnte, im Kern germanische Disziplin zu denunzieren. *Morbus germanicus* auf dem französischen, galt die Soziologie als *morbus gallicus* auf dem deutschen Ufer des Rheins. Nicht zuletzt diese Sicht machte den *Jean-Christophe* für Thomas Mann zu einer solch wichtigen Quelle seines antisoziologischen Pamphlets.

Auch Maurice Barrès, der in der Auseinandersetzung mit den *durkheimiens* und der von ihnen betriebenen Bildungspolitik zum Soziologen wider Willen geworden war, spielt in den *Betrachtungen* eine Rolle. Zunächst einmal durfte Barrès in seinem Kampf »gegen die boshafte Zerstörungssucht des regierenden Apotheker-Atheismus« der Sympathie Thomas Manns sicher sein. Schließlich spielte er damit auf die Figur des Homais aus *Madame Bovary* und damit auf einen Autor an, der nicht müde geworden war, sich über Comte, den Begründer der Soziologie, lustig zu machen. Darüber hinaus gab es Ähnlichkeiten zwischen dem Autor des *Tod in Venedig* und dem Verfasser von *La Mort de Venise*, auf die Thomas Mann erst von dritter Seite aufmerksam gemacht wurde, die ihm daraufhin aber um so einleuchtender erschienen. Barrès wie Thomas Mann kamen aus der Tradition der Dekadenz und wurden zu ihren experimentierfreudigen Überwindern; daß sie beide Nationalisten waren, ließ sie die Position des anderen, die sie bekämpfen mußten, achten und verstehen. Katholische Politik und protestantischer Moralismus standen feindlich, doch nicht als Konkurrenten, einander gegenüber. Und schließlich:

Barrès wie Thomas Mann waren Schriftsteller, und über alle politischen Differenzen hinweg band die Solidarität der Schreibenden sie aneinander.

Der in Musik gesetzte Max Weber

DASS er, ob er es nun wollte oder nicht, dem Stand des Schriftstellers angehörte, machte die produktive Widersprüchlichkeit der Position Thomas Manns aus. Politische Taktik hätte es verlangt, seine Absichten als die eines deutschen Dichters auszugeben, doch künstlerische Aufrichtigkeit zwang ihn dazu, sie als Weltanschauung eines europäischen Schriftstellers zu formulieren. Er war und blieb der Autor der *Buddenbrooks* und damit der Autor eines Romans – jener undeutschen Gattung also, die in skandalöser, vom Bruder Heinrich genußvoll betonter Neigung sich mit den politisch-sozialen Idealen der verhaßten Demokratie verband. Wie Stefan George, so zitierte auch Thomas Mann Nietzsche, der lieber gesungen als geredet hätte, jenen Nietzsche, auf den er sich immer wieder berief und der doch durch seinen Europäismus wie kein anderer die Intellektualisierung und Literarisierung Deutschlands mitverschuldet hatte. Beinahe zustimmend berichtete Thomas Mann, daß George die *Buddenbrooks* abgelehnt habe: »Das ist noch Musik und Verfall.« Er bekannte sich dazu, als Romancier ein Verfallsanalytiker der bürgerlichen Gesellschaft zu sein, der vielleicht den ersten und einzigen naturalistischen Roman in Deutschland geschrieben hatte.

Dennoch waren die *Buddenbrooks* ein zutiefst deutsches Buch, »kein übermäßiges Kunstwerk, sondern Leben«, und als ein französischer Rezensent das Buch für unübersetzbar erklärte, sah Thomas Mann damit den Verdacht einer politisch wie artistisch gleichermaßen schimpflichen Geistes-Kollaboration ein für allemal als erledigt an.

Thomas Manns durch das überführende Indiz der *Buddenbrooks* erzwungene Geständnis, auch Europäer und westlicher Literat zu sein, ließ ihn betonen, stets das Ethische dem Ästhetischen vorgezogen zu haben, eher Bürger als Bohemien gewesen zu sein. Doch erlebte er in seiner Zeit weniger die Entwicklung des Bürgers zum Bourgeois als zum Künstler mit, denn »das Seelisch-Menschliche ging mich an; das Soziologisch-Politische nahm ich eben nur halb unbewußt mit, es kümmerte mich wenig«. Dem Ästhetentum setzte Thomas Mann seine Bürgerlichkeit entgegen, der bürgerlich-soziologischen Ausdeutung des Lebens aber sein Artistentum. Was man auch über seine ›Kunstarbeiten‹ sagen mochte: »Gute Partituren waren sie immer.«

Thomas Mann hatte die Musik als inniges Ausdrucksmittel der Deutschen der oberflächlichen Gesellschaftsliteratur der Franzosen entgegengesetzt; *Jean-Christophe* sprach ihn an als der Kampf eines deutschen Musikers gegen den Soziologen-Intellektualismus der Dritten Republik. Und doch: gerade in der Musik zeigte sich, daß Thomas Manns Neigung zum Gesellschaftlichen, zum Soziologischen, zu Motiven Max Webers nicht unterdrückbar war. Denn von Luther über Bach bis auf Max Reger galt ihm die deutsche Musik – der Kontrapunkt, die große Fuge – auch als »tönender Ausdruck protestantischer Ethik«. Schon diese Bemerkung zeigte, daß Max Weber für den Autor der *Buddenbrooks* und der *Betrachtungen* mehr war als ein Soziologe, demgegenüber man halbernst gemeinte Prioritäten geistigen Eigentums geltend machen konnte.

Und die Wertschätzung Hans Pfitzners hatte nur auf oberflächliche und fast alberne Weise damit etwas zu tun, daß der Komponist eines seiner Kammermusikwerke – *Zwei deutsche Gesänge* für Bariton mit Männerchor ad lib., nach Texten von Kopisch und Eichendorff, op. 25 – dem Großadmiral von Tirpitz gewidmet hatte, dessen Flottenpolitik auch Thomas Mann zu schätzen vorgab. Wo die wirklichen Affinitäten lagen, wurde in Thomas Manns Palestrina-Porträt sichtbar:

> Palestrina ist der Mann des pessimistischen Ethos. Wenn die Welt in einer Richtung ›fortschreitet‹, an die man durchaus nicht glaubt, obgleich man solchen Fortschritt als notwendig und unabwendbar an-

erkennt und selbst von Natur nicht umhin kann, ihn zu fördern: dann ist es unmöglich, pathetisch zu sein; der Sinn der Zeit nimmt persönlich-ethischen Charakter an, es gilt ›dein Erdenpensum‹; es gilt dein' Gestalt vollkommen zu machen; es gilt *aus*zuhalten, – ich sage nicht durchzuhalten.

Dies aber war – im Zentrum Thomas Mannscher Sympathie – nichts anderes als der in Musik gesetzte Max Weber.

Lob der Lebensbürgerlichkeit

Der Ästhetik hatte Max Weber vorgehalten, sie verdränge die Frage, »ob das Reich der Kunst nicht vielleicht ein Reich diabolischer Herrlichkeit sei, ein Reich von dieser Welt, deshalb widergöttlich im tiefsten Innern und in seinem tiefinnerlichst aristokratischen Geist widerbrüderlich«. Es ist eine Passage, die – ohne ein Wort zu ändern – im Werk Thomas Manns sich finden könnte, von *Tonio Kröger* bis *Doktor Faustus*. Sie weist auf eine Wahlverwandtschaft hin, die das Fortwirken Max Webers in den Schriften und Briefen Thomas Manns nur allzu verständlich erscheinen läßt. Um diese Wahlverwandtschaft zu spüren, genügt es, die *Protestantische Ethik* wieder zu lesen, in der zu Webers Gewährsleuten Keats und Matthew Arnold, Heine, Gottfried Keller und Gustav Freytag zählen – und dann *Tod in Venedig* zur Hand zu nehmen, jene das Autobiographische nicht leugnende, sondern trotzig hervorkehrende Novelle, deren protestantischen Charakter zu betonen Thomas Mann nie müde wurde. Gustav Aschenbach, in dem der Dichter sich selbst geschildert hat, paßt besser als jede andere seiner Figuren in das Universum Max Webers: ein Feind jeden Müßiggangs, geprägt von Dienst und Selbstbeherrschung, ›Durchhalten‹ ist sein Lieblingswort:

Gustav Aschenbach war der Dichter all derer, die am Rande der Erschöpfung arbeiten, der Überbürdeten, schon Aufgeriebenen, sich noch Aufrechthaltenden, all dieser Moralisten der Leistung, die, schmächtig von Wuchs und spröde von Mitteln, durch Willensverzückung und kluge Verwaltung sich wenigstens eine Zeitlang die Wirkungen der Größe abgewinnen. Ihrer sind viele, sie sind die Helden des Zeitalters.

Thomas Mann machte die Bekanntschaft des »vielgenannten Prof. Max Weber« am 9. November 1919 im Hause des Justizrats Max Bernstein in München; einen Monat später, am 28. Dezember, traf er ihn erneut: »Weber polemisierte gegen Spengler und erwies sich als der gute, geschickte und lebhafte Sprecher, als der er gilt.« Über diesen Abend berichtet auch Max Weber in einem Brief, in dem er die Anwesenheit Thomas Manns ausdrücklich erwähnt und die Tischgesellschaft fein und wertvoll nennt. Am 29. Januar 1920 schreibt Weber, in Zukunft wollten Marianne und er mehr junge Leute und Schriftsteller in ihren Verkehrskreis ziehen; namentlich Thomas Mann rechnet er dazu.

Als Max Weber in einer Vorlesung kritisch zum Mord an Kurt Eisner durch den Grafen Arco Stellung nahm, demonstrierten rechte Korpsstudenten gegen ihn; der Rektor mußte die Veranstaltung abbrechen lassen. Erika Mann war unter Max Webers Zuhörern und berichtete zu Hause von dem Skandal. Thomas Mann konnte eine gewisse Schadenfreude nicht verbergen: »Die antirevolutionär-nationale Gesinnung der Studenten befriedigt mich im Grunde . . .«, heißt es am 21. Januar 1920 in seinem Tagebuch.

Bemerkungen dieser Art tragen aber bereits den Charakter von Reminiszenzen. Denn fast unmittelbar nach dem Abschluß der *Betrachtungen*, die im Jahr des Kriegsendes erscheinen, ändern sich manche Ansichten Thomas Manns. Nach wie vor bekennt er sich den Europäern gegenüber als Deutscher, doch kehrt er den Deutschen gegenüber nun entschiedener seine europäischen Neigungen hervor. Nach wie vor ist ihm das Zolaeske, die Sozialpropaganda mit literarischen Mitteln, fremd, und unvermindert fühlt er sich vom Mythos, von der Musik, vom Individuum angezogen. Die Münchner Unruhen lassen ihm den politisierenden Literaten nicht sympathischer erscheinen als zuvor, doch Heinrich Mann wird nun bereits dem Typus des europäischen Schriftstellers zugerechnet, der wichtiger sei als Dramatiker und Erzähler. Ein angestrengtes Bemühen wird sichtbar, das Soziale besser zu verstehen, und findet in den Tagebuchnotizen zur Balzac-Lektüre seinen beredten Ausdruck. *César Birotteau* läßt ihn »das Französisch-Soziale« als distanzierend und amüsant empfinden, doch heißt es wenig später lapidar: »Habe die Balzac-Lektüre, als zu gesellschaftlich, wieder aufgegeben.« Ein Jahr später urteilt Thomas Mann über Balzacs *Mädchen mit den Goldaugen (La Fille aux yeux d'or)* nicht anders als jene französischen Rechts-Literaten, die Balzac als legitimen Gesellschaftswissenschaftler priesen: »Die einleitende Soziologie von Paris ist großartig.« Die Soziologie taucht verstreut in Thomas Manns Werk auf – nicht zuletzt im *Zauberberg*, wo der von Ludovico Settembrini unterstützte ›Bund zur Organisierung des Fortschritts‹ die Herausgabe einer umfangreichen *Soziologie der Leiden* plant, in welcher ein Band die Meisterwerke der Weltliteratur auf ihre Leidensthematik hin untersuchen soll. Vorbild dafür ist offensichtlich die fünfbändige *Soziologie der Leiden*, die Franz Carl Müller-Lyer zwischen 1908 und 1913 publizierte. Mit der Substanz des Faches haben derlei Entlehnungen nichts zu tun – ebensowenig wie die in den *Betrachtungen* anzutreffenden Hinweise auf den schwedischen Soziologen Gustav Steffen oder auf Bogumil Goltz, den man mit passendem Spott einen kleinen, einen sehr kleinen Carlyle nannte. Bedeutend wurde – beim Schreiben des *Doktor Faustus* – die Zusammenarbeit mit Th. W. Adorno, dessen »artistisch-soziologische Situationskritik von größter Fortgeschrittenheit, Feinheit und Tiefe« Thomas Mann bewunderte.

In der Rede ›Von deutscher Republik‹ (1922) wird die Revision, der Thomas Mann seine eigenen Ansichten unterzog, deutlich sichtbar. Sie betrafen nicht zuletzt die Beziehungen zu seinem Bruder und damit zum Beruf des Schriftstellers und griffen an Nahtstellen der Argumentation, offen oder in Form der zitathaften Anspielung, auf Max Webers Religionssoziologie zurück.

In der 1925 für ein amerikanisches Publikum verfaßten Charakteristik seines Bruders nannte Thomas Mann den Roman die Kunstform, in welcher das Dichterische und das Schriftstellerische sich am leichtesten durchdringen, ein Genre also, dem beide Brüder sich zurechnen konnten. Von allen deutschen Schriftstellern war Heinrich Mann der sozialste, ein Begriff, den Thomas Mann nun ohne Rankünc benutzte, während er zugleich auf Abgrenzung bedacht blieb:

> Es sind metaphysische, moralische, pädagogische, kurz innermenschliche Motive und Interessen, die uns anderen am Herzen liegen: der Erziehungs-, der Entwicklungs- und Bekenntnisroman war immer die spezifisch deutsche Spielart dieser literarischen Kunstgattung. Bei diesem Autor fast allein, und verbunden mit soviel künstlerischem Glanz nur bei ihm, trug das moralische Element von Anbeginn nicht das Gepräge ›innerweltlicher Askese‹, um mich eines religionsphilosophischen Terminus zu bedienen, sondern dasjenige der politisch-sozialkritischen Ausdehnung.

Am innerkünstlerischen Verhältnis zum Bruder hatte sich im Grunde nichts geändert: jetzt aber herrschte ein Ton sachlicher Herzlichkeit zwischen ihnen, und eine gewisse Ironie lag darin, daß Thomas Mann die vertraute Begrifflichkeit Max Webers benutzte, um seine eigene Innerweltlichkeit von der Gesellschaftszugewandtheit des Bruders zu unterscheiden. Als er am 27. März 1931 in der Preußischen Akademie der Künste die Geburtstagsrede auf den Bruder mit dem Titel ›Vom Beruf des deutschen Schriftstellers in unserer Zeit‹ hielt, berichtete er von einem Jugendprojekt, das die Brüder während ihrer gemeinsamen Zeit in Rom verfolgt hatten. Sie arbeiteten an einer endlosen Bilderfolge, die ›Das Lebenswerk‹ oder ›Die soziale Ordnung‹ hieß, ein Fries der »menschlichen Gesellschaft in allen ihren Typen und Gruppen . . ., vom Kaiser und Papst bis zum Lumpenproletarier und Bettler – es war nichts ausgelassen in diesem trionfo sozialer Stufung, wir hatten Zeit und amüsierten uns wie wir konnten«. Heinrich Manns »eingedeutscht-romanischer Gesellschaftsgeist« zeigte sich bereits in diesem fast noch kindlichen Unternehmen, doch standen Musik und Metaphysik des Bruders dazu in keinem Gegensatz mehr. Denn während Thomas Mann früher der Politik die Musik und Emile Zola Richard Wagner gegenübergestellt hatte, war ihm nunmehr das Fresko beider Brüder ein Produkt des gleichen Jahrhunderts, des 19., welches das Jahrhundert der *Rougon-Macquart*, aber ebenso des *Rings des Nibelungen* gewesen war.

Die Sphäre des Dichterisch-Schriftstellerischen ließ sich jetzt mit dem Sozialen, ja dem Sozialwissenschaftlichen zwanglos verbinden, und als die Preußische Akademie der Künste sich eine Sektion für Dichtkunst angliederte, da plädierte Thomas Mann energisch dafür, in eine solche Akademie neben Dichtern auch Kritiker, Essayisten, Historiker und Kulturphilosophen aufzunehmen: »Wenn etwa Max Weber noch lebte, so wäre es absurd, ihn außerhalb der literarischen Akademie zu lassen, und Figuren wie Gundolf, Ernst Bertram, aber auch wie Alfred Kerr gehören auf die Dauer ganz zweifellos hinein.«

Während derart der Soziologe unter die Literaten geriet, wurde auf der anderen Seite bei vorbildhaften Schriftstellern ihr Blick auf die Gesellschaft und ihr Interesse an sozialen Problemen zunehmend betont. In den *Betrachtungen* hatte Thomas Mann noch gegen jene polemisiert, die Goethes persönliches Bildungsethos vergaßen und ihn als Gesellschaftsschriftsteller mißverstanden. Dies schrieb er, als die Katastrophe des Ersten Weltkriegs sich ihrem Ende zuneigte. Ein Jahr vor der Machtübernahme der Nazis sah er in Goethe den Repräsentanten des bürgerlichen Zeitalters und rechtfertigte seine Zusammenschau von Protestantismus und Bürgerlichkeit erneut mit dem Hinweis auf Max Weber: »Denn die Liebe zu Mühe und Arbeit, der asketische Glaube daran ist ja auch von einer Soziologie, die die bürgerliche Geistesform religiös-protestantisch begründet, als seelisches Zubehör der Bürgerlichkeit gekennzeichnet worden.«

Novalis' Vorwurf an Goethe, im *Wilhelm Meister* bleibe zuletzt nur die ökonomische Natur übrig, verwandelte Thomas Mann in ein bedingungsloses Lob Goethescher Modernität und zitierte später wie eine Art Leitmotiv immer wieder das Wort von Maurice Barrès über die *Iphigenie*, dies sei ein zivilisierendes Werk, welches »die Rechte der Gesellschaft gegen den Hochmut des

Geistes vertritt«. Einen Hymnus stimmte Thomas Mann auf das an, was er Goethes Lebensbürgerlichkeit und seinen späten Saint-Simonismus nannte, sein unerschöpfliches Interesse am geplanten Durchstich der Landenge von Panama, am Suez- und am Rhein-Donau-Kanal, seine »hoffnungsvolle Freude am Technisch-Zivilisatorischen und Verkehrssteigernden«. Darin steckte der Begriff des *commerce*, der für die Blütezeit des Kapitalismus prägend gewesen war, doch während der alte Goethe auf der einen Seite den Heroismus der Frühindustrialisierung verstand und ihn sich zu eigen machte, ließ er auf der anderen ahnen, wie dieser Kapitalismus enden mußte. Es war Goethe, der den Weber-Leser Thomas Mann zur Vision der Zukunftsgesellschaft bewegte:

> Die neue, die soziale Welt, die organisierte Einheits- und Planwelt, in der die Menschheit von untermenschlichen, unnotwendigen, das Ehrgefühl der Vernunft verletzenden Leiden befreit sein wird, diese Welt wird kommen, und sie wird das Werk jener großen Nüchternheit sein, zu der heute schon alle in Betracht kommenden, alle einem verrotteten und kleinbürgerlich-dumpfen Seelentum abholden Geister sich bekennen.

Seit der Interpretation und Kritik von Novalis scheiden sich an den *Wanderjahren* in Deutschland die Geister. Zwischen 1820 und 1829 geschrieben, ist der Roman von einer Atmosphäre ernster und verantwortungsvoller Didaktik erfüllt; vor allem an der amerikanischen Entwicklung wird die Verbindung von Frömmigkeit und Utilitarismus herausgestellt, und der anarchische Kapitalismus der frühen Textilindustrie wird ebenso genau und engagiert geschildert wie das Maschinenwesen, das aus der Welt, wie Goethe sagte, nicht mehr verschwinden würde. 1810 und 1817 hatte Goethe Franklins Autobiographie gelesen, deren Spuren in den *Wanderjahren* allenthalben sichtbar sind. Es war daher folgerichtig, daß nicht nur für Thomas Mann, sondern auch für Max Weber, der die Franklinsche Autobiographie als wichtige Quelle benutzt hatte, die *Wanderjahre* zu einem Schlüsseltext wurden:

Der Gedanke, daß die moderne Berufsarbeit ein *asketisches* Gepräge trage, ist ja auch nicht neu. Daß die Beschränkung auf Facharbeit, mit dem Verzicht auf die faustische Allseitigkeit des Menschentums, welchen sie bedingt, in der heutigen Welt Voraussetzung wertvollen Handelns überhaupt ist, daß also ›Tat‹ und ›Entsagung‹ einander heute unabwendbar bedingen: dies asketische Grundmotiv des bürgerlichen Lebensstils – wenn er eben Stil und nicht Stillosigkeit sein will – hat auf der Höhe seiner Lebensweisheit, in den ›Wanderjahren‹ und in dem Lebensabschluß, den er seinem Faust gab, auch *Goethe* uns lehren wollen. Für ihn bedeutete diese Erkenntnis einen entsagenden Abschied von einer Zeit vollen und schönen Menschentums, welche im Verlauf unserer Kulturentwicklung ebensowenig sich wiederholen wird, wie die Zeit der Hochblüte Athens im Altertum. Der Puritaner *wollte* Berufsmensch sein, – wir *müssen* es sein.

Ein Jahr vor der Machtübernahme der Nazis war Thomas Manns Goethe-Rede ein verzweifelt-optimistischer Versuch, das drohende Unheil zu verdecken. Aber auch Thomas Manns kommunistische Utopie trägt, fast gegen seinen Willen, Züge des Schreckens an sich; sie spiegelt den Endpunkt von Bürokratisierung und Rationalisierung wider, und die organisierte Einheits- und Planwelt ist nichts anderes als der Fellachenstaat, den Max Weber, der große Nüchterne, unaufhaltsam kommen sah.

Als am 15. April 1937 Thomas Mann die Bankett-Ansprache zum vierjährigen Bestehen der Graduate Faculty der New School for Social Research in New York hielt, jener Universität im Exil, die von Alvin Johnson gegründet worden war, um den aus Deutschland vertriebenen Sozialwissenschaftlern in den USA eine neue Arbeitsmöglichkeit zu bieten, da sah man in Thomas Mann den großen, ein Weltpublikum erreichenden Schriftsteller, der im Exil mit den Waffen des Wortes Hitlerdeutschland bekämpfte. Kaum jemand wird in ihm eine tiefere Solidarität zu den Sozialwissenschaften vermutet haben. Und doch war Thomas Manns Bekenntnis zum politisch-sozialen Menschen ein dramatischer Widerruf früherer Positionen.

Im gleichen Jahr gab es für Thomas Mann erneut einen Anlaß, die Nähe seiner Ansichten zu Max Weber zu betonen. Auf eine

Anfrage von Pierre-Paul Sagave, der nach dem Krieg eine Studie über den deutschen Gesellschaftsroman veröffentlichte, antwortete er:

> Ein direktes Verhältnis zur Kirche und zwar zur protestantischen besitze ich kaum, und es tritt dergleichen wohl nirgends in meiner Lebens-Arbeit hervor. Dagegen habe ich mich Zeit meines Lebens als Protestant insofern gefühlt, als ich den Protestantismus als das Grundelement der deutschen Kultur selbst empfinde und auch Goethe und Nietzsche wesentlich als Protestanten sehe. Ich darf Sie ferner hinweisen auf die Figur des Thomas Buddenbrook in meinem Jugendroman, bei dem dieses Element, wenn auch in ethisch säkularisierter Form, wohl am stärksten hervortritt. Ich bin selbst in dem Buch ›Betrachtungen eines Unpolitischen‹ auf die eigentümlichen Beziehungen zu sprechen gekommen, welche zwischen dieser Figur und gewissen soziologischen Theorien bestehen, welche, hauptsächlich von Max Weber vertreten, den Zusammenhang von Protestantismus und kapitalistischem Bürgertum aufzuweisen suchen.

Protestantische Ethik und Geist des Kapitalismus – dies ist die von ihm selbst gewählte Formel, mit welcher sich ein bedeutender Teil des Werkes von Max Weber kennzeichnen läßt. Sie prägt auch das Œuvre Thomas Manns, der immer wieder – nicht zuletzt in Briefen an Karl Kerényi – die Säkularisierung des religiösen Begriffs, seine respektlose Profanierung als eine seiner Grundneigungen bezeichnete. Was im polemischen Klima der *Betrachtungen* als Prioritätsstreit erschien, wandelte sich in der Zeit der Weimarer Republik und unter dem Solidaritätsdruck des Exils zur Erkenntnis einer bedeutenden Wahlverwandtschaft.

Im Zürcher Thomas-Mann-Archiv findet sich, als Handexemplar des Dichters, der dritte Band der Weberschen Aufsätze zur Religionssoziologie über das antike Judentum. Auf den ersten Blick wird erkennbar, daß hier eine zentrale Quelle für den *Joseph*-Roman vorliegt. Der Band ist komplett und mit energischer Sympathie durchgearbeitet. Ausrufezeichen herrschen vor, Kernstellen werden handschriftlich wiederholt, Komma- und Grammatikfehler verbessert und nur an der Stelle, da Max

Weber Josephs »spröde Tugend« erwähnt, krümmt sich am Seitenrand ironisch ein Fragezeichen.

*

Ein kurzes Atemholen in den *Betrachtungen* gibt es, da alle Polemik ruht und reine, liebende Bewunderung herrscht: in den Erinnerungen an »Eichendorffs wundersam hoch und frei und lieblich erträumte Novelle«, den *Taugenichts*. Ein wohlerzogener Roman war es, wie Joseph von Eichendorff ihn nannte, und Thomas Mann liebte ihn, weil jeder psychologische Ehrgeiz und aller sozialkritische Wille darin fehlten. Der Taugenichts war das Gegenbild des Leistungsethikers, dem Thomas Mann sich seelisch so verwandt fühlte, er, der den produktionsethischen Befehl zum Fertigmachen zur Maxime seines dichterischen Schaffens erklärt hatte. Den Taugenichts beneidete er, so wie Aschenbach sich nach Tagedieberei und Ausbruch aus der Routine gesehnt hatte.

Ohne Bohemien zu sein, war der Taugenichts nicht allein nutzlos, sondern wünschte »auch die Welt nutzlos zu sehen«, überzeugt davon, daß er sein Glück nur machen konnte, wenn er sich um seinen Broterwerb nicht bekümmerte. Ein Symbol des Deutschen nannte Thomas Mann den Taugenichts und behaglich zitierte er dessen Worte: »Mir ist's nirgends recht. Es ist, als wäre ich überall eben zu spät gekommen, als hätte die ganze Welt gar nicht auf mich gerechnet.«

Aber diese Behaglichkeit blieb Episode, denn Thomas Mann wußte nur zu genau, daß der Taugenichts keineswegs der typische Vertreter der verspäteten Nation, ganz und gar nicht der exemplarische Deutsche war. Diesen Titel hatte Thomas Mann im übrigen bereits vergeben: an sein eigenes Geschöpf, an Thomas Buddenbrook, alles andere als ein Taugenichts, sondern die Personifizierung der protestantischen Leistungsethik. In der Gestalt, die der katholische Freiherr von Eichendorff geschaffen hatte, verkörperte sich für Thomas Mann eine deutsche Utopie, in Thomas Buddenbrook dagegen die deutsch-protestantische Wirklichkeit, deren unübertroffener Analytiker Max Weber gewesen war.

Deutscher Geist in Gefahr: E. R. Curtius, Karl Mannheim und T. S. Eliot

Ein Organon der neuen Menschwerdung

In der Debatte, die zwischen 1929 und 1932 Ernst Robert Curtius und Karl Mannheim über Anspruch und Legitimität der Soziologie führen, erreicht die Auseinandersetzung zwischen literarischer und sozialwissenschaftlicher Intelligenz in Deutschland einen Höhepunkt. Um die Konstellation, in der beide Kontrahenten sich befinden, recht zu verstehen, müssen Vor- und Nachgeschichte der Kontroverse herangezogen, müssen Frankreich und England ebenfalls ins Blickfeld gerückt werden.

Karl Mannheim hatte 1928 beim Sechsten Deutschen Soziologentag in Zürich ein aufsehenerregendes und ebenso heftigen Widerspruch wie begeisterte Zustimmung provozierendes Referat über ›Die Bedeutung der Konkurrenz im Gebiete des Geistigen‹ gehalten; 1929 war sein Hauptwerk *Ideologie und Utopie* erschienen; 1930 wurde er, der ungarische Jude, als Nachfolger Franz Oppenheimers an die Frankfurter Johann-Wolfgang-Goethe-Universität berufen.

E. R. Curtius setzte sich noch im Erscheinungsjahr des Buches überaus kritisch mit *Ideologie und Utopie* auseinander; ›Soziologie – und ihre Grenzen‹ hieß seine Rezension, die in der *Neuen Schweizer Rundschau* publiziert wurde. Curtius begann seine Attacke mit einem Seitenblick nach Frankreich:

In der Geistesgeschichte der dritten französischen Republik hat es denkwürdige Kämpfe um die Soziologie gegeben. Die Soziologie positivistischer Herkunft bot sich den Zwecken laizistischer Massenformung als treffliches Werkzeug dar. Wenn wissenschaftlich festgestellt war, daß die Bororo-Indianer sich in ihren Kulttänzen mit einem Papagei identifizieren, war der angehende Volkserzieher gegen die Magie der Messe gefeit. Die Soziologie fungierte als offizielle Ideologie im Kulturkampf des roten gegen das schwarze Frankreich. Die Sarkasmen eines Péguy haben ihr das Fell zerzaust, und die führende Intelligenz Frankreichs ist von ihr abgefallen. Heute ist die Soziologie in Frankreich nicht mehr Parteisache und nicht mehr Kampfdoktrin, sie ist das geworden, was sie immer hätte sein sollen: eine ehrliche Spezialdisziplin.

Ohne den Namen Emile Durkheims zu erwähnen, wehrte sich Curtius dagegen, nach seinem Vorbild die Soziologie als eine Art Morallehre in den Schulen und Universitäten der Weimarer Republik einzuführen: diese Vorstellung war politisch gefährlich und mußte letzten Endes auch die Stellung der Soziologie als akademisch anerkannte Disziplin in Frage stellen. Immer waren es Trübungen des Geistes, so stellte Curtius fest, die imperialistische Ansprüche einzelner Wissenschaften provozierten. Die Soziologie bildete keine Ausnahme, doch erschien ihr Anspruch angesichts der politisch-sozialen Lage in Deutschland besonders bedrohlich.

In Mannheims schwieriger und schwerverständlicher Schrift verbargen sich Tagesprobleme höchster Aktualität: es ging um die Funktion des Geistes und um den Bestand der Tradition. Curtius griff Mannheim mit den Waffen der Wissenssoziologie selbst an, wenn er feststellte, daß das von ihm beschworene objektive Wissen in Wirklichkeit nur ein persönliches Bekenntnis war. Grundlage dieses Bekenntnisses war eine unerhörte Lebensverlegenheit, die den Ausweg aus einer Krise aller Werte und Überzeugungen in der Flucht nach vorn suchte. Der moderne Mensch – so wie ihn die Wissenssoziologie beschrieb – fand seinen einzigen Halt in der Entlarvung aller Werte und Traditionen, die für ihn Ideologien oder Utopien, in jedem Fall aber nur unterschiedliche

Arten von Fiktionen waren. Curtius' wissenssoziologische Analyse des Mannheimschen Denkstandpunktes gipfelte in dessen Zurechnung zu einer bestimmten sozialen Schicht: es war der Nihilismus des entwurzelten Intellektuellen, der sich in *Ideologie und Utopie* äußerte.

Curtius wehrte sich auch dagegen, die historische Konstellation, in der Mannheim sein Buch geschrieben hatte, als einzigartig anzusehen. Wertkrisen hatte es immer gegeben und würde es immer geben – ähnlich schnell aber würden die Systeme zu ihrer Erhellung und Überwindung wechseln. Daß Mannheim die historische Einmaligkeit der gegenwärtigen Epoche behauptete, hatte einen nur allzu offenkundigen Grund. Damit ließ sich die Besonderheit der Soziologie rechtfertigen, die sich als Gegenwartswissenschaft mit unvergleichlichen diagnostischen Fähigkeiten und therapeutischen Möglichkeiten anpries.

Als persönliches Bekenntnis wäre Mannheims Buch zwar bedenklich, doch kein Anlaß zu öffentlicher Besorgnis gewesen. *Ideologie und Utopie* aber war mehr: die Programmschrift einer Disziplin, die als »modernste ›Zentralwissenschaft‹ auf deutschen Hochschulen gelehrt wird und Gehör fordert«. Dank Mannheim – dies sah der Romanist und Literaturwissenschaftler Curtius schärfer als viele von Mannheims Kollegen – war die Soziologie in Deutschland nicht länger mehr ein Verein von Diskussionssoziologen. Sie schickte sich an, eine feste Lehrgestalt zu gewinnen und ein klares Forschungsprogramm zu entwickeln. Sie beanspruchte öffentliche Aufmerksamkeit und Unterstützung und fand den Mut zur umfassenden Gegenwartsdiagnose. Hierin lag für Curtius die Gefahr, die von der Soziologie ausging. Es war seine Hoffnung, daß die deutsche Jugend, und er wiederholte in Parenthese, wie um sich daran zu erinnern, gegen wen er anschrieb – »die *deutsche* Jugend« –, auch durch die Verdrehungen der Soziologie sich den Sinn für Idealismus und Größe nicht verbieten ließ. In einer Zeit des religiösen, geistigen und sittlichen Substanzschwundes versuchte eine Tendenz-Soziologie, ihre Gegner als Romantiker abzutun. Eine groteske Selbstüberschätzung lag darin, und

Mannheim hätte es besser angestanden, wie Scheler die Wissenssoziologie als eine Art Hilfsdisziplin der Philosophischen Anthropologie zu begreifen, die wiederum die Grundlage einer neuen Metaphysik bilden sollte. Überhaupt machte sich die Soziologie Mannheims des Übergriffs in Gebiete schuldig, die legitimerweise der Philosophie zuzurechnen waren: nur dort konnte über Wertfragen entschieden werden.

Mannheim interpretierte in seiner Replik, die in der gleichen Zeitschrift erschien, den Angriff von Curtius als ein positives Zeichen. Die Soziologie, bisher nur Außenseiter und Zaungast in Deutschland, war nun endgültig in das öffentliche Bewußtsein gerückt. Mit Weber, Troeltsch und Scheler hatte die deutsche Soziologie einen verspäteten Durchbruch erlebt, zugleich aber das Niveau der westlichen Soziologien erreicht, wenn nicht gar übertroffen. Obwohl Mannheim behauptete, die extremen Ansprüche, die Curtius der Soziologie unterstellte, seien von ihm so nicht formuliert worden, war seine Replik alles andere als eine Verteidigungsschrift.

Denn die Soziologie als ein »Instrument der Bewußtseins- und Seelenerweiterung« zu beschreiben, in ihr das »Organon der neuen Menschwerdung« zu sehen, hieß, der Soziologie das beinahe exklusive Recht zuzusprechen, die Lebenslehre der modernen Gesellschaft zu sein. Daß der Marxismus dabei wie ein Ferment wirkte, mußte besonders skandalös wirken; denn nur in der Auseinandersetzung mit ihm, so behauptete Mannheim, war die Soziologie in der Lage gewesen, auf die Erweiterung der Denkmöglichkeiten und Handlungsspielräume angemessener zu reagieren als durch ästhetische Gesten und Gestaltschau. Die Wortwahl macht deutlich, daß Mannheim an dieser Stelle Stefan George und seinen Kreis kritisierte. Schon Anfang der zwanziger Jahre hatte er in Briefen aus Heidelberg beschrieben, wie sehr die Stadt von den polaren Gegensätzen der Soziologen und der Georgianer beherrscht wurde, zwei Gruppierungen, deren idealtypische Vertreter Max Weber und natürlich Stefan George selbst waren. In ihrer Konfrontation drückte sich auch der Gegensatz von Universität und Dichtungsgemeinschaft, von protestantischer Kulturtradition und Katholizismus, ganz allgemein die Trennung von wissenschaftlicher und literarischer Kultur aus. Im wesentlichen folgte Mannheim in seiner Beschreibung Max Webers Analysen Georges und des George-Kreises. Ironisch sprach er von Georges neuem Menschen und vom Mythos, der mit ihm in Deutschland einen neuen Aufschwung erlebte. Die Georgianer waren vereinsamte Intellektuelle, die das Problem ihrer seelischen Heimatlosigkeit und ihrer Weltfremdheit dadurch lösten, daß sie vor der politisch-sozialen Realität die Augen schlossen, Weltflüchtige, die in der ›Lebensbucht‹ Heidelbergs ein Refugium gefunden hatten. Die Georgianer hatten den Blick auf die Wirklichkeit verstellt; auch hier bildete die Soziologie ein notwendiges Korrektiv.

An der Behauptung, die Gegenwart stelle eine unvergleichliche, historisch einmalige Konstellation dar, in welcher die Soziologie das einzige sachlich angemessene Orientierungswissen liefere, hielt Mannheim fest. Gleichzeitig wies er damit den Anspruch von Curtius zurück, die Strukturlage der deutschen Soziologie mit der Situation des Faches in der Dritten Französischen Republik vergleichen und daran messen zu können. Mit einer Ironie, die Gelassenheit ausdrücken sollte, die im Rückblick aber erschreckend hellsichtig wirkt, versuchte Mannheim, auf den Angriff von E. R. Curtius zu reagieren, in dem er einen akademischen Sittenwächter sah: »Zunächst wollen wir aber keine Märtyrer sein.«

Die Irrlehre des Soziologismus

Über Deutschland hinaus fand die Auseinandersetzung zwischen E. R. Curtius und Karl Mannheim große Aufmerksamkeit. Nicht zuletzt durch sie wurde Pierre Viénot zu einem Buch angeregt, dessen Titel ein Schlagwort der politischen Diagnostik werden sollte: *Incertitudes allemandes* (1931). Deutschland hatte stets, so lautete der Befund Viénots, an der Krankheit der nationalen Introspektion gelitten, doch erreichte in den zwanziger Jahren der historische Relativismus seinen Höhepunkt. Mannheim war für Viénot ein extremistischer Vertreter dieses Krisenbewußtseins, ein Repräsentant des modernen Deutschland, dem in Curtius das ewige Deutschland entgegentrat. Aber selbst wenn man mit Curtius sympathisierte, mußte man erkennen, daß Mannheims Diagnose die Zeitströmungen genauer erfaßte. Mannheim war ein intellektueller Asket und geprägt vom Pathos der Aufrichtigkeit, kein Nihilist, doch ein Beförderer des Nihilismus durch die Kompromißlosigkeit, mit welcher er herrschende Ideen auf die Interessen bestimmter sozialer Schichten zurückführte.

Den wahren Gegenspieler Mannheims sah Viénot nicht in E. R. Curtius, sondern in Stefan George. George und sein Kreis verkörperten einen Idealismus, der sich als Reaktion auf den Materialismus der Wilhelminischen Ära herausgebildet hatte; dem kalten und kompromißlosen Intellektualismus Mannheims setzten die Georgianer die Wärme der Einfühlung, seiner leidenschaftslosen Analyse eine moralische Einstellung, seiner Wertzertrümmerung die Bewahrung ewiger Werte entgegen. Deutschland geriet damit in eine Konfrontation zweier Lebenshaltungen, die es zwar immer gekannt hatte, die in der politischen Konstellation der dreißiger Jahre jedoch katastrophale Folgen haben konnte. Auf der einen Seite durchlebte auch Deutschland den fortschreitenden Prozeß der Rationalisierung: die Herrschaft des *esprit de géometrie* wurde vielen, wie Alfred Seidel, zum Verhängnis. Die Gegenreaktion war nicht minder stark, und dem Franzosen Viénot schien es, als ob Deutschland den Weg eines Maurice Barrès vom Ich-Kult zum bedingungslosen Glauben an die nationale Gemeinschaft nunmehr kollektiv beschritt.

Deutscher Geist in Gefahr, Ernst Robert Curtius' 1932 erscheinendes Buch, war eine verschärfte Antwort auf die Replik Mannheims, zugleich aber auch eine Antwort auf Viénot. ›Bildungsabbau und Kulturhaß‹ waren die Schlagworte, mit denen Curtius einsetzte: Deutschland hatte eine große Kultur gehabt – um

1800. Seine Tragik lag darin, daß ein Prozeß zunehmender Verwissenschaftlichung diese Kulturwerte verflacht und ausgedünnt, sie aus dem allgemeinen Bewußtsein verdrängt hatte. Aber es gab noch Gewißheiten in Deutschland – und die Erinnerung an Werte, deren Wiederbelebung sich lohnte.

Das Kernproblem lag für Curtius darin, daß der Begriff der Bildung selbst kein Wert mehr war, sondern nur noch die soziologisch bedingte Form bezeichnete, in welcher die anderen Kulturwerte übermittelt wurden. Ein deutlicheres Indiz für die Dekadenz des deutschen Geistes gab es nicht, denn für Curtius war das soziologische Interesse »das formal allgemeinste, aber auch substantiell ärmste Interesse, das ein Gegenstand annehmen kann«.

Bezeichnenderweise fällte Curtius dieses Verdikt in einer Eloge auf Hugo von Hofmannsthal, den einzigen, der nach der sektenförmigen Verengung des George-Kreises in der Lage gewesen war, die Einheit von Nation und Bildung zu verkünden. Dem Romanisten Curtius erschien Hofmannsthal als derjenige Autor, der in Deutschland hätte erreichen können, was in Frankreich selbstverständlich war: die Verkörperung und Pflege nationaler Werte in der Literatur. ›Das Schrifttum als geistiger Raum der Nation‹, Hugo von Hofmannsthals Münchner Rede von 1927, war für ihn »das letzte denkwürdige Ereignis der deutschen Bildung«.

Der politische Kulturhaß konnte offen auftreten – wie in der UdSSR; oder verdeckt – wie in Deutschland. Er verkleidete sich dann und trug das akademische Mäntelchen einer Oppositionswissenschaft. Damit spielte Curtius auf die Soziologie an, und so wiederholte sich in seiner Gegenüberstellung von Hugo von Hofmannsthal und Karl Mannheim eine europäische Konstellation: hier der Dichter, der mit der Macht des Wortes die traditionellen Werte bewahrte, dort der Soziologe, der sie mit seinem Jargon zerstörte. Verallgemeinerungen dieser Art mußten Curtius freilich schwerfallen. Denn so entschieden er auch die Wissenssoziologie bekämpfte, so sehr bekannte er sich als Anhänger der Philosophischen Anthropologie, die den Weg zu einer neuen Metaphysik wies; und seine Abneigung gegen Mannheim verstärkte noch die Bewunderung für Max Scheler – der aber nicht nur Philosoph, sondern auch Soziologe gewesen war und, zusammen mit Leopold von Wiese und Hugo Lindemann, das Institut für Sozialwissenschaften der Universität Köln geleitet hatte.

Die zu sehr von den politischen Problemen des Tages bestimmte Auseinandersetzung um die Soziologie rückte Curtius in eine universalhistorische Perspektive. Es wiederholte sich darin der Kampf um einen Wert-Vorrang, den spätestens seit den griechischen Sophisten Kollektiv und Individuum miteinander ausfochten. Seine dramatische Wende nahm dieser Kampf in der Französischen Revolution, deren Ergebnis die politisierte Gesellschaft war. Sie bildete den Nährboden für die Soziologie. Carl Schmitt folgend, konnte Curtius das Verlangen der Soziologie, als akademische Einzeldisziplin anerkannt zu werden, akzeptieren; wogegen er sich wehrte, war ihr Anspruch, die Zentral- und Universalwissenschaft der Moderne zu sein. Dies war der Soziologismus, der bekämpft werden mußte: »die in theoretische Form gekleidete utopistische Interessen-Ideologie der Soziologie«.

Curtius bezog damit Stellung in der Auseinandersetzung, die zwischen von Below, Tönnies und C. H. Becker um die Einführung der Soziologie als akademisches Studienfach geführt wurde. Er stellte sich auf die Seite von Becker und Tönnies, doch verwahrte er sich zugleich gegen jeden Fachimperialismus, der ihm nicht nur von der Mannheimschen Wissenssoziologie, sondern auch von Hans Freyers Programm einer Soziologie als Wirklichkeitswissenschaft zu drohen schien. Curtius wollte die Soziologie vor allem als Studiengang für Post-Graduierte akzeptieren, und die Zulassung dazu vom Bestehen eines Historikums abhängig machen.

Eine sich in ihren akademischen Ansprüchen derart bescheidende Soziologie brauchte um ihren Einfluß nicht zu bangen. Indirekt stützte Curtius die Behauptung Mannheims, daß die verspätete deutsche Soziologie die Fachkonkurrenz der westlichen Länder längst eingeholt, ja überholt hatte. Obwohl sie mit Comte ihren Ursprung in Frankreich nahm und durch Durkheim und

Lévy-Bruhl – »beide doch wohl zugewanderte Juden« – großartig weiterentwickelt wurde, hatte sie auf das Bewußtsein der Franzosen keinen bleibenden Einfluß ausgeübt. Und obwohl in der Soziologie – wie in anderen Fächern auch – der Liebhaber dem Professional vorausging, und Balzac der überragende, der »entdeckerische, dionysisch erregte *Dichter* der Gesellschaft« war, die er liebte und haßte wie man eine Frau liebt oder haßt, fehlte dem gebildeten Franzosen in der Regel jedes Gespür für die Soziologie. Hier konnte er von den Deutschen lernen.

Es gehört sich, in der Beschreibung von Curtius' Auseinandersetzung mit Mannheim, der von den Nazis später als ungarischer Jude beschimpft wurde, Curtius' klare Aussagen zum Verhältnis von Soziologie und Judentum nicht zu unterschlagen. Die Soziologie war von großer Anziehungskraft für jene, die sich weniger einem bestimmten Staat oder einer Nation als der Gesellschaft überhaupt verpflichtet fühlen. Hieraus ergab sich ihre Nähe zum Sozialismus wie zum Judentum. Wer aber Judentum und Deutschtum gegenüberstellen wollte, vergaß, daß es auch ein deutsches Judentum gab, dessen ›Bluts- und Geistesadel‹ Friedrich Gundolf verkörperte. Curtius sah in der Tatsache, daß so viele Juden zu den Trägern der soziologischen Forschung gehörten, eine Herausforderung an die Wissenssoziologie. Zugleich machte er damit deutlich, wo die moralischen und auch die kognitiven Grenzen der Disziplin lagen: entweder hätten Juden sich selbst oder Nichtjuden Juden analysieren müssen.

Curtius fand seine Position von 1929 drei Jahre später von Soziologen selbst bestätigt. Im Kampf gegen die übertriebenen Ansprüche der Soziologie hatte er sich schon immer auf Gewährsleute wie Ernst Troeltsch berufen können, doch nun war die Unterscheidung von Soziologie und Soziologismus *ex cathedra* verkündet worden: von Theodor Geiger in Vierkandts neuem *Handwörterbuch der Soziologie*.

Um so erstaunlicher war es, daß Karl Mannheim in *Ideologie und Utopie* die Irrlehre des Soziologismus wie einen Glaubensartikel predigen konnte. Curtius wiederholte seinen Angriff von 1929

– aber er blieb dabei nicht stehen. Mannheims Artikel ›Wissenssoziologie‹ nämlich, ebenfalls im Vierkandtschen *Handwörterbuch* erschienen, zeigte, daß er sich inzwischen der Philosophie angenähert hatte; umgekehrt hatte Curtius, wie er eindrucksvoll demonstrierte, sich nicht nur eine tiefreichende Kenntnis der aktuellen Soziologie erworben, sondern betrachtete diese auch mit einer größeren Sympathie als drei Jahre zuvor: »Ich halte es nicht für unmöglich, daß Mannheim und ich, die wir beide unter den lebendigen Gesetzen der Wissenssoziologie stehen und ihnen ungefragt folgen müssen, uns gegenseitig noch weiter annähern.«

Dennoch – am Primat der Philosophie hielt Curtius fest; sie allein konnte dem Menschen jene umfassende Orientierung bieten, die Mannheim zu Unrecht für die Soziologie beanspruchte. Im übrigen war die Grundlage dieses Orientierungsanspruchs destruktiver Natur und führte zu einer gefährlichen Verherrlichung der Revolution, die Mannheim in eigentümliche Nähe zum rechten *Tat*-Kreis rückte.

Freischwebende Intelligenz und perspektivische Demut

Im Rückblick auf die zwanziger und die beginnenden dreißiger Jahre kann heute kein Zweifel mehr daran bestehen, daß sich der Soziologie in Deutschland mit Karl Mannheim die Chance zu einer Neuorientierung und Stabilisierung eröffnete, die durch die nationalsozialistische Machtergreifung zunichte wurde. Dirk Käsler und René König haben überzeugend herausgearbeitet, daß Karl Mannheim dazu berufen schien, die Stagnation des Faches zu überwinden und der »soziale ›Führer‹ einer sozialwissenschaftlich orientierten Soziologie« zu werden. Schon die Themen der vier großen Aufsätze, die zwischen 1926 und 1929 erschienen, machen deutlich, wie sehr gerade Mannheims Soziologie eine Polarisierung zwischen Anhängern und Gegnern des Faches hervorrufen mußte. Er wagte sich an eine ideologische und soziologische Interpretation der geistigen Gebilde, an eine Rekonstruktion des konservativen Denkens in Deutschland, beschäftigte sich mit dem Problem der Generationen und hatte den Mut, die Bedeutung der Konkurrenz auf geistigem Gebiet hervorzuheben.

Der Anspruch der Mannheimschen Soziologie, geistige Gebilde – also auch Produkte der Wissenschaft und Objektivationen der Kunst – einer Außenbetrachtung zu unterziehen, die ebenso gerechtfertigt war wie die traditionelle Innenbetrachtung, mußte gerade in Deutschland Verstörung hervorrufen; der Versuch, Geistiges auf Soziales zu beziehen, als Verrat am Geist und als Angriff auf traditionelle Werte erscheinen. Daß Mannheim sich dabei, neben anderen, auf Dilthey berief, brachte ihn selbst in eine bestimmte Konkurrenzsituation – war doch gerade Dilthey es gewesen, der nach dem Erscheinen von Gundolfs Shakespeare-Buch ausgerufen hatte, nun blicke er wie vom Berge in das Gelobte Land.

Mannheims wissenssoziologisches Programm mußte vor allem den Georgianern als Hybris erscheinen, und man kann die Schlußworte seines Vortrags über die Konkurrenz als Angriff auf die Ansichten Georges und seines Kreises lesen: »Wer das Irrationale schon dort haben möchte, wo de jure noch die Klarheit und Herbheit des Verstandes walten muß, der hat Angst, dem Geheimnis an seinem wahren Orte ins Auge zu sehen.« Mannheim war aus seiner Heidelberger Zeit die Aversion der Georgianer gegen die Soziologie bekannt, und es war sein späterer Frankfurter Assistent, Norbert Elias, der eine bestimmte Zielrichtung der Wissenssoziologie noch verschärfte, indem er sie als eine geistige Revolution bezeichnete, die das Geheimnis des schöpferischen Menschen für nicht größer erachtete als das Geheimnis des Menschen überhaupt.

So sehr Curtius auch 1932 seine Hoffnung auf eine Annäherung zwischen Mannheim und ihm selbst zum Ausdruck brachte – auf seiten Mannheims war von einer Bereitschaft zur Revision seiner ursprünglichen Ansichten wenig zu spüren. Im gleichen

Jahr, in dem *Deutscher Geist in Gefahr* erschien, hielt Karl Mannheim bei einer Tagung reichsdeutscher Hochschuldozenten der Soziologie in Frankfurt am Main einen Vortrag über ›Die Gegenwartsaufgaben der Soziologie‹. Die gleichnamige, noch im selben Jahr gedruckte Broschüre von knapp 60 Seiten ist die vielleicht selbstsicherste und selbstbewußteste Äußerung, die in Deutschland bis dahin ein Soziologe über sein Fach getan hatte.

Daß Mannheim sich mit der Lehrgestalt der Soziologie beschäftigen konnte, daß er mit Grund hoffen durfte, für seinen Entwurf eines soziologischen Curriculums die breite Zustimmung seiner Fachkollegen zu finden, galt ihm als ein Zeichen für die Reife des Faches. Selbst Journalisten und Politiker mußten in Deutschland jetzt soziologisch argumentieren, wenn sie gehört werden wollten; die Soziologie brauchte nicht mehr um ihre Anerkennung zu kämpfen, sondern stand vor dem Dilemma, ob sie Allerweltswissenschaft werden sollte oder Scholastik. Der Kampf um die Soziologie hatte sein Gutes gehabt: niemand bestritt ihr mehr das Recht, eine Spezialwissenschaft zu sein. Auf dieser Grundlage ließ sich – in einer Zeit, die nach Synthesen jedweder Art drängte – der universalwissenschaftliche Anspruch des Faches mit großer Aussicht auf Erfolg wiederholen.

Die Wissenssoziologie war notwendig als Selbstkorrektur der Philosophie; als Ideologienlehre erfüllte sie eine pädagogische Funktion; in der Soziologie vollendete sich die Aufklärung, sie war »die angemessene Lebensorientierung des Menschen der industriellen Gesellschaft, wobei es offen bleibt, ob diese Gesellschaft auf kapitalistischer oder sozialistischer Grundlage durchorganisiert wird«.

Mannheims Broschüre liest sich über weite Strecken wie eine Antwort auf E. R. Curtius, auch dort, wo dieser nicht angesprochen wird. Dabei ergab sich zwischen dem Romanisten und dem Soziologen eine auffallende Kreuzung der Argumente. Da die französische Literatur »ein nie abreißender Diskurs über den Menschen, ... ein Lehrgang der Menschenkunde« war, im Grunde genommen so etwas wie eine jargonfreie Soziologie, glaubten viele Franzosen, die Soziologie als akademisches Fach sei überflüssig. Die Folge war, daß bei ihnen allzuoft Impressionen an die Stelle realistischer Analysen traten.

Während Curtius daher den Franzosen die Fähigkeit zum soziologischen Blick absprach und ihnen in dieser Hinsicht die Deutschen als Vorbild hinstellte, schilderte Mannheim Frankreich als ein Paradies, in dem die Soziologie selbst in den *écoles normales primaires* gelehrt wurde und eine Kenntnis in soziologischer Staatsbürgerkunde als selbstverständlich galt. In Deutschland dagegen – so Mannheims eigenwillige Interpretation – hatte die Romantik nur das Interesse an Geist und Geschichtlichkeit geweckt und der Historismus eine ›Metaphysik der Einmaligkeit‹ hervorgebracht, die fast zu einem Bestandteil des Alltagswissens geworden war.

Nur in einem waren E. R. Curtius und Karl Mannheim sich einig: in der Schätzung Balzacs. Doch während Balzac bei Curtius eher als Ausnahme unter den Franzosen erschien, verkörperte sich in ihm für Mannheim jenes soziologische Gespür, das die Deutschen den Franzosen nur neiden konnten:

> Der Mensch der industriellen Gesellschaft braucht eine soziologische Orientierung, schon wenn er als Individuum seinen Weg machen, eine auch nur einigermaßen komplizierte ›Karriere‹ durchlaufen will. So kommt schon eine Romangestalt von Balzac zu der Einsicht, daß man in der modernen Gesellschaft nur emporkommen kann, wenn man haarscharf die Gesetze jener Gesellschaft studiert hat, in der man seinen Aufstieg durchsetzen möchte. Die Balzacschen Romane selbst sind ein Versuch, eine solche soziologische Naturgeschichte der bürgerlichen Gesellschaft herauszuarbeiten. Ihr besonderer Reiz besteht aber noch außerdem darin – um noch für einen Augenblick bei diesem Punkte zu verweilen –, daß sie Sinn haben für jene Phantastik, die in der Wirklichkeit dieser Gesellschaft, trotz aller Rationalität, oder gerade im Element dieser Rationalität, vorhanden ist.

Stets hatte E. R. Curtius von seiner Kritik an Mannheim dessen Analyse der Intelligenz ausgenommen. Sie erschien ihm neu und einzigartig in Deutschland, im Rang nur Charles Maurras' *L'Avenir de l'Intelligence* vergleichbar. Curtius' Hinweis war mehr als beiläufig. Er selbst hatte 1921 ein kleines Buch über den *Syndikalismus der Geistesarbeiter in Frankreich* geschrieben, und aus der Perspektive dieser frühen Veröffentlichung gewinnt seine Auseinandersetzung mit Mannheim eine zusätzliche Tiefenschärfe.

Was Curtius an Frankreich anzog, war, daß es dort jene Krise des Geistes nicht gab, die in Deutschland jedermann beschwor. Der den Franzosen eigene Traditionalismus verlangte, daß man Konfrontationen in überlieferten Formen austrug – und sie damit zugleich entschärfte. Die Franzosen erklärten, wie Curtius 1921 noch meinte, Krisen zuallererst soziologisch, das heißt mit Bezug auf ihre eigene gesellschaftliche Realität; die Deutschen dagegen flüchteten sich sofort in die Geschichtsphilosophie und haderten bereits mit dem Kosmos, wenn es nur um ihre häuslichen Probleme ging. Während die Deutschen, von ihren Soziologen beeinflußt, an die Illusion einer freischwebenden Intelligenz glaubten, organisierten sich die Franzosen und formten auf der Rechten den *Parti de l'Intelligence*, der von Maurras, auf der Linken den *Parti des Intellectuels*, der von Anatole France angeführt wurde.

In Frankreich wußte man, daß die Konzentration intellektueller Energien zunächst einmal die Disziplinierung der Intelligenz erforderte, und Curtius verfolgte nicht ohne Sympathie die hartnäckigen Bestrebungen, organisationswillige Intellektuelle in der C. T. I., der *Confédération des Travailleurs intellectuels*, und die Nichtorganisierbaren zumindest im lockeren Zusammenschluß der *Compagnons de l'Intelligence* zu vereinen. Auch zitierte er beifällig die saint-simonistische Formel, wonach die Aufgabe der *belles lettres* darin besteht, den sozialen Zusammenhalt zu stärken. Unter den Neo-Saint-Simonisten, die sich um die Zeitschrift *Producteur* scharten, waren auch – von Curtius mehrfach genannt – Alfred de Tarde und Henri Massis, die unter dem gemeinsamen Pseudonym Agathon der Opposition der literarischen Intelligenz gegen Emile Durkheim und seine Schule heftigen Ausdruck verliehen hatten. Curtius sah durchaus, daß der Wunsch der französischen Rechtsintellektuellen, zu einer neuen Form des Gemeinschaftserkennens zu kommen, als Beitrag zu einer Soziologie des Wissens verstanden werden konnte. Er begriff den Syndikalismus der französischen Geistesarbeiter als Versuch, den unaufhaltsamen Prozeß der Intellektualisierung und Rationalisierung zu überwinden, indem man über ihn hinausgelangte und die durch ihn freigesetzten Energien produktiv nutzte. Wollte man sich in Deutschland auf ähnliche Bestrebungen berufen, konnte man an Max Scheler und an die phänomenologische Schule denken.

In der Auseinandersetzung mit Karl Mannheim spiegelt E. R. Curtius' Kritik am Konzept der freischwebenden Intelligenz – dem ›Wolkenkuckucksheim‹ – sein frühes Interesse an den Syndikalisierungsbestrebungen der französischen Intellektuellen wider. Er stand mit seiner Kritik nicht allein. Zwar gab es gerade im Umkreis Georges Zeitanalysen, die sich mit Mannheims Auffassung von der Einmaligkeit der gegenwärtigen Epoche deckten; zwar war auch dort vom »freien raum der selbstgeschaffnen atmosphäre« die Rede; zwar schilderte auch Hofmannsthal in seiner Münchner Ansprache von 1927 eine sozialbindungslose Intelligenz, die vom Wunsch nach einer neuen Synthese beseelt war. Es waren alles Vokabeln, die auch Mannheim benutzte, doch waren die Schlußfolgerungen, die daraus gezogen wurden, von denjenigen Mannheims höchst verschieden.

Während Mannheim die Bindungslosigkeit der Intelligenz als Chance und die kompromißlose Relativierung aller Werte als Ausdruck ihrer Redlichkeit sah, hielten die Georgianer daran fest, daß Wertschöpfung ebenso das Gebot der Stunde war wie die Vereinigung weniger in Zirkeln, die durch Gleichstimmung der Seelen enger zusammenhielten als die Mitglieder jeder formalen Organisation.

Dem totalen Ideologieverdacht Mannheims setzten die George-Anhänger die Forderung nach ›perspektivischer Demut‹ entgegen; Gundolf hielt freischwebende historische Urteile für Lügen und verdammte im Relativismus den Atheismus der Moderne – das Symptom einer schwächlichen Epoche, die die instinktsichere Erkenntnis der großen Werte verloren hatte. In Gundolfs Auseinandersetzung mit Georg Misch um die rechte

Dante-Interpretation wurde deutlich, welche Widerstände Mannheims Wissenssoziologie provozieren mußte:

> Wo Sie sagen, daß der Zugang zu Dante erst durchs Mittelalter führe, möchte ich behaupten, dass der Weg zum Mittelalter vor allem durch Dante führe. Ein Kunstwerk ist ein in sich Abgeschlossenes, Selbstgenugsames, ein Centrum von dem aus die Wege erst zu den geschichtlichen Peripherien führen. Dies Centrum erlebt man aber nur primär, vom eignen Herzen aus, als formgewordnes *menschliches* Erlebnis, und niemals kann das Geschichtliche, d. h. die Relation, uns den Schlüssel geben zum Menschlichen, d. h. zur Substanz: nur insofern das Geschichtliche auch im heut noch erlebbaren Sinn menschlich ist, haben wir überhaupt einen Weg zu ihm . . .

Ganz ähnlich hatte Thomas Mann in den *Betrachtungen* gegen alle Versuche opponiert, den Künstler und die Kunst zu durchschauen. Nicht Kulturbildung war die Folge einer solchen Haltung, sondern fortschreitende Zersetzung. Nicht nur für die Georgianer mußte die Wissenssoziologie als Produkt und als Beschleuniger des hassenswerten Zivilisationsprozesses erscheinen.

*

Für das Verständnis der Auseinandersetzung zwischen E. R. Curtius und Karl Mannheim ist es unerläßlich, auf die Beziehungen von Curtius zum George-Kreis hinzuweisen. Diese Beziehungen wurden durch Georges heftige Kritik an Curtius getrübt; sie brachen ab, noch ehe Curtius Georgianer geworden war. 1916 schrieb George einen wütenden Brief an Gundolf, in dem er ihm vorwarf, Curtius' Buch *Die literarischen Wegbereiter des neuen Frankreich* gebilligt zu haben, das ursprünglich bei Georg Bondi erscheinen sollte. Curtius ließ sich vom Geschwätz der Franzosen beeindrucken, ohne nach Wesenheiten zu fragen; ihm wurden Probleme aufgetischt, denen er ohne jede Haltung begegnete: »Curtius ist hospitant an gar vielen plätzen + es wird noch viele jahre dauern bis er sich nicht unnötig emballiert bis er auf nichts mehr hereinfällt. Er *würde besser weitentlegene themata* wählen!« Curtius war einfach töricht, er sah die Dinge schief, und vom geheimen Frankreich zu reden war ein Skandal im George-Kreis, der das geheime Deutschland verkörpern wollte. Die entscheidende Differenz zwischen den Georgianern und Curtius zeigte sich an dessen Analyse der Dreyfus-Affäre. Er verkannte ihre Bedeutung, weil er den Suggestionen Péguys aufgesessen war. George hatte nicht zuletzt in der spöttischen Abwehr von Gundolfs Frankreich-Haß zu erkennen gegeben, daß er selbst während des Ersten Weltkriegs nicht daran dachte, gewisse frankophile Neigungen zu verleugnen. Auch an Curtius bemängelte er nicht in erster Linie die für einen Romanisten nur allzu verständliche Hinneigung zu Frankreich. Seine Kritik war grundsätzlicher Natur: »Welch ein irrtum so geistige + politische dinge zu verquicken.«

Was Curtius Mannheim vorhielt, hatte George einst Curtius vorgeworfen. Die Erinnerung daran macht verständlich, warum Curtius gerade in seiner Kritik an Mannheim Affinitäten zur Wissenssoziologie nicht leugnete und dem Wunsch Ausdruck verlieh, sich mit seinem Kontrahenten auf halbem Wege zu treffen. Er selbst war ein verhinderter Wissenssoziologe und ein untreuer, ein verstoßener Georgianer zugleich.

In einer Art curriculum vitae, das 1945 zum ersten Mal erschien und 1950 in die *Kritischen Essays zur europäischen Literatur* aufgenommen wurde, hielt Curtius daran fest, daß es in den Geisteswissenschaften über das Schülerhafte hinaus keine Methoden gab – außer einer vielleicht, die aber wiederum nicht lehrbar sei: »das Zusammenarbeiten von Instinkt und Intelligenz«. Der Leser mochte dabei an T. S. Eliots knappe Formel denken, es gäbe nur eine Methode: die, sehr intelligent zu sein. Doch Curtius berief sich auf einen anderen, auf Max Scheler, für ihn den größten Denker der Epoche, der den Zusammenhang von Liebe und Erkenntnis metaphysisch begründet hatte. George hatte einmal, als von der Phänomenologie die Rede war, Husserl als ungefährlich bezeichnet, Scheler aber als bedenklich, weil er dem Kreis ins Gehege komme. Indem er sich auf Scheler berief, distanzierte Curtius sich von George, und kam ihm doch so nah, wie man ihm von außerhalb des Kreises nur kommen konnte. Sein Bekenntnis zur objektiven Wissenschaft, sein Verlangen, »das Erleben ... im Feuer des Schaffens ... in das stählerne Gefüge der Erkenntnis« umzuschmelzen, erinnert in der Wahl der Metaphern an Max Weber, in der Haltung, die sich darin ausdrückt, an einen anderen, der sich von George losmachte, an Kurt Breysig. Darin lag die Nähe von E. R. Curtius nicht nur zur Philosophie Max Schelers, sondern auch zur Soziologie Karl Mannheims.

Auch 1932 erschien, da es sich um eine regelmäßige Rubrik handelte, Max Rychners ›German Chronicle‹ in der von T. S. Eliot herausgegebenen Zeitschrift *The Criterion*. Ähnlich wie es Pierre Viénot für die französischen Leser getan hatte, machte Rychner mit feiner Schweizer Ironie das englische Publikum auf den prinzipiell apokalyptischen Ton aufmerksam, in dem die Deutschen über ihre Krisen und über ihr Krisenbewußtsein stritten. Ein Symptom der neuesten deutschen Krise war die Aufmerksamkeit, die auf einmal der Soziologie gewidmet wurde, und symptomatisch für diese Soziologie war vor allem Karl Mannheim. Rychner stellte eine kühne Behauptung auf. Mit einer Promptheit, die Hegel entzückt hätte, habe der intellektuelle Radikalismus der analytischen Soziologie seine Antithese hervorgebracht: einen nationalen Irrationalismus, der besser als Nationalsozialismus bekannt war. Hier setzte Curtius ein, und Rychner erklärte den englischen Lesern, daß die Lektüre von *Deutscher Geist in Gefahr* der beste Weg sei, um die Hintergründe der deutschen Krise zu verstehen. Zugleich war der neue Humanismus, den Curtius propagierte, ein überzeugender Weg aus der Gefahr, die Deutschland drohte.

Daß Curtius derart in *The Criterion* präsentiert wurde, war kein Zufall. Curtius hatte 1927 T. S. Eliots *The Waste Land* übersetzt und selbst in *The Criterion* publiziert, und als Eliot ›Humanismus als Initiative‹, woraus später das fünfte Kapitel von *Deutscher Geist in Gefahr* wurde, gelesen hatte, schrieb er enthusiastisch, dies sei »eine der besten und vernünftigsten Darstellungen einer ›humanistischen‹ Haltung, die ich je gelesen habe«.

Freischwebende Intelligenz und ›clerisy‹

ALS Karl Mannheim 1933 auf Geheiß der Nazis aus der Universität Frankfurt entfernt wurde, ging er in die Emigration nach England. Zunächst war er Lecturer an der London School of Economics und später am Institute of Education der Universität London, wo er zuletzt als Professor für Pädagogik wirkte. Er starb am 9. Januar 1947. Zwei Tage später hieß es in einem Nachruf in der *Times*, Mannheim habe es in erstaunlich kurzer Zeit verstanden, sich in den englischen Geist einzufühlen und schließlich sei er in mancher Hinsicht englischer als die Engländer selbst geworden.

Auf diesen Nachruf bezog sich der Brief eines *Times*-Lesers, der am 25. Januar 1947 erschien:

> Innerhalb der Grenzen, welche sich Ihr Mitarbeiter selbst gesetzt hat, wäre es unmöglich, Ihren Nachruf auf Professor Karl Mannheim besser zu schreiben. Aus eigener Erfahrung aber möchte ich noch berichtend etwas hinzufügen, was ansonsten der Wertschätzung der Nachwelt verlorengehen würde, wie aufmerksam auch immer seine Bücher in der Zukunft gelesen werden mögen. Dies betrifft den bedeutsamen Einfluß, den Mannheim während der kurzen Zeit seines Aufenthaltes in diesem Land auf Menschen seiner eigenen Generation ausübte, die nicht alle an den gleichen Problemen interessiert waren, die aber sämtlich aus der Bekanntschaft mit ihm Gewinn zogen. In der informellen Diskussion einer kleinen Gruppe nahm er eine dominierende Position ein, nach welcher er nie selbst strebte, sondern die, ganz im Gegenteil, ihm durch die Bereitwilligkeit anderer aufgezwungen wurde, dem zuzuhören, was er zu sagen hatte. Seine Interessen waren so vielfältig, daß er Menschen ansprach, die die verschiedensten intellektuellen Tätigkeiten ausübten; sein persönlicher Charme und seine freundliche Neugier menschlichen Wesen gegenüber ließ solche Gruppierungen enger aneinanderrücken. Im Gespräch versuchte er nie, eine Doktrin durchzusetzen, vorrangig war er immer daran interessiert, ein Problem darzustellen und die Nachdenklichkeit seiner Zuhörer hervorzurufen. Daher stimulierte einen das Gespräch mit ihm immer zum originellen Denken; und viele, deren Ansichten sehr verschieden von den seinigen sind, müssen sich bewußt werden, daß sie in

seiner Schuld stehen – eine Schuld, die denjenigen nicht unmittelbar sichtbar werden wird, die sowohl Mannheim als auch seine Freunde nur auf Grund ihrer veröffentlichten Arbeiten kennen.

Der Verfasser dieses Briefes war T. S. Eliot.

*

Als 1932 Q. D. Leavis' Buch *Fiction and the Reading Public* erschien, war es T. S. Eliot einen Herausgeber-Kommentar in *The Criterion* wert. Leavis hatte ihre eigene Methode als anthropologisch gekennzeichnet, und Eliot knüpfte daran die zustimmende Bemerkung, daß die Literaturkritik in der Tat eine anthropologische Wende nötig habe – wenn man darunter nicht nur die Berücksichtigung von Individual- und Sozialpsychologie, sondern auch von Disziplinen wie Ökonomie und Soziologie verstehe, die von den Kritikern zu lange vernachlässigt worden seien.

Es war daher nicht nur die kollegiale Beziehung zu E. R. Curtius, sondern auch sein Interesse an der Verbindung von Literaturkritik und Soziologie, die Eliots Blick auf *Deutscher Geist in Gefahr* lenkten. Von den Essays des Buches erregten zwei seine besondere Aufmerksamkeit: ›Soziologie oder Revolution?‹ und ›Humanismus als Initiative‹. Daß Curtius sich »mit den Ansichten eines gegenwärtigen Soziologen namens Mannheim, dessen Werk mir unbekannt ist und den ich bis jetzt nur vom Hörensagen kenne«, auseinandersetzte, beschäftigte Eliot, weil in dieser Debatte Probleme angesprochen wurden, die ihm selbst besonders wichtig waren. Es ging um die Überschätzung des Wandels auf Kosten der Dauer, der Wertkritik auf Kosten der Bewahrung eingespielter Wertvorstellungen. Es war deutlich, bei welchem Kontrahenten Eliots Sympathien lagen, doch wurde auch sichtbar, daß Mannheims Ansichten, die E. R. Curtius zu seiner Polemik herausgefordert hatten, Eliot beeindruckten.

Die Emigration nach England gab Mannheims Werk eine neue Richtung. Sein wissenssoziologisches Interesse verlor sich nicht, doch rückte jetzt die politische Frage in den Vordergrund, was eine Wissenschaft wie die Soziologie nach dem Scheitern der Weimarer Republik tun könne, um das Überleben der Demokratie zu sichern. 1935 hatte Mannheim *Mensch und Gesellschaft im Zeitalter des Umbaus* veröffentlicht; fünf Jahre später kam *Man and Society in an Age of Reconstruction* heraus, übersetzt von Edward Shils und doppelt so umfangreich wie das deutsche Original. In der für diese Ausgabe neu geschriebenen Einleitung behandelte Mannheim die Krise des Liberalismus und der Demokratie auf dem Kontinent und in England. Damit war ein Leitmotiv seiner künftigen Arbeit genannt: aus englischer Sicht die deutschen Erfahrungen neu zu durchdenken und auf Grund dieser Erfahrungen zu versuchen, für die Probleme Englands und der westlichen Demokratien bessere Lösungen zu finden. Mannheim wurde nun in der Tat, wie es später im Nekrolog der *Times* heißen sollte, in mancher Hinsicht englischer als die Engländer, und als ihn 1937 die *Prager Presse* neben anderen Intellektuellen nach den Büchern fragte, die ihn besonders beeindruckt hatten, da erwähnte Mannheim auch »das ehrwürdige Gelehrtenpaar Sidney und Beatrice Webb, ... ⟨die⟩ uns in ihrem hohen Alter noch eine vorbildliche Beschreibung und Analyse von Sowjet-Rußland gegeben« haben. Mannheims bisheriges Werk und seine neuen, so entschieden auf die Probleme der westlichen Demokratien bezogenen Arbeiten machten es nur allzu verständlich, daß die *The Moot* genannte Gruppierung, in der Theologen und Schriftsteller, Pastoren und Beamte sich von 1938 bis 1947 regelmäßig versammelten, um über das Verhältnis von Christentum und Gesellschaft zu diskutieren, den Soziologen Mannheim kooptierte.

Probleme der Planung, der Klassenzurechnung der Intellektuellen und der Funktion von Eliten waren Kernthemen Mannheims. Sie waren T. S. Eliot wohlvertraut, der die von Coleridge entwickelte Idee der *clerisy* weiterverfolgen wollte und darüber hinaus entsprechende französische Vorstellungen kannte, die im Umkreis von Julien Bendas *La Trahison des clercs* ihre Heimat hatten. Was Eliot an der *Moot*-Gruppe anzog, die Mannheim als einen Orden kennzeichnete, war nicht zuletzt das ›significant disagreement‹, das ihre Diskussionen lebendig hielt. Es war eine

Assoziation, die auf lange Sicht mehr bewirken würde als jede Partei, eine jener Elite-Gruppen, die die moderne demokratische Gesellschaft nötig hatte, wenn sie der allenthalben drohenden Gefahr des Totalitarismus entgehen wollte.

Im Zentrum der Diskussionen der *Moot*-Gruppe standen, soweit sich dies aus den erhaltenen Unterlagen rekonstruieren läßt, die mündlichen und brieflichen Debatten zwischen Mannheim und Eliot. Wenn Mannheim von freischwebender Intelligenz und freischwebenden Intellektuellen sprach, dachte er ursprünglich – wegen seiner ersten Emigration – mehr an die versprengte Budapester Intelligenzija als an deutsche Professoren und Literaten. Doch wurde der auch von Alfred Weber benutzte Terminus schnell verallgemeinert; dies war eine kontinentale Version des Elite- und Intelligenzproblems, die sich in fruchtbarer Weise mit Ideen von Coleridge und Matthew Arnold vergleichen ließ, an die T. S. Eliot anknüpfte.

Mannheims 1941 geschriebene Notizen ›Topics for the next meeting of the Moot‹ bildeten den Auftakt zu einer intensiven Debatte mit T. S. Eliot. Mannheim sprach von einer neuen Mentalität, einer besonderen Art von religiöser Erfahrung und einem starken Sinn für Solidarität, die sich bei den Opfern der faschistischen Diktatur herausgebildet hatten. Typischerweise führten, zumal in Deutschland, solch tiefgreifende Erfahrungen zu einer Art von Weltflucht. Nun aber kam es für die in die westlichen Demokratien geflüchteten Emigranten darauf an, Fragen des Wiederaufbaus der europäischen Gesellschaften nach dem Kriege ihre ganze Aufmerksamkeit und Energie zu widmen. Karl Mannheim hielt eine Revitalisierung der englischen Führungsschicht für notwendig, die Schaffung einer emotionalen Solidarität, die sich weniger auf der Ebene einer formalen Organisation als durch lockere Kollegialität herstellen und bewahren ließ.

Eliot, der Mannheims Fähigkeit zur Synthese bewunderte, konnte an solche Gedanken zwanglos anschließen; sie waren um so wichtiger für ihn, als sich damit das Programm einer christlichen Soziologie gut vereinbaren ließ. Eliot legte größten Wert darauf, die *clerisy* – »solche Individuen, welche die herrschenden Ideen ihrer Zeit hervorbringen und deren Sensibilität verändern« – als eine Elite, nicht als eine Klasse zu bezeichnen. Der *cleric* sollte sich von der Klasse, in die er hineingeboren worden war, gerade emanzipieren, er sollte ganz bewußt zum Outcast, zum Outsider werden. Der für Eliot entscheidende Unterschied zwischen allen anderen Klassen und der *clerisy* lag darin, daß Klassen Kultur übermittelten, die *clerisy* aber selbst Kultur schuf. Freilich stieß die menschliche Eingriffsmöglichkeit dabei an ihre Grenzen: »Kultur könnte als das beschrieben werden, was nicht geplant werden kann, mit Ausnahme von Gott.«

Solchen Vorstellungen gegenüber reagierte Mannheim mit dem milden Vorwurf an T. S. Eliot, eine übervereinfachte Soziologie zu benutzen, die unter dem Einfluß des Marxismus in Mode gekommen war. Seine Briefe an Eliot hatten immer etwas Belehrendes an sich, doch ließ dieser sich die Nachhilfe in der Regel gefallen. Mannheim vermutete, daß Eliot mit *clerisy* so etwas wie die Vorstellung von Eliten in der Elite verband – ein Konstrukt, das dem Durchschnittssoziologen nicht allzu sympathisch sein konnte, da es nur schwer meßbar war. Für Eliot wiederum war Karl Mannheims Intelligenzbegriff eher zu eng gefaßt, da er sich in der Regel auf eine bestimmte Gruppe zu einer bestimmten Zeit in einem bestimmten Land bezog. Auch wehrte er sich dagegen, daß Mannheim seinen Klassenbegriff mit marxistischen Vorstellungen identifizieren wollte. Dennoch stimmten Eliot und Mannheim darin überein, daß der Begriff Intelligenzija geeignet sei, um ihre beiden Konzeptionen miteinander zu verbinden.

Nicht nur an seiner Beziehung zu T. S. Eliot läßt sich zeigen, wie groß der Einfluß Mannheims in England war – ein Einfluß, der dadurch noch vergrößert wurde, daß er einem ganz anderen kulturellen Herkunftsmilieu entstammte, wie Alec R. Vidler schrieb:

> Karl gegenüber habe ich mich mehr wie ein dankbarer und begeisterter Schüler gefühlt als gegenüber irgend jemand anderem, an den ich denken kann. Ich glaube, viele Dinge kamen zusammen, um ihn zu ei-

nem Geist zu machen, von dem ich ungemein viel lernen konnte, und von dem zu lernen ganz köstlich war, weil er so generös in seiner Mitteilungsbereitschaft war. Seine Nationalität, seine Erziehung, seine Erfahrung waren von meinen so verschieden, daß er mir wie jemand aus einer anderen Welt erschien, die viel wirklicher und reicher war als die ermüdete und schale Welt, mit der ich vertraut war. Seine Art zu fühlen und zu denken war anders als die, die ich von Engländern, insonderheit englischen Akademikern, gewohnt war . . .

Bereits in seiner *Idea of a Christian Society* (1939), dem Versuch, weniger eine Art Parteiprogramm als eine christliche Ethik im Sinne Matthew Arnolds zu entwickeln, hatte Eliot zwar erklärt, anders als Soziologen und Ökonomen vorgehen zu wollen, doch zugleich gestanden, durch eine Reihe von Sozialwissenschaftlern tief beeinflußt worden zu sein. Dazu gehörten christliche Soziologen wie Tawney, aber nicht zuletzt Karl Mannheim, dem Eliot sich auch zehn Jahre später noch in seinen *Notes Towards the Definition of Culture* verpflichtet fühlte. Im gleichen Jahr schrieb Eliot an J. H. Oldham, der sich mit der Idee trug, eine Biographie Mannheims zu verfassen:

Alles, was ich vielleicht bezeugen kann, ist die Stärke des Eindrucks, den er auf diejenigen machte, die ihn einmal von den Treffen im Moot und zum anderen von privaten Treffen bei ihm zu Hause her kannten. Im Moot war er, wie wir alle wissen, ein brillanter Darsteller von Ideen: was die Unterredung mit ihm so eindrucksvoll machte, war, jedenfalls für mich, die Beziehung zwischen seinen Ideen und seiner Persönlichkeit. Was ich meine, ist, daß seine Gedanken ganz real waren, weil sie Ausdruck eines inneren Kampfes in seinem Verstand und seinem Herzen waren. Mir schien es, daß Mannheims Verstand stets auf Ordnung und auf Systematik bedacht war, darauf, die unverantwortlichen Konflikte der Gesellschaft unter die Herrschaft der Vernunft zu bringen, während sein Herz für Freiheit und Toleranz schlug. Die Entwicklung seines Denkens bestand in der dauernden Anstrengung, diese beiden Orientierungen miteinander zu vereinen. Daher trug sein Denken das Zeichen der Aufrichtigkeit: er versuchte, Probleme zu lösen, weil ihre Lösung lebensnotwendig für ihn war, nicht, weil er vorrangig andere überzeugen oder Bewunderung dadurch erregen wollte, daß er ein perfektes Argument vortrug.

Eliot schätzte darüber hinaus in Mannheim den Weltmann, der auf gute Umgangsformen Wert legte und der skeptisch und religiös zugleich war, den Gourmet und Kunstkenner, der ein Gedicht Eliots in einer Weise kommentierte, die zeigte, daß er von Lyrik etwas verstand.

*

Die *Scrutiny*-Gruppe dagegen sprach Mannheim jede ästhetische Kompetenz ab; sein Mangel an künstlerischer Sensibilität zeigte sich daran, daß er einen Autor wie Noël Coward mochte. 1947 wurde in *Scrutiny* der immer noch wachsende, »verderbliche Einfluß« beklagt, den Mannheim mit seinen dem englischen Geist so fremden Gedanken in England ausübte. Schon die klinischen, militärischen und mechanischen Metaphern, die in Mannheims Schriften überwogen, verrieten, daß er zu den Stützen der Bentham-Welt zählte, und der von ihm vertretene Soziologismus ließ die Menschen vergessen, daß sie nicht nur soziale Wesen, sondern auch unverwechselbare Individuen waren.

Diese Kritik klang so, als ob ihr Verfasser gerade E. R. Curtius gelesen hatte. Den deutschen Geist aber konnte Mannheims Soziologie nicht mehr in Gefahr bringen. Deutlich zeigten dagegen die im *Scrutiny*-Kreis geäußerten Vorbehalte, wie einflußreich Karl Mannheim in England geworden war, so einflußreich, daß seine Debatte mit T. S. Eliot einem aufmerksamen Beobachter als die Fortsetzung jener Auseinandersetzung erscheinen konnte, die im 19. Jahrhundert und danach das intellektuelle Leben Englands nachhaltig geprägt hatte:

> Hätte Eliot seine Kritik an Mannheim in größerer Ausführlichkeit entwickelt, könnten wir ihr Aufeinandertreffen als eine Kontroverse ansehen, die für das 20. Jahrhundert die gleiche Bedeutung erlangte wie im 19. Jahrhundert, John Stuart Mill zufolge, der Wettstreit zwischen Coleridge und Bentham.

Epilog: Soziologie und Anti-Soziologie im Nationalsozialismus und danach

Nationale Soziologie

1932 setzte sich in der *Westdeutschen Akademischen Rundschau*, dem ›Amtlichen Organ des Kreises V der Deutschen Studentenschaft‹, Erich Jaensch mit dem neuen Buch von E. R. Curtius auseinander. In seinen Augen stellte sich Curtius mit der These, die deutsche nationale Bewegung bedrohe den Geist – er bezog sich dabei auf den ›Nation oder Revolution?‹ überschriebenen Teil von *Deutscher Geist in Gefahr* –, in Widerspruch zu weiten Teilen des deutschen Volkes. Curtius' verzerrende Beschreibung der großen Entwicklungslinien, die aus der miserablen deutschen Gegenwart in eine glänzende Zukunft führten, war das Resultat einer falschen Optik. Mit der Brille des *homme de lettres* suchte er den Beleg für seine verwegenen Behauptungen im Schrifttum, statt die Wirklichkeit selbst zu analysieren – ein Verfahren, das stets prekär, in Zeiten großer historischer Wenden aber grundsätzlich verfehlt war. Als Literarhistoriker und Romanist war Curtius am wenigsten in der Lage, eine Umwälzung richtig einzuschätzen, die nur mit der Renaissance verglichen werden konnte.

Literaten, deren Persönlichkeitsprofil »gleichsam mit dem Schreibfinger und der Feder« gezeichnet war, mochten in einem Land wie Frankreich von Nutzen sein, in dem politische Bewegungen stets ihre literarische Spiegelung erfuhren. In Deutschland waren sie nutzlos und für die deutsche Bewegung vielleicht sogar schädlich.

Der Psychologe Erich Jaensch war auch ein geschworener Feind der Soziologie. Die Zeit des Ministeriums Becker hatte er in traumatischer Erinnerung, als der hochschulpolitische Leitgedanke, so behauptete er jedenfalls, gewesen war, die Psychologie zurückzudrängen und ihre Lehr- und Forschungsaufgaben der Soziologie zu übertragen. Die Argumente, die Jaensch gegen die Soziologie vorbrachte, waren nicht von der in der Weimarer Zeit und während des Nationalsozialismus üblichen Art. Jaensch stellte einem Fach wie der Psychologie, welche das Ideal streng objektiver Wissenschaftlichkeit verfolgte, die Soziologie als eine Disziplin gegenüber, die für alle politischen Optionen offen und daher politisch beliebig motivier- und korrumpierbar war. Als Kronzeugen für diese Auffassung nannte er später Erich Rothacker, der genau zum Zeitpunkt der Hitlerschen Machtergreifung einen Artikel über ›Nationale Soziologie‹ publiziert hatte: »Zu den wenigen vollwertigen Körnern, die das blinde Huhn Demokratie während seiner kurzen Herrschaftsperiode gefunden hat, gehört auch die *Soziologie*, bzw. die *Idee, soziologische Lehrstühle einzurichten.*« Rothacker ironisierte die Soziologie als eine Gegenwartswissenschaft, die stets aktuell und für die treibenden Kräfte des politischen Moments offen sein wollte. Er hatte – das legt seine Wortwahl nahe – vor allem die Wissenssoziologie im Visier, wenn er zynisch feststellte, daß historische Umwälzungen die Soziologie unzweifelhaft zu Veränderungen ihrer Grundorientierung veranlassen würden. Daß die Soziologie lange Zeit so eng mit dem Marxismus verbunden war, lag weniger an einer natürlichen Affinität der Soziologie zum Marxismus als an der grenzenlosen Korrumpierbarkeit, die dem Fach eigen war. Die Nationalsozialisten hatten von der Soziologie nichts zu befürchten, aber sie konnten, wenn sie dies nur wollten, einiges von ihr erwarten: »Der Favorit Marxismus ist von dem faschistischen Renner längst überholt.«

Erst lange nach dem Wirtschaftswunder begannen deutsche Intellektuelle sich ernsthaft zu fragen, was die zwölf Jahre des Nationalsozialismus für die deutschen Universitäten bedeutet hatten. Die Erinnerung an diese Jahre war schmerzlich, aber noch schmerzlicher hätten die Anwesenheit und der unverminderte Einfluß derer sein müssen, die allen Grund hatten, zu vergessen und sich an nichts zu erinnern.

Emigranten und Mitläufer des Regimes stimmten darin überein, daß die Soziologie in Nazi-Deutschland verschwunden war. Freilich unterschieden sich die Gründe, die dafür verantwortlich gemacht wurden. Die meisten der Emigranten äußerten die Vermutung, eine soziologische Forschung, die unweigerlich dazu geführt hätte, die Lügen der Nazi-Führung in aller Öffentlichkeit zu enthüllen, wäre eine ernsthafte Bedrohung für die braunen Machthaber gewesen und sei deswegen unterdrückt worden. Diejenigen Intellektuellen dagegen – und manche Sozialwissenschaftler unter ihnen –, die in Deutschland geblieben waren, behaupteten, das Nazi-Regime hätte von einer Disziplin, die schon am Ende der Weimarer Republik intellektuell ausgebrannt gewesen sei, weder etwas erwarten können noch etwas befürchten müssen. Angeblich hatte sich die Soziologie bereits vor 1933 selbst zerstört. Das Nazi-Regime wurde als eine Periode hingestellt, die innerhalb der Geschichte der Sozialwissenschaften einfach zu uninteressant war, als daß man sich an sie hätte erinnern müssen.

In den letzten Jahren ist dieser eigentümliche Konsens zwischen Emigranten und Nazi-Mitläufern erschüttert worden. Nicht zuletzt jüngere Sozialwissenschaftler und Historiker haben sich geweigert, unbefragt die These zu akzeptieren, daß es die Soziologie unter den Nazis nicht gegeben habe. Ihre Fragen haben das Bild der deutschen Soziologiegeschichte in der ersten Hälfte dieses Jahrhunderts dramatisch verändert.

Es ist keine Frage, daß die Nazis das Fach Soziologie so schwächten, daß es nach 1933 sowohl intellektuell als auch moralisch schnell verkümmerte. Verantwortlich für diesen Tatbestand war aber in erster Linie, daß die Nazis Kommunisten, Juden, Sozialdemokraten, Liberale und auch konservative Gruppen verfolgten, und damit die Soziologen, die zu solchen Gruppen gehörten. Die Nazis verfolgten individuelle Soziologen und sie schalteten das Fach gleich, aber sie verboten es nicht. Es ist bezeichnend, daß Adolf Hitler, den Theodor W. Adorno einmal den geschworenen Feind der Soziologie nannte, im Februar 1932 beinahe Adornos Kollege geworden wäre, denn es bestand die ernsthafte und von Hitler gebilligte Absicht, den späteren Führer in Braunschweig zum Professor für Organische Gesellschaftslehre und Politik zu machen, um ihm so zur deutschen Staatsbürgerschaft zu verhelfen.

Die meisten der emigrierten Soziologen glaubten, daß ihre Disziplin nur in einer demokratischen Kultur gedeihen konnte. Sie vertrauten einer Art innerer Moralität der Sozialwissenschaften, die es unmöglich machte, sie für totalitäre Zwecke zu gebrauchen oder zu mißbrauchen. Weil sie die Komplexität des nationalsozialistischen Herrschaftssystems unterschätzten, unterlagen sie der Illusion, daß das, was moralisch eindeutig ist, strukturell einfach sein muß. Auf der anderen Seite behaupteten Mitläufer und Anhänger der Nazis, daß mit dem politischen Ende der Weimarer Republik auch die Soziologie an ihr intellektuelles Ende gekommen war. So absurd und zynisch dieses Argument auch klingt – es ist nicht nur von Nazi-Anhängern vertreten worden.

Die Weimarer Republik war eine Epoche vieler Parteien und vieler Soziologien. Es gab regionale Schwerpunkte – darunter vor allem Heidelberg, Frankfurt und Köln –, aber es gab kein Zentrum; auffallend ist, daß Berlin nie so etwas wie die Hauptstadt soziologischen Lehrens oder Forschens wurde. Als Fach gewann die Soziologie nur eine schwach ausgeprägte Identität: wenige Lehrstühle für Soziologie und nichts als Soziologie waren vorhanden. Obwohl es in den zwanziger Jahren einigen Fortschritt vom feindseligen Wettbewerb vereinzelter Soziologen gegeneinander zur erkenntnisfördernden Konzentration rivalisierender Theoriegruppen gab, war ein Gefühl der Zersplitterung vorherrschend. So etwas wie eine disziplinäre Solidarität war unter Soziologen schwerlich zu entdecken. Einige von ihnen entwickelten Privatsprachen, die kein anderer verstand; ansonsten wurden Monologe mit Monologen beantwortet. Deutschland war ein Land, das keine Soziologie, sondern nur Soziologen hatte, wie einer von ihnen beklagte. Da jeder ein Original sein wollte, wurden sie alle Außenseiter – ein richtiger *salon des refusés*, wie Max Weber einmal spottete, als er seinen eigenen Zirkel beschrieb.

Von den vielen Techniken, die man entwickelte, um mißliebige Konkurrenten auszuschalten, wurde die Nachäffung konkurrierender Argumentationsstile Mode. Anti-Marxisten enthüllten die Klassenlage ihrer Gegner, und Anhänger der formalen Schule sahen verächtlich auf die Wissenssoziologie herab, wobei sie darauf hinwiesen, daß Karl Mannheims Gedanken nur im romantischen Milieu Heidelbergs ausgebrütet werden konnten, das Dunkelheit der Argumentation, dialektische Überspitzungen und abseitige, hochfliegende Ideen begünstigte. Die Treffen der Deutschen Gesellschaft für Soziologie bestätigten vollends das sogenannte Herringsche Gesetz, das die Behauptung aufstellt, die Anhänger eines bestimmten Faches seien immer darin besonders schlecht, was eigentlich ihre spezifische Fachkompetenz ausmacht: Historiker vergessen die Vergangenheit, Psychologen werden mit ihren Emotionen nicht fertig, Ökonomen überziehen ihr Budget und Soziologen sind unfähig, ihre sozialen Beziehungen zu organisieren.

Diese Schwäche verhinderte nicht, daß gerade Soziologen übersteigerte Wissensansprüche erhoben. Schon 1910 hatte Hermann Kantorowicz beim Ersten Deutschen Soziologentag seine Kollegen gewarnt, die Frage: Was ist Soziologie? zu oft zu stellen, da sie unbeantwortbar sei. Dennoch vergruben sich die deutschen Soziologen bis zu ihrem letzten Treffen im Jahr 1934 immer wieder in das Problem, herauszufinden, welches Fach sie eigentlich betrieben. In schmerzende Selbstbewußtheit verstrickt, sprachen sie mehr über sich selbst als über die deutsche Gesellschaft ihrer Zeit und die wahrhaft dramatischen Wandlungen, die diese durchlief. Und dennoch behaupteten einige dieser Soziologen, die sich noch nicht einmal auf eine Definition ihres Faches einigen konnten, daß sie auf einer höheren Plattform der Erkenntnis standen und daß die Politiker der Weimarer Republik nur ihrem Rat zu folgen brauchten, um die Einseitigkeit ihrer verzerrten, klassenbedingten Wahrnehmung der Wirklichkeit zu überwinden.

In mancher Hinsicht spiegelte die Zerstrittenheit der deutschen Soziologen die politische Zerrissenheit und die Konflikte unter den Parteien der Weimarer Republik wider. Viele Autoren haben dies als Hauptursache für den Niedergang eines politischen Systems und die Unterdrückung einer akademischen Disziplin beklagt. Aber man darf, was die Soziologie angeht, diesen Tatbestand nicht überschätzen. Natürlich können starke Institutionen eine reiche intellektuelle Ernte einbringen – aber sie sind dafür keineswegs eine Garantie. Und die Sauberkeit des Etiketts ist ein wenig verläßlicher Anhaltspunkt für die Qualität eines Produkts: bis zum Ende seines Lebens sah Max Weber, der spät ein Professor für Soziologie wurde, in der Bezeichnung ›Soziologie‹ nur eine nützliche Konvention, und wann immer er von unserer Wissenschaft sprach, dachte er natürlich an die – Ökonomie. Und Georg Simmel wurde ärgerlich, als ihn jemand einen Soziologen nannte – er betrachtete sich selbst als Philosophen. Die deutsche Soziologie wurde von jenen geprägt, die im strengen Wortsinn keine Soziologen waren, und doch wird man sich an Max Weber, Georg Simmel und Ferdinand Tönnies stets als Soziologen erinnern. Wer aber hat, jenseits der enggezogenen Grenzen des Faches, überhaupt schon einmal von denen gehört, die ›reine‹ Soziologen waren und Lehrstühle innehatten für Soziologie und nichts als Soziologie – wie beispielsweise Georg Jahn in Dresden und Andreas Walther in Hamburg?

Auch sollte man nicht vergessen, daß die Soziologie in der Weimarer Republik durchaus politische Protektion genoß – vor allem durch Carl Heinrich Becker. Gegen die wütenden Einwände konservativer Historiker begünstigte er die Einrichtung soziologischer Lehrstühle – nicht zuletzt in der Hoffnung, daß dieses noch junge Fach mithelfen würde, die noch jüngere deutsche Demokratie zu festigen. Nur in der Dritten Französischen Republik war einst der Soziologie, in Gestalt Durkheims und seiner Schule, eine ähnlich bedeutende politische Rolle zugedacht worden. Und dennoch konnte kein deutscher Soziologe je einen Einfluß erreichen, der sich mit dem Emile Durkheims hätte vergleichen lassen. Denn trotz ihrer unverkennbaren akademischen Erfolge und ihrer sichtbaren, wenn auch umstrittenen politischen Förderung litt die Soziologie vor und während der Weimarer Republik an einem Mangel kultureller Anerkennung.

Die Stunde der Soziologie

Im Oktober 1933 erschien in der *Tat*, dem Organ einer jüngeren nationalen Bewegung, in welchem, Ernst Robert Curtius zufolge, »im Gegensatz zur Hugenberg- und Hitlerpresse ... ein ausgesprochener Intellektualismus akademisch-soziologischer Prägung« herrschte, ein Artikel, der die Bücherverbrennungen des gleichen Jahres rechtfertigte. Dieses nächtliche Autodafé wurde als ein notwendiges Ritual beschrieben, mit dem das neue Deutschland sich endgültig vom Erbe der Weimarer Republik und seinen Intellektuellen lossagte. Der Autor des *Tat*-Artikels nannte nur zwei dieser Intellektuellen beim Namen: Albert Einstein und Karl Mannheim. Der ungarische Jude, wie er bei den Nazis hieß, wurde als Philosoph, nicht als Soziologe attackiert, obwohl *Ideologie und Utopie*, die Bibel der Weimarer Intellektuellensekte, doch der Angriff eines Soziologen auf die Philosophie gewesen war und nicht zuletzt deshalb Ernst Robert Curtius provoziert hatte.

Nur ein halbes Jahr später veröffentlichte die *Tat* einen Artikel, der im Ton eines offiziellen Kommuniqués gehalten war: ›Die Stunde der Soziologie‹. Ernst Wilhelm Eschmann unterschied darin zwei Arten von Wissenschaft. Die erste war mit dem Leben verbunden, eine »Wissenschaft des unmittelbaren Ergreifens«, die erkennen und wirken wollte. Die zweite machte die Wissenschaft selbst zu ihrem Gegenstand, sie war eine bloß »sekundäre Wissenschaft der Beziehungen«, und wo sie vorherrschte, war dies ein Symptom für die tiefreichende Erkrankung einer ganzen Kultur. Die Soziologie bot hierfür das beste Beispiel; sie war mehr und mehr zur Dauerreflexion über sich selbst geworden und hatte sich schließlich mit der Forderung nach Wertfreiheit selbst aufgegeben. Die bekannte deutsche Gefahr lag in einer zu starken Verwissenschaftlichung – erst eine Soziologie, die sich aus dieser Gefahr befreit hatte, konnte auf eine Renaissance hoffen. An eine »Baulehre der Gemeinschaft« und an eine Entscheidungen treffende »Heil- und Hilfswissenschaft« dachte Eschmann, wenn er prophezeite: »Die deutsche Revolution stellt die Soziologie vor eine Aufgabe, so groß, so umfassend, daß das eigentliche Leben dieser Wissenschaft erst mit ihr beginnt.«

Alle historischen Epochen hatten ihre Leitdisziplin gehabt; das 20. Jahrhundert würde die Ära der Soziologie werden. Bis jetzt hatte die Soziologie die Analyse von Gemeinschaftsphänomenen schmählich vernachlässigt, und die Politische Wissenschaft hatte in geradezu perverser Weise die Rolle des Individuums und seiner Ansprüche gegenüber dem Staat in den Vordergrund geschoben. Beide Disziplinen hatten sich auf gesellschaftliche Anomalien und Krankheitszustände konzentriert – von nun an würden sie der Normalität des gemeinschaftlichen und des politischen Lebens gebührende Aufmerksamkeit widmen. Die Soziologie war so etwas wie eine Pseudodisziplin gewesen. Nunmehr mußte sie eine Profession werden und eine eminent praktische Aufgabe erfüllen: die Neuorientierung Deutschlands und seine Wiederherstellung als Nation zu unterstützen. Wertfreies Diagnostizieren hatte durch wertorientierte politische Therapie ersetzt zu werden. Daß Hans Freyer, Carl Schmitt und Ernst Krieck als Vorläufer einer solchen neuen Sozialwissenschaft gepriesen wurden, kann kaum überraschen – aber Eschmann berief sich auch auf Alfred Weber, dessen Assistent er gewesen war. Am Schluß des Artikels wurden verschiedene Versuche diskutiert, die Soziologie, die ja schließlich vom marxistischen und liberalen Denken angesteckt war, durch andere Fächer, wie Staatswissenschaft und Volkskunde, zu ersetzen. Sie wurden alle zurückgewiesen. Nur die Soziologie schien in der Lage, jene grandiosen Aufgaben zu erfüllen, die die Zukunft für Deutschland bereithielt.

Auch an anderen, weniger spektakulären, eher beiläufigen und daher vielleicht noch mehr überraschenden Wendungen wurde deutlich, daß die Soziologie im *Tat*-Kreis keinesfalls als eine *disciplina non grata* angesehen wurde – so etwa, wenn Giselher Wirsing die Aussichten einer Art Linksfaschismus in Frankreich nicht ohne Sympathie und mit gehörigem analytischem Geschick untersuchte und derjenige Politiker, der zum erfolgreichen Führer einer solchen Bewegung hätte werden können, wiederum mit Anzeichen der Sympathie als ein »jüngerer Soziologieprofessor der Sorbonne« beschrieben wurde – Marcel Déat nämlich, der ehemalige Sozialist, der sich seiner Herkunft nach dem erweiterten Durkheim-Kreis zuzählen ließ.

Unter den von E. W. Eschmann genannten Vorläufern einer neuen Soziologie ragt besonders Hans Freyer hervor. Aus dem Umkreis der Jugendbewegung stammend, voller Sympathie für einen Außenseiter und Amateur wie W. H. Riehl, wählt Freyer in seinen frühen Schriften in bekannt deutscher Manier das Leben in all seiner Unbestimmtheit zum Orientierungspunkt – »Man muß erst das Leben lieben, ehe man irgendeinen Sinn des Lebens lieben kann« –, um dann aus einer solchen existentiellen Unbestimmtheit heraus auf das Entschiedenste politisch zu optieren. Die Vollendung des Geistes ist für ihn der Staat, und er ist es am reinsten, wenn er sich im Krieg befindet. Den Staat als »den geschlossenen Schicksalsraum seines Volks« sieht Freyer als eine Festung; ihre Ränder, die Außenwerke, werden vom *Ingenieur* konstruiert – kulturfern und darum Garantie und Schutz jeder Kultur. Repräsentant der »innersten Bezirke des Reichs« aber ist der *Dichter*: »Sein Werk ist wesentlich von allen Gesetzen frei, weil alles, was die Gesetze wollen, nämlich die Einheit des Staats und seine Darstellung als objektives Gebilde, von Anfang an den autonomen Sinn des Dichterwerks ausmacht. Zwischen diesen beiden Polen: Ingenieur und Dichter spannt sich das ganze Thema Geist und Staat, Freiheit und Gesetz.«

Freyers Leipziger Antrittsvorlesung von 1926 – ›Soziologie als Geisteswissenschaft‹ – nahm dieses Thema wieder auf. Während im natürlichen System des Positivismus die Soziologie als letzte Naturwissenschaft erschien, war sie für die idealistischen Systeme der Deutschen Bewegung die letzte Geisteswissenschaft, und der Staat war ihr vornehmstes Objekt.

Im ominösen Jahr 1932, in dem Grundsatzerklärungen für und gegen die Soziologie sich häuften, behandelte Freyer im Rahmen einer Vortragsreihe, die sich mit den Gründern der Soziologie beschäftigte, die Romantiker. Das grundlegende Kennzeichen romantischer Gesellschaftslehre war ihr Abrücken von jeder aufklärerischen Sozialphilosophie, der entschiedene Widerstand »gegen alle rationalen Gesellschaftsideale, gegen alle Überschätzungen des Gleichmäßigen, allgemein Menschlichen, Abstrakt-Egalitären und Formal-Demokratischen«.

Es galt, diese antiaufklärerische Haltung der Romantiker zu bewahren, ohne die historisch bedingte Begrenztheit ihrer Perspektiven zu unterschlagen. Begrenzt an der Romantik und erklärlich aus ihrer Epochenlage zwischen Absolutismus und Industriegesellschaft war die Fixierung auf den Ständestaat, der seine idealisierte Überhöhung in Werken wie dem *Wilhelm Meister* fand. Das ständische Denken ergab sich folgerichtig aus der Organismus-Vorstellung, der die Romantiker wie einer *idée directrice* anhingen; von innen aufgebrochen wurde diese Vorstellung durch eine Auffassung vom Volk, die dieses schließlich weniger als Organismus denn als Subjekt historischer Veränderungen erscheinen ließ.

Die größte Leistung des romantischen Denkens aber war die Historisierung solcher Begriffe wie Volk, Staat und Gesellschaft; hier lag die Übereinstimmung der Deutschen mit Engländern wie Burke und Franzosen wie de Maistre und de Bonald. Im Geist der Restauration ließ sich eine einzige Traditionslinie konservativen Staats- und Gesellschaftsdenkens ausziehen, die Deutschland und die Länder Westeuropas nicht trennte, sondern vereinte.

Romantische Ehrfurcht vor dem Gewordenen, vor der Geschichte, brachte eine Vorentscheidung für den Konservativismus mit sich. Freyer berief sich auf Carl Schmitt und die *Politische Romantik* als seinen Kronzeugen, aber ebenso hätte er sich auf Karl Mannheim berufen können, ja berufen müssen, als er von der freischwebenden Intelligenz der Politischen Romantik sprach – er beließ es bei der fast entschuldigenden Wendung, damit »einen modernen Ausdruck zu gebrauchen«.

Beiläufig verwendete er ihn nicht, denn das Konzept der freischwebenden Intelligenz erlaubte es ihm, die Vertreter der Politischen Romantik in Deutschland im Hinblick auf ihre soziale Lage von den englischen und französischen Gegenaufklärern zu unterscheiden. Burke beispielsweise war eben nicht Privatmann, sondern politischer Publizist und Parlamentarier dazu – in Deutschland aber war der Romantiker »poetisierender Philosoph oder philosophierender Poet«. Diese Verbindung des Denkerischen mit dem Dichterischen ohne eindeutige Verankerung in einer bestimmten sozialen Schicht war das kennzeichnende Merkmal der Führer der Deutschen Bewegung und wurde von niemandem klarer verkörpert als von Adam Müller, den auch Carl Schmitt als den typischen Vertreter der Politischen Romantik beschrieben hatte. Es war dies eine Kombination, die sich unmittelbar aus dem Wesen des konservativen Denkens selbst ergab, das im Vergleich mit dem liberal-aufklärerischen Denken beinahe sprachlos war, eher eine Stimmung als ein Prinzip, wie Thomas Mann in den *Betrachtungen eines Unpolitischen* vermerkt hatte. Zur notwendigen Kompensation dieser Sprachlosigkeit war der Konservativismus nicht nur auf eine Theorie, sondern auf mehr, auf eine poetisierte Theorie angewiesen, die Autoren wie Novalis und Adam Müller lieferten. Müller wertete dabei den *Wilhelm Meister* ganz anders als Novalis, der darin das Übergewicht des Ökonomischen beklagt hatte; für den Ahnherrn einer deutschen

Soziologie war der Roman Goethes groß, weil sich in ihm »die Evangelia der Poesie und Ökonomie« miteinander versöhnten.

Positiv an der romantischen Soziologie war ihre Frontstellung gegen das Denken der Aufklärung – negativ war ihr Festhalten an ständephilosophischen Orientierungen, das eine angemessene Analyse der industriellen Zivilisation und der immer deutlichere Konturen gewinnenden Klassengesellschaft nicht zuließ. Aufgabe war es, eine die Sozialstruktur der Industriegesellschaft nüchtern erfassende, in antiaufklärerischem Geist konzipierte Gesellschaftslehre zu entwerfen. Freyers als Wirklichkeitswissenschaft bestimmte Soziologie diente diesem Ziel.

Daß Hans Freyer, dessen frühe Schriften – wie *Antäus* und *Prometheus* – in Argument und Tonfall den Rhythmus der Jugendbewegung bewahren, zum Konstrukteur einer Wirklichkeitswissenschaft genannten Soziologie wurde, kann nicht überraschen. Im *Staat* hatte er den Ingenieur dem Dichter gegenübergestellt, aber im Grunde genommen wollte Freyer selbst beides zugleich sein. In der Soziologie bot sich ihm die Möglichkeit, ideologische Bestände der Romantik mit illusionsloser Realitätsschau zu vereinen.

1935 erschienen zwei Publikationen Freyers, die die Kombination dieser beiden Perspektiven eindrucksvoll demonstrierten: *Pallas Athene*, eine ›Ethik des politischen Volkes‹, und der in der *Zeitschrift für die gesamte Staatswissenschaft* abgedruckte Aufsatz ›Gegenwartsaufgaben der deutschen Soziologie‹.

Freyer ließ die spezifische Tradition der deutschen Gesellschaftswissenschaft aus dem Geist der Anti-Soziologie entstehen: in diesem Sinn gehörten nicht nur Lorenz von Stein, Robert von Mohl und Wilhelm Heinrich Riehl zu ihren Vorläufern, sondern auch und ganz entschieden Heinrich von Treitschke. Der Inhalt der deutschen Soziologie war – ohne Pathos ließ sich hier nicht auskommen – »das deutsche Schicksal im Zeitalter der bürgerlichen Gesellschaft«. Während die Engländer und Franzosen der Illusion erlagen, die bürgerliche Gesellschaft als den End- und Idealzustand der menschlichen Sozialität anzusehen, bestand der harte, der überlegene Realismus der Deutschen darin, diese bürgerliche Gesellschaft keinesfalls als ein natürliches System zu akzeptieren, sondern seine Historizität, seine Veränderlichkeit und seine Veränderungsnotwendigkeit zu durchschauen.

Die Franzosen wie die Engländer hatten ihre bürgerlichen Revolutionen hinter sich, sie waren politisch wie theoretisch zur Ruhe gekommen und sahen in der bürgerlichen Gesellschaft die unrevolutionärste aller Epochen. Die Deutschen aber, diese Idealisten, waren ideologiefeindlich von Hause aus; die bürgerliche Gesellschaft bildete nur die Oberfläche einer revolutionären Epoche, die es nicht zu bewahren, sondern umzuwälzen galt.

Natürlich waren es Konservative, auf die sich Freyer 1935 berief; doch an wen sein Text auch denken ließ, war jener Karl Marx, der die in der bürgerlichen Gesellschaft vorhandenen revolutionären Energien in sein Kalkül zog, und jener Heinrich Heine, der genau hundert Jahre zuvor prophezeit hatte, daß die Revolution in Deutschland spät, aber mit um so größerer Heftigkeit kommen würde:

> Der Gedanke geht der Tat voraus, wie der Blitz dem Donner. Der deutsche Donner ist freilich auch ein Deutscher und ist nicht sehr gelenkig und kommt etwas langsam herangerollt; aber kommen wird er, und wenn ihr es einst krachen hört, wie es noch niemals in der Weltgeschichte gekracht hat, so wißt: der deutsche Donner hat endlich sein Ziel erreicht. Bei diesem Geräusche werden die Adler aus der Luft tot niederfallen, und die Löwen in der fernsten Wüste Afrikas werden die Schwänze einkneifen und sich in ihre königlichen Höhlen verkriechen. Es wird ein Stück aufgeführt werden in Deutschland, wogegen die französische Revolution nur wie eine harmlose Idylle erscheinen möchte.

Zwei Jahre nach der nationalsozialistischen Machtergreifung geschrieben, erklärte Freyer in seinem Aufsatz die Soziologie zu einem Produkt der bürgerlichen Epoche, einer Disziplin, die auch mit dieser Epoche enden mochte. Noch aber war es nicht soweit. Der Nationalsozialismus bezeichnete nicht das Ende der bürgerlichen Gesellschaft. Freyer zitierte den *Tat*-Artikel E. W. Eschmanns. Die Stunde der Soziologie war gekommen – die Stunde der deutschen Soziologie.

Freyers Buch *Pallas Athene* behandelte im Grunde das gleiche Thema. Freilich war der Ton ein anderer; Aufsatz und Buch zeigten, welche Ausdrucksvarianten Freyer zu Gebote standen.

In einer stakkatoartigen Kurzsatzprosa von raunender Unbestimmtheit, die sich zu einer Poesie der Allgemeinplätze heraufsteigerte – »Langen Atems strömen die Flüsse durch ihre Ebenen. Das Wetter frißt am Gestein. Durch die Sommer und Winter der Jahrtausende wächst und welkt das Grün der Erde« –, ließ Freyer große Wahrheiten hervortreten, »nicht Schritt für Schritt, sondern schlagartig wie Gesichte, nicht wohlgeprüft und wohlbewiesen, sondern herrlich aufgetürmt ohne Methode und Beweis«. Von der Flamme des Willens war die Rede, vom Chaos der Tat, blanker Entscheidung und dem Salz der Seele, und auch wenn diese Metaphern sich zur Sprache von Arbeitsdienst und Landvolk trivialisierten, erinnerten sie daran, daß eine der Formen, in denen sich die Romantik dem Maschinen- und Fabrikzeitalter anpassen konnte, der Expressionismus war. Mußte man nicht, wenn Freyer von »Aufbruch und Gestalt« sprach, unwillkürlich an Karl Ottens berühmte Anthologie expressionistischer Prosa, *Ahnung und Aufbruch*, denken? In der frühen deutschen Soziologie – und man kann sich zur Stütze dieses Arguments mehr hinzudenken als bloß Tönnies' *Gemeinschaft und Gesellschaft* – ist ein expressionistischer Ton unüberhörbar. Darauf hat gerade eine Biographin Hans Freyers, Elfriede Üner, hingewiesen, und so wie Georg Simmel als Impressionist der deutschen Soziologie galt, kann man in Hans Freyer ihren Expressionisten sehen.

Aber Freyer wollte, bei allem konstitutionellen Expressionismus, Wissenschaftler sein und bleiben – so wie Breysig, Gundolf und E. R. Curtius Georgianer bleiben wollten, bis George selbst dies unterband. Daher findet sich bei Freyer auch der Satz, sich selbst zu verachten sei das Dümmste, was die Vernunft tun könne, und sein Grundproblem bestand darin, ausdrucksstark sein zu wollen und zugleich analytisch einsichtsreich. Das Ergebnis ist eine Art heroischer Erkenntnistheorie; die Wirklichkeit ist alles andere als Vernunft, sondern Ekstase, Auseinandersetzung, »lauter scharfes Geschehen . . . und lauter Bereitschaft für den nächsten Schlag«. Dieser Wirklichkeit, dieser ›Gegenleidenschaft‹ ein Wissen abzutrotzen, bedeutet das gerade Gegenteil von Muße und Kontemplation, ist Anstrengung und Kampf, Askese und Verzicht. Mönche der Erkenntnis nennt Freyer die Wissenschaftler daher, deren Haltung stets etwas Aristokratisches und Soldatisches hat, eine Disziplin des Erkennenwollens, die kein Neugierverhalten mehr ist, sondern nur noch totale Mobilmachung: »Auch wer mit Haut und Haaren zum nützlichen Mitglied der bürgerlichen Gesellschaft geworden ist, bewahrt im Grunde seiner Seele die Sehnsucht, daß Fahnen wehen, und die Bereitschaft, umzuschnallen, wenn getrommelt wird.«

Wie so oft, darf auch hier Nietzsche als früher Analytiker einer solchen Haltung gelten:

> In den *wissenschaftlichen Menschen* leben die Tugenden der Soldaten und ihre Art Heiterkeit – es fehlt ihnen die letzte Verantwortlichkeit. Sie sind streng gegen sich, gegen einander und erwarten für das Gute nicht, gelobt zu werden. Sie sind männlicher und haben eine Vorliebe für Gefahr, sie müssen sich *tüchtig* machen, das Leben für die Erkenntniß aufs Spiel zu setzen: sie hassen die großen Worte und sind harmlos, und etwas geckenhaft.

1935 konnte von Harmlosigkeit kaum mehr die Rede sein, aber die Haltung, die Nietzsche 1880 beschrieben hatte, charakterisierte nicht nur Freyer, sondern auch Ernst Jünger, den Frontsoldaten und Verfasser des *Arbeiters*, und Gottfried Benn, der in ebendiesem Jahr 1935, von wachsendem Abscheu erfüllt, die aristokratische Form der Emigration wählte und ins Heer eintrat. Auch Heideggers Rede vom ›Wissensdienst‹ weckte bewußte Assoziationen an den Heeresdienst: es war eine geschmeidige und universal verwendbare Formel, die alles rechtfertigte – das begeisterte Mittun wie das Mitläufertum und die innere Emigration.

Der Name Hans Freyers ist mit der Stillegung der Deutschen Gesellschaft für Soziologie im Jahr 1934 untrennbar verbunden. Je nach politischem Standort des Betrachters gehen die Meinungen immer noch auseinander, ob es sich dabei um eine raffinierte

Rettungsaktion oder um eine besonders perfide Form der politisch-weltanschaulichen Disziplinierung des Faches gehandelt hat. Hans Freyer gehörte zu denen, die mit Schriften wie *Revolution von Rechts* (1932) ein Klima schufen, in dem der Nationalsozialismus gedeihen konnte. Doch während er öffentlich einen starken und autoritären Staat forderte, blieb Freyer selbst eher organisationsscheu, stets mehr auf Stil als auf Effizienz bedacht, jugendbewegt auch darin, daß ihm an Gemeinschaften, nicht an Parteien lag – auch nicht an der NSDAP, der er nicht angehörte. Zunehmend von den Nazis enttäuscht, mag Freyer sich wie viele in der Illusion befunden haben, daß er einem Regime, das ihn zunehmend abstieß, geistig nie zugearbeitet haben konnte. Aber es ist zumindest von symbolischer Bedeutung, daß es der Expressionist unter den deutschen Soziologen war, der ihre professionelle Organisation stillegte – die DGS, die doch auch eine Gründung Max Webers gewesen war, der nie aufgehört hatte, vor den Gefahren zu warnen, die Deutschland vom politischen Expressionismus drohten.

Stillschweigende Verständigung von Literatur und Soziologie

Zur Begründung einer spezifisch deutschen Tradition der Soziologie hatte Hans Freyer – was nur auf den ersten Blick paradox erscheinen konnte – an Heinrich von Treitschke und dessen gegen die Gesellschaftswissenschaft gerichtete Habilitationsschrift angeknüpft. In Freyers Schüler Helmut Schelsky kommt diese Entwicklung zum Abschluß und zur Umkehr, wie es die 1981 erschienenen *Rückblicke eines ›Anti-Soziologen‹* bereits im Titel deutlich machen.

Nicht anders als E. W. Eschmann es 1934 beschrieben hatte, stand für Helmut Schelsky die Soziologie vor dem »Dilemma, empirische Funktionswissenschaft auf der einen, sozialphilosophische Deutungswissenschaft auf der anderen Seite sein zu müssen«. Schelsky warnte vor den Gefahren, die von einer Soziologie der

Soziologie drohten: in der Selbstbespiegelung des Faches mußte das Bewußtsein seiner Sachleistungen zunehmend schwächer werden. Schelsky lagen daher Kollegen nahe, die zu ihrem eigenen Fach auf Distanz gehen konnten, und Bücher wie David Riesmans *Einsame Masse*, welches sein Eingangsmotto aus Fieldings *Tom Jones* bezog und von amerikanischen Kritikern den Romanciers der fünfziger Jahre als Vorbild empfohlen wurde. Aus dem Anspruch entstanden, das wichtigste Deutungsinstrument der modernen Industriegesellschaft zu sein, mußte sich die Soziologie letztlich damit bescheiden, den Menschen als eine »indirekte Morallehre« zu dienen. Als aber das Fach sich – nicht zuletzt als Folge der Studentenbewegung – zunehmend politisierte und die Reflexion auf die eigenen Grundlagen zu seiner Dauerbeschäftigung machte, zog Helmut Schelsky auch die persönliche Konsequenz: er verließ die Fachgemeinschaft, ging zu den Juristen und stilisierte sich selbst zum Anti-Soziologen.

Diese Position machte ihn zu einem natürlichen Protagonisten in der Auseinandersetzung, die über die Frage entbrannte, wie die Geschichte der Soziologie während der Nazizeit zu bewerten sei. Schelsky warf der Fachgeschichtsschreibung die erfahrungsarme, erlebensferne Darstellung einer Epoche vor, deren intellektuelle Konstellation jedem unverständlich bleiben mußte, der die deutsche Entwicklung nur von außen verfolgt oder lange nach Beendigung des Krieges lediglich aus den Akten rekonstruiert hatte. Vor allem einen Tatbestand beschrieb Helmut Schelsky als Zeichen generationsbedingter Vergeßlichkeit:

> Daß in Denkern wie Hans Freyer, Ernst und Georg Jünger, Wilhelm Eschmann, ja selbst ›Linken‹ wie Ernst Bloch ... eine dem wissenschaftlichen Fachpositivismus des späten 19. Jahrhunderts entwachsene *Synthese von dichterischer und philosophischer, wissenschaftlicher und schriftstellerischer, politisch und literarisch polemischer ›Ausdruckswelt‹ (Benn)* entstanden ist, die das ›Signum dieser Zeit‹ darstellt – unabhängig von solchen Fragen, ob einer und wie er ›Demokrat‹ war – das wird seit der Totalideologisierung durch den Nazismus und der Totalprofessionalisierung durch die Entwicklung der Wissenschaft, der Schriftstellerei und des Journalismus seit 1945/48 überhaupt nicht mehr verstanden.

Wie sehr Schelsky daran gelegen war, eine solche Gemeinschaft von Literatur und Wissenschaft nicht nur als charakteristische Gesellungsform der jüngsten deutschen Vergangenheit zu beschreiben, sondern sie auch als Utopie herbeizuwünschen, zeigt die Nachschrift, die er zu seiner Intellektuellenschelte *Die Arbeit tun die anderen* verfaßte. Alle Kritiker, ob fachfremd oder Fachkollegen, wurden erbarmungslos von ihm abgekanzelt – mit einer Ausnahme: Heinrich Böll. An ihn richtete Schelsky einen Appell zur Kooperation, der mit der Klage über das in der Bundesrepublik herrschende Schisma von Literatur und Wissenschaft anhob:

> 〈Böll verfällt〉 einem Irrtum, den viele der kritischen Besprecher meines Buches mir entgegenhalten zu können glaubten: daß ich den alten Gegensatz zwischen ›Geist und Macht‹ in deutscher Tradition nur neu ausgedrückt hätte. Ich will es deutlich sagen: Ich beklage gerade die Identität von ›Geist‹ und Macht in der gegenwärtigen Situation der Bundesrepublik, weil dies den ›Geist‹ (›er steht links‹) in parteipolitische Machtfronten führt, die er dann als seine eigenen durchzusetzen sich bemüht. Der Gegensatz der ›Sinnproduzenten‹, der in der Bundesrepublik aufgebrochen ist, besteht in dem *Verhältnis von Literatur und Wissenschaft.* Weshalb sieht Herr Böll den kontroversen Gesprächspartner in der CDU, also in Personen wie Kohl, Biedenkopf usw., natürlich nicht in Strauß oder Carstens? Weil er sich in seiner ›öffentlichen‹ Wirkung auf diese Ebene einordnet. Weshalb will er nicht, was ›die andere Seite‹ betrifft, mit Philosophen wie Gehlen oder Lübbe, mit Politikwissenschaftlern wie Hennis oder Kaltenbrunner oder mit Soziologen wie Albert oder Luhmann ins Gespräch kommen? Nicht die ›öffentliche Meinung‹ ist in Gefahr, sondern deren geistig produktiven Ursprüngen in Literatur und Wissenschaft jenseits von parteipolitischen oder ›machtbezogenen‹ Identifikationen droht heute in der Bundesrepublik Gefahr gegenseitiger Verständnislosigkeit. Hier liegt eine Wurzel der ›Polarisation‹.

Den Anspruch der Sozialwissenschaftler, Sinnproduzenten der modernen Gesellschaft zu sein, hatte Schelsky angeprangert. Aber er selbst erlag diesem Anspruch, wie die von ihm genannten Namen deutlich machen: Wissenschaftler – das meinte Sozialwissenschaftler; kein einziger Naturwissenschaftler kam Schelsky in den Sinn. Und der spontane, phantastische, aber konkret gemeinte Vorschlag, den er Heinrich Böll unterbreitete, lief auf die Gründung einer Diskussionsgemeinschaft von Schriftstellern und Sozialwissenschaftlern hinaus: »Möge er sich dafür einsetzen, ja veranlassen, daß sich über die Periode von etwa zwei Jahren einmal zwölf bis höchstens zwanzig Schriftsteller (oder Journalisten) und Wissenschaftler zu Aussprachen treffen und sich in persönlichem Kontakt über die Möglichkeiten einer von ›beiden Seiten‹ gestützten ›öffentlichen Meinung‹ einmal auseinandersetzen.« Obwohl Heinrich Böll diesem Plan nicht ablehnend gegenüberstand, kam die Kreisbildung nicht zustande.

Auch wenn Schelsky ausdrücklich betonte, eine derartige »stillschweigende Verständigung von Literatur und Wissenschaft« in der bundesdeutschen Szene nicht durch eine formale Akademie-Gründung, sondern eher durch eine Art Gesprächsrunde fördern zu wollen, waren die Anklänge an die Vorläufer solcher Bestrebungen unüberhörbar. Natürlich kam einem Hans Freyer in den Sinn, der in der Staatsgemeinschaft die Ingenieure und die Dichter, die Schmiede und die Sänger hatte vereinen wollen; Hofmannsthal, der auf eine Konzentration gerade der freischwebenden Intelligenz in Form einer deutschen Akademie gedrängt hatte; Adam Müller schließlich, der politische Romantiker und Ahnherr der Anti-Soziologie, der als Poet und Wissenschaftler die Bildung einer Konföderation der deutschen Intelligenz angestrebt hatte.

Das Problem, das Schelsky ansprach, war alt – in Deutschland ebenso wie in Frankreich oder England. Nur hatte die politische Konstellation sich entscheidend gewandelt. In Deutschland waren es stets konservative Dichter und Kritiker gewesen, die einer als links geltenden und mit dem Sozialismus gleichzusetzenden Soziologie ihren Anteil an der öffentlichen Auslegung des Seins, wie Heidegger es nannte, verwehrt hatten. In der Bundesrepublik hatte sich in der Adenauer-Ära die literarische Intelligenz weitgehend als politisch-oppositionelle Bewegung formiert, die mit Bildung der sozialliberalen Koalition zunehmend an öffentlichem Einfluß gewann. Gleichzeitig politisierte sich die Soziologie und wurde an den Universitäten zum Massenfach. Oppositionell war man als Soziologe auf einmal, wenn man konservativ war. Darin bestand die Wende: konservative Sozialwissenschaftler suchten die Kooperation linker Literaten, um ihren Anspruch auf Sinnproduktion zu behaupten.

ANHANG

Zitatnachweise und Literaturverzeichnisse werden für Frankreich, England und Deutschland getrennt aufgeführt. Wird ein Zitat nicht eigens nachgewiesen, findet es sich an gleicher Stelle wie das vorangegangene.

EINLEITUNG

NACHWEISE

S. VI *social botanizing* Henry James, Honoré de Balzac (1875); James, Literary Criticism (French Writers, Other European Writers, The Prefaces to the New York Edition), New York (The Library of America) 1984, S. 37.

den größten Vorrat Hippolyte Taine, Balzac; Taine, Nouveaux essais de critique et d'histoire, Paris (Hachette) 1880, S. 140.

Nous aurons dépassé H. Taine an A. Delaire, 19. April 1890; zitiert nach Carlo Mongardini, Storia e sociologia nell'opera di H. Taine, Milano (Giuffrè) 1965, p. 251.

S. VII *enseignement sociologique* Paul Bourget, La Politique de Balzac (1902); Bourget, Sociologie et Littérature (= Etudes et Portraits 3), Paris (Plon) 1906, S. 46.

Le temps Charles Baudelaire, L'Ecole paienne (1852); Baudelaire, Œuvres complètes. Texte établi, présenté et annoté par Claude Pichois, Paris (Bibliothèque de la Pléiade) 1976, 2. Band, S. 49.

Bédouin Gustave Flaubert an Louise Colet, 23. Januar 1854; Flaubert, Correspondance II (Juli 1851-Dezember 1858). Edition établie, présentée et annotée par Jean Bruneau, Paris (Bibliothèque de la Pléiade) 1980, S. 515.

S. VIII *Qui êtes-vous donc* Flaubert an Mademoiselle Leroyer de Chantepie, 18. Mai 1857; Flaubert, Correspondance II, op. cit., S. 719.

sociologie pratique Emile Zola, Le Roman expérimental (1880); Zola, Œuvres critiques I. Notices et notes de Henri Mitterand, Paris (Cercle du livre précieux) 1968, S. 1188.

S. X *Die grübelnde Vernunft* Gotthold Ephraim Lessing, An den Herrn

Marpurg über die Regeln der Wissenschaften zum Vergnügen; Lessing, Werke, 1. Band, München (Hanser) 1970, S. 163.

S. XI *discipline du fait* Paul Bourget, Le Réalisme de Bonald (1904); Bourget, Sociologie et Littérature, op. cit., S. 43.

toute sorte de science Louis de Bonald, Des Sciences, des lettres et des arts (1807); de Bonald, Œuvres. Mélanges littéraires, politiques et philosophiques, Paris (Librairie d'Adrien Le Clerc) 1852, S. 294.

savants sans littérature a.a.O., S. 296.

S. XII *le petit esprit* de Bonald, Des Progrès ou de la décadence des lettres (1810); de Bonald, Œuvres, op. cit., S. 466.

S. XIII *Non nova* de Bonald, Des Sciences . . ., a.a.O., S. 316.

S. XIV *Les sciences morales* de Bonald, Sur la Guerre des sciences et des lettres; de Bonald, Œuvres, op. cit., S. 387.

S. XV *petite guerre* de Bonald, Avertissement; Œuvres, op. cit., S. 2.

Ordnung und Prosa Georg Wilhelm Friedrich Hegel, Vorlesungen über die Ästhetik I-III (1818-1829); Hegel, Werkausgabe, ed. Eva Moldenhauer und Karl Markus Michel, 15. Band, Frankfurt a. M. (Suhrkamp) 1970, S. 392-393.

S. XVI *Kanzleiwissenschaft* Friedrich Nietzsche an Paul Deussen, Oktober 1868; Nietzsche, Briefe September 1864-April 1869 (= Briefwechsel. Kritische Gesamtausgabe, ed. Giorgio Colli & Mazzino Montinari. Erste Abteilung, 2. Band), Berlin/New York (de Gruyter) 1975, S. 329.

S. XVII *Widerlegung des Gesellschaftlichen* Hugo von Hofmannsthal, Das Schrifttum als geistiger Raum der Nation (1927); v. Hofmannsthal, Natur und Erkenntnis. Essays, Berlin/Darmstadt (Deutsche Buch-Gemeinschaft) 1957, S. 173.

FRANKREICH

NACHWEISE

Auguste Comtes Wandlungen. Wissenschaft und Literatur im frühen Positivismus

S. 15 *der eine schreibt* Emile Faguet, Auguste Comte et Stuart Mill [1899]; Faguet, Propos Littéraires. Deuxième Série, Paris (Société française d'imprimerie et de librairie) 1904, S. 153.

S. 16 *melancholisch stimmenden* John Stuart Mill, Auguste Comte and Positivism [1865], Ann Arbor (The University of Michigan Press) 1961, S. 199.

S. 17 *ambulanten Professors* Comte an Valat, 25. Dezember 1824; Auguste Comte, Correspondance générale et confessions. Textes établis et présentés par Paulo E. de Berrêdo Carneiro et Pierre Arnaud, Paris (Mouton) 1973, 1. Band, S. 151.

M. Auguste Comte Comte an Valat, 16. November 1825; Correspondance, 1. Band, S. 168.

S. 18 *faits sociologiques* Comte an John Stuart Mill, 16. Mai 1843; Correspondance, Paris (Mouton) 1976, 2. Band, S. 153.

S. 19 *expérience sociologique* Comte an John Stuart Mill, 29. Juni 1843; Correspondance, 2. Band, S. 171.

horizontalen Meditation Comte an John Stuart Mill, 21. Oktober 1844; Correspondance, 2. Band, S. 288.

S. 20 *hygiène cérébrale* Comte an John Stuart Mill, 20. November 1841; Correspondance, 2. Band, S. 20.

S. 21 *man die Möbel* Louis Dimier, Les Maîtres de la contre-révolution au dix-neuvième siècle. Nouvelle édition revue et corrigée, Paris (Nouvelle Librairie Nationale) 1917, S. 83.

S. 22 *excessivement positif* Gustave d'Eichthal an Comte, 18. Juni 1824; Correspondance, 1. Band, S. 386.

impressions esthétiques Comte an John Stuart Mill, 16. Juli 1843; Correspondance, 2. Band, S. 176.

S. 23 *intimes convergences* Comte an John Stuart Mill, 30. September 1842; Correspondance, 2. Band, S. 93.

S. 24 *großen, biologisch-soziologischen* Comte an John Stuart Mill, 14. November 1843; Correspondance, 2. Band, S. 206.

S. 25 *bewundernswerten Meisterwerkes* Comte an Clotilde de Vaux, 30. April 1845; Correspondance, Paris (Mouton) 1977, 3. Band, S. 3.

S. 28 *charmante Novelle* Comte an Clotilde de Vaux, 23. Juni 1845; Correspondance, 3. Band, S. 40.

petits bonheurs Clotilde de Vaux an Comte, 23. Juni 1845; Correspondance, 3. Band, S. 41.

S. 30 *très cher philosophe* Clotilde de Vaux an Comte, 1. September 1845; Correspondance, 3. Band, S. 101.

Adieu, schonen Sie Clotilde de Vaux an Comte, 5. September 1845; Correspondance, 3. Band, S. 108.

S. 31 *ungeheure Oper* Comte an Clotilde de Vaux, 26. August 1845; Correspondance, 3. Band, S. 97.

gerechtfertigte persönliche Comte an Clotilde de Vaux, 16. November 1845; Correspondance, 3. Band, S. 196.

S. 32 *hinreißende Canzone* Comte an Clotilde de Vaux, 4. Dezember 1845; Correspondance, 3. Band, S. 216.

berühmten Frau Comte an Pierre Laffitte, 26. Januar 1846; Correspondance, 3. Band, S. 303.

mein Kind Clotilde de Vaux an Comte, 24. Februar 1846; Correspondance, 3. Band, S. 332.

Immer wieder Clotilde de Vaux an Comte, 2. März 1846; Correspondance, 3. Band, S. 342.

S. 33 *Wagen Sie es* Comte an Clotilde de Vaux, 11. März 1846; Correspondance, 3. Band, S. 356.

S. 35 *in nobler Melancholie* Comte an Lenoir, 22. April 1846; Correspondance, 3. Band, S. 374.

würdige Kollegin Comte an John Stuart Mill, 6. Mai 1846; Correspondance, Paris (Mouton) 1981, 4. Band, S. 6.

S. 36 *labor lineae* G. H. Lewes an Comte, 20. Februar 1847; Correspondance, 4. Band, S. 241.

beau Goethe Comte an G. H. Lewes, 7. April 1847; Correspondance, 4. Band, S. 112.

S. 37 *condensation philosophique* Bericht Pierre Laffittes über eine Unterhaltung mit Comte; Correspondance, 4. Band, S. 221.

S. 39 *heilige Harmonie* Comte, Système de Politique Positive, ou Traité de Sociologie, Instituant la Religion de l'Humanité, Paris (L. Matthias) 1851, 1. Band, S. 10.

bedeutende Proletarierin ebda., S. 12.

S. 40 *die Menschheit* ebda., S. 280.

S. 41 *dreizehn wirklich* Comte, Catéchisme positiviste [1852]. Chronologie, introduction et notes par Pierre Arnaud, Paris (Garnier-Flammarion) 1966, S. 169.

Herrschaft von Friedrich Nietzsche, Nachgelassene Fragmente [1887]; Nietzsche, Sämtliche Werke. Kritische Studienausgabe in 15 Bänden, ed. Giorgio Colli & Mazzino Montinari [= Kritische Studienausgabe], München (Deutscher Taschenbuch Verlag) 1980, 12. Band, S. 441.

der seine Franzosen Nietzsche, Götzendämmerung [1889]; Kritische Studienausgabe, 6. Band, S. 113.

priesterlich und poetenhaft Nietzsche, Reinschrift zur Morgenröthe [1881]; Kritische Studienausgabe, 14. Band, S. 226.

Und so geschieht Nietzsche, Morgenröthe [1881]; Kritische Studienausgabe, 3. Band, S. 311.

S. 43 *livre de prières* M. Coudekerque-Lambrecht, Léon de Montesquiou. Sa vie politique. L'Action Française, Paris (Nouvelle Librairie Nationale) 1925, S. 174.

S. 44 *Litteraturweib* Nietzsche, Nachgelassene Fragmente (1887 bis 1889); Kritische Studienausgabe, 13. Band, S. 29.

häßlichste Monster Colette Capitan Peter, Charles Maurras et l'idéologie d'Action Française. Etude sociologique d'une pensée de droite, Paris (Editions du Seuil) 1972, S. 120 [Orion, Action Française, 15. August 1921].

Ausbund an ebda., S. 121.

S. 45 *Die Decke* Charles Maurras, Au Signe de Flore. Souvenirs de vie politique, Paris (Les Œuvres Représentatives) 1931, S. 35.

S. 46 *Sanftmut, Zärtlichkeit* Maurras, Romantisme et révolution, Paris (Nouvelle Librairie Nationale) 1922, S. 93.

S. 47 *Manches Mal* ebda., S. 91.

Agathon und andere. Literatur und Soziologie in Frankreich um die Jahrhundertwende

S. 51 *Unter dem Einfluß* Agathon, L'Esprit de la Nouvelle Sorbonne, Paris (Mercure de France) 1911, S. 27.

S. 52 *Wir Kritiker* Gustave Lanson, L'Histoire littéraire et la sociologie; Revue de Métaphysique et de Morale 12 (1904), S. 629, 626.

S. 53 *Heute aber* Agathon, S. 35-36.

S. 54 *Von allen Diensten* Emile Durkheim an Célestin Bouglé, 13. August 1901; Geschichte der Soziologie, ed. W. Lepenies, Frankfurt a. M. (Suhrkamp) 1981, 2. Band, S. 317.

La France Agathon, S. 152.

die individuellen Naturen Durkheim, Über die Teilung der sozialen Arbeit, Frankfurt a. M. (Suhrkamp) 1977, S. 445.

S. 55 *In der Sorbonne* Agathon, S. 282.

S. 56 *demokratisch zu sein* ebda., S. 84.

S. 57 *Machen wir uns* ebda., S. 101.

S. 58 *unbestimmt, monströs* ebda., S. 112.

S. 60 *natürlichen* Gabriel Tarde. Introduction et pages choisies par ses fils. Préface de H. Bergson, Paris (Louis-Michaud) o. J., S. 25.

S. 61 *Die Methode* ebda., S. 37.

méthode sociale ebda., S. 38.

soziologische Phantasie Tarde, Fragment d'histoire future; Revue Internationale de Sociologie 4 (1896), S. 654.

S. 62 *slave croisé* Gabriel de Tarde, Fragment d'histoire future. Présentation de Raymond Trousson, Paris/Genf (Slatkine Reprints) 1980, S. 37.

S. 63 *humanité toute humaine* ebda., S. 75.

ein Minimum ebda., S. 80.

Morris oder Wells Célestin Bouglé, La Société sous la terre (Une utopie de G. Tarde); Revue Bleue 3 (1905), S. 333.

S. 64 *außerordentlich ambitioniert* Lucien Herr, Rezension von Tardes *Les Lois de l'imitation* [Revue d'Histoire et de Littérature (1891)]; Herr, Choix d'écrits. II. Philosophie, Histoire, Philologie, Paris (Rieder) 1932, S. 71-72.

S. 65 *Prokrustes* Léon Daudet, Devant la Douleur. Souvenirs des milieux littéraires, politiques, artistiques et médicaux de 1880 à 1905, Paris (Nouvelle Librairie Nationale) 1915, S. 195.

S. 66 *Meister der Gegenrevolution* Louis Dimier, Les Maîtres de la contre-révolution au dix-neuvième siècle. Nouvelle édition revue et corrigée, Paris (Nouvelle Librairie Nationale) 1917.

S. 68 *die moralische Wirklichkeit* Durkheim, Über die Teilung der sozialen Arbeit, S. 76.

S. 69 *Objektiv gesehen* Durkheim an Bouglé, 21. November 1902; Geschichte der Soziologie, 2. Band, S. 326.

S. 71 *penseur quasi-officiel* Agathon, S. 212-213.

S. 72 *in der man* Charles Péguy, L'Argent [1913]; Œuvres en prose 1909-1914. Avant-propos et notes par Marcel Péguy, Paris (Bibliothèque de la Pléiade) 1961, S. 1103.

Arithmetik der Soziologen ebda., S. 1107.

S. 73 *Je ne suis pas* Péguy, Note conjointe sur M. Descartes et la philosophie cartésienne [posth.]; Œuvres en prose 1909-1914, S. 1411.

petit clan Péguy, L'Argent, S. 1138.

S. 74 *Hätte ich gezeigt* ebda.

erster unter Frankreichs André Suarès, Péguy, Paris (Emile-Paul Frères) 1915, S. 27.

S. 75 *des méthodes* Péguy, Zangwill [1904]; Œuvres en prose 1898-1908. Introduction et notes de Marcel Péguy, Paris (Bibliothèque de la Pléiade) 1959, S. 739.

Tu es christianus Péguy, De la situation faite au parti intellectuel dans le monde moderne [1906]; Œuvres en prose 1898-1908, S. 1038.

die alte Auseinandersetzung Péguy, Zangwill, S. 739.

S. 76 *in Schwierigkeiten* Péguy, De la situation faite à l'histoire et à la sociologie dans les temps modernes [1906]; Œuvres en prose 1898-1908, S. 1028.

republikanischen Manschetten Péguy, Victor-Marie, Comte Hugo [1910]; Œuvres en prose 1909-1914, S. 669.

S. 77 *denn von den Soziologen* Péguy, De la situation faite au parti intellectuel dans le monde moderne devant les accidents de la gloire temporelle [1907]; Œuvres en prose 1898-1908, S. 1136.

saints patrons Henri Massis, Les Idées restent, Lyon (Lardanchet) 1941, S. 50.

sakrale Gestalt Hubert Bourgin, De Jaurès à Léon Blum. L'Ecole Normale et la politique, Paris (Fayard) 1938, S. 218.

Patron gegen Péguy, L'Argent suite [1913]; Œuvres en prose 1909-1914, S. 1187.

S. 78 *Der Streit* ebda., S. 1273.

Gnädig überläßt Agathon, S. 367-368.

S. 79 *historien essentiel* Péguy, De la situation faite à l'histoire et à la sociologie, S. 1007.

nicht allzu systematisch Péguy, Note sur M. Bergson et la philosophie bergsonienne [1914]; Œuvres en prose 1909-1914, S. 1317.

Zu kalt Louis M. Greenberg, Bergson and Durkheim as Sons and Assimilators: The Early Years; French Historical Studies 9 (1976), S. 633.

S. 80 *alles, was man* Péguy, Note conjointe sur M. Descartes, S. 1538.

action dite française ebda., S. 1409.

deutsche Krise Claude Digeon, La Crise allemande de la pensée française (1870-1914), Paris (Presses Universitaires de France) 1959.

die Idee Marcel Proust, Sodom und Gomorra 2; Auf der Suche nach der verlorenen Zeit, Frankfurt a. M. (Suhrkamp) 1964, 8. Band, S. 372-373.

S. 81 *In der Bibliothek* Edmond & Jules de Goncourt, Idées et sensations, Nouvelle Edition, Paris (Charpentier) 1904, S. 112.

S. 85 *dreyfusisme* Pierre Lasserre, La Doctrine officielle de l'université. Critique du haut enseignement de l'état. Défense et théorie des humanités classiques, Paris (Garnier) 1913, S. 180.

S. 86 *Wir sind* Hippolyte Taine, Frau von Lafayette; Die schönsten Essays von Taine, München (Albert Langen) o. J., S. 76.

S. 88 *die für uns Deutsche* Charles Andler, Vie de Lucien Herr (1864-1926), Paris (Rieder) 1932, S. 42.

S. 89 *Es gab einmal* ebda., S. 38.

S. 91 *Es ist unbestreitbar* Maurice Barrès in der Sitzung der Kammer vom 21. Juni 1909; Barrès, Mes Cahiers, 7. Band (1908-1909), Paris (Plon) 1933, S. 219.

Protestieren ebda., S. 223.

S. 92 *um sich mit* Jacques Bainville, 3. August 1906; Bainville, Journal 1901-1918, Paris (Plon) 1948, S. 40.

S. 93 *petit fait* Maurras an Barrès, 4. November 1888; Maurice Barrès & Charles Maurras, La République ou le Roi. Correspondance inédite (1888-1923), Paris (Plon) 1970, S. 18.

petits naturalistes Maurras an Barrès, 10. April 1892; ebda., S. 61.

Schmierfink Léon Daudet, Devant la Douleur, S. 15.

S. 94 *Der Barde* Daudet, Victor Hugo ou la légende d'un siècle; Les Œuvres dans les hommes, Paris (Nouvelle Librairie Nationale) 1922, S. 15.

absurden Zola Daudet, Devant la Douleur, S. 31.

la société Daudet, Du Roman à l'histoire. Essai, Paris (Fernand Sorlot) 1938, S. 9.

S. 95 *industriellen Literatur* Charles-Augustin de Sainte-Beuve, De la littérature industrielle [1839]; Sainte-Beuve, Portraits contemporains. Nouvelle édition revue et corrigée, Paris (Didier) 1855, 1. Band.

Das häufigste Henri Massis, Les Chapelles littéraires (Claudel et Péguy); Jugements, 2. Band, Paris (Plon) 1924, S. 254.

S. 96 *Wissenschaft vom Menschen* Pierre Lasserre, Cinquante ans de pensée française, Paris (Plon-Nourrit) 1922, S. 266.

wesentliche Element Henri Massis, Au long d'une vie, Paris (Plon) 1967, S. 263.

S. 97 *roman à intention* Gustave Lanson, La Littérature et la science; Revue Bleue 50 (1892), S. 387.

Hier ist es Marius-Ary Leblond, La Société française sous la troisième république d'après les romanciers contemporains, Paris (Alcan) 1905, S. VII-VIII.

S. 98 *ein gutes Französisch* Pierre Lasserre, Les Chapelles littéraires, Paris (Garnier) 1920, S. 199.

S. 99 *allesamt literarisch* Daniel Halévy, Péguy et les Cahiers de la Quinzaine, Paris (Grasset) 1941, S. 215.

S. 100 *Prosa, Vers, Drama* ebda., S. 214.

Poet der Soziologie Célestin Bouglé, Bilan de la sociologie française contemporaine, Paris (Alcan) 1935, S. 17.

Könnten Sie nur Lucien Herr, Lettre à Maurice Barrès, La Revue Blanche 15 (1898); Herr, Choix d'ecrits. 1. Politique, Paris (Rieder) 1932, S. 44-45.

LITERATUR

AGATHON

1911. *L'Esprit de la Nouvelle Sorbonne*. La Crise de la culture classique. La Crise du français
Paris, Mercure de France

1913. *Les jeunes gens d'aujourd'hui*
Paris, Plon-Nourrit

ANDLER, CHARLES

1932. *Vie de Lucien Herr (1864-1926)*
Paris, Rieder

APOLLINAIRE, GUILLAUME

1916. *Le Poète assassiné*
Paris, L'Edition. Bibliothèque des curieux

ARON, RAYMOND

1934. Rezension von Henri Gouhier, *La Jeunesse d'Auguste Comte* (1933) in: Zeitschrift für Sozialforschung 3, S. 274-275.

AUSPITZ, KATHERINE

1982. *The Radical Bourgeoisie*. The Ligue de l'enseignement and the Origins of the Third Republic 1866-1885
Cambridge, Cambridge University Press

BAINVILLE, JACQUES

1948. *Journal 1901-1918*
Paris, Plon

BARRÈS, MAURICE

1902. *Scènes et doctrines du nationalisme*
Paris, Emile-Paul Frères

1922. *Taine et Renan*. Pages perdues, recueillies et complétées par Victor Giraud
Paris, Bossard

1929-1949. *Mes Cahiers*. 12 Bde.
Paris, Plon

Barrès, Maurice & Charles Maurras
1970. *La République ou le Roi*. Correspondance inédite (1888-1923)
Paris, Plon

Benda, Julien
1945. *La France byzantine ou le triomphe de la littérature pure*
Paris, Gallimard
1975. *La Trahison des clercs* [1927]
Paris, Grasset

Bouglé, Célestin
1896. *Notes d'un étudiant français en Allemagne*
[Unter dem Pseudonym Jacques Breton]
Paris, Calmann-Lévy
1905. *La Société sous la terre (Une utopie de G. Tarde)*
in: Revue Bleue 3, S. 333-336.
1918. *Chez les prophètes socialistes*
Paris, Alcan
1935. *Bilan de la sociologie française contemporaine*
Paris, Alcan
1938. *The French Conception of ›Culture Générale‹ and its Influences upon Instruction*
New York, Columbia University. Teachers College

Bourget, Paul
1902. *Notes sur Balzac. Le Sociologue*
in: Minerva. Revue des lettres et des arts 1, S. 161-184.
1906. *Sociologie et Littérature* [= Etudes et Portraits 3]
Paris, Plon

Bourgin, Hubert
1938. *De Jaurès à Léon Blum. L'Ecole Normale et la politique*
Paris, Fayard

Bridges, J. H.
1866. *The Unity of Comte's Life and Doctrine*. A Reply to Strictures on Comte's Later Writings, addressed to J. S. Mill
London, Trübner

Byrnes, Robert F.
1951. *The French Publishing Industry and its Crisis in the 1890's*
in: The Journal of Modern History 23, S. 232-242.

CAPITAN PETER, COLETTE
1972. *Charles Maurras et l'idéologie d'Action Française.* Etude sociologique d'une pensée de droite
Paris, Editions du Seuil

CARRÉ, JEAN-MARIE
1947. *Les Ecrivains français et le mirage allemand 1800-1940*
Paris, Boivin

COMTE, AUGUSTE
1851. *Système de Politique Positive, ou Traité de Sociologie, Instituant la Religion de l'Humanité*
Paris, L. Matthias
1884. *Testament d'Auguste Comte*
Paris, 10 rue Monsieur-le-Prince
1966. *Catéchisme positiviste* [1852]. Chronologie, introduction et notes par Pierre Arnaud
Paris, Garnier-Flammarion
1973. *Correspondance générale et confessions.* Textes établis et présentés par Paulo E. de Berrêdo Carneiro et Pierre Arnaud. 1. Band (1814 bis 1840)
Paris, Mouton
1976. *Correspondance générale et confessions*, . . . 2. Band (1841-1845)
Paris, Mouton
1977. *Correspondance générale et confessions*, . . . 3. Band (1845-1846)
Paris, Mouton
1981. *Correspondance générale et confessions*, . . . 4. Band (1846-1848)
Paris, Mouton

COUDEKERQUE-LAMBRECHT, M.
1925. *Léon de Montesquiou.* Sa vie politique. L'Action Française
Paris, Nouvelle Librairie Nationale

CURTIS, MICHAEL
1959. *Three against the Third Republic.* Sorel, Barrès and Maurras
Princeton, Princeton University Press

CURTIUS, ERNST ROBERT
1921. *Maurice Barrès und die geistigen Grundlagen des französischen Nationalismus*
Bonn, Cohen
1925. *Französischer Geist im neuen Europa*
Stuttgart, Deutsche Verlagsanstalt

Daudet, Léon

1915a. *Devant la Douleur*. Souvenirs des milieux littéraires, politiques, artistiques et médicaux de 1880 à 1905 (II)
Paris, Nouvelle Librairie Nationale

1915b. *L'Entre-deux-guerres*. Souvenirs . . . (III)
Paris, Nouvelle Librairie Nationale

1922. *Les Œuvres dans les hommes*
Paris, Nouvelle Librairie Nationale

1929. *Ecrivains et artistes*. 6. Band
Paris, Editions du Capitole

1932. *Salons et journaux*
Paris, Grasset

1938. *Du Roman à l'histoire*. Essai
Paris, Fernand Sorlot

1974. *Souvenirs politiques*
Paris, Editions d'Histoire et d'Art

Delaporte, Jean

1959. *Connaissance de Péguy*. Edition revue et augmentée. 2 Bde.
Paris, Plon

Deploige, Simon

1912. *Le Conflit de la morale et de la sociologie*
Louvain, Institut supérieur de philosophie
Paris, Alcan

Digeon, Claude

1959. *La Crise allemande de la pensée française (1870-1914)*
Paris, Presses Universitaires de France

Dimier, Louis

1917. *Les Maîtres de la contre-révolution au dix-neuvième siècle*. Nouvelle édition revue et corrigée
Paris, Nouvelle Librairie Nationale

1919. *Buffon*
Paris, Nouvelle Librairie Nationale

1926. *Vingt ans d'Action Française et autres souvenirs*
Paris, Nouvelle Librairie Nationale

Dreyfus, Robert

1939. *De Monsieur Thiers à Marcel Proust*. Histoire et souvenirs
Paris, Plon

DUMAS, GEORGES
1905. *Psychologie de deux messies positivistes.* Saint-Simon et Auguste Comte
Paris, Alcan

DURKHEIM, EMILE
1915. *›Germany above all‹.* German mentality and war [Studies and Documents on the War 5]
Paris, Armand Colin
1973. *Der Selbstmord* [1897]. Mit einer Einleitung von Klaus Dörner und einem Nachwort von René König
Neuwied/Berlin, Luchterhand
1975. *Textes. I: Eléments d'une théorie sociale.* Présentation de Victor Karady
Paris, Les Editions de Minuit
1977. *Über die Teilung der sozialen Arbeit* [1893]. Eingeleitet von Niklas Luhmann
Frankfurt a. M., Suhrkamp

EROS, JOHN
1955. *The Positivist Generation of French Republicanism*
in: The Sociological Review 3, S. 255-277.

FAGUET, EMILE
1904. *Auguste Comte et Stuart Mill* [1899]
in: Propos littéraires. Deuxième Série, S. 149-162.
Paris, Société française d'imprimerie et de librairie

FRIEDRICH, HUGO
1935. *Das antiromantische Denken im modernen Frankreich.* Sein System und seine Herkunft
München, Hueber

GILSON, ETIENNE
1951. *L'Ecole des muses*
Paris, Librairie philosophique J. Vrin

GONCOURT, EDMOND & JULES DE
1904. *Idées et sensations.* Nouvelle édition
Paris, Charpentier

GOUHIER, HENRI
1931. *La Vie d'Auguste Comte*
Paris, Gallimard

GREENBERG, LOUIS M.
1976. *Bergson and Durkheim as Sons and Assimilators: The Early Years* in: French Historical Studies 9, S. 619-634.

HALÉVY, DANIEL
1941. *Péguy et les Cahiers de la Quinzaine* Paris, Grasset

HERR, LUCIEN
1932. *Choix d'écrits.* 2 Bde. Paris, Rieder

KÖNIG, RENÉ
1931. *Die naturalistische Ästhetik in Frankreich und ihre Auflösung.* Ein Beitrag zur systemwissenschaftlichen Betrachtung der Künstlerästhetik Borna/Leipzig, Robert Noske

LANSON, GUSTAVE
1892. *La Littérature et la science* in: Revue Bleue 50, S. 385-391; 433-440.
1904. *L'Histoire littéraire et la sociologie* in: Revue de Métaphysique et de Morale 12, S. 621-642.

LASSERRE, PIERRE
1913. *La Doctrine officielle de l'Université.* Critique du haut enseignement de l'état. Défense et théorie des humanités classiques Paris, Garnier
1914. *Portraits et discussions* Paris, Mercure de France
1920. *Les Chapelles littéraires* Paris, Garnier
1922. *Cinquante ans de pensée française.* Le Germanisme et l'esprit humain Paris, Plon-Nourrit
1924. *Mes routes* Paris, Plon

LINDENBERG, DANIEL & PIERRE-ANDRÉ MEYER
1977. *Lucien Herr.* Le Socialisme et son destin Paris, Calmann-Lévy

LITTRÉ, EMILE
1864. *Auguste Comte et la philosophie positive* Paris, Hachette

Lukes, Steven
1972. *Emile Durkheim.* His Life and Work. A Historical and Critical Study
New York, Harper & Row

Massis, Henri
1906. *Comment Emile Zola composait ses romans.* D'après ses notes personnelles et inédites
Paris, Fasquelle
1923-1924. *Jugements.* 2 Bde.
Paris, Plon
1931. *Evocations.* Souvenirs 1905-1911
Paris, Plon
1941. *Les Idées restent*
Lyon, Lardanchet
1961. *Maurras et notre temps.* Entretiens et souvenirs. Edition définitive augmentée de documents inédits
Paris, Plon
1962. *Barrès et Nous.* Suivi d'une correspondance inédite (1906-1923)
Paris, Plon
1967. *Au long d'une vie*
Paris, Plon

Maurras, Charles
1916. *Quand les Français ne s'aimaient pas.* Chronique d'une renaissance, 1845-1905
Paris, Nouvelle Librairie Nationale
1922a. *Romantisme et révolution*
Paris, Nouvelle Librairie Nationale
1922b. *Pages littéraires choisies*
Paris, Librairie ancienne Honoré Champion
1923. *L'Allée des philosophes*
Paris, Société littéraire de France
1925. *Vers un art intellectuel.* 1: Barbarie et Poésie
Paris, Nouvelle Librairie Nationale
1931. *Au Signe de Flore.* Souvenirs de vie politique
Paris, Les Œuvres Représentatives
1948. *Maurice Barrès*
Paris, A la Girouette

Mill, John Stuart
1961. *Auguste Comte and Positivism* [1865]
Ann Arbor, The University of Michigan Press

NIETZSCHE, FRIEDRICH

1980. *Sämtliche Werke.* Kritische Studienausgabe in 15 Bänden, ed. Giorgio Colli & Mazzino Montinari
München, Deutscher Taschenbuch Verlag

NIZAN, PAUL

1969. *Aden. Die Wachhunde.* Zwei Pamphlete
Reinbek b. Hamburg, Rowohlt

NOLTE, ERNST

1984. *Der Faschismus in seiner Epoche.* Action Française, Italienischer Faschismus, Nationalsozialismus [1963]
München, Piper

PARODI, DOMINIQUE

1925. *La Philosophie contemporaine en France.* Essai de classification des doctrines
Paris, Alcan

PASTEUR, LOUIS

1939. *Discours de Réception à l'Académie Française* [1882], in: Œuvres de Pasteur. Réunies par Pasteur Vallery-Radot, 7. Band, S. 326 bis 339.
Paris, Masson

PÉGUY, CHARLES

1959. *Œuvres en prose 1898-1908.* Introduction et notes de Marcel Péguy
Paris, Bibliothèque de la Pléiade

1961. *Œuvres en prose 1909-1914.* Avant-propos et notes par Marcel Péguy
Paris, Bibliothèque de la Pléiade

PÉGUY, CHARLES & ANDRÉ SUARÈS

1961. *Correspondance.* Présentée par Alfred Saffrey
Paris, Cahiers de l'amitié Charles Péguy

PROUST, MARCEL

1964. *Sodom und Gomorra 2* [= Auf der Suche nach der verlorenen Zeit, 8. Band], übersetzt von Eva Rechel-Mertens
Frankfurt a. M., Suhrkamp

ROHDEN, PETER RICHARD

1941. *Die französische Politik und ihre Träger.* Advokat, Schriftsteller, Professor
München, Bruckmann

ROLLAND, ROMAIN
1908. *Jean-Christophe à Paris.* La Foire sur la place
Paris, Ollendorf

ROMAINS, JULES
1933. *Problèmes européens*
Paris, Flammarion

ROUVRE, CHARLES DE
1917. *L'Amoureuse histoire d'Auguste Comte et de Clotilde de Vaux*
Paris, Calmann-Lévy

SAINTE-BEUVE, CHARLES-AUGUSTIN DE
1855. *Portraits contemporains et divers.* Nouvelle édition revue et corrigée.
1. Band
Paris, Didier

SOREL, GEORGES
1911a. *Lyripipii Sorbonici Moralisationes*
in: L'Indépendance I (4), S. 111-125.
1911b. *Un critique des sociologues*
in: L'Indépendance II (16), S. 73-84.
1912. Aux temps dreyfusiens
in: L'Indépendance IV (36), S. 29-56.

SUARÈS, ANDRÉ
1915. *Péguy*
Paris, Emile-Paul Frères

TAINE, HIPPOLYTE
o. J. *Die schönsten Essays*
München, Albert Langen

TARDE, GABRIEL
o. J. *Introduction et pages choisies par ses fils, suivies des poésies inédites de Tarde.* Préface de H. Bergson
Paris, Louis-Michaud
1879. *Contes et poèmes*
Paris, Calmann-Lévy
1896. *Fragment d'histoire future*
in: Revue Internationale de Sociologie 4, S. 603-654.
1974. *Underground Man* [1905]. With a Preface by H. G. Wells
Westport, Conn., Hyperion Press [Reprint]
1980. *Fragment d'histoire future.* Présentation de Raymond Trousson
Paris/Genf, Slatkine Reprints

Tharaud, Jérome & Jean
1926. *Notre cher Péguy*. 2 Bde.
Paris, Plon
1949. *Pour les fidèles de Péguy*
Paris/St.Etienne, Dumas

Thérive, André
1957. *Clotilde de Vaux ou la déesse morte*
Paris, Albin Michel

Valéry, Paul
1957. *Une conquête méthodique* [1897], in: Œuvres. 1. Band, S. 971-987.
Paris, Bibliothèque de la Pléiade

Vaux, Clotilde de & Auguste Comte
1918. *Le Positivisme*. Esquisse d'un tableau de la fondation de la religion de l'humanité. 3. Band: L'Année sans pareille
Rio de Janeiro, Au siège central de l'église positiviste du Brésil

ENGLAND

NACHWEISE

Fakten und Gefühlskultur: John Stuart Mill

S. 105 *7. Juli* John Mill's Boyhood Visit to France. Being A Journal and Notebook Written by John Stuart Mill in France, 1820-21, ed., with an introduction, by Anna Jean Mill, Toronto (The University of Toronto Press) 1960, S. 36-37.

S. 108 *In diesem* John Stuart Mill, Autobiography and Literary Essays, ed. John M. Robson & Jack Stillinger [= Collected Works of John Stuart Mill 1], Toronto (University of Toronto Press) 1981, S. 139.

S. 110 *Ich hatte* Jean François Marmontel, Mémoires [1804]. Edition critique établie par John Renwick, Clermont-Ferrand (Collection Ecrivains d'Auvergne, G. de Bussac) 1972, 1. Band, S. 5 (Livre premier).

S. 111 *culture of the feelings* Mill, Autobiography, S. 151.

S. 112 *Evangelium* John Sterling, 16. Oktober 1841; Caroline Fox, Memories of Old Friends. Being Extracts from the Journals and Letters of Caroline Fox . . . from 1835 to 1871, ed. Horace N. Pym, London (Smith, Elder & Co.) 1882, S. 142.

S. 113 *Künste und Wissenschaften* F. Parvin Sharpless, The Literary Criticism of John Stuart Mill, The Hague/Paris (Mouton) 1967, S. 23.

dealer in fictions ebda., S. 24.

viele Tatsachen Hippolyte Taine, Notes sur l'Angleterre, Paris (Hachette) 1899, S. 324.

die einen Mann Peregrine Bingham in der Westminster Review I (1824), S. 18; Sharpless, The Literary Criticism of John Stuart Mill, S. 37.

S. 114 *regular feelings* The Poetical Works of William Wordsworth, ed. William Knight, Edinburgh (William Paterson) 1883, 4. Band, S. 276.

S. 117 *poet of culture* Mill, Thoughts on Poetry and its Varieties [1833]; Mill, Autobiography and Literary Essays, S. 356.

mühsame Akkuratesse Mill, Michelet's History of France [1844]; Mill, Dissertations and Discussions ... in four volumes, 3. Auflage, London (Longmans, Green, Reader, and Dyer) 1875, 2. Band, S. 120.

Dies ist Mill, Carlyle's *French Revolution* [1837]; Mill's Essays on Literature and Society, ed., with an introduction, by J. B. Schneewind, New York (Collier Books) 1965, S. 184.

S. 118 *Am Sterbebett* ebda., S. 190.

subjektive Historiker Mill, Michelet's History of France, S. 141.

Ist dies wahr? Mill, Coleridge [1840]; Mill, Essays on Ethics, Religion and Society, ed. J. M. Robson [= Collected Works of John Stuart Mill x], Toronto (University of Toronto Press) 1969, S. 119.

S. 119 *Empirismus dessen* Mill, Bentham [1838]; Mill, Essays on Ethics ..., S. 92.

Es ist Mill, Coleridge, S. 125.

S. 120 *dieses komplexeste* Mill, A System of Logic Ratiocinative and Inductive ... [1843], 2 Bde., ed. J. M. Robson & R. F. Mc Rae [= Collected Works of John Stuart Mill VII, VIII], Toronto (University of Toronto Press), 1973/74, 2. Band, S. 895.

Während es ebda., S. 915-916.

bloße Literatur Mill, Guizot's Essays and Lectures on History [1845]; Mill, Dissertations ..., 2. Band, S. 220.

Wissenschaft der Ursachen Mill, Coleridge, S. 139.

S. 121 *so klar* Caroline Fox an E. T. Carne, 25. November 1859; Fox, Memories of Old Friends, S. 322.

S. 122 *Philosophie ist* Mill's Diary, 11. April 1854; Mill's Essays on Literature and Society, S. 351-352.

S. 123 *Nach dem Dinner* Kate Amberleys Journal, 28. Sept. 1870; The Amberley Papers. The Letters and Diaries of Lord and Lady Amberley, ed. Bertrand & Patricia Russell, 2 Bde., London (The Hogarth Press) 1937, 2. Band, S. 375.

als seine Friedrich Nietzsche, Nachgelassene Fragmente [1880]; Nietzsche, Sämtliche Werke. Kritische Studienausgabe in 15 Bänden, ed. Giorgio Colli & Mazzino Montinari [= Kritische Studienausgabe], München (Deutscher Taschenbuch Verlag) 1980, 9. Band, S. 369.

S. 124 *eine Frau* Mill, Autobiography, S. 193.

der größte Philosoph Jules Véran, Le souvenir de Stuart Mill à Avignon; Revue des Deux Mondes 107 (1937), S. 212.

Gäbe es nur John M. Robson, Harriet Taylor and John Stuart Mill: Artist and Scientist; Queens Quarterly 73 (1966), S. 168.

S. 125 *philosophischen Geschnatter* Nietzsche, Nachgelassene Fragmente [1884]; Kritische Studienausgabe, 11. Band, S. 100.

Partnerschaft Mill, Autobiography, S. 247.

S. 126 *Ich bin enttäuscht* Harriet Taylor an John Stuart Mill, 1844; F. A. Hayek, John Stuart Mill and Harriet Taylor. Their Correspondence and Subsequent Marriage, London (Routledge & Kegan Paul) 1951, S. 114.

Eine Größere ebda., S. 283, Anm. 4.

Der nie geschriebene Roman: Beatrice Webb

S. 129 *matter-of-fact home* Charles Dickens, Hard Times [1854], New York (A Signet Classic) 1980, S. 19.

falschen Wissenschaft Hippolyte Taine, Histoire de la littérature anglaise. Dixième édition, revue et augmentée ... Tome cinquième et complémentaire. Les Contemporains, Paris (Hachette) 1897, S. 49.

S. 130 *Nach einem* Dickens, Hard Times, S. 57.

S. 131 *großen Tradition* F. R. Leavis, The Great Tradition. George Eliot, Henry James, Joseph Conrad, London (Chatto & Windus) 1948.

daß ein literarisches F. R. Leavis, Mill, Beatrice Webb and the ›English School‹; Scrutiny 16 (1949), S. 118.

S. 132 *Wärst Du* Beatrice Webb, My Apprenticeship [1926], with an introduction by Norman MacKenzie, Cambridge (Cambridge University Press) 1979, S. 11.

Won't work ebda., S. 26.

S. 134 *den Barrikaden* G. B. Shaw, Preface to the 1908 edition; Fabian Essays in Socialism [1889], ed. G. B. Shaw, Boston (The Ball Publishing Company) 1911, S. XIV-XV.

S. 135 *Hier endet* ebda., S. 414.

männliche Belohnung Beatrice Potter an Richard Potter, November 1885; The Letters of Sidney and Beatrice Webb, ed. Norman MacKenzie, Volume I: Apprenticeships 1873-1892 [= Webb, Letters, 1. Band], Cambridge (Cambridge University Press) 1978, S. 48.

S. 136 *niederen Gefühle* Beatrice Potter an Sidney Webb, 2. Mai 1890; Webb, Letters, 1. Band, S. 133.

S. 137 *Das kann* Beatrice Webb, 23. Mai 1890; The Diary of Beatrice Webb, ed. Norman & Jeanne MacKenzie, Volume I 1873-1892: »Glitter Around and Darkness Within« [= Webb, Diary, 1. Band], Cambridge, Mass. (The Belknap Press of Harvard University Press) 1982, S. 332.

Jetzt bist Sidney Webb an Beatrice Potter, 30. Mai 1890; Webb, Letters, 1. Band, S. 142.

S. 138 *immer wie* Beatrice Webb, My Apprenticeship, S. 145.

Der Mann ebda., S. 146.

S. 139 *Selbst innerhalb* Sidney Webb an Beatrice Potter, 24. Juni 1890; Webb, Letters, 1. Band, S. 155-156.

Manches Mal Sidney Webb an Beatrice Potter, 29. Juni 1890; ebda., S. 159.

S. 140 *In diesem Fall* Beatrice Potter an Sidney Webb, 11. August 1890; ebda., S. 164.

Ich bin Sidney Webb an Beatrice Potter, 13. August 1890; ebda., S. 171.

Kein Roman Sidney Webb an Beatrice Potter, 14. März 1891; ebda., S. 265.

S. 141 *Weder Dickens* Sidney Webb an Beatrice Potter, 21. September 1890; ebda., S. 194.

Ich bin Sidney Webb an Beatrice Potter, 14. Dezember 1890; ebda., S. 244.

S. 142 *délire* Sidney Webb an Beatrice Potter, 23. Mai 1891; ebda., S. 273.

Wenn Dir Sidney Webb an Beatrice Potter, 22. Dezember 1891; ebda., S. 359.

Sie sind Beatrice Potter an Sidney Webb, 24. Dezember 1891; ebda., S. 360.

S. 143 *Unternehmer-Evangelium* Beatrice Webb, 18. August 1886; Webb, Diary, 1. Band, S. 174.

S. 144 *ungläubiger Thomas* Webb, My Apprenticeship, S. 138.

ihre Anschauungen Beatrice Potter an Richard Potter, 9. November 1883; Webb, Letters, 1. Band, S. 18.

S. 145 *gradgrindism* Philip Abrams, The Origins of British Sociology: 1834-1914. An Essay with Selected Papers, Chicago (The University of Chicago Press) 1968, S. 22.

Obwohl Mr. Gradgrind Dickens, Hard Times, S. 101.

Dinge, die Beatrice Webb, 9. Dezember 1903; The Diary of Beatrice Webb, ed. Norman & Jeanne MacKenzie, Vol. II 1892-1905: »All the Good Things of Life« [= Webb, Diary, 2. Band], Cambridge, Mass. (The Belknap Press of Harvard University Press) 1983, S. 307.

S. 146 *wie das Studium* Lord Beveridge, The London School of Economics and its Problems 1919-1937, London (George Allen & Unwin) 1960, S. 106.

S. 147 *Mut, Aufrichtigkeit* Beatrice Webb, 17. September 1920; Beatrice Webb's Diaries 1912-1924, ed. Margaret I. Cole, with an introduction by Lord Beveridge [= Webb, Diaries, ed. Cole, 1. Band], London (Longmans, Green and Co.) 1952, S. 196.

S. 148 *little-slips* T. S. Simey, The Contribution of Sidney and Beatrice Webb to Sociology; The British Journal of Sociology 12 (1961), S. 122, Anm. 32.

S. 149 *Wir sind uns* Sidney & Beatrice Webb, Methods of Social Study, London (Longmans, Green and Co.) 1932, S. 94.

S. 150 *Protestantismus* Sidney Webb, Historic; Fabian Essays in Socialism, S. 40.

S. 151 *Du fehltest* Sidney Webb an G. B. Shaw, 4. November 1884; Webb, Letters, 1. Band, S. 81.

Scotland G. B. Shaw & Margaret Cole, Early Days; The Webbs and their Work, ed. Margaret Cole, London (Frederick Muller) 1949, S. 6.

S. 152 *Nachrichtenoffiziere* G. M. Trevelyan, British History in the Nineteenth Century; Beatrice Webb, Our Partnership [1948], ed. Barbara Drake & Margaret I. Cole, with an introduction by George Feaver, Cambridge (Cambridge University Press) 1975, S. 107.

S. 153 *nichts als* Beatrice Webb, 12. Juli 1918; The Diary of Beatrice Webb, ed. Norman & Jeanne MacKenzie, Vol. III 1905-1924: »The Power to Alter Things« [= Webb, Diary, 3. Band], London (Virago Press in association with the London School of Economics and Political Science) 1984, S. 311.

aus denkenden Beatrice Webb, 18. April 1896; Webb, Diary, 2. Band, S. 94.

S. 154 *so wie er* Leonard Woolf, Sowing. An Autobiography of the Years 1880 to 1904, New York (Harcourt Brace Jovanovich) 1975, S. 48.

S. 155 *Sie waren es* Webb, My Apprenticeship, S. 131.

Selbst der Beatrice Webb, 2. Juli 1882; Webb, Diary, 1. Band, S. 52-53.

S. 157 *Pathos* Virginia Woolf, 23. Oktober 1929; The Diary of Virginia Woolf, ed. Anne Olivier Bell, assisted by Andrew McNeillie, Volume 3: 1925-1930 [= Virginia Woolf, Diary, 3. Band], New York (Harcourt Brace Jovanovich) 1980, S. 263.

S. 158 *Man fragt* Beatrice Potter an Richard Potter, Oktober 1886; Webb, Letters, 1. Band, S. 61.

S. 159 *Sie hat* Beatrice Webb, 14. Mai 1932; Beatrice Webb's Diaries 1924-1932, ed. and with an introduction by Margaret Cole [= Webb, Diaries, ed. Cole, 2. Band], London (Longmans, Green and Co.) 1956, S. 307.

S. 160 *lieben Goethe* Beatrice Webb, 30. März 1879; Webb, Diary, 1. Band, S. 31.

S. 161 *vom Leben* Beatrice Webb, 2. Januar 1888; ebda., S. 237.

S. 162 *an der allgemeinen* Beatrice Webb, 15. Juli 1888; ebda., S. 253.

der einzige Norman & Jeanne MacKenzie, Introduction to Part v; ebda., S. 316.

Seit etwa Beatrice Webb, 30. September 1889; ebda., S. 298.

S. 165 *soliden aber* Beatrice Webb, Our Partnership, S. 15.

nie mit Desmond MacCarthy, The Webbs as I saw them; The Webbs and their Work, S. 127.

streng unterdrückten Leonard Woolf, Sowing, S. 49.

eigenen Wörter Beatrice Webb, 8. Dezember 1913; Webb, Diaries, ed. Cole, 1. Band, S. 16.

S. 166 *alleine mit* Beatrice Webb, 17. Mai 1924; Webb, Diaries, ed. Cole, 2. Band, S. 27.

Zustände des Beatrice Webb, 10. Juli 1924; ebda., S. 35.

diesem Kind Beatrice Webb, 9. Juni 1925; ebda., S. 62.

S. 167 *Mrs. Webb's* Virginia Woolf, 11. April 1926; Virginia Woolf, Diary, 3. Band, S. 74.

S. 168 *glänzenden* Karl Marx, Die englische Bourgeoisie [1854]; Karl Marx & Friedrich Engels, Über Kunst und Literatur, ed. Manfred Kliem, Berlin/DDR (Dietz) 1967, S. 535.

Für irgendeine Beatrice Webb, My Apprenticeship, S. 138.

die Tatsachen Gustave Flaubert an Mlle Leroyer de Chantepie, 8. September 1860; Flaubert, Correspondance 1859-1871, Edition nouvelle . . . par la Société des Etudes littéraires françaises . . ., Paris (Club de l'Honnête Homme) 1975, S. 46.

S. 169 *sociological novels* Webb, Diary (Typoscript), 14. November 1933.

poetischen Prosa ebda., 29. April 1919.

Ihre Männer Beatrice Webb, 5. Februar 1927; Webb, Diaries, ed. Cole, 2. Band, S. 131.

Der utopische Roman als Soziologie-Ersatz: H. G. Wells

S. 171 *mit einer alten* Virginia Woolf, Mr. Bennett and Mrs. Brown [A paper read to the Heretics, Cambridge, on May 18, 1924]; Virginia Woolf, The Captain's Deathbed and Other Essays, New York (Harcourt Brace Jovanovich) 1978, S. 102.

S. 172 *dealer in* H. G. Wells, *The New Machiavelli*, New York (Duffield and Company) 1910, S. 192.

S. 173 *Wir mögen* Beatrice Webb, 19. April 1904; Webb, Diary, 2. Band, S. 320.

S. 175 *schlagartiges Interesse* Edward R. Pease, The History of the Fabian Society, New York (E. P. Dutton) 1916, S. 167.

ein Romancier Norman MacKenzie, Kommentar zum Brief von Sidney Webb an H. G. Wells, 3. September 1906; The Letters of Sidney and Beatrice Webb, ed. Norman MacKenzie, Vol. II: Partnership 1892-1912 [= Webb, Letters, 2. Band], Cambridge (Cambridge University Press) 1978, S. 236.

kalte Höflichkeit H. G. Wells an Henry James, 25. März 1912; Henry James and H. G. Wells. A Record of their Friendship, their Debate on the Art of Fiction, and their Quarrel, ed. with an introduction by Leon Edel & Gordon N. Ray, Urbana (University of Illinois Press) 1958, S. 160.

den Bedarf Webb, Diary (Typoscript), 22. August 1909.

S. 176 *Er hält sich* ebda., 25. Oktober 1934.

a grammar H. G. Wells, Experiment in Autobiography. Discoveries and Conclusions of a Very Ordinary Brain (since 1866), New York (MacMillan) 1934, S. 161.

experimentellen ebda., S. 512.

S. 177 *um Individualitäten* H. G. Wells, The So-Called Science of Sociology [1906]; Sociological Papers 3 (1907), S. 362.

S. 178 *ological studies* Dickens, Hard Times, S. 107.

Wir können Wells, The So-Called Science of Sociology, S. 364.

S. 179 *den beispielsweise* ebda., S. 367.

Hierzu gehört ebda., S. 369.

S. 181 *Mr. Wells* S. K. Ratcliffe, Sociology in the English Novel; Sociological Review 3 (1910), S. 135.

Er muß Ungezeichnete Besprechung von Wells' *Mankind in the Making*, Academy and Literature 65 (1903); H. G. Wells, The Critical Heritage, ed. Patrick Parrinder, London (Routledge & Kegan Paul) 1972, S. 92.

soziologischen Cocktails Wells, Experiment in Autobiography, S. 513.

daß der moderne H. G. Wells, The Contemporary Novel; Wells, An Englishman Looks at the World. Being a Series of Unrestrained Remarks upon Contemporary Matters, Leipzig (Tauchnitz) 1914, S. 163.

Verborgene Soziologie. Themen der englischen Literaturkritik im 19. und 20. Jahrhundert

S. 187 *geistige Sohn* F. R. Leavis, Two Cultures? The Significance of C. P. Snow. Being the Richmond Lecture, 1962. With a New Preface for the American Reader, New York (Pantheon Books) 1963, S. 40.

S. 188 *Obwohl sie* C. P. Snow, The Two Cultures and the Scientific Revolution [The Rede Lecture, 1959], New York (Cambridge University Press) 1959, S. 9.

für das Beste F. R. Leavis, Two Cultures?, S. 50.

S. 191 *Instinkt der* Matthew Arnold, The Study of Poetry [1880]; Arnold, English Literature and Irish Politics [= The Complete Prose Works of Matthew Arnold IX], ed. R. H. Super, Ann Arbor (The University of Michigan Press) 1973, S. 188.

S. 192 *magische Fähigkeit* Matthew Arnold, Maurice de Guérin [1863]; Arnold, Lectures and Essays in Criticism [= The Complete Prose Works of Matthew Arnold III], ed. R. H. Super, with the assistance of Sister Thomas Marion Hoctor, Ann Arbor (The University of Michigan Press) 1962, S. 16.

Künste und Matthew Arnold, On Poetry [1879]; Arnold, English Literature and Irish Politics, S. 348; Goethe, Maximen und Reflexionen (Aus Wilhelm Meisters Wanderjahren).

Ein Dichter Matthew Arnold, The Function of Criticism at the Present Time [1865]; Arnold, Lectures and Essays in Criticism, S. 261.

S. 193 *dem Besten* ebda., S. 268.

kultureller Arithmetik Fred A. Dudley, Matthew Arnold and Science; Publications of the Modern Language Association of America 57 (1942), S. 275.

morality touched Matthew Arnold, Literature and Dogma. An Essay Towards a Better Apprehension of the Bible [1873]; Arnold, Dissent and Dogma [= The Complete Prose Works of Matthew Arnold VI], ed. R. H. Super, Ann Arbor (The University of Michigan Press) 1968, S. 176.

S. 194 *des Besten* ebda., S. 168.

Athleten der ebda., S. 169.

unsere Freunde ebda., S. 399.

S. 197 *Lebensstandard* Matthew Arnold, Reports on Elementary Schools, 1852-1882; Arnold, Philistinism in England and America [= The Complete Prose Works of Matthew Arnold X], ed. R. H. Super, Ann Arbor (The University of Michigan Press) 1974, S. 463.

wie eine Thomas H. Huxley, A Liberal Education; And Where to Find It [1868]; Huxley, Science and Education. Essays, New York (D. Appleton and Co.) 1893, S. 86.

S. 198 *rein literarische* Thomas H. Huxley, Science and Culture [1880]; Huxley, Science and Education, S. 140.

hervorragenden Schriftsteller Matthew Arnold, Literature and Science [1882]; Arnold, Philistinism in England and America, S. 56.

S. 200 *criticism of life* ebda., S. 68.

unserem behaarten ebda., S. 72.

Es gab Thomas H. Huxley, On Science and Art in Relation to Education [1882]; Huxley, Science and Education, S. 170.

S. 201 *ein Mann* Charles Dickens, Hard Times [1854], New York (A Signet Classic) 1961, S. 12.

Mädchen ebda., S. 14.

Goten und Thomas H. Huxley, On Science and Art in Relation to Education, S. 163.

S. 202 *wunderbarsten Speicher* ebda., S. 184-185.

Aber es Thomas H. Huxley, On the Educational Value of the Natural History Sciences [1854]; Huxley, Science and Education, S. 58.

S. 203 *To point* Samuel Johnson, The Vanity of Human Wishes. The Tenth Satire of Juvenal Imitated, 219; Johnson, Selected Poetry and Prose, ed. with an introduction and notes by Frank Brady & W. K. Wimsatt, Berkeley (University of California Press) 1977, S. 63.

spekulativen Philosophen Thomas H. Huxley, On the Educational Value of the Natural History Sciences, S. 49.

Dieses Wissen Thomas H. Huxley, Science and Culture, S. 158.

S. 204 *Wenn auf Grund* Herbert Spencer, Education. Intellectual, Moral and Physical, New York (D. Appleton and Co.) 1860, S. 49 bis 50.

S. 206 *Kinder aufgefressen* Matthew Arnold, Culture & Anarchy. An Essay in Political and Social Criticism [1869; = The Works of Matthew Arnold in Fifteen Volumes VI], London (MacMillan and Co.) 1903, S. 207.

der bescheidene ebda., S. 89.

mechanischen Details ebda., S. 222.

S. 207 *Am wenigsten* Matthew Arnold an William Steward, 8. Mai 1872; Arnold, Letters 1848-1888, collected and arranged by George W. E. Russell, 2. Band, New York (MacMillan) 1895, S. 96-97.

zum allgemeinen Matthew Arnold, Culture & Anarchy, S. 48.

groteske alte Matthew Arnold, A Word More About America [1885]; Arnold, Philistinism in England and America, S. 207.

Ein großer Matthew Arnold, Wordsworth [1879]; Arnold, English Literature and Irish Politics, S. 50.

S. 208 *Nichts Praktisches* Thomas Love Peacock, Gryll Grange [1861], London (MacMillan) 1896, S. 52-53.

Kultur, mein Freund Frederic Harrison, Culture: A Dialogue; Fortnightly Review 1867; Harrison, The Choice of Books and Other Literary Pieces, London (MacMillan) 1886, S. 101.

S. 209 *Auguste Comtes* Austin Harrison, Frederic Harrison. Thoughts and Memories, New York (G. P. Putnam's Sons) 1927, S. 221.

In der Tat Frederic Harrison, Matthew Arnold; Harrison, Tennyson, Ruskin, Mill and Other Literary Estimates, New York (MacMillan) 1900, S. 124.

S. 210 *die seelenzerstörenden* D. J. Palmer, The Rise of English Studies. An Account of the Study of English Language and Literature from its Origins to the Making of the Oxford English School, London (Oxford University Press) 1965, S. 31.

heiliges Sakrament Lionel Gossman, Literature and Education; New Literary History 13 (1981-1982), S. 355.

S. 211 *Von einigen* Palmer, The Rise of English Studies, S. 32.

S. 212 *Sie brauchen* ebda., S. 81-82.

S. 214 *She was* F. R. Leavis, The Great Tradition. George Eliot, Henry James, Joseph Conrad, London (Chatto & Windus) 1948, S. 15.

S. 215 *critique souriant* Charles Monselet in seiner Vorrede zu Sainte-Beuves *Souvenirs et Indiscrétions*; Matthew Arnold, Sainte-Beuve [1886]; Arnold, The Last Word [= The Complete Prose Works of Matthew Arnold XI], ed. R. H. Super, Ann Arbor (The University of Michigan Press) 1977, S. 115.

notwendigen Zerstörungswerk F.R. Leavis, The Great Tradition, S. 23.

S. 217 *Gemischte Formen* I. A. Richards, Principles of Literary Criticism, New York (Harcourt, Brace and Co.) 1928, S. 3.

himmlisches Medium I. A. Richards, Complementarities. Uncollected Essays, ed. John Paul Russo, Cambridge, Mass. (Harvard University Press) 1976, S. 262.

S. 218 *blutigen Revolution* Q. D. Leavis, The Discipline of Letters (1943); A Selection from Scrutiny, compiled by F. R. Leavis, 2 Bde., Cambridge (Cambridge University Press) 1968, 1. Band, S. 22.

Im Rahmen F. R. Leavis, The Living Principle. ›English‹ as a Discipline of Thought, London (Chatto & Windus) 1975, S. 19-20.

S. 219 *soft option* F. R. Leavis, ›English‹, Unrest and Continuity [1969]; Leavis, Nor Shall My Sword. Discourses on Pluralism, Compassion and Social Hope, London (Chatto & Windus) 1972, S. 108.

S. 220 *Dickens war* F. R. Leavis, Luddites? or There is Only One Culture [1966]; Leavis, Nor Shall My Sword, S. 81.

Sie erweckt F. R. Leavis, Mill, Beatrice Webb and the ›English School‹: Preface to an Unprinted Volume; Scrutiny 16 (1949), S. 114.

S. 221 *Begabte Individuen* F. R. Leavis, The Common Pursuit [1962], Harmondsworth (Penguin Books) 1978, S. 183.

S. 222 *Eine Zeitschrift* The Editors [L. C. Knights & Donald Culver], Scrutiny – A Manifesto; Scrutiny 1 (1932), S. 2.

S. 223 *monumentale Arbeiten* Donald K. Kitchin, The Significance of Economics Thus Conceived; Scrutiny 2 (1933), S. 259.

S. 224 *Romanciers* Robert S. Lynd, Knowledge for What? The Place of Social Science in American Culture, Princeton (Princeton University Press) 1939, S. 178.

S. 226 *wunderbar zufriedenstellende* Denys Thompson, A Cure for Amnesia; Scrutiny 2 (1933), S. 5.

S. 227 *das vorhandene* Samuel Taylor Coleridge, On the Constitution of the Church and State According to the Idea of Each [1830]; The Complete Works of Samuel Taylor Coleridge, ed. Prof. Shedd, New York (Harper & Brothers) 1860, 6. Band, S. 50-51.

S. 228 *Es soll* Thomas Carlyle, Sartor Resartus [1833]; Ben Knights, The Idea of the Clerisy in the Nineteenth Century, Cambridge (Cambridge University Press) 1978, S. 14.

copy-rights Thomas Carlyle, On Heroes, Hero-Worship, and the Heroic in History, ed. Archibald MacMechan, Boston (Ginn & Co.) 1901, S. 177.

S. 229 *gesellschaftlicher Zufall* ebda., S. 183.

Alle Dinge ebda., S. 185.

S. 230 *Ich prophezeie* ebda., S. 202.

S. 231 *Upon the* T. S. Eliot, Cousin Nancy; Eliot, Collected Poems 1909-1935, New York (Harcourt, Brace & Co.) 1948, S. 34.

Kaffee ohne T. S. Eliot, The Use of Poetry and The Use of Criticism. Studies in the Relation of Criticism to Poetry in England. The Charles Eliot Norton Lectures for 1932-1933, Cambridge, Mass. (Harvard University Press) 1933, S. 17.

S. 232 *sich in die* ebda., S. 147.

classique, catholique Peter Ackroyd, T. S. Eliot, London (Hamish Hamilton) 1984, S. 41.

S. 233 *gewisse absolute* ebda., S. 222.

No! I am not T. S. Eliot, The Love Song of J. Alfred Prufrock [1910/1911]; Eliot, Selected Poems [1954], London (Faber & Faber) 1982, S. 15.

S. 234 *gezwungenermaßen* Harold Macmillan, Reconstruction (1933), S. 18; Arthur Marwick, Middle Opinion in the Thirties: Planning, Progress and Political ›Agreement‹; The English Historical Review 74 (1964), S. 287.

S. 235 *die eher* N. G. Annan, The Intellectual Aristocracy; Studies in Social History. A Tribute to G. M. Trevelyan, ed. J. H. Plumb, London (Longmans, Green & Co.) 1955, S. 285.

in den Knochen ebda., S. 251.

LITERATUR

Abrams, Philip

1968. *The Origins of British Sociology: 1834-1914*. An Essay with Selected Papers
Chicago, The University of Chicago Press

Amberley

1937. *The Amberley Papers*. The Letters and Diaries of Lord and Lady Amberley, ed. Bertrand & Patricia Russell, 2. Band
London, The Hogarth Press

Anderson, Perry

1968. *Components of the National Culture*
in: Student Power, ed. A. Cockburn & R. Blackburn, S. 214-284.
Harmondsworth, Pelican Books

Arnold, Matthew

1895. *Letters 1848-1888*, collected and arranged by George W. E. Russell, 2. Band
New York, MacMillan & Co.

1903. *Culture & Anarchy*. An Essay in Political and Social Criticism and Friendship's Garland [= The Works of Matthew Arnold in Fifteen Volumes VI]
London, MacMillan & Co.

1962. *Lectures and Essays in Criticism* [= The Complete Prose Works of Matthew Arnold III], ed. R. H. Super, with the assistance of Sister Thomas Marion Hoctor
Ann Arbor, The University of Michigan Press

1968. *Dissent and Dogma* [= The Complete Prose Works of Matthew Arnold VI], ed. R. H. Super
Ann Arbor, The University of Michigan Press

1973. *English Literature and Irish Politics* [= The Complete Prose Works of Matthew Arnold IX], ed. R. H. Super
Ann Arbor, The University of Michigan Press

1974. *Philistinism in England and America* [= The Complete Prose Works of Matthew Arnold x], ed. R. H. Super
Ann Arbor, The University of Michigan Press

1977. *The Last Word* [= The Complete Prose Works of Matthew Arnold xi], ed. R. H. Super
Ann Arbor, The University of Michigan Press

Baldick, Chris

1983. *The Social Mission of English Criticism, 1848-1932*
Oxford, Clarendon Press

Bantock, G. H.

1947. *The Cultural Implications of Planning and Popularization*
in: Scrutiny 14, S. 171-184.

Bennett, Arnold

1933. *The Journal of Arnold Bennett*
New York, The Literary Guild

1960. *Arnold Bennett and H. G. Wells*. A Record of a Personal and a Literary Friendship, edited with an introduction by Harris Wilson
London, Rupert Hart-Davis

Beveridge, Lord

1960. *The London School of Economics and its Problems 1919-1937*
London, George Allen & Unwin

Bradbury, Malcolm

1970. *Literature and Sociology*
in: Essays and Studies 23, S. 87-100.

Britain, Ian

1982. *Fabianism and Culture*. A Study in British Socialism and the Arts
Cambridge, Cambridge University Press

Buckley, Vincent

1959. *Poetry and Morality*. Studies on the Criticism of Matthew Arnold, T. S. Eliot and F. R. Leavis
London, Chatto & Windus

Caine, Sidney

1963. *The History of the Foundation of the London School of Economics and Political Science*
London, G. Bell and Sons

Carlyle, Thomas
1901. *On Heroes, Hero-Worship, and the Heroic in History* [1841], ed. Archibald MacMechan
Boston, Ginn & Co.
1923. *Letters of Thomas Carlyle to John Stuart Mill, John Sterling and Robert Browning*, ed. Alexander Carlyle
New York, Frederick A. Stokes

Clark, Jon, Ed.
1979. *Culture and Crisis in Britain in the Thirties*
London, Lawrence & Wishart

Cole, Margaret
1946. *Beatrice Webb*
London, Longmans, Green and Co.
1961. *The Webbs and Social Theory*
in: The British Journal of Sociology 12; 2, S. 93-105.

Cole, Margaret, Ed.
1949. *The Webbs and their Work*
London, Frederick Muller

Coleridge, Samuel Taylor
1860. *On The Constitution of the Church and State According to the Idea of Each* [1830 = The Complete Works of Samuel Taylor Coleridge, ed. Professor Shedd, Vol. vi]
New York, Harper & Brothers

Comte, Auguste
1976. *Correspondance générale et confessions.* Textes établis et présentés par Paulo E. de Berrêdo Carneiro et Pierre Arnaud, 2. Band (1841 bis 1845)
Paris, Mouton

Curtius, Ernst Robert
1932. *Deutscher Geist in Gefahr*
Stuttgart/Berlin, Deutsche Verlagsanstalt

Defries, Amelie Dorothy
1970. *Pioneers of Science.* Seven Pictures of Struggle and Victory [1928]
Freeport, Books for Library Press Reprint

Dickens, Charles
1980. *Hard Times* [1854]
New York, A Signet Classic

Dudley, Fred A.
1942. *Matthew Arnold and Science*
in: Publications of the Modern Language Association of America 57, S. 275-294.

Eliot, T. S.
1933. *The Use of Poetry and the Use of Criticism.* Studies in the Relation of Criticism to Poetry in England. The Charles Eliot Norton Lectures for 1932-1933
Cambridge, Mass., Harvard University Press
1939. *The Idea of a Christian Society*
London, Faber & Faber
1948. *Collected Poems, 1909-1935*
New York, Harcourt, Brace & Co.
1949. *Notes Towards the Definition of Culture*
New York, Harcourt, Brace & Co.
1969. *The Sacred Wood.* Essays on Poetry and Criticism [1920]
London, Methuen

Farrar, F. W., Ed.
1867. *Essays on a Liberal Education*
London, MacMillan & Co.

Filmer, Paul
1969. *The Literary Imagination and the Explanation of Socio-Cultural Change in Modern Britain*
in: Archives Européennes de Sociologie 10, S. 271-291.

Fox, Caroline
1882. *Memories of Old Friends.* Being Extracts from the Journals and Letters of Caroline Fox ... from 1835 to 1871, ed. Horace N. Pym
London, Smith, Elder & Co.

Gissing, George
1961. *George Gissing and H. G. Wells.* Their Friendship and Correspondence, ed. Royal A. Gettman
Urbana, University of Illinois Press

Gossman, Lionel
1981-1982. *Literature and Education*
in: New Literary History 13, S. 341-371.

Gross, John
1969. *The Rise and Fall of the Man of Letters.* A Study of the Idiosyncratic and the Humane in Modern Literature
New York, MacMillan

Hainds, J. R.
1950. *J. S. Mill's ›Examiner‹ Articles on Art*
in: Journal of the History of Ideas 2, S. 215-234.

Haldane, Richard Burdon
1929. *An Autobiography*
London, Hodder and Stoughton

Halévy, Elie
1901-1904. *La Formation du radicalisme philosophique.* 3 Bde.
Paris, Alcan

Hamilton, Mary Agnes
1933. *Sidney and Beatrice Webb.* A Study in Contemporary Biography
Boston/New York, Houghton Mifflin

Harrison, Austin
1927. *Frederick Harrison.* Thoughts and Memories
New York, G. P. Putnam's Sons

Harrison, Frederic
1886. *The Choice of Books and Other Literary Pieces*
London, MacMillan & Co.
1900. *Tennyson, Ruskin, Mill and Other Literary Estimates*
New York, MacMillan
1911. *Autobiographic Memoirs.* 2 Bde.
London, MacMillan & Co.

Hawthorn, Geoffrey
1976. *Enlightenment & Despair.* A History of Sociology
Cambridge, Cambridge University Press

Hayek, Friedrich A.
1951. *John Stuart Mill and Harriet Taylor.* Their Correspondence and Subsequent Marriage
London, Routledge & Kegan Paul

Himmelfarb, Gertrude
1971. *The Intellectual in Politics: The Case of the Webbs*
in: The Journal of Contemporary History 6; 3, S. 3-11.

Hoggart, Richard
1957. *The Uses of Literacy: Aspects of Working-Class Life with Special Reference to Publications and Entertainments*
London, Chatto & Windus

Honan, Park
1981. *Matthew Arnold.* A Life
London, Weidenfeld & Nicolson

Huxley, Thomas Henry
1893. *Science and Education.* Essays
New York, D. Appleton

Hynes, Samuel
1968. *The Edwardian Turn of Mind*
Princeton, Princeton University Press

Inglis, Fred
1982. *Radical Earnestness.* English Social Theory, 1880-1980
Oxford, Martin Robertson

James, Henry
1958. *Henry James and H. G. Wells.* A Record of their Friendship, their Debate on the Art of Fiction, and their Quarrel, ed., with an introduction by Leon Edel & Gordon N. Ray
Urbana, University of Illinois Press

Johnson, Samuel
1977. *Selected Poetry and Prose*, ed., with an introduction and notes by Frank Brady & W. K. Wimsatt
Berkeley, University of California Press

Kirk, Russell
1971. *Eliot and His Age.* T. S. Eliot's Moral Imagination in the Twentieth Century
New York, Random House

Kitchin, Donald K.
1933. *The Significance of Economics Thus Conceived*
in: Scrutiny 2, S. 258-265.

Knights, Ben
1978. *The Idea of the Clerisy in the Nineteenth Century*
Cambridge, Cambridge University Press

KNIGHTS, L. C. & DONALD CULVER
1932. *A Manifesto, by the Editors*
in: Scrutiny 1, S. 2-7.

KOJECKY, ROGER
1971. *T. S. Eliot's Social Criticism*
London, Faber & Faber

LEAVIS, F. R.
1933. *For Continuity*
Cambridge, The Minority Press
1936. *Revaluation: Tradition and Development in English Poetry*
London, Chatto & Windus
1938. *Arnold as Critic*
in: Scrutiny 7, S. 319-332.
1943. *Education and the University*. A Sketch for an ›English School‹
London, Chatto & Windus
1948. *The Great Tradition*. George Eliot, Henry James, Joseph Conrad
London, Chatto & Windus
1949a. *Mill, Beatrice Webb and the ›English School‹*. Preface to an Unprinted Volume
in: Scrutiny 16, S. 104-126.
1949b. *Beatrice Webb in Partnership* [Rezension von B. Webb, *Our Partnership*]
in: Scrutiny 16, S. 173-176.
1950. *New Bearings in English Poetry*. A Study of the Contemporary Situation [1932]. New Edition
London, Chatto & Windus
1953a. *The Responsible Critic: Or the Function of Criticism at Any Time*
in: Scrutiny 19, S. 162-183.
1953b. *Valedictory*
in: Scrutiny 19, S. 254-257.
1963a. *Two Cultures?* The Significance of C. P. Snow. Being the Richmond Lecture 1962. With a new Preface for the American Reader
New York, Pantheon Books
1963b. *A Retrospect*
in: Scrutiny [Reprint] 20, S. 1-24.
1968. *A Selection from Scrutiny*. Compiled by F. R. Leavis in two volumes
Cambridge, Cambridge University Press

1972. *Nor Shall My Sword.* Discourses on Pluralism, Compassion and Social Hope
London, Chatto & Windus

1974. *Letters in Criticism*, ed., with an introduction by John Tasker
London, Chatto & Windus

1975. *The Living Principle.* ›English‹ as a Discipline of Thought
London, Chatto & Windus

1978. *The Common Pursuit* [1962]
Harmondsworth, Penguin Books

LEAVIS, F. R. & Q. D. LEAVIS

1969. *Lectures in America*
London, Chatto & Windus

1970. *Dickens the Novelist*
London, Chatto & Windus

LEAVIS, F.R. & DENYS THOMPSON

1933. *Culture and Environment.* The Training of Critical Awareness
London, Chatto & Windus

LEAVIS, Q. D.

1932. *Fiction and the Reading Public*
London, Chatto & Windus

LETWIN, SHIRLEY ROBIN

1965. *The Pursuit of Certainty.* David Hume, Jeremy Bentham, John Stuart Mill, Beatrice Webb
Cambridge, Cambridge University Press

LYND, ROBERT

1939. *Knowledge for What?* The Place of Social Science in American Culture
Princeton, Princeton University Press

LYND, ROBERT S. & HELEN MERRELL LYND

1929. *Middletown.* A Study in Contemporary American Culture
New York, Harcourt, Brace & Co.

MACKENZIE, JEANNE

1979. *A Victorian Courtship.* The Story of Beatrice Potter and Sidney Webb
New York, Oxford University Press

MacKenzie, Norman & Jeanne MacKenzie
1973. *H. G. Wells*. A Biography
New York, Simon and Schuster

Mairet, Philip
1957. *Pioneer of Sociology*. The Life and Letters of Patrick Geddes
London, Lund Humphries

Marmontel, Jean François
1972. *Mémoires* [1804]. 2 Bde. Edition critique établie par John Renwick
Clermond-Ferrand, G. de Bussac (Collection Ecrivains d'Auvergne)

Martineau, Harriet
1983. *Autobiography* [1877]. 2 Bde.
With a new introduction by Gaby Weiner
London, Virago Press

Marwick, Arthur
1964. *Middle Opinion in the Thirties: Planning, Progress and Political ›Agreement‹*
in: The English Historical Review 74, S. 285-298.

Mazlish, Bruce
1975. *James and John Stuart Mill*. Father and Son in the Nineteenth Century
New York, Basic Books

Mill, Anna J.
1949. *John Stuart Mill's Visit to Wordsworth, 1831*
in: Modern Language Review 44, S. 341-350.

Mill, John Stuart
1859-1875. *Dissertations and Discussions* ... 4 Bde.
London, Longmans u. a.
1960. *John Mill's Boyhood Visit to France*. Being a Journal and Notebook Written by John Stuart Mill in France, 1820-1821, ed., with an introduction, by Anna Jean Mill
Toronto, University of Toronto Press
1961. *Auguste Comte and Positivism* [1865]
Ann Arbor, The University of Michigan Press
1963. *The Earlier Letters of John Stuart Mill 1812-1848*, ed. Francis E. Mineka, with an introduction by F. A. Hayek
Toronto, University of Toronto Press

1965. *Mill's Essays on Literature and Society*, ed., with an introduction by J. B. Schneewind
New York, Collier Books

1969. *Essays on Ethics, Religion and Society*, ed. J. M. Robson [= Collected Works of John Stuart Mill x]
Toronto, University of Toronto Press

1972. *The Later Letters of John Stuart Mill 1849-1873*, ed. Francis E. Mineka & Dwight N. Lindley
Toronto, University of Toronto Press

1973-1974. *A System of Logic* [1843], 2 Bde., ed. J. M. Robson & R. F. Mc Rae [= Collected Works of John Stuart Mill VII u. VIII]
Toronto, University of Toronto Press

1981. *Autobiography* [1873] *and Literary Essays*, ed. J. M. Robson & Jack Stillinger [= Collected Works of John Stuart Mill I]
Toronto, The University of Toronto Press

MULHERN, FRANCIS

1979. *The Moment of ›Scrutiny‹*
London, Verso Editions

NIETZSCHE, FRIEDRICH

1980. *Sämtliche Werke.* Kritische Studienausgabe in 15 Bänden, ed. Giorgio Colli & Mazzino Montinari
München, Deutscher Taschenbuch Verlag

NISBET, ROBERT

1976. *Sociology as an Art Form*
London, Heinemann

PACKE, MICHAEL ST. JOHN

1954. *The Life of John Stuart Mill*
London, Secker and Warburg

PALMER, D. J.

1965. *The Rise of English Studies.* An Account of the Study of English Language and Literature from its Origins to the Making of the Oxford English School
London, Oxford University Press

PAPPE, H. O.

1960. *John Stuart Mill and the Harriet Taylor Myth*
London/New York, Cambridge University Press

PARRINDER, PATRICK
1976. *H. G. Wells and Beatrice Webb: Reflections on a Quarrel*
in: The Wellsian. The Journal of the H. G. Wells Society 1, S. 11-17.

PEACOCK, THOMAS LOVE
1896. *Gryll Grange* [1861]
London, MacMillan

PEASE, EDWARD R.
1916. *The History of the Fabian Society*
New York, E. P. Dutton

PLUMB, J. H., Ed.
1955. *Studies in Social History*. A Tribute to G. M. Trevelyan
London, Longmans, Green & Co.

RATCLIFFE, S. K.
1910. *Sociology in the English Novel*
in: The Sociological Review 3, S. 126-136.

RICHARDS, I. A.
1926. *Science and Poetry*
New York, W. W. Norton & Co.
1928. *Principles of Literary Criticism*
New York, Harcourt, Brace & Co.
1976. *Complementarities*. Uncollected Essays, ed. John Paul Russo
Cambridge, Mass., Harvard University Press

ROBSON, JOHN M.
1966. *Harriet Taylor and John Stuart Mill: Artist and Scientist*
in: Queens Quarterly 73, S. 167-186.

SCHNEEWIND, J. B., Ed.
1968. *Mill*
New York, Anchor Books

SHARPLESS, F. PARVIN
1967. *The Literary Criticism of John Stuart Mill*
The Hague/Paris, Mouton

SHAW, GEORGE BERNARD
1969-1970. *An Autobiography 1856-1950*. Selected from his writings by Stanley Weintraub. 2 Bde.
New York, Weybright and Talley

SHAW, GEORGE BERNARD, Ed.
1911. *Fabian Essays in Socialism* [1889]
Boston, The Ball Publishing Co.

SIMART, MAURICE
1917. *Herbert-George Wells Sociologue*
in: Mercure de France 120, S. 193-221.

SIMEY, T. S.
1961. *The Contribution of Sidney and Beatrice Webb to Sociology*
in: The British Journal of Sociology 12; 2, S. 106-123.

SIMON, W. M.
1964. *Auguste Comte's English Disciples*
in: Victorian Studies 8, S. 161-172.

SNOW, C. P.
1959. *The Two Cultures and the Scientific Revolution* [The Rede Lecture 1959]
New York, Cambridge University Press

SOFFER, REBA N.
1982. *Why Do Disciplines Fail?* The Strange Case of British Sociology
in: The English Historical Review 97, S. 767-802.

SPENCER, HERBERT
1860. *Education. Intellectual, Moral, and Physical*
New York/London, D. Appleton & Co.
1904. *An Autobiography*. 2 Bde.
London, Williams & Norgate

STEPHEN, LESLIE
1907. *Studies of a Biographer*. 4 Bde.
London, Smith, Elder & Co.

STRACHEY, LYTTON
1918. *Eminent Victorians*
New York, Harcourt, Brace & Co.

TAINE, HIPPOLYTE
1864. *Le Positivisme anglais*. Etude sur Stuart Mill
Paris, Germer Baillière
1897. *Histoire de la littérature anglaise*. Dixième édition. Revue et augmentée . . . Tome cinquième et complémentaire. Les Contemporains.
Paris, Hachette

1899. *Notes sur l'Angleterre*
Paris, Hachette

TARDE, GABRIEL
1974. *Underground Man* [1905 = Übersetzung des Fragment d'Histoire future] . . . With a Preface by H. G. Wells
Westport, Hyperion Press

THOMPSON, DENYS
1933. *A Cure for Amnesia*
in: Scrutiny 2, S. 2-11.

THOMPSON, DENYS, Ed.
1984. *The Leavises.* Recollections and Impressions
Cambridge, Cambridge University Press

TILLYARD, E. M. W.
1958. *The Muse Unchained.* An Intimate Account of the Revolution in English Studies at Cambridge
London, Bowes & Bowes

TRILLING, LIONEL
1939. *Matthew Arnold*
New York, W. W. Norton & Co.

VÉRAN, JULES
1937. *Le Souvenir de Stuart Mill à Avignon*
in: Revue des Deux Mondes 107, S. 211-222.

VOGELER, MARTHA SALMON
1962. *Matthew Arnold and Frederic Harrison: the Prophet of Culture and the Prophet of Positivism*
in: Studies in English Literature 1500-1900 2, S. 441-462.

WEBB, BEATRICE
1952. *Diaries 1912-1924*, ed. Margaret I. Cole, with an introduction by Lord Beveridge
London, Longmans, Green & Co.
1956. *Diaries 1924-1932*, ed., and with an introduction, by Margaret Cole
London, Longmans, Green & Co.
1975. *Our Partnership* [1948], ed. Barbara Drake & Margaret I. Cole, with an introduction by George Feaver
Cambridge, Cambridge University Press

1978. *Diary 1873-1943.* (Typoscript auf Microfiche)
Cambridge, Chadwyck-Healey

1979. *My Apprenticeship* [1926]. With an introduction by Norman MacKenzie
Cambridge, Cambridge University Press

1982. *Diary* I 1873-1892: »Glitter Around and Darkness Within«, ed. Norman & Jeanne MacKenzie
Cambridge, Mass., The Belknap Press of Harvard University Press

1983. *Diary* II 1892-1905: «All the Good Things of Life«, ed. Norman & Jeanne MacKenzie
Cambridge, Mass., The Belknap Press of Harvard University Press

1984. *Diary* III 1905-1924: »The Power to Alter Things«, ed. Norman & Jeanne MacKenzie
London, Virago Press in association with the London School of Economics and Political Science

WEBB, SIDNEY & BEATRICE WEBB

1932. *Methods of Social Study*
London, Longmans, Green & Co.

1978. *Letters 1873-1947.* 3 Bde., ed. Norman MacKenzie
Cambridge, Cambridge University Press

WELLS, H. G.

1905. *A Modern Utopia*
London, Chapman and Hall

1907. *The So-Called Science of Sociology*
in: Sociological Papers 3, S. 357-377.

1910. *The New Machiavelli*
New York, Duffield and Company

1914. *An Englishman Looks at the World.* Being a Series of Unrestrained Remarks upon Contemporary Matters
Leipzig, Tauchnitz

1934. *Experiment in Autobiography.* Discoveries and Conclusions of a Very Ordinary Brain (since 1866)
New York, MacMillan

1968. *The Faults of the Fabian* [1906]
in: Samuel Hynes, The Edwardian Turn of Mind, S. 390-409.
Princeton, Princeton University Press

1972. *H. G. Wells.* The Critical Heritage, ed. Patrick Parrinder
London, Routledge and Kegan Paul

WILLEY, BASIL

1970. *Cambridge and Other Memories 1920-1953*
London, Chatto & Windus

WILLIAMS, RAYMOND

1958. *Culture and Society, 1780-1950*
New York, Columbia University Press;
London, Chatto & Windus

1983. *Writing in Society*
London, Verso Editions

WOODS, THOMAS

1961. *Poetry and Philosophy.* A Study in the Thought of John Stuart Mill
London, Hutchinson

WOOLF, LEONARD

1972. *Beginning Again.* An Autobiography of the Years 1911 to 1918
New York, Harcourt Brace Jovanovich

1975. *Sowing.* An Autobiography of the Years 1880 to 1904
New York, Harcourt Brace Jovanovich

WOOLF, VIRGINIA

1976-1978. *Letters II-IV: 1912-1931.* 3 Bde., ed. Nigel Nicolson & Joanne Trautmann
New York, Harcourt Brace Jovanovich

1978. *The Captain's Deathbed and other Essays*
New York, Harcourt Brace Jovanovich

1980. *Diary III: 1925-1930*, ed. Anne Olivier Bell, assisted by Andrew McNeillie
New York, Harcourt Brace Jovanovich

1982. *Diary IV: 1931-1935*, ed. Anne Olivier Bell, assisted by Andrew McNeillie
New York, Harcourt Brace Jovanovich

WORDSWORTH, WILLIAM

1883. *The Poetical Works.* 4. Bd., ed. William Knight
Edinburgh, William Paterson

DEUTSCHLAND

NACHWEISE

Prolog
Handwerker und Poet dazu: W. H. Riehl

S. 241 *Die gelehrte Zunft* W. H. Riehl, Die Volkskunde als Wissenschaft [1858]. Der Vortrag von Wilhelm Heinrich Riehl mit einer Einleitung von Max Hildebert Boehm, Tübingen (Laupp'sche Buchhandlung) 1935, S. 42.

culturgeschichtliche Wahrzeichen W. H. Riehl, Der Kampf des Schriftstellers und des Gelehrten [1869]; Riehl, Freie Vorträge. Zweite Sammlung, Stuttgart (Cotta) 1885, S. 5.

S. 242 *Doppelkunst* ebda., S. 4.

Wie ich durch W. H. Riehl, Die Naturgeschichte des Volkes als Grundlage einer deutschen Social-Politik. 1. Band: Land und Leute [1854]. 2., vermehrte Auflage, Stuttgart/Augsburg (Cotta) 1855, S. XII.

S. 243 *Volksgrenze und Grenzkampf* Max Hildebert Boehm, Einleitung; Riehl, Die Volkskunde als Wissenschaft, S. 18.

Relativismus ebda., S. 19.

Wissenschaftsfeindschaft und Dichtungsglaube als deutsche Ideologie

S. 246 *keine ursprünglich* Herman Nohl, Die Deutsche Bewegung und die idealistischen Systeme; Logos. Internationale Zeitschrift für Philosophie der Kultur 2 (1911/1912), S. 350.

In Frankreich Mme de Staël, De l'Allemagne [1810], Paris (Flammarion) 1926, S. 127.

S. 248 *die einstmals* Friedrich Meinecke, Drei Generationen deutscher Gelehrtenpolitik; Historische Zeitschrift 125 (1921), S. 283.

Die Deutschen Goethe, Maximen und Reflexionen. Aus Kunst und Altertum. Fünften Bandes drittes Heft. 1826. Einzelnes; Goethe, Sämtliche Werke [= Artemis-Gedenkausgabe], Zürich (Artemis)/München (Deutscher Taschenbuch Verlag) 1977, 9. Band, S. 535.

heroischer Vitalisten Fritz Stern, Kulturpessimismus als politische Gefahr. Eine Analyse nationaler Ideologie in Deutschland, Bern/Stuttgart/Wien (Scherz), S. 1, 55.

S. 249 *Und die Wissenschaft* Friedrich Nietzsche, Die Geburt der Tragödie. Versuch einer Selbstkritik [1886]; Nietzsche, Sämtliche Werke. Kritische Studienausgabe in 15 Bänden, ed. Giorgio Colli & Mazzino Montinari [= Kritische Studienausgabe], München (Deutscher Taschenbuch Verlag) 1980, 1. Band, S. 12.

keine Wissenschaft Graf Yorck an Dilthey, 6. Oktober 1885; Briefwechsel zwischen Dilthey und dem Grafen Paul Yorck v. Wartenburg 1877-1897, Halle (Niemeyer) 1923, S. 255-256.

Wie prosaisch Emil Du Bois-Reymond, Goethe und kein Ende. In der Aula der Berliner Universität am 15. October 1882 gehaltene Rectoratsrede; Du Bois-Reymond, Reden. Erste Folge: Litteratur, Philosophie, Zeitgeschichte, Leipzig (Veit & Co.) 1886, S. 430.

S. 250 *Protest der Empirie* Graf Yorck an Dilthey, 23. November 1877; Briefwechsel, S. 2.

benahm sich Walther Rathenau, Von kommenden Dingen [1917]; Rathenau, Gesammelte Schriften III, Berlin (S. Fischer) 1929, S. 224.

Lebensweisung Walther Rathenau, Zur Mechanik des Geistes oder vom Reich der Seele [1913]; Rathenau, Gesammelte Schriften II, Berlin (S. Fischer) 1929, S. 34.

S. 251 *ein etwas jämmerliches* Hans Prinzhorn, Vorangestelltes Nachwort des Herausgebers; Alfred Seidel, Bewußtsein als Verhängnis. Aus dem Nachlasse herausgegeben von Hans Prinzhorn, Bonn (Cohen) 1927, S. 12.

lauter in seinen ebda., S. 15/16.

Überzeugt von der ebda., S. 19/20.

S. 252 *Wahrheitssadisten* Seidel in einem Brief aus Heidelberg vom 11. März 1920; ebda., S. 30.

S. 253 *Nicht ich* ebda., S. 45.

S. 254 *Wir müssen* Rudolf Kjellén, Die Ideen von 1914. Eine weltgeschichtliche Perspektive, Leipzig (Hirzel) 1915, S. 42.

S. 255 *chaotisch das* Erich von Kahler, Der Beruf der Wissenschaft, Berlin (Georg Bondi) 1920, S. 21.

S. 256 *sich überzeitlich* Arthur Salz, Für die Wissenschaft. Gegen die Gebildeten unter ihren Verächtern, München (Drei Masken Verlag) 1921, S. 58.

S. 257 *eine Verschmelzung* Ernst Troeltsch, Die Revolution in der Wissenschaft [1921]; Troeltsch, Gesammelte Schriften IV [= Aufsätze zur Geistesgeschichte und Religionssoziologie], Tübingen (Mohr/Siebeck) 1925, S. 653-677.

S. 258 *Als Schaffende* Wilhelm Worringer, Künstlerische Zeitfragen, München (Bruckmann) 1921, S. 26.

Malsinnlichkeit ebda., S. 28.

Wenn Expressionismus ebda., S. 27.

S. 259 *die naturwissenschaftliche* Dilthey an Graf Yorck, 1. November 1893; Briefwechsel, S. 165.

S. 260 *naturwissenschaftstrunken* Dilthey an Graf Yorck, Januar 1891; ebda., S. 118.

Auch die Poesie Dilthey, Die dichterische und philosophische Bewegung in Deutschland 1770-1800. Antrittsvorlesung in Basel 1867; Dilthey, Die geistige Welt. Einleitung in die Philosophie des Lebens. Erste Hälfte. Abhandlungen zur Grundlegung der Geisteswissenschaften [1923]. 3., unveränderte Aufl., Stuttgart (Teubner)/Göttingen (Vandenhoeck & Ruprecht) 1961, S. 17.

S. 261 *in den geschichtlichen* Dilthey, Antrittsrede in der Akademie der Wissenschaften [1887]; Dilthey, Die geistige Welt, S. 11.

zeit- und raumlosen Ideale Dilthey, Die drei Epochen der modernen Ästhetik und ihre heutige Aufgabe [1892]; Dilthey, Gesammelte Schriften VI, 4. Aufl., Stuttgart (Teubner)/Göttingen (Vandenhoeck & Ruprecht) 1962, S. 245.

Nur aus den Tiefen ebda., S. 287.

S. 262 *der Erforschung* Friedrich Wolters, Stefan George und die Blätter für die Kunst. Deutsche Geistesgeschichte seit 1890, Berlin (Georg Bondi), 1930, S. 47.

entgöttlichten Franzosen ebda., S. 54.

Ein deutscher Professor Dilthey, Von deutscher Dichtung und Musik. Aus den Studien zur Geschichte des deutschen Geistes, Leipzig/Berlin (Teubner) 1933, S. x.

die deutsche Julius Langbehn, Rembrandt als Erzieher. Von einem Deutschen, 11. Aufl., Leipzig (Hirschfeld) 1890, S. 94.

Seltsam wohnt er Hugo v. Hofmannsthal, Der Dichter und diese Zeit [1906]; Hofmannsthal, Reden und Aufsätze I (1891-1913), Frankfurt a. M. (S. Fischer) 1979, S. 66.

die Welt wie ebda., S. 64-65.

S. 263 *schon längst* Rudolf Borchardt, Eranos-Brief [1924]; Borchardt, Handlungen und Abhandlungen, Berlin-Grunewald (Horen-Verlag) 1928, S. 147.

Überall und in allem Borchardt, Eranos-Brief, S. 160.

S. 264 *dem freundlichen Heim* Hans Dahmen, Lehren über Kunst und Weltanschauung im Kreise um Stefan George, Marburg (Elwertsche Verlagsbuchhandlung) 1926, S. 19, Anm. 2.

die kämpferische Geisteshaltung E. R. Jaensch, Die Lage und die Aufgaben der Psychologie. Ihre Sendung in der Deutschen Bewegung und an der Kulturwende, Leipzig (Barth) 1933, S. 123.

Hacken zusammennehmen ebda., S. 106.

totale Goethelosigkeit Graf Yorck an Dilthey, 17. Dezember 1890; Briefwechsel, S. 113.

Verachte nur Goethe, Faust. Der Tragödie erster Teil, Z. 1851 bis 1855; Georg Lukács, Die Zerstörung der Vernunft, S. 83.

S. 266 *niedrige, aber* Art. Schriftsteller; Deutsches Wörterbuch von Jacob & Wilhelm Grimm, Band 15, München (Deutscher Taschenbuch Verlag) 1984, Spalte 1748.

literarischen Nagetiere Ernst Troeltsch, Die Ideen von 1914 [1916]; Troeltsch, Deutscher Geist und Westeuropa. Gesammelte kulturphilosophische Aufsätze und Reden, ed. Hans Baron, Tübingen (Mohr/Siebeck) 1925, S. 42.

S. 267 *Echte Verse* Friedrich Gundolf, Briefwechsel mit Herbert Steiner und Ernst Robert Curtius, eingeleitet und herausgegeben von Lothar Helbing und Claus Victor Bock [= Castrum Peregrini LIV-LV-LVI], Amsterdam (Castrum Peregrini Presse) 1962/63, S. 25.

S. 268 *an einem frühsommerlichen* Rudolf Borchardt, Eranos-Brief, S. 157.

Der Dichter ebda., S. 157-158.

Einsamkeitsbedürfnis Borchardt, Über den Dichter und das Dichterische [1920]; Borchardt, Handlungen und Abhandlungen, S. 79.

S. 269 *die Nachtigall* Borchardt, Der Dichter und die Geschichte [1927]; Borchardt, Prosa IV, Stuttgart (Klett) 1973, S. 212.

Sie ist durch Borchardt, Rede über Hofmannsthal [1902], 2. Aufl., Berlin (Hyperion) 1918, S. 38.

S. 270 *Nicht mehr* Borchardt an Hofmannsthal, 15. August 1915; Hugo von Hofmannsthal & Rudolf Borchardt, Briefwechsel, Frankfurt a. M. (S. Fischer) 1954, S. 116.

Leben und Hofmannsthal an Borchardt, 6. Mai 1913; Briefwechsel, S. 102.

S. 271 *ein höheres Soziales* Hofmannsthal, Reden und Aufsätze II (1914-1924), Frankfurt a. M. (S. Fischer) 1979, S. 127.

mit einer seichten Hofmannsthal, An Henri Barbusse, Alexandre Mercereau und ihre Freunde (1919); Hofmannsthal, Gesammelte Werke in Einzelausgaben, ed. Herbert Steiner, Prosa III, Frankfurt a. M. (S. Fischer) 1977, S. 437.

ungeheuren geselligen Hofmannsthal, Das Schrifttum als geistiger Raum der Nation [1927]; Hofmannsthal, Natur und Erkenntnis. Essays, Berlin/Darmstadt (Deutsche Buch-Gemeinschaft) 1957, S. 170.

Nichts ist ebda., S. 172.

S. 272 *durch seine Analysen* Hans Wysling, »Geist und Kunst«. Thomas Manns Notizen zu einem »Literatur-Essay«; Thomas-Mann-Studien I (1967), S. 126.

S. 273 *ohne Conkurrenz* Thomas Mann, Ein Brief zur Situation des deutschen Schriftstellers um 1910 [7. März 1910]; Thomas-Mann-Studien III (1974), S. 9.

die höchste Offenbarung ebda., S. 11.

Philanthropie Thomas Mann, Der Künstler und der Literat [1913]; Thomas Mann, Schriften und Reden zur Literatur, Kunst und Philosophie [= Thomas Mann, Das essayistische Werk. Taschenbuchausgabe in acht Bänden, ed. Hans Bürgin], Frankfurt a. M. (S. Fischer) 1968, 1. Band, S. 77.

S. 274 *mehr europäisch-intellektuell* Thomas Mann, Einkehr; Die Neue Rundschau XXVIII (1917), S. 341.

eine Sache der Thomas Mann, Gedanken im Kriege [1914]; Thomas Mann, Politische Schriften und Reden [= Thomas Mann, Das essayistische Werk], 2. Band, S. 9.

die verkörperte Zivilität Thomas Mann, Friedrich und die große Koalition [1915]; ebda., S. 22.

S. 275 *Gedankendienst* Thomas Mann, Betrachtungen eines Unpolitischen [1918]; Mann, Gesammelte Werke in Einzelbänden. Frankfurter Ausgabe, ed. Peter de Mendelssohn, Frankfurt a. M. (S. Fischer) 1983, S. 9.

der herzerhebend ebda., S. 55.

S. 276 *mit einer neuen* ebda., S. 82-83.

Bourgeois-Rhetoren ebda., S. 161.

belles-lettres-Politiker ebda., S. 231.

Humbug-Herrschaft ebda., S. 304.

S. 277 *Konservativismus* ebda., S. 401.

weit mehr Thomas Mann, Meine Zeit [1950]; Thomas Mann, Politische Schriften und Reden, 3. Band, S. 328.

Klassiker des Thomas Mann, Rede über Lessing [1929]; Thomas Mann, Leiden und Größe der Meister [Frankfurter Ausgabe], Frankfurt a. M. (S. Fischer) 1982, S. 10.

klugen Dichter ebda., S. 11.

Er ist Thomas Mann, Zu Lessings Gedächtnis [1929]; ebda., S. 28.

S. 278 *Etwas Dürerisch* Thomas Mann, Rede über Lessing, S. 14.

die staatlich-gesellschaftliche Thomas Mann, Vom Beruf des deutschen Schriftstellers in unserer Zeit [1931]; Thomas Mann, Rede und Antwort. Über eigene Werke, Huldigungen und Kränze. Über Freunde, Weggefährten und Zeitgenossen [Frankfurter Ausgabe], Frankfurt a. M. (S. Fischer) 1984, S. 346.

S. 279 *Auch in jenen* Josef Ponten, Offener Brief an Thomas Mann [1924]; Thomas Mann im Urteil seiner Zeit. Dokumente 1891 bis 1955. Herausgegeben mit einem Nachwort und Erläuterungen von Klaus Schröter, Hamburg (Christian Wegner) 1969, S. 118.

emotionelle Führung Erwin Guido Kolbenheyer, Brief vom 24. 12. 1929; Inge Jens, Dichter zwischen rechts und links. Die Geschichte der Sektion für Dichtkunst der Preußischen Akademie der Künste [1971], München (Deutscher Taschenbuch Verlag) 1979, S. 111.

S. 280 *kritischen Manie* Thomas Mann, Goethes Laufbahn als Schriftsteller [1932]; Thomas Mann, Leiden und Größe der Meister, S. 181.

irdischen Lebensform ebda., S. 18.

Konkurrenzdisziplinen:
Soziologie und Geschichtswissenschaft

S. 284 *unseligen Schrift* Heinrich von Treitschke an Wilhelm Nokk, 26. Dezember 1858; Treitschke, Briefe und Gedichte [Bd. 5 der Aufsätze, Reden und Briefe, ed. Karl Martin Schiller], Meersburg (Hendel) 1929, S. 391.

unglückliche Thema Heinrich von Treitschke an Ferdinand Frensdorff, 11. November 1858; ebda., S. 387.

Mit überlegenem Hans Freyer, Gegenwartsaufgaben der deutschen Soziologie; Zeitschrift für die gesamte Staatswissenschaft 95 (1935), S. 123.

das deutsche Schicksal ebda., S. 118-119.

S. 285 *liebevolle Vertiefung* Wilhelm Dilthey, Einleitung in die Geisteswissenschaften [1883]; Dilthey, Gesammelte Schriften I. 5. Aufl., Stuttgart (Teubner)/Göttingen (Vandenhoeck & Ruprecht) 1962, S. XVI.

S. 286 *einer sentimentalischen* ebda., S. XVII.

dieser s.g. Wissenschaft Yorck an Dilthey, 7. März 1883; Briefwechsel, S. 32.

S. 287 *ein trauriges* Yorck an Dilthey, 10. März 1892; ebda., S. 140.

poète-prophète Friedrich Nietzsche an Heinrich Köselitz; Nietzsche, Briefe (Januar 1885-Dezember 1886); Briefwechsel. Kritische Gesamtausgabe, ed. Giorgio Colli & Mazzino Montinari. Dritte Abteilung, 3. Band, Berlin/New York (De Gruyter) 1982, S. 21.

das Recht auf Nietzsche, Nachgelassene Fragmente (Sommer 1886-Herbst 1887); Kritische Studienausgabe, 12. Band, S. 221.

das Begreiflich-machen-wollen ebda., S. 256-257.

S. 288 *die Erkenntniß* Nietzsche, Morgenröthe. Gedanken über die moralischen Vorurtheile [1881/87]; Kritische Studienausgabe, 3. Band, S. 172.

fait-alisme Nietzsche, Nachgelassene Fragmente (Frühjahr 1884); Kritische Studienausgabe, 11. Band, S. 13.

Herren Zukunfts-Sociologen Nietzsche, Nachgelassene Fragmente (November 1887-März 1888); Kritische Studienausgabe, 13. Band, S. 63.

Universitäten Nietzsche, Nachgelassene Fragmente (Frühjahr-Herbst 1873); Kritische Studienausgabe, 7. Band, S. 615.

auf dessen Unbildung ebda., S. 614.

S. 289 *Theorie der* Nietzsche, Nachgelassene Fragmente (Sommer 1886-Herbst 1887); Kritische Studienausgabe, 12. Band, S. 208.

Cultur-Complex ebda., S. 470.

Der interpretative ebda., S. 38.

Auslegung ebda., S. 100.

eine Theorie Wilhelm Dilthey, Einleitung in die Geisteswissenschaften, S. 420.

S. 290 *Gegenstand des* Georg Simmel, Grundfragen der Soziologie (Individuum und Gesellschaft) [1917], 2. Aufl., Berlin/Leipzig (De Gruyter) 1920, S. 9.

ewigen Fließen ebda., S. 13.

S. 291 *die vollendete Empirie* Georg Simmel, Philosophie des Geldes [1900], 7. Aufl., Berlin (Duncker & Humblot) 1977, S. v.

S. 292 *daß sie sich* ebda., S. VIII.

etwas Wundervolles Georg Simmel an Edmund Husserl, 13. März 1911; Buch des Dankes an Georg Simmel. Briefe, Erinnerungen, Bibliographie. Zu seinem 100. Geburtstag am 1. März 1958 herausgegeben von Kurt Gassen und Michael Landmann, Berlin (Duncker & Humblot) 1958, S. 88.

S. 293 *das Geistige* Hugo v. Hofmannsthal, Brief an den Buchhändler Hugo Heller [1906]; Hofmannsthal, Reden und Aufsätze I, S. 376.

den ich blindlings Rainer Maria Rilke an Georg Simmel, 26. August 1908; Buch des Dankes an Georg Simmel, S. 122.

den Arbeitern Georg Simmel an Célestin Bouglé; Briefe Georg Simmels an Célestin Bouglé; Privatarchiv Bouglé, Bibliothèque

Nationale, Paris. Zusammengestellt von Werner Gephart, Ms., o.J., S. 1.

Den gewünschten Georg Simmel an Célestin Bouglé, 13. Dezember 1899; ebda., S. 20.

S. 294 *ein Monet* Georg Lukács im Pester Lloyd, 2. Oktober 1918; Buch des Dankes an Georg Simmel, S. 173.

Wechselgeschäft mit Gedanken Harry Graf Kessler, Walther Rathenau. Sein Leben und sein Werk, Berlin-Grunewald (Klemm) 1928, S. 31.

nie ein großer Emil Ludwig, Simmel auf dem Katheder [1914]; Buch des Dankes an Georg Simmel, S. 155.

in dem zahllose Ernst Troeltsch, Der Historismus und seine Probleme, S. 572.

S. 295 *feineren Journalismus* ebda., S. 594.

aus der Scylla ebda., S. 581.

diese Art von Emile Durkheim, Rezension von Georg Simmel, *Philosophie des Geldes*; Année Sociologique v (1900-1901), S. 145.

das Reich Marianne Weber, Max Weber. Ein Lebensbild. Tübingen (Mohr/Siebeck) 1926, S. 340.

S. 296 *haarfeine Linie* Max Weber, Die ›Objektivität‹ sozialwissenschaftlicher und sozialpolitischer Erkenntnis [1904]; Weber, Gesammelte Aufsätze zur Wissenschaftslehre. 3., erweiterte und verbesserte Aufl., ed. Johannes Winckelmann, Tübingen (Mohr/Siebeck) 1956, S. 212.

S. 297 *Die Gedankengebilde* Max Weber, Wissenschaft als Beruf [1917]; ebda., S. 595.

die reichste Karl Jaspers, Max Weber. Deutsches Wesen im politischen Denken, im Forschen und Philosophieren, Oldenburg (Stalling) 1932, S. 8.

die im Interesse Max Weber, Kritische Studien auf dem Gebiet der kulturwissenschaftlichen Logik [1906]; Weber, Gesammelte Aufsätze zur Wissenschaftslehre, S. 278.

S. 298 *Die Vernachlässigung* Friedrich Meinecke, Max Weber [1927]; Max Weber zum Gedächtnis. Materialien und Dokumente zur

Bewertung von Werk und Persönlichkeit [= Kölner Zeitschrift für Soziologie und Sozialpsychologie, Sonderheft 7], ed. René König & Johannes Winckelmann, Köln/Opladen (Westdeutscher Verlag) 1964, S. 145.

Romantik des Max Weber, Politik als Beruf [1919]; Weber, Gesammelte politische Schriften. 2., erweiterte Aufl., mit einem Geleitwort von Theodor Heuss, neu herausgegeben von Johannes Winckelmann, Tübingen (Mohr/Siebeck) 1958, S. 534.

Kühnheit Karl Loewenstein, Persönliche Erinnerungen an Max Weber [1920]; Max Weber zum Gedächtnis, S. 49.

Denn er verschleierte Karl Jaspers, Max Weber, S. 53.

S. 299 *als Instrument* Helmuth Plessner, In Heidelberg 1913; Max Weber zum Gedächtnis, S. 34.

welche Wechselbälge Max Weber, ›Energetische‹ Kulturtheorien [1909]; Weber, Gesammelte Aufsätze zur Wissenschaftslehre, S. 402.

S. 300 *die Vertretung* Verhandlungen des Ersten Deutschen Soziologentages vom 19.-22. Oktober 1910 in Frankfurt a.M., Tübingen (Mohr/Siebeck) 1911, S. v.

in ihrem dunklen Ferdinand Tönnies, Wege und Ziele der Soziologie, ebda., S. 22.

multi pertransibunt Tönnies, Kommende Dinge? Rezension von Walther Rathenau, *Von kommenden Dingen*; Die Neue Rundschau I (1917), S. 838.

S. 301 *rationalistischen Denkweise* Carl Heinrich Becker, Gedanken zur Hochschulreform, Leipzig (Quelle & Meyer) 1919, S. IX.

Deutschland ist ebda., S. 9.

S. 302 *denn die Form* Becker, Vom Wesen der deutschen Universität, Leipzig (Quelle & Meyer) 1925, S. 41.

die Vernunft Becker, Das Problem der Bildung in der Kulturkrise der Gegenwart, Leipzig (Quelle & Meyer) 1930, S. 23.

S. 303 *grobe englische Naturalisten* Georg von Below, Zur Geschichte der deutschen Geschichtswissenschaft II; Historische Blätter I (1921), S. 173-174.

S. 305 *platten Empirikern* Friedrich Gundolf an Ernst Robert Curtius, 8. Mai 1911; Gundolf, Briefwechsel mit Herbert Steiner und Ernst Robert Curtius, S. 196.

S. 306 *Ranke war* Graf Yorck an Dilthey, 6. Juli 1886; Briefwechsel, S. 59-60.

S. 307 *der taube Riese* Rudolf Borchardt, Eranos-Brief, S. 152.

dichterische Großtat ebda., S. 151.

neben den militärischen Oswald Spengler, Der Untergang des Abendlandes. Umrisse einer Morphologie der Weltgeschichte, 1. Bd. Gestalt und Wirklichkeit [1917], München (C. H. Beck) 1924, S. XI.

S. 308 *Die kritische Forschung* ebda., S. 544-545.

reich an Einfällen ebda., 2. Bd. Welthistorische Perspektiven, S. 21.

der Technik statt ebda., 1. Band, S. 54.

S. 310 *ein wirklicher Herrenmensch* Gertrud Bäumer, Persönlichkeit und Lebenswerk von Max Weber [1926]; Max Weber zum Gedächtnis, S. 118.

Gesellschaftsferne und Soziologie-Feindschaft im Kreis um Stefan George

S. 312 *halb-göttlichen* Kurt Breysig, Aus meinen Tagen und Träumen. Memoiren, Aufzeichnungen, Briefe, Gespräche. Aus dem Nachlaß herausgegeben von Gertrud Breysig und Michael Landmann, Berlin (De Gruyter) 1962, S. 71.

die spiegelungen Stefan George, Die Bücher der Hirten- und Preisgedichte, der Sagen und Sänge und der Hängenden Gärten [1895]; George, Werke. Ausgabe in vier Bänden, München (Deutscher Taschenbuch Verlag) 1983, 1. Band, S. 65.

Zeiger für Kultur Gundolf an Karl Wolfskehl, September 1899; Stefan George & Friedrich Gundolf, Briefwechsel, herausgegeben von Robert Boehringer mit Georg Peter Landmann, München/Düsseldorf (Küpper) 1962, S. 39.

als ein Besessener Gundolf an George, 12. Oktober 1910; ebda., S. 206.

S. 313 *Künstler, Priester* Gundolf, Stefan George [1927/1928]; Gundolf, Beiträge zur Literatur- und Geistesgeschichte, ed. Victor A. Schmitz & Fritz Martini, Heidelberg (Lambert Schneider) 1980, S. 235.

wie das Seismogramm Gundolf, Stefan George in unsrer Zeit [1913], 2. Aufl., Heidelberg (Weiss) 1914, S. 8.

S. 314 *In unsrer überwachen* ebda., S. 20.

Der Schriftsteller Gundolf, George [1920], 2., unveränderte Aufl., Berlin (Georg Bondi) 1921, S. 3.

S. 315 *bis in einzelheiten* George, Hymnen. Pilgerfahrten. Algabal [1890-1891-1892], Vorrede der zweiten Ausgabe; George, Werke, 1. Band, S. 8.

über die Familien Ludwig Thormaehlen, Erinnerungen an Stefan George, Hamburg (Hauswedell) 1962, S. 83.

Stadt der Friedrich Wolters, Stefan George und die Blätter für die Kunst. Deutsche Geistesgeschichte seit 1890, Berlin (Georg Bondi) 1930, S. 31.

Die ihr mich George, Lachende Herzen. Die Lieder von Traum und Tod [1899]; George, Werke, 1. Band, S. 220.

die Herrschaft Georg Simmel, Stefan George. Eine kunstphilosophische Betrachtung [1898]; Stefan George in seiner Zeit. Dokumente zur Wirkungsgeschichte, 1. Band, ed. Ralph-Rainer Wuthenow, Stuttgart (Klett/Cotta) 1980, S. 32.

S. 316 *aus allen sozialen* Georg von Lukács, Die neue Einsamkeit und ihre Lyrik: Stefan George [1911]; Stefan George in seiner Zeit, S. 137.

bürgerlichen ausdeutungen Einleitungen und Merksprüche der Blätter für die Kunst. Siebente Folge 1904, Düsseldorf/München (Küpper) 1964, S. 34.

nun alles getan Friedrich Gundolf, George [1920], S. 7.

S. 317 *diesem Schimmelüberzug* Ludwig Klages an Gundolf, 21. Juli 1903; Stefan George & Friedrich Gundolf, Briefwechsel, S. 136.

Wer jemals Friedrich Gundolf, Wesen und Beziehung [1911]; Gundolf, Beiträge zur Literatur- und Geistesgeschichte, S. 173.

S. 318 *platt vernünftelnden* Einleitungen und Merksprüche der Blätter für die Kunst. Neunte Folge 1910, S. 51.

Wir fühlten Stefan George, Tage und Taten. Aufzeichnungen und Skizzen [1933], Düsseldorf/München (Küpper) 1967, S. 79.

Verameisung Friedrich Gundolf, Wesen und Beziehung, S. 160.

S. 319 *So steht auch* Friedrich Wolters, Herrschaft und Dienst [1909]; Stefan George 1868-1968. Der Dichter und sein Kreis. Eine Ausstellung des deutschen Literaturarchivs im Schiller-Nationalmuseum Marbach a. N., Stuttgart (Turmhaus-Verlag) 1968, S. 249.

die Wahrheit Thomas Mann, 1. August 1921; Tagebücher 1918 bis 1921, ed. Peter de Mendelssohn, Frankfurt a. M. (S. Fischer) 1979, S. 543.

S. 320 *Deshalb o dichter* Stefan George, Tage und Taten, S. 55.

Programmlosigkeit Hugo v. Hofmannsthal an Carl August Klein, 26. Juni 1892; Briefwechsel zwischen George und Hofmannsthal, 2., ergänzte Aufl., München/Düsseldorf (Küpper) 1953, S. 22.

S. 321 *Neugestaltet umgeboren* Stefan George, Der Stern des Bundes [1914]. Drittes Buch; George, Werke, 2. Band, S. 162.

eine von Anmaßung Hugo v. Hofmannsthal an Graf Kessler, 16. August 1901; Stefan George 1868-1968, S. 70.

rechten Mohammed-Instinkt Rudolf Borchardt an Hugo v. Hofmannsthal, 23. Juli 1911; Briefwechsel, S. 49.

S. 322 *In Frankreich* Stefan George an Friedrich Gundolf, 26. Oktober 1916; Briefwechsel, S. 288.

Das geheime Deutschland George, Das neue Reich [1928]; Werke, 2. Band, S. 205.

S. 323 *Coteriesprache* Friedrich Gundolf an Leonie Gräfin Keyserling, 10. Januar 1912; Gundolf, Briefe. Neue Folge, ed. Lothar Helbing & Claus Victor Bock [= Castrum Peregrini LXVI-VII-VIII], Amsterdam (Castrum Peregrini Presse) 1965, S. 101.

S. 324 *Und wenn sich* Gottfried Benn, Ithaka [1914]; Benn, Gesammelte Werke, ed. Dieter Wellershoff, Wiesbaden (Limes) 1968, 6. Band (Stücke aus dem Nachlaß), S. 1471.

S. 325 *Daß ich der* Stefan George an Friedrich Gundolf, 6. April 1900; Briefwechsel, S. 50.

Plato für Dienstmädchen Friedrich Wolters, Stefan George und die Blätter für die Kunst, S. 487.

das Problem der Friedrich Nietzsche, Die Geburt der Tragödie [1872, 1886]; Kritische Studienausgabe, 1. Band, S. 13.

S. 326 *Ein wissen gleich* Stefan George, Der Stern des Bundes. Drittes Buch; Werke, 2. Band, S. 167.

Unhebbar ist ebda., S. 172.

S. 327 *Ullstein-Deutsche* Wolters, Stefan George und die Blätter für die Kunst, S. 521.

S. 328 *dichterisch erregbare Mensch* ebda., S. 523.

Sie hätte singen Friedrich Nietzsche, Die Geburt der Tragödie; Kritische Studienausgabe, 1. Band, S. 15. / Stefan George, Der Siebente Ring: Nietzsche; George, Werke, 2. Band, S. 12.

Warum so viel George, Der Siebente Ring: Gundolf; Werke, 2. Band, S. 104.

Gedanklichkeit Gundolf an George, 10. November 1910; Briefwechsel, S. 211.

S. 329 *Als dieses gelehrte* Percy Gothein, Das Seelenfest. Aus einem Erinnerungsbuch [1923 = Castrum Peregrini XXI], Den Haag (o. V.) 1955, S. 53.

S. 330 *Der eigentlichen Aufgabe* Gundolf, George, S. 10.

Seelenwissenschaft Ernst Bertram, Nietzsche. Versuch einer Mythologie [1918], 4., unveränderte Aufl., Berlin (Georg Bondi) 1920, S. 1.

S. 331 *im Kreis* Eckhart Grünewald, Ernst Kantorowicz und Stefan George. Beiträge zur Biographie des Historikers bis zum Jahre 1938 und zu seinem Jugendwerk »Kaiser Friedrich der Zweite«, Wiesbaden (Steiner) 1982, S. 91.

ein höchst suspekter ebda., S. 92.

S. 332 *als die Geschichtsschreibung* Eckart Kehr, Der neue Plutarch. Die ›historische Belletristik‹, die Universität und die Demokratie [1930]; Kehr, Der Primat der Innenpolitik. Gesammelte Aufsätze zur preußisch-deutschen Sozialgeschichte im 19. und 20. Jahrhundert. Herausgegeben und eingeleitet von Hans-Ulrich Wehler, Berlin (De Gruyter) 1965, S. 276.

S. 333 *einen frohen Naturburschen* Samson B. Knoll, Kurt Breysig: Eine Einführung; Kurt Breysig & Stefan George, Gespräche. Dokumente, Amsterdam (Castrum Peregrini Presse) 1960, S. 52.

Die Geschichte Breysig, 7. Juni 1896; Breysig, Aus meinen Tagen und Träumen, S. 94.

S. 334 *diese Wissenschaft* Heinrich Rickert, Die Grenzen der naturwissenschaftlichen Begriffsbildung. Eine logische Einleitung in die historischen Wissenschaften [1902], 2. Aufl., Tübingen (Mohr/Siebeck) 1913, S. 255.

Stefan George, Georg Simmel, Max Weber

S. 337 *innere Geselligkeit* George, Erinnerungen an einige Abende innerer Geselligkeit (Überschriften und Widmungen); George, Werke, 1. Band, S. 142.

Überhaupt meine ich Gundolf an George, 13. November 1910; Briefwechsel, S. 212-213.

S. 338 *von einem furchtbaren* Edith Landmann, Gespräche mit Stefan George, Düsseldorf/München (Küpper) 1963, S. 110.

da der Begriff Stefan George. Dokumente seiner Wirkung. Aus dem Friedrich Gundolf Archiv der Universität London herausgegeben von Lothar Helbing & Claus Victor Bock. Mit Karlhans Kluncker, Amsterdam (Castrum Peregrini Presse = Publications of the Institute of Germanic Studies, University of London, 18) 1974, S. 235.

Jeder, sieht man Friedrich Schiller, Gedichte. 3. Buch: Votivtafeln; Schiller, Werke. Nationalausgabe, ed. Norbert Oellers, Weimar (Hermann Böhlaus Nachf.) 1983, 2. Band, S. 323. / Georg Simmel, Grundfragen der Soziologie, S. 41.

S. 339 *Seit dreissig jahren* George, Das neue Reich: Der Weisheitslehrer; Werke, 2. Band, S. 233.

merkwürdigen leidenschaftlichen Hugo v. Hofmannsthal an Josef Redlich, 8. November 1926; Briefwechsel, Frankfurt a. M. (S. Fischer) 1971, S. 78.

S. 340 *vielleicht ... mehr* Hofmannsthal, Das Schrifttum als geistiger Raum der Nation, S. 177.

Völlig kontrastierend ebda., S. 179.

S. 341 *Bis dahin verschlossene* Marianne Weber, Max Weber. Ein Lebensbild, Tübingen (Mohr/Siebeck) 1926, S. 463.

Dazu führt der ebda., S. 466-467.

S. 342 *polare Möglichkeiten* ebda., S. 468.

S. 343 *Ein Hüne* Edgar Salin, Um Stefan George. Erinnerung und Zeugnis [1948], 2. Aufl., Düsseldorf (Küpper) 1954, S. 108.

S. 344 *Dann weiß ich* ebda., S. 111.

vornehmsten Träger Friedrich Wolters, Stefan George und die Blätter für die Kunst, S. 471.

S. 345 *von künstlerischen* Max Weber, Rede auf dem Ersten Deutschen Soziologentage in Frankfurt 1910; Weber, Gesammelte Aufsätze zur Soziologie und Sozialpolitik, Tübingen (Mohr/Siebeck) 1924, S. 446.

S. 346 *eine emotionale* Max Weber, Wirtschaft und Gesellschaft. Grundriß der verstehenden Soziologie [1921], 4., neu herausgegebene Aufl., besorgt von Johannes Winckelmann, Tübingen (Mohr/Siebeck) 1956. Kap. III: Die Typen der Herrschaft, § 10. Charismatische Herrschaft.

bei einer primär ebda., S. 142.

S. 347 *armseliger Heidelberger* Kurt Hildebrandt, Erinnerungen an Stefan George und seinen Kreis, S. 125.

S. 348 *selber aller* Karl Wolfskehl, Die Blätter für die Kunst und die Neuste Literatur; Jahrbuch für die geistige Bewegung I (1910), S. 12.

S. 349 *keine böswillige* Einleitung; Jahrbuch für die geistige Bewegung III (1912), S. VII.

von einem beinah Friedrich Gundolf, Das Bild Georges, S. 139.

anglo-amerikanischen Edith Landmann, Gespräche mit Stefan George, S. 34.

und darum noch Erich von Kahler, Der Beruf der Wissenschaft, S. 74.

S. 350 *Von allen Professoren* Friedrich Gundolf an Stefan George, 21. November 1910; George/Gundolf, Briefwechsel, S. 213.

Jahrbuchsfragen Gundolf an George, 5. Dezember 1911; ebda., S. 229.

S. 351 *Ausserdem spukt* Gundolf an Leonie Gräfin Keyserling, 18. April 1913; Gundolf, Briefe. Neue Folge, S. 119.

die Instinktgrundlagen Gundolf an Leonie Gräfin Keyserling, 29. Mai 1911; ebda., S. 79.

S. 352 *gehirnliche Mechanisierung* Gundolf an Friedrich von der Leyen, 8. Juli 1911; ebda., S. 89.

von allen dunklen ebda., S. 90.

S. 353 *lieber den kalten* Gundolf an Karl Vossler, 4. Mai 1926; ebda., S. 215.

grosser Soziologie Gundolf an Herbert Cysarz, 14. November 1926; ebda., S. 220.

Ich bin sehr traurig Gundolf an Kurt Osswald, 23. Juni 1920; ebda., S. 178.

S. 354 *Ohne uns von* Gundolf an Alfred Weber, zum 30. Juli 1928; ebda., S. 225.

Max Weber Friedrich Gundolf, Gedichte, Berlin (Georg Bondi) 1930, S. 23-24.

S. 357 *heute nur innerhalb* Max Weber, Wissenschaft als Beruf; Weber, Gesammelte Aufsätze zur Wissenschaftslehre, S. 612.

Wahrheitsspaß Thomas Mann an Karl Kerényi, 7. Oktober 1936; Karl Kerényi & Thomas Mann, Romandichtung und Mythologie. Ein Briefwechsel, Zürich (Rhein) 1945, S. 57.

S. 358 *Ich lege einigen* Thomas Mann, Betrachtungen eines Unpolitischen, S. 145.

Buddenbrookisieren Georg Lukács, Auf der Suche nach dem Bürger [1945]; Lukács, Thomas Mann, Berlin/DDR (Aufbau-Verlag) 1953, S. 22.

S. 359 *zugethan als* Thomas Mann, 11. September 1918; Tagebücher 1918-1921, S. 3.

Nie wird er Thomas Mann, Betrachtungen eines Unpolitischen, S. 35.

S. 360 *Das Soziale* ebda., S. 252.

die Sphäre ebda., S. 256.

S. 361 *Staat für* ebda., S. 301.

S. 362 *wimmelt ⟨es⟩* ebda., S. 560.

S. 363 *Geist der zerebralen* Romain Rolland, Johann Christof. Zweiter Band: Johann Christof in Paris. Berechtigte Übertragung aus dem Französischen von Otto & Erna Grautoff, Frankfurt a. M. (Rütten & Loening) 1922, S. 91.

Bettelmönche und ebda., S. 153.

Höfische Sitten ebda., S. 162.

Die Soziologie ebda., S. 136.

S. 364 *gegen die boshafte* Thomas Mann, Betrachtungen eines Unpolitischen, S. 165.

S. 365 *Das ist noch* ebda., S. 105.

kein übermäßiges ebda., S. 88.

S. 366 *das Seelisch-Menschliche* ebda., S. 139.

Gute Partituren ebda., S. 318.

tönender Ausdruck ebda., S. 320.

Palestrina ist ebda., S. 421.

S. 367 *ob das Reich* Max Weber, Wissenschaft als Beruf, S. 600.

Gustav Aschenbach Thomas Mann, Der Tod in Venedig [1913]; Frühe Erzählungen [= Frankfurter Ausgabe], Frankfurt a. M. (S. Fischer) 1981, S. 569.

S. 368 *vielgenannten Prof.* Thomas Mann, 9. November 1919; Tagebücher 1918-1921, S. 317.

Weber polemisierte Thomas Mann, 28. Dezember 1919; ebda., S. 352. Der nachfolgende Hinweis auf die Reaktion Max Webers stammt von M. Rainer Lepsius und bezieht sich auf den Briefwechsel Webers mit Mina Tobler.

Die antirevolutionär Thomas Mann, 21. Januar 1920; ebda., S. 370.

S. 369 *das Französisch-Soziale* Thomas Mann, 15. Juni 1919; ebda., S. 265.

Habe die Balzac-Lektüre Thomas Mann, 2. Juli 1919; ebda., S. 277.

Die einleitende Soziologie Thomas Mann, 26. April 1920; ebda., S. 426.

artistisch Thomas Mann, Die Entstehung des Doktor Faustus. Roman eines Romans [1949]; Rede und Antwort [= Frankfurter Ausgabe], Frankfurt a. M. (S. Fischer) 1984, S. 157.

S. 370 *Es sind metaphysische* Thomas Mann, German Letter VI, The Dial, Oktober 1925; Thomas Mann, ›German Letters‹. Thomas Manns Briefe an ›The Dial‹ (1922-1928); Thomas-Mann-Studien III (1974), S. 51.

menschlichen Gesellschaft Thomas Mann, Vom Beruf des deutschen Schriftstellers in unserer Zeit; Rede und Antwort, S. 346.

S. 371 *Wenn etwa Max Weber* Thomas Mann, Rede zur Eröffnung der ›Münchner Gesellschaft 1926‹; Nachträge [= Gesammelte Werke in dreizehn Bänden, 13. Band], Frankfurt a. M. (S. Fischer) 1974, S. 597.

Denn die Liebe Thomas Mann, Goethe als Repräsentant des bürgerlichen Zeitalters [1932]; Leiden und Größe der Meister [= Frankfurter Ausgabe], Frankfurt a. M. (S. Fischer) 1982, S. 157.

die Rechte der Thomas Mann, Goethe und die Demokratie [1949]; ebda., S. 340.

S. 372 *hoffnungsvolle Freude* Thomas Mann, Goethe als Repräsentant des bürgerlichen Zeitalters, S. 178.

Die neue ebda., S. 179.

S. 373 *Der Gedanke* Max Weber, Die protestantische Ethik und der Geist des Kapitalismus [1905], Tübingen (Mohr/Siebeck) 1934, S. 203.

S. 374 *Ein direktes* Thomas Mann an Pierre-Paul Sagave, 23. Februar 1937; Thomas-Mann-Archiv der ETH Zürich.

S. 375 *spröde Tugend* Max Weber, Gesammelte Aufsätze zur Religionssoziologie. III. Das antike Judentum, 2., photo-mechanisch gedruckte Aufl., Tübingen (Mohr/Siebeck) 1923, S. 59 (Handexemplar Thomas Manns im Thomas-Mann-Archiv der ETH Zürich).

Eichendorffs wundersam Thomas Mann, Betrachtungen eines Unpolitischen, S. 375.

auch die Welt ebda., S. 378.

Mir ist's nirgends ebda., S. 379.

Deutscher Geist in Gefahr: E. R. Curtius, Karl Mannheim und T. S. Eliot

S. 378 *In der Geistesgeschichte* Ernst Robert Curtius, Soziologie – und ihre Grenzen [1929]; Der Streit um die Wissenssoziologie. 2. Band: Rezeption und Kritik der Wissenssoziologie, ed. Volker Meja & Nico Stehr, Frankfurt a. M. (Suhrkamp) 1982, S. 417.

S. 379 *modernste ›Zentralwissenschaft‹* ebda., S. 422.

S. 380 *Instrument der* Karl Mannheim, Zur Problematik der Soziologie in Deutschland [1929]; ebda., S. 429.

S. 381 *Lebensbucht* Mannheim, Heidelbergi Levelek [Heidelberger Briefe] II; Tüz (Bratislava), 1. April-15. April-15. Mai 1922, S. 95. Für ihre Hilfe bei der Beschaffung dieses Textes danke ich Erzsébet Vezér, Volker Meja und Nico Stehr; für seine Übersetzung Bálint Balla.

Zunächst wollen Mannheim, Zur Problematik, S. 433.

S. 382 *Bildungsabbau* Curtius, Deutscher Geist in Gefahr, Stuttgart/Berlin (Deutsche Verlagsanstalt) 1932, S. 11.

S. 383 *das formal allgemeinste* Curtius, Hofmannsthals deutsche Sendung [1929]; Kritische Essays zur europäischen Literatur, Bern (Francke) 1954, S. 158.

das letzte denkwürdige Curtius, Deutscher Geist in Gefahr, S. 19.

S. 384 *die in theoretische* ebda., S. 81.

S. 385 *beide doch wohl* ebda., S. 83.

Bluts- und Geistesadel ebda., S. 85.

S. 386 *Ich halte es* ebda., S. 92.

soziale ›Führer‹ Dirk Käsler, Der Streit um die Bestimmung der Soziologie auf den Deutschen Soziologentagen 1910-1930; Soziologie in Deutschland und Österreich 1918-1945 [= Kölner Zeitschrift für Soziologie und Sozialpsychologie, Sonderheft 23], ed. M. Rainer Lepsius, Opladen (Westdeutscher Verlag) 1981, S. 230.

S. 387 *Wer das Irrationale* Mannheim, Die Bedeutung der Konkurrenz im Gebiete des Geistigen [1928/1929]; Der Streit um die Wissenssoziologie, 1. Band: Die Entwicklung der deutschen Wissenssoziologie, S. 369.

S. 388 *die angemessene* Mannheim, Die Gegenwartsaufgaben der Soziologie. Ihre Lehrgestalt (Vortrag, gehalten am 28. Februar 1932 bei einer Tagung reichsdeutscher Hochschuldozenten der Soziologie in Frankfurt a. M.), Tübingen (Mohr/Siebeck) 1932, S. 41.

ein nie abreißender Curtius, Die französische Kultur. Eine Einführung, Berlin/Leipzig (Deutsche Verlagsanstalt) 1930, S. 96.

Metaphysik der Mannheim, Die Gegenwartsaufgaben, S. 12.

Der Mensch der ebda., S. 41-42.

S. 391 *Wolkenkuckucksheim* Curtius, Deutscher Geist in Gefahr, S. 101.

freien raum Friedrich Wolters, Herrschaft und Dienst [1909]; Stefan George 1868-1968, S. 249.

perspektivischer Demut Ernst Bertram, Nietzsche, S. 5.

S. 392 *Wo Sie sagen* Friedrich Gundolf an Georg Misch, 12. November 1910; Gundolf, Briefe. Neue Folge, S. 72.

Curtius ist hospitant Stefan George an Friedrich Gundolf, 26. Oktober 1916; George/Gundolf, Briefwechsel, S. 287.

S. 393 *Welch ein Irrtum* ebda., S. 286.

das Zusammenarbeiten Curtius, Anhang [1945]; Kritische Essays zur europäischen Literatur, S. 433.

S. 394 *das Erleben* ebda., S. 435.

eine der besten T. S. Eliot, A Commentary; The Criterion 12 (1932), S. 74.

S. 395 *Innerhalb der Grenzen* T. S. Eliot, Brief an den Herausgeber der *Times*, 25. Januar 1947, S. 7.

S. 396 *mit den Ansichten* T. S. Eliot, A Commentary; ebda.

S. 397 *das ehrwürdige* Kurt H. Wolff, Karl Mannheim; Klassiker des soziologischen Denkens, ed. Dirk Käsler, München (Beck) 1978, 2. Band, S. 344.

significant disagreement T. S. Eliot, Notes on Mannheim's Paper [Papers for Moot], 10. 1. 1941, S. 2. Moot-Materialien 1939 bis 1949. Zitiert, wie sämtliche Moot-Materialien, nach der Kopie im Sozialwissenschaftlichen Archiv der Universität Konstanz. Ich danke Thomas Luckmann und Ilja Srubar für die Möglichkeit, diese Materialien einzusehen. Mein Dank gilt Mrs. T. S. Eliot für die Erlaubnis, aus den Moot-Beiträgen T. S. Eliots sowie aus seinem Brief an J. H. Oldham zu zitieren.

S. 399 *solche Individuen* Notes on Clerisy by T. S. Eliot, 5. 9. 1944, S. 3.

Kultur könnte Comments by T. S. Eliot on Michael Polanyi's Notes on the Clerisy, 22. 11. 1944, S. 2.

Karl gegenüber Rev. Alec R. Vidler an J. H. Oldham, 2. Mai 1949, S. 2. Ich danke Dr. Alec Vidler für die Erlaubnis, diesen Brief zu zitieren.

S. 400 *Alles, was ich* T. S. Eliot an J. H. Oldham, 11. April 1949, S. 1.

S. 401 *verderbliche Einfluß* G. H. Bantock, The Cultural Implications of Planning and Popularization; Scrutiny 14 (1947), S. 171.

Hätte Eliot Russell Kirk, Eliot and His Age. T. S. Eliot's Moral Imagination in the Twentieth Century, New York (Random House) 1971, S. 325.

Epilog: Soziologie und Anti-Soziologie im Nationalsozialismus und danach

S. 403 *gleichsam mit dem* Erich Jaensch, Deutscher Geist in Gefahr? Zur Auseinandersetzung mit dem Buche von E. R. Curtius; Westdeutsche Akademische Rundschau, 2 (1932), Nr. 13, S. 1.

S. 404 *Zu den wenigen* Erich Rothacker, Nationale Soziologie; Westdeutsche Akademische Rundschau, 3 (1933), Nr. 1.

S. 409 *im Gegensatz* E. R. Curtius, Deutscher Geist in Gefahr, S. 36.

S. 410 *Wissenschaft des* E. W. Eschmann, Die Stunde der Soziologie; Die Tat 25 (1934), S. 955.

Baulehre der Gemeinschaft ebda., S. 959.

Heil- und Hilfswissenschaft ebda., S. 958.

S. 411 *jüngerer Soziologieprofessor* Giselher Wirsing, Systemkrise in Frankreich? 1789-1933; Die Tat 25 (1934), S. 762.

Man muß erst Hans Freyer, Antäus. Grundlegung einer Ethik des bewussten Lebens, Jena (Diederichs) 1918, S. 89.

den geschlossenen Freyer, Der Staat, Leipzig (Wiegandt) 1925, S. 178.

Sein Werk ebda., S. 179.

S. 412 *gegen alle rationalen* Freyer, Die Romantiker; Gründer der Soziologie. Eine Vortragsreihe, ed. Fritz Karl Mann, Jena (Gustav Fischer) 1932, S. 83.

S. 413 *einen modernen* ebda., S. 91.

poetisierender Philosoph ebda., S. 90.

S. 414 *die Evangelia* Adam Müller an Karl Gustav Baron von Brinkmann, 18. April 1803; Adam Müllers Lebenszeugnisse, 1. Band, ed. Jakob Baxa, München / Paderborn / Wien (Schöningh) 1966, S. 103.

das deutsche Schicksal Freyer, Gegenwartsaufgaben der deutschen Soziologie; Zeitschrift für die gesamte Staatswissenschaft 95 (1935), S. 118-119.

S. 415 *Der Gedanke geht* Heinrich Heine, Zur Geschichte der Religion und Philosophie in Deutschland [1835]; Heine, Sämtliche Werke, 9. Bd., ed. Hans Kaufmann, München (Kindler) 1964, S. 284.

S. 416 *Langen Atems* Freyer, Pallas Athene. Ethik des politischen Volkes, Jena (Diederichs) 1935, S. 37.

nicht Schritt ebda., S. 14-15.

Aufbruch und Gestalt ebda., S. 95.

lauter scharfes Geschehen ebda., S. 17.

S. 417 *Gegenleidenschaft* ebda., S. 97.

Auch wer mit ebda., S. 56.

In den wissenschaftlichen Friedrich Nietzsche, Nachgelassene Fragmente (Sommer 1880); Kritische Studienausgabe, 9. Band, S. 179.

S. 418 *Dilemma, empirische* Helmut Schelsky, Ortsbestimmung der deutschen Soziologie. 2. Auflage, Düsseldorf/Köln (Diederichs) 1959, S. 18.

S. 419 *indirekte Morallehre* Schelsky, Einführung; David Riesman, Die einsame Masse. Eine Untersuchung der Wandlungen des amerikanischen Charakters [1950], Reinbek b. Hamburg (Rowohlt) 1958, S. 19.

Daß in Denkern Schelsky, Die verschiedenen Weisen, wie man Demokrat sein kann. Erinnerungen an Hans Freyer, Helmuth Plessner und andere; Rückblicke eines ›Anti-Soziologen‹, Opladen (Westdeutscher Verlag) 1981, S. 135-136.

S. 420 ⟨*Böll verfällt*⟩ Schelsky, Erfahrungen mit einem ›Bestseller‹. Antwort an die Kritiker. Sonderdruck aus der 2., erweiterten Auflage von *Die Arbeit tun die anderen*, Opladen (Westdeutscher Verlag) 1975, S. 439.

LITERATUR

ADAMY, BERNHARD
1980. *Hans Pfitzner. Literatur, Philosophie und Zeitgeschehen in seinem Weltbild und Werk* [= Veröffentlichungen der Hans-Pfitzner-Gesellschaft, 1. Band]
Tutzing, Hans Schneider

BAIER, HORST
1981-1982. *Die Gesellschaft – Ein langer Schatten des toten Gottes.* Friedrich Nietzsche und die Entstehung der Soziologie aus dem Geist der Décadence
in: Nietzsche-Studien 10/11, S. 6-33.

BANTOCK, G. H.
1947. *The Cultural Implications of Planning and Popularization*
in: Scrutiny 14, S. 171-184.

BECKER, CARL HEINRICH
1919. *Gedanken zur Hochschulreform*
Leipzig, Quelle & Meyer
1925. *Vom Wesen der deutschen Universität*
Leipzig, Quelle & Meyer
1930. *Das Problem der Bildung in der Kulturkrise der Gegenwart*
Leipzig, Quelle & Meyer

BELOW, GEORG VON
1920. *Soziologie als Lehrfach.* Ein kritischer Beitrag zur Hochschulreform
München/Leipzig, Duncker & Humblot
1921. *Zur Geschichte der deutschen Geschichtswissenschaft II*
in: Historische Blätter 1; 2, S. 173-217.
1928. *Die Entstehung der Soziologie.* Aus dem Nachlasse herausgegeben von Othmar Spann
Jena, Gustav Fischer

Benjamin, Walter
1934. *Zum gegenwärtigen gesellschaftlichen Standort des französischen Schriftstellers*
in: Zeitschrift für Sozialforschung 3, S. 54-78.

Benn, Gottfried
1968. *Gesammelte Werke in acht Bänden,* ed. Dieter Wellershoff
Wiesbaden, Limes

Bertram, Ernst
1920. *Nietzsche. Versuch einer Mythologie* [1918].
4., unveränderte Aufl.
Berlin, Georg Bondi
1967. *Dichtung als Zeugnis.* Frühe Bonner Studien zur Literatur. Mit einem Nachwort herausgegeben von Ralph-Rainer Wuthenow
Bonn, Bouvier

Blätter für die Kunst
1964. Einleitungen und Merksprüche der Blätter für die Kunst
Düsseldorf/München, Küpper

Boehringer, Robert
1968. *Mein Bild von Stefan George* [1951].
2., ergänzte Aufl.
Düsseldorf/München, Küpper

Borchardt, Rudolf
1918. *Rede über Hofmannsthal* [1902]. 2. Aufl.
Berlin, Hyperion
1920. *Stefan Georges Siebenter Ring* [1909]; Borchardt, Prosa I, S. 119 bis 162.
Berlin, Ernst Rowohlt
1928. *Handlungen und Abhandlungen*
Berlin-Grunewald, Horen-Verlag
1973. *Prosa IV*
Stuttgart, Klett

Brackmann, Albert
1929. *Kaiser Friedrich II. in »Mythischer Schau«*
in: Historische Zeitschrift 140, S. 534-549.

Breysig, Kurt
1944. *Das Recht auf Persönlichkeit und seine Grenzen*
Berlin, De Gruyter

1962. *Aus meinen Tagen und Träumen.* Memoiren, Aufzeichnungen, Briefe, Gespräche. Aus dem Nachlaß herausgegeben von Gertrud Breysig und Michael Landmann
Berlin, De Gruyter
1964. *Gedankenblätter*, ed. Gertrud Breysig
Berlin, De Gruyter

BREYSIG, KURT & STEFAN GEORGE
1960. *Gespräche, Dokumente*
Amsterdam, Castrum Peregrini Presse

BRODERSEN, ARVID
1970. *Stefan George und sein Kreis.* Eine Deutung aus der Sicht Max Webers
in: Castrum Peregrini XCI, S. 5-24.

BROSE, KARL
1974. *Nietzsches Verhältnis zu John Stuart Mill*
in: Nietzsche-Studien 3, S. 152-174.

CURTIUS, ERNST ROBERT
1919. *Die literarischen Wegbereiter des neuen Frankreich*
Potsdam, Kiepenheuer
1921. *Der Syndikalismus der Geistesarbeiter in Frankreich*
Bonn, Cohen
1929. *Hofmannsthal und die Romanität*
in: Die Neue Rundschau 40, S. 654-659.
1930. *Die französische Kultur.* Eine Einführung
Berlin/Leipzig, Deutsche Verlagsanstalt
1932. *Deutscher Geist in Gefahr*
Stuttgart/Berlin, Deutsche Verlagsanstalt
1948. *Europäische Literatur und Lateinisches Mittelalter*
Bern, Francke
1954. *Kritische Essays zur europäischen Literatur* [1950]. 2., erweiterte Aufl.
Bern, Francke
1982. *Soziologie – und ihre Grenzen* [1929]
in: Der Streit um die Wissenssoziologie.
2. Band: Rezeption und Kritik der Wissenssoziologie, ed. Volker Meja & Nico Stehr, S. 417-426.
Frankfurt a. M., Suhrkamp

DAHME, HEINZ-JÜRGEN & OTTHEIN RAMMSTEDT, Ed.
1984. *Georg Simmel und die Moderne.* Neue Interpretationen und Materialien
Frankfurt a. M., Suhrkamp

DAHMEN, HANS
1926. *Lehren über Kunst und Weltanschauung im Kreise um Stefan George*
Marburg, Elwert

DAVID, CLAUDE
1952. *Stefan George. Son œuvre poétique*
Lyon/Paris, IAC [= Bibliothèque de la Société des Etudes Germaniques]

DILTHEY, WILHELM
1922. *Einleitung in die Geisteswissenschaften.* Erster Band [1883]; Dilthey, Gesammelte Schriften I
Leipzig/Berlin, Teubner
1923. *Briefwechsel zwischen Wilhelm Dilthey und dem Grafen Paul Yorck von Wartenburg 1877-1897*
Halle, Niemeyer
1933. *Von deutscher Dichtung und Musik.* Aus den Studien zur Geschichte des deutschen Geistes
Leipzig/Berlin, Teubner
1954. *Die große Phantasiedichtung und andere Studien zur vergleichenden Literaturgeschichte*
Göttingen, Vandenhoeck & Ruprecht
1961. *Die Geistige Welt.* Einleitung in die Philosophie des Lebens. Erste Hälfte. Abhandlungen zur Grundlegung der Geisteswissenschaften [1923]; Dilthey, Gesammelte Schriften V, 3., unveränderte Aufl.
Stuttgart, Teubner; Göttingen, Vandenhoeck & Ruprecht
1962a. *Einleitung in die Geisteswissenschaften* [1883]; Dilthey, Gesammelte Schriften I, 5., unveränderte Aufl.
Stuttgart, Teubner; Göttingen, Vandenhoeck & Ruprecht
1962b. *Die Einbildungskraft des Dichters.* Bausteine für eine Poetik [1887]; Dilthey, Gesammelte Schriften VI, 4. Aufl., S. 103-241.
Stuttgart, Teubner; Göttingen, Vandenhoeck & Ruprecht
1962c. *Die drei Epochen der modernen Ästhetik und ihre heutige Aufgabe* [1892]; Dilthey, ebda., S. 242-287.

Du Bois-Reymond, Emil

1886. *Reden.* Erste Folge: Litteratur, Philosophie, Zeitgeschichte Leipzig, Veit & Co.

Durkheim, Emile

1969. *Journal Sociologique.* Introduction et notes de Jean Duvignaud Paris, Presses Universitaires de France

Düwell, Kurt

1971. *Staat und Wissenschaft in der Weimarer Epoche.* Zur Kulturpolitik des Ministers C. H. Becker
in: Historische Zeitschrift, Beiheft 1 [= Beiträge zur Geschichte der Weimarer Republik, ed. Theodor Schieder], S. 31-74.

Eliot, George

1963. *The Natural History of German Life* [Westminster Review LXVI (1856), S. 51-79]
in: Essays of George Eliot, ed. Thomas Pinney, S. 266-299. London, Routledge & Kegan Paul

Eliot, T. S.

1932a. *A Commentary* ⟨zu *Fiction and the Reading Public* von Q. D. Leavis⟩
in: The Criterion 11, S. 676-683.

1932b. *A Commentary* ⟨zu *Deutscher Geist in Gefahr* von E. R. Curtius⟩
in: The Criterion 12, S. 73-79.

1933. *A Commentary* ⟨zu Ausgaben der *American Review* und von *The Symposium*⟩
in: The Criterion 12, S. 642-647.

1947. *Brief an den Herausgeber der ›Times‹* [Zum Nachruf auf Karl Mannheim]
in: The Times (London), 25. Januar 1947, S. 7.

Enright, D. J.

1944. *Stefan George and the New Empire*
in: Scrutiny 12, S. 162-171.

1948. *The Case of Stefan George*
in: Scrutiny 15, S. 242-254.

Eschmann, Ernst Wilhelm

1932. *Soziologie der Wirklichkeit!* [= Rezension von Hans Freyers *Soziologie als Wirklichkeitswissenschaft*]
in: Die Tat 24, S. 813-814.

1933. *Spengler und die Wirklichkeit*
in: Die Tat 25, S. 673-678.

1934. *Die Stunde der Soziologie*
in: Die Tat 25, S. 953-966.

EVANS, ARTHUR R., JR., Ed.
1970. *On Four Modern Humanists*. Hofmannsthal, Gundolf, Curtius, Kantorowicz
Princeton, Princeton University Press

FLEISCHMANN, EUGÈNE
1964. *De Weber à Nietzsche*
in: Archives Européennes de Sociologie v, S. 190-238.

FREYER, HANS
1918. *Antäus. Grundlegung einer Ethik des bewussten Lebens*
Jena, Eugen Diederichs
1925. *Der Staat*
Leipzig, Wiegandt
1926. *Soziologie als Geisteswissenschaft* [= Antrittsvorlesung an der Universität Leipzig]
in: Archiv für Kulturgeschichte 16, S. 113-126.
1930. *Soziologie als Wirklichkeitswissenschaft*. Logische Grundlegung des Systems der Soziologie
Leipzig/Berlin, Teubner
1935a. *Pallas Athene. Ethik des politischen Volkes*
Jena, Eugen Diederichs
1935b. *Gegenwartsaufgaben der deutschen Soziologie*
in: Zeitschrift für die gesamte Staatswissenschaft 95, S. 116-144.

GÁBOR, EVA
1983. *Mannheim in Hungary and in Weimar Germany*
in: Newsletter. International Society for the Sociology of Knowledge 9; 1/2, S. 7-14.

GAY, PETER
1968. *Weimar Culture*. The Outsider as Insider
New York, Harper & Row

GEORGE, STEFAN
1953. *Briefwechsel zwischen George und Hofmannsthal* [1938]. 2., ergänzte Aufl.
München/Düsseldorf, Küpper
1967. *Tage und Taten*. Aufzeichnungen und Skizzen [1933]
Düsseldorf/München, Küpper

1968. *Stefan George 1868-1968.* Der Dichter und sein Kreis. Eine Ausstellung des Deutschen Literaturarchivs im Schiller-Nationalmuseum Marbach a. N.
Stuttgart, Turmhaus Verlag

1971. *Stefan George Kolloquium*, ed. Eckhard Heftrich, Paul Gerhard Klussmann, Hans Joachim Schrimpf
Köln, Wienand

1974. *Stefan George. Dokumente seiner Wirkung.* Aus dem Friedrich Gundolf Archiv der Universität London herausgegeben von Lothar Helbing und Claus Victor Bock. Mit Karlhans Kluncker
Amsterdam, Castrum Peregrini Presse [= Publications of the Institute of Germanic Studies, University of London, 18]

1983. *Werke.* Ausgabe in vier Bänden
München, Deutscher Taschenbuch Verlag

GLÖCKNER, ERNST

1972. *Begegnung mit Stefan George.* Auszüge aus Briefen und Tagebüchern 1913-1934, ed. Friedrich Adam
Heidelberg, Stiehm

GLOCKNER, HERMANN

1969. *Heidelberger Bilderbuch.* Erinnerungen
Bonn, Bouvier

GOTHEIN, EBERHARD

1924. *Die Renaissance in Süditalien* [1886]. Mit einer biographischen Einleitung herausgegeben von Edgar Salin. 2. Aufl.
München/Leipzig, Duncker & Humblot

GOTHEIN, PERCY

1955. *Das Seelenfest.* Aus einem Erinnerungsbuch [1923]
Den Haag, Castrum Peregrini XXI

1956. *Letzte Universitätsjahre.* Der Tod des Vaters
in: Castrum Peregrini XXVI, S. 7-32.

GRAVER, SUZANNE

1984. *George Eliot and Community.* A Study in Social Theory and Fictional Form
Berkeley, University of California Press

GRIMM, JACOB & WILHELM GRIMM

1984. *Deutsches Wörterbuch*
München, Deutscher Taschenbuch Verlag

Grünewald, Eckhart
1982. *Ernst Kantorowicz und Stefan George*. Beiträge zur Biographie des Historikers bis zum Jahre 1938 und zu seinem Jugendwerk »Kaiser Friedrich der Zweite«
Wiesbaden, Franz Steiner

Gundolf, Friedrich
1911. *Shakespeare und der deutsche Geist*
Berlin, Georg Bondi
1914. *Stefan George in unserer Zeit* [1913]. 2. Aufl.
Heidelberg, Weiss
1921. *George* [1920]. 2., unveränderte Aufl.
Berlin, Georg Bondi
1930. *Gedichte*
Berlin, Georg Bondi
1962-1963. *Briefwechsel mit Herbert Steiner und Ernst Robert Curtius*, eingeleitet und herausgegeben von Lothar Helbing & Claus Victor Bock
[= Castrum Peregrini LIV-LV-LVI]
Amsterdam, Castrum Peregrini Presse
1965. *Briefe*. Neue Folge, ed. Lothar Helbing & Claus Victor Bock
[= Castrum Peregrini LXVI-LVII-LVIII]
Amsterdam, Castrum Peregrini Presse
1980. *Beiträge zur Literatur- und Geistesgeschichte*, ed. Victor A. Schmitz & Fritz Martini
Heidelberg, Lambert Schneider

Heidegger, Martin
1983. *Die Selbstbehauptung der deutschen Universität*. Rede, gehalten bei der feierlichen Übernahme des Rektorats der Universität Freiburg i. Br. am 27. 5. 1933. / Das Rektorat 1933-34. Tatsachen und Gedanken, ed. Hermann Heidegger
Frankfurt a. M., Klostermann

Heine, Heinrich
1964. *Sämtliche Werke*, ed. Hans Kaufmann
München, Kindler

Hildebrandt, Kurt
1965. *Erinnerungen an Stefan George und seinen Kreis*
Bonn, Bouvier

Hofmannsthal, Hugo von
1957. *Natur und Erkenntnis*. Essays
Berlin/Darmstadt, Deutsche Buch-Gemeinschaft

1977. *Gesammelte Werke in Einzelausgaben*, ed. Herbert Steiner, Prosa III
Frankfurt a. M., S. Fischer
1979a. *Reden und Aufsätze I* (1891-1913)
Frankfurt a. M., S. Fischer
1979b. *Reden und Aufsätze II* (1914-1924)
Frankfurt a. M., S. Fischer
1980. *Reden und Aufsätze III* (1925-1929)
Frankfurt a. M., S. Fischer

Hofmannsthal, Hugo von & Rudolf Borchardt
1954. *Briefwechsel*, ed. Marie Borchardt & Herbert Steiner
Frankfurt a. M., S. Fischer

Hofmannsthal, Hugo von & Josef Redlich
1971. *Briefwechsel*, ed. Helga Ebner-Fußgänger
Frankfurt a. M., S. Fischer

Honigsheim, Paul
1926. *Der Max Weber-Kreis in Heidelberg*
in: Kölner Vierteljahrshefte für Soziologie 5, S. 270-287.

Jaensch, E. R.
1932. *Deutscher Geist in Gefahr?* Zur Auseinandersetzung mit dem Buche von E. R. Curtius
in: Westdeutsche Akademische Rundschau 2, Nr. 13 (Juli/August)
1933. *Die Lage und die Aufgaben der Psychologie.* Ihre Sendung in der Deutschen Bewegung und an der Kulturwende
Leipzig, Barth
1934. *Der Kampf der deutschen Psychologie*
Langensalza/Berlin/Leipzig, Julius Beltz

Jahrbuch für die geistige Bewegung
1910-1912. Jahrbuch für die geistige Bewegung, ed. Friedrich Gundolf & Friedrich Wolters, 3 Jahrgänge
Berlin, Georg Bondi

Jaspers, Karl
1932. *Max Weber.* Deutsches Wesen im politischen Denken, im Forschen und Philosophieren
Oldenburg, Stalling

Jens, Inge
1979. *Dichter zwischen rechts und links.* Die Geschichte der Sektion für Dichtkunst der Preußischen Akademie der Künste dargestellt nach Dokumenten [1971]
München, Deutscher Taschenbuch Verlag

Jolles, Frank
1967. *Die Entwicklung der wissenschaftlichen Grundsätze des George-Kreises*
in: Etudes Germaniques 22, S. 346-358.

Käsler, Dirk, Ed.
1976- *Klassiker des soziologischen Denkens.* 2 Bde.
1978. München, Beck

Kahler, Erich von
1920. *Der Beruf der Wissenschaft*
Berlin, Georg Bondi

Kantorowicz, Ernst
1930a. *Über Grenzen, Möglichkeiten und Aufgaben der Darstellung mittelalterlicher Geschichte*
in: Der Ring, H. 18, S. 333-335.
1930b. *»Mythenschau«.* Eine Erwiderung
in: Historische Zeitschrift 141, S. 457-471.

Kaufmann, Walter
1978. *Nietzsche als der erste große Psychologe*
in: Nietzsche-Studien 7, S. 261-287.

Kehr, Eckart
1965. *Der Primat der Innenpolitik.* Gesammelte Aufsätze zur preußisch-deutschen Sozialgeschichte im 19. und 20. Jahrhundert. Herausgegeben und eingeleitet von Hans-Ulrich Wehler
Berlin, De Gruyter

Kerényi, Karl & Thomas Mann
1945. *Romandichtung und Mythologie.* Ein Briefwechsel
Zürich, Rhein-Verlag

Kessler, Harry Graf
1928. *Walther Rathenau.* Sein Leben und sein Werk
Berlin-Grunewald, Klemm

Kirk, Russell
1971. *Eliot and His Age.* T. S. Eliot's Moral Imagination in the Twentieth Century
New York, Random House

Kjellén, Rudolf
1915. *Die Ideen von 1914.* Eine weltgeschichtliche Perspektive
Leipzig, Hirzel

Klages, Ludwig
1902. *Stefan George*
Berlin, Georg Bondi

König, René
1984. *Über das vermeintliche Ende der deutschen Soziologie vor der Machtergreifung des Nationalsozialismus*
in: Kölner Zeitschrift für Soziologie und Sozialpsychologie 36, S. 1-42.

König, René & Johannes Winckelmann, Ed.
1963. *Max Weber zum Gedächtnis.* Materialien und Dokumente zur Bewertung von Werk und Persönlichkeit [= Kölner Zeitschrift für Soziologie und Sozialpsychologie, Sonderheft 7]
Köln/Opladen, Westdeutscher Verlag

Kojecky, Roger
1971. *T. S. Eliot's Social Criticism*
New York, Farrar, Straus and Giroux

Kommerell, Max
1928. *Der Dichter als Führer in der Deutschen Klassik.*
Klopstock–Herder–Goethe–Schiller–Jean Paul–Hölderlin
Berlin, Georg Bondi
1967. *Briefe und Aufzeichnungen 1919-1944.* Aus dem Nachlaß herausgegeben von Inge Jens
Olten/Freiburg i. Br., Walter

Kraft, Werner
1956. *Rudolf Borchardt und Stefan George*
in: Die Neue Rundschau 67, S. 473-490.

Landfried, Klaus
1975. *Stefan George – Politik des Unpolitischen.*
Mit einem Geleitwort von Dolf Sternberger
Heidelberg, Stiehm

LANDMANN, EDITH
1920. *Georgika. Das Wesen des Dichters.* Stefan George: Umriß seines Werkes. Stefan George: Umriß seiner Wirkung
Heidelberg, Weiß
1930. *Wissen und Werten*
in: Schmollers Jahrbuch 54, S. 287-303.
1963. *Gespräche mit Stefan George*
Düsseldorf/München, Küpper

LANDMANN, MICHAEL
1980. *Erinnerungen an Stefan George.* Seine Freundschaft mit Julius und Edith Landmann [= Castrum Peregrini CXLI-CXLII]
Amsterdam, Castrum Peregrini Presse

LANGBEHN, JULIUS
1890. *Rembrandt als Erzieher.* Von einem Deutschen
Leipzig, Hirschfeld

LANGE-KIRCHHEIM, ASTRID
1977. *Franz Kafka: »In der Strafkolonie« und Alfred Weber: »Der Beamte«*
in: Germanisch-Romanische Monatsschrift (Neue Folge) 27, S. 202-221.

LENK, KURT
1964. *Das tragische Bewußtsein in der deutschen Soziologie*
in: Kölner Zeitschrift für Soziologie und Sozialpsychologie 16, S. 257-287.

LEPSIUS, M. RAINER, Ed.
1981. *Soziologie in Deutschland und Österreich 1918-1945* [= Kölner Zeitschrift für Soziologie und Sozialpsychologie, Sonderheft 23]
Opladen, Westdeutscher Verlag

LEPSIUS, SABINE
1935. *Stefan George. Geschichte einer Freundschaft*
Berlin, Verlag Die Runde

LIEBER, HANS-JOACHIM
1974. *Kulturkritik und Lebensphilosophie.* Studien zur deutschen Philosophie der Jahrhundertwende
Darmstadt, Wissenschaftliche Buchgesellschaft

LOOSE, GERHARD
1968. *Ludovico Settembrini und »Soziologie der Leiden«.*
Notes on Thomas Mann's *Zauberberg*
in: Modern Language Notes 83, S. 420-429.

LÜBBE, HERMANN
1974. *Politische Philosophie in Deutschland.* Studien zu ihrer Geschichte [1963]
München, Deutscher Taschenbuch Verlag

LUKÁCS, GEORG (VON)
1911. *Die Seele und die Formen*
Berlin, Egon Fleischel
1953. *Thomas Mann* [1949]. 3. Aufl.
Berlin (DDR), Aufbau-Verlag
1962. *Die Zerstörung der Vernunft* [1954]; Lukács, Werke IX
Neuwied/Berlin, Luchterhand

MANN, HEINRICH
1960. *Essays*
Hamburg, Claassen

MANN, THOMAS
1957. *Huit Lettres inédites à Pierre-Paul Sagave*
in: Cahiers du Sud XLIV, S. 373-386.
1960. *Thomas Mann an Ernst Bertram.* Briefe aus den Jahren 1910-1955, ed. Inge Jens
Pfullingen, Neske
1968. *Das essayistische Werk.* Taschenbuchausgabe in acht Bänden, ed. Hans Bürgin
Frankfurt a. M., S. Fischer
1974a. *Nachträge* [= Gesammelte Werke in dreizehn Bänden, 13. Band]
Frankfurt a. M., S. Fischer
1974b. *Ein Brief zur Situation des deutschen Schriftstellers um 1910*
in: Thomas-Mann-Studien III, S. 9-12.
1979. *Tagebücher 1918-1921*, ed. Peter de Mendelssohn
Frankfurt a. M., S. Fischer
1981a. *Buddenbrooks. Verfall einer Familie* [1901]; Thomas Mann, Gesammelte Werke in Einzelbänden. Frankfurter Ausgabe, ed. Peter de Mendelssohn
Frankfurt a. M., S. Fischer
1981b. *Frühe Erzählungen* [= Frankfurter Ausgabe]
Frankfurt a. M., S. Fischer
1982. *Leiden und Größe der Meister* [= Frankfurter Ausgabe]
Frankfurt a. M., S. Fischer
1983a. *Betrachtungen eines Unpolitischen* [1918]. Nachwort von Hanno Helbling [= Frankfurter Ausgabe]
Frankfurt a. M., S. Fischer

1983b. *Über mich selbst.* Autobiographische Schriften. Nachwort von Martin Gregor-Dellin [= Frankfurter Ausgabe]
Frankfurt a. M., S. Fischer

MANN, THOMAS & HEINRICH MANN
1984. *Briefwechsel 1900-1949.* Erweiterte Neuausgabe
Frankfurt a. M., S. Fischer

MANNHEIM, KARL
1921. *Heidelbergi Levél* [Heidelberger Brief]
in: Tüz (Bratislava), 15. November-1. Dezember, S. 46-50.
1922. *Heidelbergi Levelek* [Heidelberger Briefe] II
in: Tüz, 1./15. April-1. Mai, S. 91-95.
1929. *Ideologie und Utopie*
Bonn, Cohen
1932. *Die Gegenwartsaufgaben der Soziologie.* Ihre Lehrgestalt
Tübingen, Mohr/Siebeck
1934. *German Sociology*
in: Politica 1, S. 12-33.
1937. *Zur Diagnose unserer Zeit*
in: Maß und Wert 1; 1, S. 100-121.
1958. *Mensch und Gesellschaft im Zeitalter des Umbaus* [1935/1940]
Darmstadt, Wissenschaftliche Buchgesellschaft
1982. *Zur Problematik der Soziologie in Deutschland* [1929]
in: Der Streit um die Wissenssoziologie. 2. Band: Rezeption und Kritik der Wissenssoziologie, ed. Volker Meja & Nico Stehr, S. 427-437.
1984. *Konservatismus.* Ein Beitrag zur Soziologie des Wissens [1925], ed. David Kettler, Volker Meja & Nico Stehr
Frankfurt a. M., Suhrkamp

MEINECKE, FRIEDRICH
1921. *Drei Generationen deutscher Gelehrtenpolitik*
in: Historische Zeitschrift 125, S. 248-283.

MEJA, VOLKER & NICO STEHR, Ed.
1982. *Der Streit um die Wissenssoziologie.* 2 Bde.
Frankfurt a. M., Suhrkamp

MENDELSSOHN, PETER DE
1975. *Der Zauberer.* Das Leben des deutschen Schriftstellers Thomas Mann. Erster Teil 1875-1918
Frankfurt a. M., S. Fischer

MOHLER, ARMIN

1972. *Die konservative Revolution in Deutschland 1918-1932.* Ein Handbuch [1950]. 2., völlig neu bearbeitete und erweiterte Fassung
Darmstadt, Wissenschaftliche Buchgesellschaft

MOMMSEN, WOLFGANG J.

1959. *Max Weber und die deutsche Politik 1890-1920*
Tübingen, Mohr/Siebeck

Moot-Materialien & Ergänzungen

1939-1949. Kopie des Sozialwissenschaftlichen Archivs der Universität Konstanz

MÜLLER, ADAM

1966. *Adam Müllers Lebenszeugnisse.* 2 Bde., ed. Jakob Baxa
München/Paderborn/Wien, Schöningh

MULLER, JERRY ZUCKER

1984. *Radical Conservatism and Social Theory: Hans Freyer and The Other God That Failed*
Ph. D. Dissertation, Columbia University, Ms., 673 S.

NIETZSCHE, FRIEDRICH

1980. *Sämtliche Werke.* Kritische Studienausgabe in 15 Bänden, ed. Giorgio Colli & Mazzino Montinari
München, Deutscher Taschenbuch Verlag

1982. *Briefe* (Januar 1885-Dezember 1886)
[= Briefwechsel. Kritische Gesamtausgabe, ed. Giorgio Colli & Mazzino Montinari. 3. Abteilung, 3. Band]
Berlin/New York, De Gruyter

NOHL, HERMAN

1911-1912. *Die Deutsche Bewegung und die idealistischen Systeme* in: Logos 2, S. 350-359.

NOLTE, ERNST

1984. *Der Faschismus in seiner Epoche.* Action Française, Italienischer Faschismus, Nationalsozialismus [1963]. 6. Aufl.
München, Piper

PLESSNER, HELMUTH

1982. *Gesammelte Schriften VI.* Die verspätete Nation [1935/1959]
Frankfurt a. M., Suhrkamp

Rathenau, Walther
1926. *Briefe*. 2. Band
Dresden, Reissner
1929a. *Zur Mechanik des Geistes oder vom Reich der Seele* [1913 = Rathenau, Gesammelte Schriften 2]
Berlin, S. Fischer
1929b. *Von kommenden Dingen* [1917 = Rathenau, Gesammelte Schriften 3]
Berlin, S. Fischer

Renan, Ernest
1923. *L'Avenir de la science*. Pensées de 1848 [1890]. 20. Aufl.
Paris, Calmann-Lévy
1960. *Œuvres complètes*. Tome IX. Edition définitive établie par Henriette Psichari
Paris, Calmann-Lévy
1968. *Correspondance 1845-1892* [= Œuvres complètes. Tome X]
Paris, Calmann-Lévy

Riehl, Wilhelm Heinrich
1854. *Die Naturgeschichte des Volkes als Grundlage einer deutschen Social-Politik*. 2. Band: Die bürgerliche Gesellschaft [1851]. 2., neu überarbeitete Aufl.
Stuttgart/Tübingen, Cotta
1855. *Die Naturgeschichte des Volkes als Grundlage einer deutschen Social-Politik*. 1. Band: Land und Leute [1854]. 2., vermehrte Aufl.
Stuttgart/Augsburg, Cotta
1873. *Freie Vorträge*. Erste Sammlung
Stuttgart, Cotta
1885. *Freie Vorträge*. Zweite Sammlung
Stuttgart, Cotta
1925. *Wanderbuch als zweiter Teil zu ›Land und Leute‹* [= Die Naturgeschichte des Volkes als Grundlage einer deutschen Socialpolitik. 4. Band: Wanderbuch, 1869]
Stuttgart/Berlin, Cotta
1935. *Die Volkskunde als Wissenschaft* [1858]. Der Vortrag von Wilhelm Heinrich Riehl mit einer Einleitung von Max Hildebert Boehm
Tübingen, Laupp'sche Buchhandlung

Rolland, Romain
o. J. *Jean-Christophe à Paris*. La Foire sur la place. 36. Aufl.
Paris, Ollendorff

o. J. *Jean-Christophe à Paris*. Dans la maison. 28. Aufl.
Paris, Ollendorff

1922. *Johann-Christof*. 2. Band: Johann Christof in Paris. Berechtigte Übertragung aus dem Französischen von Otto & Erna Grautoff
Frankfurt a. M., Rütten & Loening

ROSENBAUM, EDUARD

1956. *Über eine Vorform soziologischen Denkens*
in: Freundesgabe für Ernst Robert Curtius zum 14. April 1956, S. 167-181.
Bern, Francke

ROTHACKER, ERICH

1933. *Nationale Soziologie*
in: Westdeutsche Akademische Rundschau 3, Nr. 1 (Januar)

RYCHNER, MAX

1932. *German Chronicle*
in: The Criterion XI, S. 705-710.

SAGAVE, PIERRE-PAUL

1960. *Recherches sur le roman social en Allemagne*
Aix-en-Provence, Editions Ophrys

SALIN, EDGAR

1954. *Um Stefan George. Erinnerung und Zeugnis* [1948]. 2. Aufl.
Düsseldorf, Küpper

1963. *Lynkeus*. Gestalten und Probleme aus Wirtschaft und Politik
Tübingen, Mohr/Siebeck

SALZ, ARTHUR

1921. *Für die Wissenschaft*. Gegen die Gebildeten unter ihren Verächtern
München, Drei Masken Verlag

SCHELSKY, HELMUT

1958. *Einführung zu:* David Riesman, *Die einsame Masse* [1950], S. 7-19.
Reinbek b. Hamburg, Rowohlt

1959. *Ortsbestimmung der deutschen Soziologie*
Düsseldorf/Köln, Diederichs

1975a. *Die Arbeit tun die anderen*. Klassenkampf und Priesterherrschaft der Intellektuellen
Opladen, Westdeutscher Verlag

1975b. *Erfahrungen mit einem »Bestseller«*. Antwort an die Kritiker. Sonderdruck aus der 2., erweiterten Aufl. von *Die Arbeit tun die anderen*
Opladen, Westdeutscher Verlag
1981. *Rückblicke eines ›Anti-Soziologen‹*
Opladen, Westdeutscher Verlag
1982. *Jugend und Alter*. Gedichte oder so etwas Ähnliches
Privatdruck

SCHILLER, FRIEDRICH
1983. *Gedichte*. 3. Buch – Votivtafeln [= Werke, Nationalausgabe, ed. Norbert Oellers, 2. Band, Teil 1]
Weimar, Hermann Böhlaus Nachf.

SCHMALENBACH, HERMAN
1922. *Die soziologische Kategorie des Bundes*
in: Die Dioskuren. Jahrbuch für Geisteswissenschaften 1, S. 35 bis 105.

SEEKAMP, H. J., R. C. OCKENDEN & M. KEILSON
1972. *Stefan George/Leben und Werk*. Eine Zeittafel
Amsterdam, Castrum Peregrini Presse

SEIDEL, ALFRED
1927. *Bewußtsein als Verhängnis*. Aus dem Nachlasse herausgegeben von Hans Prinzhorn
Bonn, Cohen

SIMMEL, GEORG
1913. *Goethe*
Leipzig, Klinkhardt & Biermann
1917. *Das Goethebuch*
in: Die Neue Rundschau 28, S. 254-264.
1920. *Grundfragen der Soziologie* (Individuum und Gesellschaft) [1917]. 2. Aufl.
Berlin/Leipzig, De Gruyter
1921. *Der Konflikt der modernen Kultur* [1918]. 2. Aufl.
München/Leipzig, Duncker & Humblot
1922. *Zur Philosophie der Kunst*. Philosophische und kunstphilosophische Aufsätze, ed. Gertrud Simmel
Potsdam, Gustav Kiepenheuer
1957. *Brücke und Tür*. Essays des Philosophen zur Geschichte, Religion, Kunst und Gesellschaft. Im Verein mit Margarete Susman herausgegeben von Michael Landmann
Stuttgart, K. F. Koehler

1958. *Buch des Dankes an Georg Simmel*. Briefe, Erinnerungen, Bibliographie. Zu seinem 100. Geburtstag am 1. März 1958 herausgegeben von Kurt Gassen & Michael Landmann
Berlin, Duncker & Humblot

1968. *Soziologie*. Untersuchungen über die Formen der Vergesellschaftung [1908]. 5. Aufl.
Berlin, Duncker & Humblot

1977. *Philosophie des Geldes* [1900]. 7. Aufl.
Berlin, Duncker & Humblot

1982. *Verlorene und gefundene Briefe Georg Simmels an Célestin Bouglé, Eugen Diederichs, Gabriel Tarde*. Zusammengestellt von Werner Gephart
Ms., 38 S.

1984. *Das Individuum und die Freiheit*. Essais
Berlin, Wagenbach

SINGER, KURT

1955. *Erinnerung an die Georgika*
in: Castrum Peregrini xxv, S. 50-57.

SOKEL, WALTER H.

1959. *The Writer in Extremis*. Expressionism in Twentieth-Century Literature
Stanford, Cal., Stanford University Press

SOREL, GEORGES

1927. *Les Illusions du progrès* [1908]
Paris, Marcel Rivière

Soziologentage

1911. Verhandlungen des Ersten Deutschen Soziologentages vom 19.-22. Oktober 1910 in Frankfurt a. M.
Tübingen, Mohr/Siebeck

SPAEMANN, ROBERT

1959. *Der Ursprung der Soziologie aus dem Geist der Restauration*. Studien über L. G. A. de Bonald
München, Kösel

SPENGLER, OSWALD

1924. *Der Untergang des Abendlandes*. Umrisse einer Morphologie der Weltgeschichte [1918]. 2 Bde.
München, C. H. Beck

Staël, Mme de

1926. *De l'Allemagne* [1810]
Paris, Flammarion

Steinmetz, Rudolf

1931. *Poezie als oorsprong van sociale normen (Stefan George en zijn kring)*
in: Mens en Maatschapij 7, S. 335-359.

Stern, Fritz

1963. *Kulturpessimismus als politische Gefahr*. Eine Analyse nationaler Ideologie in Deutschland
Bern/Stuttgart/Wien, Scherz

Susman, Margarete

1959. *Die geistige Gestalt Georg Simmels*
Tübingen, Mohr/Siebeck

1964. *Ich habe viele Leben gelebt*. Erinnerungen
Stuttgart, Deutsche Verlagsanstalt

Thormaehlen, Ludwig

1962. *Erinnerungen an Stefan George*. Aus dem Nachlaß herausgegeben von W. Greischel
Hamburg, Hauswedell

Tönnies, Ferdinand

1917. *Kommende Dinge?* ⟨Rezension von Walther Rathenau, *Von kommenden Dingen*⟩
in: Die Neue Rundschau 28, S. 829-838.

1887. *Gemeinschaft und Gesellschaft*. Abhandlung des Communismus und des Socialismus als empirischer Culturformen
Leipzig, Fues's Verlag (R. Reisland)

Treitschke, Heinrich von

1859. *Die Gesellschaftswissenschaft*. Ein kritischer Versuch
Leipzig, Hirzel

1929a. *Der Sozialismus und seine Gönner* [1874]
in: Aufsätze, Reden und Briefe, ed. Karl Martin Schiller, 4. Band, S. 122-211.
Meersburg, Hendel

1929b. *Gedichte und Briefe* [= Aufsätze, Reden und Briefe, ed. Karl Martin Schiller, 5. Band]
Meersburg, Hendel

TROELTSCH, ERNST
1922. *Der Historismus und seine Probleme.* Erstes Buch: Das logische Problem der Geschichtsphilosophie
Tübingen, Mohr/Siebeck
1925a. *Deutscher Geist und Westeuropa.* Gesammelte kulturphilosophische Aufsätze und Reden, ed. Hans Baron
Tübingen, Mohr/Siebeck
1925b. *Die Revolution in der Wissenschaft* [1921]; Troeltsch, Gesammelte Schriften IV [= Aufsätze zur Geistesgeschichte und Religionssoziologie], S. 653-677.
Tübingen, Mohr/Siebeck

ÜNER, ELFRIEDE
1980. *Hans Freyer in der deutschen Soziologie bis 1933: Ein Beitrag zur wissenschaftssoziologischen Einordnung seines Werkes und seiner Wissenschaftsgemeinschaft*
Soziologische Diplomarbeit, Universität München

VALLENTIN, BERTHOLD
1960. *Gespräche mit Stefan George 1902-1931* [= Castrum Peregrini XLIV-XLV]
Amsterdam, Castrum Peregrini Presse

VERWEY, ALBERT
1936. *Mein Verhältnis zu Stefan George.* Erinnerungen aus den Jahren 1898-1925 [Niederländische Ausgabe 1934]
Leipzig, Heitz

VIÉNOT, PIERRE
1931. *Incertitudes allemandes.* La crise de la civilisation bourgeoise en Allemagne
Paris, Librairie Valois

WACH, JOACHIM
1925. *Meister und Jünger.* Zwei religionssoziologische Betrachtungen
Leipzig, Eduard Pfeiffer

WEBER, ALFRED
1927. *Ideen zur Staats- und Kultursoziologie*
Karlsruhe, G. Braun

WEBER, MARIANNE
1926. *Max Weber.* Ein Lebensbild
Tübingen, Mohr/Siebeck

WEBER, MAX
1921. *Gesammelte politische Schriften*
München, Drei Masken Verlag
1923. *Gesammelte Aufsätze zur Religionssoziologie. III. Das antike Judentum.* 2., photomechanisch gedruckte Aufl.
Tübingen, Mohr/Siebeck
1924. *Gesammelte Aufsätze zur Soziologie und Sozialpolitik*
Tübingen, Mohr/Siebeck
1934. *Die protestantische Ethik und der Geist des Kapitalismus* [1905]
Tübingen, Mohr/Siebeck
1956. *Wirtschaft und Gesellschaft.* Grundriß der verstehenden Soziologie [1921]. 4., neu herausgegebene Aufl., besorgt von Johannes Winckelmann
Tübingen, Mohr/Siebeck
1958. *Gesammelte politische Schriften* [1921]. 2., erweiterte Auflage. Mit einem Geleitwort von Theodor Heuss, neu herausgegeben von Johannes Winckelmann
Tübingen, Mohr/Siebeck
1964. *Max Weber.* Werk und Person. Dokumente ausgewählt und kommentiert von Eduard Baumgarten
Tübingen, Mohr/Siebeck
1968. *Gesammelte Aufsätze zur Wissenschaftslehre* [1922]. 3., erweiterte und verbesserte Aufl., ed. Johannes Winckelmann
Tübingen, Mohr/Siebeck

WEINRICH, HARALD
1978. *Thirty Years After Ernst Robert Curtius' Book ›Europäische Literatur und Lateinisches Mittelalter‹ (1948)*
in: Romanic Review 69, S. 261-278.

WIRSING, GISELHER
1933. *Volk und Geist*
in: Die Tat 25, S. 513-520.
1934. *Systemkrise in Frankreich? 1789-1933*
in: Die Tat 25, S. 753-768.

WOLFSKEHL, KARL
1910. *Die Blätter für die Kunst und die Neuste Literatur*
in: Jahrbuch für die geistige Bewegung 1, S. 1-18.

WOLTERS, FRIEDRICH
1930. *Stefan George und die Blätter für die Kunst.* Deutsche Geistesgeschichte seit 1890
Berlin, Georg Bondi

WORRINGER, WILHELM
1921. *Künstlerische Zeitfragen*
München, Bruckmann

WUTHENOW, RALPH-RAINER, Ed.
1980. *Stefan George in seiner Zeit.* Dokumente zur Wirkungsgeschichte, 1. Band
Stuttgart, Klett/Cotta
1981. *Stefan George und die Nachwelt.* Dokumente zur Wirkungsgeschichte, 2. Band
Stuttgart, Klett/Cotta

WYSLING, HANS
1967. *»Geist und Kunst«.* Thomas Manns Notizen zu einem »Literatur-Essay«
in: Thomas-Mann-Studien 1, S. 123-233.

REGISTER

Neben Personen und Sachen erfaßt das Register *Publikationen* (Kursivdruck) und INSTITUTIONEN (Kapitälchen). Stichworte wie ›Soziologie‹, die durchgängig im Text auftauchen, wurden nicht erfaßt.

Peter Bieri

Das Handwerk der Freiheit

Über die Entdeckung des eigenen Willens

Band 15647

Philosophie muß nicht schwierig sein: das beweist Peter Bieri mit diesem Buch, das nicht nur von einem großen Thema der Philosophie handelt, sondern auch selbständiges Denken lehrt.

»Ist über die Freiheit nicht schon viel, allzu viel, alles gesagt worden? Nein. Das Buch von Peter Bieri entdeckt die Freiheit, die wir haben – ob wir wollen oder nicht –, wieder neu. Es ist klar bis zur Schönheit, spannend wie ein Roman, mit Anschauung gesättigt. Ein notwendiges Buch auch, weil zur Zeit die Versuche, Freiheit wegzuerklären, hohe Konjunktur haben. Ein befreiendes Buch.«

Rüdiger Safranski

Fischer Taschenbuch Verlag

fi 15647 / 1

Ansichten der Wissenschaftsgeschichte

Herausgegeben von Michael Hagner

Band 15261

»Die Wissenschaftsgeschichte könnte ein prominenter Ort werden, an dem die strikte Trennung der Denk- und Forschungshorizonte in Geistes- und Naturwissenschaften aufgehoben wird.«

Michael Hagner

Eine Einführung in die neuere Wissenschaftsgeschichte an Hand von exemplarischen Studien zu den Naturwissenschaften von der frühen Neuzeit bis ins 20. Jahrhundert. Mit Beiträgen von Soraya de Chadarevian, Lorraine Daston, Peter Galison, Michael Hagner, Donna Haraway, Christoph Hoffmann, Lily E. Kay, Bruno Latour, Hans-Jörg Rheinberger, Simon Schaffer, Londa Schiebinger und Steven Shapin. Einleitung, Kommentare und Literaturhinweise ergänzen diesen Reader.

Fischer Taschenbuch Verlag

fi 15261 / 1